Grundkurs Umweltrecht

Grundkurs Umweltrecht

Einführung für Naturwissenschaftler und Ökonomen

Herausgegeben von Wolfgang Kahl und Andreas Voßkuhle

Mit Beiträgen von Lars Diederichsen, Jörg Fritzsche, Michael Hornig, Frank Hüpers, Wolfgang Kahl, Wolfram Sandner, Bernd Scharinger, Bernd Schendzielorz und Andreas Voßkuhle

Spektrum Akademischer Verlag Heidelberg · Berlin · Oxford

Die Deutsche Bibliothek – CIP-Einheitsaufnahme

Grundkurs Umweltrecht : Einführung für Naturwissenschaftler und Ökonomen / hrsg. von Wolfgang Kahl und Andreas Vosskuhle. Mit Beitr. von Lars Diederichsen ... – Heidelberg ; Berlin ; Oxford : Spektrum, Akad. Verl., 1995
  ISBN 3-86025-299-2
NE: Kahl, Wolfgang [Hrsg.]; Diederichsen, Lars

© 1995 Spektrum Akademischer Verlag GmbH Heidelberg · Berlin · Oxford

Alle Rechte, insbesondere die der Übersetzung in fremde Sprachen, sind vorbehalten. Kein Teil des Buches darf ohne schriftliche Genehmigung des Verlages photokopiert oder in irgendeiner anderen Form reproduziert oder in eine von Maschinen verwendbare Sprache übertragen oder übersetzt werden.

Lektorat: Karin von der Saal
Redaktion: Ruth Karcher
Produktion: Susanne Tochtermann, Brigitte Trageser
Umschlaggestaltung: Kurt Bitsch, Birkenau
Druck und Verarbeitung: Franz Spiegel Buch GmbH, Ulm

Spektrum Akademischer Verlag GmbH Heidelberg · Berlin · Oxford

EIN VERLAG DER SPEKTRUM FACHVERLAGE GMBH

Vorwort

Das Umweltrecht ist eine „Querschnittsmaterie", die längst nicht mehr nur Juristen, sondern nahezu alle Wissenschaftsdisziplinen angeht. Dementsprechend haben in den letzten Jahren ökologische Fragestellungen Eingang gefunden in die Studien- und Prüfungsordnungen verschiedenster Fächer an Universitäten und Fachhochschulen, etwa der Naturwissenschaften, der Ökonomie, der Politologie oder der Ingenieurswissenschaften.

Der „Grundkurs Umweltrecht" wendet sich in erster Linie an Studenten und Dozenten aus den genannten Bereichen und setzt sich zum Ziel, Berührungsängste mit dieser ungewohnten und komplexen Materie zu überwinden. Er richtet sich daneben an alle, die sich, sei es in der Verwaltung des Bundes, der Länder oder der Kommunen, in Unternehmen, Verbänden, Vereinen, Bildungs- oder Beratungseinrichtungen, einen Überblick über das Umweltrecht insgesamt bzw. über spezielle Einzelprobleme verschaffen wollen.

Das vorliegende Buch stellt in erster Linie ein systematisches Lehr- und Lernbuch dar, soll aber zudem, nicht zuletzt aufgrund des ausführlichen Stichwortverzeichnisses, auch als informatives Nachschlagewerk und praktischer „Ratgeber für Jedermann" dienen. Zu Beginn erfolgt eine kurze Erläuterung der Zielsetzung und Arbeitsmethode sowie eine Einführung in das Recht. Hieran knüpfen sich drei Teile an: das Öffentliche Umweltrecht, das Umweltprivatrecht und das Umweltstrafrecht. Innerhalb der einzelnen Abschnitte wird der Leser schrittweise vom Allgemeinen zum Besonderen geführt, indem zunächst die Grundlagen und Grundbegriffe eines Rechtsgebiets erläutert werden, ehe konkrete Fragen etwa des Naturschutzes, der Abfallpolitik, der Gewässerreinhaltung, der Gentechnik oder des Umweltnachbarrechts erörtert werden.

Wir waren stets bemüht, einen Mittelweg zu gehen zwischen dem Anspruch auf rechtswissenschaftliche Gründlichkeit, Aktualität und Vollständigkeit einerseits sowie dem Streben nach Überschaubarkeit und Kompaktheit andererseits. Sollte uns dies – wie nicht anders zu erwarten – hier und dort nicht immer gelungen sein, wären wir für entsprechende Hinweise (Universität Augsburg, Juristische Fakultät, Eichleitner Str. 30, 86159 Augsburg) dankbar. Auch sonstige Wünsche und Anregungen sind herzlich willkommen.

Unser besonderer Dank gilt dem Inhaber des Lehrstuhls für Öffentliches Recht, Wirtschaftsverwaltungsrecht und Umweltrecht an der Universität

Augsburg, Herrn Prof. Dr. Reiner Schmidt, für die maßgebliche „Geburtshilfe", die er zu unserem Gemeinschaftsprojekt geleistet hat. Ferner gebührt Dank dem Spektrum Akademischer Verlag, konkret dessen Lektorin, Frau Dipl.-Chem. Karin von der Saal, für die stets angenehme und förderliche Zusammenarbeit sowie ganz besonders den Autoren, die sich trotz erheblicher beruflicher Belastungen zur Mitwirkung an diesem Buch bereit erklärt haben. Schließlich möchten wir den Herren Alexander Meier, Thomas Vollmöller und insbesondere Michael Hornig unseren herzlichen Dank dafür aussprechen, daß sie die Autoren und Herausgeber bei den Mühen der Korrekturlektüre unterstützt haben.

Augsburg, am Osterfest 1995

Dr. iur. Wolfgang Kahl, M.A.
Dr. iur. Andreas Voßkuhle

Inhalt

Vorwort 5

Die Autoren 9

1. Zielsetzung und Arbeitsmethode (*Andreas Voßkuhle*) 11
2. Einführung in das Recht (*Andreas Voßkuhle*) 19

Teil I: Öffentliches Umweltrecht 37

3. Grundlagen des öffentlichen Rechts (*Andreas Voßkuhle*) 39
4. Umweltverfassungsrecht (*Andreas Voßkuhle*) 66
5. Prinzipien und Instrumente des Umweltrechts (*Andreas Voßkuhle*) 73
6. Umweltorganisation (*Andreas Voßkuhle*) 94
7. Immissionsschutzrecht (*Wolfram Sandner*) 103
8. Abfall- und Altlastenrecht (*Lars Diederichsen*) 136
9. Gefahrstoffrecht (*Lars Diederichsen*) 159
10. Naturschutzrecht (*Bernd Scharinger*) 176
11. Gewässerschutzrecht (*Michael Hornig*) 197
12. Gentechnikrecht (*Wolfgang Kahl*) 215
13. Umweltvölkerrecht (*Wolfgang Kahl*) 235
14. Umwelteuroparecht (*Wolfgang Kahl*) 252

Teil II: Umweltprivatrecht — 275

15. Grundlagen des Zivilrechts (*Jörg Fritzsche*) — 277
16. Umwelthaftungsrecht (*Frank Hüpers*) — 285
17. Amtshaftung (*Jörg Fritzsche*) — 314
18. Störungsabwehr und privates Nachbarrecht (*Jörg Fritzsche*) — 325
19. Umweltbelange im Vertragsrecht (*Jörg Fritzsche*) — 342
20. Geschäftsführung ohne Auftrag (*Jörg Fritzsche*) — 351

Teil III: Umweltstrafrecht — 361

21. Umweltstrafrecht (*Bernd Schendzielorz*) — 363

Abkürzungsverzeichnis — 395

Index — 401

Die Autoren

Lars Diederichsen: geb. 1966; Wissenschaftlicher Assistent am Institut für Umweltrecht der Universität Augsburg; promoviert im Abfallrecht; Dozent im Umweltrecht (Themengebiete: Abfallrecht, Altlasten, Gefährliche Stoffe); Veröffentlichungen zu Fragen des Umweltrechts.

Dr. iur. Jörg Fritzsche: geb. 1963; Wissenschaftlicher Assistent an der Universität Augsburg; Dozent im Umweltrecht (Themengebiet: Umweltprivatrecht); Veröffentlichungen zu Fragen des Zivilrechts, einschließlich des Umweltprivatrechts.

Michael Hornig: geb. 1968; Rechtsreferendar; mehrjähriger wissenschaftlicher Mitarbeiter am Institut für Umweltrecht der Universität Augsburg; Dozent im Umweltrecht (Themengebiet: Gewässerschutzrecht).

Dr. iur. Frank Hüpers: geb. 1961; Regierungsrat im Bayerischen Staatsministerium für Wirtschaft und Verkehr; Dozent im Umweltrecht (Themengebiet: Umwelthaftungsrecht); Veröffentlichungen zum Zivilrecht, einschließlich des Umwelthaftungsrechts.

Dr. iur. Wolfgang Kahl, M.A.: geb. 1965; Wissenschaftlicher Assistent an der Universität Augsburg; Lehrbeauftragter an der Hochschule für Politik in München; Dozent im Umweltrecht (Themengebiete: Umwelteuroparecht, Umweltvölkerrecht); Veröffentlichungen zum Umwelteuroparecht, Umweltvölkerrecht sowie Umweltverfassungsrecht.

Wolfram Sandner: geb. 1969; Rechtsreferendar; wissenschaftlicher Mitarbeiter und Doktorand am Institut für Umweltrecht der Universität Augsburg mit den Schwerpunkten Abfall- und Immissionsschutzrecht; Dozent im Umweltrecht.

Bernd Scharinger: geb. 1959; Wissenschaftlicher Assistent an der Universität Augsburg; promoviert im Bereich des Naturschutzrechts.

Dr. iur. Bernd Schendzielorz: geb. 1965; Richter (Landgericht Ellwangen/ Jagst); Promotion im Strafrecht.

Dr. iur. Andreas Voßkuhle: geb. 1963; ehemals Wissenschaftlicher Assistent an der Universität Augsburg; Dozent im Umweltrecht (Themengebiete: Einführung in das Öffentliche Recht, Umweltverfassungsrecht, Prinzipien und Instrumente des Umweltrechts); z.Z. Regierungsrat im Bayerischen Staatsministerium des Inneren; Veröffentlichungen zu Fragen des Staats- und Verwaltungsrechts, einschließlich des Umweltrechts.

1. Zielsetzung und Arbeitsmethode

I. Funktion und Eigenart des Umweltrechts
II. Adressatenkreis des Grundkurses
III. Arbeiten mit dem Grundkurs
IV. Arbeitsmittel

I. Funktion und Eigenart des Umweltrechts

1 Mehr und mehr kristalliert sich die Bewältigung der Umweltverschmutzung zu einer der zentralen Überlebensfragen der modernen Industriegesellschaft heraus. Spätestens seit Ende der 70er Jahre gerät dieser Umstand immer stärker in das Bewußtsein der Bevölkerung, auch wenn der Umweltschutz als öffentliche Aufgabe eine sehr viel längere Tradition hat, die bis in das Mittelalter zurückreicht. Nach neusten Schätzungen verursachen Umweltschäden in der Bundesrepublik Deutschland derzeit Kosten von über 200 Milliarden Mark pro Jahr (*Wicke*, Umweltökonomie, 4. Aufl.[1993], S. 112 f.). Dementsprechend prägen ökologische Bestrebungen mittlerweile weite Bereiche des gesellschaftlichen, wirtschaftlichen und politischen Lebens. Eine besondere Rolle kommt insoweit dem Umwelt*recht* zu. Als Gegenstand und Rahmen der Umweltpolitik steuert es bis in die Privatsphäre des Einzelnen hinein Art und Ausmaß des Schutzes der Umwelt vor bestimmten Gefährdungen.

2 Legt man das Umweltprogramm der Bundesregierung aus dem Jahre 1971 zugrunde, so zielt das Umweltrecht darauf ab:

– dem Menschen eine Umwelt zu sichern, die es ihm ermöglicht, ein gesundes Leben und ein menschenwürdiges Dasein zu führen,
– die Umweltgüter sowie die Pflanzen- und Tierwelt vor nachteiligen Eingriffen durch Menschen zu schützen und
– bereits eingetretene Schäden oder Nachteile aus Umwelteingriffen weitestgehend zu beseitigen.

Präziser gefaßt sind diese Ziele in dem sog. Professoren-Entwurf zu einem Allgemeinen Umweltgesetzbuch:

§ 1 Zweck des Gesetzes
(1) Zweck dieses Gesetzes ist der Schutz der Umwelt zur dauerhaften Sicherung
 1. der Funktions- und Leistungsfähigkeit des Naturhaushalts und
 2. der Nutzungsfähigkeit der sonstigen Naturgüter.
 Maßnahmen zum Schutz der Umwelt dienen auch der Gesundheit und dem Wohlbefinden des Menschen.
(2) Der Schutz der Umwelt umfaßt
 1. die Minderung von Umweltrisiken und die Abwehr von Umweltgefahren,
 2. die Beseitigung von Umweltschäden und die Wiederherstellung der Funktion und Leistungsfähigkeit des Naturhaushalts sowie
 3. die Durchführung notwendiger Pflege- und Gestaltungsmaßnahmen für die Umwelt.
(3) Der Schutz der Umwelt erfolgt unter Abwägung mit anderen Rechtsgütern im Rahmen der Rechtsordnung.
(4) Das Gesetz dient auch den Belangen des Umweltschutzes außerhalb des Geltungsbereiches dieses Gesetzes, insbesondere den Anforderungen des internationalen und europäischen Umweltschutzes.

3 Die besonderen Schwierigkeiten im Umgang mit der Materie Umweltrecht liegen vor allem in der Uneinheitlichkeit und Vielzahl umweltrelevanter Vorschriften begründet. Zwar ist man auf dem Wege, die verschiedenen Rechtssätze des Umweltrechts zusammenzufassen zu einem einheitlichen, in sich abgeschlossenen Gesetzeswerk (vgl. *Kloepfer/Rehbinder/Schmidt-Aßmann*, Umweltgesetzbuch. Allgemeiner Teil, 1990; *Jarass/Kloepfer/Kunig* u.a., Umweltgesetzbuch. Besonderer Teil, 1994), bis auf weiteres finden sich Regelungen des Umweltrechts aber sowohl in einer Reihe verschiedener umweltspezifischer Gesetze (Bundesimmissionsschutzgesetz, Bundesnaturschutzgesetz, Wasserhaushaltsgesetz, Chemikaliengesetz usw.) als auch in sonstigen Rechtsbereichen, z.B. dem Baurecht, Flurbereinigungsrecht, Luftverkehrsrecht, Raumordnungsrecht und – nicht zu vergessen – dem Verfassungs-, Europa- und Völkerrecht. Gleichzeitig beschränkt sich das Umweltrecht thematisch keineswegs auf das sog. öffentliche Recht, also grob gesprochen auf das Verhältnis Bürger-Staat, sondern umfaßt auch das Umweltprivatrecht und Umweltstrafrecht. Dementsprechend bezeichnet man das Umweltrecht als sog. **Querschnittsmaterie**.

II. Adressatenkreis des Grundkurses

Der vorliegende Grundkurs ist als **systematisches Lern- und Arbeitsbuch** konzipiert und behandelt alle wesentlichen Bereiche des Umweltrechts. Er basiert auf den mehrjährigen Erfahrungen der Herausgeber und einiger Autoren als Leiter eines Kurses über „Umweltrecht", dessen Zielgruppe Chemiker, Biologen, Physiker, Mathematiker, Geologen, Ingenieure und Maschinenbauer darstellen, die nach abgeschlossenem Hochschulstudium eine einjährige Zusatzausbildung zum „Experten für Umwelttechnologien" absolvieren. Dementsprechend wendet sich das Buch in erster Linie an Naturwissenschaftler und Techniker, die im Rahmen ihrer Ausbildung und während ihrer Arbeit immer häufiger mit Fragen des Umweltrechts konfrontiert werden. Daneben sind aber auch sonstige Nichtjuristen angesprochen, insbesondere Umweltpolitologen und Betriebs- bzw. Volkswirte. Für letztere spielt das Umweltrecht im Zusammenhang mit dem Fach Umweltökonomie eine zunehmend wichtige Rolle. Sollte das Buch darüberhinaus dazu beitragen, all denjenigen, die in Verwaltung, Verbänden, Betrieben und sonstigen Organisationen mit dem Umweltrecht in Berührung kommen, einen Einblick in ein bislang fremdes Rechtsgebiet zu verschaffen, wäre dies durchaus im Sinne der Autoren.

Anders als die bisherigen Einführungswerke und Umweltrechtsratgeber für Jedermann legt der Grundkurs besonderen Wert darauf, die Behandlung des Umweltrechts einzubetten in die allgemeinen Grundlagen des Rechts. Hinter dieser didaktischen Überlegung steht die Erkenntnis, daß es kaum möglich ist, dem Laien die Strukturen einer so komplexen Materie zu erklären, ohne ihm gleichzeitig eine gewisse Vorstellung von den Grundbegriffen und der Funktionsweise unserer Rechtsordnung zu vermitteln. Dementsprechend beginnt der Grundkurs mit einer kurzen allgemeinen Einführung in das Recht. Zu Beginn der drei großen Themenblöcke „Öffentliches Umweltrecht", „Umweltprivatrecht" und „Umweltstrafrecht" werden sodann zunächst die Besonderheiten des jeweiligen Rechtsgebiets vorgestellt, bevor im Anschluß daran nach Sachgebieten untergliedert die eigentliche Darstellung des Umweltrechts erfolgt.

III. Arbeiten mit dem Grundkurs

6

Wer als Leser über eine gewisse juristische Vorbildung verfügt, mag die einleitenden Ausführungen jeweils überspringen. Ansonsten wird empfohlen, die aufeinander aufbauenden Kapitel nacheinander durchzuarbeiten. Die zahlreichen Randnummernverweise (RN) im Text und das an Randnummern ausgerichtete Sachverzeichnis sollen dabei das schnelle Auffinden bestimmter Textpassagen zum Nachschlagen und Wiederholen erleichtern.

Naturgemäß tut sich der juristische Laie mit der scheinbar etwas spröden Materie des Rechts nicht leicht. Wir haben daher versucht, das Buch gerade in dieser Hinsicht besonders benutzerfreundlich zu gestalten, ohne inhaltlich – hoffentlich – allzuviele Kompromisse eingegangen zu sein:

- Auf das Zitieren von Paragraphen im Haupttext wurde weitgehend verzichtet, um den Lesefluß nicht zu beeinträchtigen. Statt dessen sind wichtige Vorschriften, die im Text erläutert werden, am Rand besonders aufgeführt. Sie sollten möglichst nachgelesen werden, und wir möchten den Leser ausdrücklich dazu ermuntern, bei der Lektüre des Grundkurses eine Sammlung von Umweltrechtstexten griffbereit neben sich zu legen. Gesetze stellen das unabdingbare Arbeitswerkzeug des Juristen dar, der entgegen manchem Vorurteil Vorschriften nicht auswendig lernt, sondern anwendet, was einer gewissen Übung bedarf. Welche Textsammlungen hier im einzelnen in Frage kommen, wird weiter unten erläutert.

   Gesetze werden im übrigen grundsätzlich nach Paragraph/Artikel, Absatz, Satz und, wenn vorhanden, Nummer zitiert. Während in reinen Gesetzestexten Absätze mit einer arabischen Zahl in Klammern markiert sind und Sätze nur selten besonders durchnummeriert werden, verwendet man ansonsten arabische und römische Zahlen zur Kennzeichnung. Dabei steht die erste arabische Zahl für den Paragraph/Artikel, die zweite römische Zahl für den Absatz und die dritte arabische Zahl für den Satz: Lies § 18 I 1 Nr. 1 BNatSchG: Paragraph 18, Absatz 1, Satz 1, Nummer 1 Bundesnaturschutzgesetz.

- Zur Veranschaulichung des Gesagten sind zahlreiche Beispiele in den Text integriert. Sie sollen den Bezug zur Praxis erleichtern und dienen gleichzeitig der Verständniskontrolle.

- Wichtige juristische Fachbegriffe sind mit Fettdruck hervorgehoben, Betonungen mit Kursivschrift.
- Das alte Sprichwort „Zwei Juristen, drei Meinungen" hat einen wahren Kern. Viele Fragen der Anwendung und Auslegung des Rechts sind umstritten; das gilt insbesondere für eine so dynamische Materie wie das Umweltrecht. Meistens bildet sich jedoch nach und nach eine sog. herrschende Meinung (h. M.) heraus, die dann – jedenfalls für einen gewissen Zeitraum – die Praxis bestimmt. Die Ausführungen des Grundkurses orientieren sich grundsätzlich an eben dieser herrschenden Meinung, ohne daß sog. Mindermeinungen besonders nachgewiesen würden. Nur dort, wo eine h. M. (noch) nicht ersichtlich oder ein Meinungswechsel absehbar ist, wird auf Meinungsstreits besonders eingegangen.
- Am Ende eines Kapitels finden sich jeweils Kontrollfragen. Wer mehr als die Hälfte der Fragen nicht beantworten kann, sollte das *ganze* Kapitel noch einmal durcharbeiten. Ansonsten reicht das Nachlesen des Textes in den nach jeder Frage angegebenen Randnummern.
- Vertiefende Literatur ist ebenfalls am Ende eines jeden Kapitels aufgeführt. Die sehr sparsame – und notwendig subjektive – Auswahl orientiert sich am didaktischen Geschick der Darstellung, der Verbreitung der Werke und ihrer praktischen Verwendbarkeit.

IV. Arbeitsmittel

Der Jurist verwendet bei seiner täglichen Arbeit außer seinem Kopf eine Reihe von weiteren Arbeitsmitteln. Auch der Laie ist auf sie angewiesen, wenn er sich mit Fragen des Rechts näher beschäftigt. Sie sollen daher im weiteren erklärt werden:

Gesetzessammlungen
Das Anwenden des Rechts setzt dessen Kenntnis voraus. Da unsere Rechtsordnung hauptsächlich aus geschriebenem Recht besteht, muß sich der Jurist die Rechtsvorschriften zugänglich machen. Jede allgemeingültige Rechtsvorschrift wird zunächst von Amts wegen veröffentlicht und zwar je nach gesetzgebender Körperschaft (→ Kap. 6/RN 8 f.) im Bundesgesetzblatt, Landesgesetz- und Verordnungsblatt oder sonstigen Amtsblättern. Zur besseren Handhabbarkeit sind bestimmte Rechtsvorschriften jedoch in sog. nicht amtlichen Gesetzessammlungen unter einem bestimmten Aspekt zusammengefaßt. Besonders verbreitet sind die Textsammlungen des Beck-Verlages *„Schönfelder"* und *„Sartorius"*, die die wichtigsten Bundesgesetze im Zivilrecht („Schönfelder") und im öffentlichen Recht („Sartorius" I und II) beinhalten. Daneben existieren aber noch andere Sammlungen, etwa aus dem C.F. Müller Verlag

oder dem Nomos-Verlag. Speziell für die Einarbeitung in das Umweltrecht bieten sich zwei preiswerte Textsammlungen im Taschenbuchformat an:

- Umwelt-Recht, Wichtige Gesetze und Verordnungen zum Schutz der Umwelt, Beck-Texte im dtv, 8. Aufl. (1994).
- Wichtige Umweltgesetze für die Wirtschaft, NWB-Textausgabe, 4. Aufl. (1993).

Daneben empfiehlt sich für die allgemeinen Grundlagen:

Staats- und Verwaltungsrecht Bundesrepublik Deutschland, C.F. Müller Verlag, 19. Aufl. (1994).

An größeren Gesetzessammlungen zum Umweltrecht sind zu nennen:

- *Burhenne, W.*, Umweltrecht, Loseblattsammlung, 7 Bde., (Bundes- und Landesrecht).
- *Kloepfer, Michael*, Umweltrecht, Loseblattsammlung (Bundesrecht).
- *Schulz, R./Becker, B.*, Deutsches Umweltschutzrecht, Loseblattsammlung (Bundes-, Landes- und Europarecht)
- *Ule, Carl-Hermann*, Bundes-Immissionsschutzgesetz, Rechtsvorschriften Bund, Rechtsvorschriften Länder, Loseblatt, 5 Bde.

Entscheidungssammlungen

9 Der Rechtsalltag wird entscheidend mitgeprägt durch die Rechtsprechung. Die Entscheidungen der höchsten Gerichte sind deshalb in sog. „Amtlichen Sammlungen" abgedruckt. Die wichtigsten sind:

- BVerfGE: Entscheidungen des Bundesverfassungsgerichts
- BVerwGE: Entscheidungen des Bundesverwaltungsgerichts
- BGHZ: Entscheidungen des Bundesgerichtshofes in Zivilsachen
- BGHSt: Entscheidungen des Bundesgerichtshofes in Strafsachen.

Die Entscheidungen werden nach Band, Anfangsseite der Entscheidung und Zitatseite in Klammern angegeben: Beispiel: BVerfGE 49, S. 89 (95).

Folgendes Loseblattwerk enthält alle klassischen und neueren Entscheidungen zu den Bereichen Abfall, Boden, Luft, Wasser und Internationalem Recht:

- *Kuntz, Klaus*, Rechtsprechung in Umweltsachen. Loseblattsammlung. Grundwerk mit Fortsetzungsbezug, (1995).

Fast alle bedeutenden Entscheidungen – auch der unteren Gerichte – sind ferner in Fachzeitschriften abgedruckt.

Kommentare

10 Zu den meisten Gesetzen existieren Kommentare. Dort ist zu jedem Paragraph oder Artikel der gesamte Meinungsstand in Rechtsprechung und Literatur aufgeführt. Wichtige Kommentare zu umweltrechtlichen Gesetzen sind z. B.:

– *Jarass, Hans Dieter*, Bundesimmissionsschutzgesetz, 3. Aufl. (1995).
– *Landmann/Rohmer*, Umweltrecht, hrsg. von Klaus Hansmann, Loseblattsammlung, Bd. I: BImSchG, Bd. II: Sonstiges Umweltrecht, Stand: Sep. 1994.
– *Kunig, Philip/Schwermer, Gerfried/Versteyl, Ludger-Anselm*, Abfallgesetz, 2. Aufl. (1992).

11

Handbücher
Auch Handbücher geben den Meinungsstand in Rechtsprechung und Literatur wieder. Sie orientieren sich jedoch nicht an den einzelnen Vorschriften eines bestimmten Gesetzes, sondern dort wird ein Rechtsgebiet nach bestimmten Themenkomplexen gegliedert in Beiträgen unterschiedlicher Autoren im Zusammenhang dargestellt. Gerade der juristische Laie findet über das Handbuch schnell Zugang zu speziellen Fragestellungen.

An allgemeinen Handbüchern zum Umweltrecht sind zu nennen:

– *Dreyhaupt, Franz Joseph/Peine, Franz-Joseph/Wittkämper, Gerhard W.*, Umwelt-Handwörterbuch: Umweltmanagement in der Praxis für Führungskräfte in Wirtschaft, Politik und Verwaltung, 1992.
– *Himmelmann, Steffen/Pohl, Andreas/Tünnesen-Harmes, Christian*, Handbuch des Umweltrechts, Loseblatt, 1994.
– *Kimminich, Otto/Lersner, Frh. Heinrich v./Storm, Peter-Christoph* (Hrsg.), Handwörterbuch des Umweltrechts, 2 Bde., 2. Aufl. (1994).

Lehrbücher
Meistens nur von einem oder zwei Autoren verfaßt, unterscheiden sich Lehrbücher vom Handbuch durch ihren Anspruch, ein bestimmtes Rechtsgebiet nach einem eigenständigen didaktischen Konzept für den mit der Materie nicht vertrauten Leser grundsätzlich aufzubereiten und zu erklären.

12

Mehr für den Juristen, aber zur punktuellen Vertiefung auch für den Laien geeignet, sind z. B. die folgenden umweltrechtlichen Lehrbücher:

– *Bender, Bernd/Sparwasser, Reinhard*, Umweltrecht, 2. Aufl. (1990).
– *Hoppe, Werner/Beckmann, Martin*, Umweltrecht, 1989
– *Kloepfer, Michael*, Umweltrecht, 1989.
– *Peters, Heinz-Joachim/Schenk, Karlheinz/Schlabach, Erhard*, Umweltverwaltungsrecht, 1990.
– *Prümm, Hans Paul*, Umweltschutzrecht, 1989.

Aus didaktischer Sicht wegen des konkreten Fallbezugs besonders hervorzuheben:

– *Schmidt, Reiner/Müller, Helmut*, Einführung in das Umweltrecht, 4. Aufl. (1995).

Zum Einstieg in die Materie des Umweltrechts gut geeignet erscheinen auch die Überblicksdarstellungen in Sammelwerken:

- *Arndt, Hans-Wolfgang*, Umweltrecht, in: Steiner, Udo (Hrsg.), Besonderes Verwaltungsrecht, 4. Aufl. (1992), S. 831–926.
- *Breuer, Rüdiger*, Umweltschutzrecht, in: v. Münch, Ingo/Schmidt-Aßmann, Eberhard (Hrsg.), Besonderes Verwaltungsrecht, 10. Aufl. (1995), S. 433–575.
- *Kloepfer, Michael*, Umweltrecht, in: Achterberg, Norbert/Püttner, Günter (Hrsg.), Besonderes Verwaltungsrecht, Bd. II, 1992, S. 567–717.

Fachzeitschriften

Es gibt mitlerweile eine unüberschaubare Zahl an juristischen Fachzeitschriften. Ein Teil davon behandelt ausschießlich Fragen des Umweltrechts:

- Natur und Recht (NuR)
- Umwelt- und Planungsrecht (UPR)
- Wirtschaftsverwaltungs- und Umweltrecht (WUR)
- Zeitschrift für angewandte Umweltforschung (ZAU)
- Zeitschrift für Umweltrecht (ZUR)
- Zeitschrift für Umweltpolitik und Umweltrecht (ZfU)
- Zeitschrift für Wasserrecht (ZfW)

Daten zur Umwelt

Schließlich ist auch der Jurist, der sich mit Umweltrecht beschäftigt, auf Daten zur Umwelt angewiesen. Entsprechende Informationen finden sich etwa in:

- Daten zur Umwelt, hrsg. vom *Umweltbundesamt*, 5. Aufl. (1994).
- Umweltgutachten 1994 des Rates von Sachverständigen für Umweltragen, BT.-Drucks. 12/6995.
- Worldwatch Institute Report. Zur Lage der Welt – 1994, hrsg. von *Lester R. Brown/G. Michelsen* u.a., 1994.
- Bundesumweltministerium (Hrsg.), Umwelt 1994. Politik für eine nachhaltige, umweltgerechte Entwicklung, BT-Drucks. 12/8451.

2. Einführung in das Recht

I. Recht als Sozialordnung
  1. Recht als eine Form sozialer Normen
  2. Besonderheiten des Rechts
     a) Durchsetzung durch Zwang
     b) Gesetzlich geregelte Verfahren der Rechtsdurchsetzung
     c) Gesetzlich geregelte Verfahren der Rechtserzeugung
     d) Gerechtigkeitsbezug
  3. Funktionen des Rechts
     a) Sicherung des inneren Friedens
     b) Freiheitssicherung
     c) Gleichheitssicherung
     d) Sozialer Ausgleich und soziale Sicherung
     e) Steuerung gesellschaftlicher Prozesse

II. Quellen des Rechts
  1. Geschriebenes Recht
     a) Verfassung
     b) Formelles Gesetz
     c) Rechtsverordnung
     d) Satzung
  2. Gewohnheitsrecht
  3. Richterrecht?
  4. Rangordnung der Rechtsquellen

III. Einteilung des Rechts
  1. Öffentliches Recht und Privatrecht
  2. Objektives Recht und subjektives Recht
  3. Materielles Recht und Verfahrensrecht

IV. Rechtsfähigkeit

V. Rechtsanwendung und Methodik

I. Recht als Sozialordnung

1 Am Anfang jeder Beschäftigung mit dem Recht steht die Grundfrage nach dem eigentlichen Gegenstand, dem Wesen und dem Begriff des Rechts. Der Versuch, sie auch nur in Ansätzen ernsthaft zu erörtern, würde an dieser Stelle aufgrund der vielfachen rechtsphilosophischen und rechtsgeschichtlichen Bezüge zu weit führen. Ausgehend von der kontinentaleuropäischen Rechtstradition wollen wir uns stattdessen der praxisorientierten Konzeption dieses Grundkurses folgend kurz den Funktionen des Rechts zuwenden. Denn ohne eine gewisse Vorstellung davon, welche grundsätzlichen Aufgaben das Recht in unserer Gesellschaft erfüllen soll, findet man nur schwer Zugang zu den Problemfeldern eines speziellen Rechtsgebietes, in unserem Fall dem Umweltrecht.

1. Recht als eine Form sozialer Normen

2 Damit Menschen in einer Gemeinschaft dauerhaft zusammenleben können, bedürfen sie bestimmter Regeln oder Normen. Anders als fast alle anderen von Natur aus geselligen Lebewesen ist der Mensch instinktarm und keineswegs auf eine bestimmte Lebensform spezialisiert. Während tierisches Verhalten weitgehend durch angeborene Reaktionen gesteuert wird, die durch eine geringe Anzahl von Signalen („Schlüsselreizen") ausgelöst werden und den betreffenden Lebewesen keine oder nur geringe Wahlmöglichkeiten belassen, besitzt der Mensch nicht nur eine sehr hohe Anpassungsfähigkeit an unterschiedlichste natürliche Umgebungen, er besitzt auch die Fähigkeit, diese Umgebung nach eigenen Vorstellungen zu gestalten; er ist nicht genetisch festgelegt auf bestimmte Verhaltensweisen und prinzipiell „weltoffen".

> **Beispiel:** Der Unterschied zu gesellig lebenden Tieren wird besonders deutlich bei den sog. *staatenbildenden Insekten*. „Aufgrund angeborener spezialisierter Triebe baut die Biene ihre sechsseitigen Wabenzellen, millimetergenau und in drei Größenklassen – Königinnen, Drohnen, Arbeiterinnen gehen aus ihnen hervor –, füttert sie die Larven – mit Spezialnahrung je nach deren Geschlecht –, tötet sie die Drohnen nach der Schwarmzeit, füttert sie die Königin, sammelt sie den Winterhonig. Der Puppenhülle als Arbeiterin entschlüpft, kann sie dies alles und tut sie dies alles; sie kann nicht anders und nichts anderes. Drohnen und Königinnen können es nicht; sie können anderes und wiederum nicht anders. ... Die Biene kann ihren ‚Staat' nicht ändern. Seine Struktur ist ihr mit der ihren, also *artspezifisch* vorgegeben" (*Rehbinder*).

Aufgrund fehlender Vorgaben zur konkreten Lebensbewältigung in der Gemeinschaft muß sich der Mensch folglich seine „Welt" selbst erschließen und eine eigene „Ordnung" erschaffen. Er tut dies, indem er Erfahrungen, gewonnene (Er-)Kenntnisse und Fertigkeiten, gesellschaftliche Verhaltensmuster,

Wertvorstellungen usw. an die nachfolgenden Generationen weitergibt. Damit unterscheidet sich der Mensch wiederum grundlegend vom Tier, das zwar ebenfalls im Laufe seines Daseins aus bestimmten Erfahrungen lernt, sein erworbenes Wissen aber – wenn überhaupt – nur sehr eingeschränkt Nachkommen und anderen Artgenossen vermitteln kann.

> **Beispiel:** Der Haushund „weiß" nach einer bestimmten Zeit, wann er den Futternapf vorgesetzt bekommt, wann Frauchen mit ihm Gassi geht, welchen „Blick" er aufsetzen muß, um gestreichelt zu werden und wie man überhaupt in einer Menschenwelt am besten überlebt, er kann seine Nachfolger und Artgenossen aber nicht „einweisen". Diese müssen solche Erfahrungen selbst machen: Nur das individuelle Tier lernt, nicht die Gattung.

Was den Umgang der Menschen untereinander betrifft, so entwickeln sich im und durch das Zusammenleben bestimmte weitgehend akzeptierte Verhaltensmuster, in denen sich die gewonnenen Erfahrungen, Gewohnheiten, Erkenntnisse, Wertvorstellungen usw. niederschlagen. Diese Verhaltensmuster, die ständigem Wandel ausgesetzt sind, haben größtenteils den Charakter **sozialer Normen**. Darunter versteht man Verhaltenserwartungen, „die die Mitglieder einzelner Gruppen oder ganzer Gesellschaften in bestimmten Zeiten und Situationen wechselseitig voneinander hegen und die von ihnen für verbindlich gehalten werden". Soziale Normen enthalten folglich ein „**Sollen**"; sie sind „Leitbilder" des Handelns (*Grimm*). Zu ihnen zählen Sitten, Gebräuche, Moral, Mode, Religion, Konventionen und – als *eine* bestimmte Form sozialer Normen – das Recht.

2. Besonderheiten des Rechts

Alle sozialen Normen erfüllen für den Einzelnen und die Gemeinschaft bestimmte Funktionen: Sie bieten bewährte Verhaltensmuster, an denen sich der Einzelne in Routinesituationen orientieren kann, schaffen Erwartungssicherheit, was das Verhalten anderer angeht, und koordinieren das gesellschaftliche Miteinander. Worin aber liegen die Besonderheiten des Rechts im Vergleich zu anderen sozialen Normen wie Sitte, Moral, Brauch usw.?

a) Durchsetzung durch Zwang
Grundlegend für eine Rechtsordnung ist zunächst, daß die darin enthaltenen Normen notfalls mit Zwang durchgesetzt werden. Während die Nichtbefolgung der Regeln der Sitte, des Anstandes und der Moral nur mittelbare Konsequenzen für den Einzelnen nach sich zieht, etwa durch verbale Anfeindungen, Versagen sozialer Anerkennung, Ausschluß aus der Gruppe usw., kann die Einhaltung des Rechts durch unmittelbaren Zwang gesichert werden.

> **Beispiel:** Das gerichtliche Urteil auf Zahlung einer bestimmten Geldsumme wegen einer Gesundheitsbeschädigung durch Umwelteinwirkungen nach § 1 UmweltHG kann z. B. durch den Gerichtsvollzieher im Wege der Pfändung eines dem Schuldner, hier dem Anlagenbetreiber, gehörenden Gegenstandes vollstreckt werden. Wer ein Umweltdelikt begeht, indem er Ölabfälle in einen See schüttet, muß mit einer Geld- oder Freiheitsstrafe rechnen (§ 324 StGB). Die Nichteinhaltung einer öffentlich-rechtlichen Lärmschutzauflage ist ebenfalls mit Zwangsmitteln nach dem Verwaltungsvollstreckungsgesetz (VwVG) durchsetzbar (→ Kap. 3/RN 38).

b) Gesetzlich geregelte Verfahren der Rechtsdurchsetzung

Anders als früher beim Faustrecht oder der Inquisition beruht die Rechtsdurchsetzung nicht auf dem „Recht des Stärkeren" oder staatlicher Willkür, sondern sie erfolgt in **formellen, gesetzlich geregelten Verfahren**, die bestimmten rechtsstaatlichen Anforderungen genügen müssen. Dabei ist zu unterscheiden zwischen der **Rechtsfindung**, also der Feststellung, was im Einzelfall „rechtens ist", die der Verwaltung und den Gerichten obliegt, und der eigentlichen **Durchsetzung** der dort getroffenen Entscheidungen (Vollstreckung). Trotzdem liegen allen Verfahrensgesetzen einige allgemeine Grundsätze zugrunde:

- Die Sachverhaltsfeststellung muß sich an objektiven Grundsätzen orientieren, wobei alle Aspekte eines Falles zu berücksichtigen sind.
- Alle Beteiligten besitzen bestimmte Mitwirkungsrechte. Hervorzuheben ist hier insbesondere der Anspruch auf „rechtliches Gehör" (Art. 103 I GG), d. h. die Möglichkeit, zu den wesentlichen Punkten einer Entscheidung als Betroffener Stellung zu nehmen.
- Die Entscheidungen sind regelmäßig schriftlich zu begründen.

Das Gerichtsverfahren als Prototyp eines formellen Verfahrens zeichnet sich darüberhinaus dadurch aus, daß:

- das Entscheidungsorgan, der persönlich und sachlich unabhängige Richter, nur Gesetz und Recht verpflichtet ist,
- das Verfahren grundsätzlich öffentlich und mündlich ist,
- die Entscheidung der letzten Instanz in Rechtskraft erwächst, d. h. für jedermann verbindlich ist, ohne daß es auf ihre Richtigkeit ankommt. Aus Gründen des Rechtsfriedens und der Rechtssicherheit muß jeder Konflikt einmal ein Ende finden.
- im Strafverfahren der Grundsatz „in dubio pro reo" („im Zweifel für den Angeklagten") gilt.

Mit der Durchsetzung einer Entscheidung durch Zwang sind ausschließlich staatliche Organe betraut: Gerichtsvollzieher, Vollstreckungsbehörden, Polizei, Strafvollzugsanstalten, Staatsanwaltschaft, Verwaltungsbehörden (sog. **staatliches Gewaltmonopol**).

c) Gesetzlich geregelte Verfahren der Rechtserzeugung

Der Ursprung vieler sozialer Normen bleibt nicht selten im Dunkeln. Sie entwickeln sich eher zufällig, unterliegen stetigem Wandel und sind oft von Region zu Region unterschiedlich.

> **Beispiel:** Für den Münchner ist es guter Brauch, auch während der Arbeit morgens vor 12 Uhr Weißwürste und Weißbier zu sich zu nehmen. In Hamburg würde der Konsum von Alkohol am frühen Morgen eher auf Mißbilligung stoßen.

Der Weg der Rechtserzeugung ist dagegen wiederum durch Recht genau festgelegt (vgl. z. B. das in Art. 70 ff. GG geregelte Gesetzgebungsverfahren auf Bundesebene). Wer altes Recht außer Kraft setzen und neues schaffen darf, welche Vorschriften dabei einzuhalten sind und für welches Gebiet das Recht gilt, ist gesetzlich genau festgeschrieben (Ausnahme: das Gewohnheitsrecht, → RN 19).

d) Gerechtigkeitsbezug

Viele soziale Normen beschränken sich darauf, (zweckmäßige) Lösungen für auftretende gesellschaftliche Konflikte und Probleme zu entwickeln, ohne daß mit ihnen höhere Ziele wie Gerechtigkeit verfolgt würden.

> **Beispiel:** Die gesellschaftliche Konvention, sich zur Begrüßung die rechte Hand zu geben, hatte ursprünglich den Sinn, zu zeigen, daß man keine Waffen bei sich trug. Heute stellt diese Form der Begrüßung nur noch einen bloßen Akt der Höflichkeit dar und dient der Kontaktaufnahme bzw. der Vergewisserung gegenseitiger Aufmerksamkeit.

Rechtsnormen tendieren dem Anspruch nach dagegen immer auch auf Verwirklichung bestimmter Grundwerte, die gemeinhin unter dem Begriff „Gerechtigkeit" zusammengefaßt werden. Als Zwangs- und Sollensordnung, an die alle Menschen gebunden sind, kann nur die „gerechte" Ordnung Bestand haben: Nur ein gerechter Interessenausgleich, eine gerechte Güter- und Lastenverteilung und gerechte Verfahren sichern auf Dauer die Herrschaft des Rechts. Daß der genaue Inhalt der Gerechtigkeit dabei oft schwer zu bestimmen ist, steht auf einem anderen Blatt.

3. Funktionen des Rechts

Aus den Besonderheiten des Rechts ergeben sich naturgemäß die Funktionen des Rechts im modernen Rechtsstaat:

a) Sicherung des inneren Friedens

So dient das Recht vor allem dazu, private und gesellschaftliche Konflikte ohne Anwendung physischer Gewalt in einem geregelten Verfahren zu lösen. Gleichzeitig soll der Entstehung von Konflikten dadurch vorgebeugt werden, daß für jedermann verbindliche Verhaltensregeln aufgestellt werden, an denen sich alle Mitglieder eines Gemeinwesens von vornherein orientieren können.

> **Beispiel:** Familienfehden, Selbstjustiz und ähnliches sind in einer Rechtsordnung nicht erlaubt.

b) Freiheitssicherung

10 Eine weitere wesentliche Funktion des Rechts liegt – obwohl wir Normen oft als Freiheitseinschränkung empfinden und unser Leben in vielen Bereichen reglementiert ist – im Schutz der Freiheit des Einzelnen:

- Der Staat kann in einer modernen Rechtsordnung nur noch aufgrund und unter Beachtung der Gesetze Freiheitsausübungen beschränken und ist dabei insbesondere an die Menschen- und Bürgerrechte und den Grundsatz der Verhältnismäßigkeit (→ Kap. 3/RN 34) gebunden.

> **Beispiel:** Personen dürfen von der Polizei nicht aus eigener Machtvollkommenheit festgenommen werden, sondern nur, wenn die entsprechenden gesetzlichen Voraussetzungen erfüllt sind.

- Der Einzelne wird vor den Freiheitsübergriffen anderer, die vielleicht stärker oder schlauer sind als er selbst, geschützt.

> **Beispiel:** Sozialschädliche Verhaltensweisen wie Diebstahl, Körperverletzung oder Nötigung sind unter Strafe gestellt. Wucherische Verträge sind unwirksam (§ 138 BGB).

- Das Recht schafft Gestaltungsmöglichkeiten der Betätigung der Freiheit, indem es Koordinierungsmuster für den Ausgleich unterschiedlicher Interessen zur Verfügung stellt.

> **Beispiel:** Der Unternehmer kann zur Verringerung seines persönlichen Risikos eine GmbH gründen, die dann statt seiner für Verbindlichkeiten haftet. Dazu muß er aber bei der Gründung ein Stammkapital vom mindestens 50 000 DM vorweisen (§ 5 GmbHG).

c) Gleichheitssicherung

11 Unmittelbar mit der Freiheitssicherung verbunden ist die Gewährleistung der Gleichheit als „Seele der Gerechtigkeit", denn Freiheit meint immer gleiche Freiheit für alle. Deshalb muß jeder Sachverhalt, der unter die Tatbestandsvoraussetzungen (→ RN 27) einer Norm fällt, auch nach dieser beurteilt werden, es sei denn, die Norm selbst läßt eine Ausnahme zu.

> **Beispiel:** Auch in einer strukturschwachen Region mit hoher Arbeitslosigkeit bedarf eine emittierende Anlage gem § 4 I BImSchG einer Genehmigung, die u. a. an die Einhaltung bestimmter Grenzwerte geknüpft ist.

Unabhängig von der Gleichheit in der Rechtsanwendung gehört zu der klassischen Vorstellungen des bürgerlichen Rechtsstaats auch die Anerkennung der prinzipiellen und unaufhebbaren Gleichheit aller Menschen wie sie in Art. 3 I GG niedergelegt ist. Dort heißt es: „Alle Menschen sind vor dem Gesetz gleich". Aus dem Gleichheitsgebot folgt jedoch nicht die Anlegung des gleichen Maßstabs auf jedermann. Vielmehr verbietet der Gleichheitsgedanke nur, wesentlich Gleiches willkürlich, d. h. ohne sachlichen Grund, ungleich und wesentlich Ungleiches willkürlich gleich zu behandeln.

> **Beispiel:** Unzulässig wäre etwa ein Wahlrecht, das an der jeweils gezahlten Steuer anknüpft (bis 10 000 DM 1 Stimme, bis 30 000 DM 2 Stimmen etc.) oder am Geschlecht oder der Herkunft.

d) Sozialer Ausgleich und soziale Sicherung

Die Erfahrungen des Frühkapitalismus haben gezeigt, daß die formal-rechtliche Sicherung von Freiheit und Gleichheit trotzdem zu faktischer sozialer Ungleichheit und faktischer sozialer Unfreiheit führen kann.

> **Beispiel:** Die Freiheit, an der Universität zu studieren, hat letztlich nur derjenige, der die Ausbildung bezahlen kann. Die Freiheit, einen Arbeitsvertrag zu bestimmten Bedingungen abzuschließen oder nicht, besitzt ebenfalls nur derjenige, der auf den Arbeitsplatz nicht unbedingt angewiesen ist.

Um die praktischen Voraussetzungen für eine effektive Freiheitsausübung zu schaffen und damit auch soziale Gleichheit zu ermöglichen, bedarf es daher eines gewissen sozialen Ausgleichs zwischen gesellschaftlichen Machtgruppen und einer gewissen sozialen Absicherung des Einzelnen. Der moderne Rechtsstaat ist insofern notwendig auch Sozialstaat. Die Bewältigung sozialstaatlicher Aufgaben geschieht weitgehend in den Formen des Rechts.

> **Beispiel:** Die Studienbeihilfe ist im Bundesausbildungsförderungsgesetz, die Sozialhilfe ist im Bundessozialhilfegesetz und der Kündigungsschutz ist im Kündigungsschutzgesetz geregelt.

e) Steuerung gesellschaftlicher Prozesse

Schließlich ermöglicht das Recht die Steuerung gesellschaftlicher Prozesse. Daß eine solche Steuerung notwendig ist und der Staat sich in vielen Lebensbereichen nicht auf die Rolle eines neutralen Schiedsrichters zwischen widerstreitenden Interessen beschränken kann, der nur die Einhaltung bestimmter

Spielregeln überwacht (sog. „Nachtwächterstaat"), zeigen gerade globale Phänomene wie das der Umweltverschmutzung, die im Wege der gesellschaftlichen Selbstregulierung langfristig nicht bewältigt werden können. Ähnlich ist die Situation bei der Raumplanung, der Konjunktursteuerung, der Wettbewerbsregulierung, dem Umgang mit moderner Technologie etc.

II. Quellen des Rechts

14 Nachdem wir uns zunächst der Funktionen des Rechts vergewissert haben, wollen wir uns im folgenden den Formen zuwenden, in denen Rechtsnormen zur Entstehung gelangen und in Erscheinung treten. Sie werden als Rechtsquellen bezeichnet. Der Begriff der Rechtsnorm steht insoweit für eine Anordnung, die Pflichten und Rechte für den Bürger oder sonstige selbständige Rechtspersonen begründet, ändert oder aufhebt und eine unbestimmte Zahl von Personen und eine unbestimmte Zahl von Fällen betrifft, kurz: verbindliche **generell-abstrakte Regelung**.

1. Geschriebene Rechtsquellen

15 Im Gegensatz etwa zum anglo-amerikanischen Recht sind in der deutschen Rechtsordnung die meisten Rechtsnormen schriftlich fixiert. Man unterscheidet vier geschriebene Rechtsquellen:

a) Verfassung
Die Verfassung ist die von einer eigens dazu einberufenen verfassungsgebenden Versammlung erlassene rechtliche Grundordnung des Staates. Hierher gehören sowohl das Grundgesetz als Verfassung des Bundes wie auch die einzelnen Verfassungen der Länder.

b) Formelles Gesetz
16 Diejenigen Rechtsnormen, die von den verfassungsrechtlich vorgesehenen Gesetzgebungsorganen in dem verfassungsrechtlich vorgeschriebenen Gesetzgebungsverfahren erlassen worden sind, bezeichnet man als formelle Gesetze. Dazu gehören nach unserer Verfassungsrechtslage die vom Bundestag (unter Mitwirkung des Bundesrates) sowie die von den Landtagen erlassenen Rechtsnormen, also alle **Parlamentsgesetze**.

Schwierigkeiten bereitet mitunter die **Doppeldeutigkeit** des Gesetzesbegriffes:
Unter **Gesetz im formellen Sinn** versteht man jeden Hoheitsakt, der auf die soeben beschriebene Weise zustande kommt, mithin durch die gesetzgebenden Organe im Gesetzgebungsverfahren „als Gesetz" erlassen wird.

> **Beispiel:** Bundesnaturschutzgesetz, Wasserhaushaltsgesetz, Bürgerliches Gesetzbuch, Strafgesetzbuch, Umwelthaftungsgesetz usw.

Gesetz im materiellen Sinn ist dagegen jede Rechtsnorm, d. h. jede allgemein verbindliche Regelung, also auch Rechtsverordnungen und Satzungen (→ RN 17 f.).

Es gibt nur formelle Gesetze, dazu gehören etwa die Zustimmungsgesetze zu bestimmten völkerrechtlichen Verträgen (Art. 59 II 1 GG), die Feststellung des Haushaltsplans (Art. 110 I 2 GG), aber auch nur materielle Gesetze, wie z. B. die Rechtsverordnung (→ RN 17) oder die Satzung (→ RN 18).

c) Rechtsverordnung

Rechtsverordnungen sind Rechtsnormen, die nicht in dem verfassungsmäßig vorgeschriebenen Gesetzgebungsverfahren und in Gesetzesform zustande gekommen sind, sondern von Verwaltungsorganen (Regierung, Minister, Verwaltungsbehörden) erlassen werden. Sie unterscheiden sich von den formellen Gesetzen allein durch den **Normgeber**. Als Rechtsnormen haben sie denselben Inhalt wie Parlamentsgesetze und sind auch in gleicher Weise für jedermann verbindlich.

17

Die Verwaltungsorgane dürfen eine Rechtsverordnung allerdings nur dann erlassen, wenn sie dazu durch ein Gesetz **ermächtigt** worden sind. Dabei müssen **Inhalt**, **Zweck** und **Ausmaß** der erteilten Ermächtigung im Gesetz klar bestimmt sein.

→ Art. 80 I GG

Hintergrund des Ermächtigungserfordernisses ist der **Grundsatz der Gewaltenteilung**. Danach obliegt die Aufgabe der Gesetzgebung allein dem Parlament als Volksvertretung (Legislative), während die Verwaltung (Exekutive) die Gesetze im konkreten Einzelfall vollziehen soll und es zu den Aufgaben der Rechtsprechung (Judikative) gehört, die Einhaltung des Rechts zu überwachen. Sinn und Zweck der Gewaltenteilung ist die wechselseitige Begrenzung und Kontrolle staatlicher Macht. Gleichzeitig soll jeweils das Organ eine staatliche Aufgabe übernehmen, das von seiner gesamten Ausstattung her am besten dazu geeignet ist, um eine sachgemäße, effiziente Erfüllung der Aufgabe sicherzustellen. Mit dem Erlaß von allgemeinverbindlichen Regelungen übernimmt die Exekutive demnach eine Aufgabe, die aufgrund des besonderen Ausgleichspotential des Gesetzgebungsverfahrens, an dem alle gesellschaftlichen Kräfte beteiligt sind, und wegen ihrer besonderen demokratischen Legitimation der Legislative zugewiesen ist. Das Ermächtigungserfordernis dient insoweit der Sicherung der grundsätzlichen Verantwortung des Parlaments, das weiterhin den Rahmen für politische Gestaltungsentscheidungen in Form von Gesetzen vorgeben soll.

Im Vergleich zum regelmäßig sehr langwierigen Gesetzgebungsverfahren, in dem politische Kompromisse zwischen den Parteien mühsam ausgehandelt werden müssen, liegt der Vorteil der Übertragung von Rechtssetzungsbefugnissen auf die Verwaltung in der Schnelligkeit, mit der Rechtsverordnungen erlassen, geändert und aufgehoben werden können. Das für alle geltende Recht kann folglich flexibel den sich rasch ändernden Regelungsbedürfnissen des Staates und der Gesellschaft angepaßt werden.

> **Beispiel:** Da die Erkenntnisse im Umweltbereich – sowohl was die Vermeidungstechniken als auch was die Gefährdungslagen angeht – sich ständig fortentwickeln, finden sich insbesondere in den Umweltgesetzen zahlreiche Ermächtigungsnormen für Rechtsverordnungen, vgl. z. B. §§ 4 I, 7, 10 X, 19 I, 27 IV, 32, 33, 34, 35, 38 II, 40 I, 43, 48a, 49 BImSchG.

d) Satzung

Unter Satzungen versteht man Rechtsnormen, die von einer juristischen Person des öffentlichen Rechts zur Regelung ihrer Angelegenheiten mit Wirksamkeit für die angehörenden und unterworfenen Personen erlassen werden. Zu den juristischen Personen des öffentlichen Rechts, die noch näher behandelt werden (→ Kap. 6/RN 1 ff.), gehören vor allem die Gemeinden und Landkreise, ferner etwa die Universitäten, Industrie- und Handelskammern, Ärztekammern, Sozialversicherungsträger und Rundfunkanstalten. Die Satzung unterscheidet sich dadurch von dem formellen Gesetz und der Rechtsverordnung, daß sie nicht vom Staat (staatlichen Gesetzgeber, staatlichen Exekutivorganen), sondern von **rechtlich selbständigen**, wenn auch dem Staat eingegliederten **Organisationen** stammt.

„Die Verleihung der Satzungsautonomie hat ihren guten Sinn darin, gesellschaftliche Kräfte zu aktivieren, den entsprechenden gesellschaftlichen Gruppen die Regelung solcher Angelegenheiten, die sie selbst betreffen und die sie in überschaubaren Bereichen am sachkundigsten beurteilen können, eigenverantwortlich zu überlassen und dadurch den Abstand zwischen Normgeber und Normadressat zu verringern" (BVerfG).

Auch der Satzungsautonomie, die durch den Staat in Form des Gesetzes verliehen wird und die ebenfalls eine Modifizierung des Gewaltenteilungsgrundsatzes darstellt, sind Grenzen gesetzt:

- Sachlich ist die Satzungsbefugnis auf den jeweiligen gesetzlich bestimmten Aufgaben- und Zuständigkeitsbereich der juristischen Person beschränkt.

> **Beispiel:** Eine Gemeinde darf Fragen der wirtschaftlichen Globalsteuerung, der Außenpolitik oder der Verteidigungspolitik durch Satzung nicht regeln.

- Hinsichtlich der durch die Norm betroffenen Personen beschränkt sich die Satzungsbefugnis auf Mitglieder der jeweiligen juristischen Person bzw. ihre Benutzer.

> **Beispiel:** Wer nicht Mitglied der Ärztekammer ist, muß sich nicht an die von ihr erlassene Satzung halten, unterliegt also z. B. nicht der dort normierten Beitragspflicht.

- Aus dem Vorbehalt des Gesetzes (→ Kap. 3/RN 24) folgt schließlich, daß der formelle Gesetzgeber, mithin das Bundes- und die Länderparlamente, die wesentlichen, insbesondere die grundrechtsbeschränkenden Regelungen selbst treffen müssen.

Beispiel: Das Verbot von Einwegerzeugnissen aus Gründen des Umweltschutzes greift in die Berufsfreiheit ein (Art. 12 GG) und darf daher nicht durch gemeindliche Satzung geregelt werden (→ Kap. 8/RN 39).

Erlassen werden Satzungen von den satzungsgebenden Organen, in der Regel von den durch die Mitglieder gewählten Vertretungsgremien wie z. B. dem Gemeinderat.

2. Gewohnheitsrecht

Gewohnheitsrecht als eine „Urform" des Rechts entsteht durch:

19

- längere, gleichmäßige Übung und
- die Überzeugung der Beteiligten, daß diese Übung rechtlich geboten sei. „Normgeber" sind im Unterschied zu den bisher dargestellten Rechtsquellen die **Rechtsbetroffenen** selbst. Wie jede Rechtsnorm, so muß auch der gewohnheitsrechtliche Rechtssatz inhaltlich hinreichend bestimmt sein, um Gültigkeit zu erlangen. Richterliche Anerkennung ist dagegen nicht Voraussetzung des Gewohnheitsrechts.

Heutzutage ist das Gewohnheitsrecht durch die geschriebenen Rechtsquellen weitgehend verdrängt worden. Ursächlich für diese Entwicklung ist vor allem die zunehmende Ausbildung der parlamentarischen Demokratie, deren ureigenste Handlungsform das geschriebene Gesetz darstellt. Darüberhinaus lassen sich in einer modernen pluralistischen Gesellschaft mit sich schnell ändernden und divergierenden Auffassungen, Werten und Vorstellungen gemeinsame Rechtsüberzeugungen für einen längeren Zeitraum nur noch schwer herausbilden.

Beispiel: Anerkannt wurde Gewohnheitsrecht etwa in folgenden Fällen: Verpflichtung der Rechtsanwälte, vor Gericht die Amtstracht zu tragen; Unterhaltung von Wegen; Recht der Gemeindeeinwohner zur Wasserentnahme aus einem gemeindlichen Heilbrunnen.

3. Richterrecht?

Obwohl der Richter bei der rechtlichen Würdigung eines Sachverhaltes nur an Gesetz und Recht gebunden ist (Art. 20 III GG), und der Richterspruch formal nur unter den Beteiligten des Prozesses Rechtsverbindlichkeit besitzt (Ausnahme: Urteile des Bundesverfassungsgerichts, denen in bestimmten Fällen sogar Gesetzeskraft zukommt, § 31 BVerfGG), erlangen insbesondere die Ur-

20

teile der obersten Gerichte in der Praxis faktisch zumindest **gesetzesähnliche Kraft**. Die wichtigsten Gerichtsentscheidungen werden in sog. „Amtlichen Sammlungen" (→ Kap. 1/RN 9) und Fachzeitschriften (→ Kap. 1/RN 13) veröffentlicht und beeinflußen die Rechtswirklichkeit in ganz erheblichen Umfang. Es wäre jedoch verfehlt, von einer gesetzesvertretenden oder gesetzeskorrigierenden Funktion des Richterrechts zu sprechen. Richterrecht entsteht vielmehr legitimerweise vornehmlich dort, wo sich in einem konkret zu beurteilenden Fall zeigt, daß eine gesetzliche Regelung fehlt oder daß die vorhandenen Regelungen lückenhaft, unbestimmt, mehrdeutig, in sich widersprüchlich oder veraltet sind. Es dient insoweit der – notwendigen – Konkretisierung, Ergänzung und Fortbildung des Gesetzes. Die herrschende Meinung verneint daher den Rechtsquellencharakter des Richterrechts.

4. Rangordnung der Rechtsquellen

21

Angesichts verschiedener Rechtsquellen auf Bundes- und Landesebene kann es zu sachlich sich widersprechenden Rechtsnormen kommen.

> **Beispiel:** Der Bundestag erläßt ein formelles Gesetz, aufgrund dessen PKW mit einem Spritverbrauch von über 7 Litern nicht mehr zugelassen werden dürfen. Wenig später ergeht eine Rechtsverordnung eines Landesumweltministers, in der der Spritverbrauch auf 5 Liter festgelegt wird.

Widersprüche zwischen Rechtsnormen verschiedener Rechtsquellen werden dadurch gelöst, daß die Rechtsquellen in eine **Rangordnung** gebracht werden und der höherstufigen Rechtsquelle gegenüber der niedriger eingestuften Rechtsquelle Vorrang eingeräumt wird: Im Kollisionsfall gilt allein die vorrangige Rechtsnorm; die gegen das höherrangige Recht verstoßende Rechtsnorm ist insoweit unbeachtlich, d. h. nichtig.

Sieht man einmal von den Besonderheiten des Europa- und Völkerrechts ab (→ Kap. 13, 14), so gilt folgende Rangordnung der geschriebenen Rechtsquellen: Die Verfassungen (Grundgesetz, Landesverfassung) gehen allen übrigen Rechtsvorschriften ihres Bereichs, die formellen Gesetze den Rechtsverordnungen und Satzungen, die Rechtsverordnungen den Satzungen vor. Da Gewohnheitsrecht auf allen Rangstufen vorkommt, bestimmt sich der Vorrang bei Kollisionsfällen entsprechend der jeweiligen Zuordnung. Bundesrecht jeglicher Rangstufe geht dem Landesrecht vor.

→ Art. 31 GG

> **Beispiel:** Die bundesrechtliche Rechtsverordnung geht der Landesverfassung vor.

Normenhierarchie

Bundesrecht
|
Verfassung (Grundgesetz)
Formelles Gesetz
Rechtsverordnung
Satzung
↓
31 GG → **Landesrecht**
Verfassung
Formelles Gesetz
Rechtsverordnung
Satzung

Normkollisionen zwischen Rechtsnormen der gleichen Rechtsquelle werden nach den folgenden Kollisionsregeln gelöst: *lex posterio derogat legi priori* (das spätere Gesetz verdrängt das frühere Gesetz); *lex specialis derogat legi generali* (das engere Gesetz verdrängt das weitere Gesetz).

Voraussetzung für die Anwendung der Kollisionsregeln ist die Gültigkeit der jeweils vorrangigen Norm. Die Rangordnung begründet im übrigen einen Geltungsvorrang, aber *keinen* **Anwendungsvorrang**.

> **Beispiel:** Zur Bestimmung der Grenzwerte für eine schädliche Umwelteinwirkung i. S. d. Bundesimmissionsschutzgesetzes (§ 5 I Nr. 1 BImSchG) ist auf die niederrangige 13. Verordnung zur Durchführung des BImSchG zurückzugreifen.

III. Einteilung des Rechts

Unabhängig von der Rechtsquellenlehre und der Normenhierarchie lassen sich Rechtsvorschriften nach bestimmten Gesichtspunkten einteilen.

22

1. Öffentliches Recht und Privatrecht

Von zentraler Bedeutung ist zunächst die Unterscheidung zwischen dem öffentlichen Recht und dem Privatrecht. Sie liegt unserer gesamten Rechtsordnung zugrunde und wird vor allem bedeutsam:

- bei der Bestimmung des Rechtswegs: Verwaltungsstreitigkeiten werden vor den Verwaltungsgerichten verhandelt (§ 40 VwGO), Privatrechtsstreitigkeiten vor den ordentlichen Gerichten (§ 13 GVG);

- bei der Festsetzung von Gebühren und Beiträgen, die nur bei öffentlich-rechtlichen Leistungen in Betracht kommen;
- bei der Entschädigung für Enteignung und Aufopferung, die einem öffentlich-rechtlichen Eingriff voraussetzen;
- bei der Amtshaftung gem. Art. 34 GG/§ 839 BGB (→ Kap. 17/RN 1ff.), die nur bei Schadenszufügung in Ausübung eines öffentlichen, d. h. öffentlich-rechtlichen, Amtes eingreift;
- bei der Verwaltungsvollstreckung (→ Kap. 3/RN 38), die grundsätzlich nur zur Durchsetzung öffentlich-rechtlicher Forderungen und Verpflichtungen zulässig ist.

Grundsätzlich regelt das öffentliche Recht das Verhältnis des Einzelnen zum Staat und den übrigen Trägern öffentlicher Gewalt sowie das Verhältnis der Verwaltungsträger (→ RN 26) zueinander, während das Privatrecht die Rechtsbeziehungen der Einzelnen untereinander betrifft.

Danach zählen zum öffentlichen Recht insbesondere das Staats- und Verfassungsrecht, das Verwaltungsrecht, das Strafrecht, das Steuerrecht, das Prozeßrecht etc. Zum Privatrecht rechnet man dagegen das Bürgerliche Recht, das Handelsrecht, das Wertpapierrecht etc.

23 Zur Abgrenzung in Zweifelsfällen sind eine Reihe von Theorien entwickelt worden, die in der Praxis nebeneinander zur Anwendung kommen, da jede Theorie spezifische Schwachpunkte aufweist:

- Die **Interessentheorie** stellt auf die Interessenrichtung der einzelnen Rechtssätze ab. Öffentliches Recht sind danach die dem öffentlichen Interesse, Privatrecht die dem Individualinteresse dienenden Rechtssätze. – Allerdings übersieht die Interessentheorie, daß viele Rechtssätze sowohl öffentliche als auch private Interessen berücksichtigen.
- Die **Subordinationstheorie** stellt auf das Verhältnis der Beteiligten ab. Danach ist das öffentliche Recht durch das Verhältnis der Über-Unterordnung, das Privatrecht durch das der Gleichordnung gekennzeichnet. Typisch für das öffentliche Recht ist deshalb die einseitig verbindliche Regelung (Gesetz, Verwaltungsakt). – Die Subordinationstheorie wirft dann Abgrenzungsprobleme auf, wenn z. B. der Staat mit dem Bürger einen öffentlich-rechtlichen Vertrag (→ Kap. 3/RN 14) abschließt. Ferner gibt es auch im Privatrecht Über-Unterordnungsverhältnisse (Vormundschaft, elterliche Sorge).
- Die **Zuordnungstheorie** stellt auf die Zuordnungssubjekte der einzelnen Rechtssätze ab. Dem öffentlichen Recht gehören demzufolge diejenigen Rechtssätze an, die den Staat oder einen sonstigen Träger hoheitlicher Gewalt als solchen, d. h. gerade in seiner Eigenschaft als Hoheitsträger berechtigen und verpflichten. Entscheidend ist insofern, ob wenigstens einer der am Rechtsverhältnis Beteiligten in seiner Eigenschaft als Hoheitsträger handelt.

Beispiel: Die Gemeinde schließt mit einem Textilunternehmen, das sich in der Gemeinde A ansiedeln will, einen sog. Erschließungsvertrag ab, wonach sie sich verpflichtet, in einem Bebauungsplan ein Gewerbegebiet in ihrem Gemeindegebiet auszuweisen, soweit das Textilunternehmen die anfallenden Erschließungskosten übernimmmt. Nach der Interessentheorie läßt sich nicht eindeutig sagen, ob die Gemeinde öffentlich-rechtlich handelt oder privatrechtlich. Ein Über-Unterordnungsverhältnis, das für ein öffentlich-rechtliches Han-

> deln sprechen würde, besteht ebenfalls nicht; niemand *muß* eine vertragliche Verpflichtung eingehen. Der öffentlich-rechtliche Charakter des vorliegenden Vertrages ergibt sich aber daraus, daß die Gemeinde in ihrer Eigenschaft als hoheitlicher Satzungsgeber den Vertrag abschließt.

2. Objektives Recht und subjektives Recht

Als wesentlich für die Rechtsanwendung erweist sich ferner die Unterscheidung zwischen objektivem und subjektivem Recht. Versteht man unter objektivem Recht die Gesamtheit aller geltenden Rechtsvorschriften, so ist der Begriff des subjektiven Rechts sehr viel schwerer zu fassen. Vereinfachend läßt sich darunter die dem Einzelnen vom objektiven Recht verliehene Macht verstehen,

- eine Sache nach eigenem Willen zu beherrschen (sog. **Herrschaftsrechte**),
- von einem anderen ein Tun oder Unterlassen zu verlangen (sog. **Ansprüche**) oder
- einseitig auf ein Rechtsverhältnis gestaltend einzuwirken (**Gestaltungsrechte**).

Die Besonderheit des subjektiven Rechts liegt darin, daß der Einzelne von der Rechtsordnung die unmittelbare Rechtsmacht zugestanden bekommt, dieses Recht als *sein* Recht zur Not in einem gerichtlichen Verfahren durchzusetzen.

> **Beispiel:** Der Geschäftseigentümer, der einen Dieb beim Diebstahl ertappt, kann nicht verlangen, daß dieser strafrechtlich verfolgt wird. Dies zu entscheiden ist Aufgabe der Staatsanwaltschaft. Das StGB stellt für ihn folglich objektives Recht dar. Er kann aber aufgrund seines Eigentums (Herrschaftsrecht) den gestohlenen Gegenstand zurückverlangen (Anspruch).

3. Materielles Recht und Verfahrensrecht

Schließlich unterscheidet man das **materielle** Recht, das Rechtsverhältnisse regelt, Rechtsbeziehungen zwischen Rechtssubjekten und anderen Rechtssubjekten oder zwischen Rechtssubjekten und Rechtsobjekten (→ RN 26) herstellt, und das **formelle** Recht (= Prozeßrecht bzw. Verfahrensrecht). Letzteres behandelt die praktisch sehr entscheidende Frage der „**Rechtsdurchsetzungsmacht**", d. h. die Art und Weise wie materielles Recht im konkreten Rechtsalltag durchgesetzt werden kann.

> **Beispiel:** Der Anspruch auf eine Anlagengenehmigung für ein Kernkraftwerk (materielles Recht) nutzt dem Unternehmer wenig, wenn er diesen Anspruch nicht in einer bestimmten Art und Weise und einem bestimmten Verfahren (formelles Recht) durchsetzen kann.

Zum formellen Recht gehören etwa: die Prozeßordnungen (Zivilprozeßordnung [ZPO], Strafprozeßordnung [StPO], Gesetz über die Angelegenheiten der freiwilligen Gerichtsbarkeit [FGG], Verwaltungsgerichtsordnung [VwGO], Finanzgerichtsordnung [FGO] usw.), das Vollstreckungsrecht (Zwangsvollstreckungsgesetz [ZVG], Verwaltungsvollstreckungsgesetz [VwVG], etc.) und z. B. das Verwaltungsverfahrensrecht (VwVfG).

IV. Rechtsfähigkeit

26 Zuordnungsobjekt von Rechtsnormen und damit Träger von Rechten und Pflichten kann nur sein, wer rechtsfähig ist. Rechtsfähigkeit besitzen in erster Linie alle Menschen (sog. **natürliche Personen**).

> **Beispiel:** Die Geschwindigkeitsbegrenzung auf der Landstraße wendet sich nicht an den PKW, sondern an den Fahrer desselben; nur er ist Zuordnungssubjekt der Pflicht, nicht schneller als 100 km/h zu fahren.

Darüberhinaus spricht die Rechtsordnung auch bestimmten Personenvereinigungen oder sonstigen Organisationen die Rechtsfähigkeit zu mit der Folge, daß diese ebenfalls Träger von Rechten und Pflichten sind und selbstständig im Rechtsverkehr auftreten, etwa beim Erwerb von Eigentum oder als Kläger bzw. Beklagte in einem Prozeß (sog. **juristische Personen**). Je nachdem, ob die Rechtsfähigkeit im Privatrecht oder im öffentlichen Recht (→ RN 22 f.) ihre Wurzel hat, spricht man von **juristischen Personen des Privatrechts** oder **juristischen Personen des öffentlichen Rechts**.

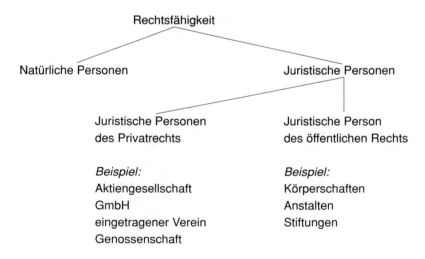

Zu bachten ist, daß einigen juristischen Personen nur **Teilrechtsfähigkeit** zukommt, d. h., sie können nur im Hinblick auf ein bestimmtes Rechtsgebiet oder auf bestimmte Normen Inhaber von Rechten und Pflichten sein.

> **Beispiel:** Personalrat; Fakultäten der Universität.

Abzugrenzen ist die Rechtsfähigkeit ferner von der **Handlungsfähigkeit**, d. h. der Fähigkeit, eigenverantwortlich Rechtswirkungen hervorzurufen. Sie gliedert sich in die **Geschäftsfähigkeit** und die **Deliktsfähigkeit** (→ Kap. 16/RN 20).

V. Rechtsanwendung und Methodik

Damit Normen auf ihre Zuordnungsobjekte, die natürlichen und juristischen Personen, überhaupt Wirkung entfalten können, müssen sie angewendet werden. Nicht nur der Richter entscheidet aufgrund materieller Gesetze über Rechtsstreitigkeiten, auch der Bürger muß im Alltag andauernd Normen anwenden, um sich über seine Rechte und Pflichten zu informieren.

Voraussetzung jeder Rechtsanwendung ist die Beachtung der Normstruktur. Bis auf einige Ausnahmen, die uns hier noch nicht zu interessieren brauchen (→ Kap. 3/RN 15 f., 44), stellen Rechtsnormen **konditional** gefaßte **Anordnungen** dar: Wenn ein konkreter Sachverhalt den Tatbestand eines Gesetzes verwirklicht, dann soll die gesetzlich vorgesehene Rechtsfolge gelten (sog. „**Wenn-Dann-Schema**").

> **Beispiel:** § 13 I AbfG: Wer Abfälle in den, aus dem oder durch den Geltungsbereich dieses Gesetzes verbringen will (Tatbestand), bedarf der Genehmigung der zuständigen Behörde (Rechtsfolge). § 1 UmweltHG: Wird durch eine Umwelteinwirkung, die von einer im Anhang 1 genannten Anlage ausgeht, jemand getötet, sein Körper oder seine Gesundheit verletzt oder eine Sache beschädigt (Tatbestand), so ist der Inhaber der Anlage verpflichtet, dem Geschädigten den daraus entstehenden Schaden zu ersetzen (Rechtsfolge).

Die Anwendung von Normen vollzieht sich grundsätzlich in vier gedanklichen Arbeitsschritten:

(1) Ermittlung und Feststellung des rechtlich bedeutsamen **Lebenssachverhaltes:** Was ist tatsächlich geschehen?
(2) **Ermittlung** der für den Lebenssachverhalt möglicherweise relevanten **Normen** und **Auslegung** des gesetzlichen Tatbestandes: Welchen Inhalt hat der in Frage kommende gesetzliche Tatbestand, was besagt er genau?
(3) Überprüfung der Identität von Lebenssachverhalt und Tatbestand der Norm (sog. **Subsumtion**): Entspricht der Sachverhalt den gesetzlichen Tatbestandsmerkmalen?
(4) Feststellung der **Rechtsfolge:** Was gilt nun?

> **Beispiel:** (1) A betreibt eine Gärtnerei. Um Wasserkosten zu sparen, bohrt er auf seinem Grundstück einen kleinen Brunnen und benutzt das dort gewonnene Grundwasser zur Wässerung seiner Pflanzen. (2) Nach § 2 WHG bedarf eine Benutzung der Gewässer der behördlichen Erlaubnis oder Bewilligung. Benutzung i. S. d. WHG ist u. a. das Zutagefördern von Grundwasser gem. § 3 I Nr. 6 WHG. (3) Der festgestellte Sachverhalt fällt damit unter die Tatbestandsmerkmale des § 2 WHG. (4) Folglich bedarf A einer Erlaubnis oder Bewilligung.

28 Nicht selten paßt eine Norm nicht unmittelbar auf den festgestellten Lebensvorgang. Auch sind gesetzliche Tatbestandsmerkmale von ihrer genauen Bedeutung her häufig unklar. Soweit der Gesetzgeber hier nicht selbst Definitionen vorgibt (vgl z. B. § 3 BImSchG), muß der jeweilige Inhalt einer Norm für den konkreten Fall daher durch **Auslegung** gewonnen werden. Neben dem Wortlaut der Regelung (sog. **grammatikalische Auslegung**) sind dabei ihre geschichtliche Entwicklung (sog. **historische Auslegung**), ihr Verhältnis zu anderen Vorschriften (sog. **systematische Auslegung**) und ihr eigentlicher Zweck (sog. **teleologische Auslegung**) zu berücksichtigen.

Führt die Auslegung zu keinem Ergebnis, da die in Frage kommenden Normen eine unbewußte **Lücke** aufweisen, so muß die Regelung ergänzt werden. Dies geschieht – außer im Strafrecht (vgl. § 1 StGB) – durch die Bildung einer **Analogie**, d. h. der Übertragung der Rechtsfolgen eines geregelten Tatbestandes auf einen mit diesem wert- und interessenmäßig gleichen, aber ungeregelten Tatbestand. Ist dagegen eine gesetzliche Regelung ersichtlich auf einen bestimmten Sachverhalt begrenzt, so verbietet sich der Analogieschluß auf andere Fälle. Stattdessen wird man meistens im Umkehrschluß davon ausgehen müssen, daß die dort vorgesehene Rechtsfolge gerade nicht für den vorliegenden Fall zur Geltung kommen soll (*argumentum e contrario*).

Kontrollfragen:
1. Was unterscheidet das Recht von anderen sozialen Normen? (RN 4–8)
2. Welche Rechtsquellen unterscheidet man? (RN 14–20)
3. In welchem Verhältnis stehen die Rechtsquellen zueinander? (RN 21)
4. Welche Bedeutung hat die Unterscheidung zwischen öffentlichem Recht und Privatrecht? (RN 22)
5. Was versteht man unter dem Begriff Rechtsfähigkeit? (26)
6. Welchen gedanklichen Arbeitsschritte sind bei der Rechtsanwendung einzuhalten? (RN 27)

Weiterführende Literatur:
Badura, Peter u. a. (Hrsg.), Fischer Lexikon Recht, 1987; *Baumann, Jürgen,* Einführung in die Rechtswissenschaft, Rechtssystem und Rechtstechnik, 8. Aufl. (1989); *Baur, Fritz/Walter, Gerhard,* Einführung in das Recht der Bundesrepublik Deutschland, 6. Aufl. (1992); *Grimm, Dieter* (Hrsg.), Einführung in das Recht, 2. Aufl. (1991); *Haase, Richard/Keller, Rolf,* Grundlagen und Grundformen des Rechts, 9. Aufl. 1992, S. 19–68; *Mayer-Maly, Theo,* Rechtswissenschaft, 5. Aufl. (1991); *Rehbinder, Manfred,* Einführung in die Rechtswissenschaft, 7. Aufl. (1991); *Robbers, Gerhard,* Einführung in das deutsche Recht, 1994; *Stern, Klaus,* u. a., Einführung in das deutsche Recht, 3. Aufl. (1991).

1. Teil
Öffentliches Umweltrecht

3. Grundlagen des öffentlichen Rechts

I. **Sachgebiete des öffentlichen Rechts**
   1. Staats- und Verfassungsrecht
   2. Allgemeines Verwaltungsrecht
   3. Besonderes Verwaltungsrecht
   4. Europa- und Völkerrecht

II. **Hoheitliche Handlungsformen der Verwaltung**
   1. Rechtsverordnung
   2. Satzung
   3. Verwaltungsvorschrift
   4. Verwaltungsakt
      a) Begriffs des Verwaltungsakts
      b) Folgen der Fehlerhaftigkeit des Verwaltungsakts
   5. Verwaltungsvertrag
   6. Plan und Planung
   7. Realakte

III. **Handeln der Verwaltung nach Privatrecht**
   1. Privatwirtschaftliche Hilfsgeschäfte
   2. Erwerbswirtschaftliche Betätigung
   3. Verwaltungsprivatrecht

IV. **Grundbegriffe des Verwaltungsrechts**
   1. Grundsatz der Gesetzmäßigkeit der Verwaltung
   2. Hoheitliche Handlungsspielräume
      a) Ermessen
      b) Unbestimmter Rechtsbegriff
      c) Beurteilungsspielraum
   3. Das subjektive öffentliche Recht
   4. Verhältnismäßigkeit

V. **Verwaltungsverfahren**
   1. Allgemeines Verwaltungsverfahren
   2. Planfeststellungsverfahren
      a) Ablauf des Planfeststellungsverfahrens
      b) Inhalt und Wirkung des Planfeststellungsbeschlusses
      c) Rechtliche Schranken der planerischen Gestaltungsfreiheit

VI. **Rechtsschutz**
   1. Zulässigkeitsvoraussetzungen und Klagearten
   2. Vorläufiger Rechtsschutz
   3. Formlose Rechtsbehelfe

Voraussetzung für das Verständnis der Probleme des öffentlichen Umweltrechts als Querschnittsmaterie ist die Kenntnis der allgemeinen Grundlagen des öffentlichen Rechts. Ihnen ist daher das folgende Kapitel gewidmet.

I. Sachgebiete des öffentlichen Rechts

1 Da wir die Abgrenzung zwischen öffentlichem Recht und Privatrecht schon innerhalb der Einführung in das Recht behandelt haben (→ Kap. 2/RN 23), soll hier zunächst ein Überblick über die Sachgebiete des öffentlichen Rechts gegeben werden. Gemeinhin unterscheidet man fünf verschiedene Teilgebiete, die jedoch im Rechtsalltag jeweils stark miteinander verflochten sind.

1. Staatsrecht und Verfassungsrecht

2 Das Staats- und Verfassungsrecht betrifft den Inhalt und die Auslegung des Grundgesetzes und der Länderverfassungen. Von Interesse ist insofern auch die Ausstrahlungswirkung der Verfassungen, die an der jeweiligen Spitze der Normenhierachie (→ Kap. 2/RN 21) stehen, auf das einfache Recht (formelles Gesetz, Rechtsverordnung, Satzung).

2. Allgemeines Verwaltungsrecht

3 Unter dem allgemeinen Verwaltungsrecht versteht man die Rechtsvorschriften und Grundsätze, die unabhängig von dem jeweiligen speziellen Sachgebiet für *jedes* Verwaltungshandeln gelten. Zentrale Bedeutung kommt insofern dem Verwaltungsverfahrensgesetz (VwVfG) zu, das als allgemeine Verfahrensordnung für jedes hoheitliche Handeln einer Behörde gilt, soweit nicht etwas Besonderes bestimmt ist.

3. Besonderes Verwaltungsrecht

4 Unter dem Begriff „Besonderes Verwaltungsrecht" sind all die Normen und Gesetze zusammengefaßt, die ein bestimmtes Sachgebiet behandeln.

> **Beispiel:** Polizeirecht, Sozialrecht, Kommunalrecht, das Recht der öffentlich-rechtlichen Ersatzleistungen, Wirtschaftsverwaltungsrecht und nicht zuletzt das Umweltrecht.

4. Europarecht und Völkerrecht

Jeweils ein eigenes Teilgebiet stellen schließlich das Europa- und Völkerrecht dar, wobei insbesondere das Europarecht die nationale Rechtsordnung in vielen Bereichen mittlerweile überlagert bzw. verdrängt. Beide Gebiete weisen ganz eigene rechtliche Strukturen auf, so daß es sich als sinnvoll erweist, sie im Hinblick auf den Umweltschutz jeweils gesondert zu behandeln (→ Kap. 13, 14).

II. Hoheitliche Handlungsformen der Verwaltung

Die Verwaltung bedient sich zur Erfüllung ihrer Aufgaben bestimmter Handlungsformen. Von der Wahl der Handlungsform hängen der Adressatenkreis der hoheitlichen Handlung, ihr zeitlicher Bestand, die Form des Rechtsschutzes und zukünftige Handlungsspielräume ab. Schließlich sind je nach Handlungsform bestimmte Rechtmäßigkeitsanforderungen einzuhalten. Einen Teil der Handlungsformen haben wir schon bei der Rechtsquellenlehre kennengelernt:

1. Rechtsverordnung (→ Kap. 2/RN 17)

2. Satzung (→ Kap. 2/RN 18)

3. Verwaltungsvorschrift

Ebenso wie die Rechtsnormen stellen Verwaltungsvorschriften *generell-abstrakte Anordnungen* (→ Kap. 2/RN 14) dar. Im Unterschied zu ersteren wenden sie sich aber nicht an den Bürger, sondern an nachgeordnete Behörden oder – innerhalb einer Behörde – an unterstellte Verwaltungsbedienstete. Sie werden von einer Behörde oder einem Vorgesetzten zur Regelung des **Innenverhältnisses** erlassen und beruhen auf der Weisungskompetenz der vorgesetzten Instanz, die zu Einzelweisungen oder zu generellen Weisungen, eben Verwaltungsvorschriften, befugt ist.

Als verwaltungsinterne Regelungen begründen Verwaltungsvorschriften zunächst einmal für die Bürger keine Rechte und Pflichten. Auch für die Gerichte sind sie bei der Entscheidung von Rechtsstreitigkeiten zwischen Staat und Bürger rechtlich unerheblich; Rechtswirkung entfalten sie grundsätzlich nur im staatlichen **Innenbereich**. Insofern gehören sie auch nach der weitaus herrschenden Meinung nicht zu den Rechtsquellen. Ihre Funktion ist vielmehr die einheitliche Auslegung von Normen (sog. „**Auslegungsrichtlini-**

en") und einheitliche Handhabung von administrativen Entscheidungsspielräumen (sog. „**Ermessensrichtlinien**", → RN 25 ff.). Gleichzeitig dienen sie als **Organisations-** und **Dienstvorschriften**, so z. B. für die behördeninterne Gliederung, die Geschäftsverteilung, die Art der Bearbeitung der Akten, die Dienstzeit usw.

8 Allerdings gilt zu beachten, daß die Verwaltung bei der Anwendung von Verwaltungsvorschriften, die auf den Bürger Auswirkungen haben können, – wie auch ansonsten – an den Gleichheitssatz (Art. 3 I GG) gebunden ist (→ Kap. 2/RN 11). Danach darf wesentlich Gleiches nicht willkürlich, d. h. ohne sachlichen Grund, ungleich und wesentliches Ungleiches nicht willkürlich gleich behandelt werden. Im Einzelfall kann eine Ermessens- oder Auslegungsrichtlinie daher durchaus auch Außenwirkung entfalten.

> **Beispiel:** Im Haushaltsplan des Landes S sind Mittel zur Förderung der mittelständischen Wirtschaft vorgesehen. Das zuständige Wirtschaftsministerium erarbeitet daraufhin eine Vergaberichtlinie für die geplanten Subventionen. Die Unternehmer A, B, C fallen unter die aufgestellten Voraussetzungen. A und B wird eine Subvention gezahlt, C nicht, weil er politisch bei den Grünen engagiert ist. Hier hätte C einen Anspruch auf die Subvention aus dem Gleichheitssatz in Verbindung mit der Vergaberichtlinie, da sein politisches Engagement kein sachliches Differenzierungskriterium darstellt. Ein solches wäre aber etwa im Verbrauch der bereitgestellten Mittel zu sehen, wenn C erst zum Ende des Haushaltsjahres einen Antrag auf Subvention stellt.

4. Verwaltungsakt

9 Die häufigste und in der Praxis wichtigste Handlungsform der Verwaltung stellt der Verwaltungsakt dar.

Er umfaßt so unterschiedliche Maßnahmen wie „das Verkehrszeichen des Polizisten, die Bauerlaubnis, das Gewerbeverbot, die Genehmigung zur Errichtung eines Kernkraftwerkes, den Gebührenbescheid, die Bewilligung eines Stipendiums, die Erteilung eines Abiturzeugnisses, die Einberufung zum Wehrdienst, die Enteignung eines Grundstücks zum Straßenbau, die Auflösung einer rechtswidrigen Vereinigung, die Genehmigung einer Gemeindesatzung durch die Rechtsaufsichtsbehörde usw." (*Maurer*).

a) Begriff des Verwaltungsakts

10
→ § 35 S. 1
VwVfG

Nach seiner gesetzlichen Definition ist ein Verwaltungsakt „jede Verfügung, Entscheidung oder andere hoheitliche Maßnahme, die eine Behörde zur Regelung eines Einzelfalles auf dem Gebiete des öffentlichen Rechts trifft und die auf unmittelbare Rechtswirkung nach außen gerichtet ist". Die einzelnen Begriffsmerkmale (Regelung, hoheitlich, Einzelfall, Verwaltungsbehörde, Außenwirkung) ergeben zusammen nicht nur eine bestimmte Qualität der Maßnahme, sie dienen vielmehr auch der Abgrenzung gegenüber anderen Formen des staatlichen Handelns.

- Das Erfordernis der **Regelung** als rechtsverbindliche Anordnung, die auf die Setzung einer Rechtsfolge gerichtet ist, unterscheidet den Verwaltungsakt vom Realakt (→ RN 19) als rein tatsächliche Verwaltungshandlung und von Vorbereitungs- und Teilakten, die noch keine abschließende Regelung enthalten.

> **Beispiel:** Hinweise, Belehrungen und Auskünfte sind daher keine Verwaltungsakte.

- **Hoheitlich** bedeutet, daß die Maßnahme dem öffentlichen Recht zuzurechnen ist, und grenzt den Verwaltungsakt somit von allen privatrechtlichen Rechtsakten einer Behörde ab.

> **Beispiel:** Die Vergabe von Aufträgen im öffentlichen Beschaffungswesen oder die Kündigung eines privatrechtlichen Mietvertrages wird dem nichthoheitlichen Bereich zugerechnet; die Verwaltungsaktqualität der Maßnahme ist demnach abzulehnen.

- Das **Einzelfallerfordernis** dient zur Abgrenzung von der Rechtsnorm, die auf eine unbestimmte Zahl von Fällen und eine unbestimmte Zahl von Personen gerichtet ist und daher eine abstrakt-generelle Regelung darstellt (→ Kap. 2/RN 14).
- Da für einen Verwaltungsakt eine **Behörde** handeln muß, stellen Maßnahmen von Privatpersonen (Ausnahme: Beliehener → Kap. 6/RN 13) und auch Maßnahmen der Gesetzgebung, der Regierung und der Rechtsprechung keine Verwaltungsakte dar.
- Die **unmittelbare Rechtswirkung nach außen** schließlich unterscheidet den Verwaltungsakt von der innerdienstlichen Weisung. Diese begründet im Gegensatz zum Verwaltungsakt keine Rechte und Pflichten für den Bürger oder sonstige außenstehende Rechtspersonen.

> **Beispiel:** Unternehmer A hört zufällig auf dem Gang der Verwaltungsbehörde, wie der Abteilungsleiter einen Sachbearbeiter anweist, die immissionsschutzrechtliche Genehmigung, die A beantragt hat, zu erteilen. Mangels Außenwirkung liegt hier ein Verwaltungsakt jedoch noch nicht vor.

11

Eine besondere Form des Verwaltungsaktes stellt die **Allgemeinverfügung** dar. Sie richtet sich an einen nach allgemeinen Merkmalen bestimmten oder bestimmbaren Personenkreis oder betrifft die öffentlich-rechtliche Eigenschaft einer Sache oder ihre Benutzung durch die Allgemeinheit. Ihre Besonderheit bezieht sich auf die Adressaten der Regelung. Unter den Begriff der Allgemeinverfügung fallen:

→ § 35 S. 2 VwVfG

- Verwaltungsakte an einen abgrenzbaren Personenkreis,

> **Beispiel:** Versammlungsteilnehmer.

- Verwaltungsakte betreffend die öffentlich-rechtliche Eigenschaft einer Sache,

> **Beispiel:** Die Umbenennung einer Straße.

- Verwaltungsakte, die die Benutzung einer Sache durch die Allgemeinheit betreffen.

> **Beispiel:** Regelungen zur Benutzung öffentlich-rechtlicher Museen, Bibliotheken, Badeanstalten usw. durch die Anstaltsleitung.

b) Folgen der Fehlerhaftigkeit des Verwaltungsakts

12

Wie jedes Verwaltungshandeln kann auch der Erlaß eines Verwaltungsaktes fehlerhaft sein, weil er den Anforderungen der Rechtsordnung nicht entspricht, sei es weil das Gesetz falsch angewendet oder der Sachverhalt falsch ermittelt wurde.

> **Beispiel:** Eine immissionsschutzrechtliche Genehmigung wird erteilt, obwohl die von der Anlage ausgestoßenen Schadstoffe die umliegenden Bewohner in ihrer Gesundheit gefährden (→ Kap. 7/RN 21 ff.).

→ § 44 VwVfG

Allgemein gilt der Grundsatz, daß auch der fehlerhafte (= rechtswidrige) Verwaltungsakt gültig ist, aber (durch Widerspruch und Anfechtungsklage → RN 48 f.) angefochten werden kann. Von vornherein **nichtig** und damit rechtsunwirksam ist nur ein Verwaltungsakt, dessen Mängel offenkundig und so schwerwiegend sind, daß er keinesfalls von Rechts wegen hätte erlassen werden können.

> **Beispiel:** Nichtig ist etwa ein Verwaltungsakt, der sich an eine verstorbene Person richtet, völlig unverständlich ist oder zwingend vorgeschriebene Bestandteile nicht enthält (z. B. Bauschein, in dem die Feststellung fehlt, das Vorhaben sei statisch sicher und abwassermäßig erschlossen).

13

→ §§ 48 ff. VwVfG

Der rechtswidrige aber rechtswirksame Verwaltungsakt erwächst in **Bestandskraft**, wenn nicht innerhalb der Widerspruchsfrist (4 Wochen) Widerspruch (→ RN 49) erhoben wird. Die Bestandskraft besagt zum einen, daß der Verwaltungsakt nach Ablauf der Widerspruchsfrist nicht mehr angefochten werden kann (sog. **formelle Bestandskraft**). Darüber hinaus erlangt der Verwaltungsakt Verbindlichkeit, und zwar sowohl für den betroffenen Bürger als auch für die erlassende Behörde. Letztere kann den bestandskräftigen Verwaltungsakt nur ausnahmsweise und unter engen Voraussetzungen zurücknehmen (bei rechtswidrigen Verwaltungsakten), widerrufen (bei rechtmäßigen Verwaltungsakten) oder auf Antrag des Betroffenen das Verfahren wiederaufgreifen. In den Fällen der Rücknahme und des Widerrufs ist sie unter Umständen sogar in Form von Geldzahlungen zum Ersatz des entstandenen Vertrauensschadens verpflichtet. Der Vertrauensschaden umfaßt dabei die Nachteile, die der Bürger dadurch erleidet, daß er auf den Bestand des Verwaltungsaktes vertraut. Bindungswirkung und beschränkte Aufhebbarkeit zusammen ergeben die sog. **materielle Bestandskraft**.

„Der Verwaltungsakt dient einmal der *Effektivität der Verwaltung*, die mit ihm ein griffiges und rationales Regelungsinstrument erhält, das vor allem für die Bewältigung der Massenvorgänge der modernen Verwaltung geeignet, ja teilweise sogar unentbehrlich ist. Die Verwaltung kann davon ausgehen, daß der von ihr erlassene Verwaltungsakt – falls er nicht an offensichtlichen und schwerwiegenden Fehlern leidet und deshalb nichtig ist – rechtswirksam wird, befolgt werden muß und gegebenenfalls vollstreckt werden kann, sofern sich der Bürger nicht rechtzeitig gegen ihn durch Einlegung von Rechtsmitteln zur Wehr setzt. Der Verwaltungsakt dient zum anderen den *Interessen des Bürgers*, da er dessen Rechte und Pflichten eindeutig bestimmt und abgrenzt und eine stabile, auch im Falle der Rechtswidrigkeit des Verwaltungsakts nicht ohne weiteres entziehbare Grundlage für seine weiteren Dispositionen darstellt. Insgesamt schafft der Verwaltungsakt klare und stabile Verhältnisse zwischen Staat und Bürger und hat damit seine rechtfertigende Grundlage im Prinzip der Rechtssicherheit." (*Maurer*)

5. Verwaltungsvertrag

Anstelle einer einseitig getroffenen Regelung eines Einzelfalls durch Verwaltungsakt kann die Behörde jedoch auch den Weg der einvernehmlichen Regelung wählen und mit dem Bürger einen verwaltungsrechtlichen Vertrag abschließen. Die Zulässigkeit solcher Verträge ist im einzelnen im Verwaltungsverfahrensgesetz geregelt. So dürfen unter anderem keine Rechtsvorschriften einer vertraglichen Vereinbarung entgegenstehen, Leistung und Gegenleistung müssen einen sachlichen Zusammenhang aufweisen und in einem angemessenen Verhältnis zueinander stehen, der Vertrag bedarf in der Regel der Schriftform und falls Rechte Dritter berührt sind, deren Zustimmung.

14

→ § 54 ff. VwVfG

Der Verwaltungsvertrag ist keineswegs auf den Anwendungsbereich des Verwaltungsakts beschränkt, sondern geht weit darüber hinaus. Denn gerade auch dort, wo die Behörde mangels entsprechender Befugnisnormen (→ RN 24) nicht einseitig regelnd tätig werden kann, besteht oft ein Bedürfnis nach vertraglichen Vereinbarungen, um in einem konkreten Fall längerfristige gegenseitige Bindungen einzugehen.

> **Beispiel:** In der Verwaltungspraxis finden sich die unterschiedlichsten Arten von Verträgen: Verträge über die Zahlung von Subventionen, Bauerschließungsverträge, Stellplatzablösverträge, Gebietsänderungsverträge zwischen Gemeinden, Ausbildungsverträge zwischen Dienstherr und Beamten über die Rückzahlung von Ausbildungskosten, Abfindungsvergleiche (Vereinbarungen zwischen Verwaltung und Bürger über die sofortige Zahlung einer Enteignungsentschädigung gegen gleichzeitigen Verzicht auf weitergehende Entschädigungsansprüche) etc.

6. Plan und Planung

15 Planung bedeutet „vorausschauendes Setzen von Zielen und gedankliches Vorwegnehmen der zu ihrer Verwirklichung erforderlichen Verhaltensweisen" (*Bachof*).

Mit der Entwicklung des auf Gefahrenabwehr beschränkten Ordnungsstaat zum modernen Sozialstaat, der lenkend und gestaltend auf unser Gemeinwesen einwirkt, hat auch die Planung immer mehr an Bedeutung gewonnen. Mit ihrer Hilfe können nicht nur die beschränkten Ressourcen und vielschichtigen Interessen in einer pluralistisch strukturierten, postindustriellen Technologie- und Kommunikationsgesellschaft in einen sinnvollen Ausgleich gebracht werden, sondern der Plan ermöglicht auch zukunftsgerichte Impulse für alle Bereiche staatlicher Aufgabenwahrnehmung. Der „Planungseuphorie" der 60er Jahre ist jedoch mittlerweile eine gewisse Skepsis, ja Resignation gewichen, da sich in der Praxis gezeigt hat, daß Planungsprognosen von der Realität häufig „widerlegt" werden und Pläne deshalb öfter nicht vollzogen werden können.

Der Plan stellt **keine eigene Handlungsform** dar. Er tritt vielmehr in allen traditionell überkommenen Rechtsformen auf: als formelles Gesetz (z. B. Haushaltsplan), Rechtsverordnung (z. B. Regionalplan), Satzung (z. B. Bebauungsplan), Verwaltungsakt (z. B. Planfeststellungsbeschluß), Verwaltungsvorschrift (u. U. Landesentwicklungspläne), Realakt (Umweltschutzberichte). Daher ist bei jedem Plan besonders zu prüfen, wie er rechtlich zu qualifizieren ist.

16 Unabhängig von der rechtlichen Qualifizierung ist es in der Verwaltungspraxis hilfreich, folgende **Plantypen** zu unterscheiden:

- **Haushaltspläne** des Bundes, der Länder und der Gemeinden
- **Raumordnungspläne**, die entweder Gesamtpläne oder Fachpläne darstellen:
    - Die **raumordnenden Gesamtpläne** sind verantwortlich für die Gesamtentwicklung eines bestimmten Gebietes. Sie reichen – zunehmend konkreter werdend – von der
        = **Bundesplanung** (Raumordnungsgesetz des Bundes; Bundesraumordnungsprogramm) über die
        = **Landesplanung** (Landesraumordnungsprogramme, Landesentwicklungspläne usw. für das gesamte Landesgebiet) und die
        = **Regionalplanung** (Regionalpläne für bestimmte Landesteile) bis zur
        = **Ortsplanung** (Bauleitpläne = Flächennutzungsplan, Bebauungsplan).
    - Die **raumbezogenen Fachpläne** dienen der Realisierung eines bestimmten Vorhabens, etwa der Errichtung raumbeanspruchender Anlagen (Bau von Straßen, Flugplätzen, Abfallbeseitigungsanlagen usw.) oder der Verbesserung der Boden-, Luft- bzw. Wasserqualität in einem bestimmten Gebiet.
- **Entwicklungs-** und **Bedarfspläne**, etwa für Krankenhäuser, Schulen, Kindergärten, Hochschulen usw.
- **Pläne, die nur eine Person betreffen**, so z. B. der Gesamtplan für die Eingliederung eines Behinderten nach § 46 BSHG.

Im Hinblick auf ihre Bindungswirkung grenzt man ferner **indikative, influenzierende** und **imperative** Pläne von einander ab:

- **Indikative Pläne** enthalten Daten und Vorausberechnungen. Sie haben die Aufgabe, Einzelpersonen, Unternehmen und staatliche Organe zu informieren, um ihnen damit Material für eigene Entscheidungen und Dispositionen zu geben.

  > **Beispiel:** Umweltschutzbericht, Wirtschaftbericht der Bundesregierung, Sozialbericht.

- **Imperative Pläne** binden unmittelbar das Verhalten der von ihnen Betroffenen.

  > **Beispiel:** Bebauungsplan, Planfeststellungsbeschluß (→ RN 42).

- **Influenzierende Pläne** setzen bestimmte Ziele und Prioritäten fest, die sie statt mit Zwang indirekt zu verwirklichen suchen, sei es durch In-Aussicht-Stellen bestimmter Anreize bei plankonformem Verhalten (z. B. Subventionen, Steuervergünstigungen, Verbesserungen der Infrastruktur durch Bau von Straßen oder durch Ausweisungen von Industriegelände) oder durch Ankündigung bestimmter Nachteile bei planentgegengesetztem Verhalten (etwa steuerliche Belastungen).

Es existiert weder ein **allgemeiner Planfortbestandsanspruch** noch ein **allgemeiner Planvollzugsanspruch**.

7. Realakte

Mit dem Ausdruck Verwaltungs-Realakt bezeichnet man solche Verhaltensweisen der Verwaltung, die im Gegensatz zum Verwaltungsakt nicht auf die Bewirkung bestimmter Rechtsfolgen gerichtet sind, sondern unmittelbar einen **tatsächlichen Erfolg** herbeiführen. In der Verwaltungspraxis kommen Realakte in ebenso vielfältiger wie zahlreicher Form vor. Zur groben Unterteilung, aber ohne daß damit rechtliche Konsequenzen verbunden wären, unterscheidet man häufig:

- **Wissenserklärungen**

  > **Beispiel:** Auskünfte, Warnungen, Berichte, Ansprachen.

- und **tatsächliche Verrichtungen**.

  > **Beispiel:** Auszahlung eines Geldbetrages, Schutzimpfung, Dienstfahrt, Krankenbehandlung, Erteilung von Unterrricht, Reinigung einer Straße, Errichtung eines Verwaltungsgebäudes usw.

Realakte müssen wie Rechtsakte den rechtlichen Vorschriften entsprechen. Der durch einen rechtswidrigen Realakt in seinen Rechten verletzte Bürger hat einen entsprechenden Beseitigungs- und Wiederherstellungsanspruch, den er notfalls gerichtlich mit der allgemeinen Leistungsklage (→ RN 48) durchsetzen kann.

III. Handeln der Verwaltung nach Privatrecht

20 Die Verwaltung handelt nicht nur hoheitlich nach öffentlich-rechtlichen Normen, sondern wird auch auf der Gleichordnungsebene – wie der Bürger oder eine private juristische Person – privatrechtlich tätig. Dabei lassen sich drei Fallgruppen voneinander abgrenzen:

1. Privatrechtliche Hilfsgeschäfte der Verwaltung

21 Die Beschaffung der für die Verwaltung erforderlichen Sachgüter erfolgt durch privatrechtliche Verträge (z. B. Kaufverträge, Mietverträge, Werkverträge). Dasselbe gilt für die Einstellung von Angestellten und Arbeitern. Maßgebend sind hier allein die Vorschriften des Privatrechts. Zuständig sind im Streitfall die ordentlichen Gerichte (oder Arbeitsgerichte).

> **Beispiel:** Kauf von Büromaterial, Kraftfahrzeugen, Grundstücken, Verwaltungsgebäuden.

2. Erwerbswirtschaftliche Betätigung

22 Gleichzeitig nimmt der Staat in erheblichem Umfang als normaler Unternehmer am Wirtschaftsleben teil – entweder durch eigenunternehmerische Tätigkeit oder über Handelsgesellschaften, insbesondere Aktiengesellschaften, die ganz oder teilweise in staatlicher Hand sind.

> **Beispiel:** Porzellanmanufakturen, Bierbrauereien, Bergbauunternehmen, Banken, VEBA, STEAG, Lufthansa, Salzgitter AG.

Wie jedes private Unternehmen zielt auch die erwerbswirtschaftliche Betätigung des Staates auf Gewinn und orientiert sich an wirtschaftlichen Grundsätzen. Dementsprechend kommen hier ebenfalls die Normen des Privatrechts zur Anwendung.

3. Verwaltungsprivatrecht

23 Um bei der Art und Weise der Aufgabenerfüllung über einen größeren rechtlichen Gestaltungsspielraum zu verfügen, erfüllt die Verwaltung einen Teil ihrer *Verwaltungsaufgaben* ebenfalls in der Form des Privatrechts. Sie ist dazu befugt, soweit sie nicht auf hoheitliche Zwangsmittel angewiesen ist und öffentlich-rechtliche Vorschriften nicht entgegenstehen. Die sich daraus ergebende *Wahlfreiheit* zwischen privaten und öffentlich-rechtlichen Rechtsformen (→ Kap. 2/RN 22 f.) bezieht sich sowohl auf die Organisation der Einrichtung als auch auf die Ausgestaltung des Leistungs- oder Benutzungsverhältnisses.

> **Beispiel:** Große Teile der sog. öffentlichen Daseinsvorsorge sind privatrechtlich organisiert. Die Versorgung mit Gas, Wasser, Elektrizität, Müllabfuhr usw. erfolgt in vielen Städten und Gemeinden durch juristische Personen des Privatrechts (GmbH, AG → Kap. 2/RN 26). Daneben existieren z. B. private Messegesellschaften, Verkehrsgesellschaften usw. Auch städtische Schwimmbäder, Bibliotheken, Konzertsäle werden teilweise privatrechtlich von der öffentlichen Hand betrieben.

Die Verwaltung darf sich aber mit der Wahl privatrechtlicher Rechtsformen nicht den bestehenden öffentlich-rechtlichen Bindungen entziehen. Das gilt insbesondere für die Zuständigkeitsordnung (→ Kap. 6/RN 14), den Gleichbehandlungsgrundsatz (→ Kap. 2/RN 11) und das Verhältnismäßigkeitsgebot (→ RN 34). Sie hat insofern dafür Sorge zu tragen, daß sie – z. B. aufgrund von Mehrheitsbeteiligungen und Stimmrechten – über ausreichenden Einfluß auf den privaten Rechtsträger verfügt.

IV. Grundbegriffe des Verwaltungsrechts

1. Grundsatz der Gesetzmäßigkeit der Verwaltung   24

Wesentliche Bedingung des modernen Rechtsstaats ist die Beachtung des Grundsatzes der Gesetzmäßigkeit der Verwaltung. Er beinhaltet zwei Komponenten:

- **Vorrang des Gesetzes**
  Der Vorrang des Gesetzes besagt, daß jedes Verwaltungshandeln, auch soweit es nicht in die Rechte einzelner eingreift, die bestehenden Gesetze beachten muß.

> **Beispiel**: Die Behörde darf z. B. nicht bei einer Planfeststellung (→ RN 40) auf die vorgeschriebene Umweltverträglichkeitsprüfung verzichten, weil sie der Meinung ist, der Abfall müsse um jeden Preis in der betreffenden Region entsorgt werden.

- **Vorbehalt des Gesetzes**
  Aufgrund des Vorbehalts des Gesetzes darf die Verwaltung nur tätig werden, wenn sie dazu in einem Gesetz ausdrücklich ermächtigt worden ist.

Über staatliche Maßnahmen, die in die Rechts- und Freiheitssphäre des Bürgers eingreifen, ihn belasten und ihn in seinem Handlungsspielraum einengen, soll danach grundsätzlich der Gesetzgeber entscheiden. Die allgemeine gesetzliche Zuweisung bestimmter Aufgabenbereiche reicht insoweit nicht aus. Erforderlich ist vielmehr eine nach Inhalt, Gegenstand, Zweck und Ausmaß hinreichend bestimmte **Befugnisnorm**.

> **Beispiel:** Ein Chemieunternehmen verstößt gegen die Anmeldepflicht für das „In-Verkehr-Bringen" neuer Stoffe nach § 4 ChemG. Um die Verbreitung des Stoffes zu verhindern, bedarf die zuständige Aufsichtsbehörde einer konkreten Befugnisnorm, hier § 23 ChemG.

Der Grundsatz des Vorbehalts des Gesetzes gilt zunächst einmal für den gesamten Bereich der Eingriffsverwaltung. Aber auch für die Bereiche der Leistungsverwaltung, also etwa die Vergabe von Subventionen, wird seine Anwendung mit gewissen Einschränkungen zunehmend bejaht, denn den Vorteilen, die ein Einzelner empfängt, korrespondieren in der Regel Benachteiligungen Dritter, so z. B. bei konkurrierenden Unternehmen.

2. Hoheitliche Handlungsspielräume

25 Die Tätigkeit der Verwaltung vollzieht sich, wie eben dargelegt, unter der Herrschaft des Rechts. In vielen Gesetzen sind Tatbestand und Rechtsfolge (→ Kap. 2/RN 27) denn auch eindeutig formuliert; die Gesetzesbindung der Verwaltung ist dementsprechend strikt (sog. gebundene Verwaltung). Die Gesetzesbindung kann aber auch gelockert werden, indem der Verwaltung bewußt sog. **Beurteilungs-** und **Ermessensspielräume** eingeräumt werden. Man spricht insoweit von der sog. gestaltenden Verwaltung. Sinn und Zweck solcher Beurteilungs- und Ermessensspielräume ist es, der Verwaltung aus Gründen einer effektiven Aufgabenwahrnehmung Freiräume für eigene Zweckmäßigkeitserwägungen zu schaffen. Sie soll in die Lage versetzt werden, unter Berücksichtigung aller Umstände jeweils angemessen und flexibel auf unterschiedliche Sachverhalte zu reagieren.

> **Beispiel:** Welche Einzelmaßnahmen von den zuständigen Sicherheitsbehörden bei einem größeren Unfall in einem Chemiewerk zu treffen sind (Evakuierung der umliegenden Häuser, Einstellung des Betriebs, Heranziehung bestimmter Spezialisten usw.) kann von dem Gesetzgeber im voraus kaum bestimmt werden.

a) Ermessen

26 Ermessen bezeichnet die Befugnis der Verwaltungsbehörde, bei Verwirklichung eines gesetzlichen Tatbestandes zwischen verschiedenen Verhaltensweisen (Rechtsfolgen) unter Zweckmäßigkeitsgesichtspunkten eine Auswahl zu treffen. Statt an den Tatbestand eine bestimmte Rechtsfolge zu knüpfen (wenn x, dann y), wird die Verwaltung ermächtigt, die **Rechtsfolge** selbst zu bestimmen. Dabei stehen ihr entweder zwei oder mehrere Möglichkeiten zur Verfügung (wenn x, dann a, b oder c), oder ihr ist ein gewisser Handlungsbereich zugewiesen. Das Ermessen kann sich darauf beziehen, *ob* und *wann* die Verwaltung eine zulässige Maßnahme treffen will (**Entschließungsermessen**), und/oder darauf, welche von verschiedenen zulässigen Maßnahmen sie ergreifen, also *wie* und gegen *wen* sie einschreiten möchte (**Auswahlermessen**). Eine besondere Form des Ermessen stellt das noch weiter unten zu behandelnde **Planungsermessen** (→ RN 44) dar.

> **Beispiel:** Kommt der Betreiber einer emmitierenden Anlage, z. B. eines Fußballplatzes, einer vollziehbaren Anordnung nach § 24 BImSchG nicht nach, etwa dem Gebot, um den Fußballplatz aus Lärmschutzgründen eine Hecke zu pflanzen (Tatbestand), so *kann* die zuständige Behörde den Betrieb des Fußballplatzes ganz oder teilweise untersagen (§ 25 BImSchG) (Rechtsfolge). Ob die Behörde bei Vorliegen des Tatbestandes den Betrieb untersagt und in welchem Umfang, bleibt grundsätzlich ihr selbst überlassen und wird davon abhängen, wie stark die Lärmbeeinträchtigungen sind, warum der Betreiber der Anordnung nicht Folge geleistet hat usw.

Wann eine Rechtsnorm Ermessen einräumt, muß durch Auslegung ermittelt werden. Nur selten findet sich hier ein ausdrücklicher Hinweis im Gesetz selbst (vgl. z. B. § 22 VwVfG). Ein relativ sicheres Indiz für die Einräumung eines Ermessens ist der Gebrauch des Wortes „kann". Darüber hinaus läßt sich in der Regel auch von Formulierungen wie „darf", „ist zulässig", „ist berechtigt" „ist ermächtigt" auf eine Ermessensbefugnis schließen. „Soll" ist in diesem Zusammenhang als „muß" zu lesen, es sei denn, es liegt ein besonderer Fall vor (sog. **Ausnahme-Ermessen**).

27
→ § 40 VwVfG

→ § 114 VwGO

Ermessen bedeutet nicht, daß die Verwaltung entscheiden und handeln kann wie sie möchte. Die Behörde hat ihr Ermessen vielmehr entsprechend dem Zweck der Ermächtigung auszuüben und die gesetzlichen Grenzen des Ermessens einzuhalten. Zwar ist den Verwaltungsgerichten die Überprüfung von reinen Zweckmäßigkeitserwägungen der Verwaltung grundsätzlich verwehrt. Ausgenommen von diesem Verbot sind aber sog. **Ermessensfehler**, die auf einer Nichtbeachtung der *rechtlichen* Grenzen des Ermessens beruhen. Solche Ermessensfehler liegen vor:

- wenn die Behörde von dem ihr zustehenden Ermessen keinen Gebrauch macht, weil sie irrtümlicherweise oder aus Nachlässigkeit annimmt, sie sei kraft zwingenden Rechts zum Handeln verpflichtet oder nicht verpflichtet (sog. **Ermessensnichtgebrauch**). Die Einräumung einer Ermessensbefugnis beinhaltet immer die Pflicht zu prüfen, ob ein Einschreiten im konkreten Fall angebracht ist oder nicht.

> **Beispiel:** Der in der Nähe einer Kirche wohnende A beantragt bei der zuständigen Behörde, gegen das frühzeitige und ruhestörende Glockenläuten einzuschreiten; die zuständige Behörde unternimmt nichts, weil sie irrtümlich

> glaubt, sie sei überhaupt nicht befugt, gegenüber Kirchen Anordnungen zu erlassen.

- wenn die Behörde eine nicht mehr im Rahmen der Ermessensvorschrift liegende Rechtsfolge wählt (sog. **Ermessensüberschreitung**).

> **Beispiel:** Die Behörde verlangt eine Gebühr von DM 90,– obwohl für die konkrete Verwaltungsangelegenheit nach der Gebührenordnung nur eine Gebühr zwischen DM 5,– und DM 50,– verlangt werden darf.

- wenn die Behörde sich nicht ausschließlich vom Zweck der Ermessensvorschrift leiten läßt, sondern sachfremde Beweggründe in die Entscheidungsfindung mit einfließen läßt bzw. solche öffentlichen und privaten Interessen, die zu beachten sind, in ihre Erwägungen gerade nicht mit einbezieht (sog. **Ermessensfehlgebrauch**). An dieser Stelle kommen vor allem die Grundrechte, insbesondere das Gleichheitsgebot (→ Kap. 2/RN 11) und der Grundsatz der Verhältnismäßigkeit (→ RN 34) zum Tragen, die bei jeder Ermessensentscheidung zu berücksichtigen sind.

> **Beispiel:** Ermessensfehlerhaft in diesem Sinne sind z. B. persönliche oder parteipolitische Rücksichtnahmen.

28 Im Einzelfall kann sich jedoch auch im Rahmen des Ermessens die Wahlmöglichkeit auf *eine* Alternative reduzieren. Das ist dann der Fall, wenn nur noch eine Entscheidung ermessensfehlerfrei ist, alle anderen Entscheidungen ermessensfehlerhaft wären. Die Behörde ist dann verpflichtet, diese eine ihr noch verbleibende Entscheidung zu „wählen". Man spricht in diesen Fällen von „**Ermessensreduzierung auf Null**" oder „**Ermessensschrumpfung**".

> **Beispiel:** Soweit ausnahmsweise Leib und Leben durch schädliche Umwelteinwirkung einer nicht genehmigungsbedürftigen Anlage im Sinne des § 22 BImSchG gefährdet sind, ist die zuständige Behörde nach § 24 BImSchG verpflichtet, schützend einzugreifen.

b) Unbestimmter Rechtsbegriff

29 Von der Einräumung eines Ermessensspielraums auf der Rechtsfolgenseite einer Norm strikt zu unterscheiden ist die Verwendung sog. „unbestimmter Rechtsbegriffe" auf der Tatbestandsseite. Unbestimmte Rechtsbegriffe zeichnen sich durch einen besonders hohen Abstraktionsgrad aus; ihr Bedeutungsgehalt läßt sich über den reinen Wortlaut meistens kaum erschließen.

> **Beispiel:** Während etwa Tatbestandsmerkmale wie Tiergehege, Auskunft, Grundstück, Meeresstrand, Grundwasser usw. relativ klar gefaßt sind, bleibt der konkrete Bedeutungsgehalt solcher Gesetzesbegriffe wie Wohl der Allgemeinheit, Stand der wissenschaftlichen Erkenntnis, öffentliches Interesse, wichtiger Grund, Verkehrsinteressen, Zuverlässigkeit, Beeinträchtigung des Landschaftsbilds zunächst einmal unbestimmt.

Unbestimmte Rechtsbegriffe bedürfen daher in ganz besonderem Maße der Auslegung. Trotz ihrer Unbestimmtheit geht man aber davon aus, daß nur *eine*

Auslegungsvariante im konkreten Fall rechtmäßig ist: Entweder das Bauwerk beinträchtigt das Landschaftsbild oder es beinträchtigt es nicht. Entweder die Filteranlage entspricht dem neusten Stand der wissenschaftlichen Erkenntnis oder sie tut es nicht. – Natürlich gibt es viele Fälle, in denen erhebliche Unsicherheit darüber besteht, welche Alternative nun wirklich zutrifft. Dieses Erkenntnisproblem wird aber letzlich negiert, so daß das Verwaltungsgericht die Auslegung eines unbestimmten Rechtsbegriffs im konkreten Fall *voll überprüfen* kann.

c) Beurteilungsspielräume

Ausnahmsweise wird der Verwaltung bei der Auslegung unbestimmter Rechtsbegriffe aber ein sog. Beurteilungsspielraum zuerkannt. Ihr ist dann auch auf der Tatbestandsseite einer Norm ein Bereich eigener, gerichtlich nicht weiter überprüfbarer Wertung und Entscheidung zugewiesen. Die Verwaltungsgerichte haben die innerhalb dieses Bereichs liegende Entscheidung grundsätzlich hinzunehmen und können nur prüfen, ob die **Grenzen des Beurteilungsspielraums** beachtet wurden. Dabei bedienen sie sich der Kriterien, die wir soeben bei der Ermessensfehlerlehre kennengelernt haben (→ RN 27).

Ein Beurteilungsspielraum wird in den Fällen bejaht, in denen das Gericht die Entscheidung nicht vollständig nachvollziehen kann, und zwar aufgrund:

- der besonderen Entscheidungssituation

  Beispiel: Prüfungsentscheidungen, beamtenrechtliche Beurteilungen.

- der besonderen Sachkenntnis des Entscheidungsgremiums

  Beispiel: Prüfung der Befähigung zum Architekten durch unabhängigen Sachverständigenausschuß, Bewertung von Weizensorten durch unabhängigen Sachverständigenausschuß.

- des besonderen Entscheidungsgegenstands

  Beispiel: Prognoseentscheidungen und Risikobewertungen im Bereich des Umweltrechts, z. B. die Vorsorge gegen Gefahren durch den Betrieb von Kernkraftwerken.

- des unabhängigen, pluralistisch zusammengesetzen Entscheidungsgremiums

  Beispiel: Indizierung jugendgefährdender Schriften durch die Bundesprüfstelle.

Hinzuweisen bleibt noch darauf, daß Ermessen, unbestimmter Rechtsbegriff und Beurteilungsspielraum auch in Kombination auftreten können.

	Tatbestand	Rechtsfolge
Gerichtlich voll überprüfbar	unbestimmter Rechtsbegriff	
Gerichtlich nur eingeschränkt überprüfbar	Beurteilungsspielraum	Ermessen

3. Das subjektive öffentliche Recht

32

Das subjektive Recht und seinen Unterschied zum objektiven Recht haben wir schon bei der Einführung in das Recht (→ Kap. 2/RN 24) kennengelernt. An dieser Stelle wollen wir uns noch einmal kurz den Besonderheiten des subjektiv *öffentlichen* Rechts zuwenden, also der dem Einzelnen kraft öffentlichen Rechts verliehenen Rechtsmacht, vom Staat zur Verfolgung eigener Interessen ein bestimmtes Verhalten (Tun, Dulden, Unterlassen) verlangen zu können.

→ Art. 19 IV GG

Die eminente praktische Bedeutung der subjektiven öffentlichen Rechte liegt vor allem in der Möglichkeit ihrer *gerichtlichen Durchsetzbarkeit*. Nach der im Grundgesetz verankerten Rechtswegsgarantie steht jedem, der durch die Verwaltung in seinen Rechten verletzt ist, der Gerichtsweg offen. Der Bürger kann folglich immer dann, aber auch nur dann, die Gerichte anrufen, wenn er die Verletzung subjektiver Rechte geltend machen kann (sog. **Klagebefugnis** – zu den Einzelheiten des verwaltungsgerichtlichen Rechtsschutzes, der durch die Verwaltungsgerichtsordnung [VwGO] im einzelnen ausgeformt ist → RN 45 ff.).

> **Beispiel:** Ohne Berufung auf subjektiv öffentliche Rechtsposition ist es dem Nachbarn z. B. nicht möglich, sich gerichtlich gegen eine rechtswidrig erteilte Genehmigung für den Bau eines Mehrfamilienhauses oder den Betrieb einer emittierenden Anlage neben seinem Grundstück zur Wehr zu setzen.

33

Voraussetzung für die Annahme eines subjektiven Rechts ist:

(1) das Vorliegen einer Rechtsnorm, die die Verwaltung zu einem bestimmten Verhalten verpflichtet (Rechtspflicht der Verwaltung),
(2) der mit der Rechtsnorm – zumindest auch – bezweckte Schutz von Individualinteressen einzelner Bürger (**sog. Schutznormtheorie**). Der Kreis der Berechtigten muß insofern *abgrenzbar* sein.

Ob diese Voraussetzungen vorliegen, ist durch *Auslegung* zu ermitteln. Schwierigkeiten bereiten vor allem die Fallkonstellationen, in denen – wie oben im Beispiel – die Verwaltung gegenüber einer bestimmten Person (Bauherr, Anlagenbetreiber) tätig oder nicht tätig wird und dieses Verhalten mittelbare Auswirkungen auf Dritte (Nachbar) hat (sog. **Drittschutzfälle**).

> **Beispiel:** Aufgrund der Verwendung des Wortes „Nachbarschaft" in § 5 I Nr. 1 BImSchG ist diese Norm als drittschützendes subjektives Recht anerkannt, während das Vorsorgeprinzip in § 5 I Nr. 2 BImSchG nach h.M. keine drittschützende Wirkung entfaltet. Soweit die behördliche Erteilung einer immissionsschutzrechtlichen Genehmigung gegen § 5 I 1 Nr. 1 BImSchG verstößt, kann der Nachbar einer emittierenden Anlage daher gegen die Genehmigung gerichtlich vorgehen. Verstöße gegen § 5 I Nr. 2 BImSchG können dagegen mangels Klagebefugnis nicht gerichtlich geltend gemacht werden.

4. Verhältnismäßigkeit

Nicht nur die Verwaltung, sondern auch der Gesetzgeber ist an den Grundsatz der Verhältnismäßigkeit (Übermaßverbot) gebunden. Danach sind nur solche staatlichen Maßnahmen zulässig:

34

(1) mit deren Hilfe der gewünschte Erfolg gefördert werden kann. Es bedarf jedoch nicht des Einsatzes des bestmöglichen oder geeignetsten Mittels, vielmehr genügt ein Beitrag zur Zielerreichung (**Gebot der Geeignetheit**).

(2) Ferner darf das Ziel der Maßnahme nicht durch ein anderes, gleich wirksames Mittel erreichbar sein, das die Rechte des Einzelnen weniger fühlbar einschränkt (**Gebot der Erforderlichkeit**).

(3) Schließlich muß die Maßnahme **proportional** oder **verhältnismäßig im engeren Sinne** sein, d. h., sie darf nicht außer Verhältnis zum erstrebten Erfolg stehen, die mit ihr verbundenen Nachteile dürfen die Vorteile nicht überwiegen.

Im Verwaltungsrecht findet der Verhältnismäßigkeitsgrundsatz in erster Linie dort Anwendung, wo der Behörde vom Gesetz ein Entscheidungsspielraum eingeräumt wurde (→ 25 ff.), den sie selbständig auszufüllen hat.

> **Beispiel:** So ist etwa im Fall des „lauten Fußballplatzes" (→ RN 26) die von der Behörde im Rahmen ihrer Ermessensausübung getroffene Anordnung, zur Lärmminderung eine Hecke zu pflanzen, geeignet, die Lärmimmissionen zu vermindern. Mildere, gleich geeignete Maßnahmen sind nicht ersichtlich. Insbesondere ein (zeitlich beschränktes) Benutzungsverbot würde den Betreiber stärker beeinträchtigen. Schließlich erscheint die Maßnahme auch unter finanziellen Gesichtspunkten zumutbar, d. h. verhältnismäßig im engeren Sinne.

V. Verwaltungsverfahren

35 Einzelfallentscheidungen der Verwaltung, die den Bürger in seinen Rechten berühren, werden in einem sog. Verwaltungsverfahren getroffen. Während die Handlungsform das *Endprodukt* des Verwaltungshandelns bezeichnet (Verwaltungsakt, öffentlich-rechtlichen Vertrag usw.), betrifft das Verwaltungsverfahren die *Art und Weise der Entscheidungsfindung* und ihre *Durchsetzung*.

1. Allgemeines Verwaltungsverfahren

36 Soweit in speziellen Vorschriften nicht etwas Besonderes geregelt ist, richtet sich der Ablauf des allgemeinen Verwaltungsverfahrens nach dem Verwaltungsverfahrensgesetz.

Das Bundesverwaltungsverfahrensgesetz (VwVfG) ist anzuwenden bei der Ausführung von Bundesgesetzen durch Bundesbehörden bzw. bundesunmittelbare Körperschaften, Anstalten und Stiftungen des öffentlichen Rechts sowie bei der Ausführung von Bundesgesetzen durch Landesbehörden, wenn sie Bundesrecht im Auftrage des Bundes oder als eigene Angelegenheit ausführen; letzteres allerdings nur sofern nicht ein Landesverwaltungsverfahrensgesetz (z. B. BayVwVfG) besteht. In den übrigen Fällen, die den weitaus größten Teil des Verwaltungsalltags ausmachen, sind die inzwischen in fast allen Bundesländer bestehenden Landesverwaltungsverfahrensgesetze anzuwenden, deren Wortlaut und Inhalt mit dem Bundesverwaltungsverfahrensgesetz weitgehend identisch ist.

Zu den wesentlichen Regelungen des VwVfG gehören solche über: die Handlungs- und Beteiligtenfähigkeit (§§ 11–21 VwVfG), den Untersuchungsgrundsatz (§ 24 VwVfG), die Beweismittel (§§ 26 f. VwVfG), die Anhörung (§ 28 VwVfG), Akteneinsichtsrechte (§§ 29 f. VwVfG), Berechnung von Fristen und Terminen (§§ 31 f. VwVfG), den Verwaltungsakt inklusive möglicher Nebenbestimmungen, Rücknahme und Widerruf (§§ 35–52 VwVfG), die Zulässigkeit des öffentlich-rechtlichen Vertrages (§§ 54–62 VwVfG). Ebenfalls dort geregelt ist das unter bestimmten Voraussetzungen erforderliche (z. B. bei Besteuerungsverfahren, der Flurbereinigung oder Ordnungswidrigkeitenverfahren) **förmliche Verwaltungsverfahren** (§§ 63–71 VwVfG), das im Vergleich zum grundsätzlich formlosen Verwaltungsverfahren einige Besonderheiten aufweist (schriftlicher Antrag, Mitwirkungspflicht von Zeugen und Sachverständigen, mündliche Verhandlung, kein Widerspruchsverfahren → RN 49) und das weiter unten noch ausführlicher zu behandelnde **Planfeststellungsverfahren** (§§ 72–78 VwVfG).

37 Die **Zustellung von Schriftstücken** erfolgt auf Bundesebene nach dem Verwaltungszustellungsgesetz (VwZG). Mögliche Zustellungsarten: Zustellung durch Post mit Zustellungsurkunde oder mittels eingeschriebenen Briefes, Zustellung durch die Behörde gegen Empfangsbekenntnis oder Vorlegen der Urschrift.

38 Die **Vollstreckung** einer getroffenen Entscheidung ist im Verwaltungsvollstreckungsgesetz (VwVG) geregelt. Zwangsmittel sind danach: die Ausführung der angeordneten Maßnahme durch die Vollzugsbehörde oder einen anderen auf Kosten des Pflichtigen (sog. Ersatzvornahme), das Zwangsgeld und der unmittelbare Zwang.

39 **Kosten** für die Inanspruchnahme von Leistungen der öffentlichen Verwaltung (z. B. Beglaubigungen, Genehmigungen usw.) werden nach dem Verwaltungskostengesetz (VwKostG) erhoben.

Alle drei letztgenannten Gesetze haben wie das VwVfG ein entsprechendes Pendant auf Landesebene, denn die Landesbehörden führen nicht nur die Landesgesetze, sondern auch die Bundesgesetze als eigene Angelegenheit aus.

2. Planfeststellungsverfahren

Den Besonderheiten der hoheitlichen Handlungsform Plan entspricht bei der fachbezogenenen Raumplanung ein besonderes Verwaltungsverfahren: das sog. Planfeststellungsverfahren. Aufgrund seiner Bedeutung in der Praxis, gerade auch im Hinblick auf den Umweltschutz, und seines komplizierten Ablaufs soll es hier genauer dargestellt werden.

40

> **Beispiel:** Bundesrechtlich vorgesehen ist ein Planfeststellungsverfahren z. B. für:
> - den Bau oder die Änderung einer Bundesfernstraße, Bundesautobahn, Bundesstraße (Bundesfernstraßenrechtliche Planfeststellungen, § 17 FStrG);
> - die Errichtung oder Änderung eines Flughafens oder eines Landeplatzes mit beschränktem Bauschutzbereich (Luftverkehrsrechtliche Planfeststellungen, § 8 LuftVG);
> - die Errichtung und den Betrieb einer Anlage des Bundes zur Sicherstellung und zur Entladung radioaktiver Abfälle sowie die wesentliche Änderung einer solchen Anlage und ihres Betriebs (Atomrechtliche Planfeststellungen, § 9b AtG);
> - den Bau oder die Änderung einer Straßenbahn i.S. d. PBefG, also auch einer U-Bahn (Personenbeförderungsrechtliche Planfeststellungen, § 28 PBefG);
> - den Ausbau, die Herstellung, die Beseitigung oder die wesentliche Umgestaltung eines Gewässers oder seiner Ufer sowie Deich- und Dammbauten, die den Hochwasserabfluß beeinflussen (Wasserrechtliche Planfeststellungen, § 31 WHG);
> - gemeinschaftliche und öffentliche Anlagen im Flurbereinigungsgebiet nebst den dazugehörenden landschaftspflegerischen Maßnahmen (Flurbereinigungsrechtliche Planfeststellungen, § 41 FlurbG).

a) Ablauf des Planfeststellungsverfahren

Grundsätzlich sind für den Ablauf des in der Praxis oft mehrere Jahre dauernden Planfeststellungsverfahrens die Regelungen im Verwaltungsverfahrensgesetz maßgeblich, es sei denn, die jeweiligen Fachgesetze enthalten abweichende Bestimmungen. Grob skizziert läuft das Verfahren wie folgt ab:

41

→ §§ 72 ff. VwVfG

(1) Antrag

Der Vorhabenträger reicht zur Durchführung des Planfeststellungsverfahrens für das planfeststellungsbedürftige Objekt einen Antrag bei der zuständigen Behörde ein.

→ § 73 I VwVfG

(2) Behördenanhörung

Die Planfeststellungs- bzw. Anhörungsbehörde gibt denjenigen Fachbehörden Gelegenheit zur Stellungnahme, deren Aufgabenbereich durch das Vorhaben in irgendeiner Weise berührt ist.

→ § 73 II VwVfG

(3) Auslegung des Antrags und öffentliche Bekanntmachung

Der Antrag des Vorhabenträgers ist zusammen mit den erforderlichen Unterlagen je nach Vorhaben für die Dauer zwischen zwei Wochen und zwei Monaten öffentlich an den ortsüblichen Stellen in den jeweiligen Gemeinden auszule-

→ § 73 III VwVfG

gen, damit die betroffenen Bürger ihre Beteiligungsrechte effektiv wahrnehmen können.

(4) Einwendungen

→ § 73 IV VwVfG

Während der Auslegungsfrist bzw. innerhalb einer auch später ablaufenden Frist können sachliche Einwendungen gegen das Vorhaben erhoben werden. Einwendungsbefugt ist entweder **jedermann** oder nur derjenige, dessen Belange durch das Vorhaben berührt werden (sog. **Interessenbeteiligung**). Der Ablauf der Auslegungsfrist hat zumindest die **formelle Präklusion** zur Folge, d. h., die verspäteten Einwendungen müssen im Erörterungstermin nicht mehr erörtert werden. Teilweise führt der Ablauf der Frist aber auch zur **materiellen Präklusion**, d. h., in einem späteren Verwaltungsgerichtsprozeß kann die Klage nicht mehr auf Umstände gestützt werden, die bereits im Wege der Einwendung hätten geltend gemacht werden können, und die der Planfeststellungsbehörde nicht unabhängig von der Geltendmachung bekannt waren (→ Kap. 7/ RN 41f).

(5) Erörterungstermin

→ § 73 IV VwVfG

Die rechtzeitig erhobenen Einwendungen (bei Großverfahren häufig mehrere tausend) werden unter dem Vorsitz der Anhörungsbehörde und unter Beisein der Antragsteller mit den Einwendern erörtert. Der Erörterungstermin kann sich unter Umständen über Wochen hinziehen und findet in der Praxis oft in emotional aufgeladener Atmosphäre statt. Das Ziel des Erörterungstermins, zur allgemeinen Sachaufklärung beizutragen, die Einwender zu informieren und zu befrieden und vorgelagerten Rechtsschutz zu gewähren, wird nur selten erreicht.

(6) Erlaß des Planfeststellungsbeschlusses

→ § 74 I VwVfG

Am Ende des Planfeststellungsverfahrens steht der Erlaß des Planfeststellungsbeschlusses durch die zuständige Planfeststellungsbehörde. Die Planfeststellungsbehörde entscheidet dabei über alle entscheidungserheblichen Fragen, so daß alle potentiell Betroffenen die möglichen Auswirkungen des Planfeststellungsbeschlusses erkennen können.

b) Inhalt und Wirkung des Planfeststellungsbeschlusses

42

→ § 75 VwVfG

Der Planfeststellungsbeschluß ergeht in Form eines Verwaltungsaktes (→ RN 9). Dieser Verwaltungsakt beinhaltet die:

- **Gestattungswirkung:**
  Durch den Planfeststellungsbeschluß wird die Zulässigkeit des Vorhabens einschließlich der notwendigen Folgemaßnahmen an anderen Anlagen im Hinblick auf alle von ihm berührten öffentlichen Belange festgestellt.
- **Konzentrationswirkung:**
  Da sämtliche rechtlich relevanten Vorschriften im Planfeststellungsverfahren beachtet werden müssen, bedarf es neben dem Planfeststellungsbe-

schluß keiner anderen behördlichen Entscheidung, insbesondere keiner öffentlich-rechtlichen Genehmigung, Verleihung, Bewilligung, Zustimmung usw.
- **Gestaltungswirkung:**
Alle öffentlich-rechtlichen Beziehungen zwischen dem Träger des Vorhabens und den durch den Plan betroffenen Rechtsträgern (→ Kap. 2/RN 26) werden im Planfeststellungsbeschluß abschließend geregelt. Soweit z. B. dort eine Auflage enthalten ist, die Kosten für Lärmschutzfenster zu übernehmen, kann der Begünstigte einen entsprechenden Anspruch direkt auf den Planfeststellungsbeschluß stützen.
- **Duldungs- bzw. Ausschlußwirkung:**
Sobald der Planfeststellungsbeschluß unanfechtbar geworden ist, sind privat- oder öffentlich-rechtliche Ansprüche auf Unterlassung des Vorhabens, auf Beseitigung oder Änderung der Anlagen oder auf Unterlassung ihrer Benützung ausgeschlossen. Von dieser (auch privatrechtsgestaltenden) Ausschlußwirkung werden insbesondere gesetzliche privatrechtliche Unterlassungs-, Änderungs- oder Beseitigungsansprüche betroffen.
- **Enteignungsvorwirkung:**
Unabhängig von der Duldungs- und Ausschlußwirkung sind häufig fremde Rechte, insbesondere von Grundstückseigentümern, durch die Verwirklichung des Vorhabens betroffen. Die entsprechenden Festsetzungen im Planfeststellungsbeschluß berechtigen dann zur Enteignung nach Maßgabe der einschlägigen (landesrechtlichen) Enteignungsgesetze.

Im Planfeststellungsbeschluß können auch **Schutzauflagen** und **Entschädigungsansprüche** festgesetzt werden. Das ist immer dann der Fall, wenn das Vorhaben als solches zwar zulässig erscheint, einzelne Personen aber durch Lärmimmissionen usw. unzumutbar beeinträchtigt werden. Hier sind dem Träger des Vorhabens Vorkehrungen oder die Errichtung und Unterhaltung von Anlagen aufzuerlegen, die zum Wohle der Allgemeinheit oder zur Vermeidung nachteiliger Wirkungen auf Rechte anderer erforderlich sind. Bestehen für derartige Vorkehrungen keine Möglichkeiten oder sind sie mit dem Vorhaben unvereinbar, so hat der Betroffene Anspruch auf eine angemessene finanzielle Entschädigung.

c) Rechtliche Schranken der planerischen Gestaltungsfreiheit

Das Ergebnis eines Planfeststellungsverfahrens ist nicht von vornherein gesetzlich vorgegeben. Gerade *im* und *durch* das Verfahren soll die Entscheidung gefunden werden. Statt konditional („Wenn-Dann-Schema" → Kap. 2/RN 27) ist die Planung final programmiert, d. h. zweck- und zielausgerichtet. Ähnlich wie das Ermessen (→ RN 27) unterliegt aber auch das Planungsermessen rechtlichen Grenzen und insoweit auch der gerichtlichen Überprüfbarkeit.

- **Planrechtfertigung**
  Die gemeinnützige Planfeststellung, die Vorhaben zum Gegenstand hat, mit denen unmittelbar zum Wohl der Allgemeinheit öffentliche Aufgaben wahrgenommen werden, bedarf zunächst der Planrechtfertigung, d. h. die entsprechenden Vorhaben müssen als solche aus objektiver Sicht „vernünftigerweise geboten" sein. Andernfalls ließen sich die von der Planung oft ausgehenden Einwirkungen auf Rechte Dritter nicht legitimieren. Die Frage der konkreten Dimensionierung des Vorhabens braucht insoweit jedoch noch nicht beantwortet werden.
- **Planungsleitsätze**
  Zwingende Planungsleitsätze sind strikt zu beachten.

> **Beispiel:** So führt z. B. ein Verstoß gegen das Kreuzungsverbot auf Autobahnen (§ 1 III FernStrG), die planerisch mit besonderen Anschlußstellen ausgestattet werden müssen, zur Rechtswidrigkeit eines entsprechenden Planfeststellungsbeschlusses.

- **Abwägungsgebot**
  Jede Planung unterliegt dem Abwägungsgebot, d. h. alle durch das Planvorhaben berührten öffentlichen und privaten Belange müssen gegeneinander und untereinander mit dem Ziel der Planung abgewogen werden. Das gilt sowohl für das „ob" als auch das „wie" der Planung. Nach der sog. **Abwägungsfehlerlehre** ist das Abwägungsgebot verletzt, wenn:

– eine sachgerechte Abwägung überhaupt nicht stattfindet („**Abwägungsausfall**"),
– in die Abwägung Belange nicht einbezogen werden, die nach Lage der Dinge einbezogen werden müssen („**Abwägungsdefizit**"),
– die Bedeutung der betroffenen Belange verkannt und dadurch ihre Gewichtung in ihrem Verhältnis zueinander und der Ausgleich zwischen ihnen in einer Weise vorgenommen wird, durch die die objektive Gewichtigkeit einzelner dieser Belange völlig verfehlt wird („**Abwägungsfehlgewichtung**"). Dabei sind neben den sog. gesetzlichen Optimierungsgeboten (z. B. § 1 BNatSchG, § 50 BImSchG) auch Planungsalternativen zu berücksichtigen, soweit sie sich nach Lage der Dinge anbieten oder aufdrängen.

> **Beispiel:** Die Stadt M will einen Flughafen 40 km vom Stadtkern entfernt in der Nähe eines Nationalparks in einer nebelträchtigen Senke bauen. In die Abwägung einbezogen werden müssen nicht nur die Nebelgefahr und die Nähe zum Nationalpark, sondern auch die Entfernung zum Stadtkern und die damit auftretenden Verkehrsprobleme. Dabei kommt der Nebelgefahr aufgrund der zu erwartenden Beeinträchtigung des Flugverkehrs ganz besonderes Gewicht zu. Nur soweit Planungsalternativen nicht ersichtlich sind und ein unabweisliches Verkehrsbedürfnis besteht, ließe sich der Bau rechtfertigen, andernfalls läge eine Abwägungsfehlgewichtung vor.

Die gerichtliche Überprüfung eines Planfeststellungsbeschlusses kann mit der Anfechtungsklage (→ RN 48) herbeigeführt werden. Schutzansprüche, etwa auf Bau eines Lärmwalls (sog. **Planergänzungsanspruch**) sind grundsätzlich mit der Verpflichtungsklage (→ RN 48) zu erstreiten.

VI. Rechtsschutz

Die Kontrolle des Verwaltungshandelns obliegt der Verwaltungsgerichtsbarkeit. Der Begriff beschränkt sich heute auf die allgemeine Verwaltungsgerichtsbarkeit im Gegensatz zur Gerichtsbarkeit in besonderen Zweigen der öffentlichen Verwaltung (z. B. Finanzgerichtsbarkeit, Sozialgerichtsbarkeit).

45

Die Verwaltungsgerichtsbarkeit hat zunehmend an Bedeutung gewonnen. Ausgehend von der allgemeinen Rechtsschutzgarantie kann der Bürger gegen alle verwaltungsrechtlichen Maßnahmen klagen, die ihn in seinen subjektiven Rechten verletzen (→ RN 32). Folglich kontrollieren die Verwaltungsgerichte einen Großteil des Verwaltungshandelns.

Die Verwaltungsgerichtsbarkeit umfaßt grundsätzlich drei **Instanzen**, nämlich das Verwaltungsgericht als Ausgangsinstanz (VG), das Oberverwaltungsgericht als Berufungsinstanz (OVG) und das Bundesverwaltungsgericht als Revisionsinstanz (BVerwG). Während in der Ausgangs- und Berufungsinstanz sowohl die Sachfrage (Was ist wirklich passiert?) als auch die Rechtsfrage (Wie ist das Geschehene rechtlich zu beurteilen?) geklärt wird, beschränkt sich die Revision auf die Überprüfung der Rechtsfrage.

Zwar besteht die Möglichkeit, nach Erschöpfung des Instanzenzuges gegen das Endurteil ebenso wie gegen ein Gesetz oder eine Verwaltungsmaßnahme Verfassungsbeschwerde vor dem Bundesverfassungsgericht (BVerfG) zu erheben. Der Kläger kann sich hier aber nur auf die Verletzung von originärem Verfassungsrecht berufen; Fragen des einfachen Rechts werden nicht geprüft: Das Bundesverfassungsgericht ist *keine* Superrevisionsinstanz, sondern ein Verfassungsorgan. Dementsprechend liegt die Erfolgsquote von Verfassungsbeschwerden ziemlich niedrig (seit 1951 konstant bei 1 bis 2 Prozent).

46

1. Zulässigkeitsvoraussetzungen und Klagearten

Der **Rechtsweg** zu den Verwaltungsgerichten ist in allen öffentlich-rechtlichen Streitigkeiten nicht verfassungsrechtlicher Art gegeben, soweit nicht eine bundesgesetzliche Sonderregelung besteht. Von dieser sog. **verwaltungsgerichtlichen Generalklausel** nicht umfaßt sind demnach:

47

→ § 40 I VwGO

- Streitigkeiten des privaten Rechts und des Strafrechts; diese sind den ordentlichen Gerichten (Amtsgericht, Landgericht, Oberlandesgericht, Bundesgerichtshof) vorbehalten
- Verfassungsstreitigkeiten; sie werden vom Bundesverfassungsgericht oder dem Landesverfassungsgericht entschieden
- besondere öffentlich-rechtliche Streitigkeiten, die ausdrücklich den ordentlichen Gerichten oder den Sozial- bzw. Finanzgerichten zugewiesen sind.

48

Das Ziel der Klage (sog. **Klagebegehren**) entscheidet über die Art der einzureichenden Klage:

→ § 42 I VwGO
→ § 42 I VwGO

→ § 43 VwGO

→ § 47 VwGO

- Die **Anfechtungsklage** ist auf Aufhebung eines Verwaltungsaktes (→ RN 9 ff.) gerichtet.
- Mit der **Verpflichtungsklage** begehrt der Kläger die Verurteilung der zuständigen Behörde auf Erlaß eines abgelehnten oder unterlassenen Verwaltungsaktes.
- Gegenstand der **allgemeinen Leistungsklage** ist die Vornahme oder das Unterlassen eines Verwaltungsrealakts (→ RN 19).
- Mit der **Feststellungsklage** kann der Kläger die Feststellung des Bestehens oder Nichtbestehens eines verwaltungsrechtlichen Rechtsverhältnisses oder der Nichtigkeit eines Verwaltungsaktes erreichen.
- Gegenstand der **Normenkontrollklage** ist die Entscheidung über die Gültigkeit einer im Range unter dem Landesgesetz stehenden Rechtsvorschrift (Rechtsverordnung, Satzung → Kap. 2/RN 17 f.).

49

→ §§ 68–77 VwGO

Anfechtungs- und Verpflichtungsklage setzen grundsätzlich voraus, daß ein Vorverfahren, das sog. **Widerspruchsverfahren**, durchgeführt worden ist. Der Verwaltung wird hier die Möglichkeit eingeräumt, ihr eigenes Handeln intern noch einmal zu überprüfen. Gleichzeitig soll die Verwaltungsgerichtsbarkeit entlastet werden.

Das Vorverfahren beginnt mit der Erhebung des Widerspruchs innerhalb eines Monats nach Bekanntgabe oder Ablehnung des Verwaltungsaktes. Hält die Ausgangsbehörde den Widerspruch für begründet, weil das Verwaltungshandeln rechtswidrig oder unzweckmäßig war, so hilft sie ihm ab und entscheidet über die Kosten. Im anderen Fall ergeht ein Widerspruchsbescheid durch die nächsthöhere Behörde (zur Verwaltungsorganisation → Kap. 6). Gegen diesen Widerspruchsbescheid muß innerhalb eines Monats Klage vor dem VG erhoben werden; ansonsten erwächst der Verwaltungsakt ebenso wie bei der Versäumung der Widerspruchsfrist in Bestandskraft (→ RN 13).

50

→ § 42 II VwGO

Weitere wichtige Voraussetzung für die Zulässigkeit der Anfechtungs-, Verpflichtungs- und allgemeinen Leistungsklage ist die Behauptung der Verletzung subjektiver Rechte (sog. **Klagebefugnis**) (→ RN 32 f.). Erscheint eine solche Verletzung dem Gericht von vornherein nicht *möglich* (sog. Möglichkeitstheorie), weist es die Klage ohne weitere Sachprüfung als unzulässig ab.

Darüber hinaus muß die Klage beim **sachlich** und **örtlich zuständigen** Gericht **schriftlich** erhoben werden.

2. Vorläufiger Rechtsschutz

51

Bis zur endgültigen Entscheidung darüber, was rechtens ist, können oft mehrere Jahre vergehen. Um den Kläger, für den späte Gerechtigkeit nicht selten überhaupt zu spät kommt, nicht völlig schutzlos zu stellen, kann das Gericht auf Antrag **vorläufigen Rechtsschutz** gewähren. Dies geschieht durch die sog. **einstweilige Anordnung**, die sog. **Anordnung** oder **Wiederherstellung der aufschiebenden Wirkung** sowie die sog. **Aussetzung der Vollziehung**.

Auch insoweit müssen die allgemeinen Zulässigkeitsvoraussetzungen (insbes. Zuständigkeit, Klagebefugnis, Schriftform) beachtet werden.

- Die **einstweilige Anordnung** kommt zur Anwendung bei Verpflichtungs-, Leistungs- und Feststellungsklagen. Sie ist gerichtet auf eine vorläufige Regelung durch das Gericht, mit der verhindert werden soll, daß ein endgültiger Rechtsverlust eintritt. → § 123 VwGO

    Beispiel: Zahlung von Sozialhilfe, Vermietung eines Gemeindesaals für Parteiveranstaltung, vorläufige Versetzung in die nächste Klasse.

- Die Einlegung eines nicht offensichtlich unzulässigen Widerspruchs oder einer Anfechtungsklage gegen einen belastenden Verwaltungsakt führt grundsätzlich zur aufschiebenden Wirkung der Maßnahme (sog. **Suspensiveffekt**). Der Verwaltungsakt darf in diesem Fall erst dann vollzogen werden, wenn feststeht, daß die Klagefrist abgelaufen oder eine endgültige gerichtliche Entscheidung ergangen ist. → § 80 I VwGO

    Beispiel: Legt der Unternehmer U Widerspruch gegen eine Stillegungsverfügung (= Verwaltungsakt) seines Betriebs ein, so darf diese vorerst nicht von der Verwaltung durch Androhung von Zwangsgeld, Ersatzvornahme usw. vollstreckt werden.

- Soweit der Suspensiveffekt ausnahmsweise nicht eintritt, z. B. weil die Behörde die sofortige Vollziehung angeordnet hat oder eine Maßnahme schon nach dem Gesetz keine aufschiebende Wirkung entfaltet, ist das Verwaltungsgericht befugt, den Suspensiveffekt auf Antrag wiederherzustellen bzw. erstmals anzuordnen. → § 80 II VwGO

    → § 80 V VwGO

    Beispiel: Trotz Widerspruchs gegen einen Beitragsbescheid kann die Aufforderung zur Zahlung der Abwassergebühr sofort durch die zuständige Behörde vollstreckt werden (§ 80 II Nr. 1 VwGO). Auf Antrag des Gebührenschuldners und bei Vorliegen der sonstigen Voraussetzungen ordnet das Verwaltungsgericht hier die aufschiebende Wirkung des Widerspruch an.

Bei seiner Entscheidung über Maßnahmen im vorläufigen Rechtsschutz hat das Gericht das öffentliche Interesse bzw. das Interesse der Beteiligten an der Vollziehung der Entscheidung abzuwägen mit den Interessen des Klägers, vorläufigen Rechtsschutz zu erhalten. Wesentliches Kriterium der Abwägung ist insofern die Erfolgsaussicht der Hauptsache, die summarisch, d. h. überschlagsartig geprüft wird.

3. Formlose Rechtsbehelfe

52 Neben den dargestellten sog. förmlichen Rechtsbehelfen existieren noch sog. formlose Rechtsbehelfe, mit denen der Betroffene die Aufhebung, Änderung oder den Erlaß einer Verwaltungsmaßnahme verfolgen kann. Sie führen im Gegensatz zu den förmlichen Rechtsbehelfen weder zu einer nach außen wirkenden Zuständigkeitsverlagerung in Form der Überleitung des Verfahrens auf eine höhere Instanz (sog. **Devolutiveffekt**), noch entfalten sie aufschiebende Wirkung (sog. **Suspensiveffekt**). Herkömmlich unterschiedet man drei Typen formloser Rechtsbehelfe:

- **Gegenvorstellung**
  Mit der Gegenvorstellung wendet man sich an die Verwaltungsstelle, die die Verwaltungsmaßnahme erlassen oder unterlassen hat, mit der Bitte um erneute Überpüfung.
- **Aufsichtsbeschwerde**
  Die Aufsichtsbeschwerde richtet sich an die übergeordnete Instanz der Verwaltungsstelle, die den fraglichen Akt erlassen oder unterlassen hat, und enthält ebenfalls das Ersuchen, den Sachverhalt erneut zu überprüfen.
- **Dienstaufsichtsbeschwerde**
  Adressat der Dienstaufsichtsbeschwerde ist der Dienstvorgesetzte des Beamten, der den fraglichen Akt erlassen bzw. unterlassen hat. Sie ist gerichtet auf Überprüfung des persönlichen Verhaltens des Beamten unter dienst- und disziplinarrechtlichen Gesichtspunkten.

→ Art. 17 GG   Die dargestellten formlosen Rechtsbehelfe sind Ausfluß des verfassungsrechtlich verbürgten **Petitionsrechts**. Sie sind an keine Frist gebunden, können bei jeder staatlichen Stelle erhoben werden und unterliegen keinen weiteren Zulässigkeitsvoraussetzungen. Der Petent hat jedoch nur Anspruch auf einen sog. **informatorischen Bescheid**, aus dem hervorgeht, daß seine Eingabe zur Kenntnis genommen wurde und auf welche Art sie erledigt worden ist; einer (ausführlichen) Begründung bedarf es dagegen nicht.

Trotz manch anderslautender Einschätzung („die Petition ist formlos, fristlos und fruchtlos") haben formlose Rechtsbehelfe nicht nur eine eminente praktische Bedeutung, sie führen auch häufiger und schneller zur Beseitigung rechtswidriger Maßnahmen als förmliche Rechtsbehelfe.

Kontrollfragen:
1. Welchem Gesetz kommt zentrale Bedeutung für das allgemeine Verwaltungsrecht zu? (RN 3)
2. Kann eine Verwaltungsvorschrift Außenwirkung entfalten? (RN 8)
3. Welche Voraussetzungen hat der Verwaltungsakt? (RN 10)
4. Wodurch zeichnet sich die Bestandskraft eines Verwaltungsaktes aus? (RN 13)

5. Was versteht man unter einem Realakt? (RN 19)
6. Erklären Sie den Grundsatz der Gesetzmäßigkeit der Verwaltung. (RN 24)
7. Worin besteht der Unterschied zwischen Ermessen, unbestimmten Rechtsbegriff und Beurteilungsspielraum? (RN 25–31)
8. Welche Bedeutung hat das subjektiv öffentliche Recht? (RN 32)
9. Welche Prüfungsschritte sind bei der Verhältnismäßigkeitsprüfung einzuhalten? (RN 34)
10. Welche Wirkungen hat der Planfeststellungsbeschluß? (RN 42)
11. Welche Klagearten unterscheidet man? (RN 48)
12. Was versteht man unter dem Widerspruchsverfahren? (RN 49)

Weiterführende Literatur:
Baur, Fritz/Walter, Gerhard, Einführung in das Recht der Bundesrepublik Deutschland, 6. Aufl. (1992) S. 43–60; *Bull, Hans Peter*, Allgemeines Verwaltungsrecht, 3. Aufl. (1993); *Erichsen, Hans-Uwe/Martens, Wolfgang* (Hrsg.), Allgemeines Verwaltungsrecht, 10. Aufl. (1995); *Haase, Richard/Keller, Rolf*, Grundlagen und Grundformen des Rechts, 9. Aufl. (1992), S. 346–374, 421–429; *Koch, Hans-Joachim/Rubel, Rüdiger*, Allgemeines Verwaltungsrecht, 2. Aufl. (1992); *Kopp, Ferdinand O.*, Verwaltungsverfahrensgesetz, Kommentar, 5. Aufl. (1991); *Maurer, Hartmut*, Allgemeines Verwaltungsrecht, 9. Aufl. (1994); *ders.*, Verwaltungsrecht, in: Stern, u.a., Einführung in das deutsche Recht, 3. Aufl. 1991; *Model, Otto/Creifelds, Carl/Lichtenberger, Gustav*, Staatsbürgertaschenbuch, 27. Aufl. (1994), Abschnitt 141–152; *von Unruh, Georg-Christoph/Greve, Christian*, Grundkurs Öffentliches Recht, 4. Aufl. (1991).

4. Umweltverfassungsrecht

I. Staatsziel Umweltschutz
II. Umweltgrundrecht?
III. Grundrechte als Abwehrrechte vor Umweltbeeinträchtigungen
IV. Verfassungsrechtliche Schutzpflichten des Staates zur Erhaltung der Umwelt
V. Verfassungsrechtliche Grenzen des Umweltschutzes
VI. Gesetzgebungskompetenzen

Grundlage und Schranke der gesamten Umweltpolitik, die nicht zuletzt in den einzelnen Umweltgesetzen ihren Niederschlag findet, ist das Umweltverfassungsrecht. Darunter versteht man „die Gesamtheit der Verfassungsrechtsnormen, die dem Schutz der Umwelt zu dienen bestimmt sind" (*Hoppe/Beckmann*). An der Spitze der Normenhierachie stehend (→ Kap. 2/RN 26) prägt das Grundgesetz das gesamte staatliche Handeln und setzt ihm zugleich Grenzen.

1

I. Staatsziel Umweltschutz

Ausdrücklich ist der Umweltschutz im Grundgesetz in dem neu aufgenommenen Art. 20a GG geregelt. Dort heißt es: „Der Staat schützt auch in Verantwortung für die künftigen Generationen die natürlichen Lebensgrundlagen im Rahmen der verfassungsgemäßen Ordnung durch die Gesetzgebung und nach Maßgabe von Gesetz und Recht durch die vollziehende Gewalt und die Rechtsprechung". Die Einführung einer solchen Staatszielbestimmung wurde seit den 70er Jahren heftig diskutiert. Ihre Befürworter hoben hervor, der Umweltschutz als zentrale Staatsaufgabe müsse auch in der Verfassung verankert werden, um seine Bedeutung für das Gemeinwesen zu unterstreichen und um sicherzustellen, daß Umweltgesichtspunkte im Rahmen staatlicher Entscheidungsprozesse ausreichend Berücksichtigung finden. Indessen wiesen die Gegner der Staatszielbestimmung vor allem auf die Gefahr der Absolutierung des Umweltschutzes zu Lasten anderer Staatsaufgaben hin. Im übrigen passe die Aufnahme einer Staatszielbestimmung weder zum Duktus des Grundgesetzes noch sei sie wirklich sachlich notwendig, da die Verfassung schon jetzt grundsätzliche Wertentscheidungen für den Umweltschutz enthalte. Der Streit dürfte mit der Einführung des Art. 20a GG vorerst erledigt sein.

2
→ Art. 20a GG

Festzuhalten bleibt, daß sich aus der **objektiv-rechtlichen Dimension** (→ RN 7) der Staatszielbestimmung *keinerlei* subjektive Ansprüche auf konkrete umweltschützende Maßnahmen herleiten lassen. Ihre Bedeutung gewinnt die Staatszielbestimmung vielmehr als verfassungsrechtlicher **Abwägungsbelang**, z.B. im Rahmen planerischer Abwägungsentscheidungen, sowie als **Auslegungsmaßstab** bei der Konkretisierung unbestimmter Rechtsbegriffe (→ Kap. 3/RN 29) und Ermessensspielräume (→ Kap. 3/RN 26 ff.). Daneben formuliert sie einen bindenden Handlungsauftrag für die Legislative und Exekutive zur grundsätzlichen Förderung des Umweltschutzes; ein genereller Vorrang des Umweltschutzes vor anderen Verfassungsgütern kann daraus allerdings nicht abgeleitet werden.

Außerhalb des Grundgesetzes finden sich auch in zahlreichen Länderverfassungen umfangreiche Umweltschutzbestimmungen (z.B. Art. 141 Bay. Verf.; Art. 86 Bad.-Württ. Verf.; Art. 62 Hess. Verf.; Art. 18 II Nordrh.-Westf. Verf.; Art. 40 Rheinl.-Pfl. Verf.).

> **Beispiel:** „Die natürlichen Lebensgrundlagen, die Landschaft sowie die Denkmale der Kunst, der Geschichte und der Natur genießen öffentlichen Schutz und die Pflege des Staates und der Gemeinden" (Art. 86 Bad.-Württ. Verf.). „Die natürlichen Lebensgrundlagen stehen unter dem Schutz des Landes, der Gemeinden und Gemeindeverbände" (Art. 29a Nordrh.-Westf. Verf.).

II. Umweltgrundrecht?

3 Ebenfalls eingehend diskutiert wurde die Einführung eines Umweltgrundrechts.

Grundrechte sind verfassungsrechtlich gesicherte und unverbrüchlich gewährte stärkste subjektive Elementarrechte (vgl. vor allem Art. 1–19 GG). Sie sind weitgehend identisch mit den Menschenrechten, die Art. 1 Abs. 2 GG für unverletzlich und unveräußerlich erklärt bzw. als Grundlage jeder menschlichen Gemeinschaft des Friedens und der Gerechtigkeit bezeichnet, und binden Gesetzgebung, vollziehende Gewalt und Rechtsprechung als unmittelbar geltendes Recht.

4 Die Beschneidung grundrechtlicher Gewährleistungsgehalte ist nur zulässig, soweit ein **Gesetzesvorbehalt** vorgesehen ist, demzufolge das Grundrecht durch oder aufgrund eines Gesetzes eingeschränkt werden kann.

> **Beispiel:** Recht auf Leben und körperliche Unversehrtheit (Art. 2 II 3 GG), Versammlungsfreiheit unter freiem Himmel (Art. 8 II GG), Berufsfreiheit (Art. 12 I 2 GG), Eigentumsgarantie (Art. 14 I 2 GG).

→ Art. 19 II GG

Allerdings ist bei jeder Einschränkung der **Grundsatz der Verhältnismäßigkeit** (→ Kap. 3/RN 34) und die **Wesensgehaltsgarantie** zu beachten, derzufolge das Grundrecht durch eine gesetzgeberische Maßnahme in seinem Wesensgehalt nicht angetastet werden darf.

5 Auch Grundrechte ohne Gesetzesvorbehalt sind im übrigen nicht schlechthin jeder Beschränkung entzogen. Dies ergibt sich schon aus dem einfachen Umstand, daß unterschiedliche Freiheitsrechte oder sonstige Verfassungsgüter miteinander kollidieren können.

> **Beispiel:** Der Künstler, der sich auf die vorbehaltlos gewährleistete Kunstfreiheit beruft (Art. 5 III GG), kann nicht ohne weiteres zur Entfaltung seiner künstlerischen Ambitionen das Eigentum Dritter (Art. 14 I GG) beschädigen, etwa durch Graffiti-Kunst.

Man spricht insoweit von sog. **grundrechtsimmanenten Schranken**, die von der Verfassung selbst notwendig vorgegeben sind und die der Gesetzgeber unter Beachtung des Prinzips des schonendsten Ausgleichs selbständig zu konkretisieren hat.

6 In neuerer Zeit werden die Grundrechte nicht mehr allein als **Abwehrrechte** gegen den Staat verstanden, sondern teilweise auch als **Recht auf Leistung** oder zumindest **Teilhabe** an (vorhandenen!) staatlichen Leistungen.

> **Beispiel:** Sozialhilfeanspruch als Ausfluß des Gebots der Menschenwürde in Verbindung mit dem Sozialstaatsprinzip (Leistungsanspruch); Anspruch auf einen Studienplatz, soweit die Kapazität nicht voll ausgelastet ist, als Ausfluß

der in Art. 12 GG gewährten Freiheit, die Ausbildungsstätte frei zu wählen (Teilhabeanspruch).

Darüber hinaus verkörpern die Grundrechte in ihrer Gesamtheit eine **objektive Wertordnung**, die den Staat verpflichtet, bei Eingriffen Privater in die Grundrechte Dritter diese zu schützen (sog. **Schutzpflichten**).

Beispiel: Dem Staat obliegt die Pflicht, das ungeborene Leben zu schützen oder Vorsorgemaßnahmen gegen die Verbreitung der Seuche Aids zu treffen.

Gleichzeitig beeinflussen die in den Grundrechten zum Ausdruck kommenden grundsätzlichen Wertvorstellungen die Auslegung privatrechtlicher Normen (sog. **mittelbare Drittwirkung**).

Beispiel: Bei der ursprünglich einfach-gesetzlich nicht geregelten Frage, ob ein privates Unternehmen Bilder von Privatpersonen ohne deren Einwilligung zu Werbezwecken, etwa für Potenzmittel, verwenden darf, ist das aus Art. 2 I GG resultierende sog. allgemeine Persönlichkeitsrecht zu beachten.

Mit der Forderung der Einfügung eines speziellen Umweltgrundrechts in das Grundgesetz waren also eine Reihe weitreichender Konsequenzen verknüpft. Dem einzelnen wäre ein gerichtlich durchsetzbarer Leistungsanspruch auf ungestörten Schlaf, auf sauberes Wasser und reine Luft zugesprochen worden, der letztlich wohl nur faktisch unerfüllbare Hoffnungen geweckt hätte. Aus diesem Grund und weil man den bisherigen Grundrechtsschutz für ausreichend hält, lehnt die weitaus herrschende Meinung die Einführung eines Umweltgrundrechts ab. Dasselbe gilt für die interpretative Herleitung eines Grundrechts auf Umweltschutz aus den bestehenden Verfassungsvorschriften.

III. Grundrechte als Abwehrrechte vor Umweltbeeinträchtigungen

Aus der Abwehrfunktion der Grundrechte ergibt sich jedoch, daß der einzelne zumindest konkrete Gefährdungen seiner Gesundheit und seines Lebens (Art. 2 II GG) sowie seines Eigentums (Art. 14 GG) durch schädliche Emissionen grundsätzlich nicht hinnehmen muß. Dabei sind im Hinblick auf Art. 2 II GG solche Einwirkungen, die zu körperlichen Schäden führen bzw. zumindest in ihrer Wirkung körperlichen Schmerzen nahekommen, von sog. hinnehmbaren Belästigungen abzugrenzen, was sich im Einzelfall als schwierig erweisen kann. In Ausnahmefällen wird von einem Teil der Rechtsprechung erwogen, einen Abwehranspruch auch dann zu bejahen, wenn sich eine umweltrelevante Maßnahme negativ auf die geistig-seelische Sphäre menschlicher Existenz auswirkt und auf diese Weise die in Art. 2 I GG geschützte freie Persönlichkeitsentfaltung beeinträchtigt.

> **Beispiel:** Abwehranspruch der Bürger in Berlin gegen Rodung von 50 000 Bäumen zur Errichtung eines Kernkraftwerkes.

11 Allerdings bezieht sich der grundrechtliche Abwehranspruch immer nur auf *staatlich* verursachte Umweltbeeinträchtigungen. Regelmäßig erweisen sich die Umweltverschmutzungen aber als Ergebnis der summierten umweltverschmutzenden Tätigkeiten *Privater*. Gegenüber privatrechtlichen Beeinträchtigungen kommen die Grundrechte jedoch – wenn überhaupt – nur mittelbar zur Wirkung.

> **Beispiel:** Gegen die einzelne staatliche Genehmigung einer luftverpestenden Anlage, die vielleicht nicht den immissionsschutzrechtlichen Standards entspricht, kann der konkret betroffene Nachbar bei Berufung auf sog. drittschützende Normen (→ Kap. 3/RN 33) oder auch sein Grundrecht auf körperliche Unversehrtheit (Art. 2 II 1 GG) unter Umständen gerichtlich vorgehen. Dasselbe gilt natürlich, wenn der Staat selbst – was nur selten der Fall ist – schadstoff-emittierende Unternehmungen betreibt. Hinsichtlich der sich aus der Vielzahl rechtmäßig genehmigter Anlagen ergebenden Umweltbelastungen fehlt es jedoch an dem erforderlichen verfassungswidrigen Eingriff des Staates, den hier allenfalls eine allgemeine Mitverantwortung trifft.

IV. Verfassungsrechtliche Schutzpflichten des Staates zur Erhaltung der Umwelt

12 Die Grundrechte erschöpfen sich nicht, wie schon oben angedeutet, in ihrem Abwehrcharakter. Vielmehr ergibt sich aus den ihnen zugrundeliegenden objektiv-rechtlichen Wertentscheidungen der Verfassung die Pflicht des Staates, durch Grundrechte gesicherte Schutzgüter, vor allem Leben und körperliche Unversehrtheit sowie das Eigentum vor grundlegenden Beeinträchtigungen jedweder Natur zu schützen. Bei der Wahrnehmung dieser Pflicht verbleibt dem Gesetzgeber aber ein weiter **Einschätzungs-, Wertungs-** und **Gestaltungsspielraum**. Es ist zunächst einmal allein Aufgabe des Parlaments und steht in seiner Verantwortung, die komplexen Wirkungszusammenhänge des Umweltproblems zu beurteilen und auch langfristig nach sinnvollen, praktikablen Lösungsstrategien zu suchen, die wiederum mit anderen Staatsaufgaben in Ausgleich gebracht werden müssen. Angesichts der Vielzahl denkbarer Regelungen und Maßnahmen zum Schutze der Umwelt kann dem einzelnen nur dann ein (verfassungs-)gerichtlich durchsetzbarer Anspruch auf Erlaß oder Verbesserung einer Schutzvorkehrung zugesprochen werden, wenn staatliche Abwehrregelungen völlig fehlen oder *evident* unzureichend sind.

> **Beispiel:** Nach der bisherigen Rechtsprechung des BVerfG ist der Staat u. a. seiner bestehenden Pflicht zum Schutz vor atomaren Gefahren, vor der chemischen Verseuchung und Schädigung von Luft und Wald sowie vor Straßenverkehrslärm mit den bestehenden Regelungen ausreichend nachgekommen.

V. Verfassungsrechtliche Grenzen des Umweltschutzes

13

Der Bürger nimmt die Verfassung nicht nur in Anspruch, um sich vor Beeinträchtigungen durch Umweltbelastungen zur Wehr zur setzen. Sicherlich genauso oft, wenn nicht sogar häufiger, beruft er sich auf seine Grundrechte, um Umweltschutzmaßnahmen, die seine Freiheitssphäre einschränken, abzuwehren.

> **Beispiel:** Der Unternehmer fühlt sich durch kostenintensive Umweltschutzauflagen in seinen unternehmerischen Freiheiten (Art. 2 I GG), seiner Berufsfreiheit (Art. 12 I GG) und seinem Recht auf Eigentum (Art. 14 GG) verletzt.

Ob hier ein Verstoß gegen grundrechtliche Gewährleistungen im Einzelfall gegeben ist, hängt maßgeblich von der Einhaltung des **Grundsatzes der Verhältnismäßigkeit** (→ Kap. 3/RN 34) ab. Dies gilt unabhängig davon, ob es sich bei dem zu überprüfenden Akt um ein Gesetz, einen Verwaltungsakt oder eine sonstige hoheitliche Maßnahme handelt. Insbesondere bei gesetzgeberischen Maßnahmen ist jedoch der Gestaltungsspielraum des Parlaments zu berücksichtigen. Nur wirklich unzumutbare Belastungen sind im Hinblick auf die Verhältnismäßigkeit in engeren Sinne verfassungsrechtlich nicht mehr gerechtfertigt. Nicht selten lassen sich entsprechende Gesetzgebungsvorhaben auch durch **Übergangsregeln** oder staatliche **Ausgleichszahlungen** abfedern.

VI. Gesetzgebungskompetenzen

14

Der Erlaß umweltrelevanter (formeller) Gesetze setzt eine entsprechende Gesetzgebungskompetenz voraus.

Grundsätzlich liegt das Recht der Gesetzgebung bei den Ländern, es sei denn, das Grundgesetz verleiht ausdrücklich dem Bund Gesetzgebungsbefugnisse. Dabei unterscheidet man sog. **ausschließliche Bundesgesetzgebungskompetenzen**, die allein dem Bund zustehen, sog. **konkurrierende Gesetzgebungskompetenzen**, in denen die Länder die Befugnisse zur Gesetzgebung haben, solange der Bund nicht von den konkurrierenden Gesetzgebungsrechten Gebrauch macht und ein Bedürfnis nach bun-

→ Art. 30, 70 GG
→ Art. 71, 73 GG
→ Art. 72, 74, 74a GG

→ Art. 75 GG desgesetzlicher Regelung besteht sowie sog. **Rahmengesetzgebungskompetenzen**, aufgrund derer der Bund grundsätzliche Rahmenvorschriften erlassen darf, die durch Landesgesetze konkretisiert werden.

Obwohl eine *umfassende* Gesetzgebungskompetenz des Bundes für den Umweltschutz im Grundgesetz nicht vorgesehen ist, besteht das geltende Umweltrecht heute überwiegend aus Bundesrecht. Grundlage hierfür sind zahlreiche konkurrierende Gesetzgebungskompetenzen, die entweder speziell auf bestimmte umweltrechtliche Teilgebiete zugeschnitten sind (z. B. Abfallbeseitigung, Luftreinhaltung, Lärmbekämpfung, Atomrecht, Pflanzenschutz) oder zumindest Belange des Umweltschutzes mit umfassen (z. B. Wirtschaft, Bauleitplanung, Straßen und Schienenwegebau). Daneben existieren noch eine Reihe von umweltrechtlich bedeutsamen Rahmengesetzgebungskompetenzen (z. B. für Naturschutz und Landschaftspflege sowie Raumordnung und Wasserhaushalt).

Kontrollfragen:
1. Welche Bedeutung hat Art. 20a GG? (RN 2)
2. Gibt es ein sog. „Umweltgrundrecht"? (RN 3)
3. Gegen wen wendet sich der grundrechtliche Abwehranspruch gegen Umweltbeeinträchtigungen? (RN 11)
4. Wann kann man von einer staatlichen Schutzpflichtverletzung sprechen? (RN 12)
5. Können Grundrechte staatlichen Umweltschutzmaßnahmen auch Grenzen setzen? (RN 13)

Weiterführende Literatur:
Benda, Ernst, Verfassungsrechtliche Aspekte des Umweltschutzes, UPR 1982, S. 241 ff.; *Bock, Bettina*, Umweltschutz im Spiegel von Verfassungsrecht und Verfassungspolitik, 1990; *Hoppe, Werner/Beckmann, Martin*, Umweltrecht, 1989, § 4, S. 47–76; *Kimminich, Otto*, in: HdbUR II, Sp. 2462–2477; *Kloepfer, Michael*, Umweltrecht, 1989, § 2, S. 37–70; *v. Münch, Ingo/Kunig, Philip*, Grundgesetzkommentar, Bd. I, 4. Aufl. (1992), Vorbemerkungen zu den Art. 1–19; *Schmidt, Reiner/Müller, Helmut*, Einführung in das Umweltrecht, 4. Aufl. (1995), § 2.

Rechtsprechungshinweise:
BVerfGE 49, S. 89 ff. u. 53, S. 30 ff. (Staatliche Schutzpflicht vor atomaren Gefahren); BVerfGE 56, S. 54 ff. (Staatliche Schutzpflicht vor Fluglärm); BVerfG, NJW 1983, S. 2931 ff. (Staatliche Schutzpflicht vor chemischer Verseuchung und Schädigung von Luft und Wald); BVerfGE 79, S. 174 ff. (Staatliche Schutzpflicht vor Straßenverkehrslärm); BVerfGE 54, S. 211 ff. (Umweltgrundrecht); OVG Berlin, NJW 1977, S. 2283 ff. (grundrechtlicher Abwehranspruch gegenüber Rodung von 50 000 Bäumen für Kernkraftwerksbau in Berlin).

5. Prinzipien und Instrumente des Umweltrechts

I. Prinzipien des Umweltrechts
1. Vorsorgeprinzip
2. Verursacherprinzip
3. Gemeinlastprinzip
4. Kooperationsprinzip

II. Instrumente des öffentlichen Umweltrechts
1. Planungsinstrumente
   a) Umweltschutz durch Fachplanung
   b) Umweltschutz durch raumbezogene Gesamtplanung
2. Ordnungsrechtliches Instrumentarium
   a) Verbote und Beschränkungen
   b) Umweltgebote
   c) Umweltdienliche Nebenpflichten
   d) Sonstige Verfügungen
3. Umweltverträglichkeitsprüfung
4. Indirekte Verhaltenssteuerung
   a) Umweltinformationspolitik
   b) Gewährung von Benutzungsvorteilen
   c) Subventionen
   d) Umweltabgaben
   e) Umweltzertifikate
   f) Kompensationsmodelle
   g) Informales Verwaltungshandeln
5. Der Umweltschutzbeauftragte
6. Umweltinfomationsgesetz
7. „Öko-Audit"-Verordnung

I. Prinzipien des Umweltrechts

1 Zur Verwirklichung der eingangs dargestellten Zwecke des Umweltschutzrechts (→ Kap. 1/RN 2) läßt man sich von verschiedenen Grundprinzipien leiten. Sie durchziehen den gesamten Rechtsstoff und dienen – mehr oder weniger stark gesetzlich ausgeformt – als allgemeine Richtschnur für jegliches umweltrelevantes staatliches Handeln. Dabei ist die Geltung der Prinzipien des Umweltrechts keineswegs nur auf den Bereich des öffentlichen Umweltrechts beschränkt. Auch das Umweltprivatrecht steht unter ihrem Einfluß.

1. Vorsorgeprinzip

2 Das Vorsorgeprinzip zielt darauf ab, durch vorausschauendes Handeln und eine dem Stand der Technik entsprechende Begrenzung von Emissionen darauf hinzuwirken, daß vermeidbare oder hinsichtlich ihrer Folgen noch nicht absehbare Umweltbeeinträchtigungen möglichst ausgeschlossen werden. Der damit angestrebte schonende Umgang mit den zur Verfügung stehenden Ressourcen soll die ökologischen Grundlagen langfristig sichern helfen. Einfachgesetzlich verankert ist das Vorsorgeprinzip in zahlreichen Umweltgesetzen.

> **Beispiel:** §§ 1, 5 I Nr. 2, 50 BImSchG; §§ 1 a, 7 a WHG; § 7 Abs. 2 Nr. 3 AtomG; §§ 13 bis 16 BNatSchG.

Zur Begründung des Vorsorgeprinzips bedient man sich zwei verschiedener Theorieansätze. Nach der sog. **Freiraumtheorie** ist die Belastbarkeit der Natur nicht völlig auszuschöpfen, um weiteres Wachstum der menschlichen Gesellschaft und Wirtschaft zu ermöglichen und um wenig belastete Freiräume zur Regeneration des Umweltsystems zu erhalten. Die **Ingnoranztheorie** hingegen stellt darauf ab, daß die langfristige Wirkung von umweltrelevanten Maßnahmen nie genau vorhergesagt werden kann, Umweltbeeinträchtigungen vielmehr in einem gewissen Maße immer auftreten. Folglich sei es schon von daher gesehen sinnvoll und notwendig, Eingriffe in die Umwelt immer auf das technisch mögliche und zumutbare Maß zu reduzieren.

Für die Praxis läßt sich das Vorsorgeprinzip auf folgende Grundaussagen zurückführen:

- die Umweltbelastung soll grundsätzlich nicht mehr anwachsen; im Zweifelsfall müssen Umweltschäden durch Kompensationsmaßnahmen ausgeglichen werden;
- die Festlegung von zulässigen Immissionswerten hat sich an den Möglichkeiten der jeweils modernsten Vermeidungstechnik zu orientieren;

- behördliche Maßnahmen sollen nicht vom Nachweis, sondern von der Wahrscheinlichkeit der Schädlichkeit eines Stoffes oder seiner Konzentration abhängen;
- Umweltbelange sind bei jeder Planungsentscheidung mit zu berücksichtigen.

2. Verursacherprinzip

Aufgrund des Verursacherprinzips sind (potentielle) Umweltstörungen primär dem Verantwortungsbereich des Verursachers zuzurechnen. Er allein soll grundsätzlich die volkswirtschaftlichen Kosten zur Sicherung einer bestimmten Umweltqualität bzw. zur Erreichung eines umweltpolitischen Ziels tragen. Das gilt sowohl für die Kosten zur Vermeidung als auch zur Beseitigung und zum Ausgleich von Umweltbelastungen. Die praktische Realisierung dieses Kostenzurechnungsprinzips kann in ganz unterschiedlicher Weise erfolgen: Entweder der Staat erläßt bestimmte Produktnormen, Ge- und Verbote sowie Einzelanordnungen usw., deren Einhaltung für die Betroffenen finanziellen Aufwand bedeutet (z. B. der Einbau von Luftfiltern), oder die Inanspruchnahme der Umwelt als Ressourcenreservoir bzw. als Entsorgungsmedium ist von vornherein bestimmten Zahlungspflichten unterworfen, wie etwa bei Kompensationsmaßnahmen (→ RN 36) oder Abgaben- bzw. Zertifikatsmodellen (→ RN 30 ff., 35).

Die Festlegung des Verursachers kann jedoch erhebliche Schwierigkeiten bereiten.

Beispiel: Ob etwa für konsumbezogene Umweltbelastungen der Produzent oder der Verbraucher oder aber beide verantwortlich gemacht werden sollen, läßt sich zunächst kaum sagen.

In welchem Maße die Mitverursachung einer Umweltbelastung daher zu einer entsprechenden Kostentragungspflicht führt, stellt letztlich eine Frage der Umweltpolitik dar, die der Gesetzgeber zu entscheiden hat.

3. Gemeinlastprinzip

Soweit eine Gefahr oder Störung einem bestimmten Verursacher nicht zugerechnet oder wenn von der Behörde die Beseitigung der Störung (oder die Finanzierung der Störungsbeseitigung) durch den Störer nicht durchgesetzt werden kann, ist das Gemeinlastprinzip einschlägig, demnach die Folgen in solchen Fällen die Allgemeinheit zu tragen hat. Der Vorrang des Verursacherprinzips wird zu Lasten der Allgemeinheit also immer dann durchbrochen, wenn Feststellungs-, Zurechnungs- und Quantifizierungsprobleme auftreten bzw. wirtschaftspolitische Überlegungen (Sicherung von Arbeitsplätzen und

Wettbewerbsfähigkeit) einer Zurechnung über das Verursacherprinzip entgegenstehen.

> **Beispiel:** Ein ausländischer Super-Tanker kentert im Hamburger Hafen. 20 000 Tonnen Rohöl fließen daraufhin aus. Der verantwortliche Kapitän ist flüchtig, während sich die Reederei kurz vor dem Konkurs befindet. Hier muß der Staat die Kosten der Beseitigung der Umweltschäden tragen, soweit keine Versicherung dafür aufkommt.

4. Kooperationsprinzip

5 In neuerer Zeit gewinnt das Kooperationsprinzip zunehmend an Bedeutung. Statt mit Befehl und Zwang zu agieren, versucht der Staat immer stärker, eine Lösung der Umweltprobleme über die aktive Zusammenarbeit mit allen gesellschaftlichen Kräften auch schon im Vorfeld von Entscheidungen zu erreichen. Dahinter steht die Erkenntnis, daß die Ziele des Umweltschutzes letztlich leichter mit als gegen die gesellschaftlich relevanten Gruppen durchsetzbar sind.

> **Beispiel:** Neben umfangreichen Anhörungsrechten (vgl. etwa § 10 Abs. 3 bis 6 BImSchG, § 7 Abs. 4 AtG, § 73 Abs. 3 u. 4 VwVfG) und dem Abschluß öffentlich-rechtlicher Verträge (→ Kap. 3/RN 14) gehört z. B. die Nutzbarmachung von privatem Sachverstand zu den besonderen Ausformungen des Kooperationsprinzips. Besondere Erwähnung verdienen hier die (privaten) Technischen Überwachungsvereine, die als „Beliehene" (→ Kap. 6/RN 13) staatliche Kontrollaufgaben auf dem Gebiet der technischen Sicherheit und des Umweltschutzes ausüben, und privatrechtlich organisierte Ausschüsse, die mit der Aufgabe technischer Regelgebung betraut sind, und die ebenfalls von privaten Vereinen unterhalten werden (z. B. Deutsches Institut für Normung e.V. [DIN], Verband deutscher Elektrotechniker e.V. [VDE]). Hinzuweisen ist weiterhin auf die Anhörung beteiligter Kreise vor dem Erlaß von Rechtsverordnungen (→ Kap. 2/RN 17) und Verwaltungsvorschriften (→ Kap. 3/RN 7 f., vgl. z. B. §§ 7, 48, 51 BImSchG; § 6 WaschmG) sowie auf die Politikberatung durch Gremien unabhängiger Fachleute. Zu denken ist hier etwa an die Reaktorsicherheitskommission, die Strahlenschutzkommission, den Rat der Sachverständigen für Umweltfragen und nicht zuletzt an die Naturschutzverbände, die z. B. bei der Vorbereitung von Verordnungen, verbindlichen Programmen und Plänen gem. § 29 BNatSchG mitwirken. Ebenfalls in diesen Zusammenhang gehört die Anhörung der beteiligten Wald- und sonstigen Grundbesitzer und ihrer Zusammenschlüsse vor der Aufstellung eines forstlichen Rahmenplans gem. § 7 Abs. 1 S. 2, 3 BWaldG.

So begrüßenswert die Einbindung des Bürgers in staatliche Entscheidungsprozesse ist, auch die Gefahren des Kooperationsprinzips sollten nicht übersehen werden. Nicht selten neigen die Behörden dazu, im Interesse guter Zusammenarbeit und zur Erreichung praktikabler Lösungen vor Ort unter Mißachtung eindeutiger rechtlicher Vorgaben Kompromisse auf Kosten der Allgemeinheit zu schließen. Hier zeigt sich eine wesentliche Ursache für das oft beklagte **Vollzugsdefizit** im Umweltrecht. Das Kooperationsprinzip ist deshalb immer nur ergänzend zur staatlichen Regelungsbefugnis heranzuziehen.

II. Instrumente des öffentlichen Umweltrechts

Das Umweltrecht kennt eine Vielzahl rechtlicher Instrumente, mit denen die Ziele und Grundsätze der Umweltpolitk und des Umweltrechts in der Praxis umgesetzt werden können. Sie basieren grundsätzlich auf den bereits dargestellten hoheitlichen Handlungsformen (→ Kap. 3/RN 6 ff.), haben jedoch im Umweltrecht eine spezifische Ausformung erfahren.

1. Planungsinstrumente

„Umweltplanung als Mittel vorsorgender Umweltpolitik ermöglicht die Erfassung komplexer Ursachen und Problemzusammenhänge und die Koordination von Umweltbelangen mit kollidierenden Zielen und Interessen" (*Schmidt*). Man unterscheidet in diesem Zusammenhang gemeinhin die Fachplanung von der raumbezogenen Gesamtplanung.

a) Umweltschutz durch Fachplanung

Die Fachplanung dient der Realisierung eines bestimmten Vorhabens, z. B. der Verwirklichung eines raumbeanspruchenden Projekts (Bau eines Flughafens, einer Straße, einer Schienentrasse) oder der Verbesserung der Boden-, Luft- oder Gewässerqualität in einem bestimmten Gebiet.

Umweltspezifische Fachplanung
Stehen die Belange des Umweltschutzes bei der Planung im Vordergrund, spricht man von umweltspezifischer Fachplanung. Zu den Hauptinstrumenten der umweltspezifischen Fachplanung zählt die Erstellung von **Umweltschutzplänen**. Deren Aufgabe ist es, gebietsspezifisch konkrete Zielvorstellungen des Umweltschutzes zu erarbeiten, die umweltrelevanten Daten zu systematisieren und zu dokumentieren und umweltrelevante Maßnahmen auch für die Zukunft hin miteinander zu koordinieren.

> **Beispiel:** Umweltschutzpläne existieren insbesondere zum Schutz der Luft (Luftreinhalteplan → Kap. 7/RN 87), zum Schutz der Landschaft (Landschaftsprogramme, Landschaftsrahmenpläne und Landschaftspläne, → Kap. 10/RN 11), zum Schutz des Wasserhaushalts (wasserwirtschaftliche Rahmenpläne, Bewirtschaftungspläne und Abwasserbeseitigungspläne → Kap. 11/RN 43) und zur Entsorgung des Abfalls (Abfallentsorgungspläne).

10 Neben den Umweltschutzplänen kommt noch der **Festlegung von Schutzgebieten** in der Praxis besondere Bedeutung zu. Mit einer solchen Festlegung sind regelmäßig zahlreiche Unterlassungs-, Duldungs- und Leistungspflichten der Grundeigentümer und sonstigen Nutzungsberechtigten in den betroffenen Gebieten verbunden, die unter Umständen deren Rechte erheblich beeinträchtigen können.

> **Beispiel:** Die wichtigsten Schutzgebietsarten befinden sich im Naturschutzrecht (Naturschutzgebiet, Nationalpark, Landschaftsschutzgebiet, Naturpark, Naturdenkmal, Schutzwald → Kap. 10/RN 21f.), und im Wasserrecht (Wasserschutzgebiete → Kap. 11/RN 43).

11 *Fachplanung ohne umweltspezifische Zielsetzung*
Auch jenseits der speziellen Umweltschutzplanung sind bei der Fachplanung Belange des Umweltschutzes zu berücksichtigen. Das gilt insbesondere für raumbeanspruchende bauliche Großvorhaben, über deren Zulässigkeit regelmäßig im Rahmen eines Planfeststellungsverfahrens zu entscheiden ist (→ Kap. 3/RN 40 ff.). Teilweise ist diese Berücksichtigungspflicht ausdrücklich normiert.

> **Beispiel:** § 3 I 2 BundesfernstraßenG: „Die Träger der Straßenbaulast haben nach ihrer Leistungsfähigkeit die Bundesfernstraßen in einem dem regelmäßigen Verkehrsaufkommen genügenden Zustand zu bauen, zu unterhalten ...; dabei sind die sonstigen öffentlichen Belange einschließlich des Umweltschutzes zu berücksichtigen." Vgl. ferner etwa § 50 BImSchG.

In den verbleibenden Fällen ergibt sich die Notwendigkeit, Umweltgesichtspunkte in die Planung einzustellen, schon aus dem Wesen der Planung, die gerade darauf angelegt ist, alle relevanten Auswirkungen eines Vorhabens bei der Entscheidungsfindung zu bedenken.

b) Umweltschutz durch raumbezogene Gesamtplanung

12 Nicht zu unterschätzendes Gewicht kommt dem Umweltschutz auch in der raumbezogenen Gesamtplanung zu, deren Aufgabe es ist, unabhängig von konkreten Vorhaben und damit überfachlich die Nutzung des Bodens in einem bestimmten Gebiet vorausschauend festzulegen (→ RN Kap. 3/RN 16). Bei der Erstellung von Raumordnungsprogrammen, Landesentwicklungsplänen, Regionalplänen und örtlichen Bauleitplänen (Flächennutzungsplan und Bebauungsplan), die jeweils immer konkreter werdend und sich gegenseitig beeinflussend Konzeptionen für die Gestaltung des Raumes entwerfen, sind auf jeder Stufe der Planung die Belange der Umwelt mitzubeachten.

> **Beispiel:** Programmatisch: § 2 I Nr. 8 Raumordnungsgesetz (ROG): „Für den Schutz, die Pflege und Entwicklung von Natur und Landwirtschaft, insbesondere des Naturhaushalts, des Klimas, der Tier- und Pflanzenwelt sowie des Waldes, für den Schutz des Bodens und des Wassers, für die Reinhaltung der Luft sowie für die Sicherung der Wasserversorgung, für die Vermeidung und Entsorgung von Abwasser und Abfällen und für den Schutz der Allgemeinheit vor Lärm ist zu sorgen. Dabei sind auch die jeweiligen Wechselwirkungen zu berücksichtigen. Für die sparsame und schonende Inanspruchnahme der Naturgüter, insbesondere von Wasser, Grund und Boden, ist zu sorgen."
> Vergleiche ferner § 5 I 1 u. 2 Nr. 7 BauGB: „Die Bauleitpläne sollen eine geordnete städtebauliche Entwicklung und eine dem Wohl der Allgemeinheit entsprechende sozialgerechte Bodennutzung gewährleisten und dazu beitragen, eine menschenwürdige Umwelt zu sichern und die natürlichen Lebensgrundlagen zu schützen und zu entwickeln. Bei der Aufstellung der Bauleitpläne sind insbesondere zu berücksichtigen ... die Belange des Umweltschutzes, des Naturschutzes und der Landschaftspflege, insbesondere des Naturhaushalts, des Wassers, der Luft und des Bodens einschließlich seiner Rohstoffvorkommen, sowie das Klima."

Indessen darf nicht verkannt werden, daß der Umweltschutz bei der raumbezogenen Gesamtplanung ebenso wie bei der nicht umweltspezifischen Fachplanung in Konkurrenz tritt mit einer Vielzahl anderer Belange, mit denen er in Ausgleich zu bringen ist. Nicht selten wird in der Praxis bei der Planerstellung verkehrs-, energie-, wirtschafts- und standortpolitischen Erwägungen der Vorrang eingeräumt. Der planerische Gestaltungsspielraum unterliegt insoweit nur begrenzt der gerichtlichen Überprüfbarkeit (Abwägungsfehlerlehre → Kap. 3/RN 44).

2. Ordnungsrechtliches Instrumentarium

Die weit überwiegende Zahl der die Umwelt sichernden Vorschriften ist dem **Umweltordnungsrecht** zuzurechnen, das seine Wurzeln im allgemeinen Polizei- und Sicherheitsrecht hat. Im Vordergrund steht hier traditionell die Gefahrenabwehr: Es soll schon im Ansatz verhindert werden, daß der Umwelt und damit dem Menschen (langfristig) Schaden zugefügt wird.

a) Verbote und Beschränkungen
An erster Stelle des ordnungsrechtlichen Instrumentariums zu nennen sind Umweltverbote und umweltdienliche Beschränkungen.

Umweltverbote
Umweltverbote untersagen aus Gründen der Umweltpflege insbesondere das Errichten und Betreiben bestimmter Anlagen, das Herstellen, In-Verkehr-Bringen, grenzüberschreitende Verbringen oder Verwenden bestimmter Stoffe sowie bestimmte Handlungen in Schutzgebieten.

Soweit allein aus Gründen einer vorbeugenden Kontrolle durch die Umweltverwaltung nur möglicherweise umweltschädliche Tätigkeiten unter den Vorbehalt der Erteilung einer vom Vorliegen bestimmter Voraussetzung abhängigen Erlaubnis gestellt werden, spricht man von einem sog. **präventiven Verbot mit Erlaubnisvorbehalt.** Liegen die gesetzlichen Voraussetzungen vor, besteht in aller Regel ein **Rechtsanspruch** (→ Kap. 3/RN 32) auf Erteilung der beantragten „**Kontrollerlaubnis**".

> **Beispiel:** So hat die Immissionsschutzbehörde etwa unter anderem zu prüfen, ob die einschlägigen Umweltstandards beim Betrieb einer Anlage zur Gewinnung von Roheisen eingehalten werden. Ist dies der Fall und werden auch alle ansonsten zu beachtenden Vorschriften eingehalten, *muß* die Behörde auf Antrag eine Genehmigung nach § 4 BImSchG erteilen; der Gesetzgeber wollte den Betrieb von entsprechenden Anlagen nicht grundsätzlich verbieten. – Zu den umweltrechtlichen Kontrollerlaubnissen zählen ferner: die Baugenehmigung, die abfallrechtliche Einsammlungs- und Beförderungsgenehmigung und bergrechtliche Erlaubnisse und Bewilligungen.

15 Steht die Erteilung einer erforderlichen Genehmigung im **Ermessen** (→Kap. 3/RN 26 ff.) der zuständigen Behörde, handelt es sich um ein sog. **repressives Verbot mit Befreiungsvorbehalt.** Darunter fallen normalerweise solche umweltrelevanten Verhaltensweisen, die entweder als typisch sozialschädlich bzw. als sozial unerwünscht gelten oder ein Umweltgut betreffen, das wegen seiner besonderen gemeinwohlbezogenen Bedeutung einer öffentlich-rechtlichen Benutzungs- und Bewirtschaftungsordnung unterworfen ist. In besonderen Einzelfällen *kann* die Behörde eine **Ausnahmebewilligung** erteilen, auf die aber kein gerichtlich durchsetzbarer Anspruch besteht.

> **Beispiel:** Zu den den Ausnahmebewilligungen zählen vor allem: die wasserrechtliche Bewilligung und Erlaubnis (→ Kap. 11/RN 24ff.), die Genehmigung von Abfallentsorgungsanlagen (→ Kap. 8/RN 27), die Rodungs- und Umwandlungsgenehmigung sowie naturschutzrechtliche Befreiungen (→ Kap. 10/RN 42).

Umweltdienliche Beschränkungen

16 Eine Vielzahl umweltgefährdender Tätigkeiten werden im Interesse des Schutzes der Umwelt durch Verhaltensnormen, Qualitätsnormen, Verfahrensnormen, Produktnormen und ähnliches beschränkt. Die Tätigkeit als solche ist dann zwar nicht verboten, unterliegt aber Beschränkungen, die einzuhalten sind.

> **Beispiel:** Das Benutzen eines zulässig errichteten Tennisplatzes ist zwar grundsätzlich nicht verboten, der Betreiber hat aber schädliche Umwelteinwirkungen durch Lärmimmissionen gem. § 22 BImSchG soweit wie technisch möglich zu vermeiden.

b) Umweltgebote

Neben den Verboten und Beschränkungen, die auf ein reines Unterlassen gerichtet sind, existieren auch eine Reihe von Umweltgeboten, die dem Einzelnen die Pflicht zu einem bestimmten umweltpfleglichen Tun oder Dulden auferlegen.

Umweltrechtliche Leistungspflichten
Zu den umweltrechtlichen Leistungspflichten rechnet man die:

- Grundpflichten
- Geldleistungspflichten und
- Handlungspflichten.

Grundpflichten regeln meist in eher unbestimmter und allgemein gehaltener Form grundsätzliche Verpflichtungen zu umweltfreundlichem Verhalten.

> **Beispiel:** Die in § 1a II WHG enthaltene Pflicht, Wasser vor Verunreinigungen oder sonstiger nachteiliger Veränderung seiner Eigenschaften zu schützen.

Konkrete **Handlungspflichten** sind in den verschiedensten Umweltgesetzen vorgesehen.

> **Beispiel:** Ausgleichspflicht bei Eingriffen in die Natur und Landschaft (§ 8 II 1 BNatSchG), Unterhaltungspflicht bei Gewässern (§ 29 I 1 WHG), Pflegepflichten im Siedlungsbereich (§ 11 BNatSchG), Rekultivierungsgebote bei Waldrodungen (§ 11 S. 1 BWaldG).

Das Auferlegen von **Geldleistungspflichten** zählt eher zu den Instrumenten der indirekten Verhaltenssteuerung und wird dort erörtert.

Umweltrechtliche Duldungspflichten
Öffentlich-rechtliche Duldungspflichten ergeben sich vor allem aus der umfassenden Wirkung bestimmter Genehmigungen auch für Dritte (z. B. Planfeststellungsbeschluß → Kap. 3/RN 42) und aus den sog. Schutzgebietsausweisungen (→ Kap. 10/RN 20ff.). Sie können aber auch ausdrücklich in einem Gesetz niedergelegt sein.

> **Beispiel:** Ein Waldeigentümer muß dulden, daß die Allgemeinheit den Wald zum Zwecke der Erholung betritt (§ 14 I 2 BWaldG).

Daneben sind noch die privatrechtlichen Duldungspflichten zu beachten (→ Kap. 18/RN 17ff.).

c) Umweltdienliche Nebenpflichten

20

Ergänzend zu Verboten, Beschränkungen und Geboten sehen die meisten Umweltgesetze noch eine ganze Reihe von Auskunfts-, Anzeige-, Melde- und Sicherungspflichten vor. Diese sog. umweltdienlichen Nebenpflichten dienen der Umweltverwaltung zur Datenermittlung, damit sie überhaupt in die Lage versetzt wird, ihren Überwachungsaufgaben effektiv nachzugehen. Gleichzeitig sollen die Betreiber von umweltgefährdenden Anlagen zur Eigenüberwachung angehalten werden.

Besonders hervorzuheben ist in diesem Zusammenhang das **Gesetz über Umweltstatistiken**, das die Rechtsgrundlage für statistische Erhebungen bestimmter Daten aus dem Bereich Abfallentsorgung, Wasserversorgung und Abwasserbeseitigung, über Unfälle bei der Lagerung und beim Transport wassergefährdender Stoffe und über Umweltschutzinvestitionen im produzierenden Gewerbe darstellt (vgl. § 2 Abs. 1 Nr. 1–9 UmweltstatistikG).

> **Beispiel:** Auskunftspflichten (z. B. § 23 BNatSchG); Anmeldepflichten für gefährliche Stoffe (§§ 4 ff. ChemG); Anzeige- und Nachweispflichten (z. B. § 8a TierSchG); Ermittlungspflichten (z. B. §§ 26 ff. BImSchG).

d) Sonstige Verfügungen

21

Im Rahmen der Umweltüberwachung können die Umweltbehörden schließlich zahlreiche Einzelverfügungen treffen. Sie können Genehmigungen widerrufen, zurücknehmen, nachträglich einschränken, Untersagungs-, Stillegungs- und Beseitigungsanordnungen treffen oder selbständig in Gefahrensituationen Verbote aussprechen. Soweit hier keine spezialgesetzlichen Vorschriften vorhanden sind, muß auf das allgemeine Verfahrens-, Sicherheits- und Polizeirecht zurückgegriffen werden.

> **Beispiel:** Der Widerruf einer rechtmäßigen immissionsschutzrechtlichen Genehmigung ist abweichend von der allgemeinen Regelung in § 49 VwVfG in § 21 BImSchG geregelt. Für die Rücknahme einer rechtswidrigen Genehmigung gilt dagegen mangels spezialgesetzlicher Regelung das Verwaltungsverfahrensgesetz und damit § 48 VwVfG (→ Kap. 3/RN 13).

3. Umweltverträglichkeitsprüfung

22

Ein viel diskutiertes Instrument zur Verbesserung des Vorsorgeprinzips im Umweltschutz stellt die Umweltverträglichkeitsprüfung (UVP) dar. Anknüpfend an das amerikanische Vorbild, das mit dem National Environmental Policy Act (NEPA) 1969 die Überprüfung der Umweltverträglichkeit bedeutender Bundesmaßnahmen einführte, legte die EG-Richtlinie zur UVP den Mitgliedstaaten die Pflicht auf, bis zum 2.7.1988 eine UVP im nationalen

Recht zu verankern. Der Bundesgesetzgeber ist dieser Pflicht mit Erlaß des am 1. August 1990 in Kraft getretenen UVP-Gesetzes nachgekommen.

Ziel der UVP ist es, möglichst *frühzeitig* unter Beteiligung der Öffentlichkeit und derjenigen Behörden, deren Aufgabenbereich berührt ist, die Auswirkungen eines Vorhabens auf die Umwelt zu ermitteln, zu beschreiben und zu bewerten, um das Ergebnis bei den behördlichen Entscheidungen über die Zulässigkeit zu *berücksichtigen*. Die *umfassend* angelegte Prüfung, die ein *unselbständiger, integrativer Teil* des verwaltungsbehördlichen Verfahrens ist, soll insofern Umweltschutzgesichtspunkten bei der Entscheidungsfindung mehr Gewicht verleihen und den Schwächen des sektoral betriebenen Umweltschutzes mit seinen fachspezifischen Interessen entgegensteuern.

Welche Vorhaben in den Anwendungsbereich des UVP-Gesetzes fallen, ist in einer Anlage des Gesetzes, die durch Rechtsverordnung der Bundesregierung geändert werden kann, ausgeführt. Dabei ist die *Subsidiaritätsklausel* zu berücksichtigen, wonach das UVP-Gesetz nur zur Anwendung kommt, soweit Rechtsvorschriften des Bundes oder der Länder die Prüfung der Umweltverträglichkeit nicht näher bestimmen oder in ihren Anforderungen dem UVP-Gesetz nicht voll entsprechen.

→ § 3 UVPG
→ § 4 UVPG

Der Ablauf der Umweltverträglichkeitsprüfung, die regelmäßig von der Behörde durchzuführen ist, die auch über die Zulässigkeit des Vorhabens entscheidet, läßt sich wie folgt skizzieren:

23

(1) Unterrichtung der zuständigen Behörde und Einreichung der entscheidungserheblichen Unterlagen.
(2) Erörterung des Vorhabens mit der Behörde aufgrund des bisherigen Planungsstandes (sog. „Scoping-Verfahren").
(3) Unterrichtung des Vorhabensbetreibers über den voraussichtlichen Untersuchungsrahmen der Umweltverträglichkeitsprüfung.
(4) Einholung von Stellungnahmen anderer (auch ausländischer) Behörden, soweit deren Aufgabenbereich berührt ist.
(5) Anhörung der Öffentlichkeit (zum Verfahren → Kap. 3/RN 41).
(6) Zusammenfassende Darstellung der Umweltauswirkungen.
(7) Bewertung der Umweltauswirkungen durch die zuständige Behörde und Berücksichtigung dieser Bewertung bei der Entscheidung über die Zulässigkeit des geplanten Vorhabens.
(8) Unterrichtung der Träger des Vorhabens und der betroffenen Öffentlichkeit bzw. der Einwender über die getroffene Entscheidung.

In der Praxis bereitet die Umweltverträglichkeitsprüfung eine Fülle von Problemen. So ist z. B. unklar, wie das Ergebnis der Prüfung bei einer gebundenen Entscheidung der Behörde, z. B. nach dem Bundes-Immissionsschutzgesetz, denn eigentlich berücksichtigt werden soll: entweder die Genehmigungsvoraussetzungen liegen vor und die Genehmigung wird erteilt oder nicht. Gleichzeitig werden die Verfahren zusätzlich verzögert, ohne daß Umweltschutzbelange tatsächlich weit über das bisher schon praktizierte Maß Beachtung fänden.

4. Indirekte Verhaltenssteuerung

24 Der Staat ist bei der Verwirklichung der Ziele des Umweltschutzes nicht auf die bisher erörterten Instrumente der direkten Verhaltenssteuerung, d. h. verbindliche gesetzliche und administrative Verhaltensvorgaben beschränkt. Ihm stehen daneben auch Mittel der indirekten Einwirkung zur Verfügung, die nur influenzierend und motivierend auf das Verhalten der Betroffenen einwirken.

a) Umweltinformationspolitik

25 Lange Zeit galten die gesetzlich weitgehend ungeregelten Instrumente der influenzierenden Umweltinformation als die mildesten, aber auch wirkungsschwächsten Mittel der Umweltpolitik. Mittlerweile hat sich diese Einschätzung gewandelt. Spätestens seit der Reaktorkatastrophe von Tschernobyl und den „Glykolwein"-Skandalen weiß man um die Bedeutung und Notwendigkeit einer staatlichen Informationspolitik. Aus der breiten Palette denkbarer Maßnahmen sind folgende besonders hervorzuheben:

- Beratung des Bürgers in praktischen Einzelfragen

> **Beispiel:** Broschüren über umweltverträgliche Fahrweisen, Vermeidung von Verpackungsmüll, Lärmschutz- und Wärmeisolierungsmaßnahmen, energiesparendes Heizen, Verwendung umweltschonender Waschmittel usw.

- Auszeichnungen für umweltfreundliche Produkte oder umweltfreundliches Verhalten

> **Beispiel:** Umweltzeichen („Blauer Engel"), mit dem umweltfreundliche Produkte, insbesondere Konsumgüter, ausgezeichnet werden. Bei der Vergabe wirken eine unabhängige Jury, das Deutsche Institut für Gütesicherung und Kennzeichnung (RAL) und das Umweltbundesamt zusammen.

- Individuelle Antragsberatung

> **Beispiel:** § 2 II der 9. Verordnung zur Durchführung des Bundesimmissionsschutzgesetzes

- „Umwelterziehung" in der Schule
- Warnungen

> **Beispiel:** Warnung vor bestimmten Freilandgemüsen wegen besonderer Strahlenbelastung.

26 Wahrgenommen wird die Aufgabe der Umweltinformation auf allen Verwaltungsebenen sowohl von staatlichen als auch kommunalen Stellen. Eine führende Rolle kommt dabei dem Umweltbundesamt (→ Kap. 6/RN 21) zu, zu dessen wesentlichen Aufgabenbereichen die „Aufklärung der Öffentlichkeit in Umweltfragen" gehört. Nicht unerwähnt bleiben sollte in diesem Zusammenhang im übrigen die von der Bundesrepublik Deutschland getragene Stiftung „Warentest", die es sich satzungsmäßig ebenfalls zum Ziel gesetzt hat, die Öffentlichkeit über die Umweltverträglichkeit von Waren zu unterrichten.

Gerade in diesem letzten Fall der produktbezogenen Verbraucherinformation, aber auch insbesondere bei staatlichen Warnungen besteht die Gefahr, daß erhebliche Wettbewerbsverzerrungen unter verschiedenen Anbietern auftreten. Nicht zuletzt aus diesem Grunde sind die Voraussetzungen, unter denen der Staat hier an die Öffentlichkeit treten darf, noch nicht abschließend geklärt. Prinzipiell haben sich die Behörden eine gewisse Zurückhaltung aufzuerlegen.

b) Gewährung von Benutzungsvorteilen

27

Rechtlich weniger problematisch als die produktbezogene Öffentlichkeitsarbeit, wenngleich ebenfalls nicht wettbewerbsneutral, erscheint die Einräumung von Benutzungsvorteilen für die Verwender umweltfreundlicher Produkte.

> **Beispiel:** Nach § 6 Abs. 2 8. BImSchV sind die Benutzer von Rasenmähern mit einem besonders niedrigen Geräuschpegel partiell von den zeitlichen Betriebsbeschränkungen befreit.

c) Subventionen

28

Anstelle von naturalen Benutzungsvorteilen können auch Finanzhilfen in Form von Subventionen gewährt werden, um bestimmte Personengruppen zu einem umweltgerechten Verhalten zu veranlassen.

Unter **Subventionen** versteht man vermögenswerte Geldleistungen des Staates an Private, die zur Erreichung eines bestimmten, im öffentlichen Interesse liegenden Zweckes ohne oder gegen geringe (unmittelbare) Gegenleistung gewährt werden.

> **Beispiel:** Die Bundesländer gewähren eine Vielzahl unterschiedlicher Finanzhilfen insbesondere in den Förderungsbereichen: öffentlicher Nahverkehr (Lärmschutz, energiesparende und emissionsarme Antriebe), Landwirtschaft (Emissionsminderung, umweltfreundliche Tierhaltung, alternative Landbaumethoden), Fluglärmbekämpfung, Abfallentsorgung, Modellprojekte usw. Daneben ist z. B. auf das Investitionszulagengesetz hinzuweisen, wonach für bestimmte Forschungs- und Entwicklungsaufwendungen sowie für bestimmte Investitionen im Energiebereich Zulagen gewährt werden.

Denkbar sind auch indirekte Subventionen durch Steuervergünstigungen.

29

> **Beispiel:** Nach § 7d Einkommensteuergesetz (EStG) sind abnutzbare Wirtschaftsgüter, die dem Umweltschutz dienen, erhöht absetzungsfähig. Dasselbe gilt z. B. für Maßnahmen, die ausschließlich zum Zwecke des Wärme- und Lärmschutzes vorgenommen werden und solche, die zu einer verbesserten Energieausnutzung führen (§ 52 EStG in Verbindung mit § 82a EStDV).

d) Umweltabgaben

30 Zu den wohl wichtigsten und am meisten diskutierten Instrumenten indirekter Verhaltenssteuerung im Umweltrecht zählen die Abgaben, d. h. öffentlich-rechtliche Geldleistungen, die zur Verfolgung ökologischer Zwecke erhoben werden. Der Verhaltenslenkungszweck muß insoweit nicht unbedingt im Vordergrund stehen.

Unter den Abgabebegriff fallen zunächst einmal die **Steuern** als einmalige oder laufende Geldleistung an den Staat ohne Gegenleistung zur Finanzierung allgemeiner Staatsausgaben. Sie sind abzugrenzen von **Gebühren**, die als Gegenleistung für eine bestimmte, vom Gebührenpflichtigen in Anspruch genommene Verwaltungsleistung erhoben werden (z. B. Zulassung eines Kfz) und **Beiträgen**, die die Bereitstellungskosten für eine staatliche Leistung abdecken sollen, ohne daß es auf die konkrete Inanspruchnahme im Einzelfall ankommt (z. B. Arbeitslosenversicherungsbeitrag). Schließlich existieren noch sog. **Sonderabgaben**, die unter sehr engen Voraussetzungen zur Bewältigung einer besonderen Finanzierungsaufgabe von Abgabenschuldnern erhoben werden können, die dieser Aufgabe besonders „nahestehen" (z. B. Schwerbehindertenabgabe, soweit der Beschäftigungspflicht von Schwerbehinderten nicht nachgekommen wird). Die Abgrenzung der verschiedenen Abgabenformen ist deshalb von enormer praktischer Relevanz, als der Staat letztlich nur über die Steuern und Sonderabgaben ohne konkret nachweisbare Gegenleistung Geld einnehmen kann und die Verteilung des Steueraufkommen im Grundgesetz genau geregelt ist (Art. 104a ff. GG).

31 Die Erhebung von Umweltabgaben bietet im Vergleich zu Ver- und Geboten vor allem zwei Vorteile: Zum einen lassen sich ökonomische Effizienzgesichtspunkte in die Verhaltenssteuerung mit einbeziehen. „Derjenige, dessen Kosten zur Verringerung der Umweltinanspruchnahme geringer sind als die Abgabenhöhe, wird seine Emissionen solange verringern (z. B. durch technische Innovationen), wie die Reduzierung der Inanspruchnahme ihn eine Einheit weniger kostet, als der Preis der Abgabe je Schadenseinheit beträgt" (*Hoppe/Beckmann*). Folglich sind ökologische Investitionen immer dort zu erwarten, wo sie ökonomisch sinnvoll sind. Zum anderen besteht im Bereich der Immissionen auch bei Unterschreiten einer bestimmten Schadstoffgrenze ein Anreiz zur weiteren Reduzierung, da die Höhe der Abgabe regelmäßig an die konkrete Höhe des Schadstoffausstoßes gekoppelt ist. Nachteilig ins Gewicht fallen die Schwierigkeiten bei der Festsetzung der Höhe der Abgabe. Ist die Abgabe zu niedrig, kann man sie ohne weiteres ignorieren; das umweltpolitische Ziel bleibt dann unerreicht. Wird die Abgabe dagegen zu hoch festgelegt, muß man mit erheblichen Beeinträchtigungen der Wettbewerbsfähigkeit gerade im internationalen Vergleich rechnen.

Nach ihrem Aufgabenzweck lassen sich im Grundsatz vier verschiedene Umweltabgaben unterscheiden. Im einzelnen ist hier noch vieles umstritten: **32**

- **Umweltlenkungsabgaben** setzen von ihrer Bemessung her einen permanenten Anreiz zur Verringerung bzw. Vermeidung von Umweltbelastungen durch Entwicklung umweltverträglicher Verhaltensweisen, technologischer Innovationen usw.

   Beispiel: Die Abwasserabgabe, deren Höhe sich nach der Schädlichkeit des eingeleiteten Abwassers richtet.

- **Umweltfinanzierungsabgaben** dienen der Finanzierung von Umweltschutzmaßnahmen. Als Sonderabgabe mit einer Zweckbindung des Abgabeaufkommens sind sie – wenn überhaupt – nur unter ganz engen Voraussetzungen zulässig.

   Beispiel: Badenwürttembergischer Wasserpfennig, der von den Benutzern eines Gewässers zu entrichten ist, und der der Unterhaltung und Reinhaltung der Gewässer dient.

- **Umweltnutzungs- und Entsorgungsabgaben** werden in Form von Gebühren für eine bestimmte umweltrelevante Leistung der Verwaltung erhoben.

   Beispiel: Entwässerungs- und Müllabfuhrgebühren.

- **Umweltausgleichsabgaben** sollen Umweltbeeinträchtigungen kompensieren, die dadurch entstehen, daß Umweltnutzer Umweltgüter zur eigenen Zweckverfolgung in Anspruch nehmen dürfen.

   Beispiel: § 8b BNatSchG in Verbindung mit Landesrecht gestattet die Erhebung von Ausgleichabgaben bei Beeinträchtigung von Natur und Landschaft. Danach hat z. B. der Träger eines Bauvorhabens den durch das Bauwerk entstandenen „Umweltschaden" durch Geldzahlungen auszugleichen.

e) Umweltzertifikate

In erster Linie modelltheoretischen Charakter besitzen die in den USA entwickelten sog. Zertifikatslösungen. Sie haben trotz intensiver Diskussion in das deutsche Recht keinen Eingang gefunden, dienen aber in gewisser Weise als Vorbild für die zunehmend an Bedeutung gewinnenden Kompensationslösungen (→ RN 35). **33**

Die Grundidee solcher handelbaren Verschmutzungsrechte oder Umweltlizenzen ist folgende: „Die Regierung legt für einzelne Schadstoffe nach Maßgabe gegebener Umweltqualitätsziele (Immissionshöchstwerte) regionale

Emissionskontingente fest und bringt in dieser Höhe Emissionsrechte in Umlauf. Ein Recht – als Zertifikat verbrieft – gestattet die Ableitung einer bestimmten Schadstoffmenge. Die Rechte sind innerhalb der Region frei handelbar. Die Zuteilung erfolgt durch Versteigerung oder freie Vergabe entsprechend den bisherigen Emissionen" (*Cansier*). Regelmäßig ist die Laufzeit der Zertifikate begrenzt, um für die Zukunft Handlungsspielräume offenzuhalten. Will der Staat die Schadstoffgrenzen verändern und die Gesamtemissionen einschränken, kann er die bestehenden Umweltzertifikate entweder zurückkaufen, sie abwerten, die Ausgabe neuer Zertifikate einschränken oder auslaufende Rechte nicht verlängern.

34
Im Gegensatz zu ordnungsrechtlichen Instrumentarien, die ökonomische Überlegungen völlig unberücksichtigt lassen, führt die Logik des Zertifikatsystems zur Optimierung der Umweltschutzkosten, die nach der Theorie jeweils dort aufgewendet werden, wo sie besonders effizient sind. Der Kauf von Umweltlizenzen lohnt sich nämlich nur dann, wenn die Kosten für moderne Vermeidungstechniken langfristig höher liegen, also z. B. bei Altanlagen, die kurz vor der Schließung stehen. Anders als bei den Abgabenmodellen entsteht beim Zertifikatsmodell auch nicht das Problem der Festsetzung der Abgabenhöhe, sondern man geht davon aus, daß sich auf dem freien Markt echte Knappheitspreise herausbilden. Sieht man von dem stetigen Anreiz ab, emissionsmindernde und damit kostensparende Innovationen zu forcieren, so liegt ein weiterer Vorteil dieser Lösung in der Festsetzung – und Erreichung – von vorgegebenen Emissionszielen und der damit einhergehenden Möglichkeit der raumbezogenen Umweltsteuerung.

Letztlich dürften aber doch die Argumente, die gegen das Zertifikatsystem sprechen, überwiegen: So bereitet die Festsetzung einer tolerablen Gesamtimmission in der Praxis gerade angesichts grenzüberschreitender Umweltverunreinigung äußerste Schwierigkeiten. Vor allem gefährliche punktuelle Umweltbelastungen (sog. „Hot Spots") lassen sich kaum vermeiden. Daneben ist zu befürchten, daß der Zertifikatshandel zu spekulativen und wettbewerbswidrigen Zwecken eingesetzt wird. Schließlich ist weiterhin ungeklärt, ob und wie das Zertifikatsmodell dogmatisch gesehen in unsere Rechtsordnung integriert werden kann. Dies gilt insbesondere für die Festlegung der Anfangsverteilung der Rechte bzw. ihre spätere Entwertung, die jeweils mit dem Bestandsschutzprinzip kollidieren, sowie eventuelle Abwehrrechte Dritter, die nicht mehr durch einheitliche Umweltstandards geschützt wären.

f) Kompensationsmodelle

35
Ebenfalls flexibel nutzbare Freiräume für wirtschaftliche Überlegungen eröffnen die sog. Kompensationsmodelle. Sie basieren wie das Zertifikatsmodell auf der Grundüberlegung, daß in einem bestimmten Gebiet ein bestimmter Immissionswert nicht überschritten werden darf. Statt Verschmutzungsrechte käuflich zu erwerben, werden den Unternehmern jedoch von vornherein bestimmte austauschbare Emissionskontingente zugewiesen. Die Vorbilder kommen wiederum aus den USA:

- **Bubble Policy (Glockenprinzip):** Innerhalb eines Bubbles, d. h. eines abgegrenzten Luftraums kann der Betreiber von (Alt-)Anlagen Reduktionsmaßnahmen an Einzelquellen flexibel gestalten, falls ein bestimmtes Maß an Gesamtemissionen

nicht überschritten wird. Letzteres errechnet sich aus der Summe der Einzelemissionen, die anfallen würden, wenn jede einzelne Anlage die vorschriebenen Umweltstandards einhalten würde.
- **Offset Policy:** Darüber hinausgehend ermöglicht die Offset Policy einen unternehmensinternen oder betriebsübergreifenden Emissionsausgleich bei der Errichtung von Neuanlagen, sofern die Neu-Emissionen durch die gleichzeitige Emissionsreduktion bei Altanlagen überkompensiert werden.
- **Emissions Banking:** Zur erleichterten Handhabung der vorgenannten Instrumente kann der Handel mit freigewordenen Immissionspotentialen in Form von Gutschriften (Emission Reduction Credits) auch durch „Umweltbanken" instituionalisiert werden.

Einfachgesetzliche Ansatzpunkte für Kompensationslösungen im geltenden Recht finden sich in §§ 7 III, 17 IIIa, 48 Nr. 4, 67a II BImSchG. Des weiteren ist hier auf die befristete flexible Sanierungsregel für Altanlagen in Nr. 4.2.10 der TA Luft vom 27.2.1986 hinzuweisen, wonach bei Überkompensation in Altanlagen-Verbundsystemen ein zeitlich begrenzter Sanierungsaufschub gewährt wurde (→ Kap. 7/RN 69). In der Praxis ist von dieser Möglichkeit wegen des engen zeitlichen Rahmens aber kaum Gebrauch gemacht worden.

36

g) Informales Verwaltungshandeln
Ohne Kooperation mit dem Bürger lassen sich langfristig Umweltschutzziele heute kaum noch erreichen. Ergänzend zu den rechtlich ausgestalteten Instrumentarien des Umweltschutzes bedienen sich daher die Behörden in vielen Bereichen der Möglichkeit des sog. informalen Verwaltungshandelns. Darunter versteht man nicht geregelte Tathandlungen, die anstelle von gesetzlich geregelten Verfahrenshandlungen vorgenommen werden, auf Abstimmung mit anderen Handlungsbeteiligten gerichtet sind und keinen Rechtsbindungswillen aufweisen, d. h., sie können nicht in irgendeiner Form eingeklagt werden.

37

Versucht man die sehr bunte Verwaltungspraxis insofern zu systematisieren, so kann man folgende Typen des informalen Verwaltungshandelns unterscheiden:

38

- **Informale normersetzende Absprachen:** Nicht selten verspricht der Staat, einstweilen von einer Regelung durch Gesetz, Verordnung oder Satzung abzusehen, wenn die betroffenen Unternehmen oder Verbände zusagen, von sich aus zur Lösung des jeweiligen Umweltproblems durch bestimmte Maßnahmen beizutragen.

> **Beispiel:** Ende 1977 versprach z. B. die Getränke- und Verpackungsindustrie, die Verwendung von Einwegbehältern zu reduzieren, worauf sich die Bundesministerien bereit erklärten, vorerst auf die geplante Verpackungsverordnung zu verzichten. Nachdem die Verpackungsindustrie jedoch weiterhin in erheblichem Umfang Einwegbehälter produzierte, erließ der Gesetzgeber im Juni 1991 die angekündigte Verpackungsverordnung (→ Kap. 8 /RN 32).

- **Vorverhandlungen:** Normativer Ansatzpunkt für die Zulässigkeit und Notwendigkeit von Vorverhandlungen ist § 5 UVP-Gesetz, der die frühzeitige Erörterung eines geplanten Vorhabens durch den Vorhabenträger und die zuständige Behörde vorschreibt. Aber auch darüber hinaus werden im Verwaltungsalltag zahlreiche unverbindliche Gespräche zwischen der Genehmigungsbehörde und den Vorhabenträgern geführt, um die gegenseitigen Erwartungen zu sondieren, Alternativen zu diskutieren und wahrscheinlich auftretende Probleme aufzuzeigen.
- **Vorabzuleitung von Bescheidsentwürfen:** Zur Endabstimmung der einzelnen Nebenbestimmungen von Bescheiden werden dem Antragsteller im Genehmigungs- oder Planfeststellungsverfahren die Bescheidsentwürfe vorab zugeleitet.
- **Nichtbescheidungsabsprachen:** Die Behörde schreitet gegen ein ihr als rechtswidrig bekanntes Handeln des Bürgers nicht (sofort) mittels Untersagungsverfügung ein, obwohl sie dies könnte. Regelmäßig soll hier dem Betroffenen eine Übergangsfrist eingeräumt werden.
- **Kontaktpflege:** Auch ohne ein konkretes Vorhaben im Blick zu haben kommunizieren Industrie und Verwaltung regelmäßig. Die Kenntnis der jeweiligen entscheidungsrelevanten Personen, ihrer Vorstellungen und Ziele erleichtert die Kompromißfindung im „Ernstfall".

39 Die Vorteile des informalen Verwaltungshandelns liegen auf der Hand: Die Entwicklung einvernehmlicher Lösungswege zum Schutz der Umwelt spart Zeit und Kosten, schafft Rechtssicherheit und Akzeptanz unter den Beteiligten und vermeidet Rechtsstreitigkeiten für die Zukunft. Gefahren ergeben sich im Hinblick auf die Vernachlässigung von Drittinteressen, mangelnde Kontrollmöglichkeiten umweltrelevanter Entscheidungen und die Versuchung, bindende umweltrechtliche Regelungen bewußt und unbemerkt von der Öffentlichkeit zu unterlaufen. Doch auch informales Verwaltungshandeln unterliegt wie jedes Verwaltungshandeln dem Gesetz. Insbesondere die Zuständigkeitsordnung, der Gleichheitssatz und die Rechte Dritter sind in jedem Fall zu beachten.

5. Der Umweltschutzbeauftragte

40 Die staatliche Kontrolle der Einhaltung umweltrechtlicher Vorschriften wird im Industriebereich durch eine in Gestalt eines sog. Umweltschutzbeauftragten institutionalisierte *betriebsinterne* und *eigenverantwortliche* Überwachung ergänzt. Die Bezeichnung „Umweltschutzbeauftragter" stellt einen Sammelbegriff dar, der vom Gesetzgeber selbst nicht verwendet wird.

> **Beispiel:** Immissionsschutzbeauftragte (§§ 53 ff. BImSchG; 5. BImSchV); Störfallbeauftragte (§§ 58a ff. BImSchG); Betriebsbeauftragte für Abfall (§ 54 KrW/AbfH); Betriebsbeauftragte für Gewässerschutz (§§ 21a ff. WHG); Beauftragte für biologische Sicherheit (§ 3 Nr. 11 i.V.m. § 11 II Nr. 3 GentG); Strahlenschutzbeauftragte (§§ 39, 30 StrlSchV); Gefahrgutbeauftragte (GefahrgutbeauftragtenVO).

Zu den grundsätzlichen Aufgaben der Umweltschutzbeauftragten, deren Stellung in den einzelnen Umweltgesetzen unterschiedlich ausgeformt ist, gehört: **41**

- die Überwachung der Einhaltung umweltrechlicher Vorschriften (**Kontrollfunktion**),
- das Hinweisen auf umweltfreundliches Verhalten und Einbringen von Umweltschutzzielen in die „Firmenpolitik" (**Initiativfunktion**),
- die Information der Betriebsangehörigen über die betriebliche Umweltlage (**Aufklärungsfunktion**) und
- die jährliche Berichterstattung gegenüber dem Betriebsinhaber über die eigenen Aktivitäten (**Berichtsfunktion**).

Damit diese Aufgaben erfüllen werden können, obliegen auch dem Betreiber eine Reihe von Pflichten: **42**

- Er soll den Umweltschutzbeauftragten allgemein unterstützen (**Unterstützungspflicht**),
- ihn an umweltrelevanten Entscheidungen beteiligen (**Beteiligungspflicht**) und
- ihn anhören, soweit umweltrelevante Vorschläge gemacht oder Bedenken erhoben werden (**Abhörungspflicht**).
- Schließlich darf der Umweltschutzbeauftragte als Betriebsmitglied nicht aufgrund seiner Funktion benachteiligt werden (**Benachteiligungsunterlassungspflicht**).

Die Bestellung des Umweltschutzbeauftragten, zu der die Unternehmen in der Regel verpflichtet sind und die der zuständigen Behörde angezeigt werden muß, hat das Unternehmen *selbst* vorzunehmen. In Ausnahmefällen kann statt eines Betriebsangehörigen auch eine externe Person zum Umweltschutzbeauftragten bestellt werden. **43**

Dem Umweltschutzbeauftragten stehen keinerlei hoheitliche Befugnisse zu. Auch betriebliche Entscheidungsbefugnisse sind ihm grundsätzlich nicht zugewiesen. Er ist vielmehr eingegliedert in den Betrieb und unterliegt nach manchen Umweltgesetzen auch dem Weisungsrecht des Vorgesetzten. Die Umweltbehörde kann auf seine Tätigkeit grundsätzlich keinen Einfluß ausüben (Ausnahme: Strahlenschutzbeauftragter); er wird nicht als „verlängerter

Arm" der Verwaltung tätig, sondern als Beauftragter des Betriebs, der damit im Sinne des Kooperationsprinzips seiner Selbstüberwachungspflicht nachkommt.

6. Umweltinformationsgesetz

44
→ § 4 I UIG

Basierend auf einer Richtlinie der Europäischen Union hat der deutsche Bundestag am 19. Mai 1994 das Umweltinformationsgesetz (UIG) beschlossen. Ziel des Gesetzes ist es, den Zugang zu den bei den Behörden vorhandenen Informationen über die Umwelt sowie die Verbreitung dieser Informationen zu gewährleisten und die Voraussetzungen festzulegen, unter denen derartige Informationen zugänglich gemacht werden sollen. Dem Bürger wird so die Möglichkeit zur aktiven Teilnahme an umweltrechtlichen Entscheidungsprozessen eingeräumt. Gleichzeitig übernimmt er zusammen mit den Umweltschutzverbänden eine keinesfalls zu unterschätzende Kontrollfunktion, was die Einhaltung umweltrechtlicher Regelungen angeht.

45

Im Gegensatz zu sonstigen Akteneinsichtsrechten steht der Informationsanspruch unabhängig von einem irgendwie gearteten Interesse *Jedermann* gegenüber *jeder* Behörde zu, bei der die begehrten Informationen vorhanden sind.

> **Beispiel:** Bei einer Wanderung durch das Fichtelgebirge fällt dem aus Augsburg stammenden Pensionär P auf, daß in der Nähe einer kleineren Industrieanlage fast alle Nadelhölzer erkrankt sind. Er kann nunmehr von der zuständigen Behörde Auskunft darüber verlangen, welche Immissionen genau von dem Betrieb ausgehen, wann entsprechende Messungen durchgeführt wurden und ob die Vorgaben des Bundesimmissionsschutzgesetzes eingehalten worden sind.

→ §§ 7 f. UIG

Die Behörde kann den Anspruch in Form einer Auskunft, Akteneinsicht oder durch Zur-Verfügung-Stellen von Informationsträgern in sonstiger Weise befriedigen. Einschränkungen der Informationspflicht sind gesetzlich nur zum Schutze öffentlicher oder privater Belange vorgesehen, etwa bei Informationen über die Landesverteidigung oder ein laufendes strafrechtliches Ermittlungsverfahren bzw. bei der Beeinträchtigung schutzwürdiger Interessen Dritter.

7. „Öko-Audit"-Verordnung

46

Vom 10. April 1995 an gilt in allen Mitgliedstaaten der Europäischen Union, also auch in der Bundesrepublik Deutschland, die Verordnung Nr. 1836/93 über ein Umweltmanagement- und -betriebsprüfungssystem für Industriebetriebe (kurz: „Öko-Audit-VO") als unmittelbar anwendbares Recht. Sie soll die rechtliche Grundlage bereitstellen zur Entwicklung eines Systems zur

Bewertung und Verbesserung des betrieblichen Umweltschutzes im Rahmen von gewerblichen Tätigkeiten und zur geeigneten Unterrichtung der Öffentlichkeit. Die Teilnahme an diesem System ist *freiwillig*. Es basiert in erster Linie auf der Festlegung von detaillierten Umweltzielen, **Umweltprüfungen** im Sinne von Bestandsaufnahmen respektive **Ökobilanzen**, auf deren Ergebnisse wiederum **Umweltprogramme** aufbauen mit konkreten Zielen, Maßnahmen und Fristen. Daneben soll ein **Umweltmanagementsystem** die Einhaltung und Überprüfung des Umweltprogramms insbesondere im Wege von **Betriebsprüfungen** gewährleisten. Die nach jeder Betriebsprüfung zu erstellende **Umwelterklärung** muß der Öffentlichkeit in knapper und verständlicher Form auf Antrag zugängig gemacht werden; Geschäfts- und Betriebsgeheimnisse sind jedoch weiterhin geschützt.

Kontrollfragen:
1. Was versteht man unter dem Vorsorgeprinzip? (RN 2)
2. Wie verhalten sich Verursacher- und Gemeinlastprinzip zueinander? (RN 3–4)
3. Welche Beispiele umweltspezifischer Fachplanung kennen Sie? (RN 9–10)
4. Was ist der Unterschied zwischen einem präventiven und einem repressiven Verbot? (RN 14–15)
5. Skizzieren Sie den Ablauf der Umweltverträglichkeitsprüfung! (RN 23)
6. Welche Formen der indirekten Verhaltenssteuerung im Umweltrecht kennen Sie? (RN 24–39)
7. Welche Grundidee zeichnet die Umweltzertifikate aus? (RN 33)
8. Was versteht man unter informalem Verwaltungshandeln? Geben Sie Beispiele! (RN 37–38)
9. Worin bestehen die Aufgaben des Umweltschutzbeauftragten? (RN 41)
10. Hat der Bürger einen Anspruch auf Information über die von einem Betrieb ausgehenden Umweltgefährdungen und wenn, gegen wen richtet sich der Anspruch? (RN 45)

Weiterführende Literatur:
Ketteler, Gerd, Instrumente des Umweltrechts, JuS 1994, S. 826–830 u. S. 909–915; *Bender, Bernd/Sparwasser, Reinhard,* Umweltrecht, 1990, RN 44–98; *Hoppe, Werner/ Beckmann, Martin,* Umweltrecht, 1989, § 5–9 (S. 77–160); *Kloepfer, Michael,* Umweltrecht, 1989, § 3 f. (S. 77–249); *Scherer, Joachim,* Umweltaudits: Instrumente zur Durchsetzung des Umweltrechts im europäischen Binnenmarkt?, NVwZ 1993, S. 11–16; *Schmidt, Reiner/Müller, Helmut,* Einführung in das Umweltrecht, 4. Aufl. (1995), § 1; *Storm, Peter-Christoph,* Umweltrecht, in: HdbUR II, Sp. 2331–2364; *Turiaux, André,* Das neue Umweltinformationsgesetz, NJW 1994, S. 2319–2324.

6. Umweltorganisation

I. **Allgemeine Verwaltungsorganisation**
   1. Unmittelbare Staatsverwaltung
   2. Mittelbare Staatsverwaltung
      a) Gemeinden
      b) Sonstige Körperschaften
      c) Anstalten
      d) Stiftungen
      e) Beliehene
   3. Zuständigkeit

II. **Umweltverwaltungsorganisation auf Bundesebene**

III. **Umweltverwaltungsorganisation auf Landesebene**

Der Charakter des Umweltrechts als „Querschnittsmaterie" (→ Kap. 1/RN 3) bedingt eine gewisse Unübersichtlichkeit der Verwaltungsorganisation.

I. Allgemeine Verwaltungsorganisation

1. Unmittelbare Staatsverwaltung

Nach der Kompetenzverteilung des Grundgesetzes führen grundsätzlich die *Länder* auch Bundesgesetze als eigene Angelegenheiten aus; dort liegt der Schwerpunkt der Verwaltungstätigkeit. Die Länder bedienen sich dabei sog. **allgemeiner Verwaltungsbehörden**, die – teilweise auf ein bestimmtes räumliches Gebiet beschränkt – für eine Vielzahl verschiedener Aufgaben zuständig sind (z. B. Regierung, Landratsamt) und sog. **Sonderverwaltungsbehörden**, die nur eine bestimmte, ihnen ausdrücklich zugewiesene Aufgabe wahrnehmen (z. B. Landesamt für Verfassungsschutz, Landesgesundheitsamt, Statistisches Landesamt, Forstdirektion, Oberschulamt). In der Regel ist der Verwaltungsaufbau dreistufig gegliedert, wobei die allgemeinen Verwaltungsbehörden das Organisationsgerüst vorgeben:

(1) Landesregierung bzw. Minister (Oberstufe)
(2) Bezirksregierung (Mittelstufe)
(3) Kreisverwaltungsbehörde (Unterstufe)

Sonderverwaltungsbehörden sind oft nur auf einer Stufe ohne Veraltungsunterbau angesiedelt (z. B. Statistisches Landesamt, Landeskriminalamt). Auch existieren gelegentlich Zwischenebenen. Schließlich fehlt in Brandenburg, Mecklenburg-Vorpommern, Schleswig-Holstein und im Saarland die Mittelinstanz, während Berlin, Hamburg und Bremen als Stadtstaaten noch weitere Besonderheiten aufweisen.

Auf der Bundesebene unterschiedet man die sog. **obersten Bundesbehörden**, zu denen die Bundesregierung, der Bundeskanzler, die Bundesministerien, der Bundesrechnungshof und die Organe der Bundesbank gehören, und die sog. **Bundesoberbehörden**, die als den Bundesministern nachgeordnete Behörden bestimmte Verwaltungsaufgaben für das gesamte Bundesgebiet wahrnehmen. Zu letzteren zählen etwa das Bundesgesundheitsamt (Berlin), das Kraftfahrtzeugbundesamt (Flensburg), das Deutsche Patentamt (München), das Bundeskriminalamt (Wiesbaden) und das Umweltbundesamt (→ RN 21). Nur ausnahmsweise besitzen die Behörden des Bundes einen mehrstufigen Verwaltungsaufbau. Zu nennen sind hier z. B.: das Auswärtige Amt (Außenminister, Vertretungen im Ausland), die Bundeswehrverwaltung (Bundesverteidigungsminister, Wehrbereichsverwaltungen, Kreiswehrersatzämter,

Standortverwaltungen), die Bundeswasserstraßenverwaltung (Bundesverkehrsminister, Wasser- und Schifffahrtsdirektionen, Wasser- und Schifffahrtsämter).

3 Während Bund und Länder grundsätzlich ihre Verwaltungsangelegenheiten *selbständig* und *getrennt* voneinander wahrnehmen, gibt es auch Bereiche, in denen sie zusammenwirken. Neben den sog. **Gemeinschaftsaufgaben** (Art. 91a und 91b GG) existieren – ausnahmsweise – gemeinsame Behörden von Bund und Land, so z. B. die Oberfinanzdirektion auf der Mittelstufe der Finanzverwaltung. Auch die Länder unterhalten ausnahmsweise gemeinsame Behörden. Beispielhaft sei hier auf die Filmbewertungsstelle in Wiesbaden verwiesen, die zwar formell eine Behörde des Landes Hessen ist, in Wirklichkeit aber eine gemeinsame Behörde aller Länder darstellt.

2. Mittelbare Staatsverwaltung

4 Soweit der Staat seine Verwaltungsaufgaben nicht selbst, durch eigene Behörden erfüllt, sondern rechtlich selbständigen Organisationen zur Erledigung überträgt oder überläßt, spricht man im Gegensatz zur unmittelbaren Staatsverwaltung von mittelbarer Staatsverwaltung. Der Kreis der dafür in Betracht kommenden öffentlich-rechtlichen Organisationstypen ist auf **Körperschaften**, **Anstalten**, **Stiftungen** und **Beliehene** beschränkt.

a) Gemeinden

5 Die Gemeinden sind zwar Körperschaften des öffentlichen Rechts (sog. Gebietskörperschaften) (→ RN 9), sie nehmen aber nicht zuletzt aufgrund ihres historischen Ursprungs und der verfassungsrechtlichen Absicherung der gemeindlichen Selbstverwaltung im Grundgesetz eine gewisse Sonderstellung ein, die es nahelegt, sie gesondert zu behandeln.

Sinn der Selbstverwaltungsgarantie ist es zum einen, das Verantwortungsbewußtsein und die Einsatzbereitschaft der Bürger für das Gemeinwohl in einem überschaubaren Bereich zu aktivieren, und zum anderen, die Orts- bzw. Sachkenntnisse der Bürger bezüglich ihrer eigenen Angelegenheiten nutzbar zu machen. Organisatorisch umgesetzt wird das Selbstverwaltungspostulat durch die Wahl einer Vertretung durch die Mitglieder, im Falle der Gemeinde der Gemeindevertretung durch die Gemeindebevölkerung (im einzelnen bestehen hier von Land zu Land erhebliche Unterschiede).

6 Unabhängig von den eigenen sog. **Selbstverwaltungsangelegenheiten**, zu denen unter anderem die Ortsplanung, die Versorgung der Bevölkerung mit Wasser, Licht, Gas und Strom, die örtliche Kulturpflege, das Volks- und Berufsschulwesen und die Erwachsenenbildung zählen, können der Gemeinde auch sog. **Auftragsangelegenheiten** zur Erledigung übertragen werden. Der Staat errichtet dann auf der Ortsebene keine eigene Behörde, sondern bedient sich der Gemeinden, indem er ihnen bzw. ihren Organen die Durchführung der staatlichen Aufgaben auf der untersten Ebene zuweist.

Beispiel: Paß- und Meldewesen, das Personenstandswesen, die Bauaufsicht, die Wehrerfassung usw.

Auf einer Ebene über den Gemeinden angesiedelt existieren noch weitere Kommunalkörperschaften, die unter der sehr pauschalen Sammelbezeichnung **Gemeindeverbände** zusammengefaßt werden. Sie haben die örtlichen Aufgaben wahrzunehmen, die die Leistungsfähigkeit der Gemeinden übersteigen.

Beispiel: Landkreise, kommunale Zweckverbände und – von Land zu Land verschieden – etwa die Gesamtgemeinden in Niedersachsen, die Verwaltungsgemeinschaft in Bayern, die Landschaftsverbände in Nordrhein-Westfalen, der Landeswohlfahrtsverband in Hessen.

b) Sonstige Körperschaften

Außer den Kommunalkörperschaften und Bund und Land, die ebenfalls Gebietskörperschaften darstellen, existieren noch eine Reihe anderer Körperschaften. Wie die Gemeinde basieren sie auf dem Prinzip der Selbstverwaltung. Anders als diese knüpfen sie aber nicht an das alleinige Merkmal des Wohnsitzes oder der Niederlassung in einem bestimmten Gebiet an, sondern erfassen ihre Mitglieder nach spezifischen, nämlichen beruflichen, wirtschaftlichen, sozialen, kulturellen oder sonstigen Gesichtspunkten.

Beispiel:
- im wirtschaftlichen Bereich: die Industrie- und Handelskammern, die Handwerkskammern, die Handwerksinnung, die Landwirtschaftskammern etc.
- im Bereich der freien und zugleich staatlich gebundenen Berufe: die Rechtsanwaltskammern, die Ärztekammern, die Zahnärztekammern, die Apothekerkammern, die Architektenkammern etc.
- im Bereich der Sozialversicherung: die Allgemeinen Ortskrankenkassen (AOK) und die ihr gleichgestellten Ersatzkassen, die Berufsgenossenschaften, die Landesversicherungsanstalten, die Bundesversicherungsanstalt für Angestellte etc.
- im kulturellen Bereich: die Hochschulen und, soweit dies landesrechtlich vorgesehen ist, die Studentenschaften.

Nach alledem verbergen sich hinter dem Begriff der öffentlich-rechtlichen Körperschaft durch staatlichen Hoheitsakt (Gesetz) geschaffene, rechtsfähige, mitgliedschaftlich verfaßte Organisationen des öffentlichen Rechts, die öffentliche Aufgaben mit in der Regel hoheitlichen Mitteln wahrnehmen.

Wie überhaupt die gesamte mittelbare Staatsverwaltung stehen die Körperschaften unter der **Aufsicht** des Staates, der aufgrund der Gesetzesbindung der Verwaltung (→ Kap. 3/RN 24) verpflichtet ist, die Rechtmäßigkeit des Verwaltungshandelns selbständiger Verwaltungseinheiten auch im Hinblick auf die sog. Selbstverwaltungsangelegenheiten zu überprüfen (sog. **Rechtsaufsicht**). In den sog. Auftragsangelegenheiten (→ RN 6), die die Selbstverwaltungsträger für den Staat wahrnehmen, geht das Aufsichtsrecht sogar noch weiter. Da hier eine umfassende Weisungsbefugnis besteht, kann auch die Zweckmäßigkeit einer Maßnahme beanstandet werden (sog. **Fachaufsicht**). Zweckmäßigkeitsentscheidungen werden dort getroffen, wo das Gesetz dem Anwender bewußt einen eigenen Entscheidungsspielraum zuweist, wie beim Ermessen (→ Kap. 3/RN 26 ff.) oder dem Beurteilungsspielraum (→ Kap. 3/RN 30 f.).

c) Anstalten

10 Öffentlich-rechtliche Anstalten stellen organisatorische Zusammenfassungen von Verwaltungsbediensteten und Sachmitteln (Gebäuden, Anlagen, technischen Geräten) zu einer verselbständigten Verwaltungseinheit dar. Sie dienen entsprechend ihrer jeweiligen Zwecksetzung dazu, bestimmte Verwaltungsaufgaben wahrzunehmen, insbesondere Leistungen zu erbringen. Im Gegensatz zu den mitgliedschaftlich verfaßten Körperschaften haben Anstalten in der Regel **Benutzer**, die aufgrund eines einmaligen, wiederkehrenden oder länger dauernden Benutzungsverhältnisses Empfänger der durch die Anstalt dargebotenen Leistungen sind.

11 Es gibt **nicht rechtsfähige Anstalten** (oder unselbständige Anstalten), die nur organisatorisch selbständig, aber rechtlich noch Teil eines anderen Verwaltungsträgers sind (z. B. Schulen, Krankenhäuser, Stadtwerke, Museen, Friedhöfe usw.), und **rechtsfähige Anstalten** (→ Kap. 2/RN 26), die nicht Teil eines anderen Verwaltungsträgers sind, sondern Selbstverwaltungsträger (z. B. Rundfunkanstalten, Kreis- und Stadtsparkassen, die Zentralstelle für die Vergabe von Studienplätzen, die Studentenwerke, die Filmförderungsanstalt).

> **Beispiel:** A behauptet, daß in einer Rundfunksendung unzutreffende Behauptungen über ihn verbreitet worden seien. B behauptet, daß er im städtischen Krankenhaus medizinisch unzureichend versorgt worden sei. Beide machen Schadensersatzansprüche geltend. Im Fall A ist der Anspruch direkt gegen die Rundfunkanstalt, im Fall B gegen die Stadt, die Trägerin der nicht rechtsfähigen Anstalt „Krankenhaus" ist, zu richten.

Die Rechtsaufsicht (→ RN 9) über die Anstalt steht dem Verwaltungsträger zu, der die Anstalt durch gesetzlichen Hoheitsakt (Gesetz, Rechtsverordnung, Satzung) errichtet hat. Häufig sind noch weitergehende Einwirkungsrechte vorgesehen (Weisungsbefugnisse, Genehmigungsvorbehalte usw.).

d) Stiftungen

12 Die Stiftung stellt eine rechtsfähige Organisation zur Verwaltung eines von einem Stifter zweckgebundenen übergebenen Bestands an Vermögenswerten dar. Sie wird durch einen staatlichen, allgemeinverbindlichen Hoheitsakt (Gesetz, Verordnung, Satzung) errichtet, dient öffentlichen Aufgaben und besitzt hoheitliche Befugnisse. Während die Körperschaft Mitglieder und die Anstalt Benutzer hat, gibt es bei der Stiftung allenfalls **Nutznießer** (Destinäre).

> **Beispiel:** Stiftung preußischer Kulturbesitz, Stiftung „Hilfswerk für behinderte Kinder".

e) Beliehene

Um den eigenen Verwaltungsapparat zu entlasten und um die Sachkunde sowie die technischen und betrieblichen Mittel von Privaten, insbesondere Wirtschaftsunternehmen zu nutzen, kann der Staat auch Privatpersonen (Einzelpersonen oder juristische Personen des Privatrechts [→ Kap. 2/RN 26]) mit der hoheitlichen Wahrnehmung bestimmter Verwaltungsaufgaben im eigenen Namen betrauen. Diese sog. Beliehenen, die unter staatlicher Aufsicht stehen, sind und bleiben – statusmäßig – Privatrechtssubjekte; sie können aber – funktionell – in einem genau abgesteckten Bereich hoheitlich handeln und sind insoweit in die mittelbare Staatsverwaltung einbezogen.

13

> **Beispiel:** Flug- und Schiffskapitäne, Jagdaufseher, freiberufliche Fleischbeschauer, Prüfingenieure für Baustatik, Bezirksschornsteinfeger bei der Feuerschau, technische Überwachungsvereine (TÜV) bzw. deren Sachverständige, Privatschulen, soweit es sich nicht nur um staatlich genehmigte, sondern staatlich anerkannte Ersatzschulen handelt usw.

3. Zuständigkeit

Angesichts der Vielzahl der Verwaltungsträger und Verwaltungsbehörden ist eine strenge Abgrenzung der jeweiligen Zuständigkeitsbereiche unumgänglich. Dabei handelt es sich keineswegs um eine nur formale Frage. Regelmäßig besitzen allein bestimmte Behörden das fachlich vorgebildete und sachkundige Personal und die erforderliche Ausstattung, um die Gewähr für eine sachlich richtige Entscheidung zu bieten.

14

Folgende Arten der Zuständigkeit werden unterschieden:

- Die **sachliche Zuständigkeit** betrifft die Frage, welche Sachaufgaben (Bauangelegenheiten, Sozialhilfe, Beamtenernennung, Schulangelegenheiten usw.) von welcher „Stelle" der staatlichen Verwaltungsorganisation wahrgenommen werden soll. Dabei bestimmt:
  - die sog. **Funktionskompetenz**, welche Gewalt (Legislative, Exekutive, Judukative) für eine bestimmte Sachaufgabe zuständig ist,
  - die **Verbandskompetenz**, welcher Verwaltungsträger (Bund, Land, Körperschaft, Anstalt, Stiftung, Beliehener) für eine bestimmte Sachaufgabe zuständig ist, und
  - die **Ressortkompetenz**, welches Organ des Verwaltungsrechtsträgers für eine bestimmte Sachaufgabe zuständig ist; sie legt fest, welche Behörde verwaltet.
- Die **örtliche Zuständigkeit** betrifft die räumlichen Tätigkeitsbereiche der Behörde. Sie entscheidet z. B. darüber, ob sich das Landratsamt in München oder

das Landratsamt in Augsburg mit einer bestimmten Angelegenheit zu befassen hat.
- Die **instanzielle Zuständigkeit** legt fest, welche Behörde in einem Instanzenzug (z. B. Landratsamt, Regierung, Ministerium) zuständig ist. Nur unter ganz engen Voraussetzungen (Gefahr in Verzug, Nichtbefolgung einer Weisung) ist die übergeordnete Behörde befugt, eine in die Zuständigkeit der unteren Behörde fallende Angelegenheit zur Entscheidung an sich zu ziehen (sog. **Selbsteintrittsrecht**).
- Die **funktionelle Zuständigkeit** ordnet an, daß gewisse Verwaltungsaufgaben durch bestimmte „Organwalter", etwa den Behördenleiter selbst zu erledigen sind.

Die Behörde ist rechtlich verpflichtet, die ihr zugewiesenen Aufgaben wahrzunehmen, zugleich aber auch die Grenzen ihres Zuständigkeitsbereiches zu beachten. Die Zuständigkeit bildet Grund und Grenze ihres Handelns.

15 In der Praxis ist es oft nicht leicht, herauszufinden, welche Behörde konkret zuständig ist. So sprechen etwa viele Bundesgesetze einfach nur von der „zuständigen Behörde" (vgl. z. B. § 3 BNatSchG, § 24 BImSchG, § 23 ChemG usw.). Da die Ausführung von Bundesgesetzen grundsätzlich den Landesbehörden obliegt (→ RN 1), ist die Zuständigkeit regelmäßig in Landesgesetzen geregelt (vgl. z. B. Art. 37 Bayerisches NatSchG, Art. 29 Bayerisches AbfallG, Art. 2 Bayerisches ImSchG), die teilweise erneut auf Rechtsverordnungen verweisen (vgl. z. B. Art. 37 IV Bayerisches NatSchG).

16 Die Bezeichnung für eine Behörde kann im Verwaltungsalltag im übrigen recht unterschiedlich erfolgen. Häufig findet sich die Bezeichnung „Amt" (Bundeskanzleramt, Finanzamt, Sozialamt, Auswärtiges Amt). Ebenfalls gebräuchlich ist die Verwendung der Amtsbezeichnung des Behördenleiters als Name der Behörde („Der Minister des Inneren", „Der Regierungspräsident", „Der Oberkreisdirektor").

II. Umweltverwaltungsorganisation auf Bundesebene

17 Der Bund selbst verfügt seinen beschränkten Vollzugsaufgaben entsprechend nur über einige wenige speziell mit dem Umweltschutz befaßte Behörden bzw. bundesunmittelbare Körperschaften oder Anstalten (→ RN 8 ff.).

18
- Zunächst ist hier das 1986 errichtete **Bundesministerium für Umwelt, Naturschutz und Reaktorsicherheit** (BMU) zu nennen. Seine Aufgaben bestehen vor allem in der Vorbereitung von Gesetzgebungsvorhaben und dem Erlaß von Rechtsvorschriften. Gleichzeitig obliegt ihm die grundsätzliche Umweltplanung und Koordinierung in rechtlicher, wirtschaftlicher und internationaler Hinsicht sowie z. B. die Aufsicht im Atomrecht über die Länderverwaltung. Bestimmte Aufgaben des Umweltrechts sind bei anderen Bundesministerien angesiedelt, so etwa das Pflanzenschutzrecht beim Bundesministerium für Landwirtschaft (BML), das Raumnutzungsrecht beim Bundesministerium für Raumordnung, Bauwesen und Städtebau, das Recht der Gefahrguttransporte beim Bundesministerium für Ver-

kehr. Die Abstimmung aller wichtigen umweltpolitischen Entscheidungen unter den einzelnen Ministerien erfolgt im **Kabinettsausschuß für Umweltfragen** (sog. Umweltkabinett) und im **Ständigen Abteilungsleiterausschuß** für Umweltfragen/Bund (StALA/Bund).

- Zur wissenschaftlichen Unterstützung des zuständigen Bundesministers bei der Erarbeitung von Rechts- und Verwaltungsvorschriften besteht seit 1974 als selbständige Bundesoberbehörde das **Umweltbundesamt** (UBA) in Berlin, das zudem betraut ist mit Aufgaben der Öffentlichkeitsarbeit und Umweltdokumentation (Informations- und Dokumentationssystem Umwelt [UMPLIS], Umweltliteraturdatenbanken, Smog-Frühwarnsystem, Methodenbank/GRAFU, Informationssystem für Umweltchemikalien, Chemieanlagen und Störanfälle [INFUCHS]). Darüber hinaus sind dem Umweltbundesamt noch eine Reihe bestimmter Einzelaufgaben übertragen, z. B. die Erteilung des Einvernehmens bei der Zulassung von Pflanzenschutzmitteln oder der Freisetzung gentechnisch veränderter Organismen.

19

- Ebenfalls eine dem Bundesministerium für Umwelt unmittelbar nachgeordnete, selbständige Bundesoberbehörde stellt das 1989 gegründete **Bundesamt für Strahlenschutz** (BSS) dar, das seinen Sitz in Salzgitter hat. Ihm obliegt z. B. die Errichtung und der Betrieb von Endlagern des Bundes für radioaktive Abfälle, die Genehmigung des Transportes und der Lagerung von Kernbrennstoffen, die Überwachung der Umwelt-Radioaktivität und die Errichtung und Führung eines zentralen Dosisregisters über die Strahlenexposition beruflich strahlenexponierter Personen.

20

- Als weitere dem Bundesministerium für Umwelt unmittelbar nachgeordnete, selbständige Bundesoberbehörde fungiert die **Bundesforschungsanstalt für Naturschutz und Landschaftsökologie**, die die wissenschaftlichen Grundlagen zum Schutz, zur Pflege und zur Entwicklung von Natur und Landschaft erarbeitet, und der die Institute für Naturschutz und Tierökologie, für Landschaftspflege und -ökologie sowie für Vegetationskunde angeschlossen sind.

21

- Im Jahre 1994 ist ferner das Bundesamt für Naturschutz (→ Kap 10/RN 7) ins Leben gerufen worden.

- Daneben existieren noch eine Reihe weiterer **Einrichtungen des Bundes**, die zwar überwiegend Forschungs- und Koordinationsfunktion besitzen, teilweise aber auch begrenzte Vollzugsaufgaben wahrnehmen: die **Bundesanstalt für Gewässerkunde** (Wasserkreislauf, Wasserhaushalt, Analyse und Meßverfahren, Belastbarkeit von Küstengewässern, Gütestandards), die **Biologische Bundesanstalt für Landes- und Forstwirtschaft** (Wirkung von Pestiziden, Pflanzenschutzmitteln und Schwermetallen auf Mensch, Tier und Umwelt), das **Deutsche Hydrographische Institut** (Warn- und Bekämpfungsmaßnahmen bei akuter schwerer Verschmutzung

22

im Meer, Prüfung der Schädlichkeit und Erteilung der Erlaubnis zum Einbringen und Einleiten von Abfällen ins Meerwasser), die **Physikalisch-technische Bundesanstalt** (Wasserreinhaltung, Überprüfung und Eichung von Schallmeßgeräten) u. a. m.

III. Umweltverwaltungsorganisation auf Landesebene

23 Alle Länder haben mittlerweile **Landesumweltministerien** als oberste Umweltbehörden eingerichtet. Ihre Aufgabenstruktur ist mit der des Bundesministeriums für Umwelt vergleichbar, wobei die Landesministerien noch stärker als Vollzugsbehörde tätig werden, z. B. bei der Genehmigung von Kernkraftwerken oder größeren emittierenden Anlagen. Im übrigen sind die Aufgaben des Umweltschutzes auf die **allgemeinen Verwaltungsbehörden** (Unterstufe: Kreisverwaltungsbehörde, Landratsamt usw.; Mittelstufe: Regierung → RN 1) und einige **Sonderverwaltungsbehörden** verteilt. Zu den Sonderverwaltungsbehörden zählen etwa die Forstämter oder die Gewerbeaufsichtsämter. Im einzelnen bestehen hier je nach Verwaltungsaufbau von Land zu Land *erhebliche Unterschiede*. Den **kommunalen Gebietsköperschaften** (Gemeinden usw.) sind in der Regel ebenfalls bestimmte Verwaltungskompetenzen im Bereich des Umweltrechts zugewiesen, z. B. die Bauleitplanung, die öffentliche Wasserversorgung oder die öffentliche Abfallbeseitigung.

Kontrollfragen:
1. Liegt der Schwerpunkt des Gesetzesvollzugs beim Bund oder bei den jeweiligen Ländern? (RN 1)
2. Was versteht man unter mittelbarer Staatsverwaltung? (RN 4–13)
3. Welche Formen der Zuständigkeit unterscheidet man? (RN 14)
4. Welche Aufgaben hat das Umweltbundesamt? (RN 19)
5. Gibt es neben dem Umweltbundesamt noch weitere Bundesoberbehörden? (RN 19–22)
6. Wie ist die Umweltverwaltung in den Ländern grundsätzlich organisiert? (RN 25)

Weiterführende Literatur:
Bothe, Martin, Verwaltungsorganisation im Umweltschutz, 1986; *Dittmann, Armin,* in: HdbUR II, Sp. 1547–1575; *Dreihaupt, Joseph/Peine, Franz-Joesph/Wittkämper, Gerhard W.* (Hrsg.), Umwelthandwörterbuch, 1992, S. 401–449; *Umweltbundesamt* (Hrsg.), Behördenführer – Zuständigkeiten im Umweltrecht, 1983.

7. Immissionsschutzrecht

I. Allgemeines
   1. Bundesimmissionsschutzgesetz
   2. Begriffsbestimmungen
   3. Zuständigkeit

II. Genehmigungsbedürftige Anlagen
   1. Genehmigungspflicht
   2. Genehmigungsvoraussetzungen
      a) Betreiberpflichten und Pflichten aus Rechtsverordnungen
      b) Sonstige öffentlich-rechtliche Vorschriften
   3. Genehmigungsverfahren
      a) Förmliches Verfahren
      b) Vereinfachtes Verfahren
      c) Verfahrensstufung
   4. Inhalt und Wirkung der Genehmigung
      a) Inhalt
      b) Wirkung
      c) Erlöschen
   5. Eingriffsmöglichkeiten der Verwaltung
      a) Nachträgliche Anordnungen
      b) Untersagung, Stillegung und Beseitigung
      c) Widerruf und Rücknahme der Genehmigung
   6. Rechtsschutz

III. Nichtgenehmigungsbedürftige Anlagen
   1. Grundpflichten des Betreibers
      a) Gesetzliche Regelung
      b) Konkretisierung durch Rechtsverordnungen
   2. Eingriffsmöglichkeiten der Verwaltung
      a) Anordnungen im Einzelfall
      b) Untersagung
   3. Rechtsschutz

IV. Produktbezogener Immissionsschutz

V. Verkehrsbezogener Immissionsschutz

VI. Gebietsbezogener Immissionsschutz

Die Luftverschmutzung, mit deren Bekämpfung sich das Immissionsschutzrecht beschäftigt, stellt für 57 Prozent aller Bundesbürger das größte Umweltproblem dar, weit vor der an zweiter Stelle rangierenden Gewässerverschmutzung (16,9 Prozent). Das Immissionsschutzrecht darf damit als wohl gewichtigste Rechtsmaterie innerhalb des Umweltrechts gelten.

1

Fakten: Die Gesamtemission (in Mio t/a) im Bundesgebiet aus stationären Quellen (d. h. ohne den Kraftverkehr) betrug 1990 (in Klammern: Prognose für 1995): Schwebestaub: 0,375 (0,33); Schwefeldioxid: 0,86 (0,85); Stickoxid: 0,7 (0,5); Flüchtige organische Verbindungen: 0,208 (0,22).

Im Jahre 1992 waren 68 % des gesamten Waldbestandes im Bundesgebiet geschädigt; hiervon waren knapp 40 % (27 % des Gesamtbestandes) in die Schadstufen 2–4 (deutlich geschädigt) einzuordnen. In den neuen Bundesländern, die 29 % des Gesamtbestandes stellen, war der Anteil des geschädigten Waldes mit 75 % etwas geringer als in Bayern, dem mit 23 % des Gesamtbestandes waldreichsten Bundesland, wo 77 % des Waldes geschädigt waren. Dieser Wert wurde nur noch von Mecklenburg-Vorpommern (89 %) sowie Thüringen (84 %) übertroffen.

Gleichzeitig nahm aufgrund des Anstiegs des Anteils von bleifreiem Benzin am Gesamtabsatz von Ottokraftstoff von 11,0 % (1986) über 58,5 % (1989) auf 85,0 % (1992) der Blutbleigehalt in der deutschen Bevölkerung (in µg/l) von ca. 130 (1975) über ca. 70 (1986) auf weniger als 60 (1991) ab.

Aufgrund der Güterkraftverkehrspolitik der Europäischen Union (EU, früher: EG) sowie der Öffnung Mittel- und Osteuropas wird für das Jahr 2005 ein Anstieg des Straßenverkehrsaufkommens im Bundesgebiet um 23 % (Personenkraftverkehr) bzw. 92 % (Güterkraftverkehr) bezogen auf das Vergleichsjahr 1988 prognostiziert. Für die neuen Bundesländer erwarten Prognosen einen Anstieg um ca. 100 % im Bereich des Personenkraftverkehrs bzw. knapp 400 % im Bereich des Güterkraftverkehrs. Diese Steigerungsraten werden voraussichtlich von denen des Flugverkehrs noch übertroffen werden. Aufgrund des erhöhten Energieverbrauchs wird mit einem Anstieg der Kohlendioxid-Emissionen um 39 % gerechnet.

I. Allgemeines

1. Bundes-Immissionsschutzgesetz

2

Das Bundes-Immissionsschutzgesetz (BImSchG) vom 15.3.1974, das inzwischen mehrfach geändert wurde, stellt das zentrale Gesetz auf dem Gebiet des öffentlichen Immissionsschutzes dar. Im Bereich des Bundesrechts existieren daneben noch weitere immissionsschutzrechtliche Gesetze, wie etwa das Fluglärmgesetz oder das Benzinbleigesetz. Auch Gesetze, die nicht primär auf Immissionsschutz abzielen, enthalten vereinzelte immissionsschutzrelevante Vorschriften, so z. B. das Naturschutzrecht (→ Kap. 10), das Wasserrecht (→ Kap. 11) oder das Atomrecht.

Ziel
Das Bundes-Immissionsschutzgesetz will Menschen, Tiere und Pflanzen, den Boden, das Wasser, die Atmosphäre sowie Kultur- und sonstige Sachgüter vor schädlichen Umwelteinwirkungen und, soweit es sich um genehmigungsbedürftige Anlagen handelt, auch vor Gefahren, erheblichen Nachteilen und erheblichen Belästigungen, die auf andere Weise herbeigeführt werden, schützen und dem Entstehen schädlicher Umwelteinwirkungen vorbeugen. Diese Aufzählung läßt erkennen, daß der Zweck des Gesetzes sich nicht allein in der **Gefahrenabwehr** erschöpft, sondern, wie es das Vorsorgeprinzip als eines der wesentlichen umweltrechtlichen Prinzipien fordert, auch und gerade in der **Vorsorge vor Umweltbeeinträchtigungen** besteht. Schädliche Umwelteinwirkungen sollen nicht nur auf ein für Mensch und Umwelt gerade noch erträgliches Maß abgesenkt, sondern es soll schon ihrer Entstehung vorgebeugt werden.

3

→ § 1 BImSchG

Aus dieser weit gewählten Formulierung wird zudem deutlich, daß etwa Tiere, Pflanzen und andere Sachen selbständige Schutzgüter des Bundes-Immissionsschutzgesetzes sind und nicht etwa nur um des Menschen willen, also allein mit Rücksicht auf die Qualität seines Lebensraumes, geschützt werden.

§ 1 BImSchG ist dabei nicht nur als bloßer Programmsatz zu verstehen, sondern soll den zuständigen Behörden im Rahmen ihrer Entscheidungen über immissionsschutzrelevante Maßnahmen als Interpretationshilfe dienen. Muß eine Behörde etwa bei einer Ermessensentscheidung (→ Kap. 3/RN 26 ff.) eine Abwägung treffen, so bietet ihr die Vorschrift einen Maßstab für die Ermessenshandhabung, d. h. für die Frage, welche Belange bei der Abwägung stärker als die übrigen berücksichtigt werden müssen.

Inhaltsübersicht
Das Bundes-Immissionsschutzgesetz kann als Prototyp der gesetzlichen Regelung einer speziellen Umweltmaterie gelten. Seine Regelungssystematik soll daher auf der nächsten Seite durch eine graphische Darstellung verdeutlicht werden.

4

2. Begriffsbestimmungen

Schädliche Umwelteinwirkungen
Der Begriff der schädlichen Umwelteinwirkungen nimmt im Bundes-Immissionsschutzgesetz eine Schlüsselstellung ein. Nach der Definition des § 3 I BImSchG sind schädliche Umwelteinwirkungen Immissionen, die nach Art, Ausmaß oder Dauer geeignet sind, Gefahren, erhebliche Nachteile oder erhebliche Belästigungen für die Allgemeinheit oder die Nachbarschaft herbeizuführen. Von Immissionen sind begrifflich Emissionen zu unterscheiden.

5

→ § 3 I BImSchG

Regelungssystematik des BImSchG

```
Zweck und                Allgemeine        Genehmigungs-        Nicht genehmi-     Produkt-         Verkehr-         Gebiets-
Geltungs-                Begriffs-         bedürftige           gungsbedürftige    bezogener        bezogener        bezogener
bereich                  bestim-           Anlagen              Anlagen            Immissions-      Immissions-      Immissions-
des Gesetzes             mungen                                                    schutz           schutz           schutz

(§§ 1 f. BImSchG)        (§ 3 BImSchG)                          (§§ 22–25 BImSchG) (§§ 32–37 BImSchG) (§§ 38–43 BImSchG) (§§ 44–47a BImSchG)
```

Förmliches Genehmigungsverfahren
(§§ 4–21 BImSchG)

Vereinfachtes Genehmigungsverfahren
(§ 19 BImSchG)

Eingriffsmöglichkeiten der Verwaltung
(§§ 20f. BImSchG)

Eingriffsmöglichkeiten der Verwaltung
(§§ 24f. BImSchG)

Ermittlung von Emissionen und Immissionen, sicherheitstechnische Prüfungen, Technischer Ausschuß für Anlagensicherheit
(§§ 26–31a BImSchG)

Gemeinsame Vorschriften
(§§ 48–62 BImSchG)

Übergangs- u. Schlußvorschriften
(§§ 66–74 BImSchG)

> **Beispiel:** Eine Industrieanlage stößt aus ihrem Schornstein einen Schadstoff aus. Dieser Ausstoß wird als **Emission** (vgl. § 3 III BImSchG) bezeichnet. Die ausgestoßenen Schadstoffe werden durch Wind und Regen verteilt und gehen auf Wäldern, Nachbargrundstücken oder Seen nieder, wirken also auf diese ein. Diese Einwirkungen werden als **Immissionen** (vgl. § 3 II BImSchG) bezeichnet. Emissionen und Immissionen betreffen demnach den selben Vorgang, unterscheiden sich aber in ihrer Sichtweise: spricht man von Emissionen, denkt man von der Quelle her; spricht man von Immissionen, hat man die Einwirkungen dieser ausgestoßenen Schadstoffe auf die Luft, das Wasser, den Boden, Gebäude oder andere Sachen bzw. den Menschen vor Augen. Immissionen i. S. d. Bundes-Immissionsschutzgesetzes sind dabei nur die sog. „unwägbaren Stoffe" (z. B. Schadstoffe, Lärm, Strahlen, Licht etc.), nicht aber körperliche Einwirkungen (z. B. Steine, die von einem Grundstück auf das benachbarte Grundstück hinüberfallen, oder auf einem Grundstück gelagerte Plastikplanen, die vom Wind auf ein anderes Grundstück geweht werden).

Indes sind nicht sämtliche Einwirkungen schon per se schädlich, sondern nur solche, die nach Art, Ausmaß oder Dauer geeignet sind, Gefahren, erhebliche Nachteile oder erhebliche Belästigungen für die Allgemeinheit oder die Nachbarschaft herbeizuführen.

6

Die Frage, wann eine solche Gefahr vorliegt oder ab wann ein Nachteil oder eine Belästigung erheblich ist, beantwortet das Bundes-Immissionsschutzgesetz nicht selbst. Hierfür existieren die allgemeinen Verwaltungsvorschriften **Technische Anleitung (TA) Luft** und **Technische Anleitung (TA) Lärm** (→ RN 22). In der TA Luft ist im einzelnen festgelegt, welche Emissions- und Immissionsgrenzwerte eine Anlage für welchen Schadstoff einhalten muß. Die TA Lärm enthält auf bestimmte Gebietstypen und Tageszeiten bezogene Lärmgrenzwerte. Jenseits dieser Grenzwerte gilt eine Umwelteinwirkung als schädlich.

7

Gefahr
Der Begriff der Gefahr entstammt dem allgemeinen Sicherheits- und Polizeirecht und bezeichnet einen Zustand, der bei ungehindertem Geschehensablauf mit einer gewissen Wahrscheinlichkeit den Eintritt eines Schadens verursachen wird. Für die Frage, wie wahrscheinlich der Schadenseintritt ist, greift man auf die allgemeine Lebenserfahrung zurück. Da aber das Bundes-Immissionsschutzgesetz – soweit es sich um genehmigungsbedürftige Anlagen (→ RN 16 ff.) handelt – einen umfassenden Schutz vor Gefahren bezweckt, sind an die Wahrscheinlichkeit des Schadenseintritts um so geringere Anforderungen zu stellen, je größer und folgenschwerer der zu befürchtende Schaden ist. Dies schließt aber nicht aus, daß immer ein gewisses, hinzunehmendes Restrisiko besteht. Von einem Restrisiko spricht man dann, wenn nach der praktischen Vernunft ein Schadenseintritt zwar praktisch, aber doch nicht mit letzter Sicherheit ausgeschlossen werden kann.

8

→ § 3 I BImSchG

Nachteile und Belästigungen

9

→ § 3 I
BImSchG

Das Bundes-Immissionsschutzgesetz will nicht nur vor solchen Umwelteinwirkungen schützen, die Gefahren hervorrufen. Schon erhebliche Nachteile oder erhebliche Belästigungen reichen aus, um den Schutz des Bundes-Immissionsschutzgesetzes auszulösen.

Von einem Nachteil spricht man dann, wenn irgendein Interesse so beeinträchtigt ist, daß noch kein unmittelbarer Schaden entstanden ist.

> **Beispiel:** Die Beeinträchtigung der Lebensqualität im Inneren eines Wohnhauses durch Lärmeinwirkungen ist als Nachteil anzusehen.

10

Unter Belästigungen hat man Beeinträchtigungen des körperlichen und/oder seelischen Wohlbefindens unterhalb der Schwelle des Gesundheitsschadens zu verstehen.

> **Beispiel:** Ein Anwohner ärgert sich über die schlechte Luft in seiner Wohngegend, ohne daß er aber schon Atembeschwerden, asthmatische Störungen o. ä. erlitten hat.

11

Bei der Frage, wann ein Nachteil oder eine Belästigung erheblich ist, muß unterschieden werden: Für den Bereich der Luftverunreinigungen enthält die TA Luft Grenzwerte, deren Überschreitung stets zur Erheblichkeit im oben genannten Sinne führt. Für den Bereich der Lärmimmissionen nennt die TA Lärm keine allgemeingültigen Grenzwerte, sondern unterscheidet nach der Schutzbedürftigkeit der Umgebung.

> **Beispiel:** Wer sein Haus in einem Misch- oder Gewerbegebiet baut (weil dort die Grundstückspreise niedriger liegen als im reinen Wohngebiet), ist weniger schutzwürdig als derjenige, der für die Ruhe und Abgeschiedenheit eines reinen Wohngebiets auch einen höheren Grundstückspreis in Kauf nimmt. Ersterer hat demzufolge grundsätzlich einen höheren Lärmpegel zu dulden als Letzterer.

Allgemeinheit und Nachbarschaft

12

→ § 3 I
BImSchG

Der Begriff der Allgemeinheit umschreibt die Gesamtheit aller möglicherweise von einer Umwelteinwirkung Betroffenen. Demgegenüber ist der Kreis der Personen, die unter den Begriff der **Nachbarschaft** fallen, deutlich kleiner und nur vor dem Hintergrund seiner Zielsetzung zu verstehen.

> **Beispiel:** Wird im Ortsgebiet von Augsburg eine Industrieanlage errichtet, so ist dies möglicherweise für eine in München wohnende Person bedauerlich, wenn diese von Zeit zu Zeit einen Bekannten in Augsburg besucht und sich jedesmal über die qualmenden Schornsteine der Anlage ärgert. Dennoch soll der Münchner nicht die Möglichkeit haben, vor dem Verwaltungsgericht gegen die Anlage zu klagen: er hält sich ja nur gelegentlich im Einwirkungsbereich

> der Anlage auf. Sehr wohl aber will das Bundes-Immissionsschutzgesetz den Eigentümern der anliegenden Grundstücke, denjenigen, die in den Gebäuden in der näheren Umgebung der Anlage zur Miete wohnen, den anliegenden Gewerbetreibenden und denjenigen, die ihren Arbeitsplatz im Einwirkungsbereich der Anlage haben (selbst wenn sie auswärts wohnen) das Recht einräumen, vor dem Verwaltungsgericht um Rechtsschutz gegen die Anlage nachzusuchen.

Als Nachbar gilt damit nicht nur der Eigentümer eines unmittelbar an eine emittierende Anlage angrenzenden Grundstücks, sondern jeder, der in einer **engeren räumlichen und zeitlichen Beziehung** zu der Gefahr, dem erheblichen Nachteil oder der erheblichen Belästigung steht und dem gerade deshalb die Möglichkeit verwaltungsgerichtlichen Individualrechtsschutzes eingeräumt werden soll (vgl. zum subjektiven Recht Kap. 3/RN 32f.).

Anlagen
Das Bundes-Immissionsschutzgesetz normiert in erster Linie anlagenbezogenen Immissionsschutz. Dem Begriff der Anlage kommt daher besondere Bedeutung zu.

13
→ § 3 V BImSchG

Der Anlagenbegriff ist in drei Gruppen unterteilt. Voraussetzung für eine Anlage in allen drei Gruppen ist jedoch, daß irgendetwas in irgendeiner Form betrieben wird, worunter die fortgesetzte Verfolgung eines bestimmten Zwecks unter Einsatz technischer oder ideeller Arbeitsmittel auf der Grundlage einer gewissen Organisation zu verstehen ist.

Am leichtesten zu bestimmen sind daher die in der ersten Gruppe genannten Anlagen, die **Betriebsstätten** und **ortsfesten Einrichtungen**. Hierunter fallen etwa Fabriken, Werkstätten, Handelsbetriebe, aber auch Diskotheken, Feueralarmsirenen und Kirchenglocken, weil eine ortsfeste Einrichtung auch dann vorliegt, wenn der Betrieb der Anlage gerade auf die Erzeugung von Lärm gerichtet, die Umwelteinwirkung also nicht ungewollt, sondern beabsichtigt ist. Ebenso liegt eine ortsfeste Einrichtung vor, wenn die Emissionen nicht von der Anlage selbst ausgehen, sondern auf dem Verhalten derer beruhen, die die Anlage benutzen. Daher fallen unter diese Gruppe auch etwa Kinderspielplätze, Sportanlagen und Tennisplätze.
Beispiele für Anlagen der zweiten Gruppe, die auf **mobile technische Geräte** abstellt, sind etwa Bagger, Baukräne, Rasenmäher oder Betonmischmaschinen.
Die dritte Gruppe hat potentiell Emissionen verursachende **Grundstücke** vor Augen. Hierunter fallen z.B. Kohlenhalden, Mülldeponien oder etwa Baustellen, wenn sie wenigstens mehrere Monate ununterbrochen bestehen.

Stand der Technik
Der Gesetzgeber erlegt dem Anlagenbetreiber die Pflicht auf, Vorsorge gegen schädliche Umwelteinwirkungen insbesondere durch Maßnahmen der Emissionsminderung zu treffen, die dem Stand der Technik entsprechen (→ RN 28). Was unter dem Stand der Technik zu verstehen ist, wird in § 3 VI BImSchG definiert. Der Formulierung dieser Vorschrift läßt sich entnehmen, daß eine

14
→ § 3 VI BImSchG

Einrichtung oder ein Verfahren zur Emissionsverminderung bereits dann den Stand der Technik markiert, wenn eine erfolgreiche Erprobung in Versuchs- oder Pilotanlagen stattgefunden hat und daher die praktische Eignung im großtechnischen Maßstab gesichert erscheint. Nicht erforderlich ist dagegen, daß das Verfahren oder die Einrichtung zur Emissionsverminderung sich bereits im allgemeinen Betrieb, etwa über einen längeren Zeitraum hinweg, bewährt hat.

3. Zuständigkeit

15

Welche Behörde für eine bestimmte immissionsschutzrechtliche Maßnahme zuständig (vgl. Kap. 6/RN 14ff.) ist, ergibt sich aus dem im jeweiligen Bundesland geltenden Landesrecht. Nachstehend werden die zuständigen Behörden der drei größten und bevölkerungsreichsten Bundesländer aufgezählt.

In **Baden-Württemberg** sind für die Genehmigung je nach Anlagentyp das Umweltministerium, die Regierungspräsidien, das Staatliche Gewerbeaufsichtsamt, das Landesbergamt oder die unteren Verwaltungsbehörden zuständig. Bei diesen Behörden liegt auch die Zuständigkeit für die übrigen Maßnahmen, die das Bundes-Immissionsschutzgesetz vorsieht.

Genehmigungsbehörde in **Bayern** ist je nach Anlage die Regierung, das Bergamt oder die Kreisverwaltungsbehörde (Landratsamt und kreisfreie Städte). Für sonstige Maßnahmen ist überwiegend die Kreisverwaltungsbehörde, vereinzelt das Landesamt für Umweltschutz zuständig.

In **Nordrhein-Westfalen** wird die Aufgabe der Genehmigungsbehörde je nach Anlage von der Regierung, der Kreispolizeibehörde oder dem Gewerbeaufsichtsamt wahrgenommen.

II. Genehmigungsbedürftige Anlagen

Die Vorschriften über die Errichtung und den Betrieb von genehmigungsbedürftigen Anlagen stellen den Kern der gesamten gesetzlichen Regelung dar.

1. Genehmigungspflicht

16
→ § 4
BImSchG

Nicht alle Anlagen, die die Umwelt durch Luftverschmutzung, Lärm oder sonstige Emissionen belasten, sind einer Genehmigungspflicht unterworfen. Andernfalls wäre die Verwaltung völlig überlastet und die Genehmigungsverfahren würden noch länger dauern als sie dies ohnehin tun. Das geringere Gefahrenpotential, das von bestimmten Anlagen ausgeht, rechtfertigt es, diese von einer Genehmigungspflicht freizustellen und den Schutz vor schädlichen Umwelteinwirkungen durch Überwachung und nachträgliche Maßnahmen zu verwirklichen.

Der Genehmigung bedürfen daher nur die Errichtung und der Betrieb solcher Anlagen, die auf Grund ihrer Beschaffenheit oder ihres Betriebes in besonderem Maße geeignet sind, schädliche Umwelteinwirkungen hervorzurufen oder in anderer Weise die Allgemeinheit oder Nachbarschaft zu gefährden, erheblich zu benachteiligen oder erheblich zu belästigen. Hierbei muß es sich nicht zwingend um gewerbliche Anlagen handeln. Städtische Gaswerke oder Schlachthöfe etwa, die ein öffentliches Gemeinwesen (z. B. eine Gemeinde) zum Zwecke der öffentlichen Daseinsvorsorge ohne Gewinnerzielungsabsicht betreibt und die daher nichtgewerbliche Anlagen darstellen, sind ebenfalls der Genehmigungspflicht unterworfen, soweit sie Luftverunreinigungen oder Geräusche hervorrufen können.

17

Der Kreis der genehmigungspflichtigen Anlagen ist in der 4. Bundesimmissionsschutzverordnung (**4. BImSchV**) festgelegt. Dort sind aus Gründen der Rechtssicherheit und Rechtsklarheit im Anhang sämtliche genehmigungsbedürftigen Anlagen abschließend aufgezählt.

18

2. Genehmigungsvoraussetzungen

Die nach Landesrecht zuständige Immissionsschutzbehörde (→ RN 15) hat die Genehmigung zu erteilen, wenn sichergestellt ist, daß der Anlagenbetreiber die Betreiberpflichten (→ RN 21 ff.), weitere Pflichten aus Rechtsverordnungen (→ RN 32 ff.) sowie sonstige, d. h. außerhalb des Bundes-Immissionsschutzgesetzes geregelte öffentlich-rechtliche Vorschriften (→ RN 35) erfüllt. Die Genehmigungserteilung ist nicht in das Ermessen der Behörde gestellt. Vielmehr hat der Antragsteller bei Erfüllung der Genehmigungsvoraussetzungen einen **Anspruch** auf Erteilung der Genehmigung (→ Kap. 5/RN 14).

19

→ § 6 BImSchG

a) Betreiberpflichten und Pflichten aus Rechtsverordnungen

Die Genehmigung darf nur erteilt werden, wenn die Betreiberpflichten, die das Bundes-Immissionsschutzgesetz den Betreibern von genehmigungsbedürftigen Anlagen auferlegt, erfüllt werden. Diese bezeichnet man als

20

→ § 6 Nr. 1 BImSchG

- Schutzgrundsatz,
- Vorsorgegrundsatz,
- Reststoffvermeidungsgrundsatz und
- Abwärmenutzungsgrundsatz.

Schutzgrundsatz
Genehmigungsbedürftige Anlagen sind so zu errichten und zu betreiben, daß schädliche Umwelteinwirkungen und sonstige Gefahren, erhebliche Nachteile und erhebliche Belästigungen für die Allgemeinheit und die Nachbarschaft nicht hervorgerufen werden können.

21

→ § 5 I Nr. 1 BImSchG

22   *Konkretisierung durch Verwaltungsvorschriften.* Für den Sachbearbeiter bei der zuständigen Immissionsschutzbehörde, der den Antrag auf Genehmigung zu bearbeiten hat, stellt sich die Frage, wann eine Umwelteinwirkung schädlich, wann eine Belästigung oder ein Nachteil erheblich ist und wann von einer Gefahr gesprochen werden kann. Entscheidungshilfe geben hierbei die **TA Luft** aus dem Jahr 1974 sowie die **TA Lärm** aus dem Jahr 1968.

In beiden Fällen handelt es sich um sog. **allgemeine Verwaltungsvorschriften** (→ Kap. 3/RN 7 f.). Allgemeine Verwaltungsvorschriften geben der **Verwaltung** bei der Bearbeitung von Anträgen verbindliche Vorgaben, wie sie unbestimmte Rechtsbegriffe (z. B. „erhebliche Belästigung" oder „schädliche Umwelteinwirkung") zu deuten hat. So ist etwa eine Belästigung dann erheblich, wenn ein in der TA Luft festgesetzter Grenzwert überschritten wird.

23   *Außenwirkung von Verwaltungsvorschriften.* Die behördeninterne Bindungswirkung sagt allerdings noch nichts darüber aus, wie diese allgemeinen Verwaltungsvorschriften vor *Gericht* zu behandeln sind.

> **Beispiel:** Unternehmer U stellt bei der zuständigen Behörde den Antrag auf Erteilung der Genehmigung für eine genehmigungspflichtige Anlage. Nach ordnungsgemäß durchgeführtem Genehmigungsverfahren wird ihm die Genehmigung erteilt, obwohl ein entscheidender Grenzwert der TA Luft nicht eingehalten wird. Dies hatte der den Antrag bearbeitende Sachbearbeiter übersehen.
> Nachbar N erhebt form- und fristgerecht Anfechtungsklage zum zuständigen Verwaltungsgericht mit dem Antrag, die dem U erteilte Genehmigung aufzuheben. Der Richter am Verwaltungsgericht R stellt zwar fest, daß eine Grenzwertüberschreitung vorliegt. Er ist allerdings der Meinung, die Grenzwerte der TA Luft seien ohnehin viel zu streng; eine erhebliche Belästigung oder eine Gefahr sei nicht gegeben.

Nach dem Grundgesetz ist der Richter nur dem Gesetz unterworfen. Ein Gesetz im Sinne dieser Vorschrift ist aber die TA Luft gerade nicht; sie stellt lediglich eine allgemeine Verwaltungsvorschrift, d. h. Innenrecht der Verwaltung dar, das grundsätzlich keine Außenwirkung hat. Demzufolge bräuchte sich der Richter bei Beantwortung der Frage, ob eine erhebliche Belästigung oder eine schädliche Umwelteinwirkung vorliegt, nicht nach dem Grenzwert der TA Luft zu richten.

Konsequenz dieser Sichtweise wäre allerdings, daß theoretisch in jedem Verwaltungsgerichtsbezirk unterschiedliche Anforderungen an genehmigungsbedürftige Anlagen gestellt würden: ein Immissionswert, den ein Verwaltungsrichter in Hamburg noch als tolerabel ansieht, wäre eventuell seinem Kollegen in München schon zu hoch. Ein Unternehmer, der eine genehmigungspflichtige Anlage errichten möchte, hätte dementsprechend ein hohes Investitionsrisiko zu tragen, da er nicht wüßte, ob auf eine Klage hin der zuständige Verwaltungsrichter die Grenzwerte der TA Luft als zu „lasch" oder zu streng ansieht.

Diese mißliche Situation führte sehr bald zu dem Schluß, daß Verwaltungsvorschriften wie die TA Luft – entgegen der herkömmlichen Dogmatik – **Bindungswirkung auch für den Richter** entfalten müssen. Dieser Auffassung hat sich mittlerweile die ganz überwiegende Mehrzahl der Stimmen im juristischen Schrifttum angeschlossen.

> Für das obige **Beispiel** bedeutet dies: R kann dem Rechtsstreit nicht seine eigene, persönliche Einschätzung der Grenzwerte der TA Luft zugrundelegen, sondern muß auf die Klage des N die dem U erteilte Genehmigung aufheben.

Wesen der Verwaltungsvorschriften. Lediglich mit der Begründung dieses – sicher sinnvollen – Ergebnisses hat man sich lange Zeit recht schwer getan. Das Bundesverwaltungsgericht versuchte, die Bindungswirkung zu begründen, indem es im Jahre 1978 die Immissionswerte der TA Luft erstmals als sog. **antizipiertes Sachverständigengutachten** bezeichnete.

24

In jedem Gerichtsverfahren kann für die Klärung überwiegend technischer oder sehr spezieller Sachfragen, hinsichtlich derer ein Richter normalerweise über keinerlei Kenntnisse verfügt, die Beurteilung eines Sachverständigen herangezogen werden. Das gilt im Verwaltungsprozeß auch für die Frage, ob eine vom Nachbarn klageweise geltend gemachte Belästigung durch eine emittierende Anlage bereits erheblich ist oder nicht. Weil man nun aber nicht in jedem Prozeß um eine immissionsschutzrechtliche Genehmigung jeweils aufs neue einen Sachverständigen anhören will und kann, zieht man die Grenzwerte der TA Luft und TA Lärm als bereits bestehende, vorweggenommene, also antizipierte Sachverständigengutachten heran.

Das *BVerwG* ließ sich bei seiner Einordnung der Grenzwerte der TA Luft als antizipiertes Sachverständigengutachten von der Überlegung leiten, daß Grenzwerte auf den zentral ermittelten Erkenntnissen und Erfahrungen von Fachleuten verschiedener Fachgebiete beruhen.

Indes wird dieses Denkmodell heute immer seltener vertreten, da es bei genauerer Betrachtung an einer Reihe von Schwächen leidet.

Qualifiziert man die Grenzwerte in den Verwaltungsvorschriften als bloße Sachverständigengutachten, so vernachlässigt man damit zugleich den Umstand, daß diese Verwaltungsvorschriften ja keineswegs allein die Resultate naturwissenschaftlichen und technischen Sachverstandes sind, sondern ganz im Gegenteil auch ein wertendes, politisches Element enthalten: bis zu welchem Punkt eine Umwelteinwirkung noch als unschädlich angesehen werden soll, bis zu welchem Punkt also eine weitere Industrieansiedlung in einer bestimmten Region noch ermöglicht werden soll, ist in erster Linie eine politische Entscheidung. Neuansiedlungen großer Industriebetriebe schaffen Arbeitsplätze und sind für strukurschwache Regionen oftmals überlebensnotwendig. Bewerten politische Entscheidungsträger die Schaffung von Arbeitsplätzen damit höher als die Luftreinhaltung, so werden sie einen Grenzwert wählen, der möglichst leicht einzuhalten ist. Von einem reinen Sachverständigengutachten kann dann aber nicht mehr gesprochen werden.

Eine zweite gravierende Schwäche liegt in der Vernachlässigung des Fortschritts in Wissenschaft und Technik: möglicherweise müssen bestimmte Grenzwerte in einem späteren Stadium als unzureichend und überholt angesehen werden, weil zwischenzeitlich die Wissenschaft herausgefunden hat, daß etwa der menschliche Organismus wesentlich empfindlicher auf gerade diesen Schadstoff reagiert als bisher angenommen. Liegt aber bereits ein abschließendes Sachverständigengutachten (TA Luft bzw. TA Lärm) vor, dann könnten solche neuen Erkenntnisse vor Gericht nicht berücksichtigt werden.

Schließlich spricht gegen die Einordnung von TA Luft und TA Lärm als antizipierte Sachverständigengutachten, daß atypische, bei der Festsetzung eines bestimmten Grenzwertes nicht berücksichtigte Fälle auftreten können (z. B. eine seltene Kombination bestimmter Schadstoffe), die eine uneingeschränkte Anwendung der festgesetzten Werte nicht zulassen.

25 Aus diesen Gründen werden die allgemeinen Verwaltungsvorschriften TA Luft und TA Lärm heute überwiegend als sog. **normkonkretisierende Verwaltungsvorschriften** bezeichnet. Die Bindung der Gerichte an diese Verwaltungsvorschriften ist demnach nur eine eingeschränkte: jedes Gericht darf stets prüfen, ob die in den Verwaltungsvorschriften niedergelegten technischen Werte unvollkommen sind (etwa weil sie verbleibende Erkenntnislücken aufweisen oder neue Ergebnisse der Wissenschaft und Forschung nicht berücksichtigen) oder atypische Umstände vorliegen, die einen bestimmten Grenzwert *im konkreten Fall* als unanwendbar erscheinen lassen.

26 *Anwendungsprobleme.* Aus den vielfältigen Problemen, die sich – aus juristischer sowie umweltpolitischer Sicht – bei der Anwendung von Verwaltungsvorschriften zum Schutz der Umwelt ergeben, seien hier zwei herausgegriffen:

Zum einen wird man sich über kurz oder lang von der TA Luft als primärem Umsetzungsinstrument verabschieden müssen, weil diese europarechtlichen Vorgaben (→ Kap. 14) nicht genügt. Nach Art. 189 EGV kann die Europäische Union (EU) Rechtsakte in Form von Richtlinien (→ Kap. 14/RN 18f.) erlassen. Diese sind in den Mitgliedsstaaten nicht unmittelbar geltendes Recht, sondern müssen von den jeweils zuständigen Stellen erst in nationales Recht umgesetzt werden. Im Jahre 1980 wurde eine Richtlinie des Rates erlassen, die Grenz- und Leitwerte der Luftqualität für Schwefeldioxid und Schwebestaub bestimmt. Die Bundesregierung war der Ansicht, daß diese europäische Richtlinie durch die TA Luft genügend umgesetzt worden sei.

Im Jahre 1991 hat der Europäische Gerichtshof (*EuGH*) hingegen festgestellt, daß eine bloße allgemeine Verwaltungsvorschrift wie die TA Luft zur Umsetzung der Richtlinie nicht ausreicht, weil die TA Luft gerade keine verbindliche Rechtsregelung sei. Sie werde – als allgemeine Verwaltungsvorschrift – einseitig von der Exekutive erlassen und habe prinzipiell keine Außenwirkung, sondern stelle nur bloßes Innenrecht der Verwaltung dar.

Der *EuGH* hat sich damit *nicht* der Erkenntnis angeschlossen, daß allgemeine Verwaltungsvorschriften wie die TA Luft sehr wohl – wie oben bei RN 23 dargelegt – eine (beschränkte) Bindungswirkung entfalten. Die Bundesrepublik wird daher früher oder später die TA Luft durch ein Regelungswerk ersetzen müssen, das auch prinzipiell Außenwirkung hat, um sich im Rahmen der Europäischen Union vertragstreu zu verhalten.

27 Zum anderen ist ein Problem anzusprechen, das weniger juristischer als umweltpolitischer Natur ist: das Modell, wonach eine immissionsschutzrechtliche Genehmigung nur erteilt werden darf, wenn bestimmte Grenzwerte eingehalten werden, hat den

Nachteil, daß für die Betreiber emittierender Anlagen kein Anreiz geschaffen wird, sich innovativ auf dem Gebiet der Umwelttechnologie (z. B. Entwicklung neuartiger Filteranlagen etc.) zu betätigen und den vorgegebenen Grenzwert weiter als für die Erteilung der immissionsschutzrechtlichen Genehmigung erforderlich zu unterschreiten (→ allgemein dazu Kap. 5/RN 14 f.). Baut ein Unternehmer eine teurere und bessere Filteranlage ein, so wird er dafür nicht etwa in irgendeiner Form belohnt – die Genehmigung hat er ja ohnehin bereits erhalten –, sondern muß aufgrund seiner gestiegenen Kosten sogar mit Wettbewerbsnachteilen rechnen. Verständlicherweise wird daher die Entwicklung moderner Schadstoffvermeidungstechnologie eher zögerlich vorangetrieben. Weder besteht größere Nachfrage nach solcher Technologie noch will jemand den Stand der Technik (→ RN 14) vorantreiben, weil damit zugleich über den Vorsorgegrundsatz (→ RN 28) die Betreiberpflichten verschärft würden.

Vorsorgegrundsatz
Genehmigungspflichtige Anlagen sind so zu errichten und zu betreiben, daß Vorsorge gegen schädliche Umwelteinwirkungen getroffen wird. Insbesondere sollen Maßnahmen zur Emissionsbegrenzung zum Zuge kommen, die dem Stand der Technik (→ RN 14) entsprechen.

28
→ § 5 I Nr. 2 BImSchG

Diese Vorschrift macht deutlich, daß sich das Bundes-Immissionsschutzgesetz nicht allein zum Ziel gesetzt hat, die Umwelt vor den Gefahren der Luftverunreinigung zu schützen, sondern schon dem Entstehen solcher Gefahren vorzubeugen. Ganz überwiegend wird die Funktion des Vorsorgegrundsatzes daher so verstanden, daß noch unterhalb der Schwelle, ab der von einer Gefahr (→ RN 8) gesprochen werden kann, Maßnahmen zur Emissionsverringerung getroffen werden sollen. Der Schutz des Bundes-Immissionsschutzgesetzes soll also nicht erst dann einsetzen, wenn aufgrund des Erreichens eines bestimmten Grenzwertes eine Gefahr vorliegt, sondern schon im Vorfeld dieser Gefahr.

Beispiel: Beantragt ein Unternehmer die Genehmigung für die Errichtung und den Betrieb einer genehmigungspflichtigen emittierenden Anlage, so hat die zuständige Behörde diese Genehmigung trotz Einhaltung sämtlicher relevanter Grenzwerte von TA Luft und TA Lärm zu versagen, wenn die beantragte Anlage nicht über die neuesten, dem Stand der Technik entsprechenden Vorrichtungen zur Emissionsbegrenzung verfügt, die ihre Eignung für die Großserie etwa in Probeläufen unter Beweis gestellt haben.

Vereinzelt wird dem Vorsorgegrundsatz auch eine Planungs- und Verteilungsfunktion beigemessen. Nach dieser Ansicht soll der Vorsorgegrundsatz dadurch, daß die Emissionen bestehender Anlagen möglichst niedrig gehalten werden, Reserven für Neuansiedlungen vor allem in Ballungsgebieten schaffen, wo ansonsten aufgrund der hohen Vorbelastung durch bereits bestehende Anlagen keine Neuanlagen mehr genehmigt werden dürften (sog. Freiraumthese; → Kap. 5/RN 2).

29

30

→ § 5 I Nr. 3 BImSchG

Reststoffvermeidungsgrundsatz
Genehmigungspflichtige Anlagen sind ferner so zu errichten und zu betreiben, daß Reststoffe vermieden werden, es sei denn, sie werden ordnungsgemäß und schadlos verwertet oder, soweit dies technisch nicht möglich oder unzumutbar ist, als Abfälle ohne Beeinträchtigung des Wohls der Allgemeinheit beseitigt. Nach der Gesetzesfassung hat somit der Anlagenbetreiber die Wahl, ob er Reststoffe (also Stoffe, die beim Betrieb der Anlage ungewollt, sozusagen als Nebenprodukte anfallen) vermeidet oder schadlos verwertet.

> **Beispiel:** Im Bereich der Rauchgasentschwefelung wird etwa das Verfahren der Naßentschwefelung angewendet. Hierbei werden die Schwefeldioxidemissionen in der Weise gereinigt, daß als Reststoff Gips entsteht, der beispielsweise in der Baustoffindustrie wiederverwendet werden kann. Wählt ein Anlagenbetreiber diese Form der Reststoffverwertung, so hat er die Betreiberpflicht des Reststoffvermeidungsgrundsatzes erfüllt.

31

→ § 5 I Nr. 4 BImSchG

Abwärmenutzungsgrundsatz
Dieser Grundsatz verlangt, daß die beim Betrieb der Anlage entstehende Wärme für Anlagen des Betreibers genutzt oder, wenn dies nicht möglich ist, an abnahmebereite Dritte abgegeben wird.

32

Pflichten aus Rechtsverordnungen
Der Antragsteller muß, um die begehrte Genehmigung für seine Anlage zu bekommen, auch die Pflichten erfüllen, die sich aus Rechtsverordnungen (→ Kap. 2/RN 17) ergeben, die auf der Grundlage des § 7 BImSchG erlassen wurden.

Von Interesse sind hier insbesondere die

- Störfall-Verordnung (12. BImSchV) sowie die
- Großfeuerungsanlagen-Verordnung (13. BImSchV).

33

Die **Störfall-Verordnung** richtet sich nicht an alle genehmigungsbedürftigen Anlagen, sondern nur an solche Anlagen, in denen Stoffe, die in drei Anhängen zur Verordnung aufgelistet sind, im Normalbetrieb vorhanden sind oder bei einer Störung des Normalbetriebs entstehen können. Ziel der Verordnung ist es, Störfällen vorzubeugen bzw. ihre Auswirkungen auf Menschen und Umwelt zu begrenzen. Der Begriff des Störfalls ist als Störung des Normalbetriebs der Anlage (z. B. durch Explosionen, Brände etc.) definiert, durch die Stoffe i. S. d. oben genannten Anhänge freigesetzt und hierdurch ernste Gefahren (→ RN 8) für das Leben und die Gesundheit von Menschen sowie für die Umwelt hervorgerufen werden.

> **Beispiele** für Störfälle aus der jüngeren Vergangenheit sind etwa der Unfall, der sich 1976 im italienischen *Seveso* ereignete, bei dem größere Mengen Dioxin freigesetzt wurden; das Unglück im indischen *Bhopal* 1984, wo der Austritt von Insektiziden über 3 000 Todesopfer (einschließlich der Spätfolgen) forderte; oder der Unfall im schweizerischen Chemiebetrieb *Sandoz* 1986, der zu einer weiträumigen und spektakulären Verschmutzung des Rheins führte.

Der Verhinderung von Störfällen sollen anlagenbezogene Maßnahmen dienen. So hat der Betreiber Maßnahmen zu treffen, daß die Anlage den Beanspruchungen eines Störfalls genügt, Brände und Explosionen innerhalb der Anlage vermieden werden oder von außen nicht auf die Sicherheit der Anlage einwirken können, die Anlage mit ausreichenden Alarm- und Sicherheitseinrichtungen ausgerüstet ist oder sicherheitstechnisch bedeutsame Anlagenteile vor dem unbefugten Zugriff Dritter geschützt sind.

Um Störfallauswirkungen zu begrenzen, hat der Anlagenbetreiber betriebliche Alarm- und Gefahrenabwehrpläne aufzustellen und mit den für Katastrophenschutz und allgemeine Gefahrenabwehr zuständigen Behörden abzustimmen. Demselben Zweck dient die von der Verordnung geforderte **Sicherheitsanalyse**, die der Anlagenbetreiber anzufertigen hat und die verschiedene Angaben enthalten muß, so etwa eine Beschreibung der Anlage und des Verfahrens; eine Beschreibung der sicherheitstechnisch bedeutsamen Anlagenteile, der Gefahrenquellen und der Voraussetzungen, unter denen ein Störfall eintreten kann; eine Angabe über die chemische Stoffbezeichnung, den Zustand und die Menge der in der Anlage vorhandenen Stoffe i. S. d. oben genannten Anhänge sowie eine Prognose über Auswirkungen, die sich aus einem Störfall ergeben können.

Von wesentlicher Bedeutung ist überdies die Pflicht des Anlagenbetreibers, die Öffentlichkeit in geeigneter Weise (z. B. Rundfunk) und unaufgefordert über die Sicherheitsmaßnahmen und das richtige Verhalten im Falle eines Störfalls zu informieren und gegebenenfalls mit den für Katastrophenschutz und allgemeine Gefahrenabwehr zuständigen Behörden abzustimmen.

Die Erfüllung der Pflichten aus der Störfall-Verordnung ist durch die Androhung von Bußgeld gesichert.

34 Die **Großfeuerungsanlagen-Verordnung** gilt nur für Feuerungsanlagen mit einer Feuerungswärmeleistung von mindestens 50 Megawatt einschließlich ihrer Nebeneinrichtungen. Diese Verordnung konkretisiert den Vorsorgegrundsatz (→ RN 28 f.), indem sie zum einen Grenzwerte für bestimmte Emissionen festsetzt und zum anderen ein Sanierungskonzept für Altanlagen beinhaltet, das bestimmte Übergangsfristen vorsieht, in denen Altanlagen auf den geforderten Stand zu bringen sind. Überdies erlegt sie den Anlagenbetreibern bestimmte Pflichten hinsichtlich Emissionsmessung und -überwachung auf.

b) Weitere öffentlich-rechtliche Vorschriften

35

→ § 6 Nr. 2 BImSchG

Neben den Betreiberpflichten muß der Anlagenbetreiber noch **weitere öffentlich-rechtliche Vorschriften** einhalten, um die Genehmigung für die Errichtung und den Betrieb der genehmigungspflichtigen Anlage zu erhalten.

Hierunter fallen etwa Vorschriften des Naturschutz- und des Straßen- und Wegerechts sowie – in erster Linie – Vorschriften des Bauplanungs- und Bauordnungsrechts.

> **Beispiel:** Unternehmer U beantragt die immissionsschutzrechtliche Genehmigung für die Errichtung und den Betrieb einer genehmigungspflichtigen Anlage. Diese hält zwar sämtliche relevanten Grenzwerte der TA Luft und TA Lärm ein und verfügt über die neueste Umwelttechnologie. Jedoch liegt das Grundstück, auf dem U die Anlage errichten will, im Gebiet eines Bebauungsplans der Gemeinde G, der das Gebiet als Mischgebiet ausweist, das keine Anlagen dieser Größenordnung zuläßt. Überdies möchte U laut den eingereichten Planunterlagen bis auf die Grundstücksgrenze bauen.
> Die zuständige Behörde darf dem U die Genehmigung nicht erteilen, obwohl sämtliche immissionsschutzrechtlichen Genehmigungsvoraussetzungen erfüllt sind. Das Vorhaben würde nämlich andere öffentlich-rechtliche Vorschriften verletzen, so die Festsetzungen des Bebauungsplanes der Gemeinde G (bauplanungsrechtliche Vorschriften) und die – landesrechtlichen – Vorschriften über die seitlichen Abstandsflächen, den sog. Bauwich (bauordnungsrechtliche Vorschriften).

3. Genehmigungsverfahren

36

Das Bundes-Immissionsschutzgesetz sieht grundsätzlich zwei unterschiedliche Genehmigungsverfahren vor, nämlich das

- förmliche Genehmigungsverfahren sowie das
- vereinfachte Genehmigungsverfahren.

Welches dieser beiden Verfahren jeweils anzuwenden ist, ergibt sich aus der 4. BImSchV. Diese zählt nicht nur – in ihrem Anhang – abschließend sämtliche Anlagen auf, die überhaupt einer Genehmigungspflicht unterworfen sind (→ RN 18), sondern bestimmt auch, ob eine Anlage nach dem förmlichen (Spalte 1) oder dem vereinfachten Genehmigungsverfahren (Spalte 2) zu genehmigen ist (§ 2 I 1 der 4. BImSchV).

a) Förmliches Verfahren
Antrag

37

→ § 10 I, II BImSchG

Jedes Genehmigungsverfahren beginnt zwingend mit einem Antrag des Vorhabenträgers. Dem Antrag sind sämtliche Unterlagen, Zeichnungen, Erläuterungen etc. beizufügen, die die Behörde für die Prüfung, ob die Genehmigungsvoraussetzungen erfüllt sind, benötigt. Zum Schutz des Vorhabenträgers ist hiervon eine Ausnahme für den Fall vorgesehen, daß die Unterlagen Geschäfts- oder Betriebsgeheimnisse enthalten.

Beteiligung anderer Behörden
Sodann hat die Genehmigungsbehörde die Stellungnahmen der übrigen vom Antrag betroffenen Behörden einzuholen. Dieses Erfordernis ist im Zusammenhang mit § 6 Nr. 2 BImSchG zu sehen. Da Voraussetzung für die Genehmigungserteilung neben der Erfüllung der Betreiberpflichten (→ RN 21 ff.) und der Pflichten aus Rechtsverordnungen (→ RN 32 ff.) auch die Erfüllung anderer öffentlich-rechtlicher Vorschriften ist (→ RN 35) ist, muß das beantragte Vorhaben unter all diesen rechtlichen Gesichtspunkten geprüft werden. Die Immissionsschutzbehörde, die dem Antragsteller gegenüber als Genehmigungsbehörde auftritt, prüft aber nur die immissionsschutzrechtlichen Voraussetzungen der Anlage. Die Baubehörde hingegen prüft, ob das Vorhaben die relevanten baurechtlichen Vorschriften einhält. Die Naturschutzbehörde untersucht, ob die naturschutzrechtlichen Vorschriften eingehalten werden usw. Je nach Einzelfall können also eine Vielzahl unterschiedlicher Behörden mit dem Antrag befaßt sein. Nach Überprüfung des Antrags auf die Einhaltung der jeweils in ihrem Aufgabenbereich liegenden Vorschriften teilen die Fachbehörden ihre Ergebnisse der Immissionsschutzbehörde mit. Nur diese erläßt dann eine Entscheidung an den Antragsteller, die sämtliche übrigen Entscheidungen mit umfaßt (sog. **Konzentrationsgrundsatz**, → RN 59 f.).

38

→ § 10 V BImSchG

Bekanntmachung und Auslegung
Im Anschluß an die Beteiligung anderer Behörden hat eine öffentliche Bekanntmachung des Vorhabens zu erfolgen. Hierzu bedient sich die Immissionsschutzbehörde ihres amtlichen Veröffentlichungsblattes sowie der örtlichen Tageszeitungen, die im Bereich des Standortes der Anlage verbreitet werden. Antrag und eingereichte Unterlagen sind danach einen Monat lang zur Einsicht auszulegen. Schon während der Auslegung sowie bis Ablauf von zwei weiteren Wochen danach können Einwendungen gegen das Vorhaben schriftlich erhoben werden. Im Gegensatz zur verwaltungsgerichtlichen Klage, die nur Personen aus der Nachbarschaft der Anlage erheben können, ist zur Erhebung von Einwendungen jedermann berechtigt, also z. B. auch nur vorübergehende Besucher oder Urlauber, die nur kurz verweilen.
Diese Regelung trägt dem Grundsatz der Verfahrensöffentlichkeit (**Publizität des Genehmigungsverfahrens**) Rechnung, der neben dem Konzentrationsgrundsatz (→ RN 59) den zweiten Eckpfeiler des förmlichen Genehmigungsverfahrens nach dem Bundes-Immissionsschutzgesetz darstellt. Durch weitestmögliche und frühzeitige Beteiligung der Öffentlichkeit am Genehmigungsverfahren verfolgt das Bundes-Immissionsschutzgesetz das Ziel, die Akzeptanz der Anlage in der Bevölkerung zu steigern. Auch soll sichergestellt

39

→ § 10 III BImSchG

werden, daß die Genehmigungsbehörde auf sämtliche entscheidungsrelevanten Gesichtspunkte aufmerksam wird.

Erörterungstermin

40

→ § 10 VI BImSchG

Einem Interessenausgleich zwischen Bevölkerung und Vorhabenträger sowie der Ausräumung von Streitfragen dient der Erörterungstermin, bei dem die Immissionsschutzbehörde den Antragsteller und alle diejenigen, die rechtzeitig Einwendungen gegen das Vorhaben erhoben haben, quasi an einen Tisch zusammenbringt.

Präklusion

41

→ § 10 III 3 BImSchG

Formelle und materielle Präklusion. Zu diesem Erörterungstermin werden jedoch nur diejenigen geladen, die rechtzeitig Einwendungen gegen das Vorhaben erhoben haben. Hierzu hatten die Einwendungsführer bis zum Ablauf von zwei Wochen nach Auslegung des Antrags und der Unterlagen Zeit, wobei auf die Folgen der Fristversäumung hinzuweisen ist. Derjenige, dessen Einwendung also zu spät erhoben wurde, wird von der Teilnahme am weiteren Genehmigungsverfahren ausgeschlossen oder, anders ausgedrückt, präkludiert.

Diese Präklusion beschränkt sich nicht allein auf die Teilnahme am weiteren Genehmigungsverfahren (sog. **formelle Präklusion**), sondern erstreckt sich auch auf das verwaltungsgerichtliche Verfahren (sog. **materielle Präklusion**), das gegebenenfalls auf das Genehmigungsverfahren folgt (→ Kap. 3/ RN 41).

42

Beispiel: Unternehmer U beantragt am 1.2. die Erteilung der immissionsschutzrechtlichen Genehmigung für die Errichtung und den Betrieb einer genehmigungspflichtigen Anlage. Die zuständige Behörde macht das Vorhaben ordnungsgemäß bekannt und legt den Antrag mit allen erforderlichen Unterlagen vom 1.3. bis 31.3. öffentlich aus. Nachbar N erhebt am 20.4. eine schriftliche Einwendung gegen das Vorhaben. Zum Erörterungstermin am 1.6. wird N nicht geladen. Am 1.8. wird dem U die beantragte Genehmigung erteilt. Nach erfolglos durchgeführtem Vorverfahren (→ Kap. 3/RN 49) erhebt N Anfechtungsklage (→ Kap. 3/RN 48) zum zuständigen Verwaltungsgericht mit dem Antrag, die dem U erteilte Genehmigung aufzuheben.

N war zum Erörterungstermin nicht zu laden, weil er die Einwendungsfrist nicht eingehalten hat (**formelle Präklusion**). Diese endete genau zwei Wochen nach Ablauf der einmonatigen Auslegung, also am 14.4. Aber auch die verwaltungsgerichtliche Klage des N wird keinen Erfolg haben. Da er die Einwendungsfrist versäumt hat, ist er auch von der Verfolgung seiner Rechte im Wege des verwaltungsgerichtlichen Individualrechtsschutzes ausgeschlossen (**materielle Präklusion**). Seine Klage ist unzulässig, da ihm die Klagebefugnis fehlt (→ Kap. 3/RN 50). Dies gilt selbst dann, wenn die Klage ansonsten erfolgreich gewesen wäre, d.h. die dem U erteilte Genehmigung rechtswidrig gewesen wäre und den N in seinen Rechten verletzt hätte.

Wiedereinsetzung in den vorigen Stand. War ein Einwendungsführer jedoch ohne sein Verschulden an der Einhaltung der Frist gehindert, so kann er Wiedereinsetzung in den vorigen Stand verlangen (§ 32 VwVfG).   **43**

Umfassende Prüfungspflicht der Genehmigungsbehörde. Der Ausschluß verspäteter Einwendungen vom Erörterungstermin (formelle Präklusion) hat allerdings nicht die Konsequenz, daß die Immissionsschutzbehörde den Aspekt, der in der verspäteten Einwendung angesprochen wird, bei der rechtlichen Beurteilung, ob die Anlage genehmigungsfähig ist oder nicht, etwa außer acht lassen dürfte. Jeder rechtlich relevante Punkt ist von der Immissionsschutzbehörde zu prüfen, ganz egal ob sie auf diesen Punkt durch eine rechtzeitige oder eine verspätete Einwendung aufmerksam wurde. Die formelle Präklusion hat nur die Konsequenz, daß dieser Einwand gerade nicht mit demjenigen, der ihn erhoben hat, auch im Erörterungstermin diskutiert wird.   **44**

b) Vereinfachtes Verfahren

Im vereinfachten Verfahren sind eine Reihe von Vorschriften des förmlichen Verfahrens nicht anwendbar, so z. B. die Vorschriften über die öffentliche Bekanntmachung und Auslegung des eingereichten Antrags und der Unterlagen oder über den Erörterungstermin. Das vereinfachte Verfahren ist demnach durch einen weitgehenden Ausschluß der Öffentlichkeit gekennzeichnet. Dies ist deshalb gerechtfertigt, weil die im vereinfachten Verfahren zu genehmigenden Anlagen regelmäßig ein weitaus geringeres Gefahrenpotential aufweisen als die im förmlichen Verfahren mit Öffentlichkeitsbeteiligung zu genehmigenden Anlagen.   **45**

→ § 19 BImSchG

Konsequenterweise sind im vereinfachten Verfahren aber auch die Vorschriften über die formelle und materielle Präklusion nicht anwendbar. Ein betroffener Nachbar kann gegen die Genehmigung der Anlage klagen, ohne vorher rechtzeitig Einwendungen gegen das Vorhaben erheben zu müssen.   **46**

c) Verfahrensstufung

In beiden Arten des Genehmigungsverfahrens ist eine Stufung des Verfahrens, d. h. ein Splitting in mehrere Abschnitte, möglich. Hierfür sieht das Bundes-Immissionsschutzgesetz die Möglichkeit einer Teilgenehmigung und eines Vorbescheides vor.   **47**

Teilgenehmigung

Zweck. Unter gewissen Voraussetzungen kann auf Antrag des Vorhabenträgers eine Teilgenehmigung erteilt werden. Dabei muß eine **vorläufige Prüfung** ergeben, daß die Genehmigungsvoraussetzungen hinsichtlich der Errichtung und des Betriebs der **gesamten Anlage** erfüllt werden und der Antragsteller ein berechtigtes Interesse an der Erteilung der Teilgenehmigung hat. Ein solches Interesse liegt regelmäßig auf der Hand: Großanlagen, deren   **48**

→ § 8 BImSchG

Errichtung sich über längere Zeit erstreckt, können so stufenweise genehmigt werden, was den Betrieb insgesamt rentabler macht. Der Anlagenbetreiber verliert keine Zeit und muß nicht jahrelang untätig auf die Genehmigung seiner Gesamtanlage warten.

49

Wirkung. Wird dem Antragsteller die Teilgenehmigung erteilt, so darf er mit dem genehmigten Teil seines Vorhabens beginnen. Da die Genehmigungsbehörde die Teilgenehmigung aufgrund einer vorläufigen Gesamtbeurteilung – also bezogen auf die gesamte Anlage, nicht nur den in der Teilgenehmigung genehmigten Teil der Anlage – erteilt hat, ist sie bei der späteren Entscheidung über den noch nicht genehmigten Rest der Anlage an diese positive Einschätzung gebunden.

> **Beispiel:** Unternehmer U beantragt für einen Teil seiner geplanten genehmigungsbedürftigen Anlage eine Teilgenehmigung, um sich Gewißheit darüber zu verschaffen, ob die Anlage so, wie er sie plant, überhaupt jemals genehmigt werden wird. Aufgrund einer vorläufigen Gesamtbeurteilung erteilt ihm die zuständige Immissionsschutzbehörde die beantragte Teilgenehmigung. Als U kurze Zeit später – durch die Teilgenehmigung zu weiterem Tatendrang ermutigt – die Genehmigung für den Rest seines Vorhabens beantragt, wird ihm diese Genehmigung mit der Begründung verweigert, die Genehmigungsvoraussetzungen seien nicht erfüllt.
>
> Aufgrund ihrer vorläufigen positiven Gesamtbeurteilung ist die Genehmigungsbehörde bei der Entscheidung, ob auch die übrigen Teile der Anlage zu genehmigen sind, gebunden. Sinn und Zweck der Teilgenehmigung ist es gerade zu verhindern, daß über denselben Punkt mehrfach und möglicherweise widersprüchlich entschieden wird. Auf Verpflichtungsklage (→ Kap. 3/RN 48) des U hin ist ihm damit die Genehmigung auch für die übrigen Teile seines Vorhabens zu erteilen.

Von dieser Bindungswirkung wird nur *eine* Ausnahme zugelassen. Sie entfällt, soweit nach der Erteilung der Teilgenehmigung eine Änderung der Sach- oder Rechtslage eingetreten ist oder sonstige Einzelprüfungen im Rahmen späterer Teilgenehmigungen zu einer von der vorläufigen Gesamtbeurteilung abweichenden Beurteilung führen.

Vorbescheid

50

→ § 9 BImSchG

Zweck. Der Vorhabenträger kann beantragen, daß über einzelne Genehmigungsvoraussetzungen sowie den Standort der Anlage vorab entschieden wird. Voraussetzung ist, daß die Behörde schon jetzt die Auswirkungen der geplanten Anlage ausreichend beurteilen kann und ein berechtigtes Interesse an der Erteilung des Vorbescheids besteht. Auch hier liegt das Interesse des Antragstellers klar auf der Hand: ein Vorhabenträger kann sich unnütze, langwierige und vor allem kostspielige Detailplanungen ersparen, wenn die Anlage beispielsweise schon aufgrund der erheblichen Vorbelastung des auserkorenen Standortes nicht genehmigt werden dürfte. Hierüber soll er sich vorab Gewißheit verschaffen können.

Wirkung. Im Gegensatz zur Teilgenehmigung (→ RN 48 f.) beinhaltet der Vorbescheid keine echte Genehmigung, d. h. der Vorhabenträger ist nicht durch den Vorbescheid berechtigt, mit der Errichtung des im Vorbescheid bezeichneten Anlagenteils zu beginnen. Im späteren Genehmigungsverfahren ist jedoch die Genehmigungsbehörde an die im Vorbescheid getroffenen Feststellungen gebunden.

51

4. Inhalt und Wirkung der Genehmigung

a) Inhalt
Sachkonzession
Die immissionsschutzrechtliche Genehmigung, die ebenso wie die Teilgenehmigung und der Vorbescheid einen Verwaltungsakt (→ Kap. 3/RN 9 ff.) darstellt, ist eine reine Sachgenehmigung (Sachkonzession). Bei der Frage, ob dem Antragsteller die Genehmigung zu erteilen ist, darf die Immissionsschutzbehörde allein auf anlagenbezogene Aspekte abstellen. Anders als etwa im Gaststättenrecht oder im Atomrecht kommt es somit auf persönliche Merkmale des Antragstellers nicht an.

52

> **Beispiel:** Ist der Vorhabenträger Alkoholiker oder wegen Steuerdelikten vorbestraft, berechtigt dies die Immissionsschutzbehörde nicht dazu, die Genehmigung aus diesen Gründen zu versagen.

Dies bedeutet aber zugleich, daß auch ein Wechsel des Anlagenbetreibers ohne Einfluß auf die immissionsschutzrechtliche Genehmigung bleibt.

Nebenbestimmungen
Das Gesetz gibt der Genehmigungsbehörde die Möglichkeit, die Genehmigung mit Nebenbestimmungen zu versehen. Man unterscheidet vier Arten von Nebenbestimmungen, nämlich

53
→ § 12
BImSchG

- Bedingung
- Auflage
- Befristung sowie
- Vorbehalt des Widerrufs.

Allen Nebenbestimmungen ist gemeinsam, daß die Genehmigungsbehörde sie nur verwenden darf, um die Genehmigungsvoraussetzungen sicherzustellen. Nebenbestimmungen, mit denen ein anderer Zweck verfolgt wird, wären unzulässig.

> **Beispiel:** Eine Auflage, in der die Genehmigungsbehörde dem Vorhabenträger aufgibt, auf seinem Betriebsgelände eine bestimmte Anzahl von Bäumen und Büschen zu pflanzen, um das äußere Erscheinungsbild der Anlage zu verbessern, ist unzulässig und wäre auf Klage des Vorhabenträgers aufzuheben.

Nebenbestimmungen geben der Behörde die Möglichkeit, flexibel zu reagieren. Anstatt eine Genehmigung wegen Nichterfüllung der Genehmigungsvoraussetzungen zu verweigern, was nur unnötig Zeit und Geld kostet (der Vorhabenträger könnte nach Berücksichtigung der Punkte, die zur Ablehnung führten, einen neuen Antrag stellen und das gesamte Genehmigungsverfahren müßte von neuem durchlaufen werden), kann die Behörde die Genehmigung mit Nebenbestimmungen erlassen und auf diese Weise sicherstellen, daß die Anlage „sauber" ist.

54
→ § 36 II Nr. 2 VwVfG

Bedingung. Man unterscheidet die aufschiebende und die auflösende Bedingung. Beide verbinden die Wirksamkeit der Genehmigung mit dem Eintritt eines künftigen, ungewissen Ereignisses.

> **Beispiel:** Dem Antragsteller wird die Genehmigung unter der Bedingung erteilt, daß er zur Emissionsverringerung einen bestimmten neuartigen Filter einbaut (aufschiebende Bedingung). Dem Antragsteller wird die Genehmigung unter der Bedingung erteilt, daß die von seiner Anlage ausgehenden Emissionen einen bestimmten Wert nicht überschreiten (auflösende Bedingung).

55
→ § 36 II Nr. 4 VwVfG

Auflage. Mit der Auflage wird dem Anlagenbetreiber ein selbständiges Tun, Dulden oder Unterlassen auferlegt.

> **Beispiel:** Dem Antragsteller wird die Genehmigung mit der Auflage erteilt, einen bestimmten neuartigen Filter einzubauen.

Von der Bedingung unterscheidet sich die Auflage dadurch, daß der Eintritt der (aufschiebenden) Bedingung erst die Wirksamkeit der Genehmigung herbeiführt, während im Falle der Auflage die Genehmigung bereits wirksam ist und nur eine zusätzliche Handlungsverpflichtung enthält.

56

> Für das obige **Beispiel** (RN 55) bedeutet dies: Hat die Genehmigungsbehörde für die Verpflichtung, einen Filter einzubauen, die Bedingung gewählt, so darf der Vorhabenträger erst mit dem Betrieb seiner Anlage beginnen, wenn der Filter eingebaut ist. Handelt es sich stattdessen um eine Auflage, so darf er seine Anlage an sich zunächst auch ohne Filter betreiben, da die Genehmigung von Anfang an wirksam war.

57
→ § 36 II Nr. 1 VwVfG

Befristung. Eine Befristung führt die Unwirksamkeit einer Genehmigung zu einem bestimmten Zeitpunkt herbei, und zwar unabhängig von irgendwelchen Handlungen des Anlagenbetreibers oder der Behörde.

Beispiel: Dem Antragsteller wird eine bis zum 31.7.1999 befristete Genehmigung erteilt.

Widerrufsvorbehalt. Ein Widerrufsvorbehalt ist nur bei Erprobungsanlagen sowie bei einer Teilgenehmigung möglich.

58
→ § 36 II Nr. 3 VwVfG

Beispiel: Dem Antragsteller wird die Genehmigung für eine Anlage zur Erprobung eines neuartigen Produktionsverfahrens unter dem Vorbehalt erteilt, daß die Genehmigung widerrufen wird, sobald der Betrieb der Anlage genügend Erkenntnisse über dieses neue Produktionsverfahren erbracht hat.

b) Wirkung

Der Genehmigungsbescheid beinhaltet ähnlich wie der Planfeststellungsbeschluß eine

59

- Konzentrationswirkung (→ Kap. 3/RN 42) und eine
- Duldungs- und Ausschlußwirkung (→ Kap. 3/RN 42).

Von den **Ausnahmen** der bereits an anderer Stelle dargelegten Konzentrationswirkung kommt vor allem dem gemeindlichen Einvernehmen große praktische Bedeutung zu. Hierunter ist die Zustimmung der Gemeinde zu verstehen, die für die *baurechtliche* Zulässigkeit bestimmter baulicher Vorhaben erforderlich ist (vgl. § 36 BauGB). Da das gemeindliche Einvernehmen nicht von der Konzentrationswirkung der immissionsschutzrechtlichen Anlagengenehmigung umfaßt wird, ist eine solche, wenn sie ohne das erforderliche Einvernehmen der Standortgemeinde erteilt wurde, rechtswidrig und auf Anfechtungsklage (→ Kap. 3/RN 48) der Gemeinde hin aufzuheben.

60

→ § 13 BImSchG

Die Duldungs- und Ausschlußwirkung der Genehmigung entfällt im übrigen im vereinfachten Verfahren (→ RN 45), da dort keine Öffentlichkeitsbeteiligung stattfindet, der Nachbar also auch nicht über die Anlagenplanung informiert wird und keine Einwendungen erheben kann.

61

→ § 14 BImSchG

Nicht ausgeschlossen werden darüber hinaus allgemein Ansprüche eines Nachbarn, die auf besonderen privatrechtlichen Titeln beruhen. Hierunter sind etwa vertragliche Ansprüche oder dingliche Ansprüche des Nachbarn am Betriebsgrundstück (Eigentum, Nießbrauch, Dienstbarkeit) zu verstehen.

62

Beispiel: Unternehmer U hat das Grundstück, auf dem er seine genehmigungspflichtige, nach dem förmlichen Verfahren genehmigte Anlage errichtet hat, von Nachbar N gekauft. N erklärte sich zum Verkauf nur einverstanden, wenn U einen bestimmten (von der TA Lärm völlig unabhängigen) Lärmwert nicht überschreitet. Diese Klausel wurde auch in den Grundstückskaufvertrag aufgenommen. Da U den vereinbarten Wert nach Errichtung der Anlage mehrfach überschreitet, klagt N vor dem Zivilgericht gegen U auf Unterlassung.

> Der Klage steht § 14 S. 1 BImSchG nicht entgegen, weil der Abwehranspruch des N nicht auf einfachen privatrechtlichen Normen beruht, sondern auf einem besonderen privatrechtlichen Titel, nämlich der Kaufvertragsurkunde. Eine immissionsschutzrechtliche Genehmigung soll und kann nicht die zwischen Privatpersonen bestehenden vertraglichen Beziehungen abändern.

c) Erlöschen

63
→ § 18 BImSchG

Die Genehmigung erlischt, wenn

- innerhalb einer von der Genehmigungsbehörde gesetzten angemessenen Frist nach Erteilung der Genehmigung nicht mit der Errichtung oder dem Betrieb der Anlage begonnen wird,
- eine Anlage während eines Zeitraumes von mehr als drei Jahren nicht betrieben wird, oder
- das Genehmigungserfordernis aufgehoben wird, die Anlage also im Wege der Gesetzesänderung aus dem Katalog der genehmigungspflichtigen Anlagen (→ RN 18) herausfällt.

5. Eingriffsmöglichkeiten der Verwaltung

a) Nachträgliche Anordnungen

64
→ § 17 BImSchG

Die immissionsschutzrechtliche Genehmigung vermittelt dem Anlagenbetreiber nur einen **eingeschränkten Bestandsschutz**. Dies bedeutet, er kann nicht darauf vertrauen, daß ihm diese Genehmigung mit diesem Inhalt auf Jahr und Tag erhalten bleibt. Die Betreiberpflichten (→ RN 21 ff.) sind vielmehr als sog. **dynamische Pflichten** zu verstehen, d. h. der Anlagenbetreiber hat diese Pflichten nicht nur in seinen eingereichten Unterlagen zum Zwecke der Genehmigungserteilung zu erfüllen, sondern muß sie insbesondere in der Betriebsphase, also nach Erteilung der Genehmigung, beachten.

Da sich die Grundpflichten inhaltlich auch verändern können (es werden beispielsweise die Grenzwerte der TA Luft verschärft, wodurch der Inhalt der Schutzpflicht (→ RN 21) sich ändert, oder der Stand der Technik in der Umwelttechnologie schreitet voran, wodurch die Vorsorgepflicht (→ RN 28) sich ändert), muß der Anlagenbetreiber den Betrieb seiner Anlage diesen veränderten Rahmenbedingungen anpassen. Um diesen Anpassungsprozeß sicherzustellen, gibt das Bundes-Immissionsschutzgesetz der Immissionsschutzbehörde das Instrument der nachträglichen Anordnung an die Hand.

Vorsorge- und Gefahrenanordnung

65
→ § 17 I BImSchG

Gesetzliche Regelung. Die Immissionsschutzbehörde *kann* eine sog. nachträgliche Vorsorgeanordnung erlassen, wenn der Anlagenbetreiber die Pflichten, die ihm das Bundes-Immissionsschutzgesetz oder eine auf dessen Grundlage erlassene Verordnung (→ RN 32 ff.) auferlegt, nicht erfüllt. Die Behörde hat insoweit ein Ermessen (→ Kap. 3/RN 26 ff.), d. h. sie ist nicht zum Einschreiten gezwungen, sondern kann die Umstände, die für und gegen eine nachträgliche Anordnung sprechen, gegeneinander abwägen. Die Immissionsschutzbehörde *soll* dagegen eine sog. nachträgliche Gefahrenanordnung erlassen, wenn festgestellt wird, daß die Allgemeinheit oder die Nachbarschaft nicht ausreichend vor schädlichen Umwelteinwirkungen oder sonstigen Gefahren, erheblichen Nachteilen oder erheblichen Belästigungen geschützt ist.

> **Beispiel:** Eine genehmigte Anlage hält einen Grenzwert der TA Luft nicht ein, sei es, weil die TA Luft mittlerweile verschärft wurde, sei es, weil die Anlage mittlerweile ihren Betrieb hochgefahren hat und daher mehr Schadstoffe emittiert als im Genehmigungsverfahren zugrundegelegt wurde, und hierdurch tritt eine Gefährdung der Umwelt, insbesondere der Nachbarschaft ein.

Inhalt. Mit der nachträglichen Anordnung kann die Behörde dem Anlagenbetreiber Weisungen bzgl. der Beschaffenheit der Anlage (z. B. Nachrüstung eines Filters), bzgl. der Art und Weise des Anlagenbetriebs (z. B. Verwendung bestimmter Brennstoffe) sowie bzgl. sonstiger Maßnahmen erteilen, die der Erfüllung der Betreiberpflichten dienen. Die Behörde kann sich darauf beschränken, lediglich das Ziel der Maßnahme anzugeben (z. B. die Verringerung der Schadstoffemissionen auf einen bestimmten Wert). Sie kann aber auch ganz konkrete Maßnahmen anordnen (z. B. den Einbau eines ganz bestimmten Filters mit einer ganz bestimmten Filterleistung an einem ganz bestimmten Punkt im Produktionsablauf).

66

Nachbarschützende Wirkung. Da die Vorschrift des § 17 I 2 BImSchG den Schutz der Nachbarschaft bezweckt (sog. drittschützendes Recht, → Kap. 3/ RN 32 f.), kann ein Nachbar vor dem Verwaltungsgericht eine Verpflichtungsklage (→ Kap. 3/RN 48) auf Erlaß einer nachträglichen Anordnung erheben. Die hierzu erforderliche Klagebefugnis ergibt sich gerade aus § 17 I 2 BImSchG.

67

Verhältnismäßigkeit
Die Immissionsschutzbehörde darf hingegen nachträgliche Anordnungen nicht treffen, wenn sie unverhältnismäßig sind.

68
→ § 17 II BImSchG

Diese Vorschrift muß als eine der problematischsten Normen im gesamten Bundes-Immissionsschutzgesetz bezeichnet werden. Während der Gesetzestext bis zu einer Gesetzesänderung im Jahre 1985 noch davon sprach, daß nachträgliche Anordnungen zu unterbleiben hätten, wenn sie „wirtschaftlich nicht vertretbar" waren, ist nunmehr von „Verhältnismäßigkeit" die Rede. Die wirtschaftliche Situation des Anlagenbetreibers findet fortan im Rahmen der Frage, ob eine Maßnahme verhältnismäßig ist, Berücksichtigung.

Bei der Prüfung, ob eine Maßnahme verhältnismäßig *im weiteren Sinn* ist, sind drei Einzelfragen zu untersuchen, nämlich die Geeignetheit, die Erforderlichkeit und die Verhältnismäßigkeit *im engeren Sinn* (→ Kap. 3/RN 34).

Kompensation

69
→ § 17 IIIa BImSchG

Die erst 1990 in das Gesetz aufgenommene Kompensationsvorschrift ermöglicht die Berücksichtigung marktwirtschaftlicher Aspekte in der Luftreinhaltepolitik (→ Kap. 5/RN 35). Die Immissionsschutzbehörde soll nach dieser Vorschrift von einer nachträglichen Anordnung absehen, soweit der betreffende Anlagenbetreiber einen Plan vorlegen kann, aus dem sich ergibt, daß technische Maßnahmen an seinen eigenen oder an Anlagen Dritter (d. h. weiterer Anlagenbetreiber) den mit einer geplanten nachträglichen Anordnung verfolgten Zweck, nämlich die Verringerung der Emissionen, besser erfüllen als die in der geplanten nachträglichen Anordnung enthaltenen Maßnahmen.

> **Beispiel:** Die Unternehmer U und X betreiben beide genehmigungspflichtige Anlagen in derselben Branche etwa 50 Kilometer voneinander entfernt. Die Anlage des U ist recht alt und verfügt über unzureichende Filteranlagen, weshalb die zuständige Behörde schon mit U in Kontakt getreten ist, um mit ihm den Inhalt einer baldigen nachträglichen Anordnung zu besprechen. U hat jedoch mit X verhandelt und mit ihm folgendes vereinbart: U trägt einen Teil der Kosten der in Kürze anstehenden Betriebserweiterung des X, in deren Verlauf die Anlage des X mit der modernsten und effektivsten derzeit verfügbaren Filteranlage ausgestattet werden soll. Allein hierdurch wird eine Emissionsverringerung bewirkt, die diejenige, die nach der geplanten nachträglichen Anordnung für die Anlage des U bewirkt würde, deutlich übertrifft.
>
> Die Immissionsschutzbehörde hat von dem Erlaß der nachträglichen Anordnung an U abzusehen, da U seine Emissionen durch die weitergehenden Maßnahmen zur Emissionsverringerung an der Anlage des X ausgleichen (kompensieren) kann. Per Saldo verbessert sich dadurch die Emissionssituation, und U kann seine Kosten niedrig halten.

Das Gesetz stellt hierbei klar, daß eine solche Kompensationsvereinbarung nur zwischen denselben oder in der Wirkung auf die Umwelt vergleichbaren Stoffen zulässig ist.

Praktische Erfahrungen mit dieser neuen Vorschrift liegen noch nicht in aussagekräftigem Umfang vor, weshalb ihr Nutzen für die Umwelt derzeit noch nicht beurteilt werden kann.

b) Untersagung, Stillegung und Beseitigung

Untersagung

70
→ § 20 I BImSchG

Die Immissionsschutzbehörde kann dem Anlagenbetreiber den Betrieb der Anlage untersagen, wenn er einer Auflage (→ RN 55), einer nachträglichen Anordnung (→ RN 64 ff.) oder einer abschließend bestimmten Pflicht aus einer Rechtsverordnung (→ RN 32 ff.) nicht nachkommt. Hinsichtlich der Nichterfüllung einer Auflage war diese Regelung notwendig, weil – im Gegensatz zur Bedingung – die Genehmigung unter einer Auflage von Anfang an voll wirksam ist und der Anlagenbetreiber auch ohne Erfüllung der Auflage mit dem Betrieb der Anlage beginnen kann (→ RN 56).

Stillegung und Beseitigung

Stillegung. Wird eine Anlage ohne die erforderliche Genehmigung errichtet, betrieben oder wesentlich geändert, so kann die Immissionsschutzbehörde anordnen, daß die Anlage einstweilen stillzulegen ist. Diese Regelung ist notwendig, um insbesondere die Nachbarschaft vor schädlichen Umwelteinwirkungen zu schützen. Solange noch nicht im Zuge eines Genehmigungsverfahrens überprüft wurde, ob die Anlage z. B. die Grenzwerte der TA Luft einhält, muß die Anlage vorsichtshalber stillgelegt werden. Dem Schutz der Nachbarschaft gebührt insofern der Vorrang vor den Interessen des Anlagenbetreibers.

71

→ § 20 II BImSchG

Beseitigung. Neben der bloßen Stillegung kann auch die Beseitigung der Anlage angeordnet werden. Die Entscheidung hierüber liegt im Ermessen (→ Kap. 3/RN 26 ff.) der Behörde. Reicht die Stillegung zur Abwehr von Gefahren aus, ist die Anordnung der Beseitigung ermessensfehlerhaft. Die Behörde *hat* dagegen die Beseitigung anzuordnen, wenn die Allgemeinheit oder die Nachbarschaft nicht auf andere Weise ausreichend geschützt werden kann (§ 20 II 2 BImSchG).

72

c) Widerruf und Rücknahme der Genehmigung

Das Bundes-Immissionsschutzgesetz regelt abschließend die Voraussetzungen, unter denen eine **rechtmäßige** Genehmigung widerrufen werden kann. Zu beachten ist hierbei, daß unter bestimmten Voraussetzungen dem Anlagenbetreiber eine Entschädigung zu zahlen ist (§ 21 IV BImSchG).

73

→ § 21 BImSchG

Daneben kann die Behörde eine **rechtswidrige** Genehmigung stets gemäß § 48 VwVfG (lesen!) zurücknehmen.

6. Rechtsschutz

Von der Erteilung (bzw. der Verweigerung der Erteilung) einer immissionsschutzrechtlichen Genehmigung können stets mehrere Personen betroffen sein: der Vorhabenträger, der natürlich die Genehmigung erhalten möchte, sowie Dritte (z. B. Nachbarn), die es lieber sehen würden, wenn ihre Umgebung frei von Industrieanlagen bliebe. Auch bei Maßnahmen, die nach Genehmigungserteilung erfolgen, sind diese Personengruppen betroffen: ein Nachbar etwa wird von der Immissionsschutzbehörde den Erlaß einer nachträglichen Anordnung verlangen, wenn die Anlage in seiner Umgebung zu sehr die Umwelt verschmutzt, während der Anlagenbetreiber möglichst ohne Beeinträchtigung durch die Behörde seine Anlage weiter betreiben möchte.

74

Im Bereich der immissionsschutzrechtlichen Streitigkeiten interessiert neben dem zivilrechtlichen (→ Kap. 15/RN 15ff.) in erster Linie der **verwaltungsgerichtliche Rechtsschutz** (→ Kap. 3/RN 45 ff.).

Dem *Antragsteller*, dem eine Genehmigung verwehrt wird, steht die Verpflichtungsklage zu. Der *Nachbar*, der sich gegen die einem anderen erteilte Genehmigung wenden will, kann – sofern er durch die Genehmigung in einer drittschützenden Norm verletzt wird (→ Kap. 3/RN 32 f.) – Anfechtungsklage erheben. In beiden Fällen muß zuvor das Widerspruchsverfahren (→ Kap. 3/RN 49) durchgeführt werden. Besonderheiten ergeben sich, wenn der Anlagenbetreiber nicht gegen die Genehmigung selbst, sondern gegen eine *Nebenbestimmung* (→ RN 53 ff.) vorgehen will bzw. der Nachbar eine solche begehrt. Die Darstellung dieser Feinheiten würde jedoch den Rahmen des Grundkurses sprengen.

III. Nicht genehmigungsbedürftige Anlagen

75

Die §§ 22 bis 25 BImSchG regeln die Errichtung und den Betrieb derjenigen Anlagen, die nicht im Anhang zur 4. BImSchV aufgeführt und daher nicht einer Genehmigungspflicht nach dem Immissionsschutzrecht unterworfen sind (→ RN 18). Dies schließt jedoch nicht aus, daß für diese Anlagen eine Genehmigungspflicht aufgrund anderer Rechtsvorschriften existiert.

> **Beispiel:** Eine Anlage zur Herstellung von Beton, Mörtel oder Straßenbaustoffen mit einer Leistung von weniger als 100 Kubikmetern je Stunde ist **nicht nach dem Bundes-Immissionsschutzgesetz genehmigungspflichtig** (§ 4 I BImSchG i.V.m. § 1 I, Nr. 2.13 des Anhangs zur 4. BImSchV). Allerdings ist für die Errichtung dieser Anlage eine **Baugenehmigung** nach der jeweils geltenden Landesbauordnung erforderlich. Die – nach Landesrecht – zuständige Baugenehmigungsbehörde hat hierbei auch zu prüfen, ob die Anlage den Anforderungen des § 22 I BImSchG genügt.

1. Grundpflichten des Betreibers

a) Gesetzliche Regelung

76
→ § 22
BImSchG

Das Bundes-Immissionsschutzgesetz richtet an den Betreiber nicht genehmigungsbedürftiger Anlagen drei Gebote, nämlich das

- Verhinderungsgebot, das
- Minimierungsgebot und das
- Abfallbeseitigungsgebot.

Auffallend ist, daß diese Grundpflichten im Vergleich zu den Pflichten, die das Bundes-Immissionsschutzgesetz den Betreibern von genehmigungspflichtigen Anlagen auferlegt, weniger streng und umfassend sind. Dies zeigt ein Vergleich der jeweiligen Vorschriften (§§ 5 und 22 BImSchG). Auch fehlt eine Regelung, die den Betreiber verpflichtet, nach dem Stand der Technik Vorsorge gegen schädliche Umwelteinwirkungen zu treffen. Allerdings sind weitergehende, insbesondere landesrechtliche Regelungen zulässig.

b) Konkretisierung durch Rechtsverordnungen

Durch Rechtsverordnung (→ Kap. 2/RN 17) können konkrete Anforderungen an die Errichtung, die Beschaffenheit und den Betrieb nicht genehmigungsbedürftiger Anlagen gestellt werden. Diese Rechtsverordnungen können die Grundpflichten entweder nur konkretisieren oder aber auch über diese hinausgehen.

77
→ § 23 BImSchG

Aufgrund der Ermächtigung des § 23 I BImSchG sind bislang u. a. ergangen:

- KleinfeuerungsanlagenVO (1. BImSchV)
- RasenmäherlärmVO (8. BImSchV)
- SportanlagenlärmschutzVO (18. BImSchV).

Diese Verordnungen enthalten Immissionshöchstwerte, die von den jeweiligen Anlagenbetreibern einzuhalten sind. Die Kleinfeuerungsanlagen-Verordnung, die sich nur an einen begrenzten, in der Verordnung bestimmten Kreis von Anlagen richtet, schreibt überdies vor, welche Brennstoffe in diesen Anlagen ausschließlich verwendet werden dürfen.

2. Eingriffsmöglichkeiten der Verwaltung

a) Anordnungen im Einzelfall

Die zuständige Behörde kann im Einzelfall die Anordnungen treffen, die zur Durchführung der Grundpflichten und der auf § 23 BImSchG gestützten Rechtsverordnungen erforderlich sind. Der Behörde ist hinsichtlich des „Ob" und des „Wie" ihrer Maßnahmen ein Ermessen (→ Kap. 3/RN 26 ff.) eingeräumt, das jedoch in den Fällen eingeschränkt ist, in denen der Schutz der Allgemeinheit oder der Nachbarschaft eine Anordnung erfordert (vgl. den Beispielsfall in Kap. 3/RN 26, 34).

78
→ § 24 BImSchG

b) Untersagung

Die zuständige Behörde kann den Betrieb der Anlage untersagen, wenn der Betreiber einer Anordnung nach § 24 BImSchG nicht nachkommt. Die Untersagung kann den gesamten Betrieb oder nur einen Teil davon betreffen und

79
→ § 25 BImSchG

wird nicht automatisch unwirksam, wenn der Betreiber die Anordnung erfüllt. Eine Untersagung steht grundsätzlich im Ermessen der Behörde. Dieses ist eingeschränkt, wenn die von der Anlage ausgehenden schädlichen Umwelteinwirkungen das Leben oder die Gesundheit von Menschen oder bedeutende Sachwerte gefährden. In einem solchen Fall soll nicht nur der Betrieb, sondern schon die Errichtung der Anlage untersagt werden.

3. Rechtsschutz

80 Da sämtliche Anordnungen der Behörde gemäß §§ 24, 25 BImSchG Verwaltungsakte darstellen, kann sich der *Anlagenbetreiber* hiergegen mit der Anfechtungsklage (→ Kap. 3/RN 48) zur Wehr setzen. Zuvor muß er das Widerspruchsverfahren (→ Kap. 3/RN 49) durchführen. *Dritte* (z. B. Nachbarn) können im Wege der Verpflichtungsklage (→ Kap. 3/RN 48) von der Behörde den Erlaß einer Verfügung gemäß §§ 24, 25 BImSchG verlangen, wenn sie geltend machen, ohne die Verfügung würden Vorschriften verletzt, die gerade ihrem Schutz dienen, also drittschützend sind (→ Kap. 3/RN 33). § 25 II BImSchG ist hierbei selbst eine drittschützende Norm.

81 Wird die Beeinträchtigung von einer öffentlichen Anlage (z. B. städtisches Freibad, Kirchenglocken, Schießübungsplatz der Polizei etc.) hervorgerufen, so kann ein Anlieger vom Betreiber dieser Anlage (Gemeinde, Kirchengemeinde, Bundesland als Träger der Polizei) die Unterlassung dieser Beeinträchtigung verlangen. Dies geschieht im Wege der sog. **öffentlich-rechtlichen Unterlassungsklage**, die aus den Grundrechten (Art. 2 II, 14 GG) hergeleitet wird. Ebenso wie bei der privatrechtlichen Nachbarklage (→ Kap. 18/RN 12ff.) ist die Klage begründet, wenn Rechtsgüter des Anliegers durch Immissionen (z. B. Lärmeinwirkungen) beeinträchtigt werden und er diese nicht dulden muß, weil sie wesentlich sind. Da sich die Klage gegen eine Körperschaft des öffentlichen Rechts und nicht, wie bei der privatrechtlichen Nachbarstreitigkeit, gegen eine Privatperson richtet, ist für diese Klage das Verwaltungsgericht zuständig.

82 **Beispiel:** Nachbar N fühlt sich dadurch gestört, daß die örtliche Pfarrkirche in der Zeit von April bis Oktober jeden Morgen um 6.00 Uhr eine Minute lang ihre Angelus-Glocke läuten läßt. N leidet deshalb bereits unter Schlafstörungen. Vor dem Verwaltungsgericht klagt N daher gegen die Kirchengemeinde auf Unterlassung dieses Glockengeläuts.
Die Klage ist vor dem Verwaltungsgericht zulässig, weil eine **öffentlich-rechtliche Streitigkeit** vorliegt. Da die Kirchen Körperschaften des öffentlichen Rechts sind, werden die Kirchenglocken, soweit sie kultischen Zwecken dienen, als öffentliche Sachen im Gemeingebrauch angesehen und läuten daher – salopp formuliert – öffentlich-rechtlich und nicht privat-rechtlich. Auch kann N geltend machen, **in seinen Rechten verletzt** zu sein: seine körperliche Unversehrtheit ist aufgrund der Schlafstörungen betroffen (Art. 2 II GG).

> Ob die Klage jedoch begründet ist, hängt davon ab, ob den N eine **Duldungspflicht** trifft. Dies wäre dann zu bejahen, wenn die Beeinträchtigungen nur unwesentlich sind. Da die Kirchenglocken eine Anlage („ortsfeste Einrichtungen") sind und daher der Anwendungsbereich des Bundes-Immissionsschutzgesetzes eröffnet ist, ist die Wesentlichkeit mit der **Erheblichkeit** i. S. d. § 3 I BImSchG gleichzusetzen (→ RN 5 ff.). Anhaltspunkte für die Erheblichkeit geben die **Richtwerte der TA Lärm**. Wird der Richtwert, den die TA Lärm für diese Tageszeit und dieses Gebiet festlegt, überschritten, hat die Klage des N Erfolg. Bleibt der Lärmpegel der Kirchenglocken dagegen unter diesem Richtwert, ist die Klage unbegründet.

IV. Produktbezogener Immissionsschutz

Der dritte Teil des Bundes-Immissionsschutzgesetzes enthält Regelungen zum produktbezogenen Immissionsschutz. Erfaßt werden das Herstellen, Inverkehrbringen und Einführen von Anlagen, Anlagenteilen, Stoffen und sonstigen Erzeugnissen.

83
→ §§ 32 ff. BImSchG

Das Gesetz ist auf eine Konkretisierung durch Rechtsverordnungen (→ Kap. 2/RN 17) ausgerichtet und enthält selbst keine Anforderungen. Auf der Grundlage der §§ 32 ff. BImSchG sind bereits eine Vielzahl von Rechtsverordnungen ergangen, so etwa Verordnungen über

- Schwefelgehalt von leichten Heizölen und Dieselkraftstoffen (3. BImSchV),
- Chlor- und Bromverbindungen als Kraftstoffzusatz (19. BImSchV) oder
- Baumaschinenlärm (15. BImSchV).

V. Verkehrsbezogener Immissionsschutz

Der vierte Teil des Bundes-Immissionsschutzgesetzes enthält Regelungen zum verkehrsbezogenen Immissionsschutz, d. h. zum Schutz vor Immissionen, die durch den Kraftverkehr hervorgerufen werden.
Hierbei sind drei Regelungsbereiche zu unterscheiden:

84
→ §§ 38 ff. BImSchG

- Beschaffenheit und Betrieb von Fahrzeugen,
- Verkehrsbeschränkungen und
- Lärmschutz.

Allen drei Bereichen ist gemeinsam, daß die jeweiligen Regelungen im Bundes-Immissionsschutzgesetz einer Konkretisierung durch Rechtsverordnungen (→ Kap. 2/RN 17) bedürfen. Von den Verordnungsermächtigungen der §§ 38 ff. BImSchG wurde weitgehend Gebrauch gemacht.

85 So wurden auf die Ermächtigung des § 38 BImSchG zahlreiche Vorschriften in der Straßenverkehrs-Zulassungs-Ordnung **(StVZO)** gestützt. Dort sind etwa zulässige Abgashöchstgrenzen für einzelne Fahrzeugtypen festgelegt. Auch die Abgasuntersuchung (AU, früher unter der Abkürzung ASU bekannt), der sich jedes Fahrzeug in regelmäßigen Abständen unterziehen muß, ist dort geregelt (§§ 47 ff. StVZO).

§ 40 BImSchG stellt die Grundlage für die von den Bundesländern erlassenen Sommersmogverordnungen dar. Diese sehen vor, während austauscharmer Wetterlagen (Smog) Verkehrsbeschränkungen auszusprechen. Das Führen von Fahrzeugen, die bestimmten Anforderungen nicht genügen (z. B. Kfz ohne geregelten Katalysator), kann in denjenigen Gebieten, die die jeweilige Sommersmogverordnung umfaßt, für den Zeitraum der betreffenden Wetterlage verboten werden. Auch eine Begrenzung der Höchstgeschwindigkeit auf öffentlichen Straßen ist auf der Grundlage dieser Verordnungen möglich. Voraussetzung ist stets, daß die zuständige Behörde die austauscharme Wetterlage öffentlich bekanntgegeben hat.

86 Das Bundes-Immissionsschutzgesetz verlangt, daß der Bau und die wesentliche Erweiterung von Straßen, Eisenbahn- und Straßenbahnwegen möglichst keine schädlichen Umwelteinwirkungen in Form von Verkehrsgeräuschen nach sich ziehen darf. Dem ist durch Maßnahmen des **aktiven Lärmschutzes** (z. B. Schutzwälle entlang der Straße) vorzubeugen. Sind solche Schutzmaßnahmen unverhältnismäßig teuer, entfällt die Pflicht. Es kommt dann eine Entschädigung für die betroffenen Anlieger in Betracht, die die Kosten für Maßnahmen des **passiven Lärmschutzes**, also für bauliche Maßnahmen an den Gebäuden der Betroffenen (z. B. Schallschutzfenster), umfaßt. Voraussetzung für die Entschädigung ist, daß aufgrund der Verkehrsgeräusche bestimmte Immissionsgrenzwerte überschritten werden.

Diese Grenzwerte sind in der Verkehrslärmschutz-Verordnung (16. BImSchV) niedergelegt. Je nach Gebietstyp und Tageszeit gelten unterschiedliche Höchstwerte. Während etwa an Krankenhäusern und Altenheimen nachts nur ein Wert von maximal 47 dB (A) zulässig ist, liegt der Vergleichswert in einem Gewerbegebiet bei 59 dB (A). Eine Überschreitung dieser Grenzwerte bringt für den Träger der Straßenbaulast, also je nach Straßentyp die Gemeinde, den Landkreis, das Bundesland oder den Bund, die Verpflichtung zur Entschädigung mit sich.

VI. Gebietsbezogener Immissionsschutz

87
→ §§ 44 ff BImSchG

Der fünfte Teil des Bundes-Immissionsschutzgetzes regelt den gebietsbezogenen Immissionsschutz.

Durch § 44 BImSchG werden die Landesregierungen ermächtigt, durch Rechtsverordnung sog. **Untersuchungsgebiete** festzusetzen. In diesen werden in einem bestimmten Zeitraum oder fortlaufend Messungen und Untersuchungen durchgeführt, um den aktuellen Stand und die Entwicklung der Luftverunreinigung erkennen zu können und Grundlagen für Abhilfe- und Vorsorgemaßnahmen zu gewinnen. Die Kriterien, nach denen solche Untersuchungsgebiete ausgewählt werden sollen, sind in § 44 II BImSchG genannt. Hiernach sind besonders belastete Gebiete am geeignetsten.

§§ 45 und 46 BImSchG regeln, auf welche Weise die Messungen und Auswertungen zu erfolgen haben und wie diese dokumentiert werden sollen. Am Ende einer solchen Untersuchung steht die Aufstellung eines **Luftreinhalteplans**, wenn die Untersuchungen zum Ergebnis gekommen sind, daß die Belastung im betreffenden Gebiet zu hoch ist, d. h. bestimmte Grenzwerte überschritten werden. Der Inhalt des Luftreinhalte- oder Sanierungsplans ist in § 47 II BImSchG geregelt. Die zuständige, den Plan erstellende Behörde hat insbesondere darzulegen, welche Maßnahmen zur Verminderung der Luftverunreinigungen und zur Vorsorge ihres Erachtens in Betracht kommen.

Kontrollfragen:
1. Worin unterscheiden sich Emissionen von Immissionen? (RN 5)
2. Wie ist der Begriff der Nachbarschaft im Bundes-Immissionsschutzgesetz zu verstehen? (RN 12)
3. Wo ist geregelt, ob eine Anlage immissionsschutzrechtlich genehmigungspflichtig ist? (RN 16 ff.)
4. Warum ist es sinnvoll, eine Bindungswirkung der allgemeinen Verwaltungsvorschriften TA Luft und TA Lärm für den Verwaltungsrichter anzunehmen? (RN 23)
5. Kann eine Anlagengenehmigung auch wegen Verletzung von Vorschriften, die nichts mit dem Immissionsschutz zu tun haben, versagt werden? (RN 35)
6. Welche Auswirkungen hat die materielle Präklusion des § 10 III 3 BImSchG? (RN 41 f.)
7. Welchen Zweck hat der Vorbescheid (§ 9 BImSchG)? (RN 50)
8. Wie kann die Verwaltung auf Fortschritte im Bereich der Umwelttechnologie reagieren? (RN 64 ff.)
9. Was ist Voraussetzung für eine erfolgreiche Anfechtungsklage eines Nachbarn gegen eine erteilte Anlagengenehmigung? (RN 74)
10. Wie kann sich ein Anlieger gegen Lärmbelästigungen zur Wehr setzen, die von einer öffentlichen Einrichtung hervorgerufen werden? (RN 81 f.)

Weiterführende Literatur:
Jarass, Hans D., Bundesimmissionsssschutzgesetz, Kommentar, 3. Aufl. (1995); *Kloepfer, Michael,* Umweltrecht, 1989, S. 385–466; *Koch, Hans-Joachim/Scheuing, Dieter H.* (Hrsg.), Gemeinschaftskommentar zum Bundes-Immissionsschutzgesetz, 1994; *Schmidt, Reiner/Müller, Helmut,* Einführung in das Umweltrecht, 4. Aufl. (1995), § 3; *Schulze-Fielitz, Helmuth,* Immissionsschutzrecht, in: Schmidt, Reiner (Hrsg.), Öffentliches Wirtschaftsrecht, Besonderer Teil, Bd. I, 1995; *Sellner, Dieter,* Immissionsschutzrecht und Industrieanlagen, 2. Aufl. (1988).

Rechtsprechungshinweise:
EuGH, EuZW 1991, S. 440 ff. (Untauglichkeit der TA Luft als Instrument zur Umsetzung von EU-Richtlinien); BVerwGE 55, S. 250 ff. (Charakterisierung der Immissionsgrenzwerte der TA Luft als antizipiertes Sachverständigengutachten); BVerwG, BayVBl. 1992, S. 633 ff. (Öffentlich-rechtliche Unterlassungsklage gegen Lärmbelästigung durch Kirchenglocken); BayVGH, BayVBl. 1972, S. 72 ff. (Voraussetzungen der Anfechtung einer Anlagengenehmigung durch Dritte); OVG Berlin, NVwZ-RR 1994, S. 141 ff. (Lärmbelästigung durch Sportplatz).

8. Abfall- und Altlastenrecht

I. **Allgemeines**
 1. Ursachen des „Entsorgungsnotstands"
 2. Rechtsgrundlagen

II. **Abfallbegriff**
 1. Bedeutung
 2. Europäischer Abfallbegriff
 3. Abfallbegriff des deutschen Rechts

III. **Grundsatz der Produktverantwortung und Eigenentsorgung**

IV. **Vermeidung, Verwertung und Beseitigung von Abfällen**
 1. Abfallvermeidung
 2. Abfallverwertung
 3. Abfallbeseitigung

V. **Zulassung von Abfallentsorgungsanlagen**

VI. **Überwachung und Kontrolle von Abfallentsorgungsanlagen**
 1. Externe Überwachung
 2. Betriebsinterne Kontrolle

VII. **Das duale System bei Verpackungsabfällen**
 1. Konzept der Verpackungsverordnung
 2. Einrichtung des dualen Systems
 3. Zukunft des dualen Systems

VIII. **Abfallvermeidung durch Abgabenmodelle?**
 1. Bedeutung von Abfallabgaben
 2. Hausmüllgebühren
 3. Kommunale Verpackungssteuern

IX. **Behördliche Zuständigkeiten im Abfallrecht**

X. **Altlasten**
 1. Allgemeines
 2. Rechtsgrundlagen der Altlastensanierung
 3. Behördliche Befugnisse
   a) Gefahrermittlung
   b) Gefährdungsabschätzung
   c) Sanierungsverfügung
 4. Adressat der Anordnung
   a) Handlungsstörer
   b) Zustandsstörer
 5. Kooperationslösungen

8. Abfall- und Altlastenrecht

Wohl kein anderes Gebiet des Umweltrechts gibt derzeit zu so intensiver Diskussion Anlaß wie das Abfallrecht. Man denke nur an die ungelösten Probleme des dualen Systems und das neuartige Modell der Kreislaufwirtschaft zur Abfallvermeidung. Die ordnungsgemäße Abfallentsorgung ist nicht nur Aufgabe von Politik und Wirtschaft, sondern geht alle an. Ohne eine geordnete Abfallwirtschaft ist unsere Wohlstandsgesellschaft nicht überlebensfähig.

1

> **Fakten:** Im gesamten Bundesgebiet fallen jährlich ca. 288 Mio. Tonnen entsorgungsbedürftiger fester Abfälle an, davon sind ca. 16 Millionen Tonnen gefährliche Abfälle (auch besonders überwachungsbedürftiger Abfall, Sondermüll oder Giftmüll genannt). Das Gesamtabfallaufkommen blieb in den letzten Jahren auf hohem Niveau in etwa konstant. Dem leicht steigenden Güterverbrauch, der zu Mengenzuwachs an Abfällen führt, steht eine ebenfalls gestiegene Verwertungsquote gegenüber. Etwa 50 Prozent der Abfälle entstammen dem Bereich „Bauschutt, Bodenaushub und Straßenaufbruch", ca. 33 Prozent sind produktionsspezifische Abfälle aus Industrie und Gewerbe, die restlichen 17 Prozent entfallen auf Siedlungsabfälle. Dazu gehören neben Hausmüll, hausmüllähnlichen Gewerbeabfällen und Sperrmüll auch Kehricht, Park- und Marktabfälle sowie Rückstände aus Kläranlagen. Eine Verwertung von Abfällen findet in einzelnen Produktbereichen statt, hauptsächlich im Bereich der Glas- und Papierindustrie, wo die Recyclingquoten 30–55 Prozent betragen. 1994 wurden etwa 9,4 Millionen Tonnen Altpapier gesammelt und der Verwertung zugeführt. Ein kleiner Teil der nicht verwerteten Abfälle wird ins Ausland exportiert, im Jahr 1992 waren dies ca. 300 000 Tonnen Siedlungsabfälle und ca. 642 000 Tonnen sonstige Abfälle. Nach Abzug des Verwertungs- und Exportanteils verbleibt ein jährlicher Deponierungsbedarf von etwa 165 Mio. Tonnen. Dieser Bedarf wird zu ca. 45 Prozent durch privat betriebene und zu ca. 55 Prozent durch kommunale Abfalldeponien gedeckt.

I. Allgemeines

1. Ursachen des „Entsorgungsnotstands"

Die bestehenden Engpässe bei der Abfallentsorgung gehen auf verschiedene Faktoren zurück, die kumulativ zusammenwirken.

2

Durch das fortwährende Wirtschaftswachstum entsteht ein Zuwachs an Verbrauchsgütern, die im Regelfall nach ihrem Verbrauch zu Abfall werden. Da ein hundertprozentiger Stoffkreislauf auf absehbare Zeit technisch nicht erreichbar ist, bleibt die Abfallentsorgung ein notwendiges Übel, dem nur durch weitreichende Abfallvermeidung abzuhelfen wäre. Die Abfallvermeidung ist jedoch nach dem neuen Kreislaufwirtschafts- und Abfallgesetz nur für bestimmte, in Rechtsverordnungen (→ Kap. 2/RN 17) festgelegte Produktgruppen zwingend vorgeschrieben, für die Mehrzahl der Fälle ist sie lediglich dem Umweltbewußtsein des Bürgers überlassen.

→ §§ 5 I, 23, 24 KrW-/AbfG

> **Beispiel** für Rechtsverordnungen, die nach dem Abfallgesetz zur Abfallvermeidung beitragen sollen: Die Verpackungsverordnung von 1991, durch die Rücknahme- und Verwertungspflichten für die Verpackungsindustrie begründet wurden (→ RN 31 ff.). Rücknahmeverpflichtungen für Vertreiber sehen außerdem die Verordnung über die Entsorgung gebrauchter halogenierter Lösemittel (HKWAbfV) von 1989 und die Verordnung zum Verbot von bestimmten, die Ozonschicht abbauenden Halogenkohlenwasserstoffen (FCKW-Halon-Verbots-Verordnung) von 1991 vor. Geplant sind weitere Verordnungen, so z. B. eine Altpapier-Verordnung, eine Elektronikschrott-Verordnung für alle elektrischen Geräte und Geräteteile, z. B. Computer, Telefon- und Telefaxgeräte, Fernseher, Haushaltsgeräte usw., eine Batterieverordnung für schadstoffhaltige Batterien sowie eine Altautoverordnung für stillgelegte Kraftfahrzeuge, Nutzfahrzeuge und Zubehör.

3 Die Abfallvermeidung hat als umweltpolitisches Ziel zwar viele Fürsprecher. Andererseits ist jedoch nicht zu verkennen, daß die Abfallwirtschaft, d. h. der Betrieb von Verwertungs- und Beseitigungsanlagen durch private Unternehmer, im Lauf der Zeit zu einem eigenen, durchaus profitablen Wirtschaftszweig geworden ist, der auch zahlreiche Arbeitsplätze schafft. Private Entsorger sind auf die Existenz möglichst umfangreicher Abfallströme angewiesen und haben daher wirtschaftlich gesehen kein Interesse an einer wirksamen Abfallvermeidung.

4 Das für Deutschland maßgebliche EG-Abfallrecht (→ vgl. auch Kap. 14) geht vom Grundsatz der entstehungsortnahen Entsorgung aus. Danach sind anfallende Abfälle in der nächstgelegenen Entsorgungsanlage zu entsorgen. Ein großräumiger Abfallexport, wie er noch früher aufgrund von Kapazitätsengpässen bei Entsorgungsanlagen im Inland und billigerer Entsorgungsmöglichkeiten im Ausland stattfand, ist dementsprechend nach dem Kreislaufwirtschafts- und Abfallgesetz untersagt. Legaler Abfallexport kann nur noch nach den strengen Vorschriften der EG-Abfallverbringungsverordnung und des deutschen Abfallverbringungsgesetzes betrieben werden. Der in Deutschland anfallende Abfall ist also, abgesehen vom geringen Exportanteil, auch hier zu entsorgen.

→ § 10, III KrW-/AbfG

5 Abfalldeponien haben nur eine begrenzte „Lebensdauer", d. h. sie müssen nach gewisser Zeit wegen Verfüllung geschlossen werden. Die Lebensdauer einer konventionellen Deponie und ihrer technischen Systeme beträgt maximal 50 bis 80 Jahre. Prognosen zufolge wird die bundesweit zur Verfügung stehende Deponiekapazität im Jahr 1998 zur Hälfte erschöpft sein. Besonders in Ostdeutschland besteht dringender Bedarf zur Erschließung neuer Deponieräume. Der Bau neuer Abfallentsorgungsanlagen stößt aber zunehmend auf den Widerstand der betroffenen Anlieger. Da für jede Abfalldeponie ein Planfeststellungsverfahren (→ Kap. 3/RN 40 ff.) durchgeführt werden muß, das einschließlich der sich regelmäßig anschließenden Klageverfahren gegen eine erteilte Genehmigung zwischen fünf und fünfzehn Jahre in Anspruch nimmt, kann der Entsorgungsbedarf immer weniger gedeckt werden. Die Folge ist ein Ausweichen auf vermehrte Abfallverbrennung, mehrjährige Zwischenlagerung oder in Einzelfällen sogar den illegalen Abfallexport. Letzterer wird auch dadurch hervorgerufen, daß die ordnungsgemäße Beseitigung gerade von Sondermüll für den Abfallbesitzer in der Regel sehr kostenaufwendig ist.

> **Beispiel:** Im November 1994 mußten im Auftrag der Bundesregierung 460 Fässer mit illegal nach Albanien verbrachten Pflanzenschutzmitteln nach Deutschland zurückgeholt werden. Die Chemikalien waren offiziell als Geschenk an die Regierung deklariert nach Albanien gelangt, wo sie im Laufe der Zeit verrotteten. Eine Rückholung war notwendig, um eine Katastrophe wie 1972 in Seveso zu verhindern. Soweit die Abfallexporteure aus tatsächlichen oder rechtlichen Gründen nicht haftbar zu machen sind, trägt die Kosten der Rückholung der Steuerzahler. Dies widerspricht dem Verursacherprinzip (→ Kap. 5/RN 3). Allein die Rückholung und Entsorgung der Giftmüllfässer kostete etwa 7 Millionen DM. Aufgrund dieser und ähnlicher Erfahrungen ist im neuen Abfallverbringungsgesetz ein Solidarhaftungsfonds vorgesehen, in den alle Abfallexporteure Beiträge entsprechend der Menge und Gefährlichkeit der exportierten Abfälle zu leisten haben.

Man muß angesichts dieser Tatsachen zumindest von einem drohenden Entsorgungsnotstand sprechen. Daher muß in Zukunft verstärkt auf Strategien zur Abfallvermeidung gesetzt werden. Auch die Bundesregierung ging in der Begründung ihres Entwurfs für das neue Kreislaufwirtschafts- und Abfallgesetz von einem erheblichen Defizit in der Vermeidung von Abfällen gerade auf dem Produktionssektor, d. h. in der Industrie aus. Nach dem neuen Abfallwirtschaftskonzept des Bundes soll es daher eine sog. **ganzheitliche Produktverantwortung** geben: wer ein Produkt erzeugt und vermarktet, soll auch für dessen spätere Entsorgung verantwortlich sein. So soll die Wirtschaft gezwungen werden, künftig schon bei der Entwicklung eines Produkts auf dessen spätere Verwertungs- oder Entsorgungsfreundlichkeit zu achten. Als möglicher Ausweg aus der Entsorgungskrise wird auch das Ausgraben alter Deponien und die Behandlung der dort lagernden Müllreste mit modernen Methoden diskutiert. Dieser sog. Deponierückbau soll das vorhandene Müllvolumen nach Angaben der Entsorgungswirtschaft um bis zu 50 Prozent verringern und so die Deponielaufzeit verdoppeln.

6

→ § 22 KrW-/AbfG

2. Rechtsgrundlagen

> **Hinweis:** Die Rechtsgrundlagen des Abfallrechts sind nicht in der allgemeinen Textsammlung „Umweltrecht", sondern gesondert im dtv-Textbuch Nr. 5569 „Abfallgesetz", 2. Aufl. (1994) enthalten.

Wegen der existentiellen Wichtigkeit eines geordneten Umgangs mit Abfällen bestehen im Bereich des Abfallrechts zahlreiche Gesetze, die von der völker-

7

bis hin zur gemeinderechtlichen Ebene reichen. Dies macht das Abfallrecht schwer überschaubar, zumal ständig neue Vorschriften hinzukommen und zum Teil neben den älteren fortbestehen. Als Rechtsquellen existieren völkerrechtliche Vereinbarungen (→ Kap. 13), europäisches Gemeinschaftsrecht in Form der bereits erwähnten Abfallverbringungsverordnung sowie zahlreicher Richtlinien (→ Kap. 14), daneben deutsche Bundes- und Landesabfallgesetze und Rechtsverordnungen sowie kommunale Abfallwirtschaftssatzungen, die die Einzelheiten der Entsorgung vor Ort regeln. Einzelne abfallrechtliche Vorschriften finden sich auch noch in anderen Umweltgesetzen.

> **Beispiel:** Als wichtigste Völkerrechtskonvention ist das **Baseler Übereinkommen** vom 22.3.1989 über den zwischenstaatlichen Verkehr mit gefährlichen Abfällen zu nennen. Es wurde durch das Abfallverbringungsgesetz 1994 ins deutsche Recht umgesetzt.
>
> Die sog. **Abfall-Rahmenrichtlinie** der EG von 1975, geändert 1991, enthält grundlegende Definitionen wie z. B. den europäischen Abfallbegriff (→ RN 11) sowie sonstige allgemeine Vorschriften. Das **Kreislaufwirtschafts- und Abfallgesetz** trifft die grundlegenden Regelungen für das nationale Recht und wird durch die einzelnen Landesabfallgesetze ergänzt; z. B. enthalten viele Landesabfallgesetze zusätzliche Vorschriften über die Erfassung von Altlasten.
>
> Vom Bundesumweltministerium erlassene Rechtsverordnungen gestalten die gesetzliche Regelung konkreter aus. Beispiel: Was gefährliche Abfälle im Sinne des Abfallgesetzes von 1986 sind, wird durch die sog. Abfallbestimmungs-Verordnung näher festgelegt. Darunter fallen u. a. Galvanikschlämme, Säuren, Laugen, Shredderrückstände oder Krankenhausabfälle.
>
> **Kommunale Abfallwirtschaftssatzungen** schließlich sehen u. a. vor, daß alle Grundstückseigentümer im Kreisgebiet, bei denen regelmäßig Abfälle anfallen, verpflichtet sind, eine graue Restmülltonne zu benutzen (sog. Anschluß- und Benutzungszwang). Daneben kann auch die Benutzung von grünen Tonnen für Altpapier zur Pflicht gemacht werden.

8 Außerdem gibt es wie im Immissionsschutzrecht (→ Kap. 7/RN 22f.) sog. **Technische Anleitungen** (TA), die sich als allgemeine Verwaltungsvorschriften nicht an den Bürger, sondern an die Genehmigungs- und Aufsichtsbehörden richten und für diese verbindlich vorschreiben, unter welchen technischen Voraussetzungen Abfälle gelagert, behandelt oder abgelagert werden dürfen. Auch private Verwertungs- oder Entsorgungsanlagen müssen diesen Kriterien entsprechen, um genehmigungsfähig zu sein.

> **Beispiel:** Die **TA Abfall** sieht u. a. vor, daß der Betreiber einer Abfallentsorgungsanlage, in der gefährliche Abfälle behandelt werden, eine Betriebsordnung zu erstellen sowie zum Nachweis des ordnungsgemäßen Betriebs ein Betriebstagebuch zu führen hat, das die Überwachungsbehörde jederzeit überprüfen kann. In der **TA Siedlungsabfall** wird eine Deponierung von Hausmüll nur erlaubt, wenn maximal 10 Prozent des Abfallgewichts auf organische Substanzen entfallen (Pappe, Lebensmittelreste usw.), um grundwassergefährdende biologisch-chemische Prozesse zu vermeiden.

Eine weitere Schwierigkeit beim Umgang mit dem Abfallrecht ergibt sich daraus, daß sich das deutsche Abfallrecht derzeit in einer **Übergangsphase** befindet. Das Abfallgesetz von 1986 gilt im wesentlichen noch bis zum 6. 10. 1996 fort, ehe es vom neuen Kreislaufwirtschafts- und Abfallgesetz abgelöst wird. Mit der Überleitungsfrist soll der Wirtschaft Gelegenheit gegeben werden, sich auf die künftig vorgesehenen Pflichten einzustellen (→ RN 18 f.).

II. Abfallbegriff

1. Bedeutung

Um das Abfallrecht im konkreten Fall anwenden zu können, muß Abfall im Sinne des Abfallrechts entstanden sein. Für den Normalbürger ist eine Sache Abfall, wenn er sie nicht mehr gebrauchen kann oder will. Für die Rechtsanwendung ist der Abfallbegriff sowohl auf europäischer als auch auf deutscher Ebene genau definiert. Das ist wichtig, weil sich einschneidende Rechtsfolgen aus einer Bejahung der Abfalleigenschaft eines Stoffes oder Gegenstands ergeben. Der Abfallbegriff wird daher bildlich als der „Schlüssel" zur Anwendung des Abfallrechts bezeichnet.

> **Beispiel:** Soweit ein Gegenstand Abfall im Sinne der Abfallgesetze darstellt, darf der Eigentümer, wenn von dem Gegenstand eine Gefahr für das Wohl der Allgemeinheit ausgeht, diesen nicht behalten, sondern hat ihn zur Entsorgung herauszugeben. Die Entsorgung kann nicht auf beliebige Weise, sondern nur nach den entsprechenden Technischen Anleitungen (→ RN 8) in einer dafür zugelassenen Abfallentsorgungsanlage durchgeführt werden. Verstößt der Eigentümer gegen diese Pflicht, indem er den gefährlichen Gegenstand einfach ins Gelände wirft, macht er sich wegen umweltgefährdender Abfallentsorgung strafbar (→ Kap. 21/RN 53ff.). Wenn kein Abfall im Rechtssinne vorliegt, gilt dies alles nicht.

→ § 3, IV KrW-/AbfG
→ § 27 KrW-/AbfG

2. Europäischer Abfallbegriff

Ein einheitlicher europäischer Abfallbegriff wurde vom Ministerrat der EG (→ Kap. 14/RN 8f.) in der sog. Abfall-Rahmenrichtlinie verabschiedet. Danach sind Abfälle

- Alle Stoffe oder Gegenstände, die
- in einem Abfallverzeichnis enthalten sind und
- derer sich ihr Besitzer entledigt, entledigen will oder entledigen muß.

Im Unterschied zum deutschen Recht (→ RN 15) umfaßt der europäische Abfallbegriff bewegliche wie unbewegliche Sachen. Danach fallen also auch

Bodenkontaminationen (Altlasten!) sowie flüssige und gasförmige Stoffe unter den Abfallbegriff. Entscheidend für die Charakterisierung einer Sache als Abfall ist, ob der subjektive (*"entledigt, entledigen will"*) und/oder der objektive Abfallbegriff (*"entledigen muß"*) erfüllt ist.

12 Der **subjektive Abfallbegriff** setzt voraus, daß der Besitzer eine Sache als Abfall entsorgen lassen *will*. Die Abfalleigenschaft einer Sache hängt danach ausschließlich vom Willen ihres Besitzers ab. Wer eine Sache loswerden will, weil er ihrer überdrüssig geworden ist, macht sie durch eine Weggabehandlung zu Abfall, mag die Sache auch noch brauchbar oder gar wertvoll sein.

> **Beispiel:** Wenn ein Bürger sein wertvolles Biedermeiersofa auf einen Sperrmüllhaufen stellt, weil er sich neu einrichten will, wird das Sofa damit zu entsorgungsbedürftigem Abfall. Es verliert die Abfalleigenschaft aber wieder, wenn ein Nachbar das Sofa vor der Abholung in seine Wohnung bringt, um es für sich zu verwenden. Denn der Nachbar wird damit neuer Besitzer des Sofas, und ein Entsorgungswille ist bei ihm *nicht* vorhanden.

13 Anders verhält es sich beim **objektiven Abfallbegriff**. Hier darf die Sache für ihren ursprünglichen Gebrauch nicht mehr verwendbar sein und sie muß aufgrund ihres konkreten Zustands am Ort, wo sie sich befindet, geeignet sein, das Wohl der Allgemeinheit, insbesondere die Umwelt zu gefährden. Der Besitzer muß, ohne daß es auf seinen Willen ankommt, solche Sachen der entsorgungspflichtigen Körperschaft übergeben.

> **Beispiel:** Pflanzenreste, die im eigenen Garten kompostiert werden sollen, können nach dem objektiven Abfallbegriff dann zu Abfall werden, wenn infolge biologisch-chemischer Umwandlungsprozesse schädliche Abbauprodukte entstehen, die wegen durchlässiger Bodenbeschaffenheit eine Belastung des Grundwassers hervorrufen können. Andererseits wird die Eigenkompostierung als notwendige Entlastung der öffentlichen Entsorgungskapazitäten durch Rechtsverordnungen der Länder über pflanzliche Abfälle ausdrücklich erlaubt, soweit dabei eine Grundwassergefährdung ausgeschlossen ist. Wenn also eine Gefahr nicht besteht, sind die Pflanzenreste kein Abfall. Dies zeigt, daß es beim objektiven Abfallbegriff gerade auf die Bedingungen im konkreten Einzelfall ankommt. Nicht unter den objektiven Abfallbegriff fällt z. B. das oben genannte Biedermeiersofa, weil es ein ungefährlicher Gegenstand ist. Im allgemeinen kann man also alle Gegenstände mehr oder weniger eindeutig als Abfall oder Nicht-Abfall einordnen.

14 Der Gesetzgeber strebt dabei an, möglichst viele Stoffe und Gegenstände dem Regime des Abfallrechts zu unterwerfen, um deren Behandlung kontrollieren zu können. Die Entsorgungswirtschaft hat gegensätzliche Interessen (→ RN 17).

3. Abfallbegriff des deutschen Rechts

Während der Abfallbegriff des alten Abfallgesetzes nicht mit den europäischen Vorgaben übereinstimmte, was zahlreiche Abgrenzungsprobleme hervorrief, hat das Kreislaufwirtschafts- und Abfallgesetz den europäischen Abfallbegriff weitgehend übernommen, beschränkt ihn jedoch auf *bewegliche* Sachen. Dies ist unschädlich, da die davon nicht erfaßten Stoffe und Gegenstände von anderen Gesetzen erfaßt werden, so daß eine Überwachungsmöglichkeit gewährleistet ist.

15

→ § 3 I
KrW-/AbfG

> **Beispiel:** Die Beseitigung von Abwässern wird durch das Wasserhaushaltsgesetz des Bundes und die einzelnen Landeswassergesetze geregelt. Für Bodenbelastungen ist ein Bundes-Bodenschutzgesetz in Vorbereitung. Gasförmige Stoffe werden durch das Bundes-Immissionsschutzgesetz oder das Chemikaliengesetz erfaßt.

Während die Anwendung des Abfallrechts früher schon dann ausgeschlossen war, wenn der Besitzer die Sache zur Verwertung und nicht zur Beseitigung herausgab, umfaßt der Abfallbegriff nun sowohl „**Abfälle zur Beseitigung**" als auch „**Abfälle zur Verwertung**". Damit werden nun auch die Reststoffe, die wiederverwertet werden sollen, der Kontrolle durch das Abfallrecht unterworfen. Dies ist zu begrüßen, da nach altem Recht erhebliche Regelungslücken standen.

16

→ § 3 I
KrW-/AbfG

> **Beispiel:** Stoffe, die als gefährliche Abfälle aus dem Ausland importiert wurden, um in Deutschland recycelt zu werden, verloren nach früherem Recht an der Grenze ihre Abfalleigenschaft und wurden zu Wirtschaftsgütern, weil sie ja nicht beseitigt, sondern verwertet werden sollten. Damit konnte der Umgang mit diesen Stoffen in Deutschland nicht mehr nach Abfallrecht überwacht werden. Dies ist nach dem Kreislaufwirtschafts- und Abfallgesetz jetzt möglich.

→ §§ 40 ff.
KrW-/AbfG

Insbesondere die Wirtschaft vertrat den Standpunkt, Abfälle zur Verwertung dürften nicht dem Abfallrecht unterfallen, sondern müßten auf dem europäischen Markt als „Waren" oder „Wirtschaftsgüter" frei handelbar sein. Dieser langwierige Streit hat sich nun erledigt. Vom Abfallbegriff ausgenommen werden nur noch die Produkte, die in einem Betrieb zweckgerichtet hergestellt wurden. Alle verbleibenden Reststoffe sind Abfälle, egal ob sie wiederverwertet werden können oder nicht.

17

III. Grundsatz der Produktverantwortung und Eigenentsorgung

18

→ § 11 KrW-/AbfG

Der **Grundsatz der Produktverantwortung** (→ RN 6) ist im Kreislaufwirtschafts- und Abfallgesetz erstmals ausdrücklich formuliert. Hinzu tritt der **Grundsatz der Eigenentsorgung**, wonach jeder Besitzer von Abfällen selbst entsorgungspflichtig ist. Die Abfallentsorgung soll damit von der öffentlichen Hand zunehmend auf die Privatwirtschaft übergehen. Hierdurch soll zum einen die öffentliche Entsorgungskapazität entlastet und zum anderen die Wirtschaft angehalten werden, Abfälle gar nicht erst entstehen zu lassen, sondern möglichst viele Stoffe in einem geschlossenen Wirtschaftskreislauf zu halten. Der Grundsatz der Eigenentsorgung richtet sich ausschließlich an Wirtschaftsbetriebe. Der Privatbürger ist nach wie vor verpflichtet, seinen Hausmüll der öffentlichen Müllabfuhr zu überlassen, weil er in der Regel nicht über die technischen Möglichkeiten für eine ordnungsgemäße Entsorgung verfügt (Ausnahme: Eigenkompostierung).

→ § 13 KrW-/AbfG

19

→ §§ 17, 18 KrW-/AbfG

Für die Wirtschaft sieht das Gesetz eine Entlastungsmöglichkeit dadurch vor, daß, ähnlich wie beim dualen System für Verpackungsabfälle (→ RN 31 ff.), Einrichtungen und Verbände gegründet werden können, auf die die Entsorgungspflicht der Einzelunternehmer übertragen wird. Dies muß bis zum Inkrafttreten des Kreislaufwirtschafts- und Abfallgesetzes 1996 geschehen sein. Eine Übertragung der Entsorgungspflicht auf Verbände wird die Anreizfunktion zur Abfallvermeidung jedoch erheblich einschränken (Näheres dazu → RN 35).

IV. Vermeidung, Verwertung und Beseitigung von Abfällen

20

→ § 4 I KrW-/AbfG

Das neue Abfallrecht geht von folgender Zielhierarchie aus:

- Abfälle sind in erster Linie zu vermeiden;
- soweit sie unvermeidbar sind, sind sie stofflich oder energetisch zu verwerten;
- soweit die Verwertung unmöglich ist, sind sie schadlos zu beseitigen.

→ § 10 KrW-/AbfG

1. Abfallvermeidung

21

→ § 4 II KrW-/AbfG

Wie läßt sich nun tatsächlich Abfall vermeiden? Hier ist zwischen der Abfallvermeidung im Betrieb und in Privathaushalten zu unterscheiden.

Abfallvermeidung im betrieblichen Bereich
Im betrieblichen Bereich muß Abfallvermeidung produktionsorientiert sein. Prinzipiell gibt es dabei zwei Möglichkeiten:

- Steigerung des stofflichen Wirkungsgrads der Produktion, d. h. bessere Materialausnutzung;
- Herausfilterung rückführbarer Stoffe während des Produktionsvorgangs (sog. „in-process-recycling").

> **Beispiel:** Rückgewinnung verwertbarer Metalle aus Galvanikschlämmen, die bei bestimmter Konzentration erneut zur Galvanisierung geeignet sind.

Abfallvermeidung in Privathaushalten
In Privathaushalten muß Abfallvermeidung dagegen verbrauchsorientiert sein durch den Erwerb langlebiger, reparaturfreundlicher Gegenstände sowie den Verzicht auf bestimmte Produkte, die nicht oder nur schwer recycelbar sind. Der einzelne Bürger kann so dazu beitragen, daß die Hersteller weniger umweltschädliche Stoffe für ihre Produkte verwenden.

22

> **Beispiel:** Verzicht auf Produkte in PVC-Verpackungen oder schwermetallhaltige Batterien.

2. Abfallverwertung

Der Begriff Abfallverwertung umschreibt allgemein den Einsatz von anfallenden Reststoffen für neue Anwendungsbereiche. Zu unterscheiden sind hier die stoffliche und die energetische Verwertung.

23

Stoffliche Verwertung
Stoffliche Verwertung bedeutet die Verringerung der Abfallmenge entweder durch Erhaltung des Wertstoffcharakters gebrauchter Stoffe (Weiter- bzw. Wiederverwendung) oder durch Rückgewinnung von Wertstoffen aus Abfällen (Wiederverwertung = Recycling).

→ § 4 III KrW-/AbfG

> **Beispiel:** *Wiederverwertung* liegt vor bei der Nutzung von Gips, der als Reststoff in Rauchgasentschwefelungsanlagen entsteht. Um *Weiterverwendung* handelt es sich etwa bei der Herstellung von Motorenöl aus Altöl oder bei der Weiterbenutzung von Sperrmüll (→ vgl. dazu das Beispiel in RN 12).

Mittlerweile sind viele Reststoffe technisch recyclingfähig. Das Recycling hat nach dem Abfallgesetz Vorrang vor der Abfallbeseitigung (→ RN 26), es sei denn, die Wiederverwertung ist mit unzumutbaren Mehrkosten verbunden oder die Beseitigung ist ausnahmsweise umweltverträglicher als die Verwer-

→ § 5 V KrW-/AbfG

tung, was z. B. an den jeweils zu erwartenden Emissionen und dem Energieaufwand bei Verwertung bzw. Beseitigung zu messen ist.

Energetische Verwertung

24
→ § 4 IV
KrW-/AbfG

Die energetische Verwertung beinhaltet die Rückgewinnung der den Abfällen innewohnenden Energie durch Verbrennung. Die Abfälle werden also als Ersatzbrennstoff verwendet, um Energie zu erzeugen.

→ § 4 III
KrW-/AbfG

> **Beispiel:** Müllheizkraftwerke. Anders dagegen bei normalen Müllverbrennungsanlagen, die lediglich dazu dienen, vor der Deponierung das Volumen der Abfälle zu verkleinern oder giftige Stoffe auszuscheiden. Hierbei handelt es sich um Maßnahmen der Abfallbeseitigung (→ RN 26). Die Übergänge sind allerdings fließend. Das Gesetz versucht danach abzugrenzen, ob der Hauptzweck auf die *Verwertung* oder auf die *Beseitigung* von Abfällen gerichtet ist. Zur Zeit gibt es im alten Bundesgebiet 49 Anlagen zur Verbrennung von Siedlungsabfällen mit einer Leistung von 9,41 Millionen Tonnen pro Jahr sowie in ganz Deutschland 29 größere Sonderabfallverbrennungsanlagen mit einer Kapazität von 1 Million Tonnen pro Jahr.

25
→ § 6 I
KrW-/AbfG

→ § 6 II
KrW-/AbfG

Ob der stofflichen oder der energetischen Verwertung der Vorrang zukommen soll, ist politisch schon lange umstritten. Nach dem neuen Gesetz hat im Regelfall die umweltverträglichere Verwertungsart den Vorrang. Die Bundesregierung kann für bestimmte Abfallarten einen Vorrang festlegen. Wenn stoffliche und energetische Verwertung in etwa gleiche Umweltauswirkungen haben, wird die energetische Verwertung aber für zulässig erklärt, sofern der Heizwert des Abfalls mindestens 11 000 kJ/kg beträgt, und ein Feuerungswirkungsgrad von mindestens 75 Prozent erzielt wird. Da dies überwiegend der Fall sein dürfte, wird es wohl in Zukunft verstärkt zur Verbrennung von Abfällen kommen.

3. Abfallbeseitigung

26

Abfallbeseitigung schließlich meint die Verbringung aller nicht verwertbaren Stoffe in Stoffsenken wie Atmosphäre, Vorflut, Boden oder (vor allem) Abfalldeponien. Aufgrund der TA Abfall und TA Siedlungsabfall (→ RN 8) müssen Abfälle vor ihrer Beseitigung auf Deponien durch thermische oder chemisch-physikalische Verfahren vorbehandelt werden.

> **Beispiel:** Thermische Verfahren dienen der Schadstoffentfrachtung sowie der Reduzierung der Abfallmenge durch Verbrennung oder Verschwelung. Die Anforderungen an Verbrennungsanlagen sind in der 17. Verordnung zur Durchführung des Bundes-Immissionsschutzgesetzes (17. BImSchV) festgelegt und werden durch die TA Luft, TA Abfall und TA Siedlungsabfall näher konkretisiert. Die TA Siedlungsabfall sieht u. a. vor, daß Abfälle nur dann deponiert werden dürfen, wenn der organische Anteil unter fünf Massenprozent

liegt. Dies läßt sich nur im Wege der thermischen Behandlung erreichen. Als chemisch-physikalische Verfahren kommen für giftige Abfälle u. a. Destillation, Flockung, Fällung, Oxidation oder Entwässerung in Frage. Dadurch entstehen entweder einleitungsfähige Abwässer oder deponierbare feste Abfälle.

Gefährliche Abfälle werden auf Sonderabfalldeponien, vorbehandelte Siedlungsabfälle auf Schlacke- und Reststoffdeponien, die übrigen auf Hausmülldeponien abgelagert. Daneben gibt es Mineralstoffdeponien für mineralisierte Abfälle aus dem Baubereich sowie Klärschlammdeponien.

V. Zulassung von Abfallentsorgungsanlagen

Um in absehbarer Zeit wieder mehr Entsorgungskapazitäten zu schaffen, wurde die Zulassung von Abfallentsorgungsanlagen 1993 neu geregelt. Nunmehr bedarf es nur noch für **Abfalldeponien** eines langwierigen Planfeststellungsverfahrens (→ Kap. 3/RN 40 ff.), während **alle anderen Abfallentsorgungsanlagen** (Recyclinganlagen, Müllverbrennungsanlagen, Sortieranlagen, Zwischenlager usw.) dem Genehmigungsverfahren nach dem Bundes-Immissionsschutzgesetz unterworfen sind, dessen Dauer gesetzlich auf höchstens zehn Monate begrenzt ist. Dies ist aus abfallpolitischer Sicht zu begrüßen, fraglich ist jedoch, ob die Genehmigungsbehörde in der Lage ist, binnen dieser kurzen Frist die Umweltauswirkungen der Anlagen umfassend zu würdigen. Nachteile für den Umweltschutz sind auch dadurch zu befürchten, daß – anders als im Planfeststellungsverfahren – im Genehmigungsverfahren nach dem Bundes-Immissionsschutzgesetz keine Beteiligung anerkannter Naturschutzverbände vorgesehen ist.

27

→ § 31
KrW-/AbfG

Überhaupt keiner Genehmigung nach Abfall- oder Immissionsschutzrecht bedürfen **kleine Recyclinganlagen**, die weniger als 1 Tonne Abfälle pro Stunde aufbereiten, **Kompostieranlagen** mit einer Durchsatzleistung von weniger als 0,75 Tonnen pro Stunde sowie **mobile Entsorgungsanlagen**, die nicht länger als ein Jahr am selben Ort betrieben werden; sie sind lediglich baugenehmigungspflichtig.

VI. Überwachung und Kontrolle von Abfallentsorgungsanlagen

1. Externe Überwachung

Nach dem alten Abfallgesetz waren (wohl mit Rücksicht auf die Berufs- und Gewerbefreiheit) keinerlei persönliche Qualifikationsnachweise für eine Tätigkeit als privater Abfallentsorger, Transportunternehmer oder Exportmakler

28

vorgesehen. Betreiber einer Abfalldeponie und Abfallspediteure mußten lediglich aus Sicht der Behörde als „zuverlässig" gelten. Dies wurde zum Teil heftig und mit Recht kritisiert, woraufhin nunmehr in das Kreislaufwirtschafts- und Abfallgesetz zumindest für einige Fälle Betreiberpflichten aufgenommen wurden:

→ §§ 43, 46, 47 KrW-/AbfG
- Wer **gefährliche Abfälle** nicht nur in kleiner Menge verwertet, beseitigt oder transportiert, hat ein Nachweisbuch und Belege über den Verbleib der Abfälle zu führen. Wer gefährliche Abfälle betriebsintern, also ohne Transport, verwertet oder beseitigt, hat lediglich Abfallwirtschaftskonzepte und Abfallbilanzen zu erstellen.

→ § 49 KrW-/AbfG
- Wer **Abfälle zur Beseitigung** gewerbsmäßig einsammelt und befördert, bedarf einer Transportgenehmigung. Im Genehmigungsverfahren wird dann die Sach- und Fachkunde des Antragstellers geprüft.

> **Beispiel:** Überprüft werden die abfallchemischen, produktions- und gefahrstoffspezifischen Kenntnisse, aber auch Markt- und Rechtskenntnisse, die freilich nicht umfassend sein müssen.

Dies gilt jedoch nicht für die Beförderung von unbelastetem Bauschutt oder Erdaushub sowie allgemein nicht für den Transport von **Abfällen zur Verwertung**.

→ § 50 KrW-/AbfG
- Wer für Dritte gewerbsmäßig **Abfallexporte** vermittelt, also Abfallmakler ist, braucht nun ebenfalls eine Genehmigung.

29
→ § 52 KrW-/AbfG

Eine weitere Ausnahme: Keiner Genehmigung bedarf, wer als sog. **Entsorgungsfachbetrieb** anerkannt ist. Dazu reicht der Abschluß eines Überwachungsvertrags mit einer technischen Überwachungsorganisation wie dem TÜV oder der DEKRA. Aber auch ausländische Bestätigungen über Fachkunde, Zuverlässigkeit, Haftpflichtversicherung und Geräteausstattung müssen wegen der bestehenden Dienstleistungsfreiheit in der EU von deutschen Behörden akzeptiert werden, obwohl die Sicherheitsanforderungen im Ausland als weniger streng gelten.

Insgesamt sind die Qualifikationsanforderungen an die Tätigkeit privater Abfallunternehmer zwar gestiegen, jedoch noch immer auf bestimmte Teilbereiche beschränkt. Es bleibt abzuwarten, ob die Bundesregierung Gebrauch von einer strengeren Festlegung der Pflichten durch Rechtsverordnungen machen wird.

2. Betriebsinterne Kontrolle

30
→ § 54 KrW-/AbfG

Die betriebsinterne Kontrolle hat im wesentlichen durch die Bestellung eines Betriebsbeauftragten für Abfall zu erfolgen (→ Kap. 5/RN 40 ff.).

VII. Das duale System bei Verpackungsabfällen

Fakten: Der jährliche Verpackungsverbrauch in Deutschland stieg bis zum Inkrafttreten der Verpackungsverordnung 1991 auf ca. 12,8 Millionen Tonnen und ist seither leicht gesunken (1993: ca. 11,8 Millionen Tonnen). 1991 gab es ca. 2,4 Millionen Tonnen Mehrwegverpackungen. Bei Getränken (ohne Milch) ist der Mehrweganteil von 71,7 Prozent im Jahr 1991 auf 73,5 Prozent 1993 gestiegen. Etwa 4 Millionen Tonnen der 1991 verwendeten Einwegverpackungen konnten wiederverwertet werden, so daß ca. 6,5 Millionen Tonnen Verpackungsabfälle zur Deponierung verblieben. Dies entsprach etwa 87 kg Verpackungsmüll pro Bundesbürger. Verpackungen bestehen zu ca. 35 Prozent aus Papier und Pappe, 28 Prozent Glas, 14 Prozent Kunststoff, 13 Prozent Holz und 8 Prozent Blech. Der Verpackungsabfall macht nach Gewicht 30 Prozent und nach Volumen sogar 50 Prozent des gesamten Hausmülls aus. Recyclingquoten von 30–50 Prozent werden bei Papier, Glas und Weißblech erreicht, bei Kunststoffen hängt die Qualität des Recycling von der Sortenreinheit des Altmaterials ab, so daß in der Regel niedrigere Verwertungsquoten erreicht werden. Außerdem ist bei Kunststoffen nur ein sog. „Downcycling" möglich, d. h. die Qualität der Ausgangsware kann bei mehrfacher Wiederverwertung nicht mehr erreicht werden. Wiederaufbereitete gemischte Kunststoffe können etwa als Zusätze in Baustoffen verwendet werden, z. B. bei Tiefbohrzement, Leichtbaumörtel und Gasbetonsteinen.

31

1. Konzept der Verpackungsverordnung

Wegen eines beklagenswerten Trends zu immer mehr Einwegverpackungen und der geringen Bereitschaft der Verpackungsindustrie, Abfall freiwillig zu vermeiden, wurde 1991 die Verpackungsverordnung erlassen. Als Vorläufer des Kreislaufwirtschafts- und Abfallgesetzes führte sie erstmals eine Eigenentsorgungs- und Verwertungspflicht für die Industrie ein. Die Verpackungsverordnung begründet für Hersteller und Vertreiber von Verpackungen sowie Groß-, Einzel- und Versandhandel die Pflicht, gebrauchte Verpackungen wieder zurückzunehmen und *stofflich* zu verwerten; ausgeschlossen ist also die Verbrennung. Nach dem gesetzlichen Grundmodell soll die einzelne Verpackung ihren Weg vom Verbraucher über den Einzel- und Großhandel bis zu den Verpackungsherstellern zurücklaufen, um dann recycelt zu werden. Zu erwartende Berge von Altverpackungen hätten die Wirtschaft vor enorme Probleme gestellt, aber zugleich dem Verursacherprinzip Rechnung getragen und wirksame Anreize zur Vermeidung überflüssiger Verpackungen gegeben.

32

→ §§ 4 ff. VerpackV

2. Einrichtung des dualen Systems

Die Bundesregierung hielt der Verpackungsindustrie jedoch eine Hintertür offen: die Rücknahme- und Selbstverwertungspflicht hinsichtlich Verkaufsverpackungen, die ca. 78 Prozent aller Verpackungen ausmachen, entfällt für solche Hersteller und Vertreiber, die sich an der Gesellschaft „Duales System

33

→ § 6 III VerpackV

Deutschland" (DSD) beteiligen, die 1990 gegründet wurde und für die ordnungsgemäße Entsorgung der Verpackungsabfälle verantwortlich zeichnet. Das duale System funktioniert in folgenden Schritten:

(1) Die DSD schließt Lizenzverträge mit den Herstellern von Konsumgütern und erlaubt ihnen darin, gegen Zahlung einer bestimmten Lizenzgebühr den Grünen Punkt auf die Verpackungen der Waren zu drucken. Der Grüne Punkt ist das sichtbare Zeichen dafür, daß die betreffende Verpackung im Wege des dualen Systems, d. h. in Eigenverantwortung der Privatwirtschaft, entsorgt und verwertet wird.

(2) Die Verpackungshersteller bezahlen einen Unkostenbeitrag für die Verwertung ihrer gebrauchten Verpackungen an von der DSD unabhängige Verwertungsgesellschaften, die von den Verpackungsherstellern selbst gegründet wurden. Diese geben der DSD eine Abnahme- und Verwertungsgarantie hinsichtlich der von der DSD gesammelten Altverpackungen.

> **Beispiel**: Deutsche Kunststoff-Recycling (DKR); Interseroh AG (übernimmt Erfassung, Verwertung und Vermarktung von Transportverpackungen, z. B. Fässer, Kisten, Kartonagen).

34

(3) Die DSD erfaßt und sortiert die Verpackungsabfälle, was im Regelfall durch die Aufstellung sog. Gelber Tonnen oder Säcke geschieht. Die Abholung erfolgt meist durch die kommunale Müllabfuhr, die sich ihre Kosten von der DSD erstatten läßt.

Dieses gesetzlich erwünschte Modell der Zusammenarbeit führte zu einer hohen Verschuldung der DSD bei den Kommunen. Die DSD konnte die Gebühren teilweise nicht bezahlen, weil sie ihrerseits nicht von allen Grünen-Punkt-Benutzern die geforderten Lizenzgebühren erhielt. Diese sog. „Trittbrettfahrer" führten zu einer Schräglage des ganzen Systems. Die DSD hat bereits einige Konsumgüterhersteller verklagt, die den Grünen Punkt einfach aufdruckten, ohne dafür zu zahlen.

(4) Die Verwertungsgesellschaften holen die von der DSD erfaßten Verpackungen vom Sortierplatz ab und sorgen für die Verwertung und Vermarktung der daraus gewonnenen neuen Rohstoffe.

Auch hierbei kommt es zu Problemen, weil nicht für alle recycelten Verpackungen Abnehmer zu finden sind. Altverpackungen waren daher schon für andere Einsatzbereiche im Gespräch, z. B. als Füllstoffe in Bergwerken. Ebenso kam es zu illegalen Exporten von Verpackungsmüll.

35

(5) Der Handel garantiert der DSD, nur noch Produkte in Verpackungen mit dem Grünen Punkt zu verkaufen. Die Verwertungskosten für die Verpackungen werden auf die Produktpreise umgelegt und belasten so letztlich den Verbraucher.

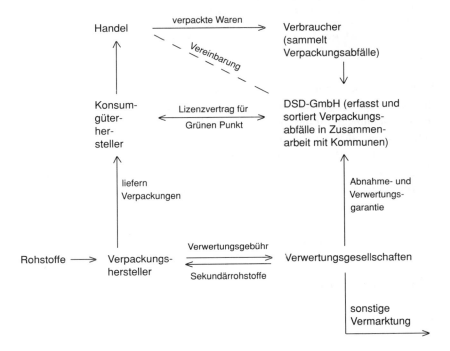

Das duale System gibt in mehrfacher Hinsicht Anlaß zu Kritik:

- Im Bereich Verkaufsverpackungen wird eine Monopolstellung für die DSD begründet, die allerdings vom Bundeskartellamt toleriert wurde.
- Verluste der DSD müssen über die Preise auch vom Verbraucher getragen werden. Dies wird damit gerechtfertigt, daß auch der Konsument als Verursacher des Verpackungsabfalls anzusehen sei. Der Verbraucher hat jedoch über sein Kaufverhalten allenfalls mittelbaren Einfluß darauf, wieviel Verpackungen produziert werden. Oftmals bleibt ihm nichts anderes übrig, als aufwendig verpackte Produkte zu kaufen.
- Wie bei der Produktverantwortung nach dem neuen Kreislaufwirtschafts- und Abfallgesetz schwächt sich der Anreiz zur Abfallvermeidung für die Industrie ganz erheblich dadurch ab, daß die Verwertungspflicht auf unabhängige Gesellschaften übergeht. Der einzelne Verpackungshersteller muß, wenn er sich am dualen System beteiligt, nicht mehr befürchten, seine Verpackungen später selbst verwerten zu müssen.

3. Zukunft des dualen Systems

Die Zukunft des dualen Systems ist ungewiß. In der Verpackungsverordnung sind relativ strenge Verwertungsquoten vorgesehen, die möglicherweise nicht erfüllt werden können.

36
→ Anhang zur
VerpackV

> **Beispiel:** Bei den eingesammelten Kunststoffverpackungen muß am 1.7.1995 eine Verwertungsquote von 80 Prozent erreicht sein, das gleiche gilt für Verbundverpackungen. Diese Vorgaben werden von der Wirtschaft als dirigistisch kritisiert, weil sie auf die tatsächlichen Marktverhältnisse keine Rücksicht nehmen.

Sollten die Quoten nicht erfüllt werden, kann die oberste Landesbehörde theoretisch die Tätigkeit der DSD einstellen und die ursprünglichen Rücknahmeverpflichtungen für die einzelnen Hersteller wieder einführen. Wahrscheinlicher ist aber, daß die Quoten gesenkt werden (denkbar ist etwa eine Angleichung an die in der EU geltenden Verwertungsquoten von 25–45 Prozent) oder – wie von der DSD schon seit längerem gefordert wird – neben der stofflichen auch die energetische Verwertung, d.h. die Verbrennung von Verpackungsabfällen zugelassen wird. Freilich erscheint es wenig sinnvoll, die mit viel logistischem Aufwand getrennt gesammelten Verpackungsabfälle letztlich doch zusammen mit anderen Abfällen zu verbrennen.

VIII. Abfallvermeidung durch Abgabenmodelle?

1. Bedeutung von Abfallabgaben

37

Die Einführung von Abfallabgaben gehört im Gegensatz zu den soeben dargestellten ordnungsrechtlichen Vorgaben zu den sog. marktwirtschaftlichen Instrumenten (→ Bezeichnung vgl. Kap. 5/RN 30 ff.) des Umweltrechts und wird daher auch zur Forcierung der Abfallvermeidung immer wieder ins Gespräch gebracht. Mit einer Abgabe, die an das Entstehen von Abfällen anknüpft, verbinden sich jedoch eine Reihe von Problemen. So hängt die Festlegung von genauen Abgabesätzen von der Quantifizierbarkeit der durch Abfallstoffe hervorgerufenen Umweltbelastungen ab. Da die stofflichen Wirkungszusammenhänge nicht alle bekannt sind und zudem synergetische Effekte auftreten, ist eine exakte Bewertung kaum möglich. Wenn die Abgabenhöhe nicht auf den genauen Umweltverschmutzungsbeitrag des einzelnen Verursachers bezogen festgelegt werden kann, bleibt aber auch der Anreiz zur Abfallvermeidung gering.

> **Beispiel:** Die Abwasserabgabe, die seit 1981 auf das Einleiten von schädlichen Abwässern in Gewässer erhoben wird. Die Höhe der Abgabe richtet sich nach dem Grad der Schädlichkeit, der nach verschiedenen Parametern, z.B. Anteil oxidierbarer Stoffe oder Giftigkeit gegenüber Fischen, bemessen wird.

2. Hausmüllgebühren

In allen Bundesländern werden außerdem für die Müllabfuhr Gebühren nach den Kommunalabgabengesetzen erhoben. Nennenswerte Anreize zur Abfallvermeidung entstehen dabei aber nur dann, wenn ein mengenbezogener Maßstab angewandt wird, sei es, daß sich die Höhe der Gebühr nach dem Gewicht der Tone oder nach der vom Abfallbesitzer bestimmten Anzahl der Leerungen richtet. Beide Lösungen sind jedoch sehr aufwendig und kostenträchtig, da die Müllwagen mit elektronischen Waagen ausgerüstet und die Mülltonnen codiert werden müssen. Die Kommunen sind nicht verpflichtet, die Gebühren so zu gestalten, daß Abfall vermieden wird.

38

3. Kommunale Verpackungssteuern

Mehrere Gemeinden haben in der Vergangenheit versucht, durch Satzungen für den örtlichen Bereich Einwegerzeugnisse zu verbieten oder mit Sonderabgaben zu belegen.

39

> **Beispiel:** Die Stadt München erließ 1990 eine Verbotssatzung für Einwegverpackungen; die Stadt Kassel erhebt seit 1992 eine Steuer auf die Verwendung von Einweggeschirr, -besteck und -verpackungen bei Imbißständen, Getränkeautomaten oder Fast-Food-Restaurants.

Die Rechtsprechung erklärte zwar bisher Verbotsregelungen für Einwegverpackungen für unzulässig, hat aber im Kasseler Fall durch Beschluß des Bundesverwaltungsgerichts vom 23. August 1994 kommunale Verpackungssteuern unter bestimmten Voraussetzungen als rechtmäßig anerkannt. Diese Entscheidung wird wohl dazu führen, daß sehr viele Gemeinden zukünftig vom Instrument der Abgabe Gebrauch machen werden. Gerade die Fast-Food-Ketten könnten dann zu Umstrukturierungsmaßnahmen gezwungen sein. Um das zu verhindern, wurde Verfassungsbeschwerde eingelegt, über die nicht vor Mitte 1996 entschieden wird.

IX. Behördliche Zuständigkeiten im Abfallrecht

Die Zuständigkeiten im Abfallrecht richten sich nach Landesrecht und können daher hier nicht im einzelnen dargestellt werden. Für die Zulassung von *Abfalldeponien* sind nach dem alten Abfallgesetz von 1986 zumeist die allgemeinen Mittelbehörden, also die Bezirksregierungen (→ Kap. 6/RN 1) zuständig, z. B. in Bayern und in Nordrhein-Westfalen. Für die Zulassung *sonstiger Abfallentsorgungsanlagen* besteht zum Teil auch die Zuständigkeit der Kreisverwaltungsbehörde, z. B. in Bayern des Landratsamts bzw. der kreisfreien

40

Städte, ebenso in Niedersachsen. Der Betrieb bestehender Abfallentsorgungsanlagen wird in Bayern von den Bezirksregierungen und dem Landesamt für Umweltschutz überwacht. Für die Hausmüllentsorgung sind die Kreise und kreisfreien Städte zuständig, nicht die Gemeinden.

Das neue Kreislaufwirtschafts- und Abfallgesetz sieht ebenfalls vor, daß die Länder die Zuständigkeiten im einzelnen regeln.

X. Altlasten

41

Fakten: Der Prozeß der Erfassung und Bewertung altlastverdächtiger Flächen ist in Deutschland noch in vollem Gange. Nach dem neuesten Sondergutachten des Sachverständigenrats für Umweltfragen vom Januar 1995 sind bislang etwa 140 000 Altlastverdachtsflächen erfaßt worden, davon ca. 60 000 in den neuen Bundesländern. Schätzungen gehen von insgesamt 240 000 Verdachtsflächen nach Abschluß der Erfassungstätigkeit aus. Hinzu kommen bisher 4 336 altlastverdächtige Rüstungsstandorte. Eine konkrete Sanierungsbedürftigkeit wird allerdings nur bei 5 bis 20 Prozent aller erfaßten Flächen angenommen. Die Sanierung verursacht immense Kosten, die jedoch auch vom Fortschritt in der Sanierungstechnik abhängen. Allein für die Altlastenbeseitigung in den neuen Ländern stehen rund 24 Milliarden DM zur Verfügung, von denen der Bund 17 Milliarden DM zahlt.

1. Allgemeines

Als Altlasten bezeichnet man alle Bodenbelastungen, die durch in der Vergangenheit liegende menschliche Handlungen oder Grundstücksnutzungen verursacht worden sind und von denen eine konkrete Gefährdung der menschlichen Gesundheit bzw. der Umwelt ausgeht. Dies betrifft vor allem stillgelegte Abfalldeponien und sonstige Lagerstätten oder ehemalige Industrieanlagen, aber auch Bodenverfüllungen mit belastetem Bauschutt und giftigen Produktionsrückständen. Das heutige Altlastenproblem zeugt von der Sorglosigkeit, mit der noch vor wenigen Jahrzehnten Abfälle beseitigt bzw. sonstige Bodennutzungen vorgenommen wurden. Das rechtliche Problem bei der Altlastensanierung ist in erster Linie ein Zurechnungsproblem: wer kann für das Bestehen einer Altlast haftbar gemacht werden und trägt infolgedessen die Sanierungskosten? Vielfach ist der wahre Verursacher nicht mehr ermittelbar (ein früheres Unternehmen existiert z. B. nicht mehr) bzw. die Verursachung kann ihm nicht nachgewiesen werden oder der Verursacher ist nicht in der Lage, die erforderlichen Kosten aufzubringen.

2. Rechtsgrundlagen der Altlastensanierung

Weil die Sanierungsanordnung den betreffenden Bürger finanziell schwer belastet, ist nach dem Grundsatz des Vorbehalts des Gesetzes (→ Kap. 2/RN 18, Kap. 3/RN 24) dafür eine gesetzliche Grundlage erforderlich. Im Abfallrecht des Bundes bestehen jedoch keinerlei das Altlastenproblem betreffende Regelungen, obwohl dies dringend erforderlich wäre. Bemühungen, durch ein Bundes-Bodenschutzgesetz Rechtsgrundlagen zu schaffen, sind bisher über das Entwurfsstadium nicht hinausgekommen. Die einzelnen Landesabfallgesetze enthalten ebenfalls keine Eingriffsbefugnisse für die Behörden. Sanierungsanordnungen lassen sich somit nur auf das allgemeine Polizei- und Ordnungsrecht der Länder stützen.

42

3. Behördliche Befugnisse

Das Vorgehen der Behörden bei der Erfassung und Sanierung einer Altlast verläuft in drei Phasen.

43

a) Gefahrermittlung
Bei Verdachtsflächen ist zunächst festzustellen, ob tatsächlich eine Boden- oder Grundwasserverunreinigung vorliegt. Dies ist Aufgabe der zuständigen Ordnungsbehörde; der Betroffene muß die erforderlichen Ermittlungen, etwa das Betreten seines Grundstücks und die Entnahme von Bodenproben, dulden. Die Kosten der Untersuchung können dem Betroffenen auferlegt werden, wenn sich ein positiver Befund ergeben hat.

b) Gefährdungsabschätzung
Die Behörde kann in diesem Fall weiter verlangen, daß der Verantwortliche (→ RN 44) auf eigene Kosten ein umfassendes Sachverständigengutachten einholt, in dem der exakte Umfang der Kontamination festgestellt wird.

c) Sanierungsverfügung
Wenn das Gutachten ergibt, daß das betreffende Grundstück sofort saniert werden muß, weil Gesundheitsgefahren drohen, wird die Behörde im Regelfall die Sanierung durchführen und anschließend dem Verantwortlichen die Kosten in Rechnung stellen.

4. Adressat der Sanierungsanordnung

Die Person, die nach dem Polizeirecht verantwortlich ist, also haftbar gemacht werden kann, muß „Störer" sein. Man unterscheidet zwischen dem Handlungs- und dem Zustandsstörer.

44

a) Handlungsstörer

Handlungsstörer ist derjenige, der die Bodenbelastung durch ein eigenes Tun oder Unterlassen verursacht hat. Es ist dabei unerheblich, ob er tatsächlich selbst „schuld" war, daß der Boden verschmutzt wurde.

> **Beispiel:** Ein Tankstellenpächter lagert Altöl in undichten Fässern. Es sickert im Lauf der Zeit ins Erdreich und bedroht dort die Reinheit des Grundwassers. Der Pächter ist Handlungsstörer selbst dann, wenn er nicht wußte, daß die Fässer durchlässig sind.

b) Zustandsstörer

Zustandsstörer ist jeder Eigentümer oder Besitzer eines kontaminierten Grundstücks, von dem eine Gefahr ausgeht, ganz egal, ob er selbst zur Verursachung der Altlast etwas beigetragen hat. Zur Begründung wird dafür angeführt, daß derjenige, der ein Grundstück nach seinem Belieben nutzen darf, auch die damit verbundenen Lasten tragen muß.

> **Beispiel:** Hat in obigem Beispiel ein früherer Pächter der Tankstelle die Ölverschmutzung verursacht, so ist der jetzige Pächter zwar nicht Handlungsstörer, wohl aber Zustandsstörer. Soweit der frühere Pächter ermittelbar ist, steht es im Auswahlermessen der Behörde, ob sie den Handlungs- oder den Zustandsstörer in Anspruch nimmt. Auch wenn es meist gerechter wäre, den Handlungsstörer zu verpflichten, kann sich die Behörde an den Zustandsstörer wenden, wenn dieser etwa finanziell belastbarer ist. In der überwiegenden Zahl der Fälle bleibt ohnehin nur die Heranziehung des Zustandsstörers, da sich der Handlungsstörer nicht mehr auffinden läßt.

45 Der Haftungsumfang ist nach dem Polizeirecht prinzipiell unbegrenzt. Eine Grenze der Zustandshaftung wird man aber dort zu ziehen haben, wo die mit der Altlastensanierung verbundene finanzielle Belastung den objektiven Wert des Grundstücks übersteigt, so daß der Betroffene von seinem Grundstück mehr Schaden als Nutzen hat. Der Zustandsstörer darf also nur bis zu dem Wert haften, den sein Grundstück unter Berücksichtigung der Wertminderung durch die Altlast hat. Dies ist eine Folge des Übermaßverbots (→ Kap. 3/RN 34) und trägt dem Umstand Rechnung, daß sich der Grundstückseigentümer, der zur Verursachung der Altlast nichts beigetragen hat, selbst in einer Art Opferposition befindet.

5. Kooperationslösungen

46 Angesichts der Tatsache, daß eine strenge Durchsetzung des Verursacherprinzips (→ Kap. 5/RN 3) bei der Altlastensanierung unter Umständen zu ungerechten Belastungsverteilungen führt, wurden in verschiedenen Bundesländern Kooperationsmodelle entwickelt, die eingreifen, wenn der Verursacher aus rechtlichen oder tatsächlichen Gründen nicht (voll) herangezogen werden kann. Dabei wird die Aufgabe der Sanierung regelmäßig einer öffentlich-rechtlichen oder privat-rechtlichen Körperschaft übertragen, an der Land, Kommunen und Privatwirtschaft beteiligt sind.

> **Beispiel:** In Nordrhein-Westfalen wurde per Gesetz ein öffentlich-rechtlicher Abfallentsorgungs- und Altlastensanierungsverband mit Zwangsmitgliedschaft für die Entsorger von Sondermüll geschaffen, in Rheinland-Pfalz und Bayern dagegen eine private Sanierungsgesellschaft auf freiwilliger Basis. In Hessen existiert ein Altlastenfondsmodell.

Die Finanzierung ergibt sich dabei durch Beiträge aus der Wirtschaft, staatlicher Zuschüsse, freiwilliger Leistungen oder durch Erhöhung der Entsorgungspreise. Solch vereinzelte Notlösungen können jedoch nicht über den dringenden Bedarf an einem bundeseinheitlichen Bodenschutzgesetz, das auch die Frage der Finanzierung der Altlastensanierung regelt, hinwegtäuschen.

Kontrollfragen:
1. Was sind die Ursachen des bestehenden „Entsorgungsnotstands"? (RN 2–5)
2. Warum ist es wichtig, den Abfallbegriff im Abfallrecht genau zu definieren? (RN 10)
3. Wodurch unterscheiden sich der subjektive und der objektive Abfallbegriff? (RN 12–13)
4. Was versteht man unter dem Grundsatz der ganzheitlichen Produktverantwortung? (RN 6, 18)
5. Von welcher Zielhierarchie geht das neue Kreislaufwirtschafts- und Abfallgesetz aus? (RN 20)
6. Welches Verfahren ist durchzuführen für die Zulassung
    a) einer Hausmülldeponie
    b) einer Abfallsortieranlage? (RN 27)
7. Skizzieren Sie die Funktionsweise des dualen Systems bei Verpackungsabfällen. (RN 33–35)
8. Welche Probleme treten bei der Festsetzung von Abfallabgaben auf? (RN 37)
9. Wie ist der Altlastenbegriff definiert? (RN 41)
10. Wer kann zur Sanierung einer Altlast verpflichtet werden? (RN 44–46)

Weiterführende Literatur:
Fluck, Jürgen, Zum EG-Abfallrecht und seiner Umsetzung in deutsches Recht, EuR 1994, S. 71–88; *Fritsch, Klaus/Müggenborg, Hans-Jürgen,* Öffentlichrechtliche und zivilrechtliche Verantwortlichkeit für Altlasten, Landes- und Kommunalverwaltung 1992, S. 44–46; *Hahn, Thorsten,* Bodenschutz – Erforderlichkeit, Möglichkeiten und Grenzen rechtsnormativer Regelungen zur Bodensanierung, 1993; *Kunig, Philip/ Schwermer, Gerfried/Versteyl, Ludger-Anselm,* Abfallgesetz, Kommentar, 2. Aufl. (1992) (noch zum alten Abfallgesetz von 1986); *Rat von Sachverständigen für Umweltfragen,* Sondergutachten „Altlasten II" vom 24.1.1995, BT-Drucks. 13/380; *Rengeling, Hans-Werner* (Hrsg.) Kreislaufwirtschafts- und Abfallgesetz: neue Entwicklungen in der Bundesrepublik Deutschland und in der EG, 1994; *Römer, Anselm,* Weg von der Wegwerfgesellschaft? Einige Anmerkungen zur Verpackungsverordnung und zum Dualen System, ZfU 1994, S. 75–97; *Schmidt, Reiner/Müller, Helmut,* Einführung in das Umweltrecht, 4. Aufl. (1995), §§ 5, 6 VIII; *Seibert, Max-Jürgen,* Der Abfallbegriff im neuen Kreislaufwirtschafts- und Abfallgesetz sowie im neugefaßten § 5 Abs. 1 Nr.

3 BImSchG, UPR 1994, S. 415–420; *Stroetmann, Clemens/Kremer, Gottfried/Scheier, Michael/Holoubek, Karl,* Das neue abfallwirtschaftliche Gesamtkonzept; Abfallrechtliche Produktverantwortung für Produzenten und Handel, in: Beilage 9 zum Betriebs-Berater (BB), Jahrgang 1993; *Winter, Stephan,* Die neue Abfallverbringungs-Verordnung der EG, UPR 1994, S. 161–169.

Rechtsprechungshinweise:
EuGH, DVBl 1991, S. 375f. (zum Abfallbegriff); BVerfG, NVwZ 1989, S. 347ff. (Aufgabenzuständigkeit für die Abfallentsorgung); BVerwG, UPR 1993, S. 387ff. (Unsortierter Bauschutt und Altreifen als Abfall); BVerwG, DÖV 1994, S. 1009ff. (Abgrenzung zwischen Abfallverwertung und Abfallbeseitigung); BVerwG, ZUR 1994, S. 311ff. (Kommunale Verpackungssteuern).

9. Gefahrstoffrecht

I. **Allgemeines**

II. **Rechtsgrundlagen**

III. **Chemikalienrecht**
    1. Zweck des Chemikaliengesetzes
    2. Begriffsbestimmungen
        a) Stoffbegriff
        b) Zubereitungen
        c) Erzeugnisse
    3. Anmeldung neuer Stoffe
        a) Inhalt der Anmeldung
        b) Das weitere Anmeldeverfahren
        c) Prüfungsumfang
        d) Kein vorbeugendes Verbot gefährlicher Stoffe
    4. Eingeschränkte Anmeldung, Anmeldefreiheit, Mitteilungspflichten bei neuen Stoffen
    5. Regelungen für Altstoffe
        a) Problemstellung
        b) Die EG-Altstoff-Verordnung
    6. Einstufung, Verpackung und Kennzeichnung gefährlicher Stoffe
        a) Einstufung
        b) Verpackung
        c) Kennzeichnung
    7. Umgang mit gefährlichen Stoffen
    8. Verbote und Beschränkungen des In-Verkehr-Bringens von Stoffen
        a) Kompetenzen des Bundes
        b) Kompetenzen der Länder
    9. Behördliche Zuständigkeiten und Befugnisse bei der Überwachung des Chemikaliengesetztes, Schutz von Betriebsgeheimnissen

Die ständig wachsende Zahl chemischer Stoffe in unserer Umwelt stellt eine Herausforderung für Staat, Forschung und Verbraucher dar. Es gilt, neben den segensreichen Wirkungen etwa künstlicher Düngemittel, Lösemittel oder Medikamente auch mögliche Gefahren durch schädliche Nebenwirkungen rechtzeitig zu erkennen und zu bekämpfen, ohne dadurch die Wettbewerbsfähigkeit der chemischen Industrie und eine beträchtliche Zahl von Arbeitsplätzen zu gefährden.

1

> **Fakten:** Im Verlauf der industriellen Entwicklung der letzten drei Jahrzehnte hat sich die Gesamtproduktion an chemischen Substanzen um das 20-fache erhöht. Weltweit werden jährlich 300 Millionen Tonnen Chemikalien hergestellt. Gegenwärtig befinden sich auf dem europäischen Binnenmarkt etwa 100 000 chemische Stoffe in mehr als einer Million verschiedener Zubereitungen. Mehrere Tausend neuer Stoffe und Zubereitungen kommen jedes Jahr hinzu. Ca. 53 Prozent der seit 1982 neu in den Verkehr gebrachten Stoffe sind aufgrund ihrer Eigenschaften als gefährlich einzustufen. Besorgniserregend ist besonders die starke Zunahme karzinogener Substanzen in Natur und Arbeitsumwelt. So hat sich die Anzahl der nach begründetem Verdacht krebserregenden Stoffe in den letzten 20 Jahren verzehnfacht. In Deutschland sind weit über 15 Millionen Arbeitnehmer regelmäßig Gefahrstoffen ausgesetzt.

I. Allgemeines

2

Als **Umweltchemikalien** bezeichnet man chemische Substanzen, die durch menschliche Tätigkeit in die Umwelt gelangen oder infolge menschlichen Einwirkens in der Umwelt entstehen. Während die akute Toxizität der bekannten chemischen Substanzen verhältnismäßig gut erforscht ist, bestehen Wissenslücken hinsichtlich der **Ökotoxizität**, d. h. der langfristigen ökologischen Auswirkungen von Stoffen. Stoffe haben die Tendenz, sich in der Umwelt auszubreiten (sog. **Umweltmobilität**) und anzureichern (sog. **Bioakkumulation**). Da viele Stoffe zudem langlebig und schwer abbaubar sind, gefährden sie über die Atmosphäre oder die Nahrungskette auch die menschliche Gesundheit.

> **Beispiel:** Die insbesondere als Treibgas in Spraydosen, als Kältemittel in Kühlaggregaten und als Reinigungsmittel eingesetzten Fluorchlorkohlenwasserstoffe (FCKW) gelangen im Laufe von Jahrzehnten unzersetzt in die Stratosphäre, wo sie weitere Jahrzehnte verweilen und unter bestimmten Temperatur- und Strahlungsbedingungen die für den Schutz des Menschen vor ultravioletter Strahlung lebenswichtige Ozonschicht abbauen. Dieser Abbau wird sich noch lange Zeit fortsetzen, selbst wenn die Verwendung von FCKW weltweit sofort eingestellt würde. In Deutschland ist der Verkauf von Erzeugnissen, die FCKW-Verbindungen mit einem Massegehalt von mehr als 1 Prozent enthalten, seit 1991 durch die **FCKW-Halon-Verbots-Verordnung** untersagt.

II. Rechtsgrundlagen

Ähnlich dem Abfallrecht sind die Rechtsgrundlagen des Gefahrstoffrechts außerordentlich vielschichtig. Das Verständnis wird dadurch erschwert, daß die einzelnen Regelungen verschiedene Gegenstände haben. Regelungsgegenstand können neue Stoffe und/oder Altstoffe, alle Stoffe oder nur gefährliche Stoffe sein. Die meisten Normen gelten außerdem für Zubereitungen, einige auch für Erzeugnisse (zu den Begriffen → RN 9 f.).

3

Grundsätzlich wird zwischen dem Gefahrstoffrecht im weiteren Sinne und dem Gefahrstoffrecht im engeren Sinne unterschieden. Das **Gefahrstoffrecht im weiteren Sinne** umfaßt außer den hier zu behandelnden *stoff*bezogenen Umweltgesetzen die primär *medien*bezogenen Umweltgesetze, da diese neben dem Schutz eines Umweltmediums wie z. B. Boden, Wasser oder Luft auch die Begrenzung von Schadstoffemissionen bezwecken.

4

> **Beispiel:** Das Bundes-Immissionsschutzgesetz dient der Begrenzung von Luftbelastungen durch Schadstoffe (→ Kap. 7/RN 2 ff.), das Wasserhaushaltsgesetz soll übermäßige Gewässerverschmutzung verhindern (→ Kap. 11/RN 7 ff.). Wenn ein gefährlicher Stoff Abfall im Sinne der Abfallgesetze ist, richtet sich seine Entsorgung nach dem Abfallrecht (→ Kap. 8).

Das **Gefahrstoffrecht im engeren Sinne** umfaßt nur die Bereiche, die nicht bereits von den medienbezogenen Umweltgesetzen erfaßt werden. Es ist rein stoffbezogen und knüpft bereits an das Herstellen, Einführen oder In-Verkehr-Bringen eines Stoffes an. Damit wird eine medienübergreifende Präventivkontrolle ermöglicht und dem Vorsorgeprinzip (→ Kap. 5/RN 2) Rechnung getragen.

5

Dabei enthält das **Chemikaliengesetz** die allgemeinen stoffbezogenen Vorschriften, weshalb es zuweilen als das „Grundgesetz" des Gefahrstoffrechts bezeichnet wird. Das Chemikaliengesetz wird durch zahlreiche Rechtsverordnungen (→ Kap. 2/RN 17) konkretisiert, von denen die praktisch größte Bedeutung der **Gefahrstoffverordnung** zukommt. Die Gefahrstoffverordnung gilt nur für gefährliche Stoffe und wird ihrerseits durch zahlreiche **Technische Regeln für Gefahrstoffe (TRGS)**, die vom Ausschuß für Gefahrstoffe (AGS) beim Bundesministerium für Arbeit und Sozialordnung als Allgemeine Verwaltungsvorschriften (→ Kap. 3/RN 7) erlassen werden, ergänzt. Der AGS besteht aus Vertretern verschiedenster Verbände und Interessengruppen, z. B. der Gewerkschaften, der Chemischen Industrie, der gesetzlichen Unfallversicherung, des Umweltbundesamtes, der Wissenschaft und des Vereins Deutscher Sicherheitsingenieure. Die TRGS regeln die Einzelheiten des Umgangs mit bestimmten Gefahrstoffen und geben den aktuellen Stand der sicherheitstechnischen Anforderungen an das In-Verkehr-Bringen und den Umgang mit Gefahrstoffen wieder. Sie werden laufend der technischen Entwicklung angepaßt.

→ § 52 GefStoffV

> **Beispiel:** Die TRGS Nr. 617 befaßt sich mit Ersatzstoffen für stark lösemittelhaltige und deshalb gesundheitsschädliche Oberflächenbehandlungsmittel für Parkett und andere Holzfußböden.

6 Für besondere Gefahrstoffbereiche gelten Spezialgesetze, die dem Chemikaliengesetz vorgehen.

> **Beispiel:** Pflanzenschutzgesetz, Düngemittelgesetz, Futtermittelgesetz, Sprengstoffgesetz, Wasch- und Reinigungsmittelgesetz, Benzinbleigesetz.

Einzelne Regelungen, die zum Gefahrstoffrecht gezählt werden können, enthalten außerdem das Lebensmittel- und Bedarfsgegenständegesetz, das Arzneimittelgesetz, das Betäubungsmittelgesetz und das Tierseuchengesetz.

> **Beispiel:** Nach dem Lebensmittel- und Bedarfsgegenständegesetz ist es verboten, Erzeugnisse, die keine Lebensmittel sind, aber mit solchen aufgrund von Form, Geruch, Farbe oder Aussehen verwechselt und geschluckt werden können, ohne Sicherheitsvorkehrungen in den Verkehr zu bringen.

Der Bereich des Transports gefährlicher Stoffe und Güter wird durch das Gesetz über die Beförderung gefährlicher Güter und Gefahrgutverordnungen für die Bereiche Straße, Eisenbahn, Binnenschiffahrt und See geregelt.

> **Beispiel:** Die Gefahrgutverordnung Straße (GGVS) sieht u. a. vor, daß gefährliche Güter nur befördert werden dürfen, wenn sie zur Beförderung amtlich zugelassen sind. Der Besitzer gefährlicher Stoffe muß vor dem Transport prüfen, ob die Verpackung unbeschädigt ist.

7 Zu beachten ist schließlich auch hier das Umweltchemikalienrecht der EU, das zahlreiche Richtlinien und einige Verordnungen (→ vgl. dazu allg. Kap. 14) beinhaltet.

> **Beispiel:** Richtlinie 91/442/EWG vom 23.07.1991, wonach Verpackungen gefährlicher Zubereitungen mit kindersicheren und ertastbaren Verschlüssen versehen sein müssen; die EG-Altstoff-Verordnung (EWG) Nr. 793/93 vom 23.03.1993 befaßt sich mit der Bewertung und Kontrolle der Umweltrisiken chemischer Altstoffe (→ RN 21 f.).

Die folgende Darstellung konzentriert sich wegen seiner grundsätzlichen Bedeutung auf das Chemikalienrecht.

III. Chemikalienrecht

1. Zweck des Chemikaliengesetztes

Ein **Chemikaliengesetz** wurde erstmals 1982 erlassen. Es wurde 1990 und 1994 überarbeitet. Zweck des Gesetzes ist es, den Menschen und die Umwelt vor schädlichen Einwirkungen gefährlicher Stoffe und Zubereitungen zu schützen, insbesondere diese schädlichen Einflüsse erkennbar zu machen, abzuwenden und ihrem Entstehen vorzubeugen. Zur Verwirklichung dieses Zwecks beinhaltet das Chemikaliengesetz neben Regelungen für den Umweltschutz auch Normen, die dem Gesundheits- und Arbeitsschutz beim Umgang mit chemischen Substanzen dienen.

8

Zu den Arbeitsschutzbestimmungen beim Umgang mit gefährlichen Stoffen vgl. RN 27 f.; zu Verboten und Beschränkungen gesundheitsschädlicher Stoffe vgl. RN 30 ff.

2. Begriffsbestimmungen

a) Stoffbegriff

Zentrale Bedeutung für die Anwendung des Chemikaliengesetzes kommt dem Stoffbegriff zu. **Stoffe** im Sinne des Gesetzes sind chemische Elemente oder Verbindungen, wie sie natürlich vorkommen oder hergestellt werden, einschließlich der zur Wahrung der Stabilität notwendigen Hilfsstoffe und der durch das Herstellungsverfahren bedingten Verunreinigungen. **Gefährliche Stoffe** im Sinne des Gesetzes sind solche, die mindestens eine für Mensch oder Umwelt gefährliche Eigenschaft aufweisen. Für gefährliche Stoffe gilt neben dem Chemikaliengesetz die **Gefahrstoffverordnung**.

9

→ § 3 Nr. 1 ChemG

Im Chemikaliengesetz sind folgende **Gefährlichkeitsmerkmale** festgelegt: explosionsgefährlich, brandfördernd, entzündlich, giftig, gesundheitsschädlich, ätzend, reizend, sensibilisierend, krebserzeugend, fortpflanzungsgefährdend, erbgutverändernd, umweltgefährlich. Die einzelnen Merkmale werden in der Gefahrstoffverordnung näher erläutert. Umweltgefährlich sind danach z. B. Stoffe oder Zubereitungen, die selbst oder deren Umwandlungsprodukte geeignet sind, die Beschaffenheit von Flora und Fauna derart zu verändern, daß sofort oder später Gefahren für die Umwelt herbeigeführt werden können.

→ § 3a ChemG

b) Zubereitungen

Zubereitungen sind Gemenge, Gemische oder Lösungen aus mindestens zwei verschiedenen Stoffen. Zubereitungen werden ebenfalls vom Chemikaliengesetz erfaßt.

10

→ § 3 Nr. 4 ChemG

c) Erzeugnisse

→ § 3 Nr. 5 ChemG

Fertigerzeugnisse, die aus be- oder verarbeiteten Stoffen und Zubereitungen bestehen, fallen dagegen im Regelfall **nicht** unter das Chemikaliengesetz, so daß Vertreiber von Erzeugnissen, die die darin enthaltenen Stoffe nicht selbst hergestellt haben, den Pflichten nach dem Chemikaliengesetz nicht unterliegen.

> **Beispiel:** Das Chemikaliengesetz gilt nicht für Tabakwaren, Kosmetika und Arzneimittel. Es wird insoweit von Spezialgesetzen wie dem Arzneimittelgesetz verdrängt.

Im Mittelpunkt des Chemikaliengesetzes steht der chemische Ausgangsstoff, nicht das fertige chemische Produkt. Angesichts der unübersehbaren Vielzahl verschiedener chemischer Produkte wäre eine wirksame Kontrolle sonst nicht möglich. Der Konzentration auf die Ausgangsstoffe liegt auch die gesetzgeberische Erwägung zugrunde, daß in der Regel bereits von den Ausgangsstoffen Umweltgefahren ausgehen. Im Gegensatz zum Chemikaliengesetz schließen aber die stoffrechtlichen Spezialgesetze Fertigprodukte mit ein.

> **Beispiel:** Das aus verschiedenen Stoffen hergestellte Düngemittel ist Regelungsgegenstand des **Düngemittelgesetzes**.

3. Anmeldepflicht für neue Stoffe

a) Inhalt der Anmeldung

11

Das Chemikaliengesetz sieht im Gegensatz zu den meisten anderen Umweltgesetzen keine allgemeine Genehmigungspflicht für das In-Verkehr-Bringen von Chemikalien vor. Voraussetzung ist stattdessen eine wissenschaftlich abgesicherte **Stoffbewertung**, die auf den wichtigsten physikalischen, chemischen, toxikologischen und ökotoxikologischen Kenndaten des Stoffes beruht. Die Bewertung wird dadurch ermöglicht, daß der Hersteller oder Importeur neuer Stoffe diese vor dem In-Verkehr-Bringen bei der Bundesanstalt für Arbeitsschutz in Dortmund anzumelden hat. Dabei sind detaillierte Angaben über Art, Menge, Verwendung, schädliche Wirkungen und Möglichkeiten der schadlosen Beseitigung des Stoffes zu machen.

→ §§ 6 I ChemG, 3 ChemPrüfV

> **Beispiel:** Bezeichnung des Stoffes nach dem System der Internationalen Union für reine und angewandte Chemie (IUPAC); Angabe der Summen- und Strukturformel; Angaben über die Reinheit des Stoffes, Art und Gewichtsanteile der Hilfsstoffe, Hauptverunreinigungen und Zersetzungsprodukte; Spektraldaten; Angaben zu Herstellung und Verwendung des Stoffes und dabei auftretender schädlicher Wirkungen und Gefahren; Bezeichnung der Menge, die jährlich in den Verkehr gebracht werden soll.

Der Anmeldepflichtige hat weiter nachzuweisen, daß im Hinblick auf gefährliche Eigenschaften des Stoffes bereits eine sog. **Grundprüfung** nach den Grundsätzen der **Guten Laborpraxis (GLP)** durchgeführt wurde und den entsprechenden **Prüfnachweis** vorzulegen. Die Grundprüfung kann vom Hersteller in eigenen Laboratorien oder von Fremdinstituten vorgenommen werden.

12

→ §§ 7, 19a ChemG

Die Grundsätze der Guten Laborpraxis sollen die europaweite Einheitlichkeit der Bedingungen sicherstellen, unter denen Laborprüfungen geplant, durchgeführt und überwacht sowie deren Ergebnisse aufgezeichnet werden. Sie enthalten demgemäß Bestimmungen über die personelle und sachliche Organisation der Prüfeinrichtung. Sind diese von der zuständigen Behörde inspiziert und die Prüfungen ordnungsgemäß durchgeführt worden, erhält der Betreiber eine entsprechende GLP-Bescheinigung. Die Durchführung der GLP-Prüfungen ist Aufgabe von speziellen GLP-Überwachungsstellen, die bei den Umwelt-, Gesundheits- oder Arbeitsministerien der einzelnen Bundesländer angesiedelt sind. Bis Mitte 1993 wurde ca. 135 deutschen Prüfeinrichtungen eine GLP-Bescheinigung erteilt.

Einzelheiten über den Inhalt von Prüfnachweisen regelt die sog. **Prüfnachweisverordnung** vom 1. August 1994. Die Grundprüfung umfaßt etwa die Ermittlung des Schmelz- und des Siedepunktes, der relativen Dichte, der Oberflächenspannung, der Wasserlöslichkeit und der Toxizität des Stoffes, die u. a. im Tierversuch an einer Nagetierart und einer Fischart zu testen ist. Das Chemikaliengesetz sieht neuerdings vor, daß auf Tierversuche verzichtet werden kann, wenn der Bundesanstalt für Arbeitsschutz bereits durch frühere ähnliche Stoffprüfungen ausreichende Kenntnisse über die akute und subakute Toxizität des betreffenden Stoffes vorliegen. Der Hersteller hat die Pflicht, vor der Durchführung von Tierversuchen bei der Behörde anzufragen, ob solche Kenntnisse bereits vorliegen.

→ § 20a II ChemG

Wenn die Grundprüfung ergeben hat, daß es sich um einen gefährlichen Stoff handelt, muß der Anmeldepflichtige außerdem ein **Sicherheitsdatenblatt** vorlegen. Das Sicherheitsdatenblatt dient dazu, den gewerblichen Verwendern des Stoffes zusätzlich zu den häufig unzureichenden Kurzinformationen auf dem Etikett weitere Umgangs- und Sicherheitshinweise zu geben.

13

→ §§ 6 II ChemG, 14 GefStoffV

Form und Inhalt des Sicherheitsdatenblatts sind in der TRGS Nr. 220 festgelegt. Danach muß es außer der Stoffbeschreibung auch Anweisungen für Erste-Hilfe-Maßnahmen, Maßnahmen zur Brandbekämpfung und Maßnahmen bei unbeabsichtigter Freisetzung des Stoffes enthalten.

Obwohl derartige Sicherheitsinformationen erst recht für den privaten Heimwerker, der sich etwa ein Holzschutzmittel kauft, von Nutzen wären, ist die Aushändigung eines Sicherheitsdatenblatts vom Einzelhändler an den Endverbraucher nicht vorgesehen.

b) Das weitere Anmeldeverfahren
Nach Eingang der vollständigen Anmeldeunterlagen bei der Bundesanstalt für Arbeitsschutz werden die Anmeldeunterlagen von drei verschiedenen Bewertungsstellen geprüft:

14

- Die Bundesanstalt für Arbeitsschutz überprüft selbst die Auswirkungen des neuen Stoffes auf die Arbeitssicherheit im Betrieb;
- Für Fragen des allgemeinen Verbraucher- und Gesundheitsschutzes ist das Bundesinstitut für Verbraucherschutz und Veterinärmedizin als Nachfolger des aufgelösten Bundesgesundheitsamtes zuständig;
- Das Umweltbundesamt prüft die voraussichtlichen Umweltauswirkungen des Stoffes.

→ §§ 8, 12 I ChemG

Soweit es um spezielle Gefährlichkeitsmerkmale des anzumeldenden Stoffes wie z. B. Giftigkeit, Explosivität oder Entzündlichkeit geht, sind die Biologische Bundesanstalt für Land- und Forstwirtschaft und die Bundesanstalt für Materialforschung und -prüfung zu beteiligen. Innerhalb von 60 Tagen ab Eingang der Anmeldung muß das Prüfungsverfahren abgeschlossen sein. Die Bundesanstalt für Arbeitsschutz hat dem Anmeldepflichtigen innerhalb dieser Frist mitzuteilen, ob die Anmeldung als ordnungsgemäß anerkannt wird.

c) Prüfungsumfang

15

→ § 9 ChemG

→ § 9a ChemG

In den meisten Fällen bleibt es bei der Grundprüfung des neuen Stoffes. Die Notwendigkeit weiterer Prüfungen hängt vom Überschreiten bestimmter **Mengenschwellen** ab. Beabsichtigt der Hersteller, eine Stoffmenge von mehr als 100 Tonnen pro Jahr in den Verkehr zu bringen, so ist die sog. **Zusatzprüfung 1. Stufe** durchzuführen, die sich vor allem auf die chronische oder subchronische Toxizität des Stoffes erstreckt. Beträgt die Stoffmenge sogar mehr als 1000 Tonnen jährlich, ist auch die **Zusatzprüfung 2. Stufe** vorzunehmen. Hierbei muß u. a. die Umweltmobilität des Stoffes getestet werden.

Die praktische Bedeutung der Zusatzprüfungen ist gering. In Deutschland entfielen von den neuangemeldeten Stoffen seit 1982 ca. 5 Prozent auf die Zusatzprüfung 1. Stufe und ca. 1 Prozent auf die Zusatzprüfung 2. Stufe. In der übrigen EU waren es 2,5 bzw. 0 Prozent.

Die Kosten der Prüfungen sind von den Anmeldepflichtigen, das sind die Hersteller oder Importeure, zu tragen. Die geschätzten Gesamtkosten für eine Stoffanmeldung mit Grundprüfung und Zusatzprüfung 1. Stufe betragen 0,9–1,2 Millionen DM. Ist ausnahmsweise auch die Zusatzprüfung 2. Stufe erforderlich, belaufen sich die Gesamtkosten auf 1,5–3 Millionen DM.

d) Kein vorbeugendes Verbot gefährlicher Stoffe

16

Wichtig ist festzuhalten, daß die Bundesanstalt für Arbeitsschutz und die anderen Bewertungsanstalten die vorgelegten Unterlagen lediglich auf Vollständigkeit und Plausibilität prüfen. Die Bundesanstalt für Arbeitsschutz hat kein Recht auf Gegenkontrolle oder auf Vornahme eigener Untersuchungen. Auch kann sie das In-Verkehr-Bringen des angemeldeten Stoffes nicht endgültig verhindern; sie kann das In-Verkehr-Bringen nur untersagen, wenn der Hersteller oder Importeur auch nach Aufforderung keine vollständigen Prüfungsunterlagen vorlegt. Dies kommt in der Praxis selten vor.

Ein vorbeugendes Verbot der Vermarktung eines Stoffes wegen seiner Gefährlichkeit ist also ausgeschlossen. In Betracht kommt bei wissenschaftlich begründetem Verdacht einer nicht beherrschbaren Gefährlichkeit ausschließlich das **nachträgliche** Verbot eines Stoffes durch Aufnahme in die **Chemikalienverbotsverordnung** (→ RN 31).

Eine Ausnahme besteht insoweit, als diejenigen, die gewerbsmäßig Stoffe in den Verkehr bringen wollen, die als „giftig" oder „sehr giftig" eingestuft werden, der vorherigen Erlaubnis bedürfen. Ausgenommen davon sind aber gewerbliche Verbraucher wie z. B. Apotheken und Tankstellen.

Der Gesetzgeber bekennt sich im Bereich des Chemikalienrechts damit zur grundsätzlichen **„Produktionsfreiheit mit staatlichem nachträglichem Eingriffsvorbehalt"** im Gegensatz zur im sonstigen Umweltrecht häufig gebrauchten Regelung des präventiven Verbots mit Erlaubnisvorbehalt (→ Kap. 5/RN 14). Ausschlaggebend dafür war, daß die Innovations- und Wettbewerbsfähigkeit der deutschen Chemischen Industrie nicht durch Einführung eines Genehmigungsverfahrens gehemmt werden sollte. Auch befürchtete man, daß ein solches Verfahren zu nicht übersehbaren Verwaltungskosten für die technische und personelle Ausstattung der Behörden führen würde. Schließlich sollte die Verantwortung für etwaige durch Stoffe hervorgerufene Umweltschäden beim Hersteller verbleiben und nicht durch ein behördliches Genehmigungsverfahren auf den Staat übergehen.

17

Obwohl es sicher bedenklich ist, daß auch noch so gefährliche Stoffe zunächst einmal zugelassen werden müssen, läßt sich ein Genehmigungsverfahren in Deutschland aus praktischen Gründen schon deshalb nicht durchführen, weil kraft geltenden Europarechts in allen Mitgliedstaaten nur die Anmeldung neuer Stoffe erforderlich ist. Da die Anmeldung in jedem beliebigen EU-Staat erfolgen kann, könnten Hersteller und Importeure ein deutsches Genehmigungsverfahren, so es eingeführt würde, leicht umgehen. Als einziger Weg verbliebe daher, daß sich die Bundesregierung bei der EU für die Einführung eines europaweiten Genehmigungsverfahrens für neue chemische Stoffe einsetzt.

4. Eingeschränkte Anmeldung, Anmeldefreiheit, Mitteilungspflichten bei neuen Stoffen

Wie bereits erwähnt, geht das Chemikaliengesetz von einem **Mengenschwellenprinzip** aus, d. h. die Anforderungen an eine Anmeldung neuer Stoffe korrelieren mit der Stoffmenge, die in den Verkehr gebracht werden soll.

18

→ § 7a ChemG

→ § 8 ChemG

→ § 5 ChemG

Beträgt die auf den Markt gebrachte Menge des Stoffes innerhalb der EU weniger als 1 Tonne jährlich, so genügt eine **eingeschränkte Anmeldung**. Dabei müssen weniger detaillierte Stoffbeschreibungen und Prüfnachweise vorgelegt werden. Die Prüfungsfrist für die Behörden beträgt dann nur 30 Tage, bevor der Stoff in den Verkehr gebracht werden kann.

Handelt es sich nur um eine Kleinmenge von weniger als 10 kg jährlich, entfällt die Anmeldepflicht ganz (sog. **Kleinmengenprivileg**). Dasselbe gilt, wenn Stoffe bis zu 100 kg pro Jahr ausschließlich zu Forschungszwecken hergestellt werden sollen (sog. **Forschungsprivileg**). Damit die Behörden aber zumindest Kenntnis von der Existenz eines neuen Stoffes erhalten, hat der Hersteller eine **Mitteilungspflicht**, die ihn jedoch nicht hindert, den Stoff sofort in den Verkehr zu bringen.

→ § 11 I ChemG

> **Ausnahme:** Die Bundesanstalt für Arbeitsschutz kann, wenn der Verdacht besteht, daß der mitgeteilte Stoff gefährlich ist, trotz des Kleinmengen- und Forschungsprivilegs einen Prüfnachweis verlangen, der sich auf die Prüfung der Gefahrverdachtsmomente beschränkt. Dies ist wichtig, weil in Einzelfällen (Beispiel Dioxine) selbst ganz geringe Stoffmengen für die Umwelt und den Menschen gefährlich sein können.

19

→ §§ 7a, 16 ChemG

20

→ § 16e ChemG

Mitteilungspflichten bestehen auch dann, wenn im Laufe der Zeit eine Mengenschwelle überschritten wird, z. B. mehr produziert werden soll als bisher. Auf Verlangen der Bundesanstalt für Arbeitsschutz sind dann nachträglich Prüfnachweise vorzulegen.

Einer Mitteilungspflicht unterliegt ferner, wer eine giftige, ätzende, sensibilisierende, krebserzeugende, fortpflanzungsgefährdende oder erbgutverändernde Zubereitung in den Verkehr bringt, die für den privaten Verbraucher bestimmt ist. Der Hersteller hat in diesem Fall dem Bundesinstitut für gesundheitlichen Verbraucherschutz und Veterinärmedizin Angaben zu machen, die für die Behandlung von Erkrankungen, die durch die Zubereitung ausgelöst werden können, von Bedeutung sind. Das Bundesinstitut übermittelt diese Angaben an die Informations- und Behandlungszentren für Vergiftungen in den einzelnen Bundesländern. Dadurch soll der Austausch von Erfahrungen bei der Behandlung stoffbezogener Erkrankungen gefördert werden.

Einzelheiten dazu finden sich in der aufgrund des Chemikaliengesetzes erlassenen **Giftinformationsverordnung**. Bis zum 30. Juni 1993 sind beim damaligen Bundesgesundheitsamt 1904 Mitteilungen registriert worden, hinzu kam eine große Zahl freiwilliger Meldungen für Stoffe, die nach dem Gesetz nicht mitgeteilt werden müssen.

Zusammenfassung: Anmeldung und Mitteilung neuer Stoffe und Zubereitungen

Anmeldung
- bei Mengen von mehr als 1 Tonne/Jahr ist Grundprüfung durchzuführen
- ab 100 t/Jahr Zusatzprüfung 1. Stufe
- ab 1000 t/Jahr Zusatzprüfung 2. Stufe

Eingeschränkte Anmeldung
- bei Mengen von mehr als 10 kg/Jahr (zu gewerblichen Zwecken u. mehr als 100 kg/Jahr zu 100 kg/Jahr zu Forschungszwecken) und weniger als 1 Tonne/Jahr ist nur beschränkte Grundprüfung durchzuführen

Mitteilung
- bei Kleinmengen unter 10 kg/Jahr
- bei Stoffen, die ausschließlich Forschungszwecken dienen, unter 100 kg/Jahr
- bei Erreichen einer im Gesetz genannten Mengenschwelle
- bei gefährlichen Stoffen die für den Verbraucher bestimmt sind

5. Regelungen für Altstoffe

a) Problemstellung

Das soeben dargestellte Anmeldeverfahren gilt nur für Stoffe, die erstmals nach Inkrafttreten des ersten Chemikaliengesetzes 1982 vermarktet wurden. Dies waren EU-weit etwas über 1000 Stoffe. Demgegenüber gibt es aber mehr als 100 000 Altstoffe. Als Altstoffe bezeichnet man Stoffe, die in mindestens einem Mitgliedsland der EU vor dem 18. September 1981 in den Verkehr gebracht wurden und die im Europäischen Altstoffverzeichnis EINECS (European Inventory of Existing Commercial Chemical Substances) aufgelistet sind. Für die Behandlung dieser Altstoffe gab es bis vor kurzem keinerlei verbindliche Regelungen. In Deutschland wurde stattdessen ein freiwilliges Altstoffprüfungsprogramm in Kooperation von Staat, Wissenschaft und Chemischer Industrie durchgeführt und dazu ein „Beratungsgremium Umweltrelevante Altstoffe" ins Leben gerufen, das für einige Altstoffe Berichte über deren Gefährlichkeit erstellte. Nach Angaben der Industrie werden von den ca. 100 000 Altstoffen lediglich noch 4600 in einer gesetzlich relevanten Produktionsmenge vermarktet.

b) Die EG-Altstoff-Verordnung

Seit Mitte 1993 gilt in Deutschland unmittelbar die **EG-Altstoff-Verordnung**, deren Zweck die Erfassung, Verbreitung und Zugänglichkeit von Informationen über Altstoffe sowie die Bewertung der von diesen ausgehenden Risiken ist. Danach hat jeder Hersteller oder Importeur der EU-Kommission all diejenigen Altstoffe zu bezeichnen und zu beschreiben, die er von Mitte 1990 bis Mitte 1994 in Mengen von über 1000 Tonnen pro Jahr hergestellt oder eingeführt hat. Die Beschreibung hat in ähnlichem Umfang wie bei der Anmeldung neuer Stoffe zu geschehen (→ RN 11). Auf der Grundlage dieser Informationen erstellt die EU-Kommission in Zusammenarbeit mit den Mitgliedstaaten sog. **Prioritätenlisten**, die Stoffe enthalten, die wegen ihrer Auswirkungen auf Mensch und Umwelt besonders überwacht werden müssen, insbesondere weil sie möglicherweise krebserregend, fortpflanzungsgefährdend oder erbgutverändernd sind. Für jeden Stoff auf der Prioritätenliste wird eine **Risikobewertung** durch einen EU-Mitgliedstaat vorgenommen. Anhand der Risikobewertung entscheidet dann die Kommission, ob es notwendig ist, Verbote oder Beschränkungen hinsichtlich der Verwendung des betreffenden Altstoffs zu erlassen.

6. Einstufung, Verpackung und Kennzeichnung gefährlicher Stoffe

23

→ §§ 2 I, 8 GefStoffV

Die Regelungen über Einstufung, Verpackung und Kennzeichnung gelten *nur für gefährliche Stoffe*, dabei aber sowohl für neue Stoffe als auch für Altstoffe. Sie gelten auch für *Zubereitungen*, die einen Stoff mit mindestens einem Gefährlichkeitsmerkmal enthalten sowie für diejenigen *Erzeugnisse*, die Asbest, polychlorierte Biphenyle (PCB) oder polychlorierte Terphenyle (PCT) enthalten bzw. Formaldehyd freisetzen. Dagegen müssen Erzeugnisse, die andere toxische, krebserregende oder erbgutverändernde Substanzen enthalten oder freisetzen, nicht entsprechend gekennzeichnet werden.

Die Einstufungs-, Verpackungs- und Kennzeichnungspflichten sollen als Ergänzung zu den Anmelde- und Mitteilungspflichten wirken. Sie sind im einzelnen in der Gefahrstoffverordnung geregelt.

a) Einstufung

24

→ § 4a III GefStoffV

Einstufung bedeutet den im Regelfall bei der Anmeldung eines Stoffes durchzuführenden Vorgang der Prüfung des Stoffes, ob er ein Gefährlichkeitsmerkmal aufweist. Die Prüfung ist überflüssig, wenn es sich um einen Stoff handelt, der bereits vom Bundesministerium für Arbeit und Sozialordnung als gefährlicher Stoff eingestuft ist (sog. **Normativeinstufung**). Ist das nicht der Fall, hat der Hersteller oder Importeur aufgrund der von ihm durchgeführten Grundprüfung eine **Selbsteinstufung** vorzunehmen. Sofern die Grundprüfung kein klares Bild ergeben hat oder noch Zusatzprüfungen erforderlich sind, hat der Hersteller sein Produkt beim In-Verkehr-Bringen mit dem Hinweis *„Achtung – noch nicht vollständig geprüfter Stoff"* zu kennzeichnen.

b) Verpackung

Das Verpackungserfordernis soll verhindern, daß gefährliche Stoffe unbeabsichtigt nach außen gelangen. Dazu muß die Verpackung aus Werkstoffen bestehen, die durch den Stoff nicht angegriffen werden und keine gefährlichen Verbindungen mit ihm eingehen. Eine Verwechslung mit Lebensmitteln durch die Form oder Bezeichnung der Verpackung muß ausgeschlossen sein.

25

→ § 10 GefStoffV

c) Kennzeichnung

Die Kennzeichnungspflicht dient der Aufklärung der Verbraucher und soll eine umweltfreundliche Produktwahl fördern. Die Kennzeichnung gefährlicher Stoffe und Zubereitungen muß auf der Verpackung haltbar, deutlich lesbar und in deutscher Sprache abgefaßt sein. Dazu gibt es verschiedene **Kennzeichensymbole**, z. B. „T" für giftige Stoffe, „N" für umweltgefährliche Stoffe. Die größte Häufigkeit weist das Symbol „Xi" (reizend, sensibilisierend) auf, das 46 Prozent aller gefährlichen Stoffe kennzeichnet.

Außerdem muß ein der konkreten Gefährlichkeit entsprechendes **Gefahrensymbol** angebracht werden.

26

Die verschiedenen Gefahrensymbole sind in Anhang I Nr. 2 der Gefahrstoffverordnung aufgeführt. Beispielsweise zeigt das Gefahrensymbol für das Gefährlichkeitsmerkmal „umweltgefährlich" einen verendeten Fisch vor einem abgestorbenen Baum und einem verseuchten Fluß. Fast 30 Prozent der gefährlichen neuen Stoffe waren als umweltgefährlich zu kennzeichnen. Die Umweltgefährlichkeit wird dabei vor allem unter dem Aspekt der Wassergefährdung geprüft.

Für besonders gefährliche Stoffe gelten zusätzliche Kennzeichnungsanforderungen.

→ §§ 12, 13 GefStoffV

> **Beispiel:** Auf Aerosolpackungen (z. B. Spraydosen) muß sich der Hinweis finden: „Behälter steht unter Druck. Vor Sonnenbestrahlung und Temperaturen über 50 Grad schützen. Auch nach Gebrauch nicht gewaltsam öffnen oder verbrennen".

Verboten sind verharmlosende Angaben auf der Verpackung wie „Nicht giftig" oder „Nicht schädlich bei bestimmungsgemäßem Gebrauch".

→ § 9 VIII GefStoffV

7. Umgang mit gefährlichen Stoffen

Dem Arbeitgeber, der in seinem Betrieb gefährliche Stoffe herstellt oder verarbeitet, obliegen nach der Gefahrstoffverordnung zahlreiche Verpflichtungen, um die Gesundheit der Arbeitnehmer zu schützen. So ist er z. B. verpflichtet, selbst zu prüfen, mit welchen Gefahrstoffen im Betrieb umgegangen wird und ein Verzeichnis aller ermittelten Gefahrstoffe zu führen (sog. **Gefahrstoffkataster**). Soweit es technisch möglich und zumutbar ist, soll der

27

→ § 16 IIIa GefStoffV

→ § 16 II
GefStoffV

Arbeitgeber ungefährliche Ersatzstoffe verwenden bzw. das Produktionsverfahren entsprechend umstellen (sog. **Substitutionsverpflichtung**). Das Produktionsverfahren ist ständig an die Weiterentwicklung der technischen Schutzmaßnahmen anzupassen. Der Arbeitgeber hat außerdem die notwendigen Vorkehrungen zu treffen, um Betriebsstörungen zu verhindern und bei Unfällen die Gefahren für die Arbeitnehmer zu begrenzen.

28

→ §§ 15a, 35ff.
GefStoffV

An den Umgang mit **krebserzeugenden und erbgutverändernden Stoffen** werden noch strengere Anforderungen gestellt.

Diese Stoffe sind in der TRGS Nr. 905 in einem seitenlangen Katalog verzeichnet. Es handelt sich u. a. um Asbest, Benzol, Formaldehyd und N-Nitrosamin-Verbindungen.

Arbeitnehmer dürfen solchen Gefahrstoffen nicht ausgesetzt werden, es sei denn, dies ist nach dem Stand der Technik unvermeidbar, etwa bei Abbruch- oder Sanierungsarbeiten an Gebäuden, die krebserzeugende Gefahrstoffe enthalten. Für derartige Arbeiten braucht der Unternehmer eine besondere behördliche Zulassung, die nur erteilt wird, wenn er einen staatlich anerkannten Sachkundelehrgang absolviert hat. Krebserzeugende Gefahrstoffe dürfen nur in geschlossenen Anlagen hergestellt oder verwendet werden. Dabei muß die Luftbelastung nach dem neuesten Stand der Technik so weit wie möglich reduziert werden. Der Grenzwert der Technischen Richtkonzentration (sog. TRK-Wert) darf nicht überschritten werden. Am Ende des Produktionsprozesses dürfen Karzinogene im isolierten Endprodukt nur in einer Konzentration vorhanden sein, die nach dem Stand der Technik unvermeidbar ist. Die Herstellung oder Verwendung dieser besonders schädlichen Stoffe ist der Behörde spätestens 14 Tage vorher anzuzeigen. Dabei hat der Unternehmer u. a. den Stoff zu beschreiben, die getroffenen Schutzmaßnahmen darzustellen und zu begründen, warum eine Substitution durch weniger gefährliche Stoffe nicht möglich ist.

29

→ § 50
GefStoffV

Kommt der Arbeitgeber seinen Verpflichtungen nicht nach, so begeht er eine Ordnungswidrigkeit (→ Kap. 21/RN 5) oder macht sich, wenn sich eine Gesundheitsgefährdung bei Arbeitnehmern tatsächlich einstellt, sogar strafbar (→ Kap. 21/RN 57ff.).

8. Verbote und Beschränkungen des In-Verkehr-Bringens von Stoffen

a) Kompetenzen des Bundes

30

→ § 15a
ChemG

Werbeverbot bei gefährlichen Stoffen
Neuerdings wurde ins Chemikaliengesetz das Verbot aufgenommen, für einen gefährlichen Stoff zu werben, ohne die den Stoff betreffenden Gefährlich-

keitsmerkmale anzugeben. Wer gegen das Werbeverbot verstößt, kann mit einer Geldbuße bis zu 20 000 DM belegt werden.

Stoffverbote **31**
Haben sich neue chemische Stoffe oder Zubereitungen (für Altstoffe siehe → RN 22) auf dem Markt nach Ansicht der Bundesregierung als zu gefährlich für Mensch und Umwelt erwiesen oder besteht zumindest ein entsprechender Verdacht, und kann man der Gefahr auch nicht durch entsprechende Verpackungs- und Kennzeichnungsvorschriften begegnen, so ist aus Gründen des Verbraucherschutzes die Möglichkeit vorgesehen, die Herstellung und Verwendung solcher Stoffe durch Rechtsverordnung der Bundesregierung mit Zustimmung des Bundesrates zu verbieten oder zu beschränken. Derartige verbotene Stoffe sind im Anhang zur **Chemikalienverbotsverordnung** aufgelistet.

→ § 17 ChemG

> **Beispiel:** Cadmium, PCP, DDT, bestimmte Asbestverbindungen mit Faserstruktur sowie mit Formaldehyd behandelte Holzwerkstoffe, wenn die verursachte Ausgleichskonzentration des Formaldehyds in der Raumluft 0,1 ml/m³ überschreitet. Von den Verboten gibt es jeweils genau bestimmte Ausnahmen, die in Spalte 3 des Anhangs zur Chemikalienverbotsverordnung genannt sind. Ausnahmen werden etwa dann gemacht, wenn keine mindergefährlichen Substitutionsstoffe auf dem Markt vorhanden sind.

b) Kompetenzen der Länder
Die zuständigen Landesbehörden können demgegenüber nur zeitlich auf höchstens 15 Monate begrenzte Verbots- und Beschränkungsanordnungen für Stoffe erlassen. Ansonsten bleibt dem Land nichts anderes übrig, als politisch, etwa im Bundesrat, auf ein bundesweites Verbot des betreffenden Stoffes zu drängen.

32

→ § 23 II ChemG

> **Beispiel:** Im Sommer 1994 wurde im Bundestag die Frage diskutiert, ob der Schutz vor gefährlichen Chemikalien im Haushaltsbereich verbessert werden sollte. Dem lagen bekanntgewordene Fälle von Gesundheitsschädigungen durch dioxinhaltiges Polychlorbiphenyl (PCB) und Lindan in Holzschutzmitteln, das Nervengift Permethrin in Fertighäusern und Teppichen und die Verwendung langlebiger synthetischer Pyrethroide bei der Schädlingsbekämpfung in Innenräumen zugrunde. Die Bundesregierung kündigte entsprechende Forschungsarbeiten und eine neue Rechtsverordnung über Schädlingsbekämpfungsmittel an.

9. Behördliche Zuständigkeiten und Befugnisse bei der Überwachung des Chemikaliengesetzes, Schutz von Betriebsgeheimnissen

33

→ § 12 I ChemG

→ § 21 IV ChemG

Für die Anmeldung neuer Stoffe ist die Bundesanstalt für Arbeitsschutz in Dortmund zuständig. Die Erfassung von Altstoffen ist Aufgabe der EU-Kommission. Die Überwachung der Durchführung des Chemikaliengesetzes obliegt im übrigen den Bundesländern. Im Regelfall sind dort die Gewerbeaufsichtsämter zuständig. Diese haben die Befugnis, Grundstücke und Geschäftsräume, in Fällen von dringender Gefahr auch Wohnräume, zu betreten und zu besichtigen, Proben zu entnehmen und Einsicht in die Geschäftsbücher zu nehmen. Des weiteren können sie die Vorlage der Unterlagen über Anmeldung und Mitteilung von Stoffen verlangen, Arbeitseinrichtungen und Arbeitsschutzmittel prüfen sowie das Vorhandensein und die Konzentration gefährlicher Stoffe und Zubereitungen feststellen und messen.

34

→ § 22 ChemG

Bundes- und Landesbehörden haben ihre gewonnenen Erkenntnisse auszutauschen. Der Schutz von Betriebs- und Geschäftsgeheimnissen wird dabei insoweit eingeschränkt, als es sich um gefährliche Eigenschaften der untersuchten Stoffe handelt. Der Anmeldepflichtige kann lediglich erreichen, daß bestimmte Angaben als vertraulich gekennzeichnet werden. Dazu muß er jedoch nachweisen, daß ihm die Verbreitung der Angaben betrieblich oder geschäftlich schaden könnte.

Kontrollfragen:
1. Was sind Chemikalien im Sinne des Gesetzes? (RN 2)
2. Grenzen Sie das Gefahrstoffrecht im weiteren Sinne vom Gefahrstoffrecht im engeren Sinne ab! (RN 4–5)
3. Welche Gefährlichkeitsmerkmale von Stoffen zählt das Chemikaliengesetz auf? (RN 9)
4. Wodurch unterscheiden sich die Begriffe Stoff, Zubereitung und Erzeugnis? (RN 9–10)
5. Was wird im Rahmen der Grundprüfung eines Stoffes geprüft? (RN 12)
6. Warum hat der Gesetzgeber auf ein Genehmigungsverfahren für das In-Verkehr-Bringen neuer Stoffe verzichtet? (RN 17)
7. Was bedeutet das Mengenschwellenprinzip? (RN 18)
8. Zählen Sie einige arbeitsschutzrechtliche Verpflichtungen des Arbeitgebers auf, in dessen Betrieb gefährliche Stoffe hergestellt oder verarbeitet werden! (RN 27)
9. Welche zusätzlichen Pflichten ergeben sich, wenn es sich um krebserzeugende oder erbgutverändernde Stoffe handelt? (RN 28)
10. Welche Befugnisse haben die Gewerbeaufsichtsämter bei der Überwachung von Betrieben der chemischen Industrie? (RN 33)

Weiterführende Literatur:
Au, Michael, Die Neuordnung des Gefahrstoffrechts, ZUR 1994, S. 237–243. *Brunner, Gerd/Müller, Reinhard*, Handbuch für die Umweltpraxis im Betrieb, 1994, S. 175 ff.; *Elsner, Carola/Müller, Nicole*, Die FCKW-Halon-Verbotsverordnung, ZUR 1994, S. 75–76; *Kloepfer, Michael*, Chemikaliengesetz, in: HdbUR I, Sp. 342–359; *Peine, Franz-Joseph*, Probleme des Chemikalienrechts, Jura 1993, S. 337–345.

Rechtsprechungshinweise:
Die Rechtsprechung hat sich hauptsächlich mit Schadensersatzprozessen wegen Gesundheitsschädigungen durch giftige Holzschutzmittel befaßt, vgl. dazu die Übersicht bei *Micklitz*, NJW 1989, S. 1076f. sowie zuletzt VG Würzburg, ZUR 1995, S. 31ff. (Forsthaus-Fall).

10. Naturschutzrecht

I. **Allgemeines**
  1. Rechtsquellen
  2. Ziele und Grundsätze
     a) Ziele
     b) Grundsätze
  3. Begriffsbestimmungen
  4. Zuständigkeit

II. **Landschaftsplanung**

III. **Allgemeine Schutz-, Pflege- und Entwicklungsmaßnahmen**
  1. Eingriffe in Natur und Landschaft
  2. Unterlassungs- und Ausgleichspflichten
  3. Duldungs- und Pflegepflichten

IV. **Schutz, Pflege und Entwicklung bestimmter Teile von Natur und Landschaft**
  1. Allgemeines
  2. Schutzgebietskategorien
     a) Naturschutzgebiete
     b) Nationalparks
     c) Landschaftsschutzgebiete
     d) Naturparks
     e) Naturdenkmale
     f) Geschützte Landschaftsbestandteile
  3. Verfahrensfragen

V. **Schutz und Pflege wildlebender Tier- und Pflanzenarten**
  1. Biotopschutz
  2. Allgemeiner Artenschutz
  3. Besonderer Artenschutz

VI. **Erholung in Natur und Landschaft**
  1. Betretungsrecht
  2. Bereitstellen von Grundstücken

VII. **Mitwirkung von Verbänden**

VIII. **Befreiungen**

Seit Anbeginn der Menschheit hat der Mensch Natur und Landschaft genutzt. Trotz der damit verbundenen Veränderungen konnte sich die Natur noch bis vor wenigen Generationen stets soweit erneuern, daß sich diese Veränderungen nicht nachteilig auf den Menschen und seine gesamte belebte und unbelebte Umwelt ausgewirkt haben. Zunehmende Industrialisierung, neue Wirtschafts- und Argrarformen, aber auch steigender Wohlstand und vermehrte Freizeit führen mittlerweile dazu, daß seit einigen Jahrzehnten die natürlichen Lebensgrundlagen aller Lebewesen mehr und mehr gefährdet sind.

> **Fakten:** Seit der Jahrhundertwende hat sich das Aussterben von Tier- und Pflanzenarten besorgniserregend beschleunigt. In Deutschland wird der Gesamtbestand der Pflanzenarten auf etwa 28 000, der der Tierarten auf etwa 45 000 geschätzt. Derzeit sterben davon jährlich 80 bis 90 Arten *unwiederbringlich* aus. Weltweit sind es sogar 5 Arten *am Tag*. Von den 475 in der „Roten Liste der gefährdeten Tiere und Pflanzen in Deutschland" enthaltenen Wirbeltierarten gelten 51 Prozent als ausgestorben oder akut gefährdet. Die Ursachen hierfür sind vielfältig. Neben den direkt durch Eingriffe und das Auftreten des Menschen in Wald und Flur verursachten Störungen entzieht vor allem der stetig fortschreitende Landverbrauch den Tieren und Pflanzen die Lebensgrundlage. In der Bundesrepublik Deutschland werden *täglich* über 100 ha Land zu Straßen, Wohngebieten, Industrieanlagen, Nutzflächen für intensive Landwirtschaft usw. umgewandelt.

1

I. Allgemeines

1. Rechtsquellen

Den Kern des Naturschutzrechts bildet das Gesetz über Naturschutz- und Landschaftspflege (**Bundesnaturschutzgesetz – BNatSchG**). Als *Rahmengesetz* (→ Kap. 4/RN 14) richtet es sich in erster Linie an die Landesgesetzgeber, die es durch eigene Landesnaturschutzgesetze ausfüllen.

2

Die landesgesetzlichen Regelungen sind untereinander sehr ähnlich und stimmen zum Teil weitgehend überein, so daß in der nachfolgenden Darstellung Besonderheiten nur dann erwähnt werden, wenn sie als Beispiel von allgemeinem Interesse sind.

Daneben enthält das Bundesnaturschutzgesetz Bestimmungen, die unmittelbar für den Bund, die Länder und den einzelnen Bürger gelten. Hierzu zählen insbesondere die Vorschriften über die Ziele und Grundsätze des Naturschutzes und der Landschaftspflege, Behördenaufgaben, einzelne Artenschutzbestimmungen sowie die Verbandsbeteiligungs- und Strafvorschriften.

→ §§ 1–3, 20–26, 29–30c BNatSchG

Naturschutzrechtliche Vorschriften finden sich aber auch in anderen Rechtsbereichen.

> **Beispiel:** Forstrecht, Tierschutzrecht, Pflanzenschutzrecht, Fischerei- und Jagdrecht, Baurecht sowie seit kurzer Zeit auch in den Bodenschutzgesetzen einiger Länder.

3

Eine wichtige Ergänzung zum Bundesnaturschutzgesetz stellt die Verordnung zum Schutz wildlebender Tier- und Pflanzenarten (**Bundesartenschutzverordnung – BArtSchV**) dar, in deren Anhang eine Liste der besonders geschützten Arten und der vom Aussterben bedrohten Arten enthalten ist.

Auf internationaler Ebene hat sich die Bundesrepublik Deutschland zur Einhaltung einiger wichtiger Übereinkommen auf dem Gebiet des Naturschutzes verpflichtet, die, ebenso wie die Vorschriften der Europäischen Union, neben die bundesrepublikanischen Rechtsvorschriften treten. Das wohl bekannteste Übereinkommen ist hierbei das **„Washingtoner Artenschutzabkommen"**, das ein weitreichendes internationales Kontrollsystem für den Handel mit Tieren und Pflanzen geschützter Arten, deren Teile sowie aus geschützten Arten gewonnenen Erzeugnissen vorsieht.

2. Ziele und Grundsätze

a) Ziele

4

→ § 1 BNatSchG

Nach § 1 I des Bundesnaturschutzgesetzes sind Natur und Landschaft im besiedelten und unbesiedelten Bereich so zu schützen, zu pflegen und zu entwickeln, daß die Leistungsfähigkeit des Naturhaushalts, die Nutzungsfähigkeit der Naturgüter, die Vielfalt, Eigenart und Schönheit von Natur und Landschaft als Lebensgrundlage des Menschen und als Voraussetzung für seine Erholung in Natur und Landschaft nachhaltig gesichert sind. Dies bedeutet allerdings *nicht*, daß die Ziele des Naturschutzes eine uneingeschränkte Vorrangstellung bei allen Planungen und Maßnahmen haben (§ 1 II Bundesnaturschutzgesetz). Vielmehr sind sie nur Richtlinien, d. h. Interpretationshilfen der naturschutzrechtlichen Handlungsnormen und somit für die Ausübung des den Naturschutzbehörden eingeräumten Ermessens (→ Kap. 3/RN 26 ff.) maßgeblich. Die sich aus den Zielen ergebenden Anforderungen sind untereinander und gegen Anforderungen aus anderen Bereichen, die zwar meist wirtschaftlicher Art, aber ebenfalls legitim sind und im Allgemeininteresse liegen, abzuwägen (→Kap. 3/RN 44).

> **Beispiel:** Anforderungen an die Natur, die im Allgemeininteresse liegen können, sind die Ansprüche des Wohnungs- und Straßenbaus oder das Abbauen von Bodenschätzen.

Es müssen also zunächst alle relevanten öffentlichen und privaten Belange ermittelt und je nach ihrer Gewichtung für das Gesamtwohl der Allgemeinheit mit den gesetzlich verankerten Zielen verglichen werden.

b) Grundsätze

Zur Konkretisierung und Ergänzung dieser Ziele enthält § 2 I des Bundesnaturschutzgesetzes einen ausführlichen, aber nicht abschließenden Katalog von dreizehn Grundsätzen des Naturschutzes und der Landschaftspflege. Die Grundsätze betreffen den Naturhaushalt und einzelne Naturgüter wie Boden, Wasser, Luft, Klima usw., heben die Erholungsfunktion der Landschaft hervor und beziehen sich auf historische Kulturlandschaften.

5

→ § 2 BNatSchG

> **Beispiel:** So sollen unter anderem Beeinträchtigungen des Naturhaushalts unterlassen oder ausgeglichen, Naturgüter, die sich nicht erneuern, sparsam genutzt, Gewässer vor Verunreinigung geschützt und Klimabeeinträchtigungen vermieden werden. Für Erholung und sonstige Freizeitgestaltung sind Teile der Natur zu erschließen und zweckentsprechend zu gestalten, historische Kulturlandschaften und Landschaftsteile von besonderer charakteristischer Eigenart sind zu erhalten.

Diese Grundsätze stellen Handlungsanweisungen an die Vollzugsbehörden dar und sind für alle Maßnahmen im Bereich von Naturschutz und Landschaftspflege verbindlich. Sie genießen zwar wie die Ziele keinen Vorrang vor sonstigen öffentlichen Interessen, strahlen aber in andere Rechtsbereiche aus, in denen eine Berücksichtigung von Belangen des Naturschutzes und der Landschaftspflege vorgeschrieben ist.

> **Beispiel:** Im Baurecht sind bei der Aufstellung der Bauleitpläne (Bebauungsplan, Flächennutzungsplan) insbesondere die Belange des Umweltschutzes, des Naturschutzes und der Landschaftspflege zu berücksichtigen (→ RN 12). Innerhalb dieser Gruppe kommt dabei den Belangen des Naturhaushalts, des Wassers, der Luft und des Bodens einschließlich seiner Rohstoffvorkommen sowie dem Klima eine nochmals gesteigerte Bedeutung zu.

3. Begriffsbestimmungen

Die nachstehenden Definitionen sollen die grundlegenden Begriffe des Naturschutzrechts näher erläutern:

6

- **Natur und Landschaft** sind Boden, Wasser, Luft, Klima sowie die Tier- und Pflanzenwelt in ihren Wechselwirkungen untereinander und mit dem Menschen sowie deren äußere Erscheinungsform.

Für die Anwendung braucht nicht zwischen den beiden Begriffen „Natur und Landschaft" unterschieden zu werden. Um Abgrenzungs- und Überschneidungsschwierigkeiten zu vermeiden, verwendet das Gesetz dieses Wortpaar als einheitlichen Begriff und differenziert nicht zwischen Natur einerseits und Landschaft andererseits.

- **Naturschutz** umfaßt alle Maßnahmen zur Erhaltung und Förderung von Pflanzen und Tieren wildlebender Arten, ihrer Lebensgemeinschaften und natürlichen Lebensgrundlagen sowie zur Sicherung von Landschaften und Landschaftsteilen unter natürlichen Bedingungen.
- **Landschaftspflege** beinhaltet die Gesamtheit der Maßnahmen zur Sicherung und Förderung
  - der nachhaltigen Nutzungsfähigkeit der Naturgüter sowie
  - der Vielfalt, der Eigenart und der Schönheit von Natur und Landschaft.
- **Landespflege** ist der Sammelbegriff für die Aufgabengebiete Naturschutz und Landschaftspflege sowie die Maßnahmen zur nachhaltigen Sicherung und Entwicklung von Landschaften.

4. Zuständigkeiten

7

→ § 3 BNatSchG

Die Durchführung der Naturschutzgesetze des Bundes und der Länder obliegt grundsätzlich den für Naturschutz und Landespflege zuständigen Landesbehörden (→ Kap. 6/RN 23). Andere Behörden und öffentliche Stellen haben im Rahmen ihrer Zuständigkeit die Naturschutzbehörden zu unterstützen. Soweit öffentliche Planungen und Maßnahmen die Belange des Naturschutzes und der Landschaftspflege berühren, sind die **Naturschutzbehörden** bereits in der Vorbereitungsphase zu unterrichten und anzuhören. Sofern gesetzliche Bestimmungen es vorschreiben, sind sie auch in weitergehender Form zu beteiligen.

- Auf Bundesebene ist das Bundesministerium für Umwelt, Naturschutz und Reaktorsicherheit zuständig. In dessen Geschäftsbereich ist zu Beginn des Jahres 1994 das Bundesamt für Naturschutz als selbständige Bundesoberbehörde errichtet worden. In dieser Behörde sind alle Bundesaufgaben im Natur- und Artenschutz zusammengefaßt.

Beispiel: In den Kompetenzbereich des Naturschutzamtes fällt der Vollzug des Washingtoner Artenschutzabkommens (→RN 3). Es ist damit als oberste deutsche „Öko-Außenhandelsstelle" für die Einfuhr und Ausfuhr von geschützten Pflanzen und Tieren zuständig. Zudem fungiert die Behörde als wissenschaftliche Beratungsstelle des Bundesumweltministeriums.

- In den Ländern ist der Aufbau der Naturschutzverwaltung unterschiedlich geregelt.

8

In den meisten Flächenstaaten ist die Naturschutzverwaltung **dreistufig** aufgebaut. Sie untergliedert sich in die **oberste Naturschutzbehörde**, die **oberen (höheren)** und die **unteren Naturschutzbehörden**. Im Saarland, in Brandenburg und in den Stadtstaaten entfällt die obere (höhere) Naturschutzbehörde. In Mecklenburg-Vorpommern bestimmt eine gesonderte Naturschutz-Zuständigkeitsverordnung die Aufgabenverteilung.

Oberste Naturschutzbehörde ist in

– *Baden-Württemberg:* Ministerium für Ernährung, Landwirtschaft und Umwelt; – *Bayern:* Staatsministerium für Landesentwicklung und Umweltfragen; – *Berlin:* Senator für Stadtentwicklung und Umweltschutz; – *Bremen:* Senator für Inneres; – *Hamburg:* Behörde für Bezirksangelegenheiten, Naturschutz und Umweltgestaltung; – *Mecklenburg-Vorpommern:* Umweltministerium; – *Saarland:* Ministerium für Umwelt, Raumordnung und Bauwesen; – *Sachsen:* Staatsministerium für Umwelt und Landesentwicklung; – *Sachsen-Anhalt:* Ministerium für Umwelt und Naturschutz; – *Thüringen:* Ministerium für Umwelt und Landesplanung; – In den *übrigen Bundesländern* das für Landwirtschaft und Forsten zuständige Ministerium.

In den Ländern, in denen die Naturschutzverwaltung dreistufig aufgebaut ist, wird die Aufgabe der **oberen Naturschutzbehörde** durch die Bezirksregierungen bzw. die Regierungspräsidenten, in Schleswig-Holstein durch das Landesamt für Naturschutz wahrgenommen.

Untere Naturschutzbehörden sind meist die Landkreise (Landrat) und kreisfreien Städte (Oberbürgermeister) bzw. die Bezirksämter.

- Zur Beratung des hauptamtlichen Naturschutzes werden sowohl auf Bundes- wie auf Landesebene ehrenamtlich tätige Beiräte für Naturschutz und Landespflege eingerichtet. In einigen Bundesländern sind neben den Naturschutzbeiräten auch noch Naturschutzbeauftragte als Einzelpersonen beratend tätig. Andere Länder verzichten ganz auf die Beiräte und haben an deren Stelle mehrere Naturschutzbeauftragte. Auf Länderebene unterstützen zudem Landesämter/-anstalten für Umweltschutz/Naturschutz die Naturschutzbehörden.
- Nachstehendes Schema soll den Aufbau der Naturschutzverwaltung verdeutlichen:

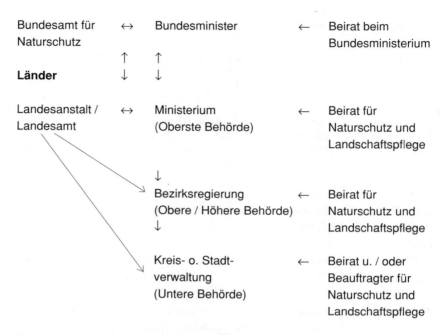

Quelle: B.Röser, Grundlagen des Biotop- und Artenschutzes, S. 107

II. Landschaftsplanung

10

Unter Landschaftsplanung versteht man die **Fachplanung** für den **überörtlichen** und **örtlichen** Bereich des Naturschutzes, der Landschaftspflege und der Erholungsvorsorge. Sie soll die Erfordernisse und Maßnahmen zur Verwirklichung der Ziele des Naturschutzes und der Landschaftspflege planerisch festlegen und darstellen. Die Landschaftsplanung gliedert sich üblicherweise – Abweichungen ergeben sich insbesondere in den Stadtstaaten Berlin, Bremen und Hamburg – in drei Stufen:

- **Landschaftsprogramme und Landschaftsrahmenpläne**

11

→ § 5
BNatSchG

Die **überörtlichen** Erfordernisse und Maßnahmen werden unter Berücksichtigung der Ziele und Grundsätze der Raumordnung und Landesplanung für den Gesamtbereich eines Landes in Landschaftsprogrammen und für Teile eines Landes in Landschaftsrahmenplänen dargestellt. Die Landschaftsrahmenpläne können inhaltlich in die regionalen Gebietsentwicklungspläne integriert werden und sind dann für alle öffentlichen Planungsträger verbindlich.

- **Landschaftspläne**
  Sobald und soweit dies aus Gründen des Naturschutzes und der Landschaftspflege erforderlich ist, sind auf **örtlicher** Ebene Landschaftspläne mit Text, Karte und zusätzlicher Begründung aufzustellen. Die Landschaftspläne erlangen Verbindlichkeit durch Aufnahme in die Bauleitpläne.

12
→ § 6 BNatSchG

III. Allgemeine Schutz-, Pflege- und Entwicklungsmaßnahmen

1. Eingriffe in Natur und Landschaft

Eingriffe in Natur und Landschaft im Sinne des Bundesnaturschutzgesetzes sind **Veränderungen** der Gestalt oder der Nutzung von Grundflächen, die die Leistungsfähigkeit des Naturhaushalts oder das Landschaftsbild erheblich oder nachhaltig beeinträchtigen können. Die Begriffe „erheblich" und „nachhaltig" beinhalten verschiedene Aspekte eines Eingriffs. Während der Begriff „erheblich" auf das unmittelbare, eventuell quantitativ nachweisbare **Maß** einer Beeinträchtigung hinweist, bezieht sich der Begriff „nachhaltig" auf die **Dauer** der Beinträchtigung und auf ggf. erst später sichtbare nachteilige Auswirkungen.

13

→ § 8 BNatSchG

> **Beispiel:** Typische Eingriffe in diesem Sinne sind der Bau von Straßen, Eisenbahnlinien, Flughäfen oder Talsperren; die Entwässerung von Mooren; der Abbau von Braunkohle; das Aufschütten von Kohlehalden oder das Verfüllen einer natürlichen Sandgrube mit Abfall.

Wird die Gestalts- oder Nutzungsveränderung von den zuständigen Behörden genehmigt (→RN 17), so stellt die nachfolgende projektbezogene Nutzung keinen Eingriff mehr im Sinne des Bundesnaturschutzgesetzes dar.

Die Länder können festlegen, daß bestimmte **Nutzungs-** oder **Gestaltungsänderungen** von Grundstücken generell als Eingriffe bzw. nicht als Eingriffe anzusehen sind. Die meisten Länder haben von dieser Ermächtigung durch Erstellen sog. **Positiv-** bzw **Negativlisten** Gebrauch gemacht.

> **Beispiel:** Nach dem nordrheinwestfälischen Gesetz zur Sicherung des Haushalts und zur Entwicklung der Landschaft (Landschaftsgesetz – LG) gelten als Eingriffe u. a. die oberirdische Gewinnung von Bodenschätzen, die Errichtung oder wesentliche Erweiterung von Flugplätzen, Mülldeponien und Campingplätzen, der Ausbau von Gewässern oder die Umwandlung von Wald.
> Nicht als Eingriffe gelten hingegen die Aufschüttung von Erdwällen für den Lärmschutz an Straßen- und Schienenwegen und Abgrabungen geringen Umfangs für den Eigenbedarf eines land- oder forstwirtschaftlichen Betriebes.

14

→ § 8 VII BNatSchG

Für die Landwirtschaft enthält bereits das Bundesnaturschutzgesetz eine Privilegierung. Die ordnungsgemäße land-, forst- und fischereiwirtschaftliche Bodennutzung gilt danach nicht als Eingriff in Natur und Landschaft (sog. **Landwirtschaftsprivileg** oder **Landwirtschaftsklausel**). Dabei ist allein die alltägliche Wirtschaftsweise des Landwirts von naturschutzrechtlichen Anordnungen freigestellt, also nur die unmittelbar der Gewinnung von Agrar-, Forst- und Fischereiprodukten dienende Bearbeitung und Behandlung des Erdbodens und der Gewässer.

> **Beispiel:** Pflügen und Eggen, Säen und Pflanzen, Auslegen von Reusen, Anlegen von Zuchtbecken.

Nicht mehr umfaßt von der Privilegierung sind Maßnahmen, welche die Bodennutzung lediglich vorbereiten.

> **Beispiel:** Wechsel einer Nutzungsart oder die Umwandlung von Natur- in Kulturlandschaften.

2. Unterlassungs- und Ausgleichspflichten

15

→ § 8 II BNatSchG

Grundsätzlich sind **vermeidbare** Beeinträchtigungen von Natur und Landschaft zu unterlassen. Unvermeidbare Beeinträchtigungen sind innerhalb einer zu bestimmenden Frist nach ihrer Beendigung durch Maßnahmen des Naturschutzes und der Landschaftspflege auszugleichen, soweit es zur Verwirklichung der Ziele des Naturschutzes und der Landschaftspflege erforderlich ist.

> **Beispiel:** Rekultivierung einer Kiesgrube, Wiederaufforstung etc.

Der **Ausgleich** sollte sich dabei auf die Bestandteile des Naturhaushalts beziehen, die geschädigt wurden, und bevorzugt in einem räumlichen und funktionellen Zusammenhang mit dem Ort des Eingriffs durchgeführt werden. Da in der Praxis die Vornahme von Ausgleichsmaßnahmen am Ort des Eingriffs häufig aus tatsächlichen Gründen ausscheidet, sieht das Gesetz auch die Möglichkeit der Durchführung sog. **Ersatzmaßnahmen** an anderen Stellen vor. Dabei darf der notwendige Raumbezug aber nicht völlig aufgegeben werden, d. h. die Ersatzmaßnahmen sind nur im gleichen Gemeindegebiet in der gleichen Untereinheit des Naturraums zulässig.

16

Sofern ein derartiger Ausgleich nicht möglich ist und die Belange des Naturschutzes und der Landschaftspflege vorrangig sind, hat die zuständige Behörde den Eingriff zu **untersagen**. Bei **vorrangigen**, aber nicht ausgleichbaren Eingriffen sehen einige Landesgesetze Ersatzmaßnahmen in Form einer **Ausgleichsabgabe** vor.

17 Über die Zulassung von konkreten Vorhaben, die Eingriffe in Natur und Landschaft mit sich bringen, wird nicht in einem eigenen naturschutzrechtlichen Verfahren, sondern zugleich mit einer – in anderen Rechtsvorschriften vorgesehenen – Bewilligung, Erlaubnis, Genehmigung, einem Planfeststellungsbeschluß, einer sonstigen Entscheidung oder Anzeige entschieden.

18 Um eine einheitliche Umsetzung der Eingriffsregelungen des Bundesnaturschutzgesetzes insbesondere im Verhältnis von Baurecht und Naturschutzrecht auf Länderebene zu gewährleisten, hat der Bundesgesetzgeber 1993 mit Einführung der §§ 8a–8c des Bundesnaturschutzgesetzes unmittelbar geltende Vorschriften geschaffen. Nach der zentralen Vorschrift des § 8a Abs.1 S. 1 BNatSchG sind die Eingriffsregelungen des § 8 BNatSchG nun bereits bei der Bauleitplanung zu berücksichtigen und in die dortige Abwägung mit einzubeziehen. Da die Bauleitpläne (Bebauungspläne, Flächennutzungspläne (→ Kap. 3/RN 15ff.) selbst keine Eingriffe darstellen – wenn auch u. U. vorbereiten –, waren sie bislang von den naturschutzrechtlichen Eingriffsregelungen, die sich gegen den konkreten Verursacher richten, nicht erfaßt.

→ § 8a BNatSchG

> **Beispiel:** Aufgrund der neuen Regelung müssen nun die Gemeinden bei der Aufstellung von Flächennutzungsplänen ermitteln, wie schwerwiegend die mit den Darstellungen ermöglichten Beeinträchtigungen sind und wie diese kompensiert werden können.

3. Duldungs- und Pflegepflichten

19 Die landesrechtlichen Regelungen können bestimmen, daß Eigentümer und Nutzungsberechtigte (z. B. Mieter, Pächter) von Grundflächen unter bestimmten Voraussetzungen Maßnahmen des Naturschutzes und der Landschaftspflege zu dulden haben und zur Pflege ihrer Grundstücke **verpflichtet** werden können, soweit diese nicht ordnungsgemäß instand gehalten sind.

→ §§ 10, 11 BNatSchG

> **Beispiel:** Aufhängen von Vogelnistkästen, Anbringen von Wegmarkierungen, Pflanzen von Bäumen und Sträuchern, Aufräumungs-, Säuberungs- und Mäharbeiten.

IV. Schutz, Pflege und Entwicklung bestimmter Teile von Natur und Landschaft

1. Allgemeines

20 Die allgemeinen Schutz-, Pflege- und Entwicklungsmaßnahmen werden ergänzt durch Maßnahmen des Flächen- und Objektschutzes. Die Landesgesetz-

→ § 12 BNatSchG

geber können dabei bestimmte Teile von Natur und Landschaft zu **Schutzgebieten** erklären.

2. Schutzgebietskategorien

a) Naturschutzgebiete

21

→ § 13 BNatSchG

Die Erklärung zum Naturschutzgebiet stellt das stärkste Mittel des Naturschutzes zur flächenhaften Sicherung von Lebensgemeinschaften oder Lebensstätten bestimmter Arten dar. Naturschutzgebiete sind rechtsverbindlich festgesetze Gebiete, in denen ein besonderer Schutz von Natur und Landschaft in ihrer Ganzheit oder in einzelnen Teilen zur Erhaltung von Lebensgemeinschaften oder **Biotopen** bestimmter wildlebender Tier- und Pflanzenarten erforderlich ist. Eine Unterschutzstellung ist aber auch aus wissenschaftlichen, naturhistorischen oder landeskundlichen Gründen oder wegen der Seltenheit, besonderen Eigenschaft oder hervorragenden Schönheit eines Gebietes möglich. In Naturschutzgebieten besteht grundsätzlich ein **absolutes Veränderungsverbot**. Damit sind alle Handlungen, die zu einer Zerstörung, Beschädigung oder Veränderung des geschützten Gebiets führen, verboten. Soweit es mit dem **Schutzzweck** vereinbar ist, dürfen Naturschutzgebiete der Allgemeinheit zugänglich gemacht werden.

Eine bestimmte flächenmäßige Ausdehnung ist für Naturschutzgebiete im Gegensatz zu den Nationalparks (→ RN 22) nicht vorgeschrieben.

In Deutschland waren Ende 1992 4888 Naturschutzgebiete mit einer Gesamtfläche von 617 034 ha ausgewiesen. Dies entspricht einem Flächenanteil von 1,7 %. Den flächenmäßig größten Anteil weist dabei Bayern mit 134 179 ha auf.

b) Nationalparks

22

→ § 14 BNatSchG

Nationalparks lassen sich vereinfacht als großräumige Naturschutzgebiete mit speziellen Voraussetzungen bezeichnen. Ziel der Ausweisung von Nationalparks ist es, die ökologische Unversehrtheit eines oder mehrerer Ökosysteme für jetzige und künftige Generationen zu erhalten. Um zum Nationalpark erklärt werden zu können, muß ein Gebiet

- großräumig und von besonderer Eigenart sein,
- im überwiegenden Teil die Voraussetzungen eines Naturschutzgebietes erfüllen,
- sich in einem vom Menschen nicht oder wenig beeinflußten Zustand befinden *und*
- vornehmlich der Erhaltung eines möglichst artenreichen heimischen Tier- und Pflanzenbestandes dienen.

Nutzungen oder eine Inanspruchnahme, die mit dem Zweck der Ausweisung des Gebietes unvereinbar sind, sollen in Nationalparks ausgeschlossen werden. Nach den *Empfehlungen* der **„Internationalen Gemeinschaft für den Erhalt der Natur und der natürlichen Ressourcen"** (International Union for Conservation of Nature and Natural Resources – IUCN), die weltweit als unverbindliche **Richtlinien** →Kap. 13/RN15) Anwendung finden, sind Bodennutzungen, wie Land- und Forstwirtschaft oder Jagd nicht zulässig; bisherige Nutzungen dieser Art sind nach Erklärung eines Gebietes zum Nationalpark nach einer Übergangszeit einzustellen.

Soweit es mit dem Schutzzweck vereinbar ist, können die Nationalparks für Naturerleben, Bildung und Erholung der Allgemeinheit zugänglich gemacht werden.

In Deutschland gibt es elf Nationalparks (Stand 1.1.1995) mit einer Gesamtfläche von 717 002 ha. Dies entspricht 2,0 Prozent des Bundesgebiets. Mehr als 80 Prozent der Nationalparkflächen sind Watt- und Wasserflächen der Nord- und Ostsee.

c) Landschaftsschutzgebiete

Zum Landschaftsschutzgebiet dürfen Gebiete erklärt werden, in denen ein **besonderer Schutz** von Natur und Landschaft erforderlich ist

- zur Erhaltung oder Wiederherstellung der Leistungsfähigkeit des Naturhaushalts oder der Nutzungsfähigkeit der Naturgüter,
- wegen der Vielfalt, Eigenart oder Schönheit des Landschaftsbildes oder
- wegen ihrer besonderen Bedeutung für die Erholung.

Gegenüber den Naturschutzgebieten handelt es sich in der Regel um großflächige Gebiete mit weniger Einschränkungen für andere Nutzungen. Veränderungsverbote beziehen sich nur darauf, den Charakter des Gebietes zu erhalten. Land- und Forstwirtschaft können eingeschränkt werden, sofern sie den Charakter des Gebietes verändern oder dem Schutzzweck zuwiderlaufen.

In den 16 Bundesländern gibt es (Stand 31.12.1992) ca. 6 200 Landschaftsschutzgebiete mit einer Gesamtfläche von ca. 9 039 801 ha. Das sind ca. 25 Prozent des Bundesgebietes.

d) Naturparks

Naturparks bezeichnen einheitlich zu entwickelnde und zu pflegende Gebiete, die

- großräumig sind,
- überwiegend Landschaftsschutzgebiete oder Naturschutzgebiete darstellen,

23

→ § 15 BNatSchG

24

→ § 16 BNatSchG

- sich wegen ihrer landschaftlichen Voraussetzungen für die Erholung besonders eignen *und*
- nach den Grundsätzen und Zielen der Raumordnung und Landesplanung für die Erholung oder den Fremdenverkehr vorgesehen sind.

Zweck der Naturparks ist die **Erholung** des Menschen. Sie sollen diesem Zweck entsprechend geplant, gegliedert und erschlossen werden.

Am 31.12.1992 gab es 67 Naturparks mit einer Fläche von insgesamt knapp 5 570 000 ha, das sind 15,6 Prozent des Bundesgebiets. (Bei diesen Zahlen ist zu berücksichtigen, daß die Naturparks, den gesetzlichen Anforderungen entsprechend, überwiegend in Landschaftsschutzgebieten und Naturschutzgebieten mitenthalten sind.)

e) Naturdenkmale

25
→ § 17 BNatSchG

Unter Naturdenkmalen versteht man rechtsverbindlich festgesetzte **Einzelschöpfungen** der Natur, deren besonderer Schutz

- aus wissenschaftlichen, naturgeschichtlichen oder landeskundlichen Gründen *oder*
- wegen ihrer Seltenheit, Eigenart oder Schönheit

erforderlich ist. Die Festsetzung kann auch die für den Schutz des Naturdenkmals notwendige Umgebung einbeziehen.

Zu den Einzelschöpfungen zählen nicht nur singuläre Objekte wie Bäume, Felsformationen, Quellen etc., sondern auch flächenhafte Gebilde wie kleine Gewässer, Brut- und Nistplätze oder Moore.

Die Beseitigung des Naturdenkmals sowie alle Handlungen, die zu einer Zerstörung, Beschädigung, Veränderung oder nachhaltigen Störung des Naturdenkmals oder seiner geschützten Umgebung führen können, sind grundsätzlich verboten. Naturdenkmale genießen somit denselben Schutz wie Naturschutzgebiete.

f) Geschützte Landschaftsbestandteile

26
→ § 18 BNatSchG

Einen ebenfalls besonderen, aber nicht so starken Schutz wie die Naturdenkmale weisen die geschützten Landschaftsbestandteile auf. Zwar handelt es sich auch hier um Einzelgebilde der Natur, jedoch fehlt ihnen der **Denkmalcharakter**.

Voraussetzung für die rechtsverbindliche Ausweisung eines geschützten Landschaftsbestandteil ist das Vorhandensein bestimmter Natur- und Landschaftsteile, deren besonderer Schutz

- zur Sicherstellung der Leistungsfähigkeit des Naturhaushalts,
- zur Belebung, Gliederung oder Pflege des Orts- und Landschaftsbildes

oder
- zur Abwehr schädlicher Einwirkungen

erforderlich ist. Der Schutz kann sich in bestimmten Gebieten auf den gesamten Bestand an Bäumen, Hecken oder anderen Landschaftsbestandteilen erstrecken.

> **Beispiel:** Dünen entlang der Küste, Felsformationen im Gebirge oder die Landschaft prägende Bachläufe.

Die Beseitigung des geschützten Landschaftsbestandteils sowie alle Handlungen, die zu einer Zerstörung, Beschädigung oder Veränderung führen können, sind grundsätzlich verboten.

3. Verfahrensfragen

Die Länder legen die Schutzvorschriften in Rechtsverordnungen (→ Kap. 2/RN 17) oder Gesetzen (→ Kap. 2/RN 16) fest. Bei den Entwürfen haben sie alle Behörden und Träger öffentlicher Belange, deren Aufgabenbereich berührt sein könnte, zuweilen aber auch die Öffentlichkeit, rechtzeitig zu beteiligen. Die Erklärung zum Nationalpark ergeht im Benehmen mit dem Bundesministerium für Umwelt, Naturschutz und Reaktorsicherheit und dem Bundesministerium für Raumordnung, Bauwesen und Städtebau.

27

→ § 12 II–IV BNatSchG

Eingriffe in und Beschränkungen von **Eigentümerbefugnissen** sind im allgemeinen von den Betroffenen *entschädigungslos* hinzunehmen, da es sich hierbei um Konkretisierungen der **Sozialbindung des Eigentums** (Art. 14 II GG) handelt. In den Fällen, in denen solche Beschränkungen, etwa wegen ihrer besonderen Intensität, enteignenden Charakter haben, ist zu entschädigen.

> **Beispiel:** Aufgrund einer Schutzgebietsausweisung wird der bislang praktizierte Einsatz von Düngemitteln untersagt oder die bisherigen Weidemöglichkeiten eingeschränkt, so daß es zu wesentlichen wirtschaftlichen Einbußen des Landwirts kommt. Dennoch bedarf es hier regelmäßig keiner Entschädigung.

V. Schutz und Pflege wildlebender Tier- und Pflanzenarten

Neben dem **Gebietsschutz** gehört auch der **Artenschutz** zum klassischen Bereich des Naturschutzrechts. Er dient dem Schutz und der Pflege wildlebender Tier- und Pflanzenarten in ihrer natürlichen und entwicklungsgeschichtlich gewachsenen Vielfalt und umfaßt den Schutz der Tiere und Pflanzen

28

→ § 20 BNatSchG

sowie ihrer Lebensgemeinschaften vor Beeinträchtigungen durch den Menschen, insbesondere durch den menschlichen Zugriff, und die Wiederansiedlung verdrängter Arten. Da der Artenschwund wesentlich auf Biotopzerstörungen oder -entwertungen beruht, muß der Artenschutz zugleich auch den **Biotopschutz** beinhalten, der darauf abzielt, die Gesamtheit der wildlebenden Tiere und wildwachsenden Pflanzen in ihrer natürlichen Vielfalt und Bestandsdichte an ökologisch funktionsfähigen Lebensstätten zu schützen und zu pflegen.

29

Das Bundesnaturschutzgesetz verpflichtet die Länder, zur Vorbereitung, Durchführung und Überwachung des Artenschutzes geeignete Arten- und Biotopschutzmaßnahmen zu treffen.

> **Beispiel:** Bayern ist dieser Verpflichtung durch den Erlaß des Gesetzes zum Schutz wildlebender Pflanzen und der nichtjagdbaren wildlebenden Tiere (Naturschutz-Ergänzungsgesetz – NatEG) nachgekommen. Dieses Gesetz enthält unter anderem Regelungen zum Schutz der Nist-, Brut- und Zufluchtstätten, Besitz- und Verkehrsverbote sowie Listen über „vollkommen" und „teilweise" geschützte Pflanzenarten und Vögel.

1. Biotopschutz

30

→ § 20c
BNatSchG

Das Bundesnaturschutzgesetz enthält 5 Biotoptypen, die als besonders erhaltenswert und schutzwürdig anzusehen sind: Feuchtbiotope, Trockenbiotope, Waldbiotope, Küstenbiotope und Gebirgsbiotope. In diesen Biotopen sind grundsätzlich alle Maßnahmen, die zu einer Zerstörung oder sonstigen **erheblichen** oder **nachhaltigen** (→ RN 13) **Beeinträchtigung** führen können, *unzulässig*. Die Länder können allerdings Ausnahmen zulassen, wenn die Möglichkeit zum Ausgleich der Biotopbeeinträchtigungen besteht oder die Maßnahmen aus überwiegenden Gründen des Gemeinwohls notwendig sind. Ferner bleibt es ihnen unbenommen, weitere Biotoptypen festzusetzen.

2. Allgemeiner Artenschutz

31

Vom allgemeinen Artenschutz umfaßt sind alle *wildlebenden* und *wildwachsenden* Tier- und Pflanzenarten, die nicht in Artenschutzlisten erfaßt sind. Das Bundesnaturschutzgesetz enthält einen allgemeinen Mindestschutz, der es verbietet,

→ § 20d
BNatSchG

- wildlebende Tiere mutwillig zu beunruhigen oder ohne vernünftigen Grund zu fangen, zu verletzen oder zu töten,
- ohne vernünftigen Grund wildlebende Pflanzen von ihrem Standort zu entnehmen oder zu nutzen oder ihre Bestände niederzuschlagen oder auf sonstige Weise zu verwüsten,

- ohne vernünftigen Grund Lebensstätten wildlebender Tier- und Pflanzenarten zu beeinträchtigen oder zu zerstören.

Darüber hinaus dürfen *gebietsfremde* Tiere und Pflanzen wildlebender und nicht wildlebender Arten nur mit **Genehmigung** der nach Landesrecht zuständigen Behörden (→ RN 8) ausgesetzt oder in der freien Natur angesiedelt werden. Der Erlaß weiterer, d.h konkretisierender, verschärfender oder zusätzlicher Vorschriften auf dem Gebiet des allgemeinen Artenschutzes ist den Ländern vorbehalten.

> **Beispiel:** Nach Art. 19 II des Bayerischen Naturschutzgesetzes können die Leiter und wissenschaftlichen Mitarbeiter staatlicher und staatlich anerkannter Institute und Anstalten für Forschungszwecke geschützte Pflanzen und Pflanzenteile in begrenzter Anzahl von ihrem Standort entnehmen.

Schließlich ermöglichen die Vorschriften über den allgemeinen Artenschutz das Verbot bestimmter Fangmethoden sowie die Herstellung, die Ein- und Ausfuhr oder das In-Verkehr-Bringen bestimmter Geräte, Mittel oder Vorrichtungen, die zum wahllosen Fang in größeren Mengen oder zum Töten wildlebender Tiere oder Pflanzen bestimmt sind.

32

> **Beispiel:** Verbot der Verwendung von Sprengstoff beim Fischen oder von Vogelnetzen.

3. Besonderer Artenschutz

Der besondere Artenschutz bezieht sich auf einzelne Pflanzen- und Tierarten, die in besonderen nationalen und internationalen Artenlisten namentlich erfaßt sind. Es ist generell verboten, die in diesen Listen genannten Pflanzenarten zu pflücken, auszureißen, auszugraben oder zu beschädigen, die Tiere zu fangen oder zu töten, sowie Eier, Jungtiere, Brutstätten oder sonstige natürliche Behausungen wegzunehmen oder zu beschädigen.

33

→ §§ 20e–20g BNatSchG

> **Beispiel:** Die wohl bekannteste Artenschutzliste ist die „Rote Liste der gefährdeten Tiere und Pflanzen in Deutschland".

Daneben treten Regelungen, die spezielle Besitz-, Vermarktungs- oder sonstige Verkehrsverbote enthalten, aber auch Ein- und Ausfuhrbestimmungen sowie bestimmte Kennzeichnungs- und Aufzeichnungspflichten für diejenigen, die, in gesetzlich geregelten Ausnahmefällen, gewerbsmäßig mit Tieren und Pflanzen handeln oder sie verarbeiten. Darüber hinaus beinhaltet die **Bundesartenschutzverordnung** noch spezielle Vorschriften über die Zucht von Tieren der besonders geschützten Arten sowie über die Vermarktung gezüchteter Tiere.

34

→ §§ 21b, 21g BNatSchG

VI. Erholung in Natur und Landschaft

35 Der Erholung in Natur und Landschaft räumt der Gesetzgeber trotz der damit verbundenen nicht unerheblichen Umweltbelastungen einen besonderen Stellenwert ein. Im Bundesnaturschutzgesetz hat er der Erholung daher einen eigenen Abschnitt gewidmet. In Bayern ist die Erholung in der freien Natur im ortsüblichen Umfang sogar ausdrücklich verfassungsrechtlich geschützt (Art. 141 BV). Einschränkungen erfährt dieses Recht jedoch überall dort, wo schädliche Einwirkungen auf Natur und Landschaft es erfordern. Das Bundesnaturschutzrecht sichert die Erholung in der Natur zum einen durch ein Betretungsrecht und zum anderen durch die Verpflichtung der öffentlichen Gebietskörperschaften zur Bereitstellung von Grundstücken zu diesem Zweck.

1. Betretungsrecht

36
→ § 27 BNatSchG

Grundsätzlich ist das Betreten der Flur auf Straßen und Wegen sowie auf ungenutzten Grundflächen zum Zwecke der Erholung auf eigene Gefahr gestattet. Einschränkungen und Verbote sind aus wichtigen Gründen, insbesondere aus solchen des Naturschutzes und der Landschaftspflege, des Feldschutzes und der landwirtschaftlichen Bewirtschaftung, aber auch zum Schutze der Erholungssuchenden selbst möglich.

> **Beispiel:** Einschränkungen des Betretungsrechts in Brutzeiten, in Rekultivierungsanlagen, Schonungen, Kernbereichen von Naturschutzgebieten und Nationalparken, bei Astbruchgefahr nach starken Schneefällen oder Unwettern.

37 Die Grundstückseigentümer haben das Betretungsrecht grundsätzlich zu dulden. Ausnahmen bedürfen der Genehmigung der Naturschutzbehörden. Es besteht kein Anspruch auf Entschädigung, da es sich bei dieser Duldungspflicht, wie bei der Bereitstellung von Grundstücken für Schutzgebietsausweisungen, um den in Art. 14 GG festgelegten Ausdruck der Sozialbindung des Eigentums handelt. Das Betretungsrecht gilt für jedermann. Es beinhaltet auch das Rasten und Lagern, das Mitführen von Kinderwagen, Rollstühlen oder Fahrrädern sowie Schlitten, Skier oder ähnlichem. Das Betreten muß aber immer der Erholung dienen und gemeinverträglich sein.

→ § 14 BWaldG

Das Betreten des *Waldes* ist speziell im Bundeswaldgesetz und in den Landesforstgesetzen geregelt.

2. Bereitstellen von Grundstücken

Die öffentlichen Gebietskörperschaften, im wesentlichen also Bund, Länder und Gemeinden, sind verpflichtet, in ihrem Eigentum oder Besitz stehende Grundstücke, die sich nach ihrer Beschaffenheit für die Erholung der Bevölkerung eignen, in angemessenem Umfang für die Erholung bereitzustellen.

38

→ § 28 BNatSchG

> **Beispiel:** Ufergrundstücke, Grundstücke mit schönen Landschaftsbestandteilen und Grundstücke, über die sich der Zugang zu nicht oder nicht ausreichend zugänglichen Wäldern, Seen oder Meeresstränden ermöglichen läßt.

Voraussetzung hierfür ist jedoch, daß die Bereitstellung mit der öffentlichen Zweckbindung der Grundstücke vereinbar ist.

> **Beispiel:** Nicht vereinbar mit einer solchen Zweckbindung wäre die Bereitstellung von Grundstücken, wie Truppenübungsplätze, die der zivilen Verteidigung dienen.

VII. Mitwirkung von Verbänden

Die Naturschutzverbände in Deutschland sind regelmäßig als Vereine organisiert und in den Vereinsregistern eingetragen (e. V.), wodurch sie ihre Rechtsfähigkeit erlangen. Anerkannten (→ RN 40) rechtsfähigen Vereinen steht ein Mitwirkungsrecht bei bestimmten naturschutzrechtlich relevanten Vorhaben in Form von Äußerungen sowie der Einsicht in die einschlägigen Sachverständigengutachten zu. Nach der unmittelbar geltenden Regelung des Bundesnaturschutzgesetzes gilt dies

39

→ § 29 BNatSchG

- bei der Vorbereitung von Verordnungen und anderer im Range unter dem Gesetz stehenden Rechtsvorschriften der für Naturschutz- und Landschaftspflege zuständigen Behörden,

> **Beispiel:** Verordnung der höheren Naturschutzbehörde (→ RN 8) zur Ausweisung eines Naturschutzgebietes.

- bei der Vorbereitung verbindlicher Landschaftsprogramme, Landschaftsrahmenpläne und Landschaftspläne (→ RN 10–12),
- vor Befreiungen von Geboten und Verboten, die zum Schutz von Naturschutzgebieten und Nationalparks erlassen sind,

> **Beispiel:** Die Befreiung einzelner wissenschaftlicher Institutionen vom Verbot der Entnahme von Tieren und Pflanzen in Naturschutzgebieten zu wissenschaftlichen Zwecken.

- in Planfeststellungsverfahren (→ Kap. 3/RN 40ff.) über Vorhaben, die mit Eingriffen in Natur- und Landschaft verbunden sind

> **Beispiel:** Bau des Flughafens München II im Erdinger Moos oder der ICE-Trasse Fulda-Hannover.

40 Die Anerkennung wird erteilt, wenn ein Verein die im Bundesnaturschutzgesetz geforderten Voraussetzungen erfüllt. Dies ist der Fall, wenn der Verein

- nach seiner Satzung ideell und nicht nur vorübergehend die Ziele des Naturschutzes und der Landschaftspflege fördert,
- nach seiner Satzung einen Tätigkeitsbereich hat, der mindestens das Gebiet eines Landes umfaßt,
- die Gewähr für eine sachgerechte Aufgabenerfüllung bietet, wobei Art und Umfang der bisherigen Tätigkeit, der Mitgliederkreis sowie die Leistungsfähigkeit des Vereins zu berücksichtigen sind,
- wegen Verfolgung gemeinnütziger Zwecke nach § 5 I Nr. 9 des Körperschaftsteuergesetzes von der Körperschaftsteuer befreit ist *und*
- den Eintritt jedermann ermöglicht, der die Ziele des Vereins unterstützt.

> **Beispiel:** Regionale Vereine sind u. a. die „Aktionsgemeinschaft Natur- und Umweltschutz Baden-Württemberg e. V.", der „Schwäbische Albverein e. V.", die „Naturhistorische Gesellschaft Hannover" sowie die Landessektionen des „Naturschutzbundes Deutschland e.V." und des „BUND (Bund für Umwelt- und Naturschutz Deutschland) e. V.".

41 Für die Anerkennung zur Mitwirkung bei Planungen und Maßnahmen des Bundes, die über das Gebiet eines Landes hinausgehen, muß der Verein, zusätzlich zu den oben genannten Voraussetzungen, einen Tätigkeitsbereich aufweisen, der das Gebiet der Länder umfaßt, auf die sich die Planungen und Maßnahmen beziehen.

> **Beispiel:** Planungen von Bundesautobahnen oder Eisenbahntrassen. Überregionale Vereine sind u. a. „Deutscher Tierschutzbund e. V.", „Bundesverband Bürgerinitiativen Umweltschutz (BBU) e. V.", „BUND (Bund für Umwelt- und Naturschutz Deutschland) e. V." und der „Deutsche Naturschutzring (DNR)".

Neben der Beteiligung am Verwaltungsverfahren sehen einige Länder, z. B. Bremen, Hamburg und das Saarland, in ihren Landesnaturschutzgesetzen noch die Möglichkeit der Verbandsklage vor, mit der die Vereine auch gerichtlich gegen Maßnahmen und Planungen vorgehen können.

VIII. Befreiungen

Von den Geboten und Verboten, die in den naturschutzrechtlichen Regelungen sowohl auf Bundes- wie auch auf Landesebene enthalten sind, *können* auf Antrag Befreiungen gewährt werden. Voraussetzung hierfür ist, daß die Durchführung von Vorschriften, die das Ge- oder Verbot beinhalten, im Einzelfall zu nicht beabsichtigten Härten führen würde, und daß die durch die Befreiung erzielte Abweichung mit den Belangen des Naturschutzes und der Landschaftspflege zu vereinbaren ist. Gleiches gilt, wenn aufgrund der Durchführung der Vorschrift im Einzelfall eine nicht gewollte Beeinträchtigung von Natur und Landschaft entstünde oder wenn überwiegende Gründe des Wohls der Allgemeinheit die Befreiung erfordern.

42

→ § 31 BNatSchG

> **Beispiel:** In Naturschutzgebieten können Jagdverbote dazu führen, daß sich insbesondere das Rotwild sehr stark vermehrt und große Schäden durch Wildverbiß entstehen. Hier würde das Verbot zu einer nicht gewollten Beeinträchtigung von Natur und Landschaft führen, so daß eine teilweise Befreiung von dem Jagdverbot erforderlich sein kann.

Kontrollfragen:
1. Definieren Sie die Begriffe „Natur und Landschaft" sowie „Naturschutz und Landschaftspflege"! (RN 6)
2. Welche Behörde ist in Ihrem Bundesland die oberste Naturschutzbehörde? (RN 8)
3. Was sind die Ziele des Naturschutzes? (RN 4)
4. Was ist der Zweck der Landschaftsplanung? (RN 10–12)
5. Was ist ein „Eingriff" im Sinne des Naturschutzrechts und welches sind die wesentlichen Aspekte der Begriffe „Erheblichkeit" und „Nachhaltigkeit"? (RN 13)
6. Welche Schutzgebietskategorien kennen Sie und wie unterscheiden sie sich? (RN 21–26)
7. Welchem Zweck dient der Artenschutz? (RN 28)
8. Wann erfährt das grundsätzlich gewährleistete Betretungsrecht der Flur Einschränkungen? Nennen Sie Beispiele! (RN 36)
9. Welche Voraussetzungen muß ein Verein erfüllen, um bei bestimmten naturschutzrechtlich relevanten Vorhaben beteiligt zu werden, und welche anerkannten Vereine kennen Sie? (RN 40)
10. Unter welchen Voraussetzungen können Befreiungen von naturschutzrechtlichen Ge- oder Verboten gewährt werden? (RN 42)

Weiterführende Literatur:
Bender, Bernd/Sparwasser Reinhard, Umweltrecht, 2. Aufl. (1990), Teil 8 (S. 350–405); *Hoppe, Werner/Beckmann, Martin*, Umweltrecht, 1989, §§ 17–19 (S. 287–334); *Kolodziejock, Karl-Günther/Recken, Josef*, Naturschutz, Landschaftspflege und einschlägige Regelungen des Jagd- und Forstrechts, Loseblatt-Kommentar, begründet

1977; *Mitschang, Stephan*, Die Aufgaben und Instrumente des Naturschutzes und der Landschaftspflege nach dem neuesten Stand des Bundes- und Landesrechts, UPR 1994, S. 206 ff.; *Röser, Bernd*, Grundlagen des Biotop- und Artenschutzes, 1990; *Schmidt, Reiner/Müller, Helmut*, Einführung in das Umweltrecht, 4. Aufl. (1995), § 6; *Umweltbundesamt* (Hrsg.), Daten zur Umwelt 1992/93, 1994, S.107 ff.

Rechtsprechungshinweise:
BVerwG, NuR 1991, S. 130, OVG Lüneburg, UPR 1994, S. 397 ff. (Verbandsbeteiligung); BVerwG, UPR 1992, S. 309; VGH Kassel, NuR 1992, S. 86 (Landwirtschaftsklausel); BVerWG, NJW 1993, S. 2949 (Entschädigung wegen des Erlasses einer Naturschutzverordnung); BayObLG, NVwZ-RR 1994, S. 434 ff. (Verbot des Betretens eines Naturschutzgebiets).

11. Gewässerschutzrecht

I. Stellung des Gewässerschutzrechts innerhalb des Wasserrechts

II. Grundsätze und Ziele des Wasserhaushaltsgesetzes
 1. Bewirtschaftungsgebot
 2. Allgemeine Sorgfaltspflicht

III. Wasserwirtschaftliche Benutzungsordnung
 1. Genehmigungsbedürftigkeit von Vorhaben
    a) Gewässerbegriff
    b) Benutzungstatbestand
    c) Genehmigungsfreie Benutzungen
 2. Wasserrechtliche Genehmigungsarten
    a) Erlaubnis
    b) Bewilligung
    c) Gehobene Erlaubnis
 3. Genehmigungsfähigkeit von Vorhaben
    a) Gründe für die Versagung einer wasserrechtlichen Genehmigung
    b) Bewirtschaftungsermessen
 4. Zuständige Behörden und Erteilungsverfahren

IV. Abwasserwirtschaft
 1. Begriffsbestimmungen
    a) Abwasser
    b) Abwasserbeseitigung
 2. Abwasserbeseitigung als öffentlich-rechtliche Aufgabe
 3. Art und Weise der Abwasserbeseitigung
    a) Abwasserbeseitigung als Gewässerbenutzung
    b) Die Rolle des Abwassererzeugers im System der Abwasserbeseitigung

V. Planungsrechtliches Instrumentarium des Gewässerschutzrechts
 1. Wasserschutzgebiete
 2. Sonstige Planungsinstrumente

Schon immer ist die Daseinsbewältigung des Menschen unmittelbar mit der Sicherung der Wasserversorgung verknüpft. Daraus resultiert auch heute noch die besondere Bedeutung dieses Rechtsgebiets im Rahmen des öffentlichen Umweltrechts.

1

> **Fakten:** In der Bundesrepublik erfüllen die Gewässer in ihrer unterschiedlichen Ausprägung neben ihrer Rolle als natürliche Lebensräume eine Vielzahl von Versorgungs- (z. B. als Trink- und Brauchwasser), Entsorgungs- (Ausnutzen der Selbstreinigungskräfte des Wassers nach dem Einleiten von Schmutzfrachten), Kühl-, Erholungs-, Verkehrs- und Transportfunktionen. Die Lage Deutschlands in einer feuchtgemäßigten Klimazone bewirkt, daß – von extremen saisonalen Witterungsperioden abgesehen – mengenmäßig eine flächendeckende Versorgung der Bevölkerung mit Wasser das ganze Jahr über garantiert ist. Mit gewisser Sorge ist allerdings die Situation der Gewässergüte der Oberflächengewässer und der Versorgung mit qualitativ hochwertigem Grundwasser zu beobachten. So mußte für die erste gesamtdeutsche Gewässergütekarte 1992 eine neue Güteklasse („ökologisch zerstört") eingeführt werden, um der zum Teil kritischen Wasserqualität im Einzugsgebiet der Elbe Rechnung zu tragen, die in erster Linie auf eine übermäßige Zufuhr unzureichend geklärter Abwässer zurückzuführen ist. Beim Vergleich folgender Zahlen von 1991 wird offenkundig, daß gerade der Osten Deutschlands im Bereich der Abwasserentsorgung im Verhältnis zu den alten Bundesländern noch gewaltigen Nachholbedarf aufweist: Während der Anschlußgrad der Haushalte an die öffentliche Kanalisation im Westen 94 Prozent beträgt, kommt der Osten auf einen Wert von lediglich 77 Prozent; noch größer ist die Diskrepanz für den Anschluß der Haushalte an biologische und weitergehende Kläranlagen mit 90 Prozent zu 31 Prozent. Die Lage im Bereich der Grundwasserversorgung ist zudem durch ansteigende Nitratkonzentrationen geprägt, welche maßgebend aus einer intensiven Land- und Forstwirtschaft resultieren.

I. Stellung des Gewässerschutzrechts innerhalb des Wasserrechts

2

Das deutsche Wasserrecht teilt sich im wesentlichen in die Bereiche des **Wasserwirtschafts-** und **Wasserwegerechts** auf. Von besonderer umweltrechtlicher Relevanz erscheint in diesem Zusammenhang allerdings nur **das Wasserwirtschaftsrecht als Gewässerschutzrecht im engeren Sinn**.

Da sich das Wasserwegerecht in seinem zentralen Inhalt lediglich mit der Nutzung von Gewässern als Wasserstraßen und Verkehrswege beschäftigt, kommt diesem Teilgebiet aus der Sicht des öffentlichen Umweltrechts allenfalls eine untergeordnete Bedeutung zu.

3

Nach einer Definition des Bundesverfassungsgerichts hat sich das **Wasserwirtschaftsrecht** in erster Linie mit der „haushälterischen Bewirtschaftung des in der Natur vorhandenen Wassers nach Menge und Güte" zu befassen. Zu diesem Zweck verabschiedete der Bundestag erstmals 1957 das Gesetz zur

Ordnung des Wasserhaushaltes (Wasserhaushaltsgesetz = WHG), welches die mit Abstand wichtigste Regelung auf diesem Gebiet darstellt. Im Zentrum des relativ komplizierten wasserhaushaltsrechtlichen Regelungskomplexes steht hierbei die sogenannte **wasserrechtliche Benutzungsordnung**, wodurch jeder wesentliche Umgang mit Wasser unter einen Genehmigungsvorbehalt gestellt wird; als weitere wichtige Regelungsbereiche finden sich im Wasserhaushaltsgesetz unter anderem Ausführungen zur **Abwasserbeseitigung** und zu **wasserrechtlichen Planungsinstrumenten**. Zur Ausfüllung und Konkretisierung dieses bundesrechtlichen Rahmens erließen die inzwischen 16 Bundesländer entsprechende Landeswassergesetze, die sich allerdings inhaltlich an manchen Stellen entscheidend unterscheiden.

Wie auch in anderen Bereichen des öffentlichen Umweltrechts gewinnen punktuelle Vorschriften der EU (→ Kap. 14) im Bereich des Wasserhaushaltes vor allem in Form von Qualitätsnormen zunehmend an Bedeutung (z. B. Richtlinie des Rates 76/160/ EWG über die Qualität der Badegewässer; Richtlinie des Rates 91/676/EWG zum Schutz der Gewässer vor Verunreinigungen durch Nitrat aus landwirtschaftlichen Quellen). Insbesondere im Bereich des Abwasserrechts treten zu den landesgesetzlichen Regelungen noch kommunale Satzungen hinzu, die u. a. die Fragen des Anschlusses und der Benutzung kommunaler Abwasserbeseitigungsanlagen zum Gegenstand haben.

4

II. Grundsätze und Ziele des Wasserhaushaltsgesetzes

Zu Beginn der Arbeit mit einem zunächst unbekannten Gesetz bietet es sich an, sich Ziel und Zweck des betreffenden Gesetzes vor Augen zu führen, um in auftretenden Zweifelsfragen bei der Auslegung auf eine entsprechende Argumentationshilfe zurückgreifen zu können; für das Wasserhaushaltsgesetz wurde der Gesetzeszweck – ausgehend von der oben bereits angesprochenen verfassungsgerichtlichen Definition des Wasserhaushalts (→ RN 3) – durch die Gesetzesnovelle von 1976 ausdrücklich im Gesetz verankert.

5

1. Bewirtschaftungsgebot

Das sogenannte Bewirtschaftungsgebot wendet sich in erster Linie an die Verwaltung, im Rahmen ihrer Möglichkeiten dafür Sorge zu tragen, die zugänglichen Wasserressourcen nach wasserwirtschaftlichen Kriterien auf die Anzahl der in Betracht kommenden Nutzer aufzuteilen. Da sich die potentiellen Nutzer in bezug auf ihre Ansprüche an das Wasser sehr stark unterscheiden können – während der eine außerordentlich viel Wasser zu nur bescheidener Qualität benötigt, braucht der andere wenig, aber dafür besonders reines Wasser –, obliegt es hier den Wasserbehörden, einen Ausgleich in der Weise

6

→ § 1a I WHG

vorzunehmen, daß **die Interessen aller Beteiligten eine angemessene Berücksichtigung finden**.

Mit der Forderung nach der Unterlassung vermeidbarer Beeinträchtigungen macht sich das Wasserhaushaltsgesetz zudem den **Vorsorgegedanken** (→ Kap. 5/RN 2) als ein entscheidendes Postulat moderner Umweltgesetze zu eigen.

Mit Hilfe des dritten Gedankens des Bewirtschaftungsgebots, nämlich der Bewirtschaftung **als Bestandteil des Naturhaushalts**, wird der Versuch unternommen, die Wasserwirtschaft in den gesamten Naturhaushalt einzubeziehen und sie somit auf eine – ökologisch betrachtet – ganzheitliche Sicht zu verpflichten.

2. Allgemeine Sorgfaltspflicht

7

→ § 1a II WHG

Das Sorgfaltsgebot richtet sich im Gegensatz zum Bewirtschaftungsgebot an „jedermann" und begründet somit für jeden einzelnen Bürger besondere Pflichten, die sich in den allgemeinen **Geboten der Verhütung von Wasserverunreinigungen und des sparsamen Verbrauchs** äußern. Konkretisiert wird dieses verbindliche Gebot durch zahlreiche Vorschriften des Wasserhaushaltsgesetzes sowie die Länderwassergesetze. Ein Verstoß befugt die Wasserbehörde, kraft ihres Ermessens (→ Kap. 3/RN 26 ff.) im Wege ordnungsrechtlicher Maßnahmen (→ Kap. 5/RN 13 ff.) dagegen einzuschreiten.

III. Wasserwirtschaftliche Benutzungsordnung

8

→ § 1a III WHG

Die Zulässigkeit von Vorhaben mit wasserrechtlichen Bezügen ergibt sich selbst für einen Eigentümer *nicht* aus seiner Rechtsstellung als Grundstückseigentümer, sondern aus einer grundsätzlich konstitutiv wirkenden staatlichen Genehmigung auf der Grundlage des Wasserhaushaltsgesetzes. Damit stellt das Wasserhaushaltsgesetz laut einer Grundsatzentscheidung des Bundesverfassungsgerichts eine **vom Grundeigentum losgelöste Benutzungsordnung** dar, in der jede Maßnahme mit Gewässerbezug im Wege einer präventiven öffentlich-rechtlichen Kontrolle – also im Vorfeld ihrer Realisierung – durch die Wasserbehörde auf ihre Allgemeinwohlverträglichkeit hin geprüft wird.

> **Beispiel:** Für den früher in der Praxis besonders umstrittenen Fall einer Naßauskiesung (Kiesgewinnung im Grundwasserbereich unter Zurücklassung eines Baggersees) hat dies folgende Bedeutung: Selbst unter der Voraussetzung, daß ein Unternehmer Eigentümer seines Geländes ist, ist er dennoch erst nach Erhalt einer staatlichen Genehmigung berechtigt, sein Vorhaben zu realisieren. Diese Einschränkung des Eigentumsgrundrechts und damit gesteigerte Sozial-

pflichtigkeit des Eigentümers wird nach Ausführungen des Bundesverfassungsgerichts mit der überragenden Bedeutung des Wasserhaushalts für die Allgemeinheit begründet.

1. Genehmigungsbedürftigkeit von Vorhaben

Im Rahmen einer Prüfung der wasserrechtlichen Zulässigkeit von Maßnahmen bietet es sich an, aus der Sicht des Prüfungsaufbaus streng nach den Gesichtspunkten der **Genehmigungsbedürftigkeit** („Benötigt der Antragsteller überhaupt eine wasserrechtliche Genehmigung ? Wenn ja, welcher Art ?", → RN 10 ff.) und **Genehmigungsfähigkeit** („Unter welchen materiellen Voraussetzungen kann dem Antragsteller die erforderliche Genehmigung erteilt werden ?", → RN 30 ff.) zu unterscheiden.

9

Ein Vorhaben bedarf dann einer wasserrechtlichen Genehmigung in Form einer Erlaubnis oder Bewilligung, wenn es sich hierbei um eine „Gewässerbenutzung" handelt und keine Ausnahmevorschrift vorliegt. Somit ist im folgenden zunächst zu untersuchen,

10

→ § 2 I WHG

- ob infolge der geplanten Maßnahme ein **Gewässer** betroffen ist (→ RN 11 ff.),
- ob die Maßnahme einen oder mehrere **Benutzungstatbestände** verwirklicht (→ RN 16 ff.),
- ob nicht **ausnahmsweise** an wasserrechtliche **Genehmigungsfreiheit** zu denken ist (→ RN 19 ff.) und
- welcher der beiden möglichen **Genehmigungstypen** im konkreten Fall in Betracht zu ziehen ist (→ RN 24 ff.).

Rechtstechnisch ist diese Ausgangsvorschrift jeder Prüfung wasserrechtlicher Zulässigkeit eines Vorhabens als **repressives Verbot mit Befreiungsvorbehalt** (→ Kap. 5/RN 15) einzuordnen.

a) Gewässerbegriff
Die Überschrift des § 1 WHG („sachlicher Geltungsbereich") deutet bereits an, für welche **Erscheinungsformen von Wasser** das Wasserhaushaltsgesetz überhaupt Anwendung finden soll. Hierbei differenziert das Gesetz zwischen

11

→ § 1 I WHG

- oberirdischen Gewässern,
- Küstengewässern und
- Grundwasser.

Entscheidend für die Qualifikation von Wasser als Gewässer im Sinn des Wasserhaushaltsgesetzes ist die Tatsache, daß **das Wasser im Zusammenhang mit dem natürlichen Gewässerkreislauf steht** und somit einer „Bewirtschaftung" durch die Verwaltung zugänglich ist; denn nur in diesen Fällen besteht überhaupt ein Bedürfnis dafür, das Wasser im Wege von Benutzungs- und Überwachungsvorschriften zu steuern (BVerwG).

Oberirdische Gewässer

12 Sie werden definiert als „das ständig oder zeitweilig in (natürlichen oder künstlichen) Betten fließende oder stehende oder aus Quellen wild abfließende Wasser".

> **Beispiel:** Typisch für diese Gewässerart sind Flüsse, Bäche, Seen, Teiche und Weiher. Dagegen fehlt die Gewässereigenschaft bei einem mit Wasser gefüllten Swimmingpool oder bei mit Wasser gefüllten Wasserleitungen mangels einer Einbindung in den natürlichen Gewässerkreislauf. Die Gewässereigenschaft kann auch entfallen, wenn ein Gewässer beispielsweise in ein in sich geschlossenes öffentliches Kanalisationsnetz einbezogen wird.

Küstengewässer

13 Der Grund für die Aufnahme der Küstengewässer als eigenständiger Gewässertyp gegenüber den oberirdischen (Binnen-)Gewässern liegt darin, daß der Schutz der Küstengewässer anderen Kriterien unterliegen kann als dies bei Binnengewässern der Fall ist. Die Bundesrepublik erweiterte für ihre Küstengewässer der Nord- und Ostsee die seewärtige Grenze ihres Hoheitsgebiets jüngst erst auf 12 Meilen. Jenseits dieser Grenze gelten völkerrechtliche Vereinbarungen (→ Kap. 13).

Grundwasser

14 Für den Terminus des Grundwassers findet sich im Wasserhaushaltsgesetz keine Definition. Um dem Anspruch des Wasserhaushaltsgesetzes im Hinblick auf die Gewährleistung eines umfassenden Gewässerschutzes gerecht zu werden, behilft man sich hier mit einer weniger naturwissenschaftlichen als vielmehr juristischen Begriffsbestimmung, indem darunter **das gesamte** (einer Bewirtschaftung zugängliche) **unterirdische Wasser** zu verstehen ist (BVerfG).

> **Beispiel:** Hierzu zählen wasserführende Schichten, die für die Trinkwassergewinnung genutzt werden, aber auch oberflächennahes Grundwasser (sog. Bodenwasser). Im Zusammenhang mit der bereits erwähnten Naßauskiesung (→ RN 8) stellt sich diesbezüglich die Frage, ob dadurch ein oberirdisches Gewässer geschaffen wird oder eine Ausbaggerung im Grundwasserbereich stattfindet. Die Rechtsprechung grenzt hier danach ab, ob der entstehende Baggersee *auf Dauer* verbleiben soll (oberirdisches Gewässer) oder ob er nach Beendigung der Auskiesung wieder verfüllt werden soll (Grundwasser).

Damit ist der sachliche Geltungsbereich des Wasserhaushaltsgesetzes für **sämtliches im natürlichen Wasserkreislauf vorhandenes Wasser eröffnet, das einer „Bewirtschaftung" zur Verfügung steht**. Trotzdem ist die Entscheidung, welcher Gewässertyp von einem Vorhaben tangiert wird, nicht von untergeordneter Bedeutung. Wie sich nämlich im folgenden noch herauskristallisieren wird, spielt diese Entscheidung insbesondere im Rahmen der Prüfung der ausnahmsweisen Genehmigungsfreiheit (→ RN 19 ff.) eine zentrale Rolle.

15

b) Benutzungstatbestand

Als zweite entscheidende Voraussetzung für die Genehmigungsbedürftigkeit gewässerbezogener Vorhaben muß es sich bei dem Vorhaben um eine Gewässer**benutzung** handeln.

„Echte Benutzungen"
Als „echte" Benutzungen werden solche Handlungen bezeichnet, deren **primäres Ziel die unmittelbare Inanspruchnahme bzw. Nutzung eines Gewässers** in einer konkreten Art und Weise ist. Unterschieden werden die einzelnen Benutzungstatbestände nach dem jeweiligen Gewässertyp.

16

→ § 3 I WHG

„Unechte Benutzungen"
Solche Handlungen, die zwar keine Gewässerbenutzung im eigentlichen Sinn darstellen, weil sie gerade nicht in erster Linie die konkrete Nutzung eines Gewässers bezwecken, werden vom Gesetzgeber aber dennoch den echten Benutzungen gleichgestellt, falls durch sie – wenn auch lediglich **mittelbar** – eine Veränderung der natürlichen Gewässereigenschaften zu befürchten ist.

17

→ § 3 II WHG

In diesem Zusammenhang wird zwischen Einwirkungen auf das **Grundwasser** (§ 3 II Nr. 1 WHG) mittels bestimmter Anlagen (z. B. Umleitung des Grundwassers beim Bau einer U-Bahnlinie durch Spundwände) und solchen Maßnahmen unterschieden, die geeignet sind, erhebliche oder dauernde schädliche Veränderungen der Wasserqualität herbeizuführen (§ 3 II Nr. 2 WHG). Zu beachten gilt, daß die zweite Alternative als umfassender Sammeltatbestand nur dann zur Anwendung kommt, wenn keiner der spezielleren echten (§ 3 I WHG) oder unechten (§ 3 II Nr. 1 WHG) Benutzungstatbestände vorliegt (**subsidiärer Auffangtatbestand**).

> **Beispiel:** Derartige potentiell gewässerschädigende Maßnahmen liegen etwa vor bei Aufhaldungen mit Produktionsrückständen (z. B. Schlacken), beim Lagern und Behandeln von Autowracks auf öldurchlässiger Fläche sowie im Hinblick auf die konkrete Situation u. U. auch beim Aufbringen von Gülle und Versprühen von Pflanzenschutzmitteln.

Gewässerausbau und -unterhaltung
Vom wasserrechtlichen Benutzungsbegriff ausgenommen sind solche Maßnahmen, die dem Ausbau oder dem Unterhalt von oberirdischen Gewässern

18

→ § 3 III WHG

dienen. Für Ausbaumaßnahmen ordnet das Wasserhaushaltsgesetz die Durchführung eines Planfeststellungsverfahrens an (→ Kap. 3/RN 40 ff.). Der Grund hierfür liegt darin, daß von solchen komplexen und häufig sehr aufwendigen Vorhaben regelmäßig eine Vielzahl anderer Interessen (z. B. baurechtlicher Art) tangiert sind, so daß ein umfassend angelegtes Planungsverfahren gegenüber einem isolierten wasserrechtlichen Genehmigungsverfahren angemessener erscheint.

→ § 31 WHG

Um einen **Gewässerausbau** handelt es sich regelmäßig dann, wenn das bisherige Gewässersystem **auf Dauer** verändert bzw. ein neues Gewässersystem erstmalig **auf Dauer** geschaffen werden soll. Probleme ergeben sich auch hier wiederum bei der sog. Naßauskiesung. Ist beabsichtigt, daß nach Beendigung der Auskiesung der entstandene Baggersee *dauerhaft* verbleiben soll, spricht man im Wasserrecht von einem Gewässerausbau; soll der im Rahmen der Auskiesung entstandene See jedoch wieder verfüllt werden, ist der Vorgang der Kiesgewinnung als echter Benutzungstatbestand (§ 3 I Nr. 6 WHG) zu qualifizieren.

c) Gestattungsfreie Benutzungen

19

Durch das Wasserhaushaltsgesetz und seine landesrechtlichen Konkretisierungen werden bestimmte Vorhaben vom grundsätzlichen wasserrechtlichen Genehmigungsvorbehalt ausgenommen, die eigentlich einen Benutzungstatbestand erfüllen und deren Durchführung somit entsprechend den bisherigen Ausführungen von der Erteilung einer wasserrechtlichen Genehmigung abhängig wäre. Es handelt sich hierbei regelmäßig um **Fälle von wasserwirtschaftlich untergeordneter Bedeutung** (Bagatellfälle), die aber ihrerseits unter einem Verträglichkeitsvorbehalt stehen. Im Interesse einer effektiven Wasserwirtschaft sind diese Ausnahmevorschriften bei auftretenden Zweifeln bezüglich ihrer Verträglichkeit mit dem Wasserhaushalt restriktiv auszulegen.

Oberirdische Gewässer

20

An erster Stelle der Ausnahmetatbestände ist hier der sog. **Gemeingebrauch** zu nennen, in dessen engen Grenzen jeder Bürger oberirdische Gewässer zu typischen Freizeitnutzungen und traditionellen Bewirtschaftungsmethoden der Landwirtschaft ohne wasserrechtliche Genehmigung zu benutzen berechtigt ist.

→ § 23 WHG

> **Beispiel:** Befahren eines Gewässers mit einem Paddelboot, Eissport, Baden (genau betrachtet stellt ja bereits das Waschen der Hände in einem See eine Gewässerbenutzung dar), Tränken von Vieh.

21

→ § 24 WHG

Des weiteren ermöglichen auch der sog. **Eigentümer-** und der nicht in allen Bundesländern eingeführte **Anliegergebrauch** eine Privilegierung bestimmter Personen bei einer Gewässerbenutzung allein aufgrund ihrer rechtlichen Stellung in bezug auf die Lage des oberirdischen Gewässers auf oder angrenzend an ihr Grundstück.

> **Beispiel:** Rasensprengen mit Wasser aus einem auf dem eigenen Grundstück gelegenen Teich.

Zuletzt ist regelmäßig auch das Einbringen von Stoffen zu Zwecken der **Fischerei** nach wasserrechtlichen Gesichtspunkten genehmigungsfrei; in diesem Zusammenhang sei darauf hingewiesen, daß der Terminus „Stoffe zu Zwecken der Fischerei" im Interesse eines umfassenden Gewässerschutzes weit auszulegen ist und nicht lediglich auf Stoffe im Sinne des Chemikalienrechts (→ Kap. 9/RN 9) zu beschränken ist.

22

→ § 25 WHG

> **Beispiel:** Bereits das Einbringen einer Angelschnur erfüllt eigentlich einen wasserrechtlichen Benutzungstatbestand, der aber nach dieser Vorschrift keiner wasserrechtlichen Genehmigung bedarf (das Erfordernis eines Angelscheins beruht auf dem Fischereirecht der Länder); ein typischer Fall eines derartigen Ausnahmefalls wird regelmäßig das Einbringen von Fischfutter sein; wegen ihrer möglichen Gefahr für den Wasserhaushalt wird das Einleiten größerer Mengen von Medikamenten allerdings in den meisten Fällen nicht von der Genehmigungsfreiheit erfaßt sein.

Küstengewässer und Grundwasser
Vergleichbare Ausnahmetatbestände finden sich – der jeweiligen Situation angepaßt – auch für Küstengewässer und das Grundwasser.

23

→ §§ 32a, 33 WHG

2. Wasserrechtliche Genehmigungsarten

Von anderen Disziplinen des öffentlichen Umweltrechts unterscheidet sich das Wasserhaushaltsrecht insbesondere dadurch, daß es **zwei verschiedene Gestattungsarten** kennt und nicht nur eine einzige wie auch immer bezeichnete Genehmigung. Die vom Wasserhaushaltsgesetz vorgenommene **Differenzierung zwischen Erlaubnis und Bewilligung** ist entstehungsgeschichtlich begründet und aus heutiger Sicht nicht mehr zwingend; nichtsdestoweniger wird bis auf weiteres damit gearbeitet werden müssen, denn eine durchgreifende Reform des Wasserhaushaltsrechts ist in absehbarer Zeit nicht zu erwarten.

24

Im Hinblick auf ihre Rechtsnatur sind beide Arten einer wasserrechtlichen Genehmigung als begünstigende Verwaltungsakte (→ Kap. 3/RN 9 ff.) zu qualifizieren.

a) Erlaubnis
Die Erlaubnis stellt den **Regelfall** einer wasserrechtlichen Genehmigung dar. Dies läßt sich aus § 8 II WHG herauslesen, worin steht: „Die Bewilligung darf

25

→ § 7 WHG

nur erteilt werden, wenn..." gegenüber der Erteilung einer Erlaubnis bestimmte *zusätzliche* Mindestvoraussetzungen vorliegen (→ RN 27). Da für die Erlaubnis eine solche Einschränkung fehlt, ist davon auszugehen, daß der Gesetzgeber diese Gestattungsart als Grundform verstanden wissen will.

Die Erlaubnis verleiht grundsätzlich lediglich eine **ungesicherte**, da nach ihrem Wortlaut **jederzeit** durch die Genehmigungsbehörde **frei widerrufliche** Befugnis, ein Gewässer in einer nach Art und Maß festgesetzten Weise zu benutzen. Diese dem ersten Anschein nach unsichere Rechtsstellung des Erlaubnisadressaten wird allerdings dadurch ein wenig relativiert, daß die Behörde auch in diesen Fällen den rechtsstaatlichen Grundsatz zu beachten hat, wonach auch jederzeit frei widerrufliche Genehmigungen **nicht „willkürlich"**, also nur mit einem sachlichen Grund, widerrufen werden dürfen.

26

→ § 8 WHG

b) Bewilligung

Im Gegensatz zur Erlaubnis („Befugnis") begründet die Bewilligung ein **subjektiv-öffentliches Recht** (→ Kap. 3/RN 32) auf eine bestimmte Art von Gewässerbenutzung. Sie gewährt dem Adressaten eine **gesicherte Rechtsstellung** sowohl gegenüber der Verwaltung als auch gegenüber privaten Nachbarn, da sie grundsätzlich nicht bzw. nur unter erschwerten Voraussetzungen (§ 12 WHG) widerrufen werden kann.

Als Ausgleich für die erschwerten Widerrufsmöglichkeiten darf eine Bewilligung allerdings **nur befristet erteilt werden**, und ihr Erteilungsverfahren entspricht dem eines formalisierten Verwaltungsverfahrens mit erweiterten Beteiligungsrechten.

Zu beachten gilt weiterhin, daß **für gewisse Benutzungstatbestände die Erteilung einer Bewilligung von vorneherein ausgeschlossen ist** (§ 8 II 2 WHG); der Grund hierfür liegt im allgemein erhöhten Gefährdungspotential dieser Benutzungen, wofür eine sichere Rechtsstellung des Adressaten nicht mit der Schutzrichtung des Wasserhaushaltsgesetzes zu vereinbaren ist.

> **Beispiel:** Deshalb kann für das Einleiten von vorgereinigtem Abwasser aus einer Kläranlage in ein Fließgewässer keine Bewilligung erteilt werden, da sich in diesem Wasser regelmäßig noch Reststoffe befinden werden.

27

Um zu gewährleisten, daß zwischen Erlaubnis und Bewilligung das oben bereits angesprochene Regel-/Ausnahmeverhältnis tatsächlich auch in der Verwaltungspraxis zum Tragen kommt, muß als Grundvoraussetzung der Adressat einer Bewilligung **bestimmte erschwerte Mindestvoraussetzungen** erfüllen (§ 8 II 1 WHG): Neben dem regelmäßig unproblematischen Nachweis eines bestimmten Nutzungszwecks darf eine Bewilligung nur erteilt werden, wenn es dem Antragsteller nicht zuzumuten ist, die geplante Maßnahme ohne einen gesteigerten Vertrauensschutz in Form einer gesicherten Rechtsstellung vorzunehmen. Überraschenderweise wird in diesem Zusammenhang nicht etwa auf wasserwirtschaftliche Gesichtspunkte abgestellt, sondern in erster Linie auf die wirtschaftlichen Verhältnisse; somit dient die Erteilung einer Bewilligung allein dem Investitionsschutz des Unternehmers. Die Frage nach der Unzumutbarkeit einer schlichten Erlaubnis hat sich an der individuellen Situation des Unternehmers und dem absoluten Investitionsvolumen zu orientieren.

> **Beispiel:** Eine Bewilligung wird typischerweise erteilt für die Kühlwasserentnahme von Großkraftwerken, für den Betrieb von Wasserkraftanlagen oder bei der Wassergewinnung für die öffentliche Wasserversorgung.

Gegenüberstellung der bedeutendsten Unterschiede zwischen Erlaubnis und Bewilligung

28

	Erlaubnis (§ 7 WHG)	Bewilligung (§ 8 WHG)
Verhältnis zueinander	Regelfall einer wasserrechtlichen Genehmigung	Ausnahmefall einer wasserrechtlichen Genehmigung
Zulässige Benutzungen	Alle Benutzungstatbestände können Gegenstand einer Erlaubnis sein.	Die Erteilung einer Bewilligung ist ausgeschlossen für Benutzungen mit erhöhtem Gefährdungspotential (§ 8 II 2 WHG)
Adressat der Genehmigung	Jedermann	Nur Personen mit besonderem wirtschaftlichen Interesse (§ 8 II 1 WHG)
Rechtsstellung des Adressaten	Jederzeit widerrufliche und damit relativ unsichere Befugnis zur Gewässerbenutzung	Grundsätzlich unwiderrufliches subjektiv-öffentliches Recht auf eine Gewässerbenutzung
Dauer der Erteilung	Befristung möglich, wegen der Widerrufsmöglichkeiten jedoch nicht zwingend erforderlich	Befristung zwingend vorgeschrieben (§ 8 V WHG)
Genehmigungsverfahren	„Gewöhnliches" Verwaltungsverfahren	„Qualifiziertes" Verwaltungsverfahren mit der zwingenden Erfordernis einer erweiterten Bürgerbeteiligung (§ 9 WHG)

c) Gehobene Erlaubnis

29 Zahlreiche Länder erkannten ein Bedürfnis, gerade für Abwassereinleiter (vor allem Kommunen), denen aus oben genannten Gründen die Möglichkeit der Erteilung einer Bewilligung verwehrt ist, eine gefestigtere Rechtsstellung einzuräumen als dies durch die Erteilung einer einfachen Erlaubnis erfolgen kann. Dies veranlaßte sie zur landesrechtlichen Einführung einer sogenannten „gehobenen Erlaubnis"; trotz ihrer im Vergleich zur einfachen Erlaubnis erschwerten Widerrufsmöglichkeiten bleibt die gehobene Erlaubnis letztlich eine Erlaubnis, wenn auch ihr Erteilungsverfahren in manchen Punkten durch eine stärkere Formalisierung dem der Bewilligung angenähert ist.

3. Genehmigungsfähigkeit von Vorhaben

30

→ § 6 WHG

Während im Verlauf der bisherigen Ausführungen die Frage nach der Genehmigungsbedürftigkeit bestimmter gewässertangierender Vorhaben im Mittelpunkt der Erörterung stand, betrifft der nun anschließende Prüfungsschritt die Genehmigungsfähigkeit, also die Frage, ob die Voraussetzungen für die Erteilung einer Erlaubnis oder Bewilligung im *konkreten* Fall vorliegen. In diesem Zusammenhang nimmt das Wasserhaushaltsgesetz lediglich eine *negative* Abgrenzung vor, ab welchem Zeitpunkt eine beantragte Erlaubnis oder Bewilligung zu versagen ist, *nicht* jedoch, wann eine wasserrechtliche Genehmigung positiv zu erteilen ist.

a) Gründe für die Versagung einer wasserrechtlichen Genehmigung

31 Den bedeutendsten Versagungsgrund, der für die Erlaubnis gleichermaßen wie für die Bewilligung gilt, stellt das **Wohl der Allgemeinheit** dar; damit wird die Gewässerbewirtschaftung unter das Postulat der Gemeinwohlverträglichkeit gestellt. Bei der Frage nach der Reichweite des unbestimmten Rechtsbegriffs (→ Kap. 3/RN 29) „Beeinträchtigung des Wohls der Allgemeinheit" bietet bereits das Gesetz eine erste Auslegungshilfe, indem es darunter „insbesondere eine Gefährdung der öffentlichen Wasserversorgung" versteht, also der Versorgung mit Trink- und Brauchwasser. Angesichts des umfassenden Bewirtschaftungsauftrags unter Einbeziehung des gesamten Naturhaushalts (→ RN 6) darf hierunter jedoch keinesfalls eine Beschränkung der Prüfung nur auf wasserwirtschaftliche Belange verstanden werden. Deshalb sind durch die Wasserbehörde **neben wasserrechtlichen Belangen auch sonstige Gemeinwohlbelange** wie solche der Gesundheit, der Erholung, des Naturschutzes, der Landeskultur usw. zu berücksichtigen, solange der Gesetzgeber die Prüfung dieser Belange nicht auf spezielle Verwaltungsverfahren übertragen hat.

Folgende **weitere Versagungsgründe** können *neben* dem Wohl der Allgemeinheit zu einer Versagung einer beantragten Genehmigung führen: Individuelle Interessen benachbarter Dritter; Mindestanforderungen für die Einleitung von Abwasser (§ 7a I WHG); das Gebot schadloser Abwasserbeseitigung (§ 18a I WHG); Vorschriften im Rahmen der Einbringung, dem Lagern und Befördern von festen Stoffen (§ 26 WHG); das Verbot von Grundwassergefährdungen (§ 34 I WHG); spezielle Festsetzungen in Wasserschutzgebieten (§ 19 WHG); besondere Anforderungen durch Reinhalteordnungen (§ 27 WHG) und Bewirtschaftungspläne (§ 36b WHG).

b) Bewirtschaftungsermessen

Selbst unter der Voraussetzung, daß der beantragten wasserrechtlichen Genehmigung keine zwingenden Versagungsgründe entgegenstehen, besitzt der Antragsteller noch keinen Rechtsanspruch auf Erteilung dieser Genehmigung; die *positive* Entscheidung über die Erteilung steht nämlich im Ermessen der Genehmigungsbehörde, dem sogenannten **Bewirtschaftungsermessen** (→ Kap. 5/RN 14). Denn nur auf der Grundlage eines fehlerfrei ausgeübten behördlichen Ermessens kann sichergestellt werden, daß die Wasserbehörde auf der Suche nach einem umfassenden Interessenausgleich ihrem Bewirtschaftungsauftrag (→ RN 6) in ausreichendem Maße nachkommt.

32

> **Beispiel:** So kann die Wasserbehörde durchaus – auch bei Fehlen zwingender Versagungsgründe – einen Antrag auf Erteilung einer Erlaubnis negativ verbescheiden, nur um einen sog. Präzedenzfall zu verhindern, der aufgrund zu erwartender weiterer Interessenten eine bedenkliche wasserwirtschaftliche Entwicklung einleiten könnte.

4. Zuständige Behörden und Erteilungsverfahren

Ein Blick in die verschiedenen Landeswassergesetze verrät, daß die **sachliche Zuständigkeit** für die Erteilung wasserrechtlicher Erlaubnisse und Bewilligungen in den einzelnen Bundesländern unterschiedlich geregelt ist.

33

> **Beispiel:** In Bayern sind die Kreisverwaltungsbehörden zuständig (Art. 75 I 2 BayWG); in Sachsen regelmäßig auch (§ 119 SächsWG); in Nordrhein-Westfalen jedoch nicht immer (§§ 30 I, 136 LWG NW).

Als begünstigende Verwaltungsakte unterliegen die wasserrechtlichen Genehmigungstypen der Erlaubnis und Bewilligung dem Erfordernis einer **Antragstellung durch den Benutzer**. Hierbei muß bereits aus der Stellung des Antrags deutlich werden, welche Art der wasserrechtlichen Genehmigung begehrt wird.

34

Lautet der Antrag auf Erteilung einer Bewilligung, liegen dafür aber die speziellen Voraussetzungen nicht vor, so wird die Behörde dem Antragsteller nahelegen, seinen Antrag auf die Erteilung einer Erlaubnis umzustellen; folgt er dieser Anregung nicht, so ist der Antrag (auf Erteilung einer Bewilligung) als unbegründet zurückzuweisen.

Die Behörde wird dem Antragsteller jedenfalls nicht von sich aus eine Erlaubnis zusprechen, auch wenn deren Erteilung möglich wäre. Andererseits steht es dem Gewässerbenutzer frei, selbst in den Fällen, in denen eigentlich die speziellen Voraussetzungen für die Erteilung einer Bewilligung vorliegen, lediglich den schwächeren Genehmigungstyp einer Erlaubnis zu beantragen, der in jeder Bewilligung enthalten ist; die Behörde wird nichts anderes als beantragt zusprechen.

→ § 4 WHG

Die jeweils zuständige Behörde ist jedoch auch berechtigt, eine beantragte Gestattung unter der Festsetzung von **Benutzungsbedingungen** und **Auflagen** zu erteilen, sollte eine uneingeschränkte Erteilung gegen das Wohl der Allgemeinheit verstoßen.

IV. Abwasserwirtschaft

35

Eine funktionierende Abwasserwirtschaft bezweckt **die Verhinderung oder zumindest Reduzierung von Gewässerverunreinigungen, deren Urheberschaft auf menschliche Einflüsse zurückzuführen ist**, und stellt damit lediglich eine Teildisziplin des allgemeinen Gewässerschutzrechts dar. Dementsprechend finden sich die grundlegenden Vorschriften in diesem Bereich ebenfalls im Wasserhaushaltsgesetz. Ergänzend dazu kommen auch noch andere Gesetze zur Anwendung; besonders hervorzuheben ist in diesem Zusammenhang das Abwasserabgabengesetz (AbwAG), auf dessen Grundlage dem (Direkt-)Einleiten von Abwasser in ein Gewässer die Zahlung einer Abgabe auferlegt wird (→ Kap. 5/RN 32).

1. Begriffsbestimmungen

a) Abwasser

36

Der Terminus „Abwasser" wird im Wasserhaushaltsgesetz nicht definiert; die meisten Landeswassergesetze sehen jedoch teilweise divergierende Begriffsbestimmungen vor. Im Interesse eines umfassenden Gewässerschutzes ist von einem weiten Abwasserverständnis auszugehen. Unter Zugrundelegung des noch heute gültigen historischen Abwasserbegriffs des Reichsgerichts von 1886 gilt als Abwasser das gesamte verunreinigte Wasser sowie Wassergemische ohne Rücksicht auf die Ursache, das Ausmaß oder die Schädlichkeit der Verschmutzung.

> **Beispiel:** Diese Definition erfaßt auch Niederschlagswasser, das von versiegelten Flächen in die Kanalisation abfließt.

b) Abwasserbeseitigung

37

→ § 18a I 2 WHG

Unter „Abwasserbeseitigung" im Sinne des Abwasserrechts ist in Anlehnung an das Recht der Abfallbeseitigung „das Sammeln, Fortleiten, Behandeln, Einleiten, Versickern, Verregnen und Verrieseln von Abwasser sowie das Entwässern von Klärschlamm im Zusammenhang mit der Abwasserbeseitigung" zu verstehen.

2. Abwasserbeseitigung als öffentlich-rechtliche Aufgabe

Nach einer grundsätzlichen Entscheidung durch das Wasserhaushaltsgesetz ist die Frage der Abwasserbeseitigung grundsätzlich dem Staat als **Aufgabe der öffentlichen Hand** zugewiesen. Dieser Grundsatz beruht auf der Erkenntnis, daß z. B. ein einzelner Haushalt als Abwasserproduzent selten in der Lage sein wird, sein Abwasser nach den Regeln der Technik zu entsorgen und deshalb die Übertragung dieser Aufgabe an eine leistungsfähigere Stelle zu erfolgen hat. Demnach obliegt den Ländern die Bestimmung derjenigen öffentlich-rechtlichen Körperschaften (→ Kap. 6/RN 4 ff.), welche diese Pflicht zu erfüllen haben, sowie die Festlegung derjenigen Voraussetzungen, unter denen andere, also insbesondere Private, dieser Aufgabe nachzukommen haben.

38

→ § 18a II 1 WHG

Landesrechtlich ist die Aufgabe der Abwasserbeseitigung in erster Linie auf Gemeinden und Abwasserzweckverbände übertragen. Privatpersonen trifft die Beseitigungspflicht regelmäßig bei sehr großem Abwasseranfall im gewerblich-industriellen Bereich oder Abwasseranfall in sehr dünn besiedelten Gegenden, in denen der Bau umfangreicher Abwasserbeseitigungsanlagen (Kanalisationen und Kläranlagen) wegen unverhältnismäßig hoher Kosten nicht rentabel erscheint.

3. Art und Weise der Abwasserbeseitigung

Auch oder gerade die Abwasserwirtschaft steht unter dem bereits häufiger erwähnten **Postulat der Gemeinwohlverträglichkeit** (→ RN 31), indem für die Abwasserbeseitigung gefordert wird, daß durch sie das Wohl der Allgemeinheit nicht beeinträchtigt werde.

39

Unter idealen Voraussetzungen durchläuft das Abwasser folgenden Prozeß: Zunächst wird das in den Haushalten, in der Industrie und durch abfließendes Niederschlagswasser anfallende Abwasser über ein Kanalisationsnetz in Abwasserbehandlungsanlagen (Kläranlagen) verbracht, wo eine (Vor-)Reinigung stattfindet, um das „gereinigte" Abwasser zuletzt möglichst schadlos in den natürlichen Gewässerkreislauf durch Einleitung in ein oberirdisches Gewässer zurückzuverbringen.

a) Abwasserbeseitigung als Gewässerbenutzung

Aus den vorstehenden Ausführungen über die wasserrechtliche Benutzungsordnung ergibt sich, daß der am Ende des Abwasserbeseitigungsprozesses stehende Vorgang der Einleitung des vorgeklärten Abwassers in ein oberirdisches Gewässer als **Gewässerbenutzung** zu qualifizieren ist (§ 3 I Nr. 4 WHG), wofür die für die Abwasserbeseitigung zuständigen Kommunen oder privaten Entsorgungspflichtigen eine **wasserrechtliche Erlaubnis** benötigen; die Erteilung einer Bewilligung ist für einen derartigen Benutzungstatbestand ausgeschlossen (§ 8 II 2 WHG; → RN 26).

40

→ § 7a WHG   Getragen vom umweltrechtlichen Vorsorgegedanken unterliegt die Erteilung einer Erlaubnis für das Einleiten von Abwasser *neben* dem Vorbehalt der Gemeinwohlverträglichkeit der weiteren zwingenden besonderen Genehmigungsvoraussetzung, daß die Schadstofffracht des Abwassers „so gering wie möglich" gehalten wird; die Konkretisierung dieser Anforderungen, deren Strenge in Abhängigkeit von der Gefährlichkeit des einzuleitenden Abwassers für das Allgemeinwohl zunimmt, erfolgt im Wege ständig aktualisierter Verwaltungsvorschriften (→ Kap. 3/RN 7).

41

b) Die Rolle des Abwassererzeugers im System der Abwasserbeseitigung

Wie bereits ausgeführt, liegt nach dem Verständnis des Wasserhaushaltsgesetzes bei der Einleitung von Abwasser durch den Abwasserproduzenten in eine gemeindliche Kanalisation **keine Gewässerbenutzung** vor, da durch dieses Vorhaben der sachliche Geltungsbereich des Gesetzes nicht eröffnet ist (→ RN 11). Schließlich handelt es sich bei einem gemeindlichen Kanalisationssystem in der Regel nicht um ein Gewässer im Sinn des Wasserhaushaltsgesetzes. Damit unterliegt die Einleitung in die Kanalisation durch den Abwassererzeuger *nicht* dem Instrumentarium der wasserwirtschaftlichen Benutzungsordnung und somit auch nicht der Kontrolle durch die Wasserbehörden; eine wasserrechtliche Kontrolle erfolgt erst durch Einleitung des (vor-)gereinigten Abwassers in ein Gewässer durch die abwasserbeseitigungspflichtigen Gebietskörperschaften. Der Bürger, der sich über eine gemeindliche Kanalisation seines Abwassers entledigt, muß sich deshalb auch als sogenannter „Indirekteinleiter" nicht um die Erteilung einer Genehmigung hierfür bemühen. Dies hat allerdings nicht zur Folge, daß sich Abwasserproduzenten frei jeder Regelung ihres Abwassers entledigen können. Denn für die beseitigungspflichtigen Kommunen als Adressaten der jeweiligen Erlaubnis bestehen zahlreiche Möglichkeiten der Einflußnahme auf die Abwassererzeuger, um eventuellen eigenen Auflagen und Benutzungsbedingungen gerecht zu werden; dies geschieht regelmäßig im Wege kommunaler Normsetzung durch den **Erlaß von Satzungen** (→ Kap. 2/RN 18), in denen sich z.T. detaillierte Regelungen für die Überlassung des Abwassers durch den Abwassererzeuger wiederfinden.

> **Beispiel:** Überlassung des Abwassers erst nach vorheriger Behandlung; Ausschluß der Entsorgung bestimmter Stoffe.

V. Planungsrechtliches Instrumentarium des Gewässerschutzrechts

42

Das fachplanerische Instrumentarium im Gewässerschutzrecht dient im allgemeinen dazu, komplexe Problemzusammenhänge zu erfassen und einen Ausgleich zwischen kollidierenden Interessen des Gewässerschutzes und anderen Interessen herbeizuführen. Da in diesem Zusammenhang auch Prognosen zukünftiger Entwicklungen vorgenommen werden, sollten derartige Planungen (→ Kap. 5/RN 7 ff.) aus der Sicht eines effektiven Gewässerschutzes entscheidend vom umweltrechtlichen Vorsorgeprinzip (→ Kap. 5/RN 2) beeinflußt sein.

1. Wasserschutzgebiete

Angesichts einer zunehmenden Belastung der Gewässer dient die Festsetzung von Wasserschutzgebieten dazu, konkrete Gebiete wasserwirtschaftlich zusätzlich zu den parallel weiterhin anwendbaren Vorschriften der allgemeinen Benutzungsordnung einer intensiveren Pflege zu unterstellen; dies erfolgt regelmäßig durch den Erlaß von Rechtsverordnungen (→ Kap. 2/RN 17), welche im wesentlichen auch die **Festlegung zusätzlicher Ge- und Verbote** zum Inhalt haben. Unter Berücksichtigung des rechtsstaatlichen Gebots der Verhältnismäßigkeit (→ Kap. 3/RN 34) staatlicher Eingriffe wird hierbei häufig eine Einteilung des betreffenden Gebiets in drei Zonen unterschiedlicher Schutzintensitäten vorgenommen.

43
→ § 19 WHG

Ziel der Erklärung eines Gebiets zu einem Wasserschutzgebiet ist ganz allgemein eine **mengen- oder qualitätsmäßige Verbesserung der Wasserressourcen**, wobei in der Praxis vergangener Jahre die Festsetzung zum Zweck einer ausreichenden Versorgung mit Trinkwasser die bei weitem größte Bedeutung hatte.

> **Beispiel:** Zusätzliche Ge- und Verbote können Beschränkungen der Land- und Forstwirtschaft bei der Düngung sowie bei der Verwendung von Pflanzenschutzmitteln, der Erlaß von Bauverboten oder eine Einschränkung von Betretungsrechten sein.

2. Sonstige Planungsinstrumente

Weitere fachplanerische Instrumente stellt das Wasserhaushaltsgesetz in Gestalt von **Abwasserbeseitigungsplänen**, **Reinhalteordnungen** und **Bewirtschaftungsplänen** bereit. Allerdings konnten diese Fachplanungen den in sie gesetzten hohen Erwartungen bislang nicht gerecht werden.

→ §§ 18a III, 27, 36b WHG

Kontrollfragen:
1. Mit welcher zentralen Thematik befaßt sich die „Wasserwirtschaft"? (RN 3)
2. Skizzieren Sie den Prüfungsaufbau der wasserrechtlichen Zulässigkeit eines Vorhabens? (RN 9–10)
3. Aus welchem Grund liegt bei der Einleitung von Abwasser in ein kommunales Kanalisationsnetz keine Gewässerbenutzung vor? (RN 12)
4. Worin unterscheiden sich sogenannte „echte" von „unechten" Benutzungen? (RN 16–17)

5. Was versteht man im Zusammenhang mit den Benutzungstatbeständen unter dem Begriff des „subsidiären Auffangtatbestands"? (RN 17)
6. Nach welchem Kriterium grenzt man am Beispiel einer Naßauskiesung zwischen einer Gewässerbenutzung und einem Gewässerausbau ab? (RN 18)
7. Welche wasserrechtlichen Gestattungsarten kennen Sie? Arbeiten Sie die entscheidenden Unterschiede anhand des Gesetzes heraus! (RN 24–28)
8. Hat ein Gewässerbenutzer einen Anspruch gegen die zuständige Behörde auf Erteilung einer wasserrechtlichen Genehmigung, sobald alle Voraussetzungen hierfür vorliegen? (RN 32)
9. Welche Gestattungsart benötigt eine abwasserbeseitigungspflichtige Kommune für die Einleitung ihres vorgeklärten Abwassers in einen Fluß? Auf welche Weise kann sie bestimmte Auflagen an den Abwasserproduzenten weiterleiten? (RN 40–41)
10. Arbeiten Sie unter Zuhilfenahme des Gesetzestextes heraus, aus welchen Gründen die Verwaltung bestimmte Gebiete unter einen besonderen wasserrechtlichen Schutz stellen kann! (RN 43)

Weiterführende Literatur:
Breuer, Rüdiger, Öffentliches und privates Wasserrecht, 2. Aufl. (1987); *Gieseke, Paul/ Wiedemann, Werner/Czychowski, Manfred*, Wasserhaushaltsgesetz (Kommentar), 6. Aufl. (1992); *Kloepfer, Michael*, Umweltrecht, 1989, § 11 (S. 590–673); *Schmidt, Reiner/Müller, Helmut*, Einführung in das Umweltrecht, 4. Aufl. (1995), § 4; *Sieder, Frank/ Zeitler, Herbert/ Dahme, Heinz*, Wasserhaushaltsgesetz (Kommentar), Stand 1.8.1994; *Umweltbundesamt* (Hrsg.), Daten zur Umwelt 1992/93, 1994, S. 320ff.; Zeitschrift für Wasserrecht (ZfW).

Rechtsprechungshinweise:
BVerfGE 15, S. 1 ff. (Definition der Wasserwirtschaft); BVerfGE 58, S. 300 ff. (Grundwasserdefinition; Verhältnis der wasserwirtschaftlichen Benutzungsordnung zum Eigentumsgrundrecht); BVerwGE 49, S. 293 ff. (Erfordernis des Zusammenhangs eines Gewässers mit dem natürlichen Gewässerkreislauf); BVerwGE 55, S. 220 ff. (Abgrenzung Gewässerausbau/Gewässerbenutzung bei der Naßauskiesung); BVerwGE 81, S. 347ff. (Reichweite des wasserrechtlichen Gemeinwohlbegriffs); RGZ 16, S. 178 ff. (Abwasserdefinition).

12. Gentechnikrecht

I. Allgemeines
  1. Begrifflichkeit
  2. Umweltrelevanz
  3. Rechtsgrundlagen
  4. Anwendungsbereich
  5. Zuständigkeit
     a) Allgemeine Vollzugskompetenz
     b) Zentrale Kommision für Biologische Sicherheit (ZKBS)
  6. Ziel
  7. Grundpflichten
  8. Systematik

II. Gentechnische Arbeiten in gentechnischen Anlagen
  1. Differenzierung nach Sicherheitsstufen und dem Zweck
  2. Genehmigung
  3. Anmeldung
  4. Verfahrensablauf
  5. Zusammenfassung (Schaubild)

III. Freisetzung und Inverkehrbringen
  1. Genehmigungsbedürftigkeit
  2. Genehmigungsvoraussetzungen

IV. Gemeinsame Vorschriften
  1. Betriebs- und Geschäftsgeheimnisse
  2. Öffentlichkeitsbeteiligung
  3. Konzentrations- und privatrechtsgestaltende Wirkung
  4. Überwachung, Auskunfts- und Duldungspflichten
  5. Sonstiges

V. Haftung

Die Chancen und Risiken der Gentechnik werden unter ethischen, religiösen und verfassungsrechtlichen Gesichtspunkten ambivalent beurteilt. Den einen gilt die Gentechnik als „Segen", von dem beträchtliche ökonomische Gewinne, aber auch ein wesentlicher Beitrag etwa zur Bekämpfung von Krankheiten, zur Lösung der Ernährungsfrage oder zur Beseitigung der Folgen von Umweltkatastrophen zu erwarten ist. Die anderen sehen in der Gentechnik eher einen „Fluch", denn sie fürchten ein nahezu grenzenloses Experimentieren am Erbgut von Menschen, Tieren und Pflanzen, durch das sich einzelne Forscher zu „Herren über die Schöpfung" aufschwingen könnten.

1

> **Fakten:** Bis Mitte 1993 wurden in Deutschland 594 Anträge für gentechnische Anlagen gestellt. Davon konnten 80 Prozent genehmigt werden. Das Bundesforschungsministerium förderte die Gentechnik im Zeitraum von 1982 bis 1992 mit 225 Millionen DM. Nach dem Stand von 1993 arbeiteten circa 1900 Laboratorien in Deutschland mit Gentechnik und waren sechs gentechnische Industrieanlagen in Betrieb. Im Vergleich dazu existierten im gleichen Zeitraum in Japan bereits 130 und in den USA 300 gentechnische Industrieanlagen. Der globale Jahresumsatz der gentechnischen Industrie wird mit rund zehn Milliarden DM beziffert.

I. Allgemeines

1. Begrifflichkeit

2

Unter „Gentechnik" versteht man die Zusammenfassung der Methoden und Verfahren zur Isolierung und Charakterisierung genetischen Materials, seiner künstlichen Manipulation und Wiedereinführung in neue, eventuell fremde Umgebung. Die Gentechnik kommt zur Anwendung in der Grundlagenforschung, in den biomedizinischen Disziplinen, im Gesundheitswesen (Arzneimittel, DNA-Diagnostik, somatische Gentherapie von Erb-, Krebs-, Herz-Kreislauf- und Rheumaerkrankungen), der Landwirtschaft (Pflanzen- und Tierzucht), der Lebensmittelindustrie (Zusatzstoffe, Fermentation) und im Umweltschutz (Schadstoffabbau und Umweltsanierung, Bioanalytik, Biokatalysatoren, umweltschonende Produktionsverfahren).

> **Beispiel:** Die großtechnische Produktion von Humaninsulin im Jahre 1980 war weltweit die erste industrielle Anwendung der Gentechnik. Auf konventionelle Weise wurde Insulin bis dato aus der Bauchspeicheldrüse von Schweinen und Rindern isoliert. Allerdings ist diese Gewinnungsweise sehr aufwendig und zum Teil auch mit Unverträglichkeitsreaktionen verbunden. Mit Hilfe der Gentechnik gelang es, die Erbinformation für das Insulin aus dem Menschen in den Bakteriensicherheitsstamm Escherichia coli K12 zu übertragen. Diese rekombinanten Bakterien stellen nun ihrerseits Humaninsulin her.

Häufig wird die „Gentechnik" auch im Zusammenhang mit Technologien genannt, die mit ihr *nichts* zu tun haben, etwa die Methoden der künstlichen Befruchtung (In-vitro-Fertilisation), die Erzeugung von Mosaik-Lebewesen oder Chimären (z. B.: Bildung einer „Tomoffel" aus Tomate und Kartoffel) sowie die Klonierung, also die Herstellung identischer Mehrlinge.

2. Umweltrelevanz

Hinsichtlich der Auswirkungen der Gentechnologie auf die Umwelt wird zwischen mittelbaren und unmittelbaren Effekten unterschieden. Die *unmittelbaren* Auswirkungen ergeben sich als Folge der Freisetzung eines gentechnisch veränderten Organismus ($\rightarrow$ RN 7) in die Umwelt. Derartige Freisetzungen können zum einen zur Verdrängung, Bedrohung oder Ausrottung einheimischer Arten durch Wettbewerb, neue Räuber/Beute- oder neue Pathogen/Wirt-Beziehungen führen. Zum anderen kann es in der Konsequenz auch zu Störungen bzw. Veränderungen von Stoffkreisläufen, zur Produktion toxischer Stoffe oder zum Verlust genetischer Vielfalt kommen. Als Beispiel für eine *mittelbare* Umweltauswirkung der Gentechnologie kann auf den vermehrten Einsatz von Totalherbiziden als Resultat der Einführung gentechnisch hergestellter herbizidresistenter Pflanzen verwiesen werden.

3

3. Rechtsgrundlagen

Im Prozeß der Verrechtlichung der Gentechnologie kam dem Europarecht ($\rightarrow$ Kap. 14) eine entscheidende Schrittmacherfunktion zu. Zu erwähnen sind insbesondere die Richtlinie über die Anwendung genetisch veränderter Mikroorganismen in geschlossenen Systemen (sog. Systemrichtlinie) und die Richtlinie über die absichtliche Freisetzung genetisch veränderter Organismen in die Umwelt (sog. Freisetzungsrichtlinie). Diese Anstöße „aus Brüssel" beschleunigten die deutschen Vorarbeiten zu einem **Gentechnikgesetz (GenTG)**, das am 1. Juli 1990 in Kraft trat.

4

Das Gentechnikgesetz beschränkt sich auf die Regelung der grundsätzlichen Aspekte. Die technischen und organisatorischen Details sind, ähnlich wie im Immissionsschutzrecht, zum Großteil in Rechtsverordnungen ($\rightarrow$ Kap. 2/RN 17) geregelt. Auf diese soll hier vorab nicht näher eingegangen werden. Sie werden vielmehr nachfolgend im Zusammenhang mit den konkreten Einzelfragen vorgestellt.

4. Anwendungsbereich

5 Das Gentechnikgesetz gilt für

→ §§ 2, 3 GenTG

- **gentechnische Anlagen**, also Einrichtungen, in denen gentechnische Arbeiten im geschlossenen System durchgeführt werden und für die physikalische (ggf. ergänzt durch biologische und/oder chemische) Schranken verwendet werden, um den Kontakt der verwendeten Organismen mit Mensch und Umwelt zu begrenzen. Dies können Anlagen zu Forschungszwecken oder zu gewerblichen Zwecken sein, einschließlich der Land- und Forstwirtschaft. Auch hoheitliche Anlagen (z. B. der Bundeswehr) werden erfaßt.

> **Beispiel:** Gentechnische Anlagen sind etwa Labor- und Versuchsanlagen sowie fabrikmäßige Produktionsstätten. Je nach Einzelfall kann auch bereits eine einzelne Werkbank, ein einzelner Fermenter oder Transportbehälter hierunter fallen.

6
- **gentechnische Arbeiten**, mithin die Erzeugung von und den Umgang mit *gentechnisch veränderten Organismen*, d. h. Organismen, deren genetisches Material in einer Weise modifiziert worden ist, wie sie unter natürlichen Bedingungen durch Kreuzen oder natürliche Rekombination nicht vorkommt.

> **Beispiel:** DNS-Rekombinationstechniken, bei denen Vektorsysteme eingesetzt werden; Verfahren, bei denen in einen Organismus direkt Erbgut eingeführt wird, welches außerhalb des Organismus zubereitet wurde; Zellfusionen oder Hybridisierungsverfahren, bei denen lebende Zellen mit einer neuen Kombination von genetischem Material anhand von Methoden gebildet werden, die unter natürlichen Bedingungen nicht auftreten. *Nicht* als Verfahren der Veränderung genetischen Materials gelten grundsätzlich In-vitro-Befruchtung; Konjugation, Transduktion, Transformation oder jeder andere natürliche Prozeß; Polyploidie-Induktion; Mutagenese sowie Zell- und Protoplastenfusion von pflanzlichen Zellen, die zu solchen Pflanzen regeneriert werden können, die auch mit herkömmlichen Züchtungstechniken erzeugbar sind.

7
- **Freisetzungen von gentechnisch veränderten Organismen**, mit anderen Worten das *gezielte* Ausbringen von gentechnisch veränderten Organismen in die Umwelt, soweit noch keine Genehmigung für das Inverkehrbringen zum Zweck des späteren Ausbringens in die Umwelt erteilt wurde.

> **Beispiel:** Das finale Entlassen von gentechnisch veränderten Organismen, etwa von Eis-Minus-Bakterien, zu experimentellen oder kommerziellen Zwecken in die Umwelt.

- das **Inverkehrbringen von Produkten, die gentechnisch veränderte Organismen enthalten oder aus solchen bestehen**. Damit ist die an bestimmte Personen erfolgende Abgabe von Waren gemeint, die gentechnisch veränderte Organismen enthalten oder aus solchen bestehen. Ein „Inverkehrbringen" liegt begrifflich *nicht* vor, wenn es um den (inter-)nationalen Austausch von gentechnisch veränderten Organismen zum Zwecke der Forschung, den Austausch innerhalb eines Konzerns zum Zwecke der Weiterverarbeitung oder Produktion, die Abgabe nach patentrechtlichen Vorschriften an Dritte, die Abgabe zum Zwecke der unmittelbaren genehmigten Freisetzung oder die Abgabe von Arzneimitteln im Rahmen klinischer Prüfung geht.

8

> **Beispiel:** Ein „Inverkehrbringen" liegt vor bei der Veräußerung gentechnisch veränderter Hefe oder gentechnisch veränderten Saatguts an Landwirte.

Das Gentechnikgesetz **gilt nicht für** die Anwendung von gentechnisch veränderten Organismen am Menschen, sprich die **Humangenetik**.

9

> **Beispiel:** Nicht erfaßt werden Fragen der somatischen Gentherapie (Korrektur genetischer Defekte in menschlichen Körperzellen zu Heilzwecken), der Keimbahn-Therapie (Eingriffe in Zellen der Keimbahn mit dem Ziel erblicher genetischer Modifikationen) sowie sämtliche gentechnische Arbeiten mit Zellen der menschlichen Keimbahn. Dagegen ist das Gentechnikgesetz anwendbar auf in-vitro-Teilschritte dieser Verfahren, die der unmittelbaren Anwendung von gentechnisch veränderten (Mikro-)Organismen am Menschen vorausgehen oder folgen, etwa gentechnische Laborarbeiten, die eine später am Menschen erfolgende Injektion vorbereiten sollen.

Maßgeblich ist insofern zumindest teilweise das seit dem 1. Januar 1991 geltende **Embryonenschutzgesetz**, das neben Fragen der Fortpflanzungsmedizin auch die künstliche Veränderung menschlicher Keimbahnzellen regelt und letztere grundsätzlich verbietet sowie mit Freiheitsstrafe bis zu fünf Jahren oder mit Geldstrafe bedroht. Ebenso wird bestraft, wer eine menschliche Keimbahnzelle mit künstlich veränderter Erbinformation zur Befruchtung verwendet. Hiervon werden bestimmte, näher umrissene Ausnahmen im Interesse der Forschungsfreiheit zugelassen.

5. Zuständigkeit

a) Allgemeine Vollzugskompetenzen
Die Vollzugszuständigkeit ist zwischen dem Bund und den Ländern aufgeteilt. Die **Länder** sind kompetent für das Anmelde- und Genehmigungsverfahren bei der Errichtung und dem Betrieb gentechnischer Anlagen und der Durchführung gentechnischer Arbeiten sowie umfassend für die Überwachung. Die

10
→ § 31 GenTG

Festlegung der konkret zuständigen Behörden erfolgt durch Landesrecht. Im folgenden sollen einige Länder repräsentativ herausgegriffen werden:

- **Baden-Württemberg, Niedersachsen:** Hier besteht eine umfassende Zuständigkeit der jeweiligen (Bezirks-)Regierung.
- **Bayern:** Das Verfahren der Anmeldung und Genehmigung ist auf die Regierungen von Oberbayern (zuständig für Oberbayern, Niederbayern und Schwaben), Oberfranken (zuständig für Oberfranken und Oberpfalz) und Unterfranken (zuständig für Unter- und Mittelfranken) konzentriert. Das gleiche gilt für die Überwachungskompetenz. In dringenden Fällen kommt den Gewerbeaufsichtsämtern eine Eilkompetenz zu.
- **Rheinland-Pfalz:** Kompetent für Anmeldungen, Genehmigungen sowie Anordnungen nach § 26 III und IV GenTG ist das Landesamt für Umweltschutz und Gewerbeaufsicht, für die allgemeine Überwachung und sonstige Maßnahmen sind es die Gewerbeaufsichtsämter.
- **Schleswig-Holstein:** Die Zuständigkeit liegt insgesamt beim Minister für Natur, Umwelt und Landesentwicklung, der diese allerdings ggf. an nachgeordnete Behörden delegieren kann.

11

Dem **Bund** kommt die Zuständigkeit für die Genehmigung der Freisetzung von gentechnisch veränderten Organismen (→ RN 7) sowie des Inverkehrbringens von Produkten mit gentechnisch veränderten Organismen (→ RN 8) zu. Konkreter Adressat hierfür war bislang das Bundesgesundheitsamt und ist – seit der Novelle des Gentechnikgesetzes im Jahre 1993 – das **Robert-Koch-Institut** in Berlin. Letzteres entscheidet allerdings nicht selbständig, sondern unter Mitwirkung verschiedener anderer Behörden.

Über eine *Freisetzung* entscheidet das Robert-Koch-Institut im *Einvernehmen* mit der Biologischen Bundesanstalt für Land- und Forstwirtschaft, dem Umweltbundesamt (→ Kap. 6/RN 21) und, soweit gentechnisch veränderte Wirbeltiere oder gentechnisch veränderte Mikroorganismen, die an Wirbeltieren angewendet werden, betroffen sind, der Bundesforschungsanstalt für Viruskrankheiten der Tiere. Ferner ist eine Stellungnahme der zuständigen Landesbehörde einzuholen. Im Falle eines *Inverkehrbringens* hat das Robert-Koch-Institut vorher die *Stellungnahmen* des Umweltbundesamtes, der Biologischen Bundesanstalt für Land- und Forstwirtschaft und, soweit gentechnisch veränderte Wirbeltiere oder gentechnisch veränderte Mikroorganismen, die an Wirbeltieren angewendet werden, betroffen sind, der Bundesforschungsanstalt für Viruskrankheiten der Tiere und des Paul-Ehrlich-Instituts einzuholen.

12

→ §§ 4, 5 GenTG

b) Zentrale Kommission für die Biologische Sicherheit (ZKBS)

Eine gewichtige Rolle beim Vollzug des Gentechnikgesetzes spielt die Zentrale Kommission für die Biologische Sicherheit (ZKBS), die dem Robert-Koch-Institut (→ RN 11) angegliedert ist und bei jedem Anmelde- und Genehmigungsverfahren eingeschaltet wird. Sie hat die Aufgabe, gegenüber den jeweils zuständigen Behörden Stellungnahmen zu Sicherheitsfragen abzugeben. Die von der ZKBS vorgelegten Voten sind zwar rechtlich unverbindlich, ihnen kommt aber faktisch eine nicht zu unterschätzende Präjudizwirkung zu, da ein Abweichen hiervon eine besondere Begründung voraussetzt, was in der Praxis dazu geführt hat, daß der Standpunkt der ZKBS zumeist mehr oder weniger ungeprüft übernommen wird. Daneben obliegt der ZKBS das Mandat, im Rahmen des Gesetzgebungsverfahrens den Bund und die Länder in sicherheitsbezogenen Problemen der Gentechnik zu beraten. Die ZKBS ist weisungsunabhängig und besteht aus zehn Sachverständigen aus unterschiedlichen, mit der Gentechnik in Zusammenhang stehenden Wissenschaftsgebieten sowie aus je einem Experten aus den Bereichen der Gewerkschaften, des Arbeitsschutzes, der Wirtschaft, des Umweltschutzes und der forschungsfördernden Organisationen. Ihre Mitglieder werden vom Bundesgesundheitsminister im Einvernehmen mit anderen Fachministerien auf die Dauer von drei Jahren berufen. Die Kommission berichtet der Öffentlichkeit einmal im Jahr über ihre Arbeit. Die Einzelheiten ihrer Arbeitsweise sind in der **ZKBS-Verordnung** aufgeführt.

6. Ziel

Zweck des Gentechnikgesetzes ist es **13**

- Leben und Gesundheit von Menschen, Tiere, Pflanzen sowie die sonstige Umwelt in ihrem Wirkungsgefüge und Sachgüter vor möglichen Gefahren gentechnischer Verfahren und Produkte zu schützen und dem Entstehen solcher Gefahren vorzubeugen (sog. **Schutzzweck**) sowie → § 1 GenTG
- den rechtlichen Rahmen für die Erforschung, Entwicklung, Nutzung und Förderung der wissenschaftlichen, technischen und wirtschaftlichen Möglichkeiten der Gentechnik zu schaffen (sog. **Förderungszweck**).

Dem Schutzzweck gebührt dabei im Zweifel der Vorrang gegenüber dem Förderungszweck.

7. Grundpflichten **14**

Das Gentechnikgesetz sieht eine Reihe genereller **Grundpflichten** des Betreibers vor. Diese sind den sog. Betreiberpflichten im Immissionsschutzrecht (→ Kap. 7/RN 20 ff.) vergleichbar. → § 6 GenTG

Zunächst ist der Betreiber zu einer **umfassenden, vorherigen Risikobewertung** verpflichtet (Gedanke der Selbstverantwortung des Betreibers). Dabei hat er insbesondere die Eigenschaften der Spender- und Empfängerorganismen, der Vektoren sowie der gentechnisch veränderten Organismen, ferner die Auswirkungen der gentechnisch veränderten Organismen auf die menschliche Gesundheit und die Umwelt zu berücksichtigen. Die Risikobewertung dient als Grundlage für die Zuweisung gentechnischer Arbeiten zu den einzelnen Sicherheitsstufen (→ RN 19).

15 Den Betreiber trifft des weiteren eine **Pflicht zur Gefahrenabwehr und Risikovorsorge** nach dem Stand von Wissenschaft und Technik. Diese Schutz- und Vorbeugepflichten sind *dynamisch* ausgestaltet, d. h. es handelt sich um Dauerpflichten, die solange gelten, wie das Vorhaben betrieben wird. Beide Pflichten sind in einem umfassenden Sinn zu verstehen und erstrecken sich auch auf die Entsorgung und Reststoffverwertung. Die Anforderungen an die Schutz- und Vorsorgepflicht werden in der **Gentechnik-Sicherheitsverordnung** (GenTSV) näher, wenn auch nicht abschließend, konkretisiert.

16 Hinzu kommt die Pflicht des Betreibers, **Aufzeichnungen** über die Durchführung gentechnischer Arbeiten und die Freisetzungen zu führen und der zuständigen Behörde auf ihr Ersuchen vorzulegen. Diese Aufzeichnungspflicht ist in der hierzu ergangenen **Gentechnik-Aufzeichnungsverordnung (GenTAufzV)** näher ausgestaltet.

17 Zu guter Letzt ist derjenige, der gentechnische Arbeiten oder Freisetzungen durchführt, auch noch verpflichtet, **Projektleiter** sowie **Beauftragte für Biologische Sicherheit** zu bestellen. Der Projektleiter ist mit der unmittelbaren Planung, Leitung oder Beaufsichtigung der gentechnischen Arbeiten bzw. Freisetzungen betraut. Der Beauftragte für Biologische Sicherheit überprüft seinerseits die Erfüllung der Aufgaben des Projektleiters und berät den Betreiber.

8. Systematik

18 Das Gentechnikgesetz beginnt im ersten Teil mit einigen allgemeinen Vorschriften (§§ 1–6 GenTG). Im zweiten Teil folgt die für das weitere Verständnis (→ RN 19 ff., 26 ff.) *fundamentale Zweiteilung* in die Abschnitte über „gentechnische Arbeiten in gentechnischen Anlagen" (§§ 7–13 GenTG; → RN 5 f.) einerseits und die „Freisetzung und Inverkehrbringen" (§§ 14–16 GenTG; → RN 7 f.) andererseits. Diese beiden Anwendungsbereiche des Gesetzes müssen stets klar auseinander gehalten werden, da die Regelungen hinsichtlich des Genehmigungs- bzw. Anmeldeerfordernisses, des Genehmigungsverfahrens und der Genehmigungsvoraussetzungen verschieden ausgestaltet sind. Lediglich im vierten Teil (§§ 17–31 GenTG) werden eine Reihe von „gemeinsamen Vorschriften" genannt, die sowohl für die gentechnischen Arbeiten in gentechnischen Anlagen als auch für die Freisetzung und das Inverkehrbringen Gültigkeit beanspruchen (→ RN 28 ff.). Damit ergibt sich im vereinfachten Schema folgende Grobeinteilung:

```
                    Allgemeine Vorschriften (§§ 1–6 GenTG)
      ┌─────────────────────────────────┬─────────────────────────────────┐
      │ Gentechnische Arbeiten in       │ Freisetzung und                 │
      │ gentechnischen Anlagen          │ Inverkehrbringen                │
      │ (§§ 7–13 GenTG)                 │ (§§ 14–16 GenTG)                │
      └─────────────────────────────────┴─────────────────────────────────┘
                    Gemeinsame Vorschriften (§§ 17–31 GenTG)
                    Haftungsvorschriften (§§ 32–37 GenTG)
                    Straf- und Bußgeldvorschriften (§§ 38–39 GenTG)
                    Übergangs- und Schlußvorschriften (§§ 41–42 GenTG)
```

Abgerundet wird das Gentechnikgesetz durch drei weitere Teile, betreffend Haftungsvorschriften (§§ 32–37 GenTG; → RN 38 ff.) sowie die – hier ausgesparten – Straf- und Bußgeldvorschriften (§§ 38 f. GenTG; vgl. dazu eingehend Kap. 21) sowie Übergangs- und Schlußvorschriften (§§ 41 f. GenTG).

II. Gentechnische Arbeiten in gentechnischen Anlagen

1. Differenzierung nach Sicherheitsstufen und dem Zweck

Im Mittelpunkt der Sicherheitskonzeption des Gentechnikgesetzes steht die Einteilung der gentechnischen Arbeiten. (→ RN 6) in verschiedene Sicherheitsstufen. Maßgeblich für die Abstufung ist das nach dem jeweiligen Stand der Wissenschaft gegebene Risiko der gentechnischen Arbeiten für die menschliche Gesundheit und die Umwelt. Danach unterscheidet man *vier* Sicherheitsgruppen. Die Zuordnung der gentechnischen Arbeiten zu den einzelnen Sicherheitsstufen wird in der Gentechnik-Sicherheitsverordnung vorgenommen. Diese praktisch wohl bedeutsamste Gentechnikverordnung überhaupt läßt mit ihren detaillierten Regelungen, vor allem in ihren Anhängen, den Behörden wenig Raum für eine abweichende Beurteilung. Im folgenden soll die Abstufung in vier Risikogruppen am Beispiel der Arbeit mit Viren für Forschungszwecke illustriert werden (vgl. Anhang I, Teil B, II. der Gentechnik-Sicherheitsverordnung):

19

→ § 7 GenTG

- **Sicherheitsstufe 1** (kein Risiko)

   Beispiel: Hierunter fallen Viren, die für gesunde Menschen und Tiere nicht pathogen sind (etwa amtlich zugelassene Impfstoffe mit vermehrungsfähigen

> Viren gegen bestimmte Herpes-, Pocken- und Toga-Viren bei Mensch und Tieren); Puten-Herpesvirus oder Rhinoviren bei Tieren.

- **Sicherheitsstufe 2** (geringes Risiko).

> **Beispiel:** Büffelpocken-Virus, Elefantenpocken-Virus, Gänsehepatitis-Viren, Hepatitis-A-Virus, humane Rhinoviren, Masernvirus, Tollwutvirus, Virus der klassischen Schweinepest.

- **Sicherheitsstufe 3** (mäßiges Risiko).

> **Beispiel:** Affenpocken-Viren, Gelbfieber-Virus, Hepatitis-C-Virus, Hepatitis-Delta-Virus, Hepatitis-E-Virus, Schafpocken-Virus.

- **Sicherheitsstufe 4** (hohes Risiko oder begründeter Verdacht eines solchen Risikos).

> **Beispiel:** Herpes-B-Virus, Marburg-Virus, Weißpockenvirus, Maul- und Klauenseuche-Virus, Rinderpest-Virus.

In der Praxis fallen in Bayern drei Viertel aller gentechnischen Arbeiten und zwei Drittel aller gentechnischen Anlagen unter die Sicherheitsstufe 1. Der Anteil der zur Sicherheitsstufe 2 gehörenden Arbeiten liegt bei knapp einem Viertel, der der Anlagen bei knapp einem Drittel. Zur Sicherheitsstufe 3 gehören in beiden Fällen etwa drei Prozent. Anlagen und Arbeiten der höchsten Sicherheitsstufe gibt es bislang nicht. Diese Angaben decken sich mehr oder weniger mit den aus den anderen Bundesländern vorliegenden Statistiken.

20 Daneben wird bei der Genehmigungs- und Anmeldepflicht zwischen **gentechnischen Arbeiten zu Forschungszwecken und zu gewerblichen Zwecken** differenziert, wobei die gentechnische Forschung bewußt verfahrensrechtlich privilegiert ist (→ RN 21 ff.). Dies entspricht der Intention des Gesetzgebers, die Erforschung der gentechnischen Möglichkeiten, von der man sich vor allem im Gesundheits- und Umweltbereich wesentliche Fortschritte erhofft, gezielt zu fördern.

In Bayern werden 222 gentechnische Anlagen als Forschungslabors betrieben. Dies entspricht einem Anteil von 91 Prozent. Demgegenüber bestehen nur 22 gentechnische Anlagen zu gewerblichen Zwecken. Ein ähnliches Bild zeigt sich bei den gentechnischen Arbeiten: Hier werden 87 Prozent zu Forschungszwecken durchgeführt und nur 13 Prozent zu gewerblichen Zwecken.

2. Genehmigung

21 Die Errichtung und der Betrieb gentechnischer Anlagen der Sicherheitsstufen 2 bis 4 bedürfen der Genehmigung. Die Genehmigung berechtigt zur (*erstma-*

ligen) Durchführung der im Genehmigungsbescheid genannten gentechnischen Arbeiten zu gewerblichen oder zu Forschungszwecken. Die Genehmigung gilt immer nur für Arbeiten bis zu einer bestimmten, in der Genehmigung selbst festgelegten Sicherheitsstufe. Sollen Arbeiten einer darüber liegenden Sicherheitsstufe durchgeführt werden, ist eine neue Anlagengenehmigung erforderlich.

→ § 8 GenTG

Das Gentechnikgesetz geht somit von der Sicherheitskonzeption eines **präventiven Verbots mit Erlaubnisvorbehalt** („case-by-case"; → Kap. 5/RN 14) aus. Das Genehmigungserfordernis erstreckt sich auch auf die wesentliche Änderung der Lage, der Beschaffenheit oder des Betriebs einer gentechnischen Anlage. Auf Antrag kann unter bestimmten Voraussetzungen eine Teilgenehmigung erteilt werden. Insgesamt zeigen sich offensichtliche Parallelen zum Regelungssystem des Bundes-Immissionsschutzgesetzes (→ Kap. 7/RN 16 ff., 19 ff.).

Der Antragsteller hat einen **Anspruch** auf die Erteilung der Genehmigung, sofern ein Katalog von sechs Voraussetzungen erfüllt ist:

22

- Die Zuverlässigkeit des Betreibers und der für die Errichtung sowie für die Leitung und die Beaufsichtigung des Betriebs der Anlage verantwortlichen Personen muß gewährleistet sein. Daraus folgt im übrigen der Charakter der gentechnischen Anlagengenehmigung als einer sog. **gemischten Genehmigung**, will sagen, die Genehmigung ist – im Gegensatz zum Immissionsschutzrecht (→ Kap. 7/RN 19 ff.) nicht nur anlagen-, sondern auch personenbezogen.
- Der Projektleiter sowie der (die) Beauftragte für die Biologische Sicherheit müssen sachkundig und zur Erfüllung ihrer gesetzlichen Pflichten befähigt sein.
- Die Pflicht zur Risikobewertung (→ RN 14) sowie die Pflichten zur Gefahrenabwehr und Risikovorsorge (→ RN 15) sind einzuhalten.
- Es muß sichergestellt sein, daß die nach dem Stand der Wissenschaft und Technik notwendigen Vorkehrungen getroffen sind, um dem vorrangigen Schutzzweck des Gesetzes (→ RN 13) Rechnung zu tragen.
- Es darf sich nicht um eine Anlage handeln, in der biologische Kampfstoffe unter Verstoß gegen völkerrechtliche Abkommen entwickelt oder hergestellt werden.
- Sonstige öffentlich-rechtliche Vorschriften, etwa des Baugesetzbuchs oder der Baunutzungsverordnung, aber auch des Atomgesetzes oder des Arbeitsschutzrechts sind zu beachten.

→ § 13 GenTG

3. Anmeldung

23

→ §§ 8 ff. GenTG

Lediglich einer (vorherigen) Anmeldepflicht unterfallen die Errichtung und der Betrieb gentechnischer Anlagen, in denen (nur) gentechnische Arbeiten der Sicherheitsstufe 1 durchgeführt werden sollen. Dies gilt auch für die wesentliche Änderung der Lage, der Beschaffenheit oder des Betriebs einer derartigen Anlage. Ebenfalls eine bloße Anmeldung ist ausreichend für *weitere*, d. h. auf einer *erstmaligen* Genehmigung bzw. Anmeldung aufbauende, gentechnische Arbeiten der Sicherheitsstufen 2, 3 oder 4 (bei *Forschungszwecken*) bzw. der Sicherheitsstufe 1 (bei *gewerblichen* Zwecken), sofern sich die weiteren Arbeiten im Rahmen der ursprünglich angemeldeten bzw. genehmigten Sicherheitsstufe halten.

Für die Abgrenzung zwischen dem Forschungscharakter und dem gewerblichen Charakter gentechnischer Arbeiten kommt es darauf an, ob es sich um Arbeiten für Lehr-, Forschungs- oder Entwicklungszwecke oder um Arbeiten für nichtindustrielle bzw. nichtkommerzielle Zwecke *in kleinem Maßstab* handelt (in beiden Fällen liegt Forschung vor, ansonsten Gewerbe).

> **Beispiel:** Eine Pilotanlage, in der ein gentechnisches Verfahren in großtechnischem Umfang im Probelauf auf seine Tauglichkeit zum industriellen Einsatz getestet wird, verfolgt zwar nicht unmittelbar industrielle oder kommerzielle Zwecke, wird aber aufgrund seines größeren Maßstabs gleichwohl dem gewerblichen Bereich zuzuordnen sein.

4. Verfahrensablauf

24

→ §§ 11, 12 GenTG

Die Einzelheiten des Genehmigungs- bzw. Anmeldeverfahrens sind in § 11 bzw. § 12 GenTG und der **Gentechnik-Verfahrensverordnung (GenTVfV)** geregelt. Zu beachten sind dabei unter anderem folgende Punkte:

- Der Betreiber hat zunächst bei der nach Landesrecht zuständigen Behörde (→ RN 10) einen Antrag zu stellen. In der Regel genügt dieser *eine* Antrag infolge der sog. Konzentrationswirkung (→ RN 32). Im Zusammenhang mit dem Antrag muß der Betreiber – auf einem bundeseinheitlichen Satz von Formblättern – detaillierte Angaben zu allen sicherheitsrelevanten Punkten machen.
- Unter Umständen ist die Stellungnahme der ZKBS einzuholen (→ RN 12).
- Gegebenenfalls wird ein öffentliches Anhörungsverfahren zwischengeschaltet (→ RN 29 ff.).
- Über den Antrag auf Genehmigung ist grundsätzlich innerhalb von drei Monaten zu entscheiden. Die Entscheidung über die Anmeldung hat spätestens nach einem Monat zu ergehen, andernfalls greift nach Ablauf von drei Monaten eine gesetzliche Zustimmungsfiktion ein, d. h. es wird kraft

Gesetzes angenommen, daß die Zustimmung erteilt wurde. Auf die zum Teil abweichenden Sonderfälle kann hier aus Platzgründen nicht eingegangen werden.
- Genehmigungsbescheide sind öffentlich bekanntzumachen.

5. Zusammenfassung (Schaubild)

Einen systematischen und zugleich die obigen Ausführungen zusammenfassenden Überblick über die verschiedenen genehmigungs- und anmeldepflichtigen Tatbestände (Verfahrensarten und Verfahrensfristen) bietet das Schaubild auf der nachfolgenden Seite.

25

III. Freisetzung und Inverkehrbringen

1. Genehmigungsbedürftigkeit

Einer Genehmigung durch das Robert-Koch-Institut (→ RN 11) bedarf, wer

26

- gentechnisch veränderte Organismen freisetzt (→ RN 7),
- Produkte in den Verkehr bringt, die gentechnisch veränderte Organismen enthalten oder aus solchen bestehen (→ RN 8),
- Produkte, die gentechnisch veränderte Organismen enthalten oder aus solchen bestehen, zu einem anderen Zweck als der bisherigen bestimmungsgemäßen Verwendung in den Verkehr bringt.

→ § 14 GenTG

Die Genehmigung für eine Freisetzung oder ein Inverkehrbringen kann auch die Nachkommen und das genetische Material des gentechnisch veränderten Organismus umfassen. Die Genehmigung für ein Inverkehrbringen kann auf bestimmte Verwendungen beschränkt werden.

Einer Genehmigung des Inverkehrbringens durch das Robert-Koch-Institut stehen Genehmigungen gleich, die von Behörden anderer Mitgliedstaaten der EG oder anderer Vertragsstaaten des Europäischen Wirtschaftsraums nach gleichwertigen Vorschriften erteilt worden sind.

2. Genehmigungsvoraussetzungen

Auch hier hat der Betreiber einen **Anspruch** auf Erteilung der Genehmigung, sofern er die gesetzlich geregelten Voraussetzungen erfüllt (präventives Verbot mit Erlaubnisvorbehalt; (→ RN 21). Die Genehmigungsbedingungen für **Freisetzungen** bauen zum Teil auf denen für Arbeiten in gentechnischen

27

→ § 16 GenTG

Genehmigungs- und anmeldepflichtige Tatbestände (Verfahrensart und Verfahrensfristen)

Sicherheitsstufe	Forschung				Gewerbe		
	S1	S2	S3/4	S1	S2	S3/4
Anlage und erstmalige Arbeit Fristen	Anmeldung – Entscheidung spätestens nach 1 Monat, – nach 3 Monaten Zustimmungsfiktion	Genehmigung – Entscheidung spätestens nach 1 Monat, wenn Arbeit vergleichbar** und keine weiteren Behördenentscheidungen erforderlich. – sonst 3 Monate	Genehmigung 3 Monate	Anmeldung – Entscheidung spätestens nach 1 Monat, – nach 3 Monaten Zustimmungsfiktion	Genehmigung 3 Monate	Genehmigung 3 Monate
weitere Arbeiten* in einer genehmigten oder angemeldeten Anlage Fristen	Aufzeichnungspflicht, kein Behördenkontakt	Anmeldung – Entscheidung spätestens nach 1 Monat, wenn Arbeit vergleichbar**. – nach 2 Monaten Zustimmungsfiktion	Anmeldung nach 2 Monaten Zustimmungsfiktion	Anmeldung – Entscheidung spätestens nach 1 Monat, – nach 2 Monaten Zustimmungsfiktion	Genehmigung – Entscheidung spätestens nach 2 Monaten, wenn Arbeit vergleichbar – sonst 3 Monate	Genehmigung 3 Monate

* Sollen Arbeiten einer *höheren Sicherheitsstufe* als von der Anlagengenehmigung oder -anmeldung umfaßt durchgeführt werden, ist eine neue *Anlagengenehmigung* erforderlich.

**d.h. wenn die gentechnische Arbeit einer bereits von der ZKBS eingestuften Arbeit vergleichbar ist.

(*Quelle:* Knoche, BayVBl. 1994, S. 677)

Anlagen auf, indem sie ebenfalls an die Kriterien der Zuverlässigkeit, der Sachkunde und die Wahrung der nach dem Stand von Wissenschaft und Technik erforderlichen Sicherheitsvorkehrungen anknüpfen (→ RN 22). Hinzukommen muß, daß nach dem Stand der Wissenschaft *im Verhältnis zum Zweck der Freisetzung* unvertretbare schädliche Einwirkungen auf Leben und Gesundheit von Menschen, Tieren, Pflanzen sowie auf die sonstige Umwelt nicht zu erwarten sind.

Um die Genehmigung für ein **Inverkehrbringen** zu erhalten, reicht es sogar aus, daß *nur* keine schädlichen Umwelteinwirkungen im eben genannten Sinn hervorgerufen werden, d. h. die Anforderungen für die Genehmigung von Arbeiten in gentechnischen Anlagen (→ RN 22) gelten hier nicht.

Die Formalitäten des Antrags auf Genehmigung einer Freisetzung oder eines Inverkehrbringens sind in § 15 GenTG geregelt. Über den Antrag ist innerhalb von drei Monaten schriftlich zu entscheiden.

→ § 15 GenTG

IV. Gemeinsame Vorschriften

Folgende Regelungen gelten sowohl für die gentechnischen Arbeiten in gentechnischen Anlagen (→ RN 5 f.) als auch für die Freisetzung und das Inverkehrbringen (→ RN 7 f.).

1. Betriebs- und Geschäftsgeheimnisse

Angaben, die ein Betriebs- oder Geschäftsgeheimnis darstellen, sind vom Betreiber als vertraulich zu kennzeichnen. Er hat begründet darzulegen, daß eine Verbreitung der Betriebs- und Geschäftsgeheimnisse ihm betrieblich oder geschäftlich schaden könnte. Das gleiche gilt im übrigen für personenrelevante Daten.

28

→ § 17a GenTG

Nicht unter das Betriebs- oder Geschäftsgeheimnis fallen

- Beschreibung der gentechnisch veränderten Organismen
- Name und Anschrift des Betreibers
- Zweck der Anmeldung oder Genehmigung
- Ort der gentechnischen Anlage oder Freisetzung
- Methoden und Pläne zur Überwachung der gentechnisch veränderten Organismen und für Notfallmaßnahmen
- Beurteilung der vorhersehbaren Wirkungen, insbesondere pathogene und ökologisch störende Wirkungen.

Sofern ein Anhörungsverfahren (→ RN 29 ff.) durchzuführen ist, müssen die vom Betreiber vorzulegenden Unterlagen grundsätzlich so ausführlich sein, daß der Einzelne in die Lage versetzt wird zu beurteilen, ob und inwieweit ihn die Auswirkungen des Vorhabens betreffen. Diese Informationsmöglichkeit der Bürger steht in engem Zusammenhang mit den auch ansonsten zu beobachtenden Tendenzen in Richtung auf einen „gläsernen Umweltstaat" (→ Kap. 5/RN 44 f.) und trägt dazu bei, Vorbehalte gegenüber der Gentechnologie durch mehr Transparenz und Aufklärung schrittweise abzubauen.

2. Öffentlichkeitsbeteiligung

29

→ § 18 GenTG

Die wohl umstrittenste Norm des Gentechnikrechts verkörpert § 18 GenTG, der die Frage der Beteiligung der Öffentlichkeit regelt. Danach hat die zuständige Behörde in bestimmten Fällen vor der Entscheidung über die Errichtung und den Betrieb einer **gentechnischen Anlage** ein Anhörungsverfahren durchzuführen, nämlich stets bei gentechnischen Arbeiten der Sicherheitsstufe 3 und 4 zu gewerblichen Zwecken und u. U. bei gentechnischen Arbeiten der Sicherheitsstufe 2 zu gewerblichen Zwecken. In allen übrigen Fällen bleibt die Öffentlichkeit somit außen vor.

30

Wieder anders ist die rechtliche Situation, wenn es um die Entscheidung über die Genehmigung einer **Freisetzung** geht. Hier ist ein Anhörungsverfahren vor allem dann durchzuführen, wenn es sich nicht um Organismen handelt, deren Ausbreitung begrenzbar ist. Welche Organismen diese Voraussetzungen erfüllen, wird durch die Bundesregierung konstitutiv in Form einer Rechtsverordnung festgelegt. Dies ist bislang aber noch nicht geschehen, so daß nach geltender Rechtslage weiterhin für *jede* Freisetzung ein öffentliches Anhörungsverfahren durchzuführen ist.

> **Beispiel:** Nicht begrenzbar ist etwa eine Ausbreitung bei der Freisetzung von Insekten, Würmern oder Fluß- und Meeresfischen. Regelmäßig gilt dies auch für die Ausbreitung von freigesetzten Viren.

Eine Öffentlichkeitsbeteiligung vor der Genehmigung des **Inverkehrbringens** ist generell nicht vorgesehen.

31

Das Anhörungsverfahren ist Punkt für Punkt in der **Gentechnik-Anhörungsverordnung (GenTAnhV)** niedergelegt. Es entspricht im wesentlichen den Anforderungen des Bundes-Immissionsschutzgesetzes (→ Kap. 7/RN 19 ff.).

3. Konzentrations- und privatrechtsgestaltende Wirkung

Die **Anlagengenehmigung** entfaltet eine – uns im Rahmen dieses Buches bereits zweimal begegnete (→ Kap. 3/RN 42; Kap. 7/RN 59 ff.) – sog. **Konzentrationswirkung**, d.h. sie schließt andere die gentechnische Anlage betreffende behördliche Entscheidungen ein.

32

→ §§ 22, 23 GenTG

> **Beispiel:** Ersetzt werden die Baugenehmigung, die immissionsschutzrechtliche Genehmigung (→ Kap. 7/RN 59 ff.), Erlaubnisse und Ausnahmen des Natur- und Denkmalschutzrechts, die Umweltverträglichkeitsprüfung nach dem UVPG (→ Kap. 5/RN 22 f.) oder Planfeststellungen (etwa nach dem Wasserhaushaltsgesetz.

Eine **Ausnahme** gilt lediglich für behördliche Entscheidungen auf der Grundlage des Atomgesetzes. Diese kommen *neben* der Genehmigung nach dem Gentechnikgesetz zum Zuge.

In anderem Licht präsentiert sich die Frage der Konzentrationswirkung für die Freisetzungen und das Inverkehrbringen. Hier müssen die sonstigen öffentlich-rechtlichen Genehmigungen grundsätzlich *neben* der Genehmigung nach dem Gentechnikgesetz eingeholt werden.

Auch die **privatrechtsgestaltende Wirkung** der Genehmigungen nach dem Gentechnikgesetz ist uns bereits vertraut (→ Kap. 3/RN 42; Kap. 7/RN 62 ff.). Sie besagt, daß aufgrund von Ansprüchen zur Abwehr von Einwirkungen von einem Grundstück auf ein benachbartes Grundstück, welche auf privatrechtlichen Titeln beruhen (→ Kap. 16), nicht die Einstellung des Betriebs der gentechnischen Anlage, der gentechnischen Arbeiten oder die Beendigung einer Freisetzung verlangt werden kann, sofern die Genehmigung nach dem Gentechnikgesetz unanfechtbar ist und ein Anhörungsverfahren (→ RN 29 ff.) durchgeführt wurde.

33

4. Überwachung, Auskunfts- und Duldungspflichten

Die zuständigen Landesbehörden haben die Durchführung des Gentechnikgesetzes, der aufgrund dieses Gesetzes erlassenen Rechtsverordnungen und der darauf beruhenden behördlichen Anordnungen und Verfügungen zu **überwachen**.

34

→ § 25 GenTG

Der Betreiber, der Projektleiter und der (bzw. die) Beauftragte(n) für die Biologische Sicherheit sind verpflichtet, auf Verlangen unverzüglich die zur Überwachung erforderlichen **Auskünfte** zu erteilen.

35

Die mit der Überwachung beauftragten Personen verfügen über die Befugnis, *erstens* zu den Betriebs- und Geschäftszeiten Grundstücke, Geschäftsräume und Betriebsräume zu betreten und zu besichtigen, *zweitens* alle zur Erfüllung ihrer Aufgaben erforderlichen Prüfungen einschließlich der Entnahme

36

von Proben durchzuführen und *drittens* die zur Erfüllung ihrer Aufgaben erforderlichen Unterlagen einzusehen und hieraus Ablichtungen oder Abschriften anzufertigen. Bei dringenden Gefahren für die öffentliche Sicherheit und Ordnung können derartige Maßnahmen auch in Wohnräumen und zu jeder Tages- und Nachtzeit vorgenommen werden. Der Betreiber ist verpflichtet, derartige Aktionen zu **dulden**, das Überwachungspersonal zu unterstützen, soweit dies zur Erfüllung dessen Aufgaben erforderlich ist, sowie die notwendigen geschäftlichen Unterlagen vorzulegen.

5. Sonstiges

37 Daneben enthält das Gentechnikgesetz Ermächtigungen für die zuständige Behörde, eine Genehmigung mit Nebenbestimmungen (→ Kap. 7/RN 53 ff.) zu versehen (§ 19 GenTG), eine einstweilige Einstellung des Betriebs zu verfügen (§ 20 GenTG) sowie sonstige Anordnungen im Einzelfall zu treffen, die zur Beseitigung festgestellter oder zur Verhütung künftiger Verstöße gegen das Gentechnikgesetz notwendig sind (§ 26 GenTG). Solche Ermächtigungen finden sich ähnlich im Immissionsschutzrecht (→ Kap. 7/RN 64 ff.). Weitere, hier nicht näher zu erläuternde Punkte betreffen etwa: das Erlöschen der Genehmigung (§ 27 GenTG), die Kostenerhebung (§ 24 GenTG i.V.m. der Bundeskostenverordnung zum Gentechnikgesetz) und die Anzeigepflichten des Betreibers (§ 21 GenTG).

V. Haftung

38

→ §§ 32 ff. GenTG

Wie auch beim Betrieb anderer von Haus aus besonders gefährlicher Anlagen gilt beim Umgang mit Gentechnologie eine **Gefährdungshaftung** (→ eingehend Kap. 16/RN 35ff.). Die Haftungshöchstgrenze liegt bei 160 Millionen DM. Der Schadenersatzanspruch verjährt innerhalb von drei Jahren, nachdem der Geschädigte vom Schaden und der Person des Ersatzpflichtigen Kenntnis erlangt hat, spätestens aber in 30 Jahren seit der Begehung der schädigenden Handlung.

39 Liegen Tatsachen vor, die die Annahme begründen, daß ein Personen- oder Sachschaden auf gentechnischen Arbeiten eines Betreibers beruht, so ist dieser grundsätzlich verpflichtet, auf Verlangen des Geschädigten über die Art und den Ablauf der in der gentechnischen Anlage durchgeführten oder einer Freisetzung zugrundeliegenden gentechnischen Arbeiten **Auskunft** zu erteilen, soweit dies zur Feststellung, ob ein Haftungsanspruch besteht, erforderlich ist.

40 Derjenige, der eine gentechnische Anlage betreibt, in der gentechnische Arbeiten der Sicherheitsstufen 2 bis 4 durchgeführt werden, oder der Freisetzungen vornimmt, ist verpflichtet, zur Deckung der Schäden Vorsorge zu treffen, die durch Eigenschaften eines gentechnisch veränderten Organismus verursacht werden. Diese sog. **Deckungsvorsorge** kann insbesondere erbracht werden durch eine Haftpflichtversicherung bei einem im Geltungsbereich des Gentechnikgesetzes zum Geschäftsbetrieb befugten (auch ausländischen) Versicherungsunternehmen oder durch eine Freistellungs- oder Gewährleistungsverpflichtung des Bundes oder eines Landes. Von der Pflicht zur Deckungsvorsorge sind lediglich die Bundesrepublik Deutschland, die Länder und juristische Personen des öffentlichen Rechts (z. B.: Universitäten) befreit, da bei diesen von einer wirtschaftlichen Leistungsfähigkeit und -bereitschaft stillschweigend ausgegangen wird.

Eine **Haftung aufgrund anderer Vorschriften** (etwa nach § 22 WHG, § 1 UmweltHG, §§ 823 ff., 833 BGB) bleibt *neben* der Haftung nach dem Gentechnikgesetz grundsätzlich möglich (sog. uneingeschränkte Anspruchskonkurrenz).

41

Kontrollfragen:
1. Was versteht man unter „Gentechnik"? (RN 2)
2. Warum rechnet man das Gentechnikrecht systematisch zum Umweltrecht? (RN 3)
3. Nennen Sie Verfahren der Veränderung genetischen Materials im Sinne des Gentechnikgesetzes. (RN 6)
4. Was ist der Unterschied zwischen einer „Freisetzung" und einem „Inverkehrbringen"? (RN 7 f.)
5. Beschreiben Sie Stellung und Funktion der Zentralen Kommission für die Biologische Sicherheit (ZKBS)! (RN 12)
6. Was sind die Ziele des Gentechnikgesetzes? (RN 13)
7. Unter welchen Voraussetzungen sind die Errichtung und der Betrieb gentechnischer Anlagen genehmigungsfähig? (RN 22)
8. Wofür ist die Unterscheidung zwischen Anlagen zu Forschungszwecken und Anlagen zu gewerblichen Zwecken relevant? (RN 20, 23, 25)
9. Wann hat ein öffentliches Anhörungsverfahren stattzufinden? (RN 29 ff.)
10. Skizzieren Sie kurz die Haftungsregelung im Gentechnikgesetz! (RN 38 ff.)

Weiterführende Literatur:
Bayerisches Staatsministerium für Landesentwicklung und Umweltfragen, Gentechnik. Grundlagen, Anwendungen, Regelungen, 1994; *Drescher, Rolf-Dieter*, Gentechnikrecht, in: HdbUR, Bd. I, 2. Aufl. (1994), Sp. 861–884; *Enquête-Kommission* des Deutschen Bundestages, Chancen und Risiken der Gentechnologie, Bericht an den Deutschen Bundestag, 1987, BT-Drucks. 10/6775; *Hirsch, Günter/Schmidt-Didczuhn, Andrea*, Gentechnikgesetz (GenTG) mit Gentechnik-Verordnungen, Kommentar, 1991; *Knoche, Joachim*, Gentechnikgesetz-Novelle 1993, BayVBl. 1994, S. 673–677; *Graf Vitzthum, Wolfgang*, Durch das Dickicht des deutschen Gentechnikrechts, DÖV 1994, S. 336–341; *ders./Schenek, Matthias*, Die Europäisierung des Gentechnikrechts, in: ders. (Hrsg.), Europäische und internationale Wirtschaftsordnung aus der Sicht der Bundesrepublik Deutschland, 1994, S. 47–111; *Wahl, Rainer/Melchinger, Jörg*, Das Gentechnikrecht nach der Novellierung, JZ 1994, S. 973–982.

Rechtsprechungshinweise:
Es gibt bislang erst einige unterinstanzliche Urteile (z. B.: VG Neustadt, NVwZ 1992, S. 1008 ff.; VG Gießen, NVwZ-RR 1993, S. 534 ff.), höchstrichterliche Entscheidungen stehen noch aus.

13. Umweltvölkerrecht

I. Begriff

II. Kennzeichen

III. Innerstaatlicher Vollzug

IV. Rechtsquellen
   1. Völkervertragsrecht
   2. Völkergewohnheitsrecht
   3. Allgemeine Rechtsgrundsätze
   4. Hilfsquellen
   5. Exkurs: Soft law

V. Umweltgrundrecht?

VI. Haftung

VII. Bedeutung von internationalen Organisationen

VIII. UN-Umweltschutzkonferenz von Rio de Janeiro
   1. Hintergrund
   2. Rio-Deklaration
   3. Agenda 21
   4. Erklärung über Waldgrundsätze
   5. Klimakonvention
   6. Artenvielfaltskonvention
   7. Bewertung und Ausblick

Schadstoffe in der Luft, in den Weltmeeren oder in internationalen Flüssen halten sich bekanntlich nicht an die zwischen einzelnen Staaten gezogenen Grenzen. Umso bedeutsamer wird es sein, die Möglichkeiten einer zwischenstaatlichen Zusammenarbeit und Rechtsetzung schrittweise auszubauen und auf diesem Wege zu einem internationalen Umweltregime zu gelangen.

1

> **Fakten:** In den letzten Jahren ist ein rapider, jährlich wiederkehrender Schwund der stratosphärischen Ozonschicht über der Antarktis zu beobachten. Das vor allem auf den Einsatz von Fluorchlorkohlenwasserstoffen (FCKW) und Halogenen zurückzuführende Ozonloch erstreckt sich mittlerweile auf etwa 23 Millionen km^2, was in etwa der dreifachen Ausdehnung Australiens entspricht, und ist damit circa 50 Prozent größer als in vergleichbaren Zeiträumen der vergangenen Jahre. Infolge der Verbrennung fossiler Energieträger, der Freisetzung chemischer Produkte, der Tropenwaldvernichtung sowie der Methanproduktion durch die Landwirtschaft und Abfalldeponien werden verstärkt klimawirksame Spurengase freigesetzt, die sich in der Atmosphäre anreichern und den sog. Treibhauseffekt verstärken. Insgesamt ist die Kohlendioxidkonzentration in der Erdatmosphäre seit Mitte des 19. Jahrhunderts um etwa 25 Prozent gestiegen. Auch die Flächenverluste bei den tropischen Regenwäldern nehmen kontinuierlich zu. Sie beliefen sich in den achtziger Jahren auf etwa 1,6 Millionen Hektar pro Jahr. Dies entspricht einer Waldverlustrate von jährlich 0,9 Prozent.

I. Begriff

2

Unter **Völkerrecht** versteht man die Summe der Rechtsnormen, die die Beziehungen von Völkerrechtssubjekten untereinander regeln, die also nicht der internen Rechtsordnung eines dieser Völkerrechtssubjekte unterfallen. Der Begriff **Umweltvölkerrecht** umfaßt konsequent alle die völkerrechtlichen Normen, die sich inhaltlich mit dem Umweltschutz beschäftigen.

3

Zu den **Völkerrechtssubjekten**, dem zentralen Element der Völkerrechtsdefinition, rechnen in erster Linie die Staaten. Ein **Staat** liegt vor, wenn eine menschliche Gemeinschaft (= Staatsvolk) volle Selbstregierung (= Staatsgewalt) über ein Territorium (= Staatsgebiet) hat (sog. Drei-Elemente-Lehre).

Die **Anerkennung** eines neu entstandenen Staates durch die vorhandene „Staatenfamilie" ist keine zwingende Voraussetzung dafür, daß dieser neue Staat zum „Staat im völkerrechtlichen Sinne" und damit zum Völkerrechtssubjekt wird. Auch kommt es auf die Legalität und erst recht die Legitimität der Herrschaftserlangung nicht an, sofern sich eine dauerhafte und effektive Staatsgewalt tatsächlich durchgesetzt hat. Das Völkerrecht ist weitgehend frei von moralischen Wertmaßstäben und primär an der Faktizität orientiert.

4

Die zweite wichtige Gruppe der Völkerrechtssubjekte bilden die **internationalen Organisationen**, also Zusammenschlüsse einzelner Staaten durch völkerrechtlichen Vertrag (→ RN 8) mit bestimmten Organen und gewisser Dauerhaftigkeit.

> **Beispiel:** Die Vereinten Nationen (United Nations Organization = UNO), die NATO, die Westeuropäische Union (WEU) oder der Europarat.

Umgekehrt ist es von großer Bedeutung, sich stets zu vergegenwärtigen, daß **Individuen** und **juristische Personen** des nationalen Rechts (→ Kap. 2/RN 26) grundsätzlich **nicht** zu den Völkerrechtssubjekten gezählt werden. Für letztere gilt vielmehr der Grundsatz der Mediatisierung, d. h. sie werden völkerrechtlich repräsentiert bzw. vermittelt durch ihren jeweiligen Staat.

> **Beispiel:** Die staatseigene chemische Anlage im Staate A verursacht Emissionen, die – nachweislich – bei dem Bürger B des Nachbarstaates C zu gesundheitlichen Beeinträchtigungen führen. B will vor den Internationalen Gerichtshof ziehen, da er meint, in seinem „Menschenrecht auf saubere Umwelt" verletzt zu sein. Der ihn beratende Anwalt wird B jedoch, abgesehen von der später zu erörternden Frage eines völkerrechtlichen Umweltgrundrechts (→ RN 17), darauf hinweisen, daß er (B) den Staat A nicht verklagen kann. Diese Befugnis steht nur seinem Heimatstaat, also C zu. An diesen muß B sich wenden und die Geltendmachung diplomatischen Schutzes verlangen. Einen rechtlich erzwingbaren Anspruch darauf, daß sich C seiner Belange auch tatsächlich annimmt, hat B nicht.

II. Kennzeichen

Das Völkerrecht weist gegenüber dem nationalen Recht, das wir bislang ausschließlich kennengelernt haben, einige abweichende Charakteristika auf. Hierbei ist an erster Stelle das **Minus an Durchsetzungskraft** zu erwähnen. Das Völkerrecht wird als **Koordinations-** bzw. **Kooperationsrechtsordnung** bezeichnet. Es existiert bis heute kein „Weltgesetzgeber", der mit Verbindlichkeit für alle Staaten Recht erzeugen könnte. Des weiteren fehlt eine zentrale Exekutivgewalt (vergleichbar der Polizei bzw. dem Gerichtsvollzieher im nationalen Recht; → Kap. 2/RN 5), welche eine bestimmte Maßnahme auch gegen den Willen des (der) Betroffenen durchsetzen könnte.

> **Beispiel:** Hält sich der Staat A nicht an einen völkerrechtlichen Vertrag, den er auf dem Gebiet des Umweltschutzes mit dem Staat B abgeschlossen hat, verhält er sich zwar völkerrechtswidrig, völkerrechtlich hat dies aber zunächst keine weiteren Konsequenzen. Insbesondere gibt es keine Zentralinstanz der UNO („ökologischer Sicherheitsrat"), die sich einmischen könnte. Auch fehlt bislang ein internationaler Umweltgerichtshof. Nur der betroffene Staat B selbst hat das Recht zu **Retorsionen** (z. B.: Sperre von Wirtschafts-, Entwicklungs- oder Militärhilfe; Schließung der eigenen Botschaft u. a.) bzw., falls verhältnismäßig, sogar zu **Repressalien** (z. B. Einfrieren von Konten von Staatsbürgern des Staates A im Staate B).

Hinzu kommt die mangelnde obligatorische Gerichtsbarkeit. Die Urteile etwa des zur UNO gehörenden Internationalen Gerichtshofs (IGH) in Den Haag gelten nur gegenüber den Staaten, die dessen Gerichtsbarkeit generell oder für bestimmte Fälle vorab oder aber im konkreten Fall anerkannt haben. Dieser Befund mag unbefriedigend erscheinen, entspricht aber den realpolitischen Gegebenheiten und ist Ausdruck dessen, daß sich das Völkerrecht gegen den politischen Willen der Staaten nicht zu behaupten vermag.

III. Innerstaatlicher Vollzug

7

Das (Umwelt-)Völkerrecht gilt nicht unmittelbar in den einzelnen Staaten. Es muß von letzteren vielmehr erst noch vollzogen werden. Dieser Vollzug richtet sich rein nach dem nationalen Recht. Verbindlich ist allerdings das Ziel: alle innerstaatliche Gewalt, also Legislative, Exekutive und Judikative ($\rightarrow$ Kap. 2/RN 17), muß an den Inhalt der entsprechenden Völkerrechtsnorm rechtlich gebunden werden. Nach der überwiegend vertretenen sog. **Transformationstheorie** wird Völkerrecht dadurch innerstaatlich anwendbar, daß es in innerstaatliches Recht umgewandelt (transformiert) wird. Die Art und Weise der Transformation ist unterschiedlich und wird im folgenden im Rahmen der Darstellung der einzelnen Völkerrechtsquellen erläutert ($\rightarrow$ RN 8 ff.).

IV. Rechtsquellen

1. Völkervertragsrecht

8

Die wichtigste Rechtsquelle gerade des Umweltvölkerrechts bildet der bilaterale (zweiseitige) oder multilaterale (mehrseitige) (umwelt-)völkerrechtliche Vertrag. Er ist zur Lösung von konkreten Einzelproblemen des Umweltschutzes aufgrund seiner vergleichsweise hohen Präzision, Flexibilität und Schnelligkeit besonders gut geeignet. Die Umsetzung von völkerrechtlichen Verträgen in nationales Recht geschieht in Deutschland mittels eines Zustimmungsgesetzes des Bundestags (Art. 59 II 1 GG). Inkrafttreten, Wirksamkeit, Interpretation, Beendigung usw. des Völkerrechts sind somit im Ergebnis eine Frage des nationalen Rechts. Es ist ebenfalls Sache des innerstaatlichen Rechts, den Rang des transformierten Rechts in der nationalen Normenhierarchie ($\rightarrow$ Kap. 2/RN 21) zu bestimmen.

> **Beispiel:** Als erster bedeutsamer Völkerrechtsvertrag wird zumeist der Jay-Vertrag zwischen den USA und Großbritannien über die Großen Seen genannt, der bereits aus dem Jahre 1794 stammt. Daneben sind aus neuerer Zeit zu

erwähnen: das Washingtoner Artenschutzabkommen (1973); das Genfer Übereinkommen über grenzüberschreitende Luftverunreinigung (1979) mit seinen Zusatzprotokollen betreffend SO_2 (1985; 1991) und NO_x (1988); das Seerechtsübereinkommen (1982), insbesondere die umweltrelevanten Art. 192 ff. sowie das Wiener Übereinkommen zum Schutz der Ozonschicht (1985) einschließlich der Protokolle von Montreal (1987) und London (1990).

Hinweis: Die völkerrechtlichen Umweltschutzverträge werden im deutschen Bundesgesetzblatt, *Teil II*, veröffentlicht. Eine Sammlung der wichtigsten Abkommen wird herausgegeben von *Wolfgang Burhenne*, Internationales Umweltrecht, Multilaterale Verträge (Beiträge zur Umweltgestaltung B 7), 5 Bde., Berlin 1974 ff.

2. Völkergewohnheitsrecht

Für das Völkergewohnheitsrecht gelten weitgehend die allgemeinen Ausführungen zum Gewohnheitsrecht (→ Kap. 2/RN 19). Es entsteht – um dies noch einmal zu wiederholen – durch längere, gleichmäßige Übung sowie eine entsprechende Überzeugung der beteiligten Kreise von deren rechtlicher Notwendigkeit. Dabei kann die Zeit der Übung heute kürzer sein als man früher angenommen hat, falls die entsprechende Praxis mehr oder weniger universal ist. Unter Umständen genügen hier bereits wenige Jahre. Der Bindungswirkung von Völkergewohnheitsrecht unterliegen auch solche Staaten, die es im Einzelfall nicht anerkennen. Das Völkergewohnheitsrecht gilt kraft genereller grundgesetzlicher Anordnung in der Rechtsordnung der Bundesrepublik Deutschland (Art. 25 Satz 1 GG). Es nimmt in der nationalen Normenhierarchie eine Zwischenstellung unter dem Grundgesetz und über den Bundesgesetzen ein. Der Einzelne kann aus dem Völkergewohnheitsrecht unmittelbar berechtigt oder verpflichtet werden (Art. 25 Satz 2 GG).

9

Im Umweltvölkerrecht gilt gewohnheitsrechtlich der **Grundsatz der guten Nachbarschaft**. Danach sind etwa die Anrainerstaaten eines internationalen Flusses oder eines Meeres zu einer „equitable utilization" verpflichtet, so daß jedem der Staaten die Möglichkeit zu einer angemessenen wirtschaftlichen Nutzung (vor allem in puncto Fischerei und Schiffahrt) der Umweltmedien verbleibt.

10

Beispiel: Der Flußobliegerstaat muß hinreichend Rücksicht auf die (Nutzungs-) Interessen des Flußunterliegerstaates nehmen. Im sog. *Lac-Lanoux-Fall* (1957) bejahte etwa ein Schiedsgericht eine Verletzung der Rechte Spaniens, weil Frankreich eine beachtliche Verschmutzung („definitive pollution") des Carol-Flusses verursacht habe bzw. der Fluß infolge des durch Frankreich eingeleiteten Wassers eine chemische Zusammensetzung, Temperatur oder andere Charakteristika aufweise, die spanische Interessen beeinträchtigen könnten.

11 Ebenfalls in diesen Kontext gehört das gewohnheitsrechtlich gesicherte **Verbot erheblicher grenzüberschreitender Umweltschädigung**. Dieses besagt, daß kein Staat auf seinem Territorium Aktivitäten vornehmen, fördern oder dulden darf, die auf dem Gebiet eines Nachbarstaates erhebliche Schäden verursachen. „Grenzüberschreitend" ist jede Umweltbelastung, die vom Hoheitsgebiet eines Staates ihren Ausgang nimmt und sich auf dem Hoheitsgebiet eines anderen Staates auswirkt. Das Verbot der erheblichen grenzüberschreitenden Umweltschädigung stellt einen wesentlichen Fortschritt gegenüber der im 19. Jahrhundert vorherrschenden Sichtweise dar, wonach jeder Staat ohne Rücksicht auf andere Staaten „schalten und walten" konnte, wie er wollte (sog. Harmon-Doktrin). Heute stehen sich zwei gleichrangige Prinzipien in einem Spannungsverhältnis gegenüber: Der **Grundsatz der territorialen Souveränität**, wonach jeder Staat grundsätzlich allein über die von seinem Staatsgebiet ausgehenden Umweltbeeinträchtigungen entscheidet, sowie der **Grundsatz der territorialen Integrität**, das heißt der Anspruch eines Staates grundsätzlich vor von außen ohne seine Zustimmung auf sein Territorium einwirkenden Umweltbeeinträchtigungen verschont zu bleiben. Diese beiden kollidierenden Prinzipien müssen gegeneinander abgewogen werden. Es muß, mit anderen Worten, ein Interessenausgleich zwischen den Positionen des Emissions- und des Immissionsstaates vorgenommen werden.

> **Beispiel:** Die Leitentscheidung in diesem Zusammenhang bildet der sog. **Trail-Smelter-Schiedsspruch** aus dem Jahre 1941. Diesem lag folgender Sachverhalt zugrunde: Die Abgase einer kanadischen Zink- und Bleischmelze hatten zu erheblichen Schäden in der Land- und Forstwirtschaft im Staate Washington/USA geführt. Das angerufene Schiedsgericht urteilte, daß kein Staat eine Nutzung seines Gebiets zulassen dürfe, durch die das Territorium eines anderen Staates oder darauf lebender Menschen erheblich geschädigt würde und verpflichtete Kanada, die Entwicklung der schädlichen Abgase zu unterbinden sowie für den entstandenen Schaden Ersatz zu leisten.

12 Verfahrensrechtlich gilt es heute als gewohnheitsrechtlich gesicherte Pflicht, einen potentiell betroffenen Nachbarstaat über umweltgefährdende oder umweltbelastende Vorhaben auf dem Staatsgebiet zu **informieren** und in Notstandsfällen auch zu **warnen**. Fraglich ist, ob auch eine **Konsultationspflicht** völkergewohnheitsrechtlich anerkannt werden kann. Hierunter versteht man die Pflicht, mit dem (den) Nachbarstaat(en) in faire und gutnachbarliche Verhandlungen über ein geplantes umweltbeeinträchtigendes Projekt einzutreten, in deren Verlauf die Wünsche und Vorstellungen des Nachbarstaates in Rechnung zu stellen und angemessen zu berücksichtigen sind, ohne daß die Pflicht zu einem Vertragsschluß besteht. Eine derartige Obligation war bislang – mangels hinreichender Staatenpraxis – noch nicht anerkannt. Mit der auf der UN-Umweltschutzkonferenz von Rio de Janeiro im Jahre 1992 verabschiedeten sog. „Rio-Deklaration" (→ RN 26) könnte sich dies allerdings geändert haben. Diese sieht nämlich eine von über 170 Staaten durch ihre Unterschrift akzeptierte Konsultationspflicht vor. Diese nahezu globale Akzeptanz tritt – nach einer, allerdings umstrittenen, Auffassung in der Völkerrechtslehre – quasi an die Stelle des Elements der „ständigen Übung" und signalisiert ein völkergewohnheitsrechtliches Erstarken der Konsultationspflicht. Nicht anerkannt ist mit Sicherheit ein **„Vetorecht"** eines Staates gegen den Bau hochgefährlicher Anlagen (sog. „ultra-hazardous-activities") in Grenznähe.

> **Beispiel:** Staatenpraxis und Vertragspraxis gehen von der Zulässigkeit grenznaher Kernkraftnutzung aus. Dies hat dazu geführt, daß Umweltschutzverbände, die sich im Fall des französischen Atomkraftwerks Cattenom auf ein angebliches Vetorecht der Bundesrepublik Deutschland beriefen, damit völkerrechtlich nicht durchdringen konnten. Dies auch deshalb, weil sich das Verbot einer erheblichen Schädigung auf den (bei Kernkraftwerken in der Regel gefahrlosen) Normalbetrieb bezieht und die Unfall- und Störfallrisiken bei Atomkraftwerken westeuropäischen Standards dem nicht gleichgestellt werden können. Zu dem gleichen Ergebnis kam die Rechtsprechung im sog. „Salzburger Flughafen-Fall". Hier versuchten Bewohner der oberbayerischen Grenz-region wegen der befürchteten Lärmbelästigungen – ohne Erfolg – die deutsche Regierung dazu zu bewegen, gegen das geplante Projekt einzuschreiten.

3. Allgemeine Rechtsgrundsätze

Unter allgemeinen Rechtsgrundsätzen versteht man die Rechtssätze, die sich übereinstimmend in den innerstaatlichen Rechtsordnungen aller oder der meisten Staaten finden oder ihnen zugrundeliegen, ohne daß sie eine völkervertragliche (→ RN 8) oder völkergewohnheitsrechtliche (→ RN 9 ff.) Anerkennung gefunden haben. Auch sie gelten in der deutschen Rechtsordnung im Rang zwischen Bundesverfassungsrecht und Bundesgesetzen (Art. 25 GG).

Im Umweltvölkerrecht kommt den allgemeinen Rechtsgrundsätzen eine nur untergeordnete Bedeutung zu. Zur Lösung konkreter Rechtsprobleme taugen diese Prinzipien kaum, da sie viel zu vage und abstrakt gefaßt sind, als daß aus ihnen bestimmte Rechte und Pflichten abgeleitet werden könnten. Sie bedürfen von daher regelmäßig der stufenweisen Konkretisierung, insbesondere durch völkerrechtliche Verträge.

> **Beispiel:** Verhältnismäßigkeit, Vertrauensschutz, Rücksichtnahmegebot, Treu und Glauben oder **Diskriminierungsverbot**. Letzteres ist besonders bedeutsam für die Stellung von Ausländern im Verwaltungsverfahren und Verwaltungsprozeß eines Staates. Nach dem Gleichbehandlungsgrundsatz ist nämlich sicherzustellen, daß jede Person, welche einer Schädigung durch grenzüberschreitende Umweltverschmutzung ausgesetzt ist, in dem Ursprungsstaat die gleiche Behandlung erfährt wie ein geschädigter Staatsangehöriger dieses Staates.

13

4. Hilfsquellen

14 Zu den Hilfsquellen des (Umwelt-)Völkerrechts zählt man die **richterlichen Entscheidungen**, etwa des IGH als dem Judikativorgan der UNO, sowie die von der **Völkerrechtslehre** herausgearbeiteten Regeln und Prinzipien.

5. Exkurs: Soft law

15 Keine Rechtsquelle, aber für die Entwicklung des Umweltvölkerrechts von praktisch nicht zu unterschätzender Relevanz, ist das sog. „soft law". Hierbei handelt es sich um Empfehlungen, Beschlüsse, Resolutionen und Deklarationen von internationalen Konferenzen und Organisationen, die auf politischem Konsens beruhen und rechtlich unverbindlich sind, aber häufig als Vorboten künftigen „hard laws" bewertet werden können. Der Begriff „soft law" ist insofern zumindest mißverständlich, als es sich hier gerade nicht um „law" handelt.

> **Beispiel:** Grundsatz 21 der Abschlußdeklaration der Stockholmer UN-Umweltkonferenz von 1972: „Die Staaten haben nach Maßgabe der Charta der Vereinten Nationen und der Grundsätze des Völkerrechts das souveräne Recht zur Ausbeutung ihrer eigenen Hilfsquellen nach Maßgabe ihrer eigenen Umweltpolitik sowie die Pflicht, dafür zu sorgen, daß durch Tätigkeiten innerhalb ihres Hoheits- und Kontrollbereichs der Umwelt in anderen Staaten oder in Gebieten außerhalb ihres nationalen Hoheitsbereichs kein Schaden zugefügt wird." Aus diesem Grundsatz hat sich in der Folgezeit schrittweise das o.g., mittlerweile völkergewohnheitsrechtlich akzeptierte Verbot erheblicher grenzüberschreitender Umweltschädigung (→ RN 11) herausgebildet.

V. Umweltgrundrecht?

16 Einen zentralen Teilbereich des Völkerrechts verkörpert der Schutz der **Menschenrechte**. Diese werden definiert als die jedermann kraft seines Menschseins und seiner angeborenen Würde (unabhängig von Rasse, Geschlecht, Religion, Herkunft und dgl.) zukommenden unveräußerlichen und unverletzlichen Rechte. Rechtlich niedergelegt ist der Menschenrechtsschutz vor allem in dem Internationalen Pakt über bürgerliche und politische Rechte sowie dem Internationalen Pakt über wirtschaftliche, soziale und kulturelle Rechte. Beide wurden 1966 verabschiedet, um die politischen Programmsätze der Allgemeinen Erklärung der Menschenrechte der UNO in rechtlich verbindliche Form zu gießen.

17 Ein spezielles **Grundrecht auf eine gesunde Umwelt** wird im Völkerrecht bis heute ebensowenig anerkannt wie im nationalen Recht (→ Kap. 4/RN 3 ff.). Zwar spricht Prinzip 1 der *Stockholmer Deklaration* (→ RN 20) von einem Grundrecht des Menschen, in einer Umwelt zu leben, deren Qualität ein Leben in Würde und Wohlergehen erlaubt, und postuliert Grundsatz 1 der Rio-Deklaration (→ RN 26) ein Recht des Menschen „auf ein gesundes und produktives Leben im Einklang mit der Natur". Die überwiegende Ansicht in der Literatur sieht hierin allerdings nur – rechtlich nicht bindende – politische Programmsätze, die dem einzelnen keine individuelle Rechtsposition einräumen wollen, sondern auf die Menschheit als Ganzes bezogen seien.

VI. Haftung

Verstößt ein Staat gegen eine Völkerrechtsnorm, die auch andere Staaten schützen will, so begeht er ein völkerrechtliches Delikt und muß hierfür haften (zu den allgemeinen Grundlagen des Haftungsrechts → Kap. 16).

18

> **Beispiel:** In einem Fall, in dem einem saarländischen Gaststättenbesitzer Vermögensschäden durch Rauch und Kohlestaub aus einer benachbarten französischen Steinkohlegrube entstanden waren, entschied das Oberlandesgericht Saarbrücken, daß der Betreiber der Steinkohlegrube Schadensersatz zu leisten habe. Gleichermaßen sprach das Landgericht Freiburg deutschen Landwirten in Südbaden eine Entschädigung zu, da sie durch die von einem grenznahen französischen Chemiekonzern bei der Herstellung eines Insektenbekämpfungsmittels erzeugten toxischen Rückstände geschädigt worden waren. Dabei kann der einzelne wegen seiner mangelnden Völkerrechtssubjektivität (→ RN 5) die Ansprüche nicht selbst geltend machen, sondern muß darauf dringen, daß sein Staat diese für ihn „treuhänderisch" wahrnimmt.

Der schädigende Staat hat *primär* eine Wiedergutmachungspflicht (Naturalrestitution). Stellt sich die Wiederherstellung des früheren Zustands als unmöglich heraus, trifft ihn *sekundär* die Pflicht zur Leistung von Schadensersatz, einschließlich des entgangenen Gewinns. Voraussetzung für eine Haftung ist, daß eine *rechtswidrige* Rechts(guts-)verletzung vorliegt. Auf ein Verschulden kommt es nicht an (sog. **Prinzip der Erfolgshaftung**). Die im Schrifttum zum Teil vertretene, noch weitergehende Auffassung, wonach auch auf das Element der Rechtswidrigkeit verzichtet und eine **Gefährdungshaftung** bejaht werden solle, findet bislang in der Vertrags- und Staatenpraxis noch keine hinlängliche Stütze, um generell, sprich völkergewohnheitsrechtlich anerkannt zu werden. Eine Gefährdungshaftung kann nur angenommen werden, wenn diese im konkreten Fall zwischen den beteiligten Parteien ausdrücklich vereinbart wurde.

> **Beispiel:** Die Gefährdungshaftung liegt etwa dem Pariser Übereinkommen über die Haftung gegenüber Dritten auf dem Gebiet der Kernenergie (1960), dem Wiener Übereinkommen über die zivilrechtliche Haftung für nukleare

> Schäden (1963) oder dem Übereinkommen über die zivilrechtliche Haftung für Ölverschmutzungsschäden (1969) zugrunde.

VII. Bedeutung von internationalen Organisationen

19 Eine tragende Rolle als Motor bei der Herausarbeitung und Fortentwicklung der globalen Umweltrechtsstandards, insbesondere in bezug auf das „soft law" (→ RN 15), spielen in immer stärkerem Maße die internationalen Organisationen.

20 Hierbei ist an erster Stelle die **UNO** mit ihren diversen Unterorganisationen anzuführen. Die Vereinten Nationen waren es, die im Jahre 1972 mit der **Stockholmer Konferenz über die Umwelt des Menschen** den weltweiten Anstoß für die Entstehung eines Umweltbewußtseins und einer nationalen wie internationalen Umweltpolitik gaben. Seit „Stockholm" kann eine Entwicklung des Umweltvölkerrechts weg vom traditionellen Nachbarrecht hin zu einem auf Bewirtschaftungs- und Kooperationsgedanken beruhenden Weltumweltrecht festgestellt werden. Auf der Grundlage der in Stockholm verabschiedeten Abschlußdeklaration, die 26 Prinzipien zum völkerrechtlichen Umweltschutz enthält, wurde das **Umweltprogramm der Vereinten Nationen (United Nations Environmental Programme – UNEP)** institutionalisiert. Die UNEP, deren Sitz in Nairobi liegt, stellt entgegen ihrer Bezeichnung nicht nur ein Programm, sondern eine mit eigenen Organen ausgestattete Umweltorganisation dar und widmet sich vor allem der Förderung der internationalen Zusammenarbeit sowie der Koordination von Umweltschutzaktivitäten. Ihre „guidelines" entfalten einen maßgeblichen Einfluß auf die Entwicklung des Umweltvölkerrechts. Dabei sind vor allem die Erklärung zu den „Shared Ressources" (1978) sowie die von UNEP vorbereitete und von der UN-Generalversammlung (dem Quasi-Parlament der UNO) angenommene „Weltcharta für die Natur" (1982) zu erwähnen. Im „Umweltrechtsprogramm von Montevideo" (1982) legte die UNEP zwölf prioritäre Tätigkeitsfelder fest, in denen globale, nationale und/oder regionale Umweltschutzmaßnahmen ergriffen werden müssen. Der UNEP-Bericht „Umweltperspektiven bis zum Jahr 2000 und danach" von 1987 plädiert für langfristige Umweltstrategien zur Erreichung einer nachhaltigen („sustainable") Entwicklung (zum Begriff (→ RN 26).

21 Bereits 1947 wurde die **Wirtschaftskommission der Vereinten Nationen für Europa** (European Commission for Economy = ECE) gegründet, die sich seit der Helsinkier Konferenz über Sicherheit und Zusammenarbeit (KSZE) von 1975 in gesteigertem Maße mit ökologischen Fragestellungen (Mülltourismus, Verkehrspolitik, Stadtentwicklung, Luftreinhaltung) auseinandersetzt. Auf ihre Initiative geht maßgeblich der Abschluß des Genfer Übereinkommens über weiträumige grenzüberschreitende Luftverunreinigung zurück.

Als weitere umweltschutzbezogene Unterorganisationen der UNO können genannt werden: die **International Law Commission** (ILC), welche vor allem den Auftrag hat, die bisherigen völkerrechtlichen Regeln (unter anderem hinsichtlich der Haftung) in rechtsverbindlicher Form niederzulegen, die **Welternährungsorganisation** (Food and Agricultural Organization, FAO) oder die **Weltgesundheitsorganisation** (World Health Organization, WHO). Dagegen kommt der **Atomenergie-Agentur**, die damit beschäftigt ist, Sicherheitsstandards und Strahlenschutzleitlinien für die friedliche Nutzung der Kernenergie zu erarbeiten, ein autonomer Status zu.

Der **Europarat** ist eine – mit dem Rat (bzw. dem Europäischen Rat) der Europäischen Union nicht zu verwechselnde – seit 1948 bestehende, eigenständige internationale Organisation, die sich hauptsächlich um Fragen der Menschenrechte sowie der Kultur und Bildung kümmert. Im Zusammenhang damit nahm sich der Europarat aber auch wiederholt Umweltschutzbelangen an, so etwa des Natur- und Artenschutzes, der Stadtplanung und -erneuerung oder der Raumordnung. Seine Beschlüsse haben nur politischen und empfehlenden Charakter.

Schließlich sei auf die **Organisation für wirtschaftliche Zusammenarbeit und Entwicklung** (Organization for Economic Cooperation and Development = OECD) verwiesen. Diese berät die westlichen Industrienationen mit ihren Empfehlungen und Erklärungen, aber auch mit den von ihr gesammelten und periodisch herausgegebenen Daten zur Umwelt.

VIII. UN-Umweltschutzkonferenz von Rio de Janeiro

1. Hintergrund

Nach der Stockholmer UN-Umweltschutzkonferenz mußten zwanzig Jahre vergehen, ehe sich die globale Staatengemeinschaft vom 3. bis zum 14. Juni 1992 in Rio de Janeiro erneut mit den drängenden ökologischen Fragen der Gegenwart und Zukunft beschäftigte. Den äußeren Anstoß hierfür gab die von der UN-Generalversammlung beschlossene Einsetzung einer „Weltkommission für Umwelt und Entwicklung" (sog. **„Brundtland-Kommission"**). Zur Umsetzung des von dieser Kommission vorgelegten Berichts beschloß die UNO 1989 die Einberufung einer **Weltkonferenz über Umwelt und Entwicklung (United Nations Conference on Environment and Development = UNCED)**. Ihr wurde das Mandat übertragen, Strategien und Maßnahmen auszuarbeiten, die durch verstärkte nationale und internationale Anstrengungen die Auswirkungen der Umweltzerstörung stoppen und umkehren sollen, um eine nachhaltige („sustainable") und umweltverträgliche Entwicklung in allen Ländern zu fördern. An diesem sog. „Erdgipfel" nahmen Regierungsdelegationen aus 178 Staaten sowie Umweltverbände und mit Entwicklungspolitik befaßte Organisationen teil. Am Ende der Konferenz stand – nicht zuletzt dank der intensiven zweijährigen Vorbereitung – die Unterzeichnung von fünf Dokumenten, die im folgenden im einzelnen vorgestellt werden sollen. Bereits an dieser Stelle sei betont, daß die drei zuerst genannten Übereinkommen politisch-moralische Absichtserklärungen („soft law"; → RN 15) verkörpern und nur die beiden zuletzt dargestellten Dokumente völkerrechtlich bindend sind.

> **Hinweis:** Die Dokumente von Rio de Janeiro sind u. a. veröffentlicht in der Zeitschrift Europa-Archiv, Folge 2 und 3/1993 sowie in der vom BUM herausgegebenen Schrift „Konferenz der Vereinten Nationen für Umwelt und Entwicklung im Juni 1992 in Rio de Janeiro – Dokumente".

2. Rio-Deklaration

26

Die „Erklärung von Rio zu Umwelt und Entwicklung (Rio-Deklaration)" stellt mit den in ihr enthaltenen 27 Prinzipien die Fortsetzung der Stockholmer UN-Deklaration von 1972 dar. Sie baut auf letzterer auf, indem sie bislang bereits anerkannte völkergewohnheitsrechtliche Grundsätze wiederholt, entwickelt sie aber zugleich auch fort, indem sie neue, erst in der Entstehung befindliche Prinzipien des Völkergewohnheitsrechts festschreibt. Das generelle Ziel der Rio-Deklaration besteht ausweislich ihrer Präambel darin, „durch die Schaffung von neuen Ebenen der Zusammenarbeit zwischen den Staaten, wichtigen Teilen der Gesellschaft und der Bevölkerung eine neue und gerechte weltweite Partnerschaft aufzubauen". Die Staaten verpflichten sich zum Abschluß internationaler Übereinkünfte, „in denen die Interessen aller geachtet werden und die Integrität des globalen Umwelt- und Entwicklungssystems geschützt wird". Dies alles geschieht „in Anerkennung der Unteilbarkeit der Erde, unserer Heimat und der auf ihr bestehenden Wechselbeziehungen".

> **Beispiel:** Bekräftigt werden die *altbekannten* Prinzipien des Verbots grenzüberschreitender Umweltschädigung (Grundsatz 2), der globalen Partnerschaft (Grundsatz 7), die Pflicht, für Umweltfragen effektiven Zugang zu Verwaltung und Gerichten zu gewähren (Grundsatz 10) oder die Informations- und Warnpflicht im Fall von Naturkatastrophen oder anderen Unglücksfällen (Grundsatz 18). *Neu* sind etwa das Recht auf Entwicklung und intergenerational equity (Grundsatz 3), das Prinzip des *sustainable development* (Grundsatz 4) sowie das Vorsorge- und Verursacherprinzip (Grundsätze 15 und 16).

3. Agenda 21

Die circa 700 Seiten umfassende Agenda 21 stellt ein politisches Aktionsprogramm zur Umsetzung der für sich betrachtet eher vagen und programmatisch gehaltenen Rio-Deklaration dar. Sie benennt 40 umwelt- und entwicklungspolitische Kapitel und listet konkrete Maßnahmen auf, die erforderlich sind, um den Grundgedanken von Rio nach einem sustainable development zu verwirklichen.

> **Beispiel:** Für den Bereich der *Gefahrstoffe* (→ Kap. 9) sieht die Agenda 21 die Entwicklung eines weltweit harmonisierten Kennzeichnungssystems bis zum Jahre 2000 vor. Der illegale Handel mit Gefahrstoffen soll unterbunden werden. Ebenfalls bis zum Ende des Jahrtausends sollen für alle *Abfälle* (→ Kap. 8) ausreichende Entsorgungskapazitäten geschaffen werden, wobei die Müllvermeidung besonders hervorgehoben wird. Geplant ist des weiteren, bis zum Jahre 2000 die Möglichkeiten des Recyclings finanziell und technologisch vorrangig zu fördern. Bereits bis 1995 soll die ordnungsgemäße Entsorgung von 50 Prozent der globalen Abfälle gesichert sein. Die vorschriftsgemäße Entsorgung aller Abfälle wird bis zum Jahre 2025 ins Auge gefaßt.

Politisch umstritten waren insbesondere die Kapitel über den Schutz der Erdatmosphäre (Kapitel 9), die Finanzressourcen (Kapitel 33) und die Wüstenbekämpfung (Kapitel 12). Zum Schutz der **Erdatmosphäre** konnte – gegen den Widerstand der erdölexportierenden Staaten – die Notwendigkeit von Maßnahmen zur Energieeinsparung und erhöhten Energieeffizienz sowie zum vermehrten Einsatz von erneuerbaren Energiequellen festgeschrieben werden. Um die **Finanzierung** der in der Agenda 21 vorgesehenen Umwelt- und Entwicklungsmaßnahmen zu gewährleisten, sind schätzungsweise 600 bis 650 Milliarden US-Dollar notwendig. Diese sollen grundsätzlich von den Ländern selbst kommen. 125 Milliarden US-Dollar tragen allein die entwickelten Staaten. Sie verpflichten sich „so schnell wie möglich" 0,7 Prozent ihres Bruttosozialprodukts für Entwicklungshilfe bereitzustellen (für die Staaten des früheren Ostblocks gelten Ausnahmeregelungen). Die ursprünglich ebenfalls beabsichtigte **Wüstenkonvention** kam nicht zustande. Hier begnügte man sich mit dem Beschluß, baldmöglichst in Verhandlungen einzutreten.

Die Aufsicht über die Realisierung der Agenda 21 obliegt der 1993 neu gegründeten **Kommission zur nachhaltigen Entwicklung (Commission on Sustainable Development = CSD)**. Diesem dem Wirtschafts- und Sozialrat (ECOSOC) der UNO zugeordneten neuen Unterorgan gehören 53 von der Generalversammlung unter Berücksichtigung der geographischen Verhältnisse jeweils für drei Jahre gewählte Mitglieder an.

4. Erklärung über Waldgrundsätze

30 Die „Grundsatzerklärung zur Bewirtschaftung, Erhaltung und bestandsfähigen Entwicklung aller Arten von Wäldern" gehörte zu den besonders „heißen Eisen" während der Verhandlungen von Rio de Janeiro. Hier prallten die Interessen der Entwicklungsländer an der wirtschaftlichen Nutzung der Wälder als nationale Ressourcen und die der Industriestaaten an der Erhaltung der Wälder aufgrund ihrer globalen ökologischen Funktion (Lebensraum für 50 bis 75 Prozent aller Tiere und Pflanzen; Sauerstoffproduzenten und Senken für die Aufnahme von CO_2) vehement aufeinander. Am Ende konnte man sich nicht auf ein rechtlich bindendes Papier einigen, sondern erklärte die in der Vereinbarung aufgenommenen 15 Grundsätze zu politischen Absichtserklärungen. Zugleich setzten sich die Entwicklungsländer mit ihrer Forderung durch, *alle* Wälder der Welt in die Erklärung einzubeziehen und verhinderten somit ein spezielles Abkommen zum Schutz der tropischen Regenwälder.

> **Beispiel:** Die Erklärung über Waldgrundsätze akzentuiert das Recht der Staaten, ihre Wälder – unter Beachtung bestimmter Rahmenbedingungen – autonom zu nutzen, die Notwendigkeit eines Schutzes der indigenen Völker und einer umfassenden Waldbewirtschaftung sowie das Erfordernis finanzieller und technischer Zusammenarbeit.

5. Klimakonvention

31 Die Rahmenkonvention zur globalen Klimaänderung legt als Ziel die **Stabilisierung** der Konzentrationen von Treibhausgasen (Kohlendioxid, Stickoxide, Methan und andere) in der Erdatmosphäre auf dem Niveau von 1990 fest, wodurch man meint, „gefährliche menschliche Einflüsse auf das Klima-System verhindern" zu können. Gleichzeitig werden die Fragen der globalen Klimaänderung zu einem *common concern of mankind* erklärt und festgestellt, daß das Klima für gegenwärtige und künftige Generationen geschützt werden müsse. Was die Finanzierung angeht, so geht die Konvention – ebenso wie die Rio-Deklaration – von dem Prinzip einer abgestuften Umweltverantwortlichkeit aus, das den Industriestaaten größere Lasten auferlegt als den Entwicklungsländern.

32 Insgesamt wurde, um den USA, dem weltweit größten CO_2-Emittenten, entgegenzukommen, der Regelungsgehalt der Klimakonvention vielfach spürbar verwässert. So sieht das Abkommen insbesondere keine Reduzierungspflicht hinsichtlich der Treibhausgase und schon gar keine fixen Fristen vor.

> **Beispiel:** Im Jahr 1988 hatten unabhängige Sachverständige im Rahmen eines Kongresses in Toronto verkündet, daß, um die Gefahr einer von Wissenschaftlern prognostizierten Erwärmung um 1,5 bis 4,5 Grad Celsius im kommenden

> Jahrhundert wirksam zu bekämpfen, eine mindestens 50prozentige Verminderung des Ausstoßes von Treibhausgasen notwendig sei. Ein erster Schritt in diese Richtung sollte ihrer Ansicht nach eine 20prozentige CO_2-Reduktion bis zum Jahre 2005 sein. Demgegenüber erscheint der „output" von Rio de Janeiro aus der Sicht engagierter Umweltschützer eher als „ökologische Bankrotterklärung". Die Bundesrepublik Deutschland kündigte deshalb bereits in Rio einen „nationalen Alleingang" an und legte in einem Kabinettsbeschluß eine Kohlendioxid-Reduktion von 25 bis 30 Prozent bis zum Jahre 2005 (auf der Grundlage von 1987) fest. Innerhalb der EU (→ Kap. 14) wurde durch Beschluß des Umweltministerrats im Mai 1992 eine CO_2-Stabilisierung bis zum Jahr 2000 vereinbart (Basis 1990).

6. Artenvielfaltskonvention

Die Konvention über den Schutz der Artenvielfalt war politisch ebenfalls äußerst brisant und stellt eine Kompromißlösung zwischen den Interessen der Entwicklungs- und der Industrieländer dar. Ihr primäres Ziel ist es, weltweit den Schutz von Tier- und Pflanzenarten sowie ihrer bedrohten Lebensräume und das darin enthaltene genetische Potential zu sichern. Dies soll bevorzugt in den natürlichen Lebensräumen („in situ") geschehen. Nach dem derzeitigen Stand der Erkenntnisse gibt es global etwa 1,4 Millionen Arten, von denen 50 pro Tag aussterben. Ein Hauptaugenmerk der Artenvielfaltskonvention mußte naturgemäß auf der Erhaltung der tropischen Regenwälder liegen, da diese allein circa 40 Prozent der täglich vom Globus verschwindenden Tier- und Pflanzenarten beherbergen.

Die Konvention sieht unter anderem vor:

- eine Identifizierung, Auflistung und Überwachung gefährdeter Arten und Biotope sowie der Ursachen ihrer Gefährdung;
- eine Ausweisung neuer Schutzgebiete nach gemeinsam entwickelten Gesichtspunkten;
- eine möglichst umweltverträgliche Nutzung der natürlichen Ressourcen (außerhalb von Schutzgebieten) sowie
- ergänzende Maßnahmen zur Erhaltung der Artenvielfalt, insbesondere Einrichtung von Genbanken und Konservierung von Genmaterial auch außerhalb der natürlichen Zonen („ex situ").

Die genannten Schutzverpflichtungen leiden jedoch darunter, daß sie nicht selten sehr unbestimmt gefaßt sind und aufgrund zahlreicher interpretationsoffener Begriffe möglicherweise relativiert werden können.

7. Bewertung und Ausblick

35 Die Gesamtwürdigung der Ergebnisse von Rio de Janeiro muß notgedrungen *zwiespältig* ausfallen. Zwar stellen einige der Dokumente durchaus einen verheißungsvollen Auftakt zur völkerrechtlichen Regelung zentraler ökologischer Probleme dar, vielerorts stößt man aber auch – mangels entsprechenden politischen Willens der beteiligten Staaten – auf ausgeprägte Defizite. Dies gilt vor allem für die Fragen der Klimaänderung, der Wüstenbildung oder des Schutzes der tropischen Feuchtwaldgebiete, daneben aber etwa auch für die nunmehr auf einer eigenständigen UN-Konferenz in Kairo behandelte Bevölkerungsexplosion. Ohne eine Lösung in dem letztgenannten Punkt (zur Zeit wächst die Menschheit jährlich um 93 Millionen Menschen) werden viele Ansätze auf anderen Sektoren in Kürze ohnehin Makulatur werden. Entscheidend wird alles in allem sein, wie sich der sog. *„Rio-follow-up-process"* vollzieht und ob dabei eine stufenweise Konkretisierung (mit genauen Mengen- und Zeitvorgaben) erreicht werden kann. Auf diesem steinigen Weg wird der Vorreiterrolle vergleichsweise progressiver Staaten, wie der Bundesrepublik Deutschland, eine maßgebliche Bedeutung zukommen.

Einen ersten Schritt in diese Richtung stellt die **Klimakonferenz von Berlin** (1995) dar. Zwar konnten sich die Vertreter der 160 Länder, die an dieser ersten Vertragsstaaten-Konferenz der Klimarahmenkonvention (→ RN 31 f.) teilnahmen, noch nicht auf ein Protokoll mit konkreten Verpflichtungen und Zielen einigen, herauskam aber das sog. „Berliner Mandat". Darin wird eine Arbeitsgruppe, der alle Vertragsstaaten angehören, eingesetzt. Diese soll ihre Arbeiten in bezug auf klare, über das Jahr 2000 hinausreichende Reduktionsvorgaben bis zum Jahr 1997 abgeschlossen haben, so daß die dritte Vertragsstaaten-Konferenz hierüber entscheiden kann.

Zugleich kam man in Bonn darüber ein, das umstrittene Instrument der *„gemeinsamen Umsetzung"* (*Joint Implementation*) in einer bis 1999 dauernden Pilotphase zu erproben, an der sich alle Länder freiwillig beteiligen können. Es ermöglicht den Industriestaaten, ihren Emissionsminderungspflichten auch durch Investitionen in anderen Staaten (d.h. praktisch vor allem in Entwicklungsländern) nachzukommen, indem sie dort beispielsweise ein mit modernsten Filteranlagen versehenes Kraftwerk bauen. Die Entwicklungsländer beurteilen diese Möglichkeit zum Teil positiv (Stichwort: Technologie- und Wissenstransfer), fürchten häufig aber auch ein „Freikaufen" der Industriestaaten bzw. eine neue Einschränkung ihrer eigenen Souveränität. Um diesen Sorgen Rechnung zu tragen, wurde in Bonn vereinbart, daß Investitionen zugunsten des Umweltschutzes, die Industriestaaten in der Pilotphase außerhalb ihres Staatsgebiets tätigen, diesen zunächst noch nicht gutgeschrieben werden, mit anderen Worten die Industriestaaten nicht von entsprechenden Maßnahmen zu Hause befreien.

Kontrollfragen:
1. Was versteht man unter „Völkerrecht"? (RN 2)
2. Wer handelt im Völkerrecht? (RN 3–5)
3. Warum gilt das Völkerrecht – verglichen mit dem nationalen Recht – als relativ „zahnlos"? (RN 6)
4. Auf welchem Weg wirkt das Völkerrecht in die nationale Rechtsordnung hinein? (RN 7)
5. Nennen und charakterisieren Sie die Rechtsquellen des Völkerrechts unter besonderer Berücksichtigung ihrer Eignung für den Umweltschutz. (RN 8–14)
6. Schildern Sie das Souveränitätsverständnis des modernen Umweltvölkerrechts. (RN 11)
7. Was ist „soft law"? (RN 15)
8. Gibt es im Völkerrecht ein Umweltgrundrecht? (RN 16 f.)
9. Nennen Sie einige für den Umweltschutz wichtige internationale Organisationen. (RN 19–24)
10. Fassen Sie die Ergebnisse der UN-Umweltschutzkonferenz von Rio de Janeiro (1992) kurz zusammen und bewerten Sie diese. (RN 25–35)

Weiterführende Literatur:
Hohmann, Harald, Präventive Rechtspflichten und -prinzipien des modernen Umweltvölkerrechts: Zum Stand des Umweltvölkerrechts zwischen Umweltnutzung und Umweltschutz, 1992; *ders.*, Ergebnisse des Erdgipfels von Rio, NVwZ 1993, S. 311–319; *Kilian, Michael*, Umweltschutz durch internationale Organisationen, 1987; *Randelzhofer, Albrecht*, Umweltschutz im Völkerrecht, JURA 1992, S. 1–8; *Ruffert, Matthias*, Das Umweltvölkerrecht im Spiegel der Erklärung von Rio und der Agenda 21, ZUR 1993, S. 208–214; *Umweltbundesamt* (Hrsg.), Daten zur Umwelt 1992/93, 1994, insbes. S. 86ff.; *von Websky, Michael*, in: HdbUR, Bd. 2, 2. Aufl. (1994), Sp. 1731–1740; *Winkler, Markus*, Ökologische Intervention im internationalen Recht?, NuR 1995, S. 57–61.

Rechtsprechungshinweise:
RIAA, Bd. III, S. 1905ff. (Trail Smelter-Fall); RIAA, Bd. XII, S. 281ff. (Lac Lanoux-Fall); International Court of Justice-Reports, 1959, S. 4ff. (Korfu-Kanal-Fall).

14. Umwelteuroparecht

I. **Historische Entwicklung der EU**

II. **Organe der EU**
   1. (Minister-)Rat
   2. Kommission
   3. Europäisches Parlament
   4. Europäischer Gerichtshof
   5. Wirtschafts- und Sozialausschuß
   6. Überblick

III. **Rechtsquellen**
   1. Primäres Gemeinschaftsrecht
   2. Sekundäres Gemeinschaftsrecht
      a) Verordnung
      b) Richtlinie
   3. Allgemeine Rechtsgrundsätze

IV. **Verhältnis des EG-Rechts zum nationalen Recht**
   1. Vorrang des Gemeinschaftsrechts
   2. Unmittelbare Anwendbarkeit des Gemeinschaftsrechts

V. **Inhaltliche Seite des europäischen Umweltrechts**
   1. Ziele
   2. Grundsätze
      a) Schutzniveauklausel
      b) Vorsorge- und Vorbeugeprinzip
      c) Ursprungsprinzip
      d) Verursacherprinzip
      e) Querschnittsklausel
      f) Subsidiaritätsprinzip
   3. Abwägungsgebote
   4. Schutzklauseln und Schutzergänzungsklauseln

VI. **Kompetenzielle Seite des europäischen Umweltrechts**
   1. Bestandsaufnahme
   2. Praktische Relevanz der Kompetenzabgrenzung
   3. Methode der Kompetenzabgrenzung

Die europäische Umweltpolitik wird häufig mit eher negativen (Vor-)Urteilen verbunden. „Die Chancen stehen schlecht für die Ökologie, aber gut für ökonomische Interessen", meint etwa „DER SPIEGEL" (Heft 51/1993, S. 32). Spielt die Europäische Union (EU) tatsächlich die Rolle eines „Bremsers" in Sachen progressiver Umweltschutz oder ist sie gar umgekehrt, wie ihre Befürworter meinen, der „Motor" für eine erfolgreiche europaweite Ökologiepolitik?

> **Fakten:** Die EU hat bislang über 200 Rechtsakte auf dem Gebiet des Umweltschutzes erlassen. Diese betreffen wichtige Fragen des allgemeinen Umweltschutzes (Umweltzeichen, Umweltagentur, Umweltinformation, Öko-Audit u. a.), decken aber auch alle „klassischen" Gebiete des besonderen Umweltrechts (Naturschutz, Gewässerschutz, Luftreinhaltung, Abfall, Bodenschutz, Biotechnologie u. a.) ab. Qualitativ gehen Vertreter der Generaldirektion Umwelt in der EU-Kommission davon aus, daß es in circa zwei Drittel der EU-Mitgliedstaaten keinen oder keinen annähernd so effektiven Umweltschutz gäbe, fungierte die EU dort nicht als Anstoßgeber. So kommen einerseits immer wieder, gerade in südeuropäischen Staaten, „via Brüssel" Umweltschutzregelungen zustande, die im rein nationalen Gesetzgebungsverfahren nicht oder nur in abgeschwächter Form durchsetzungsfähig gewesen wären. Andererseits bleiben die EU-Standards mitunter auch hinter dem Umweltschutzniveau vergleichsweise progressiver Staaten wie der Bundesrepublik Deutschland zurück. Jüngstes Beispiel hierfür ist die Pflanzenschutzrichtlinie (91/414/EWG), in deren Positivliste 90 Wirkstoffe aufgenommen sind, die in Deutschland zum Teil verboten sind oder als wassergefährdend eingestuft werden (z. B. Atrazin).

1

Ehe wir uns speziell dem europäischen Umweltschutzrecht zuwenden, ist es unerläßlich, zunächst ein gewisses Fundament in Sachen *allgemeines* Europarecht zu legen. Man wird das EU-Umweltrecht nicht oder nur schwerlich verstehen, hat man sich nicht Klarheit verschafft über eine Reihe von grundsätzlichen Fragen: Was ist die EU überhaupt und was will sie? Wer handelt in der EU? Wie ist es mit den Rechtsquellen „in Europa" bestellt, gibt es so etwas wie „europäische Gesetze"? Wie verhält sich das Europarecht zum nationalen Recht? Diese Problemstellungen und einiges mehr werden uns zunächst (I.–IV.) beschäftigen, ehe wir zum eigentlichen Umweltrecht übergehen (V.–VI.).

2

I. Historische Entwicklung der EU

Die Wurzeln der EU reichen zurück bis in die unmittelbare Phase nach dem Zweiten Weltkrieg. Der Anstoß zur Gründung der „Vereinigten Staaten von Europa" ging auf Impulse Englands (Züricher Rede Churchills von 1946) und Frankreichs (Schumann-Plan von 1950) zurück und war zunächst primär sicherheitspolitisch motiviert. Im Jahre 1951 wurden der Vertrag zur Gründung

3

der **Europäischen Gemeinschaft für Kohle und Stahl (EGKS bzw. Montanunion)** unterzeichnet, der im Juli 1952 in Kraft trat. Kurz darauf erfolgte der Abschluß der Verträge zur Gründung der **Europäischen Wirtschaftsgemeinschaft (EWG)** und der **Europäischen Atomgemeinschaft (EAG oder Euratom)**. Beide gelten seit dem 1. Januar 1958. Gründungsstaaten der – juristisch gesehen – drei (!) Europäischen Gemeinschaften waren die Bundesrepublik Deutschland, Frankreich, Italien, Belgien, Niederlande und Luxemburg.

> **Hinweis:** Im folgenden wird ausschließlich von der EWG (bzw. EG; → RN 6) die Rede sein. Die EGKS und die EAG sind für das Umweltrecht nur von untergeordneter Bedeutung.

4 Mit dem Beitritt Großbritanniens, Irlands und Dänemarks (1973), Griechenlands (1981) sowie Spaniens und Portugals (1986) erfolgte die Erweiterung der Europäischen Gemeinschaften zunächst zu einem „Europa der Zwölf", mit der Aufnahme Österreichs, Finnlands und Schwedens zum 1. Januar 1995 der Schritt zum „Europa der 15". Im Jahre 1986 kam es mit der sog. **Einheitlichen Europäischen Akte (EEA)** zu der ersten grundlegenden Änderung des EWG-Vertrages. Im Zuge dieser Revision, die zum 1. Juli 1987 in Kraft trat und die in erster Linie auf die Vollendung des **Binnenmarktes** zum 31. Dezember 1992 gerichtet war, wurde auch der **Titel XVI** (= Art. 130r ff.) über die „**Umwelt**" neu in den EWG-Vertrag aufgenommen.

5 Dies bedeutet aber nicht, daß es bis zum Jahre 1987 keine europäische Umweltpolitik gab. Eine solche gab es sehr wohl. Seit der Gipfelkonferenz von Paris im Jahre 1972 ergingen weit über 100 umweltrelevante Rechtsakte. Hierfür mußte man aber – mangels ausdrücklicher Umweltschutzkompetenz – auf diverse „Behelfsrechtsgrundlagen" aus anderen Politikbereichen zurückgreifen, die man für diesen Zweck dynamisch, will sagen umweltschutzfreundlich ausgelegt hat. Auch wurden seit 1973 regelmäßig sog. **Aktionsprogramme** der Gemeinschaft für den Umweltschutz verabschiedet, die politische Absichtserklärungen ohne rechtliche Außenwirkung verkörpern und inhaltlich die Weichenstellungen und „Visionen" für die zukünftige europäische Umweltpolitik zum Ausdruck bringen sollen (vgl. Art. 130s Abs. 3 EG-Vertrag). Von 1993 bis 1998 gilt das 5. Aktionsprogramm „Für eine dauerhafte und umweltgerechte Entwicklung", das bestimmte Programmthemen, Schwerpunktbereiche (Industrie, Energie, Verkehr, Landwirtschaft, Tourismus) und Akteure benennt.

6 Im Februar 1992 unterzeichneten die europäischen Staats- und Regierungschefs im niederländischen Maastricht den **Vertrag über die Europäische Union** (sog. Maastrichter Vertrag), der zum 1. November 1993 in Kraft trat. Die bisherige „Europäische Wirtschaftsgemeinschaft (EWG)" heißt seitdem „**Europäische Gemeinschaft (EG)**", um die Abkehr von dem bislang vorherrschenden, primär ökonomiebezogenen Integrationsansatz zu unterstreichen. Inhaltlich sieht diese zweite große Revision des EWG-Vertrages u. a. die

Einführung neuer Politikbereiche (z. B.: Wirtschafts- und Währungsunion, Gesundheitspolitik, transeuropäische Netze, Kultur), eine Fortentwicklung der umweltpolitischen Zuständigkeiten der EG sowie eine Verstärkung der Beteiligungsrechte des Europäischen Parlaments vor. Hinzu kommen zwei, wie man sagt, nicht „vergemeinschaftete" Politikbereiche, nämlich die Gemeinsame Außen- und Sicherheitspolitik sowie die Innen- und Rechtspolitik. Hier bleibt es bei einer bloßen intergouvernementalen Zusammenarbeit der Staats- und Regierungschefs, ohne die Möglichkeit zu verbindlicher Rechtsetzung wie in den sonstigen Politikbereichen (→ RN 21 ff.).

Damit ergibt sich im Ergebnis eine **Drei-Säulen-Konstruktion** der EU, getragen von den Pfeilern der EG, der Gemeinsamen Außen- und Sicherheitspolitik sowie der Innen- und Rechtspolitik:

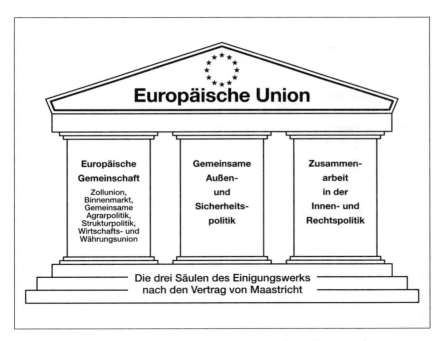

(Quelle: Bundeszentrale für politische Bildung, Von der EG zur EU, 1993, S. 34)

Hinweis: Im weiteren bewegen wir uns ausschließlich im Bereich der linken Säule (EG). Auch das Umweltrecht ist hier zu verorten. Es wird folglich auch von „EG-Recht" respektive „Gemeinschaftsrecht" (und nicht von „EU-Recht") gesprochen werden, da, wie ausgeführt, im Bereich der mittleren und rechten „Säule" (noch) kein Recht gesetzt werden kann.

II. Organe der EU

1. (Minister-)Rat

8 Der Rat setzt sich aus den Vertretern (Ministern oder Staatssekretären) der nationalen Regierungen zusammen. Die Zusammensetzung des Rats ergibt sich aus dem jeweils zu behandelnden thematischen Gegenstand: Geht es um Resolutionen zu Bosnien-Herzegowina, so trifft sich der Außenministerrat, bei der Frage der Milchquoten ist der Landwirtschaftsministerrat angesprochen und bei Problemen der europaweiten Luftreinhaltung versammeln sich die Umweltminister im Rat. Der Rat verkörpert – in den Kategorien des traditionellen Gewaltenteilungsmodells (→ Kap. 2/RN 17) – in erster Linie die **Legislative** der EU. Er tagt in Brüssel, drei Monate im Jahr in Luxemburg.

9 **Hinweis:** Der „Rat" ist nicht zu verwechseln mit dem **„Europäischen Rat"**. Von letzterem ist immer nur dann die Rede, wenn sich die Staats- und Regierungschefs selbst im Rahmen des Rates treffen. Um wieder etwas anderes geht es beim **Europarat**. Dieser ist eine eigenständige, von der EU völlig separate internationale Organisation (→ Kap. 13/RN 4).

2. Kommission

10 Die Kommission (Sitz: Brüssel) besteht aus einer Spitze von 20 Kommissaren (Stand: 31.12.1994) sowie einem circa 17 000-köpfigen Beamtenapparat. Kommissionspräsident ist derzeit Jacques Santer. Die Kommissare werden von den Regierungen ihrer Heimatstaaten benannt. Erst nach Zustimmung des Europäischen Parlaments können sie ernannt werden.

Die Kommission fungiert insoweit als **Exekutive** der EU, als sie zum Teil mit der Durchführung der Gemeinschaftspolitik betraut ist (z. B.: Wettbewerbspolitik). Dies gilt nicht für den Bereich der Umweltpolitik. Hier stellt Art. 130s Abs. 4 EG-Vertrag explizit klar, daß die Finanzierung und Durchführung der von der EG beschlossenen Maßnahmen Sache der Mitgliedstaaten bleibt. Neben der Exekutivfunktion kommen der Kommission wichtige Befugnisse im Zusammenhang mit der Aufstellung des Haushalts und der Verwaltung der Finanzmittel (Fonds) zu. Sie verfügt ferner über das sog. Initiativrecht im Rechtsetzungsverfahren, d. h. der Rat kann Rechtsakte nur auf Vorschlag der Kommission und niemals „aus eigener Kraft" erlassen. Schließlich ist die Kommission die „Hüterin des Vertrages", denn sie wacht darüber, daß sich die Mitgliedstaaten und die anderen EU-Organe an die Gründungsverträge halten. Bei Verstößen kann sie ggf. Klage vor dem Europäischen Gerichtshof erheben (vgl. Art. 155, 169 ff. EG-Vertrag).

3. Europäisches Parlament

Das Europäische Parlament wird alle fünf Jahre (zuletzt 1994) direkt von den Unionsbürgern gewählt. Es zählt 626 Abgeordnete. Die Parlamentarier schließen sich in – übernational organisierten – Fraktionen zusammen. Die Plenarsitzungen des Europäischen Parlaments finden in Straßburg statt, Ausschüsse und Fraktionen tagen in Brüssel.

11

Hinsichtlich seiner Funktionen läßt sich das Parlament nicht so leicht zuordnen wie die anderen EU-Organe. Es nimmt sicherlich (auch) Legislativaufgaben wahr, wirkt aber bislang in den meisten Bereichen nur in einer gegenüber dem Rat untergeordneten Position mit. Neben der Beteiligung im Rechtsetzungsprozeß ist das Parlament auch in die Aufstellung, Beratung und Verabschiedung des Haushalts der EU einbezogen. Erwähnenswert sind des weiteren die Kontrollrechte des Parlaments gegenüber der Kommission sowie gegenüber dem Rat.

Ursprünglich kannte der EWG-Vertrag lediglich eine **Anhörung** des Europäischen Parlaments, d. h. der Rat hatte dessen Stellungnahme zur Kenntnis zu nehmen, mußte sie aber nicht inhaltlich berücksichtigen. Mit der EEA von 1987 kam erstmals das Verfahren der **Zusammenarbeit** (jetzt: Art. 189c EG-Vertrag) in den Vertrag. Dieses, in seinen Details sehr komplexe Procedere sieht im Kern vor, daß, wenn das Parlament einen ablehnenden Standpunkt formuliert, der Rat sich nur mehr *einstimmig* darüber hinwegsetzen kann. Das – noch wesentlich kompliziertere – Verfahren der **Mitentscheidung** (Art. 189b EG-Vertrag) gibt es erst seit dem Maastrichter Vertrag und nur in einigen wenigen Bereichen. Danach verfügt das Parlament über ein echtes *Vetorecht*, d. h. der Rat kann gegen den Willen des Parlaments keine Rechtsakte mehr beschließen (Zweikammersystem).

12

4. Europäischer Gerichtshof

Eine im Sinne der klassischen Gewaltenteilungslehre eindeutige Zuordnung zum Bereich der **Judikative** ermöglicht der Europäische Gerichtshof (EuGH). Er wird von 13 Richtern gebildet, denen sechs sog. Generalanwälte zur Seite stehen (Stand: 31.12.1994). Letzteren obliegt das Mandat, die zu beurteilenden Fälle durch entsprechende Entscheidungsvorschläge vorzubereiten. Ebenfalls der Arbeitserleichterung dient das 1988 eingeführte Gericht erster Instanz, das im Oktober 1989 seine Arbeit aufnahm und als eine Art „Abfangjäger" mit einfacheren Sachverhalten befaßt ist. Der EuGH „sichert die Wahrung des Rechts bei der Auslegung und Anwendung" der Verträge (Art. 164 EG-Vertrag). Was bedeutet das? Er entscheidet beispielsweise aufgrund einer Klage eines Mitgliedstaats oder Bürgers, ob ein nationales Umweltgesetz gegen bestimmte Vorgaben aus einer EU-Richtlinie (→ RN 18 f.) verstößt (Art. 169 f. EG-Vertrag). Er urteilt aber auch darüber, wie etwa unklar gefaßte unbestimmte Rechtsbegriffe in einer Verordnung der EU zum Umweltschutz

13

zu interpretieren sind (Art. 177 EG-Vertrag). Mit seinen unanfechtbaren Urteilen sichert er die Einheit und Wirksamkeit des Gemeinschaftsrechts.

5. Wirtschafts- und Sozialausschuß

Der Wirtschafts- und Sozialausschuß ist das Repräsentationsorgan der Erzeuger, der Landwirte, der Verkehrsunternehmer, der Arbeitnehmer, der Kaufleute und Handwerker, der Freiberufler und der Allgemeinheit. Grob gesprochen teilen sich die Mitglieder des Wirtschafts- und Sozialausschusses auf in je ein Drittel Vertreter der Arbeitgeber, der Arbeitnehmer und „Sonstiger". Zu Letzteren rechnen auch Vertreter von Umweltschutzorganisationen, die allerdings zahlenmäßig so schwach sind, daß sie keinen nennenswerten Einfluß entfalten können. Um die Durchsetzungsschwäche der Umweltbelange im Rechtsetzungsprozeß nachhaltig zu lindern, bedürfte es der Institutionalisierung eines gleichgewichtigen, aus unabhängigen Sachverständigen zusammengesetzten Umweltausschusses. Der Wirtschafts- und Sozialausschuß, dessen weisungsfreie Mitglieder vom Rat auf der Grundlage nationaler Vorschlagslisten für vier Jahre ernannt werden, muß in bestimmten Fällen vom Rat vor der Verabschiedung eines Rechtsakts gehört werden. Außerdem gibt er auf Antrag des Rats oder der Kommission und seit 1972 auch aus eigener Initiative Stellungnahmen ab.

6. Überblick

Damit stellt sich das **Vorschlags- und Entscheidungsverfahren** innerhalb der EU zusammengefaßt wie auf der folgenden Seite dar.

III. Rechtsquellen

1. Primäres Gemeinschaftsrecht

Das primäre Gemeinschaftsrecht wird gebildet durch die drei Gründungsverträge (EGKS-Vertrag, EAG-Vertrag und EWG- bzw. nunmehr EG-Vertrag) samt ihrer Anhänge, Anlagen und Protokolle sowie ihrer späteren Ergänzungen und Änderungen. Sie bilden – vereinfacht gesprochen – die „Verfassung" der EU, indem sie die Ziele und Aufgaben festlegen, die Organe und (sekundären) Rechtsquellen benennen, Verfahrensfragen regeln sowie vor allem Zuständigkeiten (= Kompetenzen) zuweisen.

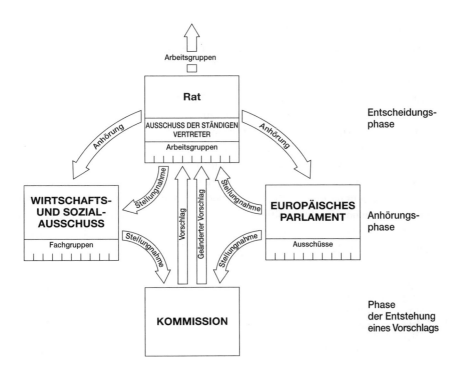

(Quelle: Klaus Borchardt, Das ABC des Gemeinschaftsrechts, 1994, S. 46)

2. Sekundäres Gemeinschaftsrecht

→ Art. 189 EG-Vertrag

Hinweis: Das sekundäre Gemeinschaftsrecht wird im Amtsblatt der EG, Abteilung L, veröffentlicht. Eine Loseblattsammlung ausgewählter Umweltrichtlinien und -verordnungen wird ediert von *Peter-Christoph Storm/Siegbert Lohse*, EG-Umweltrecht, Berlin 1994.

a) Verordnung

Die Verordnung ist – wiederum etwas verkürzt – das „Gesetz" (→ Kap. 2/RN 16) der EU. Sie greift am einschneidensten in die nationale Rechtsetzungshoheit ein, da sie in allen ihren Teilen verbindlich ist und ohne weiteren nationalen Zwischenakt allgemein und unmittelbar im nationalen Recht gilt (vgl. Art. 189 Abs. 2 EG-Vertrag). Im Umweltschutzbereich sind Verordnungen eher selten und betreffen zumeist nur Aspekte des allgemeinen Umweltrechts.

17

Beispiel: Verordnung betreffend ein gemeinschaftliches System zur Vergabe eines Umweltzeichens; Verordnung über die freiwillige Beteiligung gewerblicher Unternehmen an einer gemeinschaftlichen Öko-Audit-Regelung.

b) Richtlinie

18 Das Gros der Umweltrechtsakte der Gemeinschaft erging in der Form der Richtlinie. Sie ist das „Rahmengesetz" der EU, das grundsätzlich nicht unmittelbar in den Mitgliedstaaten gilt, sondern diese verpflichtet, bestimmte *Ziele* binnen einer bestimmten Frist mit – vom Mitgliedstaat zu wählenden – *Formen und Mitteln* des nationalen Rechts zu erfüllen. Sie ist damit *zweistufig*, d. h. sie bedarf zu ihrer Wirksamkeit grundsätzlich der Umsetzung in nationales Recht. Ihre Verbindlichkeit bezieht sich nur auf das „Ob" (= Ziel), nicht jedoch auf das „Wie" (= Formen und Mittel). Ein Mitgliedstaat kann etwa frei entscheiden, ob er eine Abfallrichtlinie der EU in Rechtsverordnungs- oder Gesetzesform in nationales Recht „umgießt". Dahinter steht der Gedanke, den unterschiedlichen Rechtstraditionen der Mitgliedstaaten Raum zu lassen und nationale Besonderheiten soweit zuzulassen, als dies die Einheit und Wirksamkeit des EG-Rechts nicht gefährdet.

> **Beispiel:** Das deutsche Gesetz über die Umweltverträglichkeitsprüfung vom 20. Februar 1990 (UVPG; → Kap. 5/RN 22 f.) wäre ohne einen entsprechenden Anstoß durch eine EG-Richtlinie wohl nicht oder zumindest nicht zu diesem Zeitpunkt zustande gekommen. Es wurde nämlich zur Umsetzung der Richtlinie 85/337/EWG des Rates über die Umweltverträglichkeitsprüfung bei bestimmten öffentlichen und privaten Projekten vom 27. Juni 1985 – wenn auch mit erheblicher Verspätung – verabschiedet.

19 Aus Sicht eines effektiven Umweltschutzes problematisch ist die zum Teil sehr lasche „Umsetzungsmoral" der Mitgliedstaaten, die zu einer Reihe von Verurteilungen durch den Europäischen Gerichtshof wegen Vertragsverletzung (Art. 169 ff. EG-Vertrag) geführt hat. Von den 44 Fällen, die bis 1989 vor dem EuGH anhängig waren, betrafen Deutschland immerhin fast ein Fünftel. So wurde die Bundesrepublik u. a. verurteilt wegen nicht ordnungsgemäßer Umsetzung der Vogelschutzrichtlinie, der Grundwasserrichtlinie, der Oberflächenwasserrichtlinie und der Richtlinien über Grenzwerte für Schwefeldioxid und für Blei.

3. Allgemeine Rechtsgrundsätze

20 Von dieser *ungeschriebenen* Rechtsquelle, die uns bereits im Völkerrecht begegnet ist (→ Kap. 13/RN 13), werden Normen erfaßt, die die elementaren Vorstellungen von Recht und Gerechtigkeit zum Ausdruck bringen, wie sie in der überwiegenden Zahl der nationalen Rechtsordnungen Europas anerkannt werden. Sie dienen der „Lückenschließung" und werden in der Praxis vor allem durch die Rechtsprechung des EuGH entwickelt, sei es durch eine „Zusammenschau" verschiedener Einzelaussagen der Verträge oder durch eine wertende Vergleichung der nationalen Rechtsordnungen.

> **Beispiel:** Der EG-Vertrag kennt keinen Katalog von geschriebenen Grundrechten. Gleichwohl sind nahezu alle „klassischen" Grundrechte des nationalen Rechts (hierzu gehört das Umweltgrundrecht *nicht*) auch in der Rechtsprechung des EuGH als allgemeine Rechtsgrundsätze anerkannt.

IV. Verhältnis des EG-Rechts zum nationalen Recht

Nicht immer ist das Verhältnis von EG-Recht und nationalem Recht frei von „Konflikten". Was gilt etwa, wenn eine EU-Richtlinie schärfere Emissionsgrenzwerte festsetzt als das entsprechende nationale Gesetz, der Staat aber die Richtlinie nicht umsetzt? Derartige Kollisionen müssen im Zweifel so aufgelöst werden, daß die Einheitlichkeit und damit die Funktionsfähigkeit der Gemeinschaft gewahrt bleiben. Da die EU nicht zuletzt eine „Rechtsgemeinschaft" ist, steht und fällt ihre Wirksamkeit mit der gleichmäßigen Geltung und Anerkennung der durch sie gesetzten Normen. Diesem Zweck dienen zwei Grundsätze: der Vorrang des Gemeinschaftsrechts (→ RN 22 f.) und die unmittelbare Anwendbarkeit des Gemeinschaftsrechts (→ RN 24). Beide werden unter dem Schlagwort der **Supranationalität** der Gemeinschaft zusammengefaßt. Damit wird zum Ausdruck gebracht, daß die Gemeinschaft – im Gegensatz etwa zu einer „nur" internationalen Organisation (→ Kap. 13/RN 6) – mit echten Hoheitsrechten ausgestattet ist, d. h. die Mitgliedstaaten haben in dem Maße, in dem sie nationale Souveränität auf die EU übertragen haben, ihre eigene Hoheitsgewalt zurückgenommen und – bildlich gesprochen – die nationale Rechtsordnung quasi geöffnet für ein „Hereinströmen" des supranationalen EG-Rechts. Trotz dieses „supranationalen" Charakters ist die EU bislang *kein (Bundes-)Staat*, sondern eine im Prozeß fortschreitender Integration stehende zwischenstaatliche Gemeinschaft eigener Art (das Bundesverfassungsgericht spricht von einem „*Staatenverbund*", um die Stellung der EU zwischen einem Staatenbund und einem Bundesstaat zu verdeutlichen).

1. Vorrang des Gemeinschaftsrechts

Wenn eine Norm des EG-Rechts – wie im einleitenden Fallbeispiel – inhaltlich in Widerspruch zum nationalen Recht steht, muß einer Rechtsordnung der Vorrang eingeräumt werden und die andere Rechtsordnung zurücktreten. Der Europäische Gerichtshof hat sich – gefolgt von nahezu allen nationalen Verfassungsgerichten – für den **Anwendungsvorrang des (gesamten) EG-Rechts** vor dem *gesamten* nationalen Recht (einschließlich des Verfassungsrechts!) entschieden. Begründet hat er dies mit der Notwendigkeit einer einheitlichen und gleichmäßigen Geltung des EG-Rechts in allen Mitgliedstaaten. Das Bundesverfassungsgericht ist dem – nach anfänglichem Zögern –

mittlerweile grundsätzlich gefolgt, macht jedoch eine Ausnahme für den Wesenskern bzw. die prägenden Strukturmerkmale des Grundgesetzes, wie sie in Art. 23 Abs. 1 und Art. 79 Abs. 3 GG genannt sind (Grundrechte, Rechtsstaatlichkeit, Demokratieprinzip, Bundesstaatlichkeit).

> **Beispiel:** Grundsätzlich gehen die EU-Grundrechte den Grundrechten des GG vor, dies gilt aber nur, solange auf der europäischen Ebene ein dem GG im wesentlichen adäquater Grundrechtsschutz gewährleistet ist. Zählt etwa ein deutsches Grundrecht nicht zu den allgemeinen Rechtsgrundsätzen des Europarechts (z. B.: Rundfunkfreiheit), so „schlägt" quasi doch wieder „die Stunde" der nationalen Grundrechte und das Bundesverfassungsgericht kann etwa über eine hierauf gestützte Verfassungsbeschwerde urteilen.

23 Damit ergibt sich, betrachtet man das nationale Recht (→ Kap. 2/RN 21), das Völkerrecht (→ Kap. 13/RN 8 ff.) und das Europarecht in ihrer Gesamtheit, vereinfachend dargestellt folgende **„Normenpyramide"**:

2. Unmittelbare Anwendbarkeit des Gemeinschaftsrechts

24 Die „unmittelbare Anwendbarkeit des Gemeinschaftsrechts" besagt, daß das EG-Recht nicht nur die Gemeinschaftsorgane und Mitgliedstaaten bindet, sondern daneben unter Umständen auch dem einzelnen Bürger konkrete Rechte verleihen kann. Man nennt dies plastisch die „Durchgriffswirkung" des EG-Rechts. Eine unmittelbare Wirkung kommt dabei nicht nur Normen des primären Gemeinschaftsrechts, sondern auch Bestimmungen des sekundären Gemeinschaftsrechts zu, sofern sie erstens **unbedingt** (d. h. die Mitgliedstaaten dürfen keinen Ermessensspielraum bei der Umsetzung haben) und zweitens **hinreichend genau** sind.

> **Beispiel:** Der Mitgliedstaat D kommt seiner Pflicht zur Umsetzung einer Luftreinhalterichtlinie der EG nicht nach, weil mittlerweile eine neue Regierung in D an die Macht kam und diese sich von den, ihr zu weit gehenden umweltpolitischen Entscheidungen ihrer Vorgängerin teilweise distanzieren will. Der Nachbar N einer emittierenden Anlage in D, die auf der Grundlage des in D geltenden „lascheren" Rechts genehmigt wurde, fühlt sich in seiner Gesundheit beeinträchtigt und will – mittels Widerspruch und Anfechtungsklage (→ Kap. 3/RN 48 f.) – gegen die Genehmigung vorgehen. Dabei kann er sich zur Begründung seines Vorbringens unmittelbar auf die einschlägigen Artikel der Richtlinie stützen, sofern diese unbedingt sowie hinreichend genau sind, was bei konkreten Emissionsgrenzwerten regelmäßig anzunehmen ist.

V. Inhaltliche Seite des europäischen Umweltrechts

Die *inhaltliche* Seite des europäischen Umweltrechts ergibt sich in erster Linie aus Art. 130r, daneben noch aus Art. 130t EG-Vertrag. Dagegen betrifft der im Abschnitt VI. behandelte Art. 130s EG-Vertrag die *kompetenzielle* Seite des europäischen Umweltschutzes, also die Zuständigkeiten der EU. Alle drei Vorschriften bilden zusammen den Titel „Umwelt", sind mithin als eine Einheit zu betrachten.

25

1. Ziele

→ Art. 130 r I
EG-Vertrag

Die – *rechtlich verbindlichen* – Ziele der europäischen Umweltpolitik sind in Art. 130r Abs. 1 EG-Vertrag verankert. Im einzelnen sind zu nennen:

- **Erhaltung der Umwelt:** Hiermit ist eine Art „ökologischer Bestandsschutz" gemeint. Ein weiterer Verbrauch und eine weitere Zerstörung der Umwelt (z. B.: Bodenversiegelung) sind damit grundsätzlich unvereinbar.

26

- **Schutz der Umwelt:** Damit soll – in teilweiser inhaltlicher Überlappung mit dem Ziel der Erhaltung der Umwelt – zum Ausdruck gebracht werden, daß bestehende Umweltbelastungen einzudämmen und potentielle Beeinträchtigungen zu vermeiden sind.

27

- **Verbesserung der Umweltqualität:** Hierbei geht es um das „Wie", also die Bedingungen menschlichen Lebens. Erfaßt werden etwa der Freizeit- und Erholungswert einer intakten Naturlandschaft für das Wohlbefinden

28

des Menschen oder aber eine gesunde Arbeitsumwelt (z. B.: Schutz vor radioaktiver Strahlung am Arbeitsplatz).

29
- **Schutz der menschlichen Gesundheit:** Diese Zielsetzung bringt die enge Wechselbeziehung zwischen dem Umwelt- und Gesundheitsschutz zum Ausdruck, auch wenn der EG die Kompetenz zum Betreiben einer Gesundheitspolitik nicht hierdurch eingeräumt wird, sondern durch Art. 129 EG-Vertrag. Zugleich wird durch die Bezugnahme auf die „menschliche" Gesundheit klargestellt, daß das EG-Umweltrecht, wie auch das nationale Umweltrecht, auf einem primär anthropozentrischen, d.h. auf den Menschen hin ausgerichteten, Umweltverständnis basiert.

30
- **Umsichtige und rationelle Verwendung der Ressourcen:** Diese Vorgabe stellt einen Teilaspekt der „Erhaltung der Umwelt" (→ RN 26) dar und beabsichtigt einen schonenden und sparsamen Umgang mit den versiegenden Ressourcen, insbesondere dem Trinkwasser.

31
- **Förderung internationaler Umweltschutzmaßnahmen:** Dieses sog. Globalitätsprinzip trägt der Erkenntnis Rechnung, daß es nur „eine" Umwelt gibt und Umweltprobleme an nationalen Grenzen nicht Halt machen, so daß sich ein faktischer Zwang zur Kooperation der Staaten ergibt.

→ Art. 130r II EG-Vertrag

2. Grundsätze

Die europäische Umweltpolitik hat sich von einer Reihe von Grundsätzen leiten zu lassen, die ebenso wie die Ziele *rechtlich verbindlich*, also nicht nur politische Absichtserklärungen sind.

a) Schutzniveauklausel

32
Nach der Vorschrift des Art. 130r Abs. 2 UAbs. 1 Satz 1 EG-Vertrag zielt die Umweltpolitik der Gemeinschaft unter Berücksichtigung der unterschiedlichen Gegebenheiten in den einzelnen Regionen auf ein hohes Schutzniveau ab. Nahezu gleichlautend ist Art. 100a Abs. 3 EG-Vertrag, der auch die Binnenmarktpolitik auf ein hohes Umweltschutzniveau verpflichtet und damit Ausfluß des Gedankens eines „ökologisch qualifizierten Binnenmarktes" bzw. eines „umweltverträglichen Wachstums" (vgl. Art. 2 EG-Vertrag) ist.

b) Vorsorge- und Vorbeugeprinzip

33
Beide Prinzipien beinhalten das Bestreben, Umweltschutz nicht mehr – wie lange Zeit geschehen – nachhinkend-reparierend, sondern vorausschauend-präventiv zu betreiben.

Beispiel: Das Ziel der Abfallvermeidung muß Vorrang haben vor den noch so „umweltverträglichen" Methoden der Abfallverwertung.

Während beim Vorbeugegrundsatz stets eine *gewisse Wahrscheinlichkeit* für die umweltschädigende Wirkung eines bestimmten Verhaltens nachgewiesen sein muß, genügt nach dem Vorsorgeprinzip für ein umweltpolitisch motiviertes Handeln bereits, daß lediglich *Vermutungen* für die Kausalität bestehen. Das Vorsorgeprinzip setzt somit bereits zu einem früheren Zeitpunkt an. Beide Prinzipien gelten grundsätzlich nebeneinander. Welcher Grundsatz im Einzelfall zur Anwendung kommt, kann nur anhand der jeweiligen konkreten umweltrechtlichen Richtlinie oder Verordnung bestimmt werden. Es ist theoretisch auch denkbar, daß ein Umweltrechtsakt der EU weder das Vorsorge- noch das Vorbeugeprinzip hinreichend berücksichtigt. Ein solcher Rechtsakt könnte dann wegen Verstoßes gegen Art. 130r EG-Vertrag von den Mitgliedstaaten oder von den Organen der EU vor dem EuGH angefochten werden.

Beispiel: Die EU kann eine eventuelle Untätigkeit in der Bekämpfung des „Waldsterbens" nach Einführung des Vorsorgeprinzips nicht mehr damit begründen, die Kausalitätskette sei naturwissenschaftlich noch nicht mit hinlänglicher Sicherheit erforscht. Sie muß bereits jetzt etwa bestimmte Maßnahmen zur Reduzierung des durch den Luft- und Straßenverkehr bedingten Schadstoffausstoßes ergreifen. Die Art und Weise, wie sie zu diesem Ziel gelangen will (Tempolimit, CO_2-Abgabe, Verbot von Autos ohne Katalysator, Sperrung der Innenstädte für den motorisierten Individualverkehr etc.) ergibt sich nicht aus dem Vertrag, auch nicht aus Art. 130r. Hierbei handelt es sich vielmehr um eine Frage des politischen Ermessens des Rates.

c) Ursprungsprinzip

Der Grundsatz, Umweltbeeinträchtigungen nach Möglichkeit an der Quelle zu bekämpfen (Ursprungsprinzip), ist ein gegenüber dem Vorbeuge- und Vorsorgeprinzip zwar selbständiges, mit diesen aber eng verwandtes Prinzip. Zugleich liegt hierin ein Novum gegenüber der klassischen Prinzipientrias des deutschen Umweltrechts (Vorsorge-, Verursacher- und Kooperationsprinzip; → Kap. 5/RN 2 ff.).

34

Beispiel: Unter Berufung auf das Ursprungsprinzip hat der Europäische Gerichtshof etwa eine Regelung der wallonischen Regionalverwaltung für zulässig erklärt, die es verbietet, Abfälle aus anderen Mitgliedstaaten oder aus einer anderen Region als der Region Wallonien in Wallonien zwischenzulagern, abzulagern oder abzuleiten. Hierin liege kein Verstoß gegen den Grundsatz des freien Warenverkehrs (Art. 30 EG-Vertrag), denn es sei Sache jeder Region, Gemeinde oder Gebietskörperschaft, die geeigneten Maßnahmen zu treffen, um die Aufnahme, Behandlung und Beseitigung ihrer eigenen Abfälle sicherzustellen. Die Abfälle seien daher möglichst nahe dem Ort ihrer Erzeugung zu beseitigen, um ihre Verbringung so weit wie möglich einzuschränken. Der Gerichtshof bediente sich in diesem Fall somit des Ursprungsprinzips, um den Gefahren des sog. Abfall-Tourismus zu begegnen.

d) Verursacherprinzip

35 Das Verursacherprinzip wird als Kostentragungsgrundsatz verstanden: wer eine Umweltbeeinträchtigung verursacht hat (auf eine Rechtswidrigkeit oder gar ein Verschulden kommt es nicht an!), hat für deren Beseitigung aufzukommen bzw. die Kosten hierfür zu übernehmen.

e) Querschnittsklausel

36 Nach der Querschnittsklausel des Art. 130r Abs. 2 UAbs. 1 Satz 3 EG-Vertrag müssen die Erfordernisse des Umweltschutzes bei der Festlegung und Durchführung anderer Gemeinschaftspolitiken einbezogen werden. Eine vergleichbare Formulierung sucht man im nationalen Umweltrecht, aber auch in den sonstigen Politikbereichen der EU (Ausnahme: Kultur- und Gesundheitspolitik) vergeblich. Sie unterstreicht die herausgehobene Stellung des Umweltschutzes nach dem Willen der „Väter des Vertrages" und die Progressivität der EG-Umweltschutzkonzeption. Der Umweltschutz wird nicht mehr als „Extra-Politik" verstanden, sondern ist in die anderen Politiken zu integrieren. Dies bedeutet: Die „Programmatik" der europäischen Umweltpolitik, wie sie in Art. 130r EG-Vertrag verankert ist, muß etwa auch bei den Bestimmungen über die Verkehrs-, die Agrar-, die Wettbewerbs-, die Binnenmarkt- oder die Strukturpolitik der EU gedanklich stets „mitgelesen" werden. Nach der – zugegebenermaßen idealistischen – Vorstellung des Vertrages soll es zukünftig keine Verkehrspolitik, sondern nur mehr eine „Umweltverkehrspolitik", keine Agrarpolitik, sondern nur noch eine „Umweltagrarpolitik" usw. geben. Der EG-Vertrag trägt damit bereits der – unter anderem auch vom Sachverständigenrat für Umweltfragen in seinem Gutachten von 1994 erhobenen – Forderung nach einer **Retinität** (= Vernetzung) der Umweltpolitik mit anderen Politikbereichen Rechnung.

> **Beispiel:** Die EG-Expertengruppe „Transport 2000 Plus" rechnet allein für den Bereich des Individualverkehrs bis zum Jahre 2010 in Westeuropa mit einem Ansteigen um 70 Prozent, in Südeuropa um 500 Prozent und in Osteuropa möglicherweise um bis zu 1000 Prozent. In Anbetracht dieser Zahlen gibt es vermehrt Stimmen im europarechtlichen Schrifttum, die die derzeitige EU-Verkehrspolitik wegen „mangelnder ökologischer Flankierung" für nicht mehr mit dem EG-Vertrag (Querschnittsklausel!) vereinbar halten.

→ Art. 3b EG-Vertrag

f) Subsidiaritätsprinzip

37 Das Subsidiaritätsprinzip ist keine Besonderheit des Umweltrechts, sondern ein *allgemeiner* Grundsatz des EG-Rechts, der für alle Politikbereiche gilt. Es gilt für die sog. *konkurrierenden* Kompetenzen der EG, d.h. dann, wenn die EG neben den Mitgliedstaaten zuständig ist. Die Umweltpolitik zählt hierzu. Auf die wenigen *ausschließlichen* Kompetenzen der EG (z.B.: Handelspolitik, Fischereipolitik) kommt es nicht zur Anwendung. Der Subsidiaritätsgrundsatz regelt, wann die EG von ihrer Zuständigkeit Gebrauch machen darf und wann es bei einer Regelung durch die Mitgliedstaaten verbleibt. Er ist – wie man sagt – eine **Kompetenzausübungsregelung**. Nach dem Wortlaut des Art. 3b EG-Vertrag darf die Gemeinschaft nur tätig werden, „sofern und soweit die Ziele der in Betracht gezogenen Maßnahmen auf Ebene der Mitgliedstaaten nicht ausreichend erreicht werden können und daher wegen ihres Umfangs oder ihrer Wirkungen besser auf Gemeinschaftsebene erreicht werden können". Dieser sprachlich mißglückte und schwer verdauliche Satz kann dahingehend entwirrt werden, daß ein grundsätzlicher **Vorrang der unteren Ebene** (sprich der Mitgliedstaaten) besteht. Können die Mitgliedstaaten ein bestimmtes Problem nicht ausreichend regeln, so greift – quasi auf der zweiten Stufe – die Kompetenz der EU ein, vorausgesetzt die angestrebten Ziele können „wegen ihres Umfangs oder ihrer Wirkungen besser auf Gemeinschaftsebene erreicht werden". Konkrete Kriterien, wann umweltpolitische Ziele „besser" auf Gemeinschaftsebene erreicht werden können und welche Bereiche umgekehrt bei den Mitgliedstaaten zu verbleiben haben, müssen erst noch herausgearbeitet werden. Hier ist vor allem der Europäische Gerichtshof gefordert. Doch ist derzeit noch ungeklärt, inwieweit dieser die Einhaltung des mit zahlreichen unbestimmten Rechtsbegriffen „gespickten" Art. 3b EG-Vertrag überhaupt einer gerichtlichen Nachprüfung unterziehen wird. Es wäre ebenso gut denkbar, daß er sich insofern auf den politischen Beurteilungsspielraum der legislativen Organe berufen und sich selbst richterliche Zurückhaltung auferlegen wird.

> **Beispiel:** Aus Gründen des Subsidiaritätsprinzips macht es wenig Sinn, eine EU-weite Richtlinie betreffend die Nistplätze für bestimmte Vogelarten zu erlassen, welche nur in wenigen Mitgliedstaaten vorkommen. Eine solche Regelung kann besser dezentral durch die betroffenen Staaten selbst erfolgen. Umgekehrt kann ein einzelner Mitgliedstaat etwa das Problem der Luftverschmutzung alleine kaum mehr in den Griff bekommen, muß also das Subsidiaritätsprinzip auf diesem Sektor im Interesse eines bestmöglichen Umweltschutzes zurücktreten.

3. Abwägungsgebote

→ Art. 130r III EG-Vertrag

38

Bei der Erarbeitung ihrer Umweltpolitik berücksichtigt die Gemeinschaft die in Art. 130r Abs. 3 EG-Vertrag aufgelisteten *rechtlich bindenden* Abwägungsgebote, als da wären:

- die verfügbaren wissenschaftlichen und technischen Daten;
- die Umweltbedingungen in den einzelnen Regionen der Gemeinschaft;
- die Vorteile und die Belastung aufgrund des Tätigwerdens bzw. eines Nichttätigwerdens;

- die wirtschaftliche und soziale Entwicklung der Gemeinschaft insgesamt sowie die ausgewogene Entwicklung ihrer Regionen.

4. Schutzklauseln und Schutzergänzungsklauseln

39 Da (auch) bei Beschlüssen über Umweltrechtsakte der EU 15 Mitgliedstaaten mit, zumindest teilweise, unterschiedlichen Interessen (aufgrund variierenden Umweltbewußtseins und verschiedener Gewichtung wirtschaftlicher Zielsetzungen) „unter einen Hut zu bekommen" sind, stellen die Richtlinien und Verordnungen nicht selten nur den gemeinsamen Nenner dar. Anders formuliert: Das „langsamste Schiff" bestimmt das Tempo des gesamten „Geleitzugs".

> **Beispiel:** Als Mitte der achtziger Jahre die EG antrat, die überwiegend als vorbildlich erachteten rigiden US-Abgasgrenzwerte für Pkw zu übernehmen, wurde dies durch einzelne Mitgliedstaaten blockiert, die um die Absatzmärkte für ihre Automobilindustrie fürchteten. Am Ende konnten deshalb zunächst nur Grenzwerte vereinbart werden, die deutlich unter dem amerikanischen Niveau lagen.

40 Umso wichtiger ist es gerade für die besonders „grünen" Staaten Deutschland, Österreich, Schweden, Finnland, Dänemark und Niederlande, daß sie die Möglichkeit behalten, durch schärfere nationale Gesetzgebung über das EG-Level hinauszugehen. Andernfalls würde die EU tatsächlich zu dem – viel zitierten – „Bremser" in Sachen progressiver Umweltpolitik.

> **Beispiel:** Ganz oder teilweise „nationale Alleingänge" der Bundesrepublik Deutschland sind das Anwendungsverbot für Atrazin (1991), die deutsche Verpackungsverordnung (1991), das UVP-Gesetz (1990), die 17. BImSchVO (1990), die FCKW-Halon-Verbotsverordnung (1991) sowie die frühere Pentachlorphenol-Verbotsverordnung (1989).

41 Derartige „nationale Alleingänge" zugunsten des Umweltschutzes müssen aber auch stets mit den wirtschaftlichen Zielen des Vertrages vereinbar sein, d. h. sie dürfen insbesondere keine unverhältnismäßigen Beschränkungen des freien Warenverkehrs und keine Diskriminierung bewirken. Der Umweltschutz ist schließlich nur eines der Ziele des Vertrages und fügt sich ein in ein Gefüge von – zum Teil gegenläufigen – Zielen, gegenüber denen er keinen absoluten Vorrang beanspruchen kann. In diesem Spannungsfeld von Ökonomie und Ökologie bewegen sich die Schutzklauseln und die Schutzergänzungsklauseln.

42
→ Art. 130r II Abs. 2, 100a V EG-Vertrag

Unter **Schutzklauseln** versteht man die *im sekundären Gemeinschaftsrecht*, also in der jeweiligen Richtlinie bzw. Verordnung der EG, eingeräumte Befugnis für einzelne oder alle Mitgliedstaaten, von dem gemeimschaftsweit festgelegten Schutzstandard vorläufig nach oben, d. h. zugunsten von strengeren Grenzwerten, abzuweichen, sofern ein regelmäßig vorgeschriebenes Kontrollverfahren durchlaufen wird. Derartige Schutzklauseln *können* vereinbart werden (vorausgesetzt die Mitgliedstaaten einigen sich diesbezüglich im Rat), eine Verpflichtung zu ihrer Aufnahme besteht wohlgemerkt nicht.

Mit dem Begriff **Schutzergänzungsklauseln** ist die *durch den EG-Vertrag* begründete Befugnis zu „nationalen Alleingängen" gemeint. Die Schutzergänzungsklauseln unterscheiden sich also in zweifacher Hinsicht von den Schutzklauseln: *Erstens* durch den Standort (hier primäres, dort sekundäres Gemeinschaftsrecht) und *zweitens* durch ihre Dauer (hier unbefristet, dort nur vorläufig).

43
→ Art. 130t, 100a IV EG-Vertrag

Die Schutzergänzungsklausel in Art. 100a Abs. 4 EG-Vertrag lautet: „Hält es ein Mitgliedstaat, wenn der Rat mit qualifizierter Mehrheit eine Harmonisierungsmaßnahme erlassen hat, für erforderlich, einzelstaatliche Bestimmungen anzuwenden, die (...) in bezug auf den Schutz der Arbeitsumwelt oder den Umweltschutz gerechtfertigt sind, so teilt er diese Bestimmung der Kommission mit." An diesen, auf den ersten Blick relativ eindeutig erscheinenden Normtext knüpfen sich eine Reihe von komplizierten **Auslegungsfragen** (zu den Auslegungsmethoden allgemein → Kap. 2/RN 27 f.), von denen im folgenden die wichtigsten kurz angesprochen werden sollen:

- **Adressatenkreis:** Unklar ist bereits, wer sich auf Art. 100a Abs. 4 EG-Vertrag berufen darf. Nur der Mitgliedstaat, der gegen einen entsprechenden EG-Rechtsakt gestimmt hat oder greift Art. 100a Abs. 4 EG-Vertrag auch ein, wenn der „abweichungswillige" Mitgliedstaat der EG-Maßnahme zuvor im Rat zugestimmt hat oder der Rechtsakt sogar einstimmig zustande gekommen ist? Hier tendiert die Literatur dahin, sich nicht so sehr am Wortlaut des Art. 100a Abs. 4 EG-Vertrag („mit qualifizierter Mehrheit"), sondern mehr am Sinn und Zweck der Vorschrift zu orientieren und bevorzugt deshalb die zweitgenannte, großzügigere Auffassung. Andernfalls bestünde die Gefahr, daß ein Mitgliedstaat gegen seine „innere Überzeugung" gegen einen EG-Rechtsakt stimmt, nur um sich die Möglichkeit zum anschließenden Ausscheren zu erhalten, dabei aber das Zustandekommen der Richtlinie bzw. Verordnung überhaupt in Frage stellt. Umgekehrt entspricht es eher einem, durch Art. 100a Abs. 4 und Art. 130t EG-Vertrag intendierten, „bestmöglichen Umweltschutz", wenn ein Staat, der eine EG-Regelung zwar nicht für „das Gelbe vom Ei", aber zumindest für einen Fortschritt hält, die Möglichkeit hat, dieser Regelung zunächst zuzustimmen, im Nachhinein hiervon aber – unter Beachtung bestimmter Voraussetzungen – im nationalen Rahmen nach oben abzuweichen. Auf diese Weise kommt es zu einem kooperativen Umweltschutz

44

zwischen der EG einerseits und einigen progressiveren Mitgliedstaaten andererseits.

45
- **„Anwenden":** Zum Teil wird argumentiert, der o. g. Wortlaut des Art. 100a Abs. 4 EG-Vertrag, insbesondere das Wörtchen „anwenden", weise im Kontrast zu Art. 130t EG-Vertrag, wo an der entsprechenden Stelle von „beibehalten oder ergreifen" die Rede ist, darauf hin, daß im Rahmen der Binnenmarktpolitik nach Art. 100a EG-Vertrag nur die Aufrechterhaltung *bereits bestehender* schärferer nationaler Umweltschutzregelungen, *nicht* aber der *nachträgliche* Erlaß neuer, strengerer Vorschriften zulässig sei. Dagegen ist jedoch einzuwenden, daß, will man einen „bestmöglichen Umweltschutz" erreichen, in Anbetracht des sich rasch wandelnden Standes von Wissenschaft und Technik gerade der nachträgliche Erlaß von Gesetzen und Rechtsverordnungen wichtig erscheint, um das Umweltrecht flexibel und innovationsoffen zu halten.

VI. Kompetenzielle Seite des europäischen Umweltrechts

1. Bestandsaufnahme

46
→ Art. 130s, 100a EG-Vertrag

Die unmittelbare Umweltschutzkompetenz der EU ist in Art. 130r ff. EG-Vertrag, konkret in Art. 130s EG-Vertrag, niedergelegt. Diese Vorschrift kommt unzweifelhaft dann zur Anwendung, wenn es um den genuinen Umweltschutz im engeren Sinne, also etwa den Schutz von Fauna und Flora oder Fragen der Umweltinformation (→ Kap. 5/RN 44 f.), des Öko-Audit (→ Kap. 5/RN 46) oder der Errichtung einer Europäischen Umweltagentur geht. Der Umweltschutz ist jedoch eine Querschnittsmaterie. Dies bringt es mit sich, daß zumeist auch Zuständigkeiten der EG aus anderen Politikbereichen tangiert sind.

> **Beispiel:** Die Pestizidrichtlinie betrifft den Bereich „Landwirtschaft" (Art. 38 ff. EG-Vertrag) und „Umweltschutz" (Art. 130r ff. EG-Vertrag). Eine Richtlinie über die Erhebung von Abgaben für den Schwerlastverkehr bewegt sich in der Zone zwischen Verkehrspolitik (Art. 74 ff. EG-Vertrag) und Umweltpolitik (Art. 130r ff. EG-Vertrag). Die geplante CO_2-Abgabe berührt Aspekte der Energiepolitik (keine Kompetenz der EG!), der Steuerpolitik (Art. 95 ff. EG-Vertrag) und der Umweltpolitik (Art. 130r ff. EG-Vertrag).

47
Besonders häufig findet man eine „fließende Grauzone" zwischen der **Binnenmarktpolitik (Art. 100a EG-Vertrag)** und der **Umweltschutzpolitik (Art. 130s EG-Vertrag)**. Viele der umweltpolitisch motivierten Regelungen weisen eben einen mehr oder weniger stark ausgeprägten gleichzeitigen

„Wirtschaftsbezug" auf. Dies gilt sowohl für die sog. **Produktregelungen**, wie etwa Kfz-Abgasgrenzwerte oder Verpackungsvorschriften für Erfrischungsgetränke, als auch für die sog. **produktions- und anlagenbezogenen** Regelungen, etwa Emissionsgrenzwerte für Großfeuerungsanlagen oder Vorschriften über die Verbrennung von Industriemüll. Hier geht es einerseits sicherlich um Ökologie, andererseits wird aber niemand leugnen, daß diese Regelungen auch eine Bedeutung für den freien Warenverkehr und/oder ein System unverfälschten Wettbewerbs und damit für das Funktionieren des Binnenmarktes haben.

2. Praktische Relevanz der Kompetenzabgrenzung

Bei der Frage, ob nun im Einzelfall Art. 100a oder Art. 130s EG-Vertrag als Rechtsgrundlage für ein umweltpolitisches Handeln der EU heranzuziehen ist, geht es nicht nur um eine „akademische Spielerei", sondern eine für eine effektive Umweltpolitik in mehrfacher Hinsicht praktisch bedeutsame Entscheidung:

48

- Art. 100a EG-Vertrag sieht eine stärkere Beteiligung des Parlaments vor (Mitentscheidung) als Art. 130s EG-Vertrag (grundsätzlich: Zusammenarbeit). Das Parlament wirkt traditionell eher als „Motor" zugunsten der Umweltbelange.

49

- Art. 100a EG-Vertrag geht ausnahmslos von der Abstimmung im Rat mit qualifizierter Mehrheit (d.h. es genügen 62 von 87 Stimmen) aus und weist damit die größere Integrations- sowie Umweltschutzdynamik auf als Art. 130s EG-Vertrag, der zwar in Abs. 1 auch vom Mehrheitsprinzip ausgeht, hiervon allerdings in Abs. 2 einige wichtige Bereiche zugunsten des Einstimmigkeitsprinzips ausnimmt.

50

- Die Möglichkeiten zum „nationalen Alleingang" für einzelne, besonders umweltschutzfreundliche Staaten sind – nach einer Ansicht – im Rahmen von Art. 100a (Abs. 4) EG-Vertrag beschränkter als im Rahmen von Art. 130t EG-Vertrag.

51

- Sowohl Art. 100a als auch Art. 130r EG-Vertrag enthalten sog. Schutzniveauklauseln (→ RN 32). Die Schutzniveauklausel in Art. 130r Abs. 2 UAbs. 1 Satz 1 EG-Vertrag ist jedoch dahingehend relativiert, daß „die unterschiedlichen Gegebenheiten in den einzelnen Regionen der Gemeinschaft" zu berücksichtigen sind. Diese Einschränkung, die in Art. 100a Abs. 3 EG-Vertrag fehlt, besagt, daß ausnahmsweise aus wirtschaftlichen Erwägungen auch eine Absenkung des gemeinschaftsweiten Umweltschutzniveaus nach unten für einzelne Mitgliedstaaten möglich ist (sog. „Europa der drei Geschwindigkeiten").

52

3. Methode der Kompetenzabgrenzung

53 Der Europäische Gerichtshof geht bei der Abgrenzung **zweistufig** vor: er untersucht zunächst, ob der betreffende Rechtsakt von seinem *Ziel* und *Inhalt* eindeutig bzw. schwerpunktmäßig dem Bereich „Umweltschutz" (dann: Art. 130s EG-Vertrag) oder „Binnenmarkt" (dann: Art. 100a EG-Vertrag) zuzuordnen ist. Ist eine klare und sichere Zuweisung hiernach nicht möglich, weil beide Sachbereiche annähernd gleichwertig berührt sind, so lehnen die EU-Richter eine, theoretisch denkbare, Doppelabstützung auf Art. 130s *und* Art. 100a EG-Vertrag ab und räumen der „indirekten" bzw. „mittelbaren" Umweltschutzkompetenz (etwa dem Art. 100a EG-Vertrag) den Vorrang ein. Art. 130s EG-Vertrag wird somit in diesen Fällen in der Praxis zu einer bloßen Auffangkompetenz, die nur eingreift, wenn keine spezielle Rechtsgrundlage gegeben ist. Dies wird in der Literatur zum Teil als „weitgehende Sinnentleerung" des Art. 130s EG-Vertrag kritisiert.

> **Beispiel:** Der Rat hatte die Richtlinie 89/428/EWG vom 21. Juni 1989 über die Modalitäten zur Vereinheitlichung der Programme zur Verringerung und späteren Unterbindung der Verschmutzung durch Abfälle der Titandioxid-Industrie (kurz: Titandioxid-Richtlinie) auf Art. 130s EG-Vertrag gestützt. Hiergegen klagten die Kommission und das Parlament. Der Europäische Gerichtshof gab den Klägern recht und bezeichnete Art. 100a EG-Vertrag als die zutreffende Rechtsgrundlage. Die Richtlinie – so die Begründung – verfolge gleichwertig nebeneinander die Ziele der Angleichung der Wettbewerbsbedingungen (Binnenmarkt) und des Umweltschutzes. In diesem Fall gehe Art. 100a EG-Vertrag als speziellere Norm vor.

Kontrollfragen:
1. Schildern Sie die historische Entstehung einer europäischen Umweltpolitik vor dem Hintergrund der allgemeinen Geschichte der EG bzw. EU! (RN 2–7)
2. Schildern Sie kurz das Rechtsetzungsverfahren in der EG! (RN 8–15)
3. Was sind die Vor- bzw. Nachteile einer „Verordnung" bzw. einer „Richtlinie" als Handlungsinstrumente für den Umweltschutz? (RN 17–19)
4. Beschreiben Sie das Verhältnis des EG-Rechts zum nationalen Recht! (RN 21–24)
5. Was sind die Ziele der europäischen Umweltpolitik? (RN 25–31)
6. Nennen Sie die Prinzipien des europäischen Umweltrechts! (RN 32–37)
7. Was versteht man unter der „Querschnittsklausel"? (RN 36)
8. Wodurch unterscheiden sich die „Schutzklauseln" von den „Schutzergänzungsklauseln"? (RN 39–45)
9. Welche Rechtsgrundlagen gibt es im EG-Vertrag für eine europäische Umweltpolitik? (RN 46–47)
10. Wie werden die „indirekten" von der „direkten" Umweltschutzkompetenz abgegrenzt und welche praktische Bedeutung hat diese Abgrenzung? (RN 48–53).

Weiterführende Literatur:
Behrens, Peter/Koch, Hans-Joachim (Hrsg.), Umweltschutz in der EG, 1991; *Breier, Siegfried/Hendrik Vygen*, in: Lenz, Carl Otto (Hrsg.), EG-Vertrag, 1994, S. 922–978; *Hansmann, Klaus*, Schwierigkeiten bei der Umsetzung und Durchführung des europäischen Umweltrechts, NVwZ 1995, S. 320–325; *Jarass, Hans D./Neumann, Lothar F.*,

Umweltschutz und EG, 1992; *Kahl, Wolfgang*, Umweltprinzip und Gemeinschaftsrecht. Eine Untersuchung zur Rechtsidee des „bestmöglichen Umweltschutzes" im EWG-Vertrag, 1993; *ders.*, Der EuGH als „Motor des europäischen Umweltschutzes"?, in: ThürVBl. 1994, S. 225–231 und S. 256–261; *Rengeling, Hans-Werner* (Hrsg.), Europäisches Umweltrecht und europäische Umweltpolitik, 1988; *Schmidt, Reiner/Müller, Helmut*, Einführung in das Umweltrecht, 4. Aufl. (1995), § 8.

Rechtsprechungshinweise:
EuGH, Rs. 302/86 (Dänische Pfandflaschen), Slg. 1988, S. 4607ff.; EuGH, Rs. C-131/88 (Kommission/Deutschland – Grundwasser), Slg. 1991, S. I-791ff.; EuGH, Rs. C-361/88 (Kommission/Deutschland – Schwefeldioxid und Schwebestaub), Slg. 1991, S. I-2567ff.; EuGH, Rs. C-59/89 (Kommission/Deutschland – Blei), Slg. 1991, S. I-2607ff.; EuGH, Rs. C-300/89 (Kommission/Rat – Titandioxid), Slg. 1991, S. I-2867ff.; EuGH, Rs. C-155/91 (Kommission/Rat – Abfalländerungsrichtlinie), DVBl. 1993, S. 777f.; EuGH, Rs. C-41/91 (Frankreich/Kommission), JuS 1995, S. 452f.

II. Teil

Umweltprivatrecht

15. Grundlagen des Zivilrechts

I. **Einleitung**

II. **Funktion, Einteilung und Quellen des Zivilrechts**
   1. Funktion des Zivilrechts
   2. Einteilung des Zivilrechts
   3. Quellen des Zivilrechts

III. **Prinzipien des Privatrechts**

IV. **Einige Grundbegriffe des Zivilrechts**

V. **Zivilprozeß**
   1. Gesetzliche Grundlagen
   2. Grundsätze des Zivilprozesses
   3. Zuständigkeiten der Gerichte

I. Einleitung

1 Nach all den öffentlich-rechtlichen Fragen kommen wir nun zum privaten Umweltrecht. Welche Aspekte das private Umweltrecht regelt, verdeutlicht das folgende

> **Beispiel:** Bei einem Chemieunternehmen kommt es zum zweiten Störfall innerhalb von drei Monaten. Die freigesetzten chemischen Substanzen setzen sich als gelber Niederschlag in der Umgebung ab, beispielsweise auf dem Wohnhaus von Willi. Sie gelangen auch in den Forellenteich von Fritz, dem alle Fische sterben. Außerdem erfaßt ein Autofahrer, weil sich der Bremsweg durch den Niederschlag verdoppelt hat, mit seinem Wagen das Kleinkind Klothilde, das auf die Straße läuft.

Das private Umweltrecht befaßt sich nun damit, ob Willi vom Chemieunternehmen die Reinigung seines Hauses verlangen kann, ob Fritz Ersatz für seine Fische und Klothilde für die notwendig gewordenen Arztkosten fordern kann. Außerdem geht es darum, ob Willi vom Chemieunternehmen vorbeugende Maßnahmen gegen weitere Störfälle oder Kostenerstattung verlangen kann, wenn er sein Wohnhaus von einer Fachfirma reinigen läßt. Allgemeiner formuliert, geht es im privaten Umweltrecht um einen Interessenausgleich zwischen Privatpersonen, zwischen denen sich ein *umweltschädigendes* Vorkommnis ereignet hat. Zum *Umweltschutz* kann das Privatrecht dagegen nur begrenzt beitragen (→ Kap. 19/RN 2).

II. Funktion, Einteilung und Quellen des Zivilrechts

2 Bevor wir näher in das private Umweltrecht einsteigen können, sollten wir uns kurz mit der Aufgabe des Zivilrechts, seinen Rechtsquellen und Grundgedanken beschäftigen

1. Funktion des Zivilrechts

3 Erinnern Sie sich zunächst an die einleitenden Kapitel dieses Buches. Dort haben Sie die Unterteilung des Rechts in Öffentliches und Zivilrecht kennengelernt (→ Kap. 2/RN 22 f.). Zusammenfassend sei wiederholt, daß sich die Abgrenzung nach den Rechtsbeziehungen bestimmt, die im konkreten Fall betroffen sind: Das Privatrecht regelt die Rechtsbeziehungen der Privatpersonen („Bürger") untereinander, das öffentliche Recht hingegen die Rechtsbeziehungen zwischen dem Staat und seinen Bürgern, aber auch staatsinterne Fragen.

2. Einteilung des Zivilrechts

So wie man das öffentliche Recht noch weiter unterteilt, läßt sich auch das Zivilrecht untergliedern, und zwar in allgemeines Privatrecht und Sonderprivatrechte. Das allgemeine Privatrecht oder bürgerliche Recht gilt für alle wichtigen Rechtsbeziehungen zwischen den Bürgern, regelt also etwa die Rechtsfolgen von Geburt, Heirat, Scheidung, Tod, die Gründung von Vereinigungen, den Abschluß und Inhalt von Verträgen, die Haftung für unerlaubte Handlungen, den Erwerb und die Übertragung von Eigentum und anderen Rechten. Die Sonderprivatrechte gelten dagegen nur für bestimmte Berufsgruppen und Lebensbereiche, wie etwa das Handelsrecht, das Arbeitsrecht, das Gesellschaftsrecht, das Versicherungsrecht, die gewerblichen Schutzrechte (z. B. Patent). Allgemeines und Sonderprivatrecht stehen zueinander im Verhältnis der Spezialität, d. h. es gelten grundsätzlich die allgemeinen Vorschriften, wenn das jeweilige Sonderprivatrecht keine besondere Regelung bereithält.

Das „private Umweltrecht", mit dem wir uns im folgenden näher beschäftigen wollen, stellt keine eigene Materie innerhalb des Privatrechts dar, insbesondere kein Sonderprivatrecht. Es ist – jedenfalls bislang – nur ein Schlagwort für alle Sachverhalte, die einen Bezug zur Umwelt haben und privatrechtliche Rechtsfolgen auslösen (können). Diese Sachverhalte sind alle dem bürgerlichen Recht zuzuordnen, denn es geht hier um die Reichweite des Eigentumsrechts, die Folgen seiner Verletzung, aber auch vertragsrechtliche und ähnliche Fragen.

3. Quellen des Zivilrechts

Die wichtigste Rechtsquelle des Zivilrechts ist das **Bürgerliche Gesetzbuch** (BGB), das am 1. Januar 1900 in Kraft getreten ist. Es stellte ursprünglich eine recht umfassende Regelung des Bürgerlichen Rechts dar, ist aber im Laufe der Zeit durch zahlreiche Spezialgesetze ergänzt worden. Aus dem täglichen Leben könnten Ihnen etwa das Miethöhengesetz, das Verbraucherkreditgesetz und das Haustürwiderrufsgesetz bekannt sein, um einige verbraucherschützende Gesetze zu nennen.

Das BGB besteht aus fünf Büchern. Für den Laien ist es nicht nur wegen der antiquierten Gesetzessprache schwer verständlich. Die Verfasser des BGB wollten ein möglichst knappes Gesetzbuch schaffen und haben daher, wo immer ihnen dies möglich erschien, allgemeine Regelungen, die man ansonsten an vielen Stellen hätte wiederholen müssen, einmal zentral zu regeln versucht. Daher beginnt das BGB mit dem „Allgemeinen Teil". Hier finden sich Regelungen, die für alle anderen Bücher von Bedeutung sind und gewissermaßen vor die Klammer gezogen wurden. So hat man hier beispielsweise den Abschluß von Verträgen oder die Verjährung von Ansprüchen geregelt. Dem Allgemeinen Teil folgt das Schuldrecht, das wiederum in einen allgemeinen und einen besonderen Teil unterteilt ist. Das allgemeine Schuldrecht regelt die Fragen, die für alle Schuldverhältnisse gelten, enthält also Regelungen über den Umfang von Schadensersatzverpflichtungen, den Verzug usw. Der besondere Teil enthält die gesetzlichen Leitbilder besonders wichtiger Vertragstypen, soweit der BGB-Gesetzgeber sie bereits kannte, also Kauf, Schenkung, Miete, Dienstvertrag, Werkvertrag etc. Daneben betrifft er aber auch noch einige gesetzliche Schuldverhältnisse, d.h. solche, die nicht durch den Abschluß von Verträgen, sondern allein durch bestimmte Umstände zustande kommen. Dazu gehören die Schadensersatzpflicht bei unerlaubten Handlungen (→ Kap. 16/RN 4ff.) und die Geschäftsführung ohne Auftrag (→ Kap. 20/RN 1ff.), denen im Umweltprivatrecht große Bedeutung zukommt. Das Sachenrecht schließlich regelt beispielsweise das Eigentum an Sachen und im Zusammenhang damit den Abwehranspruch gegen Störungen des Eigentums (→ Kap. 18/RN 12ff.). Außerdem enthält es das private Nachbarrecht (→ Kap. 18/RN 17ff.).

8 Wie bereits erwähnt, gibt es neben dem BGB noch eine Vielzahl von Spezialgesetzen, die im Laufe der Zeit notwendig wurden. Für das private Umweltrecht gibt es in zahlreichen öffentlich-rechtlichen Gesetzen Haftungsvorschriften, die Schadensersatzansprüche begründen (→ Kap. 16/RN 37ff.), wie etwa § 22 WHG. Daneben gibt es speziell das zum 1. Januar 1991 in Kraft getretene Umwelthaftungsgesetz, das im nächsten Kapitel ausführlich dargestellt wird (→ Kap. 16/RN 42ff.). Dieses Gesetz begründet eine Gefährdungshaftung für Umweltschäden, die aus dem Betrieb einer umweltgefährdenden Anlage entstehen.

III. Prinzipien des Privatrechts

9 Im Grundsatz geht man bis heute davon aus, daß der einzelne seine privaten Verhältnisse selbständig regeln kann. Das Privatrecht ist deshalb weitgehend vom Grundsatz der **Privatautonomie** geprägt: Der einzelne kann selbst Regelungen treffen, die von der Rechtsordnung anerkannt werden. Er kann daher etwa Anordnungen für den Fall seines Todes treffen, indem er ein Testament errichtet (Testierfreiheit). Er kann mit seinem Eigentum nach Belieben verfahren (§ 903 BGB, Eigentumsfreiheit). Am deutlichsten zeigt sich die Privatautonomie aber in der Vertragsfreiheit. Jeder kann durch den Abschluß von Verträgen Rechte erwerben und Pflichten eingehen. Dabei ist er frei, ob er einen Vertrag schließen will (Abschlußfreiheit) und welchen Inhalt der Vertrag haben soll (Inhaltsfreiheit). Allerdings gibt es hier wegen des wirtschaftlichen Ungleichgewichts, etwa zwischen Handel und

Verbraucher, Einschränkungen in Gestalt von Verbraucherschutzgesetzen.

Im Zivilrecht herrscht die **Anspruchsmethode**. Es wird also fast immer nach Ansprüchen gefragt. Was ein **Anspruch** ist, definiert § 194 I BGB. Ein Anspruch ist demnach das „Recht, von einem anderen ein Tun oder Unterlassen zu verlangen". Ansprüche können sich aus Gesetzen oder Verträgen ergeben. Die Vorschriften, aus denen sich Ansprüche ergeben, nennt man Anspruchsgrundlagen. Der Zivilrechtler, der mit einem „Fall" konfrontiert wird, wird sich zunächst mit dem tatsächlichen Lebenssachverhalt beschäftigen. Dann untersucht er, meist anhand eines konkreten Auftrags, welche Ansprüche einem Beteiligten gegen andere Personen zustehen könnten. Dabei wird er überlegen, welche Anspruchsgrundlagen zu dem Fall passen könnten.

10

> **Beispiel** in Fortführung des Einleitungsfalls aus RN 1. Zunächst wird Klothilde – vertreten durch ihre Eltern – Ansprüche geltend machen wegen der Arztkosten, die ihr entstanden sind. Außerdem wird sie ein Schmerzensgeld wollen. Den Unfall primär verursacht hat der Autofahrer, also wird Klothilde gegen diesen und seine Haftpflichtversicherung vorgehen. Zahlt die Haftpflicht, wird sie eventuell versuchen, bei dem Chemieunternehmen einen Teil zurückzuholen.

IV. Einige Grundbegriffe des Zivilrechts

Über einige Grundbegriffe sollte vor dem Einstieg in die zivilrechtlichen Fragestellungen des Umweltrechts Klarheit bestehen. Kennengelernt haben wir bereits die Begriffe Anspruch und Anspruchsgrundlage.

11

Wichtig für das Verständnis des folgenden ist insbesondere die Unterscheidung zwischen dem Eigentum und dem Besitz an Sachen. Das Eigentum ist ein **umfassendes Herrschaftsrecht**. Der Eigentümer einer Sache kann, im Rahmen der Gesetze und vorbehaltlich der Rechte Dritter, mit ihr nach Belieben verfahren und Dritte von jeder Einwirkung ausschließen. Besitz ist hingegen die **tatsächliche Herrschaft** über eine Sache. Eigentum und Besitz können also auseinanderfallen. So kann etwa der Eigentümer einer Wohnung diese vermieten. Der Mieter ist dann Besitzer der Wohnung.

12

In den folgenden Kapiteln wird viel von **Schadensersatz** die Rede sein. Der Begriff erklärt sich weitgehend von selbst. Wenn jemand einem anderen einen Schaden zufügt, muß er diesen ersetzen. Unter Schaden versteht man bei natürlicher Betrachtungsweise jede Einbuße an Gütern wie Leben, Gesundheit oder Eigentum. Beim Schadensersatz geht es meist um den Ersatz von Vermögensschäden, denn Schäden an den genannten Gütern führen meistens zu Vermögenseinbußen. Es gibt aber auch immaterielle Schäden, also etwa die Schmerzen nach einem Unfall.

13

V. Zivilprozeß

14 Auch zivilrechtliche Ansprüche sind natürlich rechtlich geschützt. Sie können in Prozessen vor den Zivilgerichten geltend gemacht werden. Daher sei abschließend noch kurz ein Überblick über das gerichtliche Verfahren im Zivilprozeß gegeben.

1. Gesetzliche Grundlagen

15 Organisation und Zuständigkeiten der Zivilgerichte ergeben sich aus dem Gerichtsverfassungsgesetz. Das gerichtliche Verfahren in Zivilsachen richtet sich nach der Zivilprozeßordnung (ZPO). Sie schreibt ein bestimmtes förmliches Verfahren für die Urteilsfindung vor.

2. Grundsätze des Zivilprozesses

16 Im Zivilprozeß gelten allerdings andere Verfahrensgrundsätze als im Strafverfahren und im verwaltungsgerichtlichen Prozeß, die den Laien im allgemeinen eher verwundern. Der Zivilprozeß steht nämlich unter der Herrschaft *der Parteien*, die bestimmen, ob ein Prozeß durch Klageerhebung eingeleitet wird, wie er seinen Verlauf nimmt und wie er beendet wird. Der Gegenstand des Rechtsstreits hängt von den Tatsachen ab, die die Parteien vortragen und die ggf. in der vom Gericht durchgeführten Beweisaufnahme bestätigt werden. Andere Tatsachen als die von den Parteien vorgetragenen und unter Beweis gestellten werden nicht berücksichtigt; insbesondere kann das Gericht nicht von Amts wegen den Sachverhalt selbst ermitteln wie im Straf- oder Verwaltungsprozeß. Es muß sich vielmehr mit dem zufrieden geben, was ihm an Tatsachenstoff geliefert wird (**Verhandlungs- oder Beibringungsgrundsatz**). Es kann und muß aber durch Hinweise darauf hinwirken, daß die Parteien ergänzende Tatsachen vortragen und sachdienliche Anträge stellen. Dabei ist eine gewisse Vorsicht geboten, wenn sich das Gericht nicht dem Verdacht der Befangenheit aussetzen will. Durchaus möglich wäre aber etwa der Hinweis an eine der Parteien, daß das Gericht den bisherigen Tatsachenvortrag für möglicherweise nicht ausreichend hält. Die Partei weiß dann immerhin, was sie tun muß, um den Prozeß nicht (völlig) zu verlieren. Darüber hinaus haben die Parteien es in der Hand, ob sie sich auf bestimme Rechte (wie die Verjährung) berufen wollen oder nicht. Sie können über den Streitgegenstand verfügen (**Verfügungsgrundsatz oder Dispositionsmaxime**). Der Beklagte kann den Klageanspruch anerkennen, der Kläger kann auf den Klageanspruch verzichten, die Parteien können einen Vergleich schließen usw.

17 Wie der von den Parteien eingebrachte Tatsachenstoff rechtlich zu würdigen ist, entscheidet dagegen allein das Gericht. Theoretisch müssen die Parteien daher nur die *relevanten* Tatsachen vortragen, nicht aber Rechtsmeinungen. Anwälte braucht man aber in der Regel dennoch, weil man als Laie nicht ohne weiteres wissen kann, welche Tatsachen nun gerade relevant sind. Hiervon kann aber der Ausgang des Prozesses abhängen. Wenn der Kläger vergißt, eine bestimmte Tatsache vorzutragen und ggf. Beweis dafür anzubieten, oder der Beklagte eine vom Kläger behauptete Tatsache nicht bestreitet, kann das fatale Folgen haben.

> **Beispiel:** K klagt gegen V auf Übereignung und Übergabe des Buches „XY". Zur Begründung trägt sie vor, mit V einen Kaufvertrag geschlossen zu haben. V bestreitet den ganzen Vorfall. Nun muß K Beweis für die Tatsache des Vertragsabschlusses anbieten. Tut sie dies nicht – vielleicht weil es keine Zeugen gibt -, muß das Gericht die Klage abweisen. Es darf nicht selbst nach Zeugen suchen oder solche ohne ausdrücklichen Antrag einer Partei laden und vernehmen.

18 Der Zivilprozeß läuft nicht so ab, wie man sich das gern vorstellt, wenn man im Fernsehen Filme oder Serien mit Strafprozessen sieht. Allenfalls Serien wie „Wie würden Sie entscheiden" oder dergleichen mögen einen Einblick geben. Wenn auch im Zivilprozeß grundsätzlich eine mündliche Verhandlung stattfindet, wird der Prozeßstoff doch im wesentlichen in Schriftsätzen aufgearbeitet. In der mündlichen Verhandlung wird auf die Schriftsätze stillschweigend Bezug genommen. Deshalb ist der ganze Vorgang für Zuschauer meist eher unverständlich. Häufig versucht das Gericht in der Verhandlung, auf einen Vergleich hinzuwirken. Ansonsten dient die mündliche Verhandlung bei realistischer Betrachtung heute nur noch der Beweisaufnahme; anders kann es sich vor den höheren Gerichten verhalten. Von der Abfolge her sieht das Ganze etwa so aus, daß zunächst eine Sache aufgerufen und die Anwesenheit der Parteien (oder ihrer Vertreter) festgestellt wird. Dann faßt das Gericht, wenn es ihm sinnvoll erscheint, kurz den Streitstand zusammen und unterbreitet einen Vergleichsvorschlag. Gehen die Parteien darauf nicht ein, stellen sie bzw. ihre Anwälte die jeweiligen Anträge an das Gericht. Danach (oder stattdessen) führen die Beteiligten vielleicht ein kurzes Rechtsgespräch über den zentralen Aspekt des Falls. Anschließend folgt, wenn sie nicht einem besonderen Termin vorbehalten bleibt, die Beweisaufnahme, also die Vernehmung von Zeugen und Sachverständigen usw. Danach verhandelt man wieder zur Sache, und schließlich benennt das Gericht einen Termin zur Verkündung einer Entscheidung.

3. Zuständigkeiten der Gerichte

19 An welches Gericht man sich im Einzelfall wenden muß, hängt von verschiedenen Umständen ab. Gehen wir davon aus, daß eine zivilrechtliche Streitigkeit aus dem Bereich des privaten Umweltrechts vorliegt, sind die Zivilgerichte zuständig, § 13 GVG. Die erste Instanz, also das Gericht, bei dem man eine Klage einreichen muß, ist das Amtsgericht, wenn der Streitwert maximal 10 000 DM beträgt. Liegt der Streitwert über 10 000 DM, muß man vor dem Landgericht klagen. Unter Streitwert versteht man das in Geld ausgedrückte Interesse des Klägers an der begehrten Verurteilung. Wie hoch dieses Interesse ist, kann das Gericht in der Regel nach freiem Ermessen bestimmten. Bei Zahlungsklagen steht der Streitwert von vornherein fest. Bei Unterlassungs- und Beseitigungsklagen kommt es auf den Wert der Beeinträchtigung an. Da man aber nur schlecht in Geld ausdrücken kann, wieviel beispielsweise die Unterlassung des geruchsintensiven Würstchengrillens für den belästigten Nachbarn wert ist, muß hier oft geschätzt werden. Bei der Beseitigungsklage kann man sich wiederum an den damit verbundenen Kosten orientieren. Von der Eingangsinstanz hängen verschiedene Aspekte ab. Gegen Urteile der Amtsgerichte gibt es nur die Berufung zum Landgericht, gegen landgerichtliche Urteile kann man dagegen neben der Berufung zum Oberlandesgericht noch Revision zum Bundesgerichtshof einlegen. Auch wirtschaftlich bedeutsam ist, daß man sich vor dem Landgericht (und höheren Gerichten) durch einen Anwalt vertreten lassen muß.

Kontrollfragen:
1. Worum geht es im privaten Umweltrecht? (RN 1)
2. Welche Quellen des privaten Umweltrechts kennen Sie? (RN 7–8)
3. Was ist Eigentum, was ist Besitz? (RN 12)
4. Welche Grundsätze gelten im Zivilprozeß? (RN 16)
5. Wie sind die Zuständigkeiten der Zivilgerichte? (RN 19)

Weiterführende Literatur:
Medicus, Dieter, Umweltschutz als Aufgabe des Zivilrechts, NuR 1990, S. 145–155; *Schwab, Dieter*, Einführung in das Zivilrecht, 10. Aufl. 1991; *Wagner, Gerhard*, Umweltschutz mit zivilrechtlichen Mitteln, NuR 1992, S. 201–210; *Werner, Olaf,* Vorläufiger Rechtsschutz in Umweltsachen, NuR 1992, S. 149–155.

16. Umwelthaftungsrecht

I. Grundlagen des Haftungsrechts
1. Allgemeines
2. Zwecke des Haftungsrechts
3. Voraussetzungen der Verschuldenshaftung
    a) Objektiver Tatbestand der Haftung
    b) Rechtswidrigkeit
    c) Verschulden
    d) Verjährung
4. Sonstige Haftungstatbestände
    a) Schadensersatzpflicht bei Verletzung eines Schutzgesetzes
    b) Haftung für den Verrichtungsgehilfen
5. Multikausalität und die Haftung mehrerer Personen

II. Grundlagen des Schadensrechts
1. Art und Umfang des Schadensersatzes
    a) Materielle und immaterielle Schäden
    b) Naturalrestitution und Geldersatz
2. Vorteilsausgleichung und Mitverschulden

III. Gefährdungshaftung im Umweltrecht
1. Überblick
    a) Grundgedanke der Gefährdungshaftung
    b) Umweltrecht und Gefährdungshaftung
    c) Europäisches Umwelthaftungsrecht
2. Die wasserrechtliche Gefährdungshaftung
    a) Verhaltenshaftung
    b) Anlagenhaftung
3. Umwelthaftungsgesetz
    a) Voraussetzungen der Haftung
    b) Haftung für Schäden aus Störfällen und Normalbetrieb
    c) Beweiserleichterungen für den Geschädigten und Auskunftsansprüche
    d) Versicherung der Umwelthaftung
    e) Ersatzfähigkeit ökologischer Schäden

Das folgende Kapitel beschäftigt sich mit dem Umwelthaftungs- und Schadensrecht. Soweit Umwelteinwirkungen zu Umweltschäden werden, ist dieses Rechtsgebiet angesprochen. Es beantwortet die Frage, ob und unter welchen Voraussetzungen ein Geschädigter Ersatz für die bei ihm eingetretenen Schäden verlangen kann.

1

Fakten: Nach einer Ende 1990 veröffentlichten Schätzung des Heidelberger Umwelt- und Prognose-Instituts belaufen sich die Umweltschäden in Deutschland auf jährlich 475 Milliarden DM. In dieser Rechnung sind etwa die Kosten der Luftverschmutzung, Lärmbelästigung, Wasserverschmutzung und des Flächenverbrauchs enthalten. Für den wichtigen Bereich der umweltbedingten Gesundheitsschäden in der Bundesrepublik Deutschland liegen gesicherte Zahlen nicht vor. Vorsichtige Schätzungen für das Jahr 1985 sprechen von Kosten in Höhe von 11,7 Milliarden DM allein für umweltbedingte Atemwegserkrankungen.

I. Grundlagen des Haftungsrechts

1. Allgemeines

2

Am 1. Januar 1991 ist für das Gebiet der Bundesrepublik Deutschland das Umwelthaftungsgesetz (UmweltHG) in Kraft getreten. Es soll hier in seinen Grundzügen vorgestellt und erläutert werden. Das Umwelthaftungsrecht ist aber nicht, wie man meinen könnte, ausschließlich in diesem Gesetz niedergelegt. Vielmehr beinhaltet das neue Gesetz nur einen Teil der Regelungen, die zum Rechtsgebiet des Umwelthaftungsrechts gehören. Das Umwelthaftungsrecht setzt sich aus einer Vielzahl von Normen zusammen, die über mehrere Gesetze verstreut sind. Ausgangspunkt und Grundlage des Umwelthaftungsrechts ist indes eine seit dem Jahr 1900 unverändert geltende Vorschrift aus dem Bürgerlichen Gesetzbuch (BGB). Dort heißt es, daß derjenige, der vorsätzlich oder fahrlässig das Leben, den Körper, die Gesundheit, die Freiheit, das Eigentum oder ein sonstiges Recht eines anderen widerrechtlich verletzt, dem anderen zum Ersatze des daraus entstehenden Schadens verpflichtet ist. Diese Haftungsvorschrift ist ganz allgemein gehalten. Daher könnten auch Umweltschäden, also Schäden, die durch Umwelteinwirkungen verursacht werden, von ihr erfaßt werden. Mit dieser haftungsrechtlichen Grundnorm wollen wir uns deshalb im folgenden zunächst befassen. Diese Vorgehensweise wird uns auch das Verständnis der Spezialgesetze, etwa des Umwelthaftungsgesetzes, erleichtern.

→ § 823 BGB

2. Zwecke des Haftungsrechts

Die eigentliche Aufgabe des Haftungs- oder Deliktsrechts, wie es auch genannt wird, besteht in der Wiedergutmachung eines eingetretenen Schadens. Erleidet jemand einen Schaden, soll er ihn nicht selbst tragen müssen, sondern grundsätzlich derjenige, der ihn verursacht hat. Neben dieser Gewährleistung eines gerechten Schadensausgleichs erfüllt das Haftungsrecht noch eine vorbeugende Aufgabe als Instrument der Verhaltenssteuerung. Das Risiko, schadensersatzpflichtig zu werden, schreckt potentielle Schädiger vor gefährdenden Verhaltensweisen ab.

3

3. Voraussetzungen der Verschuldenshaftung

Das deutsche Haftungsrecht, und damit auch das Umwelthaftungsrecht, ist *dreispurig*. Man unterscheidet Verschuldens-, Gefährdungs- und Aufopferungshaftung. Die Gefährdungshaftung, wie sie jetzt etwa nach dem Umwelthaftungsgesetz besteht, ist eine strengere Haftung, weil sie die Schadensersatzpflicht im Grundsatz nur vom Eintritt einer Rechtsgutsverletzung (→ RN 7 ff.) abhängig macht, ohne daß es, wie bei der Verschuldenshaftung, auf das Vorliegen von Rechtswidrigkeit (→ RN 19) und Verschulden (→ RN 20) ankäme. Die Aufopferungshaftung endlich ist ebenfalls eine von Rechtswidrigkeit und Verschulden unabhängige Haftung. Sie wird in Kapitel 17 näher dargestellt.

4

Im folgenden werden die einzelnen Haftungsvoraussetzungen der Verschuldenshaftung in der vom Gesetz vorgegebenen Reihenfolge näher dargelegt.

a) Objektiver Tatbestand der Haftung
Der objektive Tatbestand setzt sich wie folgt zusammen:

5

- Handlung (→ RN 6).
- Rechtsgutsverletzung (→ RN 7 ff.).
- Haftungsbegründende Kausalität (→ RN 13 ff.).
- Schaden (→ RN 17).
- Haftungsausfüllende Kausalität (→ RN 18).

Handlung
Eine **Handlung** ist jedes menschliche Verhalten, sofern es vom Willen beherrschbar ist.

6

> **Beispiel:** Dort, wo eine Willenslenkung nicht möglich ist, liegt also keine Handlung vor, etwa bei Bewegungen im Schlaf oder im Zustand der Bewußtlosigkeit.

Das Verhalten kann ein aktives Tun oder ein Unterlassen sein. Allerdings kann das Unterlassen dem aktiven Tun nicht stets gleichgestellt werden. Eine Handlung im Rechtssinne liegt im Unterlassen nur dann, wenn eine *Pflicht zum Tätigwerden* besteht. Diese Pflichten können sich schon aus dem Gesetz ergeben oder aus einer vertraglichen Vereinbarung. Eine wichtige Quelle stellen schließlich die sog. Verkehrspflichten dar (→ RN 19).

Verletzung eines Rechtsguts oder Rechts

7
→ § 823 BGB

Nicht jede Handlung, die einen anderen beeinträchtigt, läßt eine Schadensersatzpflicht entstehen. Die Handlung muß zu einer **Rechtsgutsverletzung** führen. Das Gesetz nennt vier Rechtsgüter, bei deren Verletzung Schadensersatz in Betracht kommt, nämlich Leben, Körper, Gesundheit und Freiheit.

8
→ §§ 844 f. BGB

Verletzung des **Lebens** bedeutet die Tötung eines Menschen. Ersatzberechtigt sind in solchem Falle diejenigen, die von dem Getöteten Unterhalt beanspruchen konnten.

> **Beispiel:** Der getötete Ernährer hinterläßt Ehefrau, zwei Kinder und einen von ihm finanziell abhängigen Bruder. Ersatzberechtigt sind die Ehefrau (§ 1360 BGB) und die zwei Kinder (§ 1601 BGB), nicht aber der Bruder, weil es sich bei ihm nicht um einen „Verwandten in gerader Linie" (§ 1601 BGB) handelt.

9

Von einer Verletzung des **Körpers** spricht man, wenn in die körperliche Unversehrtheit von außen eingegriffen wird. Die **Gesundheit** ist verletzt, wenn die inneren Lebensvorgänge gestört sind. Eine genaue sachlich-medizinische Abgrenzung von Körper- und Gesundheitsverletzungen ist nicht möglich, für die Zwecke des Haftungsrechts aber auch entbehrlich. Der haftungsrechtliche Gesundheitsbegriff reicht nicht so weit, wie die Definition der Weltgesundheitsorganisation (WHO), wonach Gesundheit körperliches, geistiges und soziales Wohlbefinden umfaßt. Im juristischen Sinne liegt eine Gesundheitsverletzung erst dann vor, wenn die körperlichen oder geistigen Lebensvorgänge medizinisch diagnostizierbar gestört sind, bloße Beeinträchtigungen des allgemeinen Wohlbefindens ohne Krankheitswert reichen nicht aus.

> **Beispiel:** Eine Gesundheitsverletzung ist von den Gerichten bejaht worden im Falle eines Bewohners eines Tieffluggebiets, der wegen der dauernden Lärmbelästigungen an Schlafstörungen und Konzentrationsschwäche litt. – Eine Frau ist während ihrer Schwangerschaft den Immissionen einer nahegelegenen Großfabrik ausgesetzt. Sie bringt ein Kind zur Welt, das an schwerer Neurodermitis leidet. Wenn sich nachweisen läßt, daß die Immissionen die Krankheit ausgelöst haben, erwirbt das Kind einen Schadensersatzanspruch. Es ist unerheblich, daß die Immissionen bereits vor der Geburt bzw. der Zeugung des Kindes, also vor Beginn der Rechtsfähigkeit (vgl. § 1 BGB), erfolgt sind; erforderlich ist nur, daß das Kind ohne die Immissionen gesund zur Welt gebracht worden wäre. – Ein spektakulärer Störfall in einer Chemiefabrik führt

> zu Schock- und Angstzuständen bei einigen Nachbarn. Auch bei solchen sog. Neuroseschäden kann man von einer haftungsrechtlich beachtlichen Gesundheitsverletzung sprechen, wenn die Angst und Sorge nachvollziehbar sind und nicht das Ergebnis unangemessener Erlebnisverarbeitung darstellen.

Verletzung der **Freiheit** bedeutet die Beeinträchtigung der körperlichen Bewegungsfreiheit. Im Umwelthaftungsgesetz wird dieses Rechtsgut nicht geschützt, weil es für das Umwelthaftungsrecht wohl bedeutungslos ist. **10**

Außer bei den vier genannten Rechtsgütern gewährt das Gesetz noch Schadensersatz bei der Verletzung des Eigentums und eines „sonstigen Rechts". Das **Eigentum** ist etwa dann verletzt, wenn auf die Substanz der Sache eingewirkt wird oder wenn der Gebrauch einer Sache beeinträchtigt wird. **11**

> **Beispiel:** Von einem Kupolofen geht ein feiner Ascheregen auf einen nahegelegenen Parkplatz nieder und hinterläßt an den dort stehenden Autos Lackschäden. – Übelriechende Emissionen eines Klärwerks führen dazu, daß sich Eigentümer E nicht mehr in seinem Garten aufhalten kann. Hier liegt eine Gebrauchsbeeinträchtigung des Grundstückseigentums vor.

Schließlich verpflichtet die Verletzung eines **sonstigen Rechts** zum Schadensersatz. Als sonstiges Recht darf man allerdings nicht jedes erdenkliche vermögenswerte Gut ansehen. Aus der Systematik des Gesetzes, der Nähe zum Eigentum, ist zu folgern, daß das sonstige Recht dem Eigentum ähnlich sein muß. Hier ist vor allem der Besitz zu nennen. **12**

> **Beispiel:** Der Grundstückseigentümer ist haftungsrechtlich gegen die Geruchsbelästigungen geschützt (siehe voriges Beispiel). Aber auch der Mieter des Grundstücks kann Schadensersatz verlangen, weil sein Besitz am Grundstück beeinträchtigt wird.

Eigentumsähnliche sonstige Rechte sind weiterhin alle dinglichen Rechte und Immaterialgüterrechte (z. B. Aneignungsrechte, wie Jagd- und Fischereirechte, Hypotheken, Grundschulden, Urheberrechte usw.).

Schon an dieser Stelle, bei der Betrachtung des beschränkten Katalogs geschützter Rechte und Rechtsgüter, wird deutlich, warum das Haftungsrecht einen effektiven Umweltschutz kaum zu leisten vermag. Diese Aussage trifft auch auf das Umwelthaftungsgesetz zu, weil der Katalog der dort genannten Schutzobjekte nicht weiter reicht als der der überkommenen Haftungsvorschriften. Das Haftungsrecht kann nur gegen einen kleinen Teil der vielfältigen Umweltschäden instrumentalisiert werden. Die eigentlich problematischen Bereiche der Umweltverschmutzung sind jedoch über das Haftungsrecht nicht in den Griff zu bekommen, weil sie nicht zu den geschützten Rechten oder Rechtsgütern zählen.

> **Beispiel:** Was kann das Haftungsrecht etwa gegen die Verschmutzung der Nordsee oder die Vergiftung der Seehunde ausrichten? Weder die Nordsee (oder gar die Natur als solche) noch die Seehunde sind Rechtssubjekte. Es liegt auch keine Eigentumsverletzung vor, weil weder die hohe See noch die Seehunde in jemandes Eigentum stehen. Die wildlebenden Seehunde sind herrenlos (§ 960 I BGB).

Es hat Versuche gegeben, die Rechtsprechung dazu zu bewegen, die Natur als Rechtssubjekt anzuerkennen. Dieser radikale Versuch ist ebenso fehlgeschlagen wie Vorschläge, ein „Recht auf gesunde Umwelt" oder ein „Recht auf ungestörten Naturgenuß" als **sonstiges Recht** zu etablieren. Insbesondere die Gefahr einer uferlosen Haftungsausweitung, die Sorge davor, daß sich jedermann zu einem „Treuhänder der Natur" aufschwingen könnte, spricht gegen eine derartige Fortentwicklung des Haftungsrechts.

Die haftungsbegründende Kausalität

13 Ein Schadensersatzanspruch setzt weiter voraus, daß die Rechtsgutsverletzung gerade auf einer Handlung des Anspruchsgegners beruht. Die Rechtsgutsverletzung muß durch ein Verhalten des Anspruchsgegners verursacht worden und diesem zuzurechnen sein.

14 Nach der sog. **Äquivalenztheorie** ist Kausalität gegeben, wenn die Handlung nicht hinweggedacht werden kann, ohne daß die Rechtsgutsverletzung entfiele. Im Umwelthaftungsrecht stellt der Nachweis der haftungsbegründenden Kausalität naturgemäß das Kardinalproblem dar. Im Schadensersatzprozeß muß der Geschädigte dem Gericht darlegen und beweisen, daß eine Handlung des Beklagten seine Rechtsgutsverletzung verursacht hat. Der Kläger hat also darzutun, daß eine Handlung des Beklagten nicht hinweggedacht werden könnte, ohne daß seine Verletzung entfiele.

Die Äquivalenztheorie reicht andererseits denkbar weit. Nach ihr können auch völlig fernliegende oder unwahrscheinliche Umstände als kausal für eine Rechtsgutsverletzung angesehen werden. Diese weitreichende Zurechnung von Verletzungserfolgen würde aber mitunter zu ungerechten Ergebnissen führen. Die Äquivalenztheorie bedarf daher der Einschränkung.

15 Eine derartige Einschränkung leistet die sog. **Adäquanztheorie**. Nach ihr besteht keine Haftung für solche Rechtsgutsverletzungen, deren Eintritt im Hinblick auf das Verhalten des Schädigers als ganz unwahrscheinlich bezeichnet werden muß.

> **Beispiel:** Landwirt L besprüht seine Felder im Übermaß mit einem hochwirksamen Pflanzenschutzmittel. Ein nicht unerheblicher Teil des Stoffs versickert in einen nahegelegenen Bachlauf. Von dort gelangt das Pflanzenschutzmittel in die Fischzuchtanlage des F, mit der Folge, daß alle Forellen verenden. Über diesen Verlust gerät F so in Erregung, daß er einen Schlaganfall erleidet. – Die Handlung des L ist adäquat kausal für die Verletzung des Eigentums des F an

den Fischen. Fische in Teichen oder geschlossenen Privatgewässern sind nicht herrenlos. An ihnen kann Eigentum bestehen. Daß der Austrag des Pflanzenschutzmittels zu dem Tod der Forellen führt, beruht auch nicht auf einem ganz besonders eigenartigen, unwahrscheinlichen Verlauf der Dinge; die Adäquanz ist insoweit also zu bejahen. Anders verhält es sich mit der nachfolgenden Gesundheitsverletzung des F. Auch diesbezüglich bedeutet zwar die Handlung des L eine Bedingung, die nicht hinweggedacht werden kann, ohne daß die Folge (der Schlaganfall) entfiele. Die Zurechnung nach der Adäquanztheorie dürfte hier jedoch zu verneinen sein. Der Schlaganfall des F stellt eine ganz unwahrscheinliche Folge der Handlung des L dar.

Die Adäquanztheorie ist als taugliches Abgrenzungskriterium umstritten, denn nicht immer läßt sich wirklich ermitteln, wann eine Folge wahrscheinlich oder unwahrscheinlich ist. Dies hängt vielmehr vom Standpunkt des Beobachters ab. Legt man, wie die Rechtsprechung, einen „optimalen Beobachter", der alles weiß, zugrunde, dürfte es im Grunde überhaupt keine unwahrscheinlichen Kausalverläufe geben. Auch sonst ist die Rechtsprechung schon zu Ergebnissen gelangt, die mit der Adäquanztheorie an sich nicht zu vereinbaren sind.

Beispiel: Wenn der Handelnde die inadäquate Folge absichtlich herbeiführen will, muß trotz fehlender Adäquanz die Zurechenbarkeit bejaht werden, z. B. die gezielte Kugel trifft, obwohl dies bei der weiten Entfernung völlig unwahrscheinlich war.

Neben oder anstelle der Adäquanztheorie wird deshalb zur Einschränkung der Äquivalenztheorie ein weiteres Zurechnungskriterium verwendet. Es handelt sich dabei um die **Lehre vom Schutzbereich der Norm**. Sie geht davon aus, daß das Gesetz den Rechtsgütern und deren Trägern keinen absoluten Schutz, sondern nur Schutz vor bestimmten Arten von Beeinträchtigungen gewähren will.

Beispiel: Ein Drogist verkauft einem Jugendlichen ein giftiges Pflanzenschutzmittel, obwohl ein Gesetz existiert, das Drogisten die Abgabe derartiger Mittel verbietet. Der Jugendliche zieht sich eine Gesundheitsverletzung zu, aber nicht wegen der giftigen Eigenschaften des Mittels, sondern weil der Stoff – beim „Raketenbasteln" als Treibsatz verwandt – in seiner Hand explodiert. Mit Hilfe der Äquivalenz- und Adäquanztheorie läßt sich hier zwar die Haftung begründen, die juristische Problematik des Falles aber nicht angemessen darstellen, nämlich ob die eingetretene Verletzung noch vom Schutzzweck des angesprochenen Gesetzes erfaßt ist. Diese Möglichkeit eröffnet die Lehre vom Schutzbereich der Norm. – Mit der Lehre vom Schutzzweck der Norm gelangt man auch zu interessengerechten Ergebnissen in den schon erwähnten Neurose-Schäden (→ RN 9). Die Nachricht von einem Störfall führt zu einer psychischen Gesundheitsverletzung. Realisiert sich in dieser Verletzung nur das allgemeine Lebensrisiko, liegt sie außerhalb des Schutzbereichs des § 823 I BGB. Eine Haftung kommt dann nicht in Betracht. Anders, wenn die Geschädigten tatsächlich einem erhöhten Risiko ausgesetzt waren, so daß die Verletzungen nachvollziehbar und beachtlich sind.

Schaden

17 Ein Schadensersatzanspruch kann naturgemäß nur dann entstehen, wenn auch ein Schaden aufgetreten ist. Unter einem Schaden versteht man jede unfreiwillige Einbuße an Gütern. Schaden und Rechtsgutsverletzung sind stets auseinanderzuhalten.

> **Beispiel:** A wird in einen von B verschuldeten Verkehrsunfall verwickelt. Der linke Kotflügel seines Pkw ist eingedrückt, der linke Oberschenkel des A ist gebrochen. Hier hat A eine Eigentums- und Körperverletzung erlitten. Sein Schaden liegt in den daraus folgenden Vermögensschäden, nämlich den Reparaturkosten für den Pkw, den Arztkosten und dem möglicherweise eingetretenen Verdienstausfall.

Die haftungsausfüllende Kausalität

18 Letzte Voraussetzung für den objektiven Tatbestand eines Schadensersatzanspruches ist die haftungsausfüllende Kausalität. Das bedeutet, daß der geltend gemachte Schaden auf der eingetretenen Rechtsgutsverletzung beruht. Die Rechtsgutsverletzung darf nicht hinweggedacht werden können, ohne daß der Schaden entfiele. Die oben (→ RN 13 ff.) bei der haftungsbegründenden Kausalität dargestellten Zurechnungslehren (Äquivalenztheorie, Adäquanztheorie, Lehre vom Schutzbereich der Norm) kommen hier ebenfalls zur Anwendung. Meint die haftungsbegründende Kausalität die Beziehung zwischen Handlung und Rechtsgutsverletzung, bezeichnet die haftungsausfüllende Kausalität den Zusammenhang zwischen Rechtsgutsverletzung und Schaden.

> **Beispiel:** A wird mit gebrochenem Oberschenkel ins Krankenhaus eingeliefert. Dort wird ihm vom Nachttisch seine Geldbörse gestohlen. Darüber ärgert sich A derart, daß er wegen Trübsinns in die psychiatrische Abteilung des Krankenhauses verlegt wird, wo ihm ein anderer Patient eine lebensgefährliche Kopfverletzung beibringt. In diesem Fall hat der Unfallverursacher B nur die mit der ursprünglichen Körperverletzung in Zusammenhang stehenden Krankenhauskosten zu ersetzen. Die übrigen Schäden (ab dem Verlust der Geldbörse) hat B zwar im Sinne der Äquivalenztheorie, nicht aber adäquat verursacht. Eine Zurechnung dieser Folgeschäden an B findet daher nicht statt.

b) Rechtswidrigkeit

19 Die Verschuldenshaftung gewährt die Rechtsfolge Schadensersatz nur dann, wenn zu der Verwirklichung des objektiven Tatbestandes hinzukommt, daß der Täter eine der geschützten Rechtspositionen *widerrechtlich* verletzt hat. Grundsätzlich ist die Rechtswidrigkeit schon dann gegeben, wenn ein Eingriff in ein Rechtsgut, das Eigentum oder ein sonstiges Recht stattgefunden hat. Man sagt, daß die Tatbestandsmäßigkeit die Rechtswidrigkeit indiziert. Die Rechtswidrigkeit entfällt ausnahmsweise jedoch dann, wenn zugunsten des Täters ein Rechtfertigungsgrund eingreift.

> **Beispiel:** A schlägt den B mit einem Knüppel auf den Kopf. – Der Chirurg C führt bei dem Patienten P eine Operation durch. – Sowohl A als auch C haben den Tatbestand einer Körperverletzung erfüllt. Beide Körperverletzungen wären an sich auch rechtswidrig, es sei denn, es lägen Rechtfertigungsgründe vor. – Die Tat des A wäre etwa dann nicht rechtswidrig, wenn der B ihn mit einer Pistole bedroht und A nur zu Verteidigungszwecken in Notwehr gehandelt hätte (§ 227 BGB). – C begeht dann keine rechtswidrige Körperverletzung, wenn P vor der Operation in diese eingewilligt hätte. Auch die Einwilligung ist ein Rechtfertigungsgrund. Sie ist jedoch nur dann wirksam, wenn der Patient vor dem Heileingriff über den Umfang, die Risiken und Alternativen aufgeklärt worden ist.

Die Regel, daß die Verletzungshandlung die Rechtswidrigkeit indiziert, gilt freilich nicht immer. Sofern keine *direkte*, sondern nur eine *mittelbare* Verletzungshandlung gegeben ist oder gar nur ein Unterlassen, bedarf es zur Bejahung der Rechtswidrigkeit zusätzlich einer **Pflichtverletzung**.

> **Beispiel:** Eine direkte Verletzungshandlung liegt vor, wenn A dem B ein giftiges Pflanzenschutzmittel einflößt. Handelt A mit Pflanzenschutzmitteln und verkauft diese abgefüllt in Bierflaschen, liegt eine mittelbare Verletzungshandlung vor, wenn jemand aus einer solchen Flasche trinkt.

Eine bedeutsame Rolle zur Begründung der Rechtswidrigkeit spielen die sog. **Verkehrspflichten**. Als Verkehrspflicht bezeichnet man die Pflicht dessen, der eine Gefahrenquelle schafft oder unterhält, die notwendigen und zumutbaren Vorkehrungen zu treffen, um Schäden anderer zu verhindern. Die Verkehrspflichten sind nicht im Gesetz normiert. Es handelt sich um Richterrecht (→ Kap. 2/RN 20). Die Rechtsprechung entwickelt sie von Fall zu Fall, um die für richtig gehaltenen gesellschaftlichen Verhaltensanforderungen festzulegen.

> **Beispiel:** Wer Grund und Boden dem Verkehr für Menschen eröffnet (z. B. Straßen, Gebäude usw.), hat ihn in gefahrlosem Zustand zu halten. – Wer mit gefährlichen Gegenständen umgeht, hat dafür zu sorgen, daß andere nicht durch sie in Gefahr geraten. – Wer potentiell gefährliche Produkte herstellt, hat diese so sicher wie möglich zu machen.

Insbesondere in umwelthaftungsrechtlichen Sachverhalten spielen die Verkehrspflichten eine herausragende Rolle, weil regelmäßig keine unmittelbaren Verletzungshandlungen gegeben sein werden. An dieser Stelle wird der Einfluß der Rechtsprechung auf die Schärfe des Haftungsrechts besonders deutlich. Das Haftungsrecht wird um so schneidiger, je strenger die Verkehrspflichten definiert werden.

> **Beispiel:** Entstehen bei der Produktion Industrieabfälle, so hat der Produzent dafür zu sorgen, daß sich die mit ihrer Lagerung und Vernichtung verbundenen Umweltgefahren nicht zum Schaden Dritter auswirken können. Der Produzent

> kann zur Erfüllung dieser allgemeinen Verkehrspflicht ein selbständiges Unternehmen der Abfallbeseitigung hinzuziehen. Auf diese Weise entledigt er sich aber nicht seiner Pflicht. Vielmehr wandelt sie sich um in eine Aufsichts- und Überwachungspflicht. Der Produzent hat dann auch dafür einzustehen, wenn sich Gefahren verwirklichen, die er durch Heranziehung eines unzuverlässigen Unternehmens verschuldet hat.

c) Verschulden

20 Der Täter muß schließlich die tatbestandsmäßige und rechtswidrige Handlung auch zu vertreten haben. Das setzt Verschuldensfähigkeit und Verschulden voraus.

> **Beispiel:** Der sechsjährige K zündet die Scheune des Nachbarn N an. Die Scheune brennt nieder. Hier hat K zwar widerrechtlich das Eigentum des N verletzt. Er ist gleichwohl nicht zum Schadensersatz verpflichtet, weil er nicht das siebente Lebensjahr vollendet hat und damit nicht verschuldensfähig ist (§ 828 BGB). In Betracht kommt aber eine Haftung der gesetzlichen Vertreter (Eltern) wegen Verletzung der Aufsichtspflicht (§ 832 BGB).

→ § 276 BGB   Verschulden umfaßt Vorsatz und Fahrlässigkeit. Vorsatz bedeutet Wissen und Wollen der Tatbestandsverwirklichung. Unter Fahrlässigkeit versteht das Gesetz das Außerachtlassen der im Verkehr erforderlichen Sorgfalt. Im Bereich des Umwelthaftungsrechts kommen Vorsatztaten praktisch kaum vor. In aller Regel steht nur eine Fahrlässigkeitstat in Rede. Kommt es zu einem Prozeß, ist es grundsätzlich Aufgabe des geschädigten Klägers, die Voraussetzungen des Schadensersatzanspruches darzulegen und zu beweisen (→ Kap. 15/RN 16). Neben der Schwierigkeit des Nachweises der haftungsbegründenden Kausalität bedeutet regelmäßig der Beweis des Verschuldens große Schwierigkeiten. Kommt es etwa in einer Industrieanlage zu einem Störfall, fällt es dem Kläger schwer, Fahrlässigkeit nachzuweisen, weil er keinen Einblick in die Betriebsinterna hat. Hier hilft die Rechtsprechung dem Geschädigten mittlerweile mit Beweiserleichterungen. Hat der Kläger dargelegt und bewiesen, daß der Beklagte gegen eine Verkehrspflicht verstoßen hat, wird vermutet, daß dieser Verstoß auch fahrlässig erfolgt ist. Der Beklagte müßte nun seinerseits beweisen, daß er nicht fahrlässig gehandelt hat. Die Beweislast wird also umgekehrt.

d) Verjährung

21 Liegen die bisher dargestellten Voraussetzungen (Tatbestandsmäßigkeit, Rechtswidrigkeit und Verschulden) vor, besteht der Schadensersatzanspruch dem Grunde nach. Über die Höhe und den Umfang des Anspruchs ist damit noch nicht entschieden. Maßgebend ist insoweit das Schadensrecht, das wir in Abschnitt II kennenlernen werden. Wartet der Geschädigte mit der Durchsetzung seines Anspruchs zu lange, droht die Verjährung. Drei Jahre nachdem der Geschädigte von Schaden und Person des Schädigers Kenntnis hat, verjährt der Anspruch. Verjährung bedeutet, daß ein Anspruch nicht mehr durchgesetzt werden kann, obwohl er an sich noch besteht. Die Verjährung dient dem Rechtsfrieden und der Rechtssicherheit. Der Schädiger soll nicht ewig dem Risiko eines Schadensersatzprozesses ausgesetzt sein müssen.

→ § 852 BGB; § 17 Umwelt-HG

4. Sonstige Haftungstatbestände

Wir haben nun die zentrale Vorschrift des bundesdeutschen Haftungsrechts, § 823 I BGB, kennengelernt. Die Vorschrift weist freilich Schutzlücken auf. Diese resultieren nicht nur daraus, daß es für den durch Umwelteinwirkungen Geschädigten regelmäßig schwierig sein wird, insbesondere die Voraussetzung der haftungsbegründenden Kausalität nachzuweisen. Vielmehr ist es gerade der so eingeschränkte Katalog der geschützten Rechte und Rechtsgüter, der weite Teile der Natur und Umwelt nicht einbezieht, der diese Haftungsvorschrift für einen effizienten Umweltschutz als wenig geeignet erscheinen läßt. Daher fragt sich, ob andere Haftungsvorschriften des Bürgerlichen Gesetzbuches die angesprochenen Schutzlücken ausfüllen können.

22

a) Schadensersatzpflicht bei Verletzung eines Schutzgesetzes

Schadensersatzpflichtig ist auch derjenige, der rechtswidrig und schuldhaft „gegen ein den Schutz eines anderen bezweckendes Gesetz verstößt" und dadurch einem anderen einen Schaden zufügt. Die Schadensersatzpflicht ist also an die Verletzung eines sog. Schutzgesetzes geknüpft. Schutzgesetz kann prinzipiell jede Rechtsnorm sein, sofern sie auch oder gerade den Schutz des einzelnen bezweckt. Die meisten Strafvorschriften sind insoweit Schutzgesetze, aber auch einige Artikel der Verfassung sowie etliche Normen des sonstigen öffentlichen Rechts. Die Bedeutung und Wirkungsweise der Haftungsvorschrift läßt sich demonstrieren an folgendem.

23

→ § 823 III BGB

> **Beispiel:** Der Betrüger B schwindelt der Witwe W unter Vorspiegelung falscher Tatsachen an der Wohnungstür 200 DM ab. Wenig später wird B festgenommen und der Betrug fliegt auf. – In diesem Fall hat sich B wegen Betruges strafbar gemacht. Den Haftungsrechtler interessiert die Frage, ob der W wieder zu ihrem Geld verholfen werden kann, ob sie also einen Schadensersatzanspruch gegen B hat. § 823 I BGB hilft hier nicht weiter, denn B hat weder ein geschütztes Rechtsgut noch ein Recht der W verletzt. Insbesondere liegt keine Eigentumsverletzung vor. W ist zwar getäuscht worden, aber das ändert nichts daran, daß sie ihr Geld freiwillig aus der Hand gegeben hat. Sie hat eine bloße Vermögensverletzung erlitten, aber das Vermögen wird in § 823 I BGB nicht geschützt. Hier hilft § 823 II BGB. Der strafrechtliche Betrugstatbestand ist ein Schutzgesetz. Dieses hat B rechtswidrig und schuldhaft verletzt und der W dadurch einen Schaden zugefügt.

Nach dem bisher Gesagten könnte man meinen, daß der Schadensersatzanspruch wegen Schutzgesetzverletzung im Umwelthaftungsrecht von besonderer Bedeutung ist, gibt es doch eine wahre Flut öffentlich-rechtlicher Umweltschutzvorschriften, Grenzwertfestlegungen und sonstiger Umweltstandards, die als Schutzgesetze in Betracht kommen. Diese Vermutung wäre aber verfehlt. Die Bedeutung des § 823 II BGB für den Umweltschutz ist gegenwärtig gering. So bedeutet etwa das Überschreiten von Grenzwerten, die in VDI-Richtlinien, DIN-Normen, der TA-Luft oder TA-Lärm festgesetzt sind, keine Schutzgesetzverletzung, weil die genannten Regelwerke keine Gesetze im formellen oder materiellen Sinn (→ Kap. 2/RN 16) darstellen. Weiterhin ist bei vielen öffentlich-rechtlichen Umweltgesetzen der Schutzgesetzcharakter zweifelhaft, weil nicht sicher ist, ob auch der einzelne und wenn ja, welche Rechtsgüter geschützt werden sollen, denn viele Umweltgesetze sind zu unbestimmt und eher programmatisch ausgerichtet. Diese Gesetze bedürfen mitunter noch behördlicher Konkretisierung, um überhaupt anwendbar zu sein. Ein Schutzgesetz stellt dann erst die gesetzliche Vorschrift in Verbindung mit der behördlichen Anordnung dar. Kommt der Adressat der behördlichen Anordnung nach, liegt also schon keine Schutzgesetzverletzung vor.

b) Haftung für den Verrichtungsgehilfen

24
→ § 831 BGB

Derjenige, der einen anderen zu einer Verrichtung bestellt hat, haftet für den Schaden, den der Verrichtungsgehilfe einem Dritten rechtswidrig zugefügt hat.

> **Beispiel:** A betreibt ein Entsorgungsunternehmen für Industrieabfälle. Seinen Angestellten B und C trägt er auf, einige Fässer eines Öl-Wasser-Gemisches an einem speziell dafür eingerichteten Entsorgungsplatz zu verbrennen. Die Angestellten lassen den Inhalt zweier Fässer im Erdboden versickern. Das Gemisch gelangt in einen Bachlauf, der in den Fischteich des D mündet. Der gesamte Fischbesatz des D verendet. – Nach dem bisher Gesagten wissen wir, daß D gegen B und C Schadensersatzansprüche wegen rechtswidriger und schuldhafter (Fahrlässigkeit!) Eigentumsverletzung hat. Was aber, wenn bei den unterbezahlten und überschuldeten Angestellten des A kein Geld zu holen ist? Dann ist zu überlegen, ob sich D auch an den gut situierten A halten kann. Freilich hat A das Eigentum des D nicht selbst verletzt. Es fehlt an einer Verletzungshandlung, so daß nach § 823 I BGB an sich kein Schadensersatzanspruch besteht. Hier könnte jedoch die Haftung für den Verrichtungsgehilfen weiterhelfen.

Diese Haftungsvorschrift setzt zunächst voraus, daß als unmittelbarer Täter ein Verrichtungsgehilfe des Geschäftsherrn gehandelt hat. Wesentliches Merkmal des Verrichtungsgehilfen ist die **Weisungsabhängigkeit** vom Geschäftsherrn.

> **Beispiel:** Typischerweise Verrichtungsgehilfen sind daher Arbeiter und Angestellte, infolgedessen auch B und C. Werden hingegen selbständige Unternehmen mit Arbeiten beauftragt, fehlt es an der Weisungsabhängigkeit.

Der Verrichtungsgehilfe muß einem Dritten widerrechtlich einen Schaden zugefügt haben. Auf ein Verschulden des Verrichtungsgehilfen kommt es nicht an. Die Haftung für den Verrichtungsgehilfen bedeutet eine Haftung für *eigenes Verschulden* des *Geschäftsherrn*. Das Gesetz vermutet, daß der Schaden deshalb entstanden ist, weil der Geschäftsherr den Verrichtungsgehilfen unsorgfältig ausgesucht, angeleitet oder überwacht hat. Der Schaden muß weiterhin „in Ausführung der Verrichtung" entstanden sein. Das bedeutet, daß ein gewisser innerer Zusammenhang zwischen Verrichtung und Schaden gegeben sein muß.

> **Beispiel:** In unserem Fall haben die Verrichtungsgehilfen B und C den D widerrechtlich geschädigt. Die Schädigung ist auch in Ausführung der Verrichtung erfolgt. Hätten B und C vom Entsorgungsplatz ein fremdes Fahrrad mitgehen lassen, wäre dieser Diebstahl (Eigentumsverletzung) nicht mehr „in Ausführung der Verrichtung" passiert, sondern nur „bei Gelegenheit der Ausführung".

Ein Schadensersatzanspruch besteht jedoch dann nicht, wenn den Geschäftsherrn kein Verschulden trifft. Er kann sich entlasten, indem er nachweist, daß er seine Verrichtungsgehilfen sorgfältig ausgesucht und überwacht hat (§ 831 I 2 BGB). In der Praxis gelingt dieser Entlastungsbeweis recht häufig. Daher ist die Haftung für den Verrichtungsgehilfen an sich keine scharfe Haftung. Gesetzgebungsvorschläge gehen dahin, den Entlastungsbeweis abzuschaffen. Die Rechtsprechung versucht mittlerweile, die Entlastungsmöglichkeiten dadurch einzuschränken, daß sie strenge Anforderungen an die Organisation des Betriebes stellt.

> **Beispiel:** In unserem Fall hängt die Haftung des A also letztlich davon ab, ob es ihm gelingt nachzuweisen, daß es sich bei B und C um qualifizierte Mitarbeiter handelt, die stets gewissenhaft und sorgfältig gearbeitet haben. Sollte dieser Entlastungsbeweis nicht gelingen, haftet A neben B und C auf Schadensersatz und zwar als Gesamtschuldner, § 840 I BGB. Das bedeutet, daß D zwar nur einmal den ihm entstandenen Schaden einfordern kann. Er kann sich aber aussuchen, wen er in Anspruch nehmen will, ob er etwa alle Täter gemeinsam verklagt oder nur den A.

5. Multikausalität und die Haftung mehrerer Personen

In der Praxis des Umwelthaftungsrechts hat man es nur selten mit monokausalen Sachverhalten zu tun, also solchen, bei denen ein Geschädigter einem Schädiger gegenübersteht. Vielmehr betreffen Umweltschadensfälle regelmäßig eine nicht mehr bestimmbare Vielzahl von Personen. Besonders deutlich wird dies beim sog. Waldsterben. Die für die Waldschäden Verantwortlichen lassen sich nicht einzeln mit einer Schadensersatzklage überziehen. Verursa-

25

cher sind unzählige Industrieanlagen, Kraftwerke, private Haushalte und der gesamte Kfz-Verkehr und zwar nicht beschränkt auf das Hoheitsgebiet der Bundesrepublik Deutschland. Bei diesen sog. *Summationsschäden* werden die Grenzen des Haftungsrechts offensichtlich überschritten. Die Anspruchsgrundlagen des Umwelthaftungsrechts sind zur Bewältigung solcher Schäden, die durch eine unbestimmte Vielzahl von Schädigern verursacht worden sind, letztlich ungeeignet. In der rechtspolitischen Diskussion werden für derartige Schadenstypen folglich andere Ausgleichsformen gefordert, z. B. Entschädigungsfonds.

Gleichwohl gibt es durchaus multikausale Schadensszenarien, für die das Umwelthaftungsrecht seine Relevanz nicht verloren hat.

26 Die erste Fallgruppe ist die sog. **komplementäre Kausalität**. Diese Kausalitätsform ist dadurch gekennzeichnet, daß erst durch das Zusammenwirken zweier oder mehrerer Ursachen, die gleichartig oder ungleichartig sein, zu linearen oder progressiven Steigerungen führen können, der tatbestandsmäßige Erfolg eintritt. Bei der komplementären Kausalität liegt ein Fall der Gesamttäterschaft vor. Die mehreren Beteiligten haften als Gesamtschuldner.

> **Beispiel:** An einem Fluß liegen in nur kurzer Entfernung voneinander die Chemieunternehmen A-AG und B-GmbH. Durch einen Zufall ereignen sich am selben Tag sowohl bei A als auch bei B Störfälle, die jeweils durch fahrlässiges Fehlverhalten von Mitarbeitern verursacht worden sind. Dadurch werden bei A und B Giftstoffe in den Fluß gespült. Sämtliche Fische in der flußabwärts liegenden Fischzuchtanstalt des C verenden daraufhin. Durch ein Sachverständigengutachten wird festgestellt, daß die bei den Unternehmen emittierte Giftmenge je für sich genommen höchstwahrscheinlich ungefährlich geblieben wäre. Erst durch das Zusammentreffen der beiden Giftmengen sei das Fischsterben verursacht worden. – Hier könnte C Schadensersatzansprüche gegen A und B haben. A und B sind juristische Personen (→Kap. 2/RN 26), Aktiengesellschaft (AG) und Gesellschaft mit beschränkter Haftung (GmbH). Diese können klagen und verklagt werden. Sie müssen für ihre Mitarbeiter (Verrichtungsgehilfen) haften, wenn diese das Eigentum des C rechtswidrig verletzt haben. Problematisch erscheint die Frage der haftungsbegründenden Kausalität. Da hier aber weder der Beitrag der A noch der B hinweggedacht werden kann, ohne daß der Erfolg entfiele, haften beide Firmen für den ganzen Schaden als Gesamtschuldner. Unerheblich ist, daß die eigene Giftmenge allein nicht ausgereicht hätte, den Schaden zu verursachen.

27 Die zweite Fallgruppe betrifft die sog. **konkurrierende Kausalität**. Es liegen zwei oder mehrere Gefährdungsbeiträge vor, die jeder für sich den Verletzungserfolg hätten herbeiführen können. Die zweite oder die nachfolgenden Ursachen wirken sich nur deshalb nicht aus, weil der Erfolg schon vorher eingetreten war.

> **Beispiel:** Nacheinander gelangt aus dem Betrieb des Landwirts A und dem Betrieb des Landwirts B Gülle in den Wasserlauf. Jede Güllemenge hätte für

> sich ausgereicht, um den Fischbestand des C zu vernichten. Hier bleibt der spätere Gefährdungsbeitrag des B nur deshalb im Ergebnis folgenlos, weil der Fischbestand bereits vernichtet war.

In derartigen Fällen haftet nur der Erstverursacher. Dem verhinderten Zweitschädiger steht grundsätzlich die Berufung auf den bloßen Zufallsumstand, daß seine Immission gar keinen Schaden mehr angerichtet hat, offen, denn die Kausalität des potentiellen Zweitschädigers ist hypothetisch geblieben.

Die dritte Fallgruppe bezeichnet man als **alternative Kausalität**. Hier hat einer von mehreren Beteiligten die Rechtsgutsverletzung und den daraus resultierenden Schaden verursacht. Es läßt sich nur nicht feststellen, welcher der Beteiligten der Urheber ist.

28

> **Beispiel:** Die Chemieunternehmen A, B und C leiten etwa zur selben Zeit verbotenerweise Giftstoffe in den Fluß. Infolgedessen sterben die Fische. Jede der eingeleiteten Giftmengen hätte für sich genommen das Fischsterben allein verursachen können. Nunmehr läßt sich nur noch feststellen, daß entweder die Giftmenge des A oder des B oder des C den Tod der Fische ausgelöst hat. Sicher ist, daß die mehreren Giftmengen sich nicht verbunden haben und daß eine weitere Ursache nicht in Betracht kommt. – Welches Chemieunternehmen ist hier zum Schadensersatz verpflichtet? Der Geschädigte ist in einer solchen Konstellation an sich in einer prekären Lage. Würde etwa A verklagt, müßte der Geschädigte beweisen, daß die Giftmenge des A nicht hinweggedacht werden könne, ohne daß der Erfolg entfiele (Äquivalenztheorie). Das ist in unserem Beispiel weder hinsichtlich des A noch des B oder C möglich.

In Fällen der alternativen Kausalität hilft das Gesetz dem in der Zwickmühle befindlichen Geschädigten durch eine Beweislastregel. Ist nicht zu ermitteln, wer von mehreren Beteiligten den Schaden durch seine Handlung verursacht hat, so ist jeder der Beteiligten für den Schaden verantwortlich. Diese Beweislastregel ersetzt jedoch nur den Nachweis der *haftungsbegründenden Kausalität*. Voraussetzung für das Eingreifen der Beweislastregel bleibt, daß jeder Beteiligte alle sonstigen Tatbestandsmerkmale eines Schadensersatzanspruches erfüllt hat. Weiterhin muß sicher sein, daß jedenfalls einer der Beteiligten den gesamten Schaden herbeigeführt hat. Ist dies der Fall, wird von Gesetzes wegen vermutet, daß jeder der Beteiligten den Schaden verursacht hat. Allerdings kann jeder der Beteiligten die Verursachungsvermutung für seine Person durch den Nachweis entkräften, daß sein Handeln den Schaden nicht herbeigeführt hat.

→ § 830 I BGB

> **Beispiel:** Im zuletzt genannten Fall greift die Beweislastregel des § 830 I 2 BGB zugunsten des Geschädigten ein. Alle Beteiligten (A, B und C) haben an sich eine unerlaubte Handlung begangen. Ließe sich jeweils die haftungsbegründende Kausalität nachweisen, wäre gegen jeden Beteiligten ein Schadens-

> ersatzanspruch gegeben. Weiterhin ist sicher, daß entweder A oder B oder C den Schaden verursacht haben. Die Verursachung durch einen unbekannten Vierten scheidet aus. Nach alledem haften A, B und C dem Geschädigten als Gesamtschuldner (→ RN 24 a. E.).

Im Umwelthaftungsrecht ist die Bedeutung der dargestellten Beweislastregel nicht sonderlich hoch zu veranschlagen. Bei multikausalen Umweltschäden wird sich nur überaus selten eine Gruppe von Beteiligten bilden lassen, von der sicher gesagt werden kann, daß der Schaden nur von dieser und von niemandem sonst verursacht sein konnte. Als vollends unhandlich erweist sich schließlich die Gesamtkausalitätseignung, nach der jeder der Beteiligten den gesamten Schaden allein verursacht haben können muß.

29 Eine weitere Fallgruppe bildet schließlich die sog. **statistische Kausalität**.

> **Beispiel:** Durch sog. epidemiologische Studien ist festgestellt worden, daß an einem bestimmten Ort schon immer jährlich ca. 100 Fälle einer bestimmten Krebserkrankung auftreten, die auf natürlichen Ursachen beruhen. An dem Ort siedelt sich ein Chemieunternehmen an, das Stoffe emittiert, welche die bezeichnete Krebsart verursachen können. In der Folge bemerkt man, daß die Zahl der Krebsfälle auf jährlich 200 ansteigt. Es läßt sich jedoch nicht feststellen, ob die Krankheiten auf die natürlichen oder auf die von dem Unternehmen emittierten Stoffe zurückzuführen sind. Sicher ist allerdings, daß entweder die natürlichen oder die Industrieimmissionen die Schäden ausgelöst haben. Eine kumulative Kausalität oder eine sonstige Verursachungsquelle scheiden aus.

Deutsche Gerichte lassen einen statistischen Kausalitätsnachweis *nicht* zu. Der Geschädigte hat die Voraussetzungen eines Schadensersatzanspruches darzulegen und zu beweisen. Bewiesen ist eine streitige Behauptung, etwa die haftungsbegründende Kausalität, erst dann, wenn für sie eine sehr hohe Wahrscheinlichkeit spricht, damit der Richter die behauptete Tatsache für wahr hält. Das ist das sog. Regelbeweismaß. Der statistische Kausalitätsbeweis bedeutet demgegenüber ein Herunterschrauben der Anforderungen an das Beweismaß. Die Haftung setzt nicht erst dann ein, wenn eine sehr hohe Wahrscheinlichkeit für die Verursachung spricht, sondern schon dann, wenn sie wahrscheinlich ist. Der Umfang der Haftung richtet sich dann freilich nach dem Maß der Wahrscheinlichkeit. Anders als in den USA – dort spricht man von sog. *pollution share liability* – wird in Deutschland ein derartiger Kausalitätsbeweis bis heute von der herrschenden Meinung nicht anerkannt.

> **Beispiel:** Käme im eben geschilderten Fall ein Krebskranker auf die Idee, das Chemieunternehmen auf Schadensersatz zu verklagen, würde er vor Gericht unterliegen, denn er könnte nicht beweisen, daß gerade seine Erkrankung von dem Unternehmen verursacht worden ist. Für eine Verursachung spricht zwar eine statistische Wahrscheinlichkeit von 50 Prozent, aber eben noch keine so hohe Wahrscheinlichkeit, daß der Richter die Verursachung für wahr erachten

> würde. Die Beweislastregel des § 830 I 2 BGB hilft hier ebenfalls nicht weiter. Sie setzt voraus, daß der Geschädigte in jedem Fall einen Schadensersatzanspruch hat, nur nicht sicher ist, gegen wen. In unserem Fall kommt außer dem Unternehmen aber nur noch eine natürliche Ursache in Betracht, so daß ein Schadensersatzanspruch in letzterem Falle nicht besteht. – Ließe man einen statistischen Kausalitätsbeweis zu, bekäme der Kläger im Ergebnis 50 Prozent seines Schadens ersetzt. Der Umfang des Ersatzes entspricht der Wahrscheinlichkeit, mit der das Unternehmen den Schaden des Klägers verursacht hat.

II. Grundlagen des Schadensrechts

1. Art und Umfang des Schadensersatzes

Hat der Schädiger ein Recht oder Rechtsgut des Geschädigten rechtswidrig und schuldhaft verletzt, steht seine Schadensersatzpflicht dem *Grunde* nach fest. Welche Schäden in welchem *Umfang* vom Schädiger zu ersetzen sind, soll im folgenden Abschnitt behandelt werden.

30

a) Materielle und immaterielle Schäden

Wird ein Rechtsgut verletzt, hat der Schädiger die daraus folgenden *materiellen* oder Vermögensschäden zu ersetzen, z. B. die Heilungs- oder Reparaturkosten. Eine Rechtsgutsverletzung zieht indes nicht zwangsläufig Vermögensschäden nach sich.

31

> **Beispiel**: Wenn der an seiner Gesundheit verletzte A auf eine ärztliche Behandlung verzichtet, mögen ihm nur immaterielle Schäden entstanden sein, z. B. die erlittenen Schmerzen.

Für *immaterielle* Schäden schuldet der Schädiger grundsätzlich keinen Ersatz (§ 253 BGB). Eine Ausnahme bildet das Schmerzensgeld (§ 847 BGB). Diese Vorschrift bestimmt, daß bei einer Verletzung des Körpers, der Gesundheit oder der Freiheit der Geschädigte neben dem Ersatz der Vermögensschäden zusätzlich eine angemessene Entschädigung als Schmerzensgeld verlangen kann, die sich an der Art und Schwere der Verletzung, den erlittenen Schmerzen, der Einbuße an Lebensfreude usw. orientiert.

b) Naturalrestitution und Geldersatz

Im Regelfall ist der Schaden durch Naturalherstellung (*Naturalrestitution*) zu ersetzen, d. h. der Schädiger hat den „Zustand herzustellen, der bestehen würde, wenn der zum Ersatz verpflichtende Umstand nicht eingetreten wäre". Damit ist gemeint, daß der Geschädigte die Herstellung eines wirtschaftlich gleichwertigen Zustands verlangen kann. Das Gesetz geht an sich davon aus, daß der Schädiger den Schaden eigenhändig wiedergutmacht. Der Geschädig-

32

→ § 249 BGB

te soll sich jedoch nicht auf Herstellungsexperimente des Schädigers einlassen müssen. Daher kann er bei einer Personenverletzung oder einer Sachbeschädigung statt eigenhändiger Wiedergutmachung auch Zahlung des für die Naturalrestitution erforderlichen Geldbetrags verlangen. Das ist die in der Praxis gängige Form des Schadensersatzes.

> **Beispiel:** Naturalrestitution bedeutet bei einer Sachbeschädigung die Ausbesserung der Sache bzw. die Zahlung des für die Reparatur erforderlichen Geldbetrags, bei einer Personenverletzung die Heilung bzw. den Ersatz der Heilungskosten.

→ § 251 I BGB   Wenn die Naturalherstellung nicht möglich ist, hat der Schädiger *Geldersatz* zu leisten.

> **Beispiel:** A leitet verbotenerweise Giftstoffe in einen Brunnen. Der Hund des B trinkt von dem vergifteten Wasser und verendet. – A hat das Eigentum des B rechtswidrig und schuldhaft verletzt (§ 823 I BGB). Eigentum kann zwar nur an Sachen bestehen, und Tiere sind keine Sachen (§ 90a S. 1 BGB). Die für Sachen geltenden Vorschriften sind aber auf Tiere anwendbar (§ 90a S. 3 BGB). Naturalrestitution des Hundes ist nicht mehr möglich, weil er gestorben ist. Daher kann A Geldersatz verlangen. A muß den Betrag zahlen, der zur Wiederbeschaffung eines gleichwertigen Hundes erforderlich ist. Daß der Hund dem B besonders ans Herz gewachsen ist, kann nicht berücksichtigt werden. Dieses sog. Affektionsinteresse ist ein immaterieller Schaden, der nicht ersetzt wird (→ RN 31).

Geldersatz ist im übrigen auch dann zu leisten, wenn oder soweit die Naturalherstellung für den Geschädigten nicht genügend ist.

> **Beispiel:** Bei einem von A verschuldeten Unfall wird der Wagen des B beschädigt. B kann von A Ersatz der Reparaturkosten als Naturalrestitution verlangen (§ 249 S. 2 BGB). Allerdings wird der Wagen nach der Reparatur weniger wert sein als vor dem Unfall (Unfallwagen). Dieser sog. merkantile Minderwert wird durch die Naturalherstellung nicht ausgeglichen. Ersatz für die Werteinbuße kann B zusätzlich verlangen (§ 251 I BGB).

→ § 251 II BGB   Schließlich gibt es Fälle, bei denen die Naturalrestitution dem Schädiger unzumutbar ist, weil sie nur mit unverhältnismäßigen Aufwendungen für den Schädiger möglich ist. Der Geschädigte kann auch in einem solchen Fall nur Geldersatz verlangen.

> **Beispiel:** Der zehn Jahre alte Golf des B wird bei einer fahrlässig verursachten Explosion im Mineralöllager der A-GmbH stark beschädigt. Der Zeitwert des Fahrzeugs beträgt 2 000,- DM. Die Reparatur würde 3 000,- DM kosten. Hier ist der Anspruch des B auf Naturalrestitution (3 000,- DM) ausgeschlossen, weil die Naturalherstellung unverhältnismäßig aufwendig ist. B kann nur den Wiederbeschaffungswert seines Wagens als Geldersatz fordern (§ 251 II 1

> BGB). Dies entspricht dem Zeitwert vermehrt um die Gewinnspanne des Händlers. Nach der Rechtsprechung kann von Unverhältnismäßigkeit der Naturalherstellung gesprochen werden, wenn sie 130 Prozent des Zeitwerts überschreiten würde.

Die Regel „Geldersatz statt Naturalrestitution bei Unzumutbarkeit der Wiederherstellung" gilt dann nicht, wenn ein Tier verletzt worden ist. Die aus der Heilbehandlung eines verletzten Tieres entstandenen Aufwendungen sind nicht bereits dann unverhältnismäßig, wenn sie dessen Wert erheblich überschreiten. Diese Vorschrift gilt freilich nur für Haustiere und solche Tiere, die in jemandes Eigentum stehen. Wilde Tiere sind insoweit ungeschützt (→ RN 12).

→ § 251 II 2 BGB

> **Beispiel:** Der von B vergiftete Hund des A, der einen Wert von 100,- DM hat, kann vom Tierarzt gerettet werden. Die Heilungskosten belaufen sich auf 300,- DM. An sich könnte A hier nur 100,- DM als Geldersatz verlangen, weil die Naturalrestitution unverhältnismäßig ist (§ 251 II 1 BGB; die 130-Prozent-Grenze ist überschritten). Das Gesetz hat die Rechtsstellung des Tieres jedoch verbessert. A hat daher einen Anspruch auf Naturalrestitution (§ 251 II 2 BGB).

2. Vorteilsausgleichung und Mitverschulden

Wenn das Schadensereignis dem Geschädigten außer dem Schaden auch noch Vorteile bringt, stellt sich die Frage, ob diese Vorteile bei der Schadensberechnung zu berücksichtigen sind. Grundsätzlich darf der Schadensfall für den Geschädigten nicht zum Glücksfall werden.

33

> **Beispiel:** A aus Augsburg wird von B rechtswidrig und schuldhaft verletzt. Er muß das Bett hüten und kann deshalb nicht an einer Vortragsreihe in Köln teilnehmen, bei der er als Referent 1 000,- DM verdient hätte. B muß nicht nur die Heilungskosten ersetzen, sondern auch den Verdienstausfall (entgangener Gewinn, § 252 BGB). Allerdings hat A sich die Kosten der Anreise (200,- DM) erspart, die sonst seinen Verdienst gemindert hätten. Dieser Vorteil ist anzurechnen. B braucht deshalb nur 800,- DM Schadensersatz zu leisten.

Ob eine Vorteilsausgleichung stattfinden soll, kann nicht einheitlich beantwortet werden. Eine wertende Betrachtung im Einzelfall muß ergeben, ob durch den Vorteil der Schädiger oder der Geschädigte entlastet werden soll (z. B. bei Versicherungsleistungen, die anläßlich des Schadensfalles fällig werden). In zwei wichtigen Bereichen verbietet das Gesetz selbst die Vorteilsausgleichung:

- Wird ein Arbeitnehmer so verletzt, daß er arbeitsunfähig ist, bestimmt das Entgeltfortzahlungsgesetz, daß der Arbeitgeber für einen bestimmten Zeitraum verpflichtet ist, das Arbeitsentgelt fortzuzahlen. Der Arbeitnehmer hat also an sich keinen Verdienstausfallschaden, aber das entlastet den Schädiger nicht. Der Schadensersatzanspruch geht nämlich insoweit auf den Arbeitgeber über. Dieser kann ihn jetzt beim Schädiger geltend machen.
- Wird ein Arbeitnehmer so verletzt, daß er sich in ärztliche Behandlung begeben muß, trägt regelmäßig die gesetzliche Kranken- oder Unfallversicherung die Kosten der Heilbehandlung. Entlastet das den Schädiger? Nein, das Gesetz ordnet an, daß der Schadensersatzanspruch des Verletzten auf Erstattung der Heilungskosten auf den Sozialversicherungsträger übergeht. Der Sozialversicherungsträger kann dann beim Schädiger Regreß nehmen. In der Praxis des Umwelthaftungsrechts kommen Regresse von Sozialversicherungsträgern wegen umweltbedingter Gesundheitsschäden allerdings praktisch nicht vor. Es wird vermutet, daß die Krankenkassen schlicht kein Interesse haben, schwierige Umwelthaftpflichtprozesse zu führen, zumal sie ja durch die Beiträge der Versicherten ausreichend finanziert sind. Diese Praxis ist zweifelhaft, weil auf diese Weise die Versichertengemeinschaft Belastungen trägt, die an sich die Schädiger tragen sollten. Wenn Regresse unterbleiben, kann das Haftungsrecht außerdem keine Steuerungswirkungen entfalten (Stichwort Prävention; → RN 3).

34 Hat bei der Entstehung oder Vergrößerung des Schadens ein Verschulden des Geschädigten mitgewirkt, so kann der Geschädigte regelmäßig nicht den ganzen Schaden ersetzt verlangen, sondern nur abzüglich seines Mitverschuldensanteils. Das Gericht wägt Verschulden des Schädigers und des Geschädigten gegeneinander ab und kommt so zu einem entsprechend gekürzten Schadensersatzanspruch. Im Umwelthaftungsrecht ist ein Mitverschulden des Geschädigten vor allem denkbar, wenn er Sicherheitsmaßnahmen oder -vorkehrungen gegen mögliche Gefahren unterlassen hat.

> **Beispiel:** Wer in der Nähe einer Industrieanlage wohnt, die mit bestimmten Schadstoffen arbeitet, darf sich grundsätzlich darauf verlassen, daß es nicht zu schädlichen Umwelteinwirkungen kommt. Treten diese trotzdem ein, kann ein Mitverschulden nicht etwa darin gesehen werden, daß der Geschädigte stets bei offenen Fenstern geschlafen hat. Bestehen aber Anhaltspunkte für eine konkrete Gefahr, etwa wegen einer Radiowarnung vor der Schadstoffbelastung oder wegen stechenden Geruchs, so besteht Anlaß, Türen und Fenster geschlossen zu halten oder sich aus dem Gefahrenbereich zu entfernen. Widrigenfalls könnte das Gericht in einem späteren Prozeß ein Mitverschulden annehmen. – Wer in der Nähe eines Zementwerks Landbau betreibt, braucht wegen drohender Thallium-Emissionen nicht von vornherein auf den Anbau gefährdeter Produkte zu verzichten. Der Eigentümer darf sein Grundstück grundsätzlich beliebig nutzen. Mit dieser Begründung hat das Gericht in einem Schadensersatzprozeß des Landwirts den Mitverschuldenseinwand des Fabrikbetreibers abgewehrt.

III. Gefährdungshaftung im Umweltrecht

1. Überblick

Es wurde schon angesprochen, daß sich das deutsche Haftungsrecht auf drei Spuren bewegt (→ RN 4). Das gilt auch für das Umwelthaftungsrecht. Bislang haben wir unter I. die Verschuldenshaftung kennengelernt. Im folgenden werden wir uns der wichtigen zweiten Spur des Haftungsrechts, der Gefährdungshaftung, zuwenden. Zunächst sollen der Unterschied zur Verschuldenshaftung und die Wesensmerkmale der Gefährdungshaftung dargestellt werden. Sodann werden die wesentlichen Tatbestände der Gefährdungshaftung im Umweltrecht vorgestellt. Dabei wird der Schwerpunkt beim Wasserhaushaltsgesetz und vor allem beim Umwelthaftungsgesetz liegen.

35

a) Grundgedanke der Gefährdungshaftung

Grundsätzlich setzt die Haftung des Schädigers voraus, daß dieser ein Rechtsgut oder Recht rechtswidrig und schuldhaft verletzt hat (Verschuldenshaftung). Daneben kennt unser Recht Fälle, in denen eine Ersatzpflicht auch für solche Schäden angeordnet wird, die durch eine rechtmäßige, aber für andere mit Gefahren verbundene Betätigung verursacht werden (Gefährdungshaftung). Die Gefährdungshaftung setzt also weder Rechtswidrigkeit noch Verschulden voraus, wohl aber haftungsbegründende und -ausfüllende Kausalität. Das Motiv für diese strenge Verursachungshaftung ist der Umstand, daß jemand ein bestimmtes Risiko geschaffen hat, indem unter seiner Leitung oder Kontrolle eine bestimmte Anlage betrieben, eine bestimmte Sache genutzt oder eine bestimmte Tätigkeit entfaltet wird. Wenn dann ein Unfall geschieht, in dem sich das spezifische Risiko verwirklicht, soll derjenige haften, der das Risiko geschaffen oder beherrscht hat.

36

> **Beispiel:** Die wohl bekannteste und praktisch wichtigste Gefährdungshaftung ist die des Halters eines Kraftfahrzeugs (§ 7 Straßenverkehrsgesetz). Der Halter haftet danach, wenn bei dem Betrieb seines Fahrzeugs eine Person oder Sache zu Schaden kommt, ohne daß ihn ein Verschulden treffen muß. Das Gesetz erlaubt zwar die an sich gefährliche Nutzung von Kraftfahrzeugen. Der Preis für den Beherrscher des Risikos (Halter) liegt aber in der strikten Einstandspflicht auch für den schuldlos verursachten Unfall. Deutlich wird das etwa dann, wenn nicht der Halter selbst, sondern ein Dritter das Fahrzeug gelenkt hat.

Die Gefährdungshaftung ist freilich nicht grenzenlos. Der Halter oder Anlageninhaber haftet grundsätzlich nur für solche Unglücksschäden, die im Zusammenhang mit der Gefahrenquelle stehen.

> **Beispiel:** Die Gefährdungshaftung des Kraftfahrzeughalters ist dann ausgeschlossen, wenn der Unfall auf einem unabwendbaren Ereignis beruht. Ein unabwendbares Ereignis liegt etwa dann vor, wenn der Unfall darauf beruht, daß ein Fußgänger zwischen parkenden Autos hindurch plötzlich auf die Straße tritt und auch ein „Idealfahrer" eine Kollision nicht hätte vermeiden können.

Der Gesetzgeber behandelt die Gefährdungshaftung als Ausnahme zur Verschuldenshaftung. Daher ist sie nicht etwa zentral im Bürgerlichen Gesetzbuch geregelt, sondern über eine Vielzahl ganz unterschiedlicher Gesetze verstreut.

b) Umweltrecht und Gefährdungshaftung

37 Die bislang praktisch bedeutsamste Gefährdungshaftung im Umweltrecht ist die nach dem Wasserhaushaltsgesetz. Die neueste und zentrale Gefährdungshaftung im Umweltrecht ist die nach dem Umwelthaftungsgesetz. Zu beiden sogleich. Daneben existiert noch die Gefährdungshaftung nach dem Atomgesetz (§§ 25, 26 AtG). Es handelt sich um eine Haftung für Schäden durch Kernenergie. Von umwelthaftungsrechtlicher Bedeutung ist weiterhin das Gesetz zur Regelung von Fragen der Gentechnik (GenTG; → Kap. 12, insbesondere RN 38 ff.).

c) Europäisches Umwelthaftungsrecht

38 Das bundesdeutsche Recht gerät zunehmend unter den Einfluß des Europarechts. Diese Entwicklung macht vor dem Umweltrecht nicht halt (→ Kap. 14). So verwundert es nicht, daß es auch Tendenzen gibt, die Haftung für Umweltschäden europaweit zu harmonisieren. Mittlerweile zeichnet sich ab, daß die kommende europäische Umwelthaftung sogar noch strenger sein wird als die in Deutschland geltende. Bislang existiert ein Vorschlag für eine Richtlinie des Rates der Europäischen Gemeinschaft über die zivilrechtliche Haftung für die durch Abfälle verursachten Schäden von 1989 und eine Konvention des Europarats über die zivilrechtliche Haftung für Schäden durch umweltgefährdende Tätigkeiten von 1993.

2. Die wasserrechtliche Gefährdungshaftung

39 Das Wasserhaushaltsgesetz zählt an sich zu den öffentlich-rechtlichen Umweltgesetzen (→ Kap. 11). § 22 WHG enthält allerdings eine zivilrechtliche Vorschrift, nämlich in seinen Absätzen 1 und 2 zwei unterschiedliche Gefährdungshaftungstatbestände, die an Beeinträchtigungen des Umweltmediums Wasser anknüpfen. Schutzobjekt der Haftungsvorschrift ist sowohl das Oberflächen- als auch das Grundwasser. Die Haftung nach dem Wasserhaushaltsgesetz ist nicht durch Höchstgrenzen beschränkt.

a) Verhaltenshaftung

Das Wasserhaushaltsgesetz sieht zunächst eine Verhaltens- oder Jedermann-Haftung vor. Wer in ein Gewässer Stoffe einbringt oder wer auf ein Gewässer derart einwirkt, daß die physikalische, chemische oder biologische Beschaffenheit des Wassers verändert wird, ist zum Ersatze des daraus entstehenden Schadens verpflichtet. Auffallend ist dabei, daß die wasserrechtliche Gefährdungshaftung *nicht* an die Verletzung eines Rechts oder Rechtsguts anknüpft. Zu ersetzen ist vielmehr jeder Vermögensschaden, der einem anderen infolge der Verschlechterung der Wasserbeschaffenheit entsteht. Der Umfang der ersatzfähigen Schäden reicht also prinzipiell wesentlich weiter als der der Verschuldenshaftung.

40

→ § 22 I WHG

> **Beispiel:** Ersatzfähig sind nicht nur Personen- und Sachschäden, sondern auch Einbußen von Fischereiberechtigten sowie die Nachteile, die andere berechtigte Benutzer des Gewässers erleiden. Bemerkenswert ist, daß die Rechtsprechung auch die sog. Rettungskosten als ersatzfähigen Schaden anerkennt. Rettungskosten sind solche Aufwendungen, die einem Dritten zur Abwendung eines Gewässerschadens entstanden sind. Auf diese Weise können die Kosten von Aufräum- oder Sanierungsarbeiten nach Öl- oder Chemikalienunfällen als Schaden geltend gemacht werden. Freilich wird auch durch § 22 WHG nicht das Gewässer um seiner selbst willen geschützt.

Nach dem bisher Gesagten scheint die Verhaltenshaftung nach dem Wasserhaushaltsgesetz eine besonders strenge Gefährdungshaftung zu sein. Der Umfang der ersatzfähigen Schäden ist sehr groß, der Filter der ansonsten vorausgesetzten Rechtsgutsverletzung fehlt, der Tatbestand knüpft überhaupt an scheinbar wenig qualifizierte Merkmale an. Doch der Schein trügt ein wenig. Nach herrschender Meinung setzt die Haftung mehr voraus als die bloße Kausalität des Verhaltens für den schädlichen Erfolg. Einigkeit besteht darüber, daß ein Verhalten, das nur *zufällig* die Veränderung eines Gewässers herbeiführt, nicht als Einleiten, Einbringen oder Einwirken angesehen werden kann. Erforderlich ist jedenfalls eine *gewässerbezogene Handlung*, also ein spezifischer Bezug des Verhaltens auf ein Gewässer. Ob darüber hinaus das Verhalten bewußt und zielgerichtet die Veränderung eines Gewässers bewirken muß oder ob eine objektive Bezogenheit und Eignung des Verhaltens zur Gewässerveränderung ausreicht, ist von der Rechtsprechung noch nicht endgültig entschieden.

> **Beispiel:** Nach einem Störfall in einer Chemiefabrik gelangen Schadstoffe in ein Gewässer. Eine Verhaltenshaftung nach § 22 I WHG kommt hier nicht in Betracht, weil es an einer Tätigkeit fehlt, die objektiv final auf eine Beeinträchtigung des Gewässers gerichtet ist. Denkbar wäre allerdings, daß die Gefährdungshaftung durch Unterlassen (→ RN 6) verwirklicht worden ist. – Bisher noch ungeklärt erscheint die Frage, ob das Aufbringen von Fäkalien, Jauche oder Klärschlämmen sowie von Mineraldüngern oder chemischen Pflanzen-

> schutzmitteln in der Landwirtschaft den Tatbestand der wasserrechtlichen Verhaltenshaftung erfüllen kann. An einer bewußten und zielgerichteten Veränderung des Wassers wird es insoweit allemal fehlen. Das Eingreifen der Verhaltenshaftung scheint indessen schon dann geboten, wenn Düngung oder Pflanzenschutz in einem solchen Ausmaß erfolgen, daß nach den Erfahrungen des Lebens mit einer Gewässerbeeinträchtigung von vornherein zu rechnen war.

b) Anlagenhaftung

41

→ § 22 II WHG

Das Wasserhaushaltsgesetz normiert des weiteren eine Anlagenhaftung. Die Vorschrift bezweckt eine Ergänzung der Verhaltenshaftung für diejenigen Fälle, in denen Schadstoffe ohne Zutun des Verantwortlichen ein Gewässer beeinträchtigen. Nach der Anlagenhaftung tritt die Ersatzpflicht ein, wenn aus Anlagen zur Herstellung, Verarbeitung, Lagerung, Beförderung oder Ableitung von Stoffen derartige Stoffe in ein Gewässer gelangen und dadurch ein anderer einen Vermögensschaden erleidet. Es haftet der Inhaber der Anlage.

> **Beispiel:** Der Begriff der Anlage ist weit zu verstehen. Er umfaßt neben ortsfesten auch bewegliche Einrichtungen. Zu den Anlagen gehören also nicht nur Fabrikationsanlagen, Lager, Öltanks, sondern auch Tankwagen, Misthaufen, Jauchegruben, Spritzgeräte für chemische Pflanzenschutzmittel usw.

3. Umwelthaftungsgesetz

42

→ § 23 UmweltHG

Das Umwelthaftungsgesetz ist am 1. Januar 1991 in Kraft getreten. Das Gesetz soll zum einen einen Beitrag zur Umweltvorsorge leisten (→ Kap. 5/RN 2) und zum anderen die Rechtsstellung der Geschädigten verbessern, weil das bislang geltende Recht insoweit als unzulänglich empfunden wurde. Das Umwelthaftungsgesetz löst die überkommenen Anspruchsgrundlagen dabei nicht ab, sondern steht den Geschädigten zusätzlich zur Verfügung. Seine Bewährung in der Praxis läßt allerdings noch auf sich warten. Bis heute ist keine Gerichtsentscheidung bekannt geworden, in der einem durch Umwelteinwirkungen Geschädigten Schadensersatz nach dem neuen Gesetz zugesprochen wurde. Das liegt auch daran, daß das Umwelthaftungsgesetz keine Anwendung findet, soweit ein Schaden durch Umwelteinwirkungen verursacht ist, die vor seinem Inkrafttreten bereits eingetreten waren. Das Umwelthaftungsgesetz wirkt also nicht zurück. Die sog. Altlastenproblematik (→ Kap. 8/RN 41ff.) etwa läßt sich infolgedessen mit dem Umwelthaftungsgesetz von vornherein nicht lösen. Berücksichtigt man zudem, daß etliche Immissionen sich erst nach Jahren zu einem Schaden verdichten, wird die augenblickliche „Ruhe" um das Umwelthaftungsgesetz vollends verständlich.

Für vor dem 3. Oktober 1990 auf dem Territorium der DDR verursachte Schäden bestimmt der Einigungsvertrag, daß weiterhin DDR-Recht (insbesondere §§ 328 ff.

Zivilgesetzbuch) Anwendung findet, und zwar unbeschadet dessen, ob der Schaden vor diesem Datum bereits bekannt war.

a) Voraussetzungen der Haftung

Das Umwelthaftungsgesetz normiert eine Gefährdungshaftung für solche Schäden, die durch eine Umwelteinwirkung verursacht worden sind. Freilich setzt das Gesetz voraus, daß durch die Umwelteinwirkung zunächst ein Recht oder Rechtsgut verletzt wird und erst aus dieser Rechtsgutsverletzung ein Schaden entsteht. Das Umwelthaftungsgesetz ist insoweit also anders als die wasserrechtliche Gefährdungshaftung konstruiert, nach der grundsätzlich jeder Vermögensschaden ersatzfähig ist (→ RN 40). Die durch das Umwelthaftungsgesetz geschützten Rechte und Rechtsgüter sind das Leben, Körper, Gesundheit und das Eigentum. Bedeutung und Verletzungsformen dieser Schutzobjekte haben wir schon oben bei der Verschuldenshaftung kennengelernt (→ RN 8 ff.).

43
→ § 1 UmweltHG

Das Umwelthaftungsgesetz normiert keine Jedermann-Haftung, mithin keine Verhaltenshaftung. Die Ersatzpflicht kann nur die Inhaber von solchen Anlagen treffen, die im Anhang 1 zum UmweltHG abschließend aufgeführt sind. Dieser Anhang lehnt sich an die 4. Durchführungsverordnung zum Bundesimmissionsschutzgesetz betreffend genehmigungsbedürftige Anlagen an (→ Kap. 7/RN 16 ff.) und erfaßt als vergleichsweise umweltgefährlich eingestufte Anlagen.

- Diese Anlagen lassen sich vornehmlich den Bereichen Wärmeerzeugung und Energie, Bergbau, Steine und Erden, Glas und Keramik, Baustoffe, Chemie und Pharma, Nahrungs-, Genuß-, Futtermittel-, Abfall- und Reststoffentsorgung sowie Gefahrguttransporte zuordnen.

> **Beispiel:** Haftungsrechtlich macht es einen Unterschied, ob ein Rechtsgut durch Immissionen einer Anlage mit 90 000 Mastgeflügelplätzen oder mit 100 000 Mastgeflügelplätzen verletzt worden ist. Nur im letzteren Fall fällt die Anlage unter das Umwelthaftungsgesetz (Anhang 1, Ziff. 64c). Im ersteren Fall kommen allenfalls die Verschuldenshaftung bzw. die wasserrechtliche Gefährdungshaftung in Betracht.

Das Umwelthaftungsgesetz definiert den Begriff der Anlage selbst. Der Begriff umfaßt nicht nur die ortsfesten Einrichtungen wie Betriebsstätten und Lager, sondern auch Maschinen, Fahrzeuge und sonstiges Zubehör. Die Haftung erstreckt sich auch auf noch nicht fertiggestellte oder nicht mehr in Betrieb befindliche Anlagen.

→ § 3 II, III UmweltHG

> **Beispiel:** Entstehen Umweltschäden beim Abtransport von Reststoffen von einer Anlage, dann sind diese eigentlich von Fahrzeugen verursachten Schäden rechtlich betrachtet solche der Anlage.

→ § 3 I
UmweltHG

Die Gefährdungshaftung greift nur ein, wenn der Schaden auf dem „Umweltpfad" herbeigeführt worden ist. Die Rechtsgutsverletzung muß also auf einer Umwelteinwirkung beruhen. Das ist der Fall, wenn der Schaden durch „Stoffe, Erschütterungen, Geräusche, Druck oder sonstige Erscheinungen verursacht wird, die sich in Boden, Luft oder Wasser ausgebreitet haben".

44

Die Gefährdungshaftung setzt definitionsgemäß weder Rechtswidrigkeit noch Verschulden voraus. Allerdings ist die Haftung ausgeschlossen, wenn der Schaden durch höhere Gewalt verursacht worden ist. Dies ist eine bei Gefährdungshaftungen übliche Einschränkung (→ RN 36). Die Rechtsprechung definiert die höhere Gewalt als ein „betriebsfremdes, von außen durch elementare Naturkräfte oder durch Handlungen dritter Personen herbeigeführtes Ereignis, das nach menschlicher Einsicht und Erfahrung unvorhersehbar ist, mit wirtschaftlich erträglichen Mitteln auch durch die äußerste nach der Sachlage vernünftigerweise zu erwartende Sorgfalt nicht verhütet oder unschädlich gemacht werden kann".

Beispiel: Erdbeben, Luftangriff, Terroranschlag.

45

b) Haftung für Schäden aus Störfällen und Normalbetrieb

Relativ unproblematisch ist die Haftung nach dem Umwelthaftungsgesetz, wenn die von einer Anlage ausgehenden Umwelteinwirkungen das Resultat eines betrieblichen Störfalles sind. Ein *Störfall* geht regelmäßig auf Verstöße gegen Verkehrspflichten (→ RN 19) zurück, ist mithin das Ergebnis rechtswidrigen Handelns. Wie schon mehrfach erwähnt, ist die Rechtswidrigkeit indes keine Voraussetzung der Haftung nach dem Umwelthaftungsgesetz. Folglich haftet der Anlageninhaber auch für Schäden, die durch den sog. Normalbetrieb der Anlage verursacht werden. Nach dem Gesetz liegt *Normalbetrieb* oder bestimmungsgemäßer Betrieb vor, wenn die besonderen Betriebspflichten eingehalten worden sind und auch keine Störung des Betriebs vorliegt. Was sind aber die besonderen Betriebspflichten? Wir erinnern uns, daß nicht jedermann aus dem Umwelthaftungsgesetz haften kann, sondern nur Betreiber bestimmter Anlagen (die im Anhang 1 verzeichnet sind). Die in Betracht kommenden Anlagen sind sämtlich solche, die nicht ohne weiteres betrieben werden dürfen, sondern der öffentlich-rechtlichen Genehmigung bedürfen, insbesondere nach dem Bundesimmissionsschutzgesetz (→ Kap. 7/ RN 16 ff., 19 ff.). Emittiert nun eine genehmigte Anlage Schadstoffe, verbleiben die Emissionen aber im Rahmen des nach der öffentlich-rechtlichen Genehmigung Erlaubten, war früher unter Geltung der Verschuldenshaftung stark umstritten, ob man einen Schaden, der unvorhergesehenerweise gleichwohl entsteht, als rechtswidrig verursacht ansehen konnte oder nicht. Diese Frage, ob behördliche Genehmigungsentscheidungen eine **Legalisierungswirkung** entfalten oder nicht, löst das Umwelthaftungsgesetz nicht, erklärt sie aber für unerheblich. Gehaftet wird auch dann, wenn sich eine Anlage vollständig an die öffentlich-rechtliche Genehmigung gehalten, also die besonderen Betriebspflichten beachtet hat, aber trotzdem ein Schaden entsteht. Die damit eingeführte Haftung für den Normalbetrieb kann insbesondere hinsichtlich solcher Risiken bedeutsam werden, die im Zeitpunkt der Genehmigungserteilung nicht bekannt waren (Haftung für Entwicklungsrisiken).

c) Beweiserleichterungen für den Geschädigten und Auskunftsansprüche

Das Kernstück des neuen Gesetzes stellt die darin enthaltene Ursachenvermutung dar: Hat der Geschädigte eine Rechtsgutsverletzung erlitten, für die eine Anlage als konkret geeignete Ursache in Betracht kommt, dann wird vermutet, daß die Anlage die Verletzung auch tatsächlich verursacht hat.

46

→ § 6 I
UmweltHG

Grundsätzlich obliegt es dem Geschädigten, im Schadensersatzprozeß alle Voraussetzungen des Schadensersatzanspruches darzulegen und zu beweisen. Der Nachweis insbesondere der haftungsbegründenden Kausalität bereitet im Umwelthaftungsrecht jedoch regelmäßig unüberwindbare Schwierigkeiten (→ RN 13ff.). Auf den ersten Blick scheint die Ursachenvermutung dem Geschädigten insoweit hilfreich zu sein. Bei genauerem Hinsehen stellen sich jedoch Zweifel ein.

> **Beispiel:** A erkrankt an einer Hautallergie. Er ist der Ansicht, daß Immissionen der nahegelegenen Lackiererei L (einer Anlage, die im Anhang 1 des UmweltHG verzeichnet ist) dafür verantwortlich sind. Was muß A beweisen, damit L nach § 1 UmweltHG haftet? Zunächst muß A dartun, daß seine Erkrankung tatsächlich auf externen Ursachen beruht (etwa dem Stoff xy) und er diesen Ursachen auch ausgesetzt war (sog. **Initialkausalität**). Sodann muß er nachweisen, daß die beklagte L den fraglichen Stoff auch wirklich emittiert hat (sog. **Eignungskausalität**). Insbesondere der Nachweis der Eignungskausalität ist schwierig zu führen und ohne aufwendige Sachverständigengutachten fast undenkbar. Bis hierhin hilft ihm auch die Ursachenvermutung nicht. Gesetzt den Fall, A weist Initial- und Eignungskausalität nach, muß er jetzt weiter beweisen, daß es gerade die Immissionen des Stoffes xy der Firma L waren, die seinen Schaden ausgelöst haben (sog. **Grundkausalität**). Auch der Nachweis der Grundkausalität wird A durch die Ursachenvermutung indessen nicht abgenommen. Stehen Initial- und Eignungskausalität fest, ist vielmehr nur die *abstrakte* Eignung zur Schadensverursachung dargetan. Das Eingreifen der Ursachenvermutung verlangt aber mehr, nämlich den Nachweis der *konkreten* Eignung. A muß also außer Initial- und Eignungskausalität noch beweisen, daß etwa die meteorologischen Gegebenheiten, Zeit und Ort des Schadenseintritts usw. für eine Verursachung der L sprechen.

Die Ursachenvermutung greift dann nicht ein, wenn die Anlage bestimmungsgemäß betrieben wurde. Sie ist ferner ausgeschlossen, wenn auch ein anderer Umstand (z. B. natürliche Schadensquellen oder Betriebe, die nicht dem Umwelthaftungsgesetz unterfallen) als die Anlage(n) den Schaden verursacht ha-

47

→ §§ 8, 9
UmweltHG

ben könnte. Aufs Ganze gesehen stellt die Ursachenvermutung daher kaum eine bedeutende Beweiserleichterung für den Geschädigten dar.

Das Umwelthaftungsgesetz hält aber noch eine weitere Neuerung bereit, um die typische Beweisnot des Geschädigten zu lindern. Besteht ein gewisser Verdacht dahingehend, daß eine Anlage einen Schaden verursacht hat, gewähren §§ 8, 9 UmweltHG dem Geschädigten Auskunftsansprüche gegen den Inhaber der Anlage und gegen die Behörde, die die Anlage genehmigt hat oder überwacht. Allerdings sind die Auskunftsansprüche inhaltlich begrenzt und etwa dann ausgeschlossen, wenn der Anlageninhaber ein überwiegendes Interesse an der Geheimhaltung der in Rede stehenden Angaben geltend machen kann. Es bleibt abzuwarten, ob sich die Auskunftsansprüche gleichwohl praktisch bewähren werden.

d) Versicherung der Umwelthaftung

48

Die strengen Haftungsvorschriften des Umwelthaftungsgesetzes bedeuten für die Anlageninhaber ein erhöhtes Produktionsrisiko. Dieses Risiko kann grundsätzlich durch Haftpflichtversicherungsschutz abgedeckt werden. Für besonders gefährliche Betriebe (Anhang 2 UmweltHG) besteht nach dem Umwelthaftungsgesetz sogar eine Versicherungspflicht. Vor Inkrafttreten des Umwelthaftungsgesetzes hat die Versicherungswirtschaft heftig gegen diese Regelung opponiert. Sie war der Meinung, daß die Haftungsrisiken des Umwelthaftungsgesetzes, insbesondere die Haftung auch für den Normalbetrieb, nicht mehr versicherbar seien. Mittlerweile hat der HUK-Verband jedoch ein neues Versicherungskonzept vorgelegt, das die Haftungsrisiken des neuen Gesetzes im großen und ganzen abdeckt und zwar im Sinne eines sog. Bausteinmodells (je gefährlicher die Anlage, desto mehr „Versicherungsbausteine" benötigt der Betreiber). Die überkommenen Betriebshaftpflichtpolicen decken das Umweltrisiko nun nicht mehr.

e) Ersatzfähigkeit ökologischer Schäden

49

→ § 16
UmweltHG

Das Umwelthaftungsgesetz bedeutet für die Ersatzfähigkeit ökologischer Schäden praktisch keinen Fortschritt, denn Voraussetzung der Gefährdungshaftung ist stets eine Rechtsgutsverletzung. Allein mit einer Vorschrift betreffend Aufwendungen bei Wiederherstellungsmaßnahmen werden ökologische Interessen auf der Ebene des Schadensrechts (→ RN 30) geringfügig besser berücksichtigt.

> **Beispiel:** Ein Feuchtbiotop wird durch Immissionen einer Anlage zerstört. Der wirtschaftliche Wert mag 3 000 DM betragen (Wert der Gehölze, des Grundstücks). Der ökologische Wert beträgt aber ein Vielfaches. Trotzdem kann an sich nur Wertersatz (3 000 DM) verlangt werden, nicht aber Naturalrestitution (→ RN 32). § 16 UmweltHG ermöglicht jedoch eine bessere Berücksichtigung

des ökologischen Interesses. Die Wiederherstellung scheitert im Ergebnis nicht mehr am zu geringen wirtschaftlichen Wert des Biotops.

Kontrollfragen:
1. Nach welchen Theorien bzw. Lehren werden die haftungsbegründende und -ausfüllende Kausalität ermittelt? (RN 13–16, 18)
2. Wird durch das Haftungsrecht ein „Recht auf gesunde Umwelt" geschützt? (RN 12)
3. Sind VDI-Richtlinien oder DIN-Normen Schutzgesetze im Sinne von § 823 II BGB? (RN 23)
4. Häufig kommen für einen Umweltschaden mehrere Ursachen in Betracht. Welche denkbaren Kausalitätsformen kennen Sie? (RN 25–29)
5. Wodurch unterscheiden sich Verschuldens- und Gefährdungshaftung? (RN 36)

Weiterführende Literatur:
Dörnberg, Hans-Friedrich Frhr. von/Gasser, Volker/Gassner, Erich, Umweltschäden, Haftung, Vermeidung und Versicherung, 1992; *Landsberg, Gerd/Lülling, Wilhelm*, Kommentar zum Umwelthaftungsrecht, 1991; *Salje, Peter*, Kommentar zum Umwelthaftungsgesetz, 1992; *Schimikowski, Peter*, Haftung für Umweltrisiken, 1991; *Schimikowski, Peter*, Umwelthaftungsrecht und Umwelthaftpflichtversicherung, 1993; *Wagner, Gerhard*, in: HdbUR I, 2. Aufl. (1994), Sp. 954–982.

Rechtsprechungshinweise:
BGH, NJW 1976, S. 46f. (Verkehrspflichten eines Abfallentsorgungsunternehmens); BGHZ 92, S. 143ff. (Kupolofen-Fall, Beweislastumkehr im Umwelthaftungsrecht); OLG Düsseldorf, NJW-RR 1994, S. 1181f. (1. Entscheidung zum Umwelthaftungsgesetz).

17. Amtshaftung

I. **Einleitung**

II. **Rechtgrundlagen der Amtshaftung**

III. **Voraussetzungen der Amtshaftung**
 1. Handlung eines „Beamten"
 2. Verletzung einer Amtspflicht
 3. Drittgerichtetheit der Amtspflicht
 4. Rechtswidrigkeit
 5. Verschulden

IV. **Schadensersatz**
 1. Ausschluß der Naturalrestitution
 2. Ersatzfähigkeit von Schäden
 3. Ausschluß bzw. Minderung des Anspruchs
  a) Subsidiarität der Amtshaftung
  b) Ausschluß bei verschuldeter Nichteinlegung von Rechtsmitteln
  c) Mitverschulden

V. **Verjährung**

I. Einleitung

Nicht nur durch das Verhalten privater Unternehmen können Umweltschäden entstehen, sondern auch durch das Handeln des Staates. Zu denken ist dabei an Fälle, in denen öffentliche Bedienstete, die im weitesten Sinne mit Umweltschutz zu tun haben, Schäden verursachen bzw. – wohl häufiger – nur mitverursachen, indem sie Genehmigungen erteilen oder versagen oder Überwachungspflichten nicht nachkommen. Der Bürger, der durch ein solches öffentliches Handeln einen Schaden erlitten hat, bekommt diesen unter bestimmten Voraussetzungen vom Staat ersetzt.

II. Rechtgrundlagen der Amtshaftung

Bei der Amtshaftung geht es um den Ersatz von Schäden, die privaten Personen aus der Tätigkeit von Bediensteten des Staates oder einer Körperschaft des öffentlichen Rechts entstehen. Unter Staat sind dabei der Bund und die Länder, unter Körperschaften die Gemeinden und alle anderen Rechtssubjekte des öffentlichen Rechts zu verstehen, also Landkreise, Bezirke, Universitäten, Sozialversicherungsträger usw. (→ Kap. 6/RN 1 ff.).

→ § 839 BGB, Art. 34 S. 1 GG

Diese Haftung ist bislang nicht in einem einheitlichen Gesetz geregelt. Sie ergibt sich vielmehr aus dem Zusammenspiel zweier gesetzlicher Grundlagen, nämlich von **§ 839 BGB** und **Art. 34 GG**. Dabei wird im Bürgerlichen Gesetzbuch zunächst eine persönliche Haftung des Beamten angeordnet, der die schädigende Amtshandlung vorgenommen hat. Das Gesetz spricht davon, daß ein Beamter einem Dritten gegenüber schadensersatzpflichtig ist, wenn er vorsätzlich oder fahrlässig seine diesem Dritten gegenüber bestehenden Amtspflichten verletzt. Nun kann ein Beamter, der beispielsweise eine Industrieanlage zu genehmigen oder zu überwachen hat, durch leichtes Fehlverhalten immense Schäden verursachen. Diese Problematik haben die Verfasser unseres Grundgesetzes erkannt und deshalb angeordnet, daß die Haftung, die eigentlich den Beamten treffen würde, unmittelbar den Staat oder die sonstige öffentlich-rechtliche Körperschaft (→ Kap. 6/RN 4ff.) trifft, bei der der Beamte angestellt ist. Gleichwohl gewährt das Grundgesetz unmittelbar keinen Anspruch gegen den Staat, sondern leitet nur die Haftung über. Zugleich beschränkt es die Haftung des Staates auf seine hoheitliche Tätigkeit, erweitert sie aber auf Amtspflichtverletzungen eines jeden Trägers eines öffentlichen Amtes.

III. Voraussetzungen der Amtshaftung

4 Wenden wir uns nun den Voraussetzungen des Amtshaftungsanspruchs zu.

1. Handlung eines „Beamten"

→ Art. 34 S. 1 GG

Erforderlich ist, daß ein Beamter „im haftungsrechtlichen Sinne" gehandelt hat. Ein Beamter im haftungsrechtlichen Sinne ist jeder, dem die **Ausübung eines öffentlichen Amtes übertragen** ist. Die Amtshaftung besteht daher stets nur für ein Fehlverhalten im hoheitlichen Bereich, also wenn der Staat seine ureigensten Aufgaben erfüllt, nicht aber bei rein fiskalischem Tätigwerden (→ Kap. 3/RN 20 ff.). Hoheitliches Handeln liegt etwa vor, wenn die Polizei jemanden verhaftet, der Gerichtsvollzieher etwas pfändet, wenn eine Baugenehmigung erteilt wird, aber auch, wenn ein Lehrer die Aufsicht über die Klasse nicht ordentlich führt oder der Arzt im Gesundheitsamt eine Krankheit nicht erkennt. Fiskalisches Handeln, für das der Staat nicht nach Amtshaftungsgrundsätzen haftet, liegt vor, wenn der Staat wie ein Privater am Rechtsverkehr teilnimmt, also wenn er etwa Bleistifte für seine Beamten oder Panzer zur Landesverteidigung kauft oder Büroräume anmietet.

5 Nicht erforderlich ist, daß der öffentlich Bedienstete ein Beamter im staatsrechtlichen Sinne ist, also jemand, der durch Ernennung und Übergabe einer entsprechenden Urkunde zum Beamten geworden ist. Die Amtshaftung greift genauso ein, wenn ein Angestellter oder Arbeiter etwas falsch macht. Beurteilt beispielsweise ein beim Gesundheitsamt angestellter Arzt den Gesundheitszustand eines Taxifahrers falsch, fällt dieses Verhalten ebenso unter die Amtshaftung wie wenn ein Gemeindearbeiter eine Baustelle nicht richtig absichert.

6 Im Bereich der Haftung für Umweltschäden kommen als „Beamte im haftungsrechtlichen Sinne" in Betracht:

- Bürgermeister
- Gemeinderatsmitglieder bei der Aufstellung von Bauleitplänen
- Mitarbeiter von Aufsichts- und Genehmigungsbehörden

2. Verletzung einer Amtspflicht

7

→ § 839 I 1 BGB

Erforderlich ist weiter, daß der Handelnde eine ihm einem Dritten gegenüber obliegende **Amtspflicht** verletzt. Beschäftigen wir uns zunächst mit der Frage, woraus sich diese Amtspflichten ergeben und welchen Inhalt sie haben können. Dies läßt sich allgemein und zusammenfassend nur grob beschreiben. Zunächst sind öffentlich Bedienstete durch den Grundsatz der Gesetzmäßigkeit der Verwaltung (→ Kap. 3/RN 24) verpflichtet, sich an die bestehende Rechtsordnung zu halten.

Die konkreten Amtspflichten können unterschiedlichster Natur sein und hängen davon ab, um welchen Bereich der öffentlichen Verwaltung es gerade geht. Sie ergeben sich aus den jeweils einschlägigen Gesetzen, Dienst- und Verwaltungsvorschriften, aber auch aus dienstlichen Weisungen, die im Einzelfall von Vorgesetzten erteilt werden. An diese Vorgaben muß der Beamte sich halten. Er verletzt seine Dienstpflichten z.B., wenn er die Amtsverschwiegenheit nicht beachtet, eine gebundene Entscheidung falsch trifft, gegen Strafgesetze verstößt, den jeweiligen Sachverhalt nicht sorgfältig genug erforscht, seine Zuständigkeit überschreitet, Verfahrensvorschriften nicht beachtet, den unkundigen Antragsteller nicht richtig aufklärt oder belehrt. Eine Amtspflichtverletzung liegt ferner vor, wenn der Beamte die Bearbeitung eines Antrags so verzögert, daß zwischenzeitlich neue Rechtsvorschriften erlassen werden, die zur Ablehnung des vorher begründeten Antrags führen, oder die Fristen für die Vornahme von Handlungen oder Stellung von Anträgen verstrichen sind. Rechtswidrig handelt die Behörde auch bereits, wenn sie den Verhältnismäßigkeitsgrundsatz (→ Kap. 3/RN 34) nicht beachtet, also insbesondere unter mehreren an sich zur Verfügung stehenden Maßnahmen nicht diejenige auswählt, die angemessen ist.

8

Die Amtshaftung gilt aber nicht nur für die Verletzung von Amtspflichten, sondern auch für sonstiges Fehlverhalten öffentlich Bediensteter. Verursacht ein öffentlich Bediensteter beispielsweise auf einer Dienstfahrt einen Unfall, dann haftet seine Anstellungskörperschaft für den Unfall auch unter dem Gesichtspunkt der Amtshaftung. Die Haftung nach dem Straßenverkehrsgesetz oder nach allgemeinem Deliktsrecht bleibt davon unberührt.

9

Woraus können sich nun für den uns besonders interessierenden Bereich des Umweltrechts Amtspflichten ergeben? In Betracht kommen hier einmal Amtspflichten auf der Grundlage des Baugesetzbuches. Im Baugesetzbuch wird geregelt, welche Maßgaben die Gemeinden bei der Aufstellung von Bebauungsplänen zu beachten haben. Von besonderem Interesse ist dabei, daß die allgemeinen Anforderungen an gesunde Wohn- und Arbeitsverhältnisse und die Sicherheit der Wohn- und Arbeitsbevölkerung stets zu berücksichtigen sind. Dies bedeutet, daß die Gemeinde beispielsweise auf einem früheren Deponie- oder Industriegelände nicht ohne weiteres ein Wohngebiet ausweisen darf. Sie ist vielmehr verpflichtet, einem Verdacht auf eventuelle Schadstoffbelastungen vorher nachzugehen und ggf. entweder von der Ausweisung des Baugebietes Abstand zu nehmen oder das Gelände zu entseuchen.

10

→ § 1 V BauGB

Ähnliches gilt, wenn eine Gemeinde ein Wohngebiet in der Nähe eines Industriegebietes ausweisen will. Auch hier sind die Belange der Wohnbevölkerung besonders zu berücksichtigen. Insbesondere muß das Wohngebiet so weit von dem Industriegebiet entfernt sein, daß Gesundheitsgefährdungen durch Industrieimmissionen ausgeschlossen sind. Dabei spielt es natürlich auch eine Rolle, welche Art von Gewerbebetrieben in dem Industriegebiet

11

angesiedelt sind. Die Existenz eines asbestverarbeitenden Betriebs beispielsweise macht einen erheblichen Sicherheitsabstand notwendig. Wird dieser in Gestalt eines Abstandsstreifens verwirklicht, kann dort z. B. ein Mischgebiet mit nicht störenden gewerblichen Betrieben ausgewiesen werden.

12 Andere Amtspflichten folgen z. B. aus Überwachungsbefugnissen der Behörden. So sind etwa immissionsschutzrechtlich genehmigte Anlagen von den zuständigen Behörden zu überwachen. Ähnlich verhält es sich mit anderen gewerblichen Anlagen, die einer Genehmigung z. B. nach der Gewerbeordnung bedürfen. Auch sind hier die Behörden verpflichtet, ihren Überwachungspflichten nachzukommen. Tun sie dies nicht, verletzen sie ihre Amtspflichten.

3. Drittgerichtetheit der Amtspflicht

13 Mit der Existenz einer Amtspflicht allein ist es allerdings noch nicht getan. Ein Schadensersatzanspruch wegen Amtspflichtverletzung steht immer nur den Bürgern zu, die durch diese Amtspflichten gerade in ihren Rechten geschützt werden sollen. Man spricht davon, daß die Amtspflichten **drittgerichtet** sein müssen. Es gibt nämlich auch Amtspflichten, die nur im Interesse der Allgemeinheit bestehen. Diese sind nicht drittgerichtet. So ist etwa die Verpflichtung der Gemeinden, einen Bebauungsplan aus dem Flächennutzungsplan zu entwickeln und ihn bekanntzumachen, nicht drittgerichtet.

14 Drittgerichtet sind solche Amtspflichten, die erkennbar auf den Schutz bestimmter Dritter Bezug nehmen. Im Immissionsschutz- und Bauplanungsrecht sind das all diejenigen Amtspflichten, die den Schutz der Nachbarschaft im Auge haben. Ähnlich verhält es sich bei der Überwachung technischer Anlagen. Die hier bestehenden Amtspflichten dienen nicht nur dazu, die Allgemeinheit zu schützen. Sie sollen auch, je nach den Umständen, die mit den technischen Einrichtungen arbeitenden Beschäftigten eines Unternehmens oder die Nachbarschaft schützen.

15 Wichtig ist, daß durch die Amtspflichten allerdings nicht nur irgendein Dritter geschützt sein muß, sondern gerade derjenige, der aus der Amtspflichtverletzung einen Schadensersatzanspruch für sich ableiten will.

> **Beispiel:** Eine Gemeinde weist in einem Bebauungsplan ein Wohngebiet aus. Einige Jahre nach der Bebauung rutscht nach heftigen Regenfällen auf einem Streifen, der über mehrere Grundstücke reicht, das Gelände bis zu 3 m tief ab. Das Erdreich verschwindet spurlos. Die Eigentümer lassen den abgesenkten Teil ihrer Grundstücke wieder auffüllen. Nach erneuten heftigen Regenfällen wiederholt sich der Vorgang. Die Wohnhäuser sind davon nicht betroffen. Die Eigentümer verlangen von der Gemeinde Schadensersatz wegen Amtspflichtverletzung.

Die Amtspflicht, die hier verletzt sein könnte, ist die Pflicht zur Berücksichtigung der Belange der Wohnbevölkerung bei der Aufstellung von Bebauungsplänen. Da unmittelbare Gesundheitsgefahren aber nicht bestehen, kann diese Amtspflicht nicht verletzt sein. Die Vermögensinteressen der Eigentümer, die hier allein betroffen sind, werden von dieser Amtspflicht nicht geschützt. Wenn auch zuzugeben ist, daß diese Rechtsprechung nicht unbedingt sehr bürgerfreundlich erscheint, muß man sie doch als Gegebenheit akzeptieren. Denn nach bürgerlichem Recht gibt es Schadensersatz stets nur bei Verletzung rechtlich geschützter Individualinteressen. Andererseits mag man einwenden, daß wohl nur ein glücklicher Zufall verhindert hat, daß die Erdabsenkung unter den Wohnhäusern erfolgt ist. – An der fehlenden Drittgerichtetheit der staatlichen Pflicht, umweltschützende Gesetze und Verordnungen zu erlassen, scheiterte übrigens auch ein Amtshaftungsanspruch gegen die Bundesrepublik Deutschland wegen Waldschäden.

4. Rechtswidrigkeit

Schadensersatzansprüche aus unerlaubter Handlung, zu denen auch derjenige wegen Amtspflichtverletzung gehört, erfordern weiterhin ein **rechtswidriges** Verhalten des Schädigers. Bei der Amtshaftung kann sich eine Besonderheit aus dem Aspekt der sog. **Anscheinsgefahr** ergeben.

16

> **Beispiel:** Ein Bauunternehmen möchte ein Wohnhaus errichten. Bei den Ausschachtungsarbeiten auf dem Grundstück werden Müllrückstände entdeckt. Bei einer ersten Untersuchung bemerkt ein Sachverständiger, daß diese Rückstände schadstoffbelastet sind. Er stellt darüber hinaus fest, daß einzelne Proben die geltenden Grenzwerte leicht überschreiten. Daraufhin ordnet die zuständige Behörde an, daß das Bauunternehmen die Müllrückstände auf eine geeignete Deponie transportieren lassen muß. Dies verursacht dem Bauunternehmen Kosten. Weitere Kosten entstehen dadurch, daß das Bauunternehmen das Gelände bis auf den Fels abtragen läßt und nun zusätzliches Füllmaterial benötigt. Später stellt sich heraus, daß der Aushub insgesamt keine Gefahr darstellte und die geltenden Grenzwerte eingehalten wurden.

Der Bauunternehmer hätte eigentlich nicht zum Abtransport des Aushubs verpflichtet werden dürfen, da dieser ja ungefährlich war. Gleichwohl haben sich die Behörden hier rechtmäßig verhalten. Aufgrund ihres Erkenntnisstandes zum Zeitpunkt der Anordnung mußten sie davon ausgehen, daß der Aushub eine Gefahr für die öffentliche Sicherheit und Ordnung darstellt. Diese Annahme wurde darüber hinaus durch die Äußerungen eines anerkannten Sachverständigen gestützt. Mit den Zwecken der Gefahrenabwehr für die Allgemeinheit wäre es unvereinbar, wenn die Ordnungsbehörden die Anordnungen nur dann treffen könnten, wenn mit absoluter Sicherheit feststeht, daß wirklich eine Gefahr gegeben ist. Deshalb reicht das Vorliegen einer Anscheinsgefahr wie im vorliegenden Fall aus, um ein Einschreiten der Behörden zu rechtfertigen. Anordnungen aufgrund einer Anscheinsgefahr sind daher nicht rechtswidrig. Ein Schadensersatzanspruch aus Amtspflichtverletzung ist folglich ausgeschlossen. – Um den Betroffenen nicht auf seinen Aufwendungen sitzen zu lassen, gewährt ihm die Rechtsprechung allerdings aufgrund der Polizeigesetze der Länder einen Entschädigungsanspruch.

5. Verschulden

17
→ § 839 I 1 BGB

→ § 276 I 2 BGB

Die Amtshaftung setzt weiterhin ein Verschulden voraus, also entweder **Vorsatz** oder **Fahrlässigkeit** (→ Kap. 16/RN 20). Dabei wird Vorsatz bei Amtspflichtverletzungen nur in äußersten Extremfällen einmal vorkommen. Den Regelfall bildet die Fahrlässigkeit, d. h. der Vorwurf, die im Verkehr erforderliche Sorgfalt außer acht gelassen zu haben. Kommen wir auf das Beispiel der Aufstellung eines Bebauungsplans über ein Wohngebiet zurück.

18

Ob die Gemeinderatsmitglieder fahrlässig gehandelt haben, wenn sie ein Wohngebiet auf einem kontaminierten Grundstück ausweisen, hängt von den Umständen des Einzelfalls ab. So muß insbesondere aus der Verwaltungstätigkeit der jeweiligen Gemeinde bekannt sein, daß ein solches Grundstück einmal zu industriellen Zwecken oder als Deponie benutzt worden ist. Ist dies den Gemeinderatsmitgliedern bekannt, trifft sie ein Verschulden, wenn sie das Grundstück nicht auf eine eventuelle Verseuchung hin untersuchen lassen. Anders verhält es sich, wenn es an dieser Kenntnis fehlt. Dann ist weiter zu fragen, ob die Gemeinderatsmitglieder den Umständen nach mit einer solchen Verseuchung rechnen mußten. Dies muß nicht immer der Fall sein.

> **Beispiel:** Auf einem Grundstück wurde in früheren Jahren zunächst eine Kokerei, später ein Gaswerk betrieben. Die Gemeinde weist ein benachbartes Grundstück als Wohngebiet aus. Dieses Grundstück gehörte nicht zu dem Gaswerk bzw. der Kokerei. Während der Bebauung stellt sich heraus, daß offenbar Kokereiabfälle auf dem Grundstück gelagert worden sind. Infolgedessen sind umfangreiche Entgiftungsmaßnahmen notwendig.

In diesem Fall ist ein Verschulden der Gemeinderatsmitglieder mit der Aufstellung des Bebauungsplans zu verneinen, da nicht damit zu rechnen war, daß auf diesem Grundstück Kokereiabfälle gelagert worden sein könnten. Dagegen wäre Fahrlässigkeit der Gemeinderatsmitglieder zu bejahen, wenn das Wohngebiet nicht auf dem benachbarten Grundstück, sondern unmittelbar auf dem ehemaligen Gaswerksgelände ausgewiesen worden wäre. Denn mit der Gefährlichkeit eines solchen Arreals muß man rechnen.

IV. Schadensersatz

Dem Anspruchsteller muß tatsächlich ein ersatzfähiger Schaden entstanden sein, der dann nach den allgemeinen Vorschriften (→ Kap. 16/RN 30ff.) zu ersetzen ist.

19

→ §§ 249 ff. BGB

1. Ausschluß der Naturalrestitution

Allerdings ist zu beachten, daß die Amtshaftung *nicht* zur Naturalrestitution (→ Kap. 16/RN 32) führt. Denn Naturalrestitution würde im Falle der Verweigerung einer Genehmigung etwa bedeuten, daß das Zivilgericht den Staat zur Erteilung der Genehmigung verurteilen müßte. Dieses Ziel kann und soll der Bürger aber mit der Verpflichtungsklage (→ Kap. 3/RN 48) vor den Verwaltungsgerichten verfolgen.

20

→ § 249 S. 1 BGB

2. Ersatzfähigkeit von Schäden

Der Schaden muß darüber hinaus zum einen auf der Amtspflichtverletzung beruhen, zum anderen vom **Schutzzweck** der jeweiligen Amtspflicht umfaßt sein, damit er ersetzt wird (→ Kap. 16/RN 16). Wann ist nun ein Schaden nicht mehr vom Schutzzweck einer Amtspflicht umfaßt? Dies hängt wieder unmittelbar mit der Frage zusammen, wessen Interessen eine Amtspflicht schützen soll.

21

> **Beispiel:** Die Gemeinde weist eine größere Fläche als Wohngebiet aus. Ein Privatmann erwirbt dort ein Grundstück mit Wohnhaus. Später stellt sich heraus, daß die als Wohngebiet ausgewiesene Fläche Altlasten (→ Kap. 8/RN 41ff.) aufweist. Wegen der erheblichen Verseuchung kann das Wohnhaus zu Wohnzwecken nicht benutzt werden.

Dem Eigentümer entsteht hier aus der vorliegenden Amtspflichtverletzung (→ RN 10) ein Vermögensschaden, der die Anschaffungskosten für das Gebäude und die vergeblichen Aufwendungen im Zusammenhang damit, also etwa Umzugskosten, umfaßt. Denn der Sinn und Zweck der Amtspflicht, die gesunden Wohn- und Arbeitsverhältnisse bei der Bauleitplanung zu berücksichtigen, soll gerade die Gesundheit der Eigentümer schützen. Besteht nun eine erhebliche Gesundheitsgefahr, sind alle daraus entstandenen Schäden zu ersetzen, also auch diejenigen, die aus der Unbenutzbarkeit des Hauses herrühren. Vom Schutzzweck der Amtspflichten umfaßt sind also nur Schäden, die aus einer unmittelbaren Gefahr für Leben und Gesundheit herrühren.

Dagegen sollen die Amtspflichten im Zusammenhang mit der Bauleitplanung den Bürger nicht vor reinen Vermögensschäden schützen.

22

> **Beispiel:** Gleicher Fall wie zuvor, doch ist nicht das Grundstück unseres Eigentümers selbst verseucht, sondern ein Grundstück in der Nähe. Dadurch wird der Wohnwert des Grundstücks gemindert, beim Verkauf ist mit einem Mindererlös zu rechnen. Von der Wohnnutzung des Grundstücks gehen aber keine gesundheitlichen Beeinträchtigungen aus.

In diesem Fall muß der Minderwert, den das Grundstück durch die Nachbarschaft zu dem Altlastengrundstück erfährt, nicht ersetzt werden, weil bloße Vermögensinteressen von den Amtspflichten nach dem Baugesetzbuch nicht geschützt werden. Ähnlich verhält es sich, wenn eine Baugenehmigung für ein Haus erteilt wird, das sich im nachhinein als nicht standfest erweist. Zwar hat die Baugenehmigungsbehörde ihre Amtspflichten aus der Bauordnung verletzt, nur Bauwerke zuzulassen, die den anerkannten Regeln der Baukunst entsprechen. Jedoch soll diese Amtspflicht verhindern, daß der einzelne durch Pfusch am Bau zu Schaden kommt. Fällt das Haus in sich zusammen und werden dabei Menschen verletzt, sind die damit zusammenhängenden Schäden also vom Schutzzweck der verletzten Amtspflicht umfaßt und zu ersetzen. Dagegen bekommt der Bauherr die Schäden aus der Fehlerhaftigkeit des Bauwerks nicht ersetzt. Denn die statische Planung des Baus ist Angelegenheit des Bauherrn. Die Baugenehmigungsverfahren haben nicht den Sinn und Zweck, den Bauherrn vor Fehlern seiner Erfüllungsgehilfen zu schützen.

23 Erwirbt nun ein Bauträger ein Altlastengrundstück zum Zwecke der Bebauung und wird vor der Veräußerung der fertiggestellten Wohnungen die Kontamination entdeckt, stellt sich ebenfalls die Frage der Ersatzfähigkeit der Schäden. Streng genommen müßte man wohl sagen, daß dem Bauträger – ohnehin in der Regel eine juristische Person – keine Gefahren drohen, und den Schadensersatz dementsprechend verweigern. Indes erscheint es unbillig, die Frage der Ersatzfähigkeit davon abhängig zu machen, ob bereits ein Selbstnutzer Eigentümer des betroffenen Grundstücks ist. Daher erhält auch der Bauträger Schadensersatz.

3. Ausschluß bzw. Minderung des Anspruchs

24 Der Amtshaftungsanspruch ist in drei Fällen – zumindest teilweise – ausgeschlossen:

a) Subsidiarität der Amtshaftung

25
→ § 839 I 2 BGB

Zum einen kann der Geschädigte, wenn dem Beamten lediglich Fahrlässigkeit zur Last fällt, Amtshaftungsansprüche nur dann erfolgreich geltend machen, wenn er nicht auf andere Weise Ersatz zu erlangen vermag. In Altlastenfällen muß der „Häuslebauer" also den Verkäufer des Grundstücks in Anspruch nehmen, bevor er Ansprüche gegen den Staat stellt. Er muß ggf. auch klageweise gegen ihn vorgehen und unterliegen. Tut er dies nicht, verliert er den

Amtshaftungsprozeß, denn das Fehlen anderweitiger Ersatzmöglichkeiten ist positive Voraussetzung für den Amtshaftungsanspruch. Dem Fehlen eines Ersatzanspruchs steht seine Unbeitreibbarkeit gleich, also etwa der Konkurs der Bauträgergesellschaft.

b) Ausschluß bei verschuldeter Nichteinlegung von Rechtsmitteln

Zum anderen ist der Anspruch insoweit ausgeschlossen, als der Geschädigte schuldhaft den Eintritt des Schadens nicht durch Gebrauch eines Rechtsmittels abgewendet hat. Das bedeutet, man darf sich mit einer behördlichen Entscheidung nicht abfinden und hinterher Schadensersatz verlangen, sondern man muß primär versuchen, die Entscheidung oder Maßnahme mit den bestehenden Rechtsschutzmitteln anzugreifen.

26
→ § 839 III BGB

> **Beispiel:** Bauträger B sind Baugenehmigungen willkürlich verweigert worden. Dagegen muß er sich mit Widerspruch und Verpflichtungsklage (→ Kap. 3/RN 48f.) wehren, wenn er Schäden aus der vorliegenden Amtspflichtverletzung – etwa wegen der Bauverzögerung – geltend machen will. Dagegen kann er nicht einfach auf die Durchführung der Baumaßnahme verzichten und seinen entgangenen Gewinn aus dem Verkauf von Eigenheimen von der Gemeinde verlangen.

c) Mitverschulden

Schließlich muß der Geschädigte sich auch über den eben geschilderten Sonderfall hinaus ein Mitverschulden bei der Schadensentstehung auf seinen Anspruch anrechnen lassen (→ Kap. 16/RN 34).

27
→ § 254 BGB

V. Verjährung

Amtshaftungsansprüche verjähren in drei Jahren ab Kenntnis des Schadens und der Person des Schädigers. Bei fahrlässigen Amtspflichtverletzungen beginnt die Verjährung aber erst, wenn zusätzlich feststeht, daß andere Ersatzmöglichkeiten nicht bestehen (→ RN 25).

→ § 852 BGB

Kontrollfragen:
1. Auf welchen Rechtsgrundlagen beruht die Amtshaftung? (RN 3)
2. Wer ist „Beamter im haftungsrechtlichen Sinn"? (RN 4)
3. Welche Amtspflichten kommen im Umweltbereich in Betracht? (RN 10–12)
4. Was bedeutet „Drittgerichtetheit" von Amtspflichten? (RN 14)
5. Welche Schäden sind in Altlastenfällen ersatzfähig? (RN 21–23)

Weiterführende Literatur:
Hippel, Eike v., Staatshaftung für Waldsterben? NJW 1985, S. 30–32; *Leinemann, Ralf*, Amtshaftung für Altlasten – Ansprüche eines Mieters, NVwZ 1992, S. 146–148; *Ossenbühl, Fritz*, Staatshaftungsrecht, 4. Aufl. 1991; *Schmidt, Reiner*, Staatshaftung für Waldschäden, ZRP 1987, S. 345–349; *Scholz, Georg*, Staatshaftungs- und Entschä-

digungsrecht, 5. Aufl. 1994; *Schröer, Hans-Hermann, u.a.*, Die Haftung von Stadt- und Gemeinderats- sowie von Kreistagsmitgliedern bei Amtspflichtverletzungen, NVwZ 1986, S. 449–452.

Rechtsprechungshinweise:
BGHZ 106, S. 323 ff. und BGHZ 109, S. 380 ff. (Überplanung von Altlasten); BGHZ 110, S. 1 ff. (unverträgliche Nutzungen, Schäden eines Bauträgers); BGHZ 117, S. 303 ff. (Einschreiten bei Anscheinsgefahr); BGHZ 119, S. 365 ff. (Verschulden bei fehlerhafter Sachentscheidung); BGHZ 121, S. 65 ff. (Ersatzfähigkeit des Grundstücksminderwerts; Verjährungsbeginn); BGHZ 123, S. 363 ff. (Ersatzfähigkeit von Sanierungsmaßnahmen).

18. Störungsabwehr und privates Nachbarrecht

I. **Einleitung**

II. **Grundbegriffe und Gemeinsamkeiten der Abwehransprüche**
   1. Relevante Beeinträchtigung
   2. Rechtswidriger Störungszustand
   3. Kein Verschuldenserfordernis
   4. Anspruchsberechtigter
   5. Anspruchsgegner (Störer)

III. **Abwehr von Eigentums- und Besitzstörungen**
   1. Relevante Beeinträchtigungen
   2. Duldungspflichten aufgrund behördlicher Genehmigungen
   3. Duldungspflichten des privaten Nachbarrechts
      a) Überblick
      b) Duldungspflicht für unwesentliche Beeinträchtigungen
      c) Duldungspflicht für wesentliche Beeinträchtigungen
      d) Nachbarrechtlicher Ausgleichsanspruch
   4. Weitergehende Duldungspflichten

IV. **Abwehr von Schutzgesetzverstößen**

V. **Inhalt der Abwehransprüche**
   1. Inhalt des Beseitigungsanspruchs
   2. Inhalt des Unterlassungsanspruchs

I. Einleitung

1

→ § 1004 I BGB

In den vorangegangenen Kapiteln haben wir gesehen, in welcher Weise man Schadensersatz für Verletzungen absolut geschützter Rechtsgüter verlangen kann. Der Schutz dieser Rechtsgüter erschöpft sich aber nicht in einem *Ausgleich*, wenn es bereits zu einem Schaden gekommen ist. Vielmehr kennt das Bürgerliche Gesetzbuch auch zwei Arten von Ansprüchen zur *Abwehr* von Störungen. Gegen in der Gegenwart andauernde Störungen gewährt es einen **Beseitigungsanspruch**. Künftigen Störungen soll der **Unterlassungsanspruch** vorbeugen.

II. Grundbegriffe und Gemeinsamkeiten der Abwehransprüche

2

Alle Abwehransprüche folgen dem Leitbild des § 1004 I BGB, der die Abwehr von Beeinträchtigungen des Eigentums regelt. Sie haben daher Gemeinsamkeiten, die im folgenden behandelt werden sollen.

1. Relevante Beeinträchtigung

3

Abwehransprüche kommen bei Beeinträchtigungen absolut geschützter Rechte und Rechtsgüter in Betracht, wie sie auch von § 823 I BGB geschützt werden. Für Beeinträchtigungen des Eigentums und des Besitzes (→ Kap. 15/RN 12) sind die Abwehransprüche ausdrücklich im Gesetz geregelt. Für die anderen Rechtsgüter sind Abwehransprüche mittlerweile gewohnheitsrechtlich anerkannt. Schließlich kommen Abwehransprüche auch bei der Verletzung von Schutzgesetzen (→ Kap 16/RN 23) in Betracht. Erforderlich ist jeweils ein Eingriff, der entweder bereits vorliegt und in der Gegenwart noch andauert oder aber unmittelbar bevorsteht.

2. Rechtswidriger Störungszustand

4

Notwendig ist ein rechtswidriger Störungszustand, der beim Beseitigungsanspruch in der Gegenwart andauern und beim Unterlassungsanspruch für die Zukunft drohen muß. Da – stets vorbehaltlich der Gesetze und Rechte Dritter – niemand Eingriffe in seine absolut geschützten Rechtspositionen dulden muß, ist ein solcher Eingriff in aller Regel rechtswidrig (→ Kap. 16/RN 19). In der Regel ist auch der daraus folgende *Störungszustand* rechtswidrig, es sei denn, er wäre aufgrund gesetzlicher Anordnung oder entsprechender Rechte Dritter zu dulden. Die *Störung selbst*, also die beeinträchtigende Handlung oder der beeinträchtigende Zustand, braucht hingegen nicht rechtswidrig zu sein. Zum besseren Verständnis ein Beispiel:

> **Beispiel:** In einer nach dem Bundes-Immissionsschutzgesetz genehmigten Anlage kommt es zu einem Störfall, in dessen Gefolge die gesamte Nachbarschaft mit einem gelblichen Niederschlag überzogen wird, auf dem man leicht ausrutscht und der Hautreizungen verursacht. Hier liegen Beeinträchtigungen des Eigentums und der Gesundheit vor, die rechtswidrig sind. Die Handlung, die zur Störung geführt hat, nämlich der Betrieb der Anlage, ist dagegen rechtmäßig, weil er immissionsschutzrechtlich genehmigt ist.

3. Kein Verschuldenserfordernis

Die Abwehransprüche setzen kein Verschulden voraus. Deshalb können Abwehransprüche auch gegen nicht deliktsfähige (→ Kap. 16/RN 20) Störer geltend gemacht werden. Emittiert also eine Anlage über den zu duldenden Rahmen hinaus Rauch und Ruß auf das Nachbargrundstück, ohne daß den Eigentümer ein Verschulden trifft, kann der Nachbar von ihm die Unterlassung der Immission verlangen. Die Anlage muß umgerüstet, notfalls ihr Betrieb eingestellt werden.

4. Anspruchsberechtigter

Anspruchsberechtigt ist stets derjenige, dessen Rechte durch eine rechtswidrige Störung beeinträchtigt werden. In unserem Beispiel von eben sind das die Nachbarn, einmal in ihrer Eigenschaft als Träger des Rechts „Gesundheit", einmal als Eigentümer ihrer Grundstücke. Soweit eines der Grundstücke vermietet ist, kann neben dem Eigentümer auch der Besitzer (Mieter) Abwehransprüche geltend machen.

5. Anspruchsgegner (Störer)

Die Abwehransprüche können nur gegen einen sogenannten Störer gerichtet werden. Man unterscheidet zwischen dem **Handlungsstörer** und dem **Zustandsstörer**, je nachdem, ob die Beeinträchtigung durch eine menschliche Handlung oder den Zustand einer Sache hervorgerufen worden ist.

Als Störer kommen zunächst Personen in Betracht, die eine Beeinträchtigung *unmittelbar* hervorgerufen haben. Der Begriff des Störers wird aber auch in einem viel weiteren Sinne verstanden. Es reicht für die Störereigenschaft grundsätzlich aus, daß die Beeinträchtigung wenigstens *mittelbar* auf eine Willensentscheidung der in Anspruch genommenen Personen zurückgeführt werden kann. Dies führt uns zu der weiteren Unterscheidung zwischen dem unmittelbaren und dem mittelbaren Störer: **Unmittelbarer Handlungsstörer** ist derjenige, der eine Handlung ausführt, die zu Beeinträchtigungen führt, also etwa der Nachbar, der ständig zu den üblichen Ruhezeiten lärmverursachende Arbeiten vornimmt. Als **mittelbaren Handlungsstörer** bezeichnet man denjenigen, der den Lärm duldet, den Dritte auf seinem Grundstück veranstalten, also etwa der Hauseigentümer, der den laut hämmernden Handwerker beauftragt hat.

> **Beispiel:** Der Halter eines Hundes, der häufig und laut bellt, ist ebenso Zustandsstörer wie ein Sportverein hinsichtlich der von seinen Sportanlagen ausgehenden Geräusche. Der Vermieter ist mittelbarer Störer, wenn es durch seinen Mieter als unmittelbaren Störer zu Beeinträchtigungen kommt.

9 Auch bei dem Betrieb gewerblicher Anlagen kommt eine Störereigenschaft hinsichtlich aller von dem Betrieb ausgehenden Beeinträchtigungen der Nachbargrundstücke in Betracht.

> **Beispiel:** Auf einem Gewerbegrundstück (oder der Straße davor) warten Lastkraftwagen mit laufendem Motor. Der damit verbundene Lärm beeinträchtigt die Nachbarschaft.

Störer ist hier zunächst der *Betriebsinhaber*. Dabei spielt es keine Rolle, ob der Lärm von seinen eigenen Lkw oder von denen seiner Zulieferer oder Abnehmer ausgeht. Erforderlich ist nur, daß der Betriebsinhaber in der Lage ist, die Beeinträchtigung der Nachbarn zu verhindern. Dies ist fast immer der Fall, weil ihn nach der Rechtsprechung die Verpflichtung trifft, notfalls auch die außerhalb der Betriebszeit ankommenden Lkws durch Mitarbeiter überwachen zu lassen und durch rechtlichen und wirtschaftlichen Druck Einfluß auf Speditionen und Zulieferfirmen zu nehmen. Weiterer mittelbarer Störer ist der *Halter* des wartenden Lkw. Als unmittelbarer Störer ist daneben der Fahrer anzusehen, der die Beeinträchtigung unmittelbar verursacht. Dasselbe gilt, wenn ein Lkw auf ein Grundstück stürzt und dort Schäden anrichtet.

10 Selbst wenn die Beeinträchtigung auf Naturkräfte zurückzuführen ist, kommt eine Störerhaftung des Grundstückseigentümers in Betracht, wenn er durch seine Tätigkeit oder durch ein Unterlassen das schädliche Eingreifen der Naturkräfte ermöglicht hat.

> **Beispiel:** Dies ist etwa der Fall, wenn der Störer einen Teich künstlich anlegt, in dem sich Frösche ansiedeln, die durch überlautes Quaken die Nachbarn stören, oder wenn der Eigentümer ein Gebäude nicht ausreichend unterhält und dadurch die Gefahr entsteht, daß das Gebäude auf ein tiefer gelegenes Nachbargrundstück stürzt. Störer ist aber auch der Landwirt, der sein Grundstück jährlich umpflügt und dadurch den Ablauf von Niederschlagswasser so beeinflußt, daß Pestizide auf die Nachbargrundstücke transportiert werden.

Gegen **mehrere Störer** kann der Anspruchsberechtigte grundsätzlich gemeinschaftlich vorgehen, wenn sie für eine *einheitliche* Beeinträchtigung verantwortlich sind, wie z. B. Mieter und Vermieter für Lärmbeeinträchtigungen. Ergibt sich ein rechtlich bedeutsamer Störungszustand dagegen erst aus *summierten* Einwirkungen, kann der Eigentümer gegen jeden einzelnen Störer wegen seines Anteils an der Beeinträchtigung vorgehen.

11

III. Abwehr von Eigentums- und Besitzstörungen

Nach diesen allgemeinen Erwägungen kommen wir nun zu den Abwehransprüchen wegen Eingriffen in Eigentum und Besitz. Sie sind weitgehend inhaltsgleich.

12
→ §§ 1004 I, 862 I BGB

1. Relevante Beeinträchtigungen

Der Eigentümer, aber auch der Besitzer einer Sache, kann Beeinträchtigungen, die nicht in einem Besitzentzug liegen, mit dem bürgerlich-rechtlichen Abwehranspruch begegnen. Als Beeinträchtigungen kommen neben Immissionen aller Art auch gröbere Störungen in Betracht.

13

> **Beispiel:** Durch den Betrieb eines Schießstandes gerät in größerem Umfang Schrotblei auf ein Nachbargrundstück. Aufgrund von Sprengungen regnet es Steinbrocken. Ein Restaurantbetreiber schüttet Küchenabfälle über den Gartenzaun. Passanten benutzen ein Grundstück als Schleichweg. Von einem landwirtschaftlichen genutzten Grundstück fließen Pestizide mit dem Regenwasser auf ein Nachbargrundstück, auf dem ökologischer Landbau betrieben wird. In all diesen Fällen ist das Eigentum bzw. der Besitz beeinträchtigt.

2. Duldungspflichten aufgrund behördlicher Genehmigungen

Das Gesetz geht davon aus, daß die Abwehr von Beeinträchtigungen im oben genannten Sinne dann nicht möglich ist, wenn der Eigentümer zur **Duldung** verpflichtet ist. Duldungspflichten können sich aus Gesetz oder Vertrag ergeben.

14
→ §§ 1004 II, 862 II BGB

Die Geltendmachung von Abwehransprüchen kann ausgeschlossen oder beschränkt sein, wenn die Beeinträchtigung von einer Anlage ausgeht, die in einem Verwaltungsverfahren genehmigt worden ist. Dies gilt aber nur, wenn diese Wirkung im jeweiligen Gesetz ausdrücklich angeordnet wird, wie etwa für Planfeststellungsverfahren oder die förmliche Genehmigung im Immissionsschutzrecht. Dabei ist zu beachten, daß diese Duldungspflichten nach herrschender Meinung nur für Beeinträchtigungen von Eigentum und Besitz gel-

15

16 ten. Tendenzen, sie auf die Abwehr von Gesundheitsbeeinträchtigungen auszudehnen, haben sich bislang nicht durchsetzen können.

Die Genehmigungen, die zu einer Duldungspflicht führen, werden in Verwaltungsverfahren erteilt, in denen eine Bürgerbeteiligung stattfindet. Dies sind neben der Genehmigung nach dem Bundesimmissionsschutzgesetz (→ Kap. 7/RN 59 ff.) solche nach dem Gentechnikgesetz (→ Kap. 12/RN 21 f.) und den Landeswassergesetzen sowie Planfeststellungen nach dem Atomgesetz, dem Bundesfernstraßengesetz, dem Luftverkehrsgesetz, dem Wasserhaushaltsgesetz und anderen Gesetzen. Sie beschränken die Geltendmachung privater Abwehransprüche darauf, daß Schutzvorkehrungen gegen die von der Anlage ausgehenden Störungen verlangt werden können. Soweit solche Maßnahmen nicht möglich sind, wird der Abwehranspruch durch einen Schadensersatzanspruch ersetzt. Die Beschränkung des privaten Abwehranspruchs („**Präklusion**"; → Kap. 3/RN 41; Kap. 7/RN 41 f., 59 ff.) gilt allerdings in der Regel nur, wenn eine Genehmigung vorliegt, überhaupt erteilt werden mußte und (noch) gültig ist und soweit sich der Betrieb der Anlage im Rahmen der Genehmigung hält. Am Beispiel der Präklusionsvorschrift des § 14 Satz 1 BImSchG seien die Voraussetzungen und Wirkungen der Präklusion privater Rechte durch öffentlich-rechtliche Genehmigungen an dieser Stelle noch einmal wiederholt:

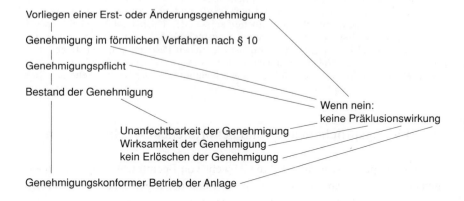

Präklusionswirkung: Beschränkung / Ausschluß privater Abwehrrechte beschränkt auf den Gegenstand der (Änderungs-)Genehmigung

3. Duldungspflichten des privaten Nachbarrechts

Ausgehend von der Überlegung, daß Nachbarn wegen der engen räumlichen Nähe zueinander mannigfache Störungen erleiden können, hat der Gesetzgeber im Interesse des Rechtsfriedens in der Nachbarschaft vorgeschrieben, daß bestimmte Einwirkungen zu dulden sind. Ohne diese Anordnung könnten die Nachbarn wegen jeder Kleinigkeit gegeneinander Abwehransprüche erheben. Die Duldungspflichten des privaten Nachbarrechts sind im Gesetz als Einschränkungen des *Eigentums* behandelt. Sie gelten aber in gleicher Weise für den *Besitz*, weil sich dieser stets aus dem Eigentum ableitet. Für Beeinträchtigungen anderer Rechtsgüter, insbesondere der Gesundheit, sind sie ohne Belang.

17

→ § 906 BGB
→ § 1004 BGB

Die Duldungspflicht ist nicht nur für den Ausschluß des Abwehranspruchs bedeutsam, sondern entscheidet zugleich darüber, ob eine Maßnahme rechtswidrig (→ Kap. 16/RN 19) im Sinne des Deliktsrechts ist. Verursacht eine Immission, die nach privatem Nachbarrecht vom Grundstückseigentümer zu dulden ist, einen Schaden, ist der Emittent nicht nach allgemeinem Deliktsrecht für sie haftbar zu machen. In Betracht kommt dann allenfalls ein Aufopferungsanspruch.

→ §§ 823 ff. BGB

a) Überblick

Das Gesetz unterscheidet Duldungspflichten für unwesentliche und wesentliche Beeinträchtigungen des Eigentums. In beiden Fällen ist aber nur die Zuführung „unwägbarer Stoffe" zu dulden. Aus der beispielhaften Aufführung von „Gasen, Dämpfen, Gerüchen, Rauch, Ruß, Wärme, Geräusch, Erschütterungen" im Gesetz ergibt sich, daß es sich um Duldungspflichten für Immissionen handelt. Diese Aufzählung ist indes nicht abschließend, sondern es sind auch „ähnliche von einem anderen Grundstück ausgehende Einwirkungen" hinzunehmen. Ähnliche Einwirkungen wären etwa Licht, Sand, Flugasche und dergleichen mehr, nicht jedoch feste Stoffe von gröberer Konsistenz wie Felsbrocken oder auch Kies.

18

→ § 906 I, II BGB

Die zu duldende Beeinträchtigung muß von einem anderen Grundstück ausgehen. Die Duldungspflicht setzt aber nicht voraus, daß das störende Grundstück unmittelbar an das beeinträchtigte angrenzt.

19

Im Überblick läßt sich die Frage, ob eine Beeinträchtigung aus der Nachbarschaft hinzunehmen ist, anhand des folgenden Schemas prüfen:

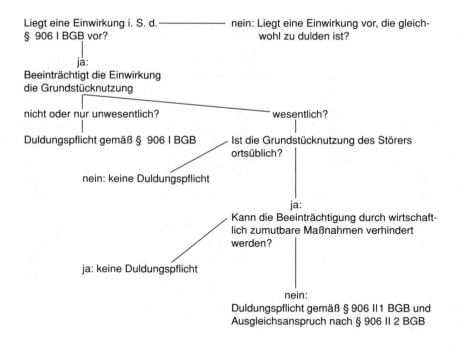

b) Duldungspflicht für unwesentliche Beeinträchtigungen

20

→ § 906 I BGB

Einwirkungen sind zunächst entschädigungslos zu dulden, wenn sie die Benutzung des Grundstücks nicht oder nur unwesentlich beeinträchtigen. Wann eine Beeinträchtigung wesentlich ist, beurteilt sich nach dem Empfinden eines „verständigen Durchschnittsbenutzers" eines solchen Grundstücks. Der Maßstab, der hier angelegt wird, ist also ein *subjektiv-objektiver*. Subjektiv ist der Maßstab insofern, als auf die konkrete Situation vor Ort abgestellt wird. Es spielt also eine Rolle, in welcher Weise das Grundstück genutzt wird, ob zu Wohnzwecken, freiberuflich, gewerblich oder industriell. Entscheidend ist die ganz konkrete Nutzung.

> **Beispiel:** Die Immissionen eines Steinbruchs etwa stören einen feinoptischen Betrieb mehr als einen Steinmetz, eine Wohnnutzung mehr als einen Schrottplatz.

Objektiv ist der Maßstab insofern, als man auf das Empfinden eines „vernünftigen Durchschnittsbenutzers" abstellt. Damit spielt es keine Rolle, ob der jeweilige Eigentümer nun besonders robust oder empfindlich ist. Im übrigen kann bezüglich der Wesentlichkeit auf die nach Ansicht der Rechtsprechung inhaltlich deckungsgleiche Wendung der „schädlichen Umwelteinwirkung" aus dem Immissionsschutzrecht verwiesen werden (→ Kap. 7/RN 5ff.)

c) Duldungspflicht für wesentliche Beeinträchtigungen

Scheidet nach dem vorstehend Gesagten eine Duldungspflicht aus, weil die Immission zu einer *wesentlichen* Beeinträchtigung der Grundstücksnutzung führt, ist eine Beeinträchtigung dennoch zu dulden, wenn zusätzliche Voraussetzungen erfüllt sind.

21
→ § 906 II 1 BGB

Ortsüblichkeit der störenden Nutzung
Zunächst muß die Benutzung des Grundstücks, von dem die Einwirkung ausgeht, ortsüblich sein. Dies hängt davon ab, ob es in einem Vergleichsbezirk um das beeinträchtigte Grundstück herum noch weitere Grundstücke gibt, von denen vergleichbare Einwirkungen auf die Nachbarschaft ausgehen. Ist dies der Fall, ist die störende Nutzung ortsüblich; sonst besteht keine Duldungspflicht.

22

Wie groß im Einzelfall der Vergleichsbezirk sein muß, läßt sich nicht generell sagen. In dörflichen Regionen kommt das Gebiet mehrerer Gemeinden in Betracht, in Kleinstädten deren Gebiet, in größeren Städten hingegen einzelne Stadtteile oder sogar nur einzelne Viertel bzw. Nutzungsgebiete (Gewerbegebiete etc.). Das Kriterium der Ortsüblichkeit soll es dem Rechtsanwender ermöglichen, flexibel auf die jeweilige Situation vor Ort zu reagieren, ist aber zugleich stets störerfreundlich. Denn es kommt auf die Ortsüblichkeit der störenden Nutzung an, die früher von der Rechtsprechung bei industriellen Großanlagen schnell bejaht wurde. Aus jüngerer Zeit liegen leider keine Entscheidungen zu dieser Frage vor.

23

Wirtschaftliche Unzumutbarkeit störungsbeseitigender Maßnahmen
Weiter ist erforderlich, daß die Einwirkung nicht durch wirtschaftlich zumutbare Maßnahmen verhindert werden kann. Was im Einzelfall „wirtschaftlich zumutbar" ist, hängt wiederum von verschiedenen Kriterien ab.

Von Bedeutung sind *zum einen* Art und Intensität der Beeinträchtigung. Hier spielen technische Regeln wie die TA Lärm und Luft (→ Kap. 3/RN 22 ff.) eine große Rolle, da ihnen zu entnehmen ist, was nach dem Stand der Technik für die einzelnen Anlagetypen notwendig ist. Möglicherweise kann man hier auch Gesichtspunkte des Umweltschutzes berücksichtigen. *Zum anderen* entscheidet die finanzielle und organisatorisch-technische Leistungsfähigkeit eines durchschnittlichen „Benutzers dieser Art". Für ihn muß die Maßnahme finanziell und technisch „machbar" sein. Dies ist der Fall, wenn der Betrieb nach der technischen Umstellung noch wirtschaftlich rentabel geführt werden kann. Hier kommt der Verhältnismäßigkeitsgrundsatz (→ Kap. 3/RN 34) zur Anwendung: der Störer kann die Maßnahme ergreifen, die zum einen die Beeinträchtigung unter die Schwelle der Wesentlichkeit herabsetzt und ihn andererseits am wenigsten belastet.

24

d) Nachbarrechtlicher Ausgleichsanspruch

25

→ § 906 II 2 BGB

Muß ein Eigentümer eine wesentliche, ortsübliche und nicht abwendbare Beeinträchtigung der Nutzung seines Grundstücks demnach hinnehmen, erhält er vom Störer immerhin einen angemessenen Ausgleich in Geld. Dies nennt man einen „bürgerlich-rechtlichen Aufopferungsanspruch", weil der Beeinträchtigte aufgrund der gesetzlichen Anordnung etwas hinnehmen muß, was eigentlich über das zu duldende Maß hinausgeht. Wie hoch der „angemessene Ausgleich in Geld" ist, läßt sich nicht generell sagen; es gibt auch keine Berechnungsformel. Klar ist eigentlich nur, daß man die Schadensersatzvorschriften des Bürgerlichen Gesetzbuchs (→ Kap. 16/RN 30 ff.) nicht entsprechend anwenden kann, weil der Gesetzgeber keinen Schadensersatz angeordnet hat.

26

Gelegentlich gewährt die Rechtsprechung Ausgleichsansprüche in *entsprechender* Anwendung des § 906 II 2 BGB, wenn ein Eigentümer ansonsten für einen Eingriff gar nicht entschädigt würde. Dies gilt namentlich dann, wenn ein Grundstückseigentümer jahrelang nicht gegen eine Störung einschreitet, weil er sie nicht erkennen konnte.

> **Beispiel:** Ein Landwirt stellt fest, daß eines seiner Grundstücke stark bleibelastet ist. Dies rührt vom Betrieb eines Schießstandes her, der seit den sechziger Jahren auf dem Nachbargrundstück betrieben wurde. Da niemand damit rechnen konnte, daß infolgedessen das Grundstück allmählich verseucht werden würde, scheitert ein Schadensersatzanspruch daran, daß der Landwirt ein Verschulden des Schießstandbetreibers nicht nachweisen kann. Daher gewährt der BGH einen Ausgleichsanspruch entsprechend § 906 II 2 BGB.

3. Weitergehende Duldungspflichten

27

Gelegentlich hat die Rechtsprechung über den gesetzlichen Rahmen hinaus oder daneben Duldungspflichten konstruiert. Dies gilt einmal für sog. „**gemeinwichtige Betriebe**" wie Mülldeponien, Fernstraßen und dergleichen. Ansonsten kann eventuell das sog. „**nachbarliche Gemeinschaftsverhältnis**" zu Duldungspflichten führen. Diese von der Rechtsprechung entwickelte Rechtsfigur besagt, daß Nachbarn untereinander in verstärktem Maße zu gegenseitiger Rücksichtnahme verpflichtet sind. Deshalb können Beeinträchtigungen über das gerade erläuterte Maß hinaus zu dulden sein oder besondere Aufopferungsansprüche bestehen.

> **Beispiel:** Ein Hochhaus stört den Rundfunkempfang in den Nachbarhäusern. Der Eigentümer des Hochhauses muß die Errichtung einer Antenne auf seinem Dach dulden. Die Kosten dafür treffen aber die Nachbarn.

IV. Abwehr von Schutzgesetzverstößen

Von besonderem Interesse kann im Umweltrecht die Abwehr von Schutzgesetzverletzungen auf privatrechtlicher Grundlage sein. Wie bereits dargelegt, knüpft das Zivilrecht an die Verletzung sog. **Schutzgesetze** (→ Kap. 16/RN 23) eine Schadensersatzverpflichtung. Die Rechtsprechung gewährt bei der Verletzung derartiger Schutzgesetze aber auch Abwehransprüche. Dahinter steht wiederum der Gedanke, daß es demjenigen, dessen Interessen durch ein Schutzgesetz besonders gewahrt werden sollen, möglich sein muß, Zuwiderhandlungen bereits *im Vorfeld* zu verhindern. Daher können auch gegen die Verletzung von Schutzgesetzen Beseitigungs- und Unterlassungsansprüche geltend gemacht werden.

28

→ § 823 II BGB

Erforderlich ist stets, daß ein Gesetz verletzt worden ist, das nicht nur den Interessen der Allgemeinheit Rechnung trägt, sondern darüber hinaus die Belange einzelner in besonderer Weise schützt. Dies ist dann der Fall, wenn das Gesetz bestimmte Personengruppen als besonders schutzwürdig hervorhebt. Das ist im öffentlichen Umweltrecht häufig der Fall.

29

> **Beispiel:** Genehmigungspflichtige Anlagen dürfen nach § 5 I Nr. 1 BImSchG keine erheblichen Belästigungen der Nachbarschaft hervorrufen. Die Baunutzungsverordnung schreibt vor, welche Nutzungen in bestimmten Gebieten zulässig sind und daß an sich zulässige Nutzungen unzulässig sind, wenn sie im Baugebiet oder seiner Umgebung zu Belästigungen und Störungen führen.

Verletzt ist ein öffentlich-rechtliches Schutzgesetz insbesondere dann, wenn eine Behörde auf seiner Grundlage einen Verwaltungsakt erlassen hat, gegen den nun verstoßen wird. Dies gilt namentlich dann, wenn ein Verwaltungsakt drittschützende Auflagen enthält. Dann kann der durch die Auflagen geschützte Dritte nach der Rechtsprechung des Bundesgerichtshofs vor den Zivilgerichten unmittelbar gegen den Inhaber der Genehmigung darauf klagen, daß dieser die Auflagen einhält.

30

> **Beispiel:** B betreibt eine Ballettschule, K wohnt auf dem Nachbargrundstück. B beantragt eine Genehmigung zum Umbau und zur Nutzungsänderung im Souterrain zwecks Nutzung als Ballettsaal. Beide Genehmigungen werden mit der Auflage erteilt, die Fenster seien während der Übungsstunden und bei Benutzung von Tonbandgeräten geschlossen zu halten; außerdem werden Immissionsrichtwerte festgelegt. B betreibt den Ballettunterricht bei geöffneten Fenstern. Daraufhin erhebt K Klage zum Landgericht mit dem Antrag, B zu verurteilen, die Fenster im bezeichneten Umfang geschlossen zu halten. Der BGH hat der Klage mit der Begründung stattgegeben, K könne von B die Einhaltung der Auflage im Genehmigungsbescheid verlangen.

31 Die Unterlassungsklage wegen der Verletzung drittschützender Auflagen in Genehmigungsbescheiden hat gegenüber der Unterlassungsklage wegen Eigentumsbeeinträchtigung gewisse Vorteile. Zum einen ist der Unterlassungsanspruch wegen Eigentums- und Besitzstörungen ausgeschlossen, soweit die nachbarrechtliche Duldungspflicht für Immissionen reicht. Da diese Duldungspflicht als Einschränkung des Eigentums anzusehen ist, greift sie nicht ein, soweit es um die Verletzung von drittschützenden Gesetzen bzw. Auflagen geht. Zum anderen verpflichtet eine Auflage in einem öffentlich-rechtlichen Bescheid den Adressaten zu bestimmten Handlungen. Der geschützte Nachbar erhält auf diese Weise eine zusätzliche Rechtsposition eingeräumt, die nicht den Einschränkungen des § 906 BGB unterliegt. Daß diese Erwägung richtig ist, zeigt das folgende Beispiel:

> **Beispiel:** Ein Schrotthändler betreibt auf seinem Betriebsgelände eine Rotormühle zum Zerkleinern von Schrott. Die Genehmigung nach dem Bundes-Immissionsschutzgesetz enthält die Auflage, bestimmte Lärmschutzmaßnahmen zu treffen und die Anlage nur werktags zwischen 7.30 und 18.00 Uhr zu betreiben. Der Schrotthändler hält sich nicht an diese Auflagen. Klagt sein Nachbar auf Unterlassung dieser Schutzgesetzverletzung, kommt es auf die Erheblichkeit des Lärms ebensowenig an wie auf seine eventuelle Ortsüblichkeit. Damit werden z. B. Sachverständigengutachten überflüssig.

32 Festzuhalten bleibt, daß die nachbarrechtlichen Abwehransprüche aus Eigentums- bzw. Besitzstörung einerseits und aus Schutzgesetzverletzung andererseits unterschiedliche Voraussetzungen haben und voneinander unabhängig sind. Der private Nachbarschutz kann also **zweigleisig** gestaltet werden. Die (bauende oder emittierende) Praxis muß sich also auch aus privatrechtlichen Gründen an drittschützende Auflagen in öffentlich-rechtlichen Genehmigungen halten, denn das Zivilrecht bietet eine effektive Rechtsschutzmöglichkeit. Ihre Bedeutung hält sich bislang allerdings in Grenzen, wohl weil sich diese Möglichkeit bislang weder im Bewußtsein der Öffentlichkeit noch der Anwaltschaft ausreichend festgesetzt hat.

> **Hinweis:** Kenntnis von drittschützenden Auflagen erhält man entweder durch die öffentliche Bekanntmachung bestimmter Genehmigungen oder bei der zuständigen Behörde durch Akteneinsicht, auf die wegen des bestehenden rechtlichen Interesses in der Regel ein Anspruch gegeben sein wird.

V. Inhalt der Abwehransprüche

33 Bislang haben wir uns damit beschäftigt, unter welchen Voraussetzungen man die Beseitigung einer Störung und die Unterlassung künftiger Beeinträchtigungen verlangen kann. Zum Abschluß dieses Kapitels wollen wir uns etwas näher mit dem Inhalt der Abwehransprüche befassen.

1. Inhalt des Beseitigungsanspruchs

Der Beseitigungsanspruch ist darauf gerichtet, eine *fortwirkende* Beeinträchtigung zu beenden. Der Eigentümer des beeinträchtigten Grundstücks kann also von dem Störer beispielsweise verlangen, daß der auf das Grundstück gestürzte Lkw beseitigt wird, daß die auf sein Grundstück geleiteten oder niedergeschlagenen chemischen Substanzen entfernt werden, daß undichte Leitungen abgedichtet werden usw. Der Beseitigungsanspruch kann sich ferner darauf richten, auf dem Nachbargrundstück bei dem Betrieb einer industriellen Anlage bestimmte Vorkehrungen zu treffen, also die dem Stand der Technik entsprechenden Maßnahmen zum Schutz der Grundstücksnachbarn einzurichten und deren einwandfreies Funktionieren sorgfältig zu überwachen. Der Beseitigungsanspruch kann auch gegen Immissionen gerichtet werden. Dabei geht es zumeist um Gerüche, Rauch oder Lärm (einschließlich Straßenverkehrs- und Fluglärm). Es ist allerdings stets darauf zu achten, ob nicht eine Duldungspflicht besteht oder der Anspruch aus sonstigen (z. B. immissionsschutzrechtlichen) Gründen ausgeschlossen ist.

34

→ § 1004 I 1 BGB

Der *Umfang* des Beseitigungsanspruchs stellt sich wie folgt dar: Der Störer muß Handlungen vornehmen, die die Beeinträchtigung entweder beenden oder aufheben. Er ist also verpflichtet, von seinem Grundstück ausgehende Emissionen einzustellen oder in sonstiger Weise zu unterbinden, etwa durch den Einbau von Filteranlagen. Er muß den auf ein Grundstück gestürzten Lkw abtransportieren (nicht aber die Schäden am Acker „beseitigen"). Ist eine über ein Grundstück führende Rohrleitung geplatzt, muß er die Rohrleitung reparieren (nicht aber den verseuchten Boden auswechseln). Die Beeinträchtigung ist grundsätzlich vollständig zu beseitigen.

35

Es muß aber nicht der frühere Zustand hergestellt werden, denn dies ist Aufgabe des Schadensersatzanspruchs. Damit ist die schwierige Abgrenzung zwischen dem Beseitigungsanspruch und den Schadensersatzansprüchen angesprochen. Schadensersatz bedeutet nach dem Grundsatz der Naturalrestitution, daß der Zustand herzustellen ist, der ohne das schädigende Ereignis bestünde (→ Kap. 16/RN 32). Dies kann auch die Beseitigung einer Störung bedeuten.

36

> **Beispiel:** Ein Schnellimbißbetreiber „entsorgt" seine Küchenabfälle auf einem unbebauten Nachbargrundstück. Dessen Eigentümer kann die Entfernung der Abfälle unter dem Gesichtspunkt der Beseitigung der Eigentumsbeeinträchtigung verlangen. Das Gleiche kann er aber auch, da schuldhaftes Handeln vorliegt, im Wege des Schadensersatzes fordern.

Gleichwohl darf man nicht in die Versuchung geraten, Beseitigung und Schadensersatz gleichsetzen zu wollen. Schadensersatzansprüche gehen grundsätzlich *weiter* als Beseitigungsansprüche, da der Zustand herzustellen ist, der ohne die Schädigung bestünde. Beseitigung heißt aber lediglich Beendigung der Beeinträchtigung.

> **Beispiel:** Infolge eines Störfalls in einer chemischen Fabrik ist die Nachbarschaft mit einem gelben Niederschlag überzogen. Anwohner A verlangt nun vom Betreiber der Fabrik, man möge sein Haus von dem gelben Niederschlag befreien. Mit dem Beseitigungsanspruch kommt man in diesem Fall nur weiter, wenn der gelbe Niederschlag abgewaschen werden kann. Ist dies nicht möglich und die „Beseitigung" nur durch einen Neuanstrich zu leisten, bedeutet dies Schadensersatz.

37 Der Beseitigungsanspruch ist *ausgeschlossen*, wenn die Beseitigung der Beeinträchtigung ganz oder teilweise unmöglich ist. Denkbar sind verschiedene Arten der Unmöglichkeit: Zum einen kommt die *physische* bzw. *technische* Unmöglichkeit der Beseitigung der Beeinträchtigungen in Betracht. Daneben sind aber auch noch Fälle denkbar, in denen zwar die Beseitigung der Beeinträchtigung technisch möglich wäre, aber *rechtliche* Gründe entgegenstehen. So können bei Beeinträchtigungen durch Bauten auf Nachbargrundstücken baurechtliche Vorschriften entgegenstehen, etwa wenn der Abbruch eines Gebäudes, dessen Beseitigung verlangt wird, einer baupolizeilichen Genehmigung bedarf, die nicht erteilt wird. Dagegen wird eine *wirtschaftliche* Unmöglichkeit, die dann vorliegt, wenn die Einwirkung nur mit unverhältnismäßig hohen Aufwendungen beseitigt werden kann, von der Rechtsprechung nur ganz ausnahmsweise anerkannt.

38 Die Kosten der Beseitigung hat der Störer zu tragen, weil er zur Beseitigung der Störung verpflichtet ist. Soweit der beeinträchtigte Eigentümer die Störung selbst beseitigt, kann er nach den Vorschriften über die Geschäftsführung ohne Auftrag (→ Kap. 20) Ersatz seiner Aufwendungen verlangen.

2. Inhalt des Unterlassungsanspruchs

39 Der Eigentümer einer Sache kann ein Interesse haben, künftige Einwirkungen einer bestimmten Art zu verhindern. Daher gewährt ihm das Gesetz zusätzlich den Unterlassungsanspruch. Weil sich der Unterlassungsanspruch gegen *künftige* Beeinträchtigungen wendet, setzt er, anders als der Beseitigungsanspruch, keine in die Gegenwart fortwirkende Beeinträchtigung voraus. Für den Unterlassungsanspruch hat sich die terminologische Unterscheidung zwischen dem sog. Verletzungsunterlassungsanspruch und dem sog. vorbeugenden Unterlassungsanspruch durchgesetzt. Beide setzen eine Gefahr von Zuwiderhandlungen voraus.

→ § 1004 I 2 BGB

40 Vom **Verletzungsunterlassungsanspruch** spricht man, wenn bereits eine Beeinträchtigung (Verletzung) vorliegt. Soweit künftig weitere Beeinträchtigungen zu besorgen (erwarten) sind, ist der Verletzungsunterlassungsanspruch gegeben. Die Rechtsprechung nennt diese Voraussetzung „Wiederholungsgefahr". Der Kläger muß grundsätzlich beweisen, daß eine Wiederholungsgefahr besteht.

Wann ist nun vom Bestehen einer Wiederholungsgefahr auszugehen? Der Eintritt einer weiteren Beeinträchtigung muß nicht sicher feststehen, nach Lage der Dinge aber mehr oder minder *wahrscheinlich* sein. Ob dies der Fall ist, entscheidet sich nach der Lebenserfahrung unter Berücksichtigung der konkreten Umstände des Einzelfalls. Ist es bereits zu Beeinträchtigungen gekommen, sieht die Rechtsprechung hierin häufig ein Indiz für die Gefahr weiterer Beeinträchtigungen. Das Vorliegen der Wiederholungsgefahr wird in einem solchen Falle bei Gewerbetreibenden vermutet. Die Beweislast verlagert sich damit auf den Störer, der diese Vermutung widerlegen muß. Die Wiederholungsgefahr kann sich auch aus Äußerungen des Störers ergeben: Behauptet der Störer, zu der Beeinträchtigung berechtigt zu sein, spricht dies dafür, daß er auch künftig wieder beeinträchtigende Maßnahmen ergreifen wird.

Der **vorbeugende Unterlassungsanspruch** ist dagegen bereits *vor* der ersten Beeinträchtigung gegeben, wenn eine solche Beeinträchtigung unmittelbar bevorsteht. Dieser Anspruch ist zwar eigentlich nicht geregelt, wird aber von der Rechtsprechung anerkannt, weil nicht einzusehen ist, warum man eine rechtswidrige Beeinträchtigung sehenden Auges eintreten lassen muß, deren Beseitigung und künftige Unterlassung man nach ihrem Eintritt sofort verlangen könnte. Der vorbeugende Unterlassungsanspruch setzt die sog. **Erstbegehungsgefahr** voraus.

41

Nach der Rechtsprechung kann bereits die Bedrohung mit einem Eingriff als Beeinträchtigung des Eigentums angesehen werden kann, wenn diese Bedrohung eine erhebliche Störung des Rechtsfriedens darstellt. Vorbereitende Maßnahmen lösen dagegen nur dann einen vorbeugenden Unterlassungsanspruch aus, wenn sie zwangsläufig zu einer Beeinträchtigung führen.

> **Beispiel:** Geplante Errichtung eines Schießstandes; Betretungsverbot während festgelegter Sprengzeiten; Aufnahme der Produktion eines gefährlichen Produkts.

Andere vorbereitende, gefährdende Maßnahmen stellen dagegen normalerweise noch keine Beeinträchtigungen dar, auch wenn die Maßnahme ein erhebliches Schadenspotential in sich birgt.

> **Beispiel:** Feuer- und Explosionsgefahr in einem benachbarten Betrieb; Stellung eines Bauantrags; Planungen für eine Sprengstoffabrik, ein Chemieunternehmen oder ein Kernkraftwerk.

42 Anders als der Beseitigungsanspruch richtet sich der Unterlassungsanspruch *nicht* auf eine *bestimmte* Maßnahme. Man kann also nicht verlangen, daß der Störer bestimmte Handlungen vornimmt, die künftige Beeinträchtigungen zu verhindern geeignet sind. Der Unterlassungsanspruch ist vielmehr, wie schon der Name sagt, darauf gerichtet, eine bestimmte, näher bezeichnete Beeinträchtigung zu unterlassen. Man muß die Störung also (ggf. im Klageantrag) ihrer Art nach näher bezeichnen; dazu wird es in der Regel ausreichend sein, die Unterlassung von Störungen bestimmter Art, etwa von Gerüchen oder Geräuschen über einer bestimmten Lautstärke zu bestimmten Zeiten, zu verlangen. Denn *auf welche Weise* der Störer unzulässige Beeinträchtigungen künftig vermeidet, liegt in seinem Verantwortungsbereich. Er kann über die zu treffenden Maßnahmen frei entscheiden, solange er nur seiner Unterlassungsverpflichtung entspricht. Damit bleibt die Handlungsfreiheit des Störers gewahrt, doch trägt er zugleich das Risiko, daß seine Maßnahmen unzureichend sind.

Eine Verurteilung zu einer bestimmten Maßnahme kommt beim Unterlassungsanspruch nur ganz ausnahmsweise in Betracht, etwa wenn nur eine einzige Maßnahme zur Verhinderung künftiger Beeinträchtigungen führen kann oder der Störer mit der Verurteilung zu einer bestimmten Maßnahme einverstanden ist (Anerkenntnisurteil). Bei Schallemissionen kann die Einhaltung bestimmter Db(A)-Werte und/oder Ruhezeiten vorgeschrieben werden.

43 Wie der Beseitigungsanspruch kann auch der Unterlassungsanspruch aus rechtlichen Gründen ausgeschlossen sein, wenn er aus juristischen Erwägungen vom Störer nicht erfüllt werden kann bzw. darf.

> **Beispiel:** Der Eigentümer eines Froschteichs darf die Frösche nicht entfernen, soweit es sich um artengeschützte Tiere handelt. Denn der Entfernung der Frösche steht dann das Bundesnaturschutzgesetz entgegen.

Der Störer darf ferner nicht zivilrechtlich zu Handlungen verpflichtet werden, die nach öffentlichem Recht verboten sind. Daneben kann wiederum der Rechtsgedanke der Verhältnismäßigkeit zu einem Ausschluß des Unterlassungsanspruchs führen.

Kontrollfragen:
1. Welche Ansprüche zur Abwehr von Störungen absolut geschützter Rechte und Rechtsgüter kennen Sie? (RN 1)
2. Wann sind nach privatem Umweltrecht Immissionen zu dulden? (RN 17)
3. Welche Vorteile hat die Unterlassungsklage aus Schutzgesetzverletzung gegenüber der aus Eigentum bzw. Besitz? (RN 31)
4. Wer trägt die Kosten der Störungsbeseitigung? (RN 38)
5. Was wissen Sie über die Abfassung eines Unterlassungsantrags? (RN 42)

Weiterführende Literatur:
Fritzsche, Jörg, Die Durchsetzung nachbarschützender Auflagen über zivilrechtliche Abwehransprüche, NJW 1995, S. 1121–1126; *Hagen, Horst,* Der nachbarrechtliche Ausgleichsanspruch nach § 906 Abs. 2 Satz 2 BGB als Musterlösung und Lösungsmuster, Festschrift für Hermann Lange, 1992, S. 483–507; *Herrmann, Elke,* Die Haftungsvoraussetzungen nach § 1004 BGB, Neuere Entwicklungen und Lösungsvorschlag, JuS 1994, S. 273–282; *Marburger, Peter,* Ausbau des Individualschutzes gegen Umweltbelastungen als Aufgabe des bürgerlichen und öffentlichen Rechts, Gutachten C für den 56. Deutschen Juristentag, 1986; *Medicus, Dieter,* Umweltschutz als Aufgabe des Zivilrechts, NuR 1990, S. 145–155.

Rechtsprechungshinweise:
BGHZ 90, S. 255 ff. (Störung des biologischen Landbaus durch Pestizide); BGHZ 92, S. 143 ff. (Duldungspflicht nach § 906 BGB für Eigentümer beweglicher Sachen); BGHZ 111, S. 63 ff. (Vereinheitlichung öffentliches Recht/Privatrecht im Umweltbereich); BGHZ 111, S. 158 ff. (Ausgleichsanspruch analog § 906 II 2 BGB); BGHZ 121, S. 248 ff. (Duldung des von einem Jugendzeltplatz ausgehenden Lärms); BGHZ 122, S. 1 ff. (Abwehranspruch bei Nichteinhaltung nachbarschützender Auflagen).

19. Umweltbelange im Vertragsrecht

I. **Einleitung**
   1. Umweltbelange als Vertragsgegenstand?
   2. Umweltbelange als Motiv
   3. Schutz von Umweltbelangen als Nebeneffekt eines Vertrages

II. **Bewältigung von Altlasten im Grundstücksverkehr**
   1. Kaufrecht
      a) Sachmängelgewährleistung
      b) Bedeutung bei Altlasten
   2. Mietrecht

III. **Umweltschäden in anderen Verträgen**
   1. Lieferverträge
   2. Werkverträge

I. Einleitung

Umweltbelange spielen auch im Vertragsrecht eine Rolle. So wird etwa der Käufer eines Grundstücks Ansprüche gegen den Verkäufer stellen, wenn er feststellen muß, daß sein Grundstück mit Umweltgiften belastet ist. Der Mieter einer Wohnung wird mit dem Malermeister nicht zufrieden sein, der umweltfreundliche Farbe verwenden sollte, dies aber nicht getan hat. Welche Ansprüche in derartigen Fällen in Betracht kommen, soll im folgenden erläutert werden. Daneben stellt sich die Frage, ob man Umweltbelange auch zum Gegenstand eines Vertrages machen kann.

1. Umweltbelange als Vertragsgegenstand

Grundsätzlich kann man Umweltbelange zum Gegenstand eines Vertrages machen. Denn die Privatautonomie erlaubt es, sich – in gewissen Grenzen – zu allem Möglichen zu verpflichten. Eine Umweltschutzorganisation könnte also mit „Normalbürgern" einen Vertrag schließen, in dem diese sich verpflichten, ihren Müll zu trennen, nur noch Waren in Mehrwegverpackungen zu kaufen usw. In der Praxis spielt dies aber bislang – soweit ersichtlich – noch keine Rolle. Allenfalls bei Gewerbetreibenden im weitesten Sinne kommen solche Verträge gelegentlich vor. So werden bekanntlich landwirtschaftliche Produkte aus biologischem Anbau unter besonderen Warenzeichen verkauft. Dazu schließen die Erzeuger mit dem Verband, der Inhaber von Öko-Warenzeichen ist, einen Nutzungsvertrag ab, in dem sie sich verpflichten, beim Anbau bestimmte Vorgaben einzuhalten. Die Einhaltung dieser Vorgaben wird kontrolliert. Gleichwohl ist dabei aus zivilrechtlicher Sicht *nicht* der Umweltschutz *Gegenstand* des Vertrages, sondern die Benutzung des jeweiligen Öko-Zeichens. Der Umstand, daß der jeweilige Landwirt bestimmte umweltschonende Methoden anwenden muß, ist lediglich ein unvermeidbarer Nebeneffekt des Vertrages.

2. Umweltbelange als Motiv

Umweltbelange bilden häufig nur das Motiv für den Abschluß von Verträgen. Man kauft beispielsweise im Supermarkt Produkte mit dem Umweltzeichen oder sonstigen „Biohinweisen", weil man annimmt, damit der Umwelt und der eigenen Gesundheit etwas Gutes zu tun. Für die rechtliche Einordnung von Verträgen sind derartige Handlungsmotive in der Regel ohne Bedeutung.

3. Schutz von Umweltbelangen als Nebeneffekt eines Vertrages

4

Umweltschäden können auch in Verträgen eine Rolle spielen, die an sich mit Umweltbelangen gar nichts zu tun haben. Ein praktisch relevantes Beispiel hierfür sind die Auswirkungen von Altlasten (→ Kap. 8/RN 41ff.) im Grundstücksverkehr, die im folgenden dargestellt werden.

II. Bewältigung von Altlasten im Grundstücksverkehr

5

Erwirbt oder mietet jemand ein mit Umweltgiften belastetes Grundstück, wird er sich in der Regel als erstes an seinen Vertragspartner halten wollen. Schließlich steht ihm dieser aufgrund der vertraglichen Sonderbeziehung vergleichsweise nahe, und die Amtshaftung greift nur hilfsweise ein (→ Kap. 17/ RN 25). Welche Ansprüche in einem solchen Fall bei den einzelnen Vertragsarten geltend gemacht werden können, soll im folgenden kurz angerissen werden.

> **Beispiel:** Auf einem Grundstück wurde in den fünfziger Jahren eine Mülldeponie betrieben. Später verwilderte das Gelände. In den achtziger Jahren weist die Gemeinde das Gelände als Wohngebiet aus. Ein Bauträger erwirbt, parzelliert und bebaut es mit Eigenheimen. Obwohl er bei den Bauarbeiten auf die Überreste der Deponie, insbesondere auf verrottete Fässer mit unklarem Inhalt, gestoßen ist, verkauft der Bauträger die mittlerweile mit Wohnhäusern bebauten Grundstücke. Bei den Bewohnern – Eigentümer und Mieter – zeigen sich alsbald allerlei Beschwerden wie etwa Hautausschläge, Übelkeit, Kopfschmerzen. Nach zwei Jahren wird festgestellt, daß das gesamte Gelände in erheblichem Umfang kontaminiert ist, da in den fünfziger Jahren auch Sondermüll dort abgelagert worden war. Ein Wohnen in den Häusern ist ohne Gesundheitsgefährdung nicht mehr möglich.

Welche Ansprüche stehen den Käufern und Mietern der Grundstücke in einem solchen Fall zu?

> **Hinweis:** Nach dem allgemeinen Sprachgebrauch kauft oder mietet man ein *Haus*. Rechtlich gesehen kauft oder mietet man das *Grundstück*, denn darauf befindliche Gebäude sind lediglich sog. wesentliche Bestandteile des Grundstücks.

1. Kaufrecht

6
→ § 433 BGB

Der Kaufvertrag verpflichtet den Verkäufer, dem Käufer die Sache zu übergeben und ihm das Eigentum daran zu verschaffen. Der Käufer ist im Gegenzug verpflichtet, den Kaufpreis zu bezahlen und das Grundstück abzunehmen. Nun kann sich nach der Übergabe herausstellen, daß die Sache irgendwie nicht in Ordnung ist. Auch dies regelt das Kaufrecht, man spricht von der Sachmängelgewährleistung.

a) Sachmängelgewährleistung

Erforderlich ist dafür zunächst das Vorliegen eines Sachmangels, den der Verkäufer zu vertreten hat. Der **Mangel** muß jeweils bei **Gefahrübergang**, d. h. bei der Übergabe der Kaufsache bzw. Eintragung des Käufers ins Grundbuch, vorhanden sein. Wann ein solcher Mangel vorliegt, regelt das Gesetz. Ein Mangel kann einmal in einem *Fehler* liegen, der die Eignung der Sache für den vertraglich vorausgesetzten Zweck mindert oder aufhebt. Ist ein solcher vertraglich vorausgesetzter Zweck nicht gegeben, kommt es hilfsweise darauf an, ob die Sache für den gewöhnlichen Gebrauch nicht geeignet ist. Auch eine Wertminderung reicht für das Vorliegen eines Fehlers aus. Die Minderung der Gebrauchstauglichkeit bzw. des Wertes muß aber erheblich sein. Dem Vorliegen eines Fehlers gleichgestellt ist das *Fehlen einer zugesicherten Eigenschaft*. Allerdings ist hier Vorsicht geboten, denn eine Zusicherung liegt nur vor, wenn der Verkäufer zum einen erkennen kann, daß der Käufer auf die Eigenschaft der Kaufsache großen Wert legt, und dann sinngemäß erklärt, für ihr Vorhandensein garantiegleich einstehen zu wollen.

7

→ § 459 BGB
→ § 446 BGB

Liegt demnach ein Sachmangel vor, kann der Käufer nach seiner Wahl die Rückgängigmachung des Kaufes (**Wandelung**) oder die Herabsetzung des Kaufpreises (**Minderung**) verlangen. **Mängelbeseitigung** kann der Käufer nur fordern, wenn das im Vertrag ausdrücklich vorgesehen ist. **Schadensersatz wegen Nichterfüllung** schließlich bekommt er nur, wenn entweder eine vom Verkäufer zugesicherte Eigenschaft fehlt oder der Verkäufer einen Fehler arglistig verschwiegen hat. Die Ansprüche des Käufers verjähren bei beweglichen Sachen in sechs Monate, bei Grundstücken in einem Jahr ab Übergabe; im Falle des arglistigen Verschweigens eines Fehlers gilt die allgemeine Verjährungsfrist von dreißig Jahren. Die Sachmängelgewährleistung kann vertraglich ausgeschlossen werden. Im Falle arglistigen Verschweigens eines Mangels ist der Ausschluß aber unwirksam.

8

→ § 462 BGB
→ § 463 BGB

→ § 477 BGB

→ § 476 BGB

b) Bedeutung bei Altlasten

Die Existenz von Bodenverunreinigungen stellt einen Fehler im oben skizzierten Sinne dar. Bei gesundheitsgefährdenden Verunreinigungen ist eine Nutzung des Grundstücks zu Wohnzwecken ausgeschlossen, also die Gebrauchstauglichkeit aufgehoben. Bei weniger starker Verunreinigung wird in der Regel zumindest der Wert des Grundstücks gemindert sein. Nur bei ganz unwesentlicher Belastung des Bodens kann ausnahmsweise ein unerheblicher Fehler vorliegen.

9

Der Käufer eines Grundstücks kann also wegen Altlasten Rückgängigmachung des Kaufes verlangen. Dann muß er das Eigentum an dem Grundstück

10

→ § 467 BGB auf den Verkäufer zurückübertragen und es zurückgeben. Im Gegenzug erhält er den gezahlten Kaufpreis und die Vertragskosten erstattet. Unter Vertragskosten versteht man dabei die Maklerkosten, Notargebühren, Umzugskosten, bei schwieriger Rechtslage auch Rechtsanwaltskosten, jedoch nicht die Kosten eines Gutachtens, das den Mangel feststellt. Bei nicht gesundheitsgefährdender Bodenverunreinigung ist für den Käufer zumeist die Herabsetzung des Kaufpreises günstiger. Generell spielen diese Gewährleistungsansprüche wegen ihrer kurzen Verjährung keine allzu große Rolle. Denn in der Praxis vergeht häufig mehr als ein Jahr ab der Grundstücksübergabe, bis das Vorhandensein von Altlasten erkannt und nachgewiesen ist.

11 Günstiger ist die Position des Käufers, wenn der Verkäufer von dem Mangel gewußt und ihn arglistig verschwiegen hat. Zum einen kann der Käufer hier Schadensersatz wegen Nichterfüllung verlangen, zum anderen gilt nicht die kurze Verjährung, so daß Ansprüche auf die Dauer von dreißig Jahren durchsetzbar sind. Nach der Rechtsprechung reicht es für eine Arglist des Grundstücksverkäufers bereits aus, daß er das Vorliegen eines Mangels (wenigstens) für möglich hält und in Kauf nimmt, daß der Käufer den Mangel nicht kennt. Offenbart der Verkäufer seinen Verdacht gleichwohl nicht, hat er den Mangel arglistig verschwiegen. Offenbarungspflichtig ist etwa die frühere Nutzung des Grundstücks als Mülldeponie. Denn in einem solchen Fall muß der Verkäufer stets damit rechnen, daß dort umwelt- und gesundheitsgefährdende Abfälle gelagert worden sind. Das gilt erst recht, wenn der Verkäufer Kenntnis von einem Bodengutachten hat, das auf das Vorhandensein von Deponiegut hinweist. Grundstücke, die Jahrzehnte zuvor industriell genutzt waren, sind dagegen nicht ohne weiteres altlastenverdächtig. Im übrigen setzt der Arglistvorwurf stets ein **vorsätzliches** Handeln des Verkäufers voraus; die bloße Erkennbarkeit von Altlasten rechtfertigt aber nur den Fahrlässigkeitsvorwurf.

12 Soweit der Käufer Schadensersatz wegen Nichterfüllung verlangen kann, gesteht ihm die Rechtsprechung eine Wahl zwischen dem „**großen**" und dem „**kleinen**" **Schadensersatz** zu. In letzterem Fall behält der Käufer das Grundstück und liquidiert den Minderwert, eine Vorgehensweise, die wohl nur bei geringeren Graden der Bodenverunreinigung und Gesundheitsgefährdung in Betracht kommt. Denkbar wäre dies etwa, wenn das Grundstück des Käufers selbst nicht kontaminiert, wegen der Nachbarschaft zu einem kontaminierten Grundstück aber kaum noch verkäuflich ist, oder wenn das Grundstück saniert werden kann. Für den Käufer ratsam ist dieser Weg auch dann, wenn das Grundstück wegen der Altlasten saniert werden muß. Dann kann er die damit verbundenen Kosten vom Verkäufer ersetzt verlangen. Ist das Grundstück hingegen wegen bestehender Gesundheitsgefahren unbewohnbar, wird der Käufer zweckmäßigerweise den „großen Schadensersatz" wählen, d. h. das Grundstück zurückgeben und alle seine Schäden liquidieren, also den Kaufpreis nebst Notar-, Gerichts- und Maklerkosten, Umzugskosten in ein neues Haus usw. Hat er ein unbebautes Grundstück gekauft, um selbst ein Haus darauf zu errichten, können auch die Baukosten ersatzfähig sein.

2. Mietrecht

Der Mieter eines Altlastengrundstücks hat ähnliche Gewährleistungsansprüche wie der Käufer. Denn auch bei der Miete führt das Vorhandensein von Umweltgiften zu einem Mangel. Ein solcher Mangel führt im Mietrecht zu einer Minderung des geschuldeten Mietzinses, die kraft Gesetzes eintritt. Darüber hinaus hat der Mieter wegen eines Mangels einen Schadensersatzanspruch wegen Nichterfüllung, wenn der Vermieter den Mangel verschuldet hat oder der Mangel schon bei Abschluß des Mietvertrages vorhanden ist. Altlasten werden stets bereits bei Vertragsschluß vorhanden sein, so daß es auf ein Verschulden des Vermieters nicht ankommt.

13

→ §§ 535, 537 I BGB

→ § 538 I BGB

Soweit die Bodenverunreinigungen beseitigt werden können, kann der Mieter auch dies verlangen. Denn den Vermieter trifft die Pflicht, die Mietsache in einem vertragsgemäßen Zustand zu übergeben *und zu erhalten*; der Mieter muß die dazu notwendigen Maßnahmen dann allerdings auch dulden. Ist eine Beseitigung der Verunreinigungen nicht möglich, kann der Mieter den Mietvertrag wegen Nichtgewährung des vertragsmäßigen Gebrauchs auch fristlos kündigen. Dieses Recht hat er auch bei Gesundheitsgefährdungen, und zwar auch dann, wenn er bei Vertragsschluß von ihnen wußte. Das vorherige Setzen einer Frist zur Schaffung von Abhilfe ist bei einem gesundheitsgefährdendem Zustand des Mietgrundstücks nicht notwendig.

14

→ § 536 BGB

→ § 542 BGB

→ § 544 BGB

Gesetzt den Fall, der Mieter hinterläßt auf dem Grundstück Umweltgifte, wird der Vermieter wegen der Verschlechterung seines Grundstücks Schadensersatz fordern. Leider enthält das Mietrecht des Bürgerlichen Gesetzbuchs hierfür keine Anspruchsgrundlage. Es sagt lediglich, daß der Mieter Veränderungen oder Verschlechterungen der Mietsache, die durch den vertragsgemäßen Gebrauch herbeigeführt werden, nicht zu vertreten hat. Der Anspruch des Vermieters auf Schadensersatz wegen vertragswidrigen Gebrauchs ergibt sich aber aus der gewohnheitsrechtlich anerkannten „**positiven Vertragsverletzung**" (**pVV**). Sie gilt ergänzend für Verträge aller Art und gewährt Schadensersatzansprüche, wenn ein Vertragspartner gegen die vertragliche Nebenpflicht verstößt, Rechtsgüter des anderen nicht zu verletzen, mit denen er bei der Durchführung des Vertrages in Berührung kommt. Derartige Ansprüche wegen Verschlechterung der Mietsache muß der Vermieter nach Beendigung des Mietverhältnisses aber innerhalb von sechs Monaten einklagen, sonst sind sie verjährt.

15

→ § 548 BGB

→ § 558 BGB

III. Umweltschäden in anderen Verträgen

16 Auch bei der Durchführung anderer Verträge kann es zu Umweltschäden kommen. *Neben* den Ansprüchen aus Delikt oder aus der Anlagenhaftung nach dem Umwelthaftungsrecht (→ Kap. 16/RN 42ff.) kommen hier ebenfalls vertragliche Ansprüche in Betracht. Sie stehen in aller Regel dem Vertragspartner des Schädigers zu.

1. Lieferverträge

17 Bei Liefervorgängen kann es leicht zu Umweltschäden kommen, für die der Lieferant nach Vertragsrecht haftbar gemacht werden kann.

> **Beispiel:** Ein Heizölhändler liefert mit seinem Tanklastwagen Heizöl an den Eigentümer eines Reihenhauses. Weil er den Schlauch nicht richtig am Einfüllstutzen befestigt, löst sich der Schlauch während des Tankvorgangs. Bis der Vorfall entdeckt und die Ölzufuhr abgeschaltet wird, sind über hundert Liter Öl ins Erdreich gedrungen.

18 Solchen Lieferungen liegt ein Kauf zugrunde. In unserem Beispiel hat der Heizölhändler gegen eine vertragliche Nebenpflicht verstoßen, denn durch das eingesickerte Öl ist das Eigentum an dem Grundstück verletzt worden. Da ihn auch ein Verschulden in Gestalt von Fahrlässigkeit (→ Kap. 16/RN 20) trifft, haftet er wegen pVV (→ RN 15) auf Schadensersatz. Inhalt und Umfang des Schadensersatzes richten sich nach den allgemeinen Vorschriften (→ Kap. 16/RN 30 ff.). Dies hat für den Geschädigten gegenüber der deliktischen Haftung zwei Vorteile: Erstens verjährt dieser Anspruch erst nach dreißig Jahren, zweitens kann sich der Vertragspartner nicht entlasten (→ Kap. 16/RN 24), wenn er den Vertrag durch Angestellte oder Subunternehmer erfüllen läßt. Im Vertragsrecht wird ein Verschulden von „Erfüllungsgehilfen" nämlich wie eigenes Verschulden zugerechnet.

→ §§ 249 ff. BGB

→ § 278 BGB

19 Im Zusammenhang mit Liefer- bzw. Kaufverträgen kann aber auch die Beschaffenheit des Produkts eine gewisse Umweltrelevanz haben, insbesondere dann, wenn der Käufer ein besonders umweltfreundliches Produkt erwerben möchte und das bei Vertragsschluß zum Ausdruck bringt. Fehlt dem Produkt diese Umweltfreundlichkeit, kommen die oben bei den Altlasten (→ RN 9 ff.) dargestellten Gewährleistungsansprüche in Betracht. Das Fehlen einer zugesicherten Eigenschaft kommt dabei nur in Betracht, wenn der Verkäufer tatsächlich eine entsprechende Erklärung abgegeben hat (→ RN 7).

2. Werkverträge

Ein Werkvertrag liegt immer dann vor, wenn ein Unternehmer sich verpflichtet, für einen Besteller ein bestimmtes Werk herzustellen. Geschuldet ist also stets eine Wertschöpfung für den Besteller, die sich in einer Sache oder einem geistigen Werk niederschlägt.

20
→ § 631 BGB

> **Beispiel:** Reparaturen aller Art; Errichtung eines Gebäudes oder einer Industrieanlage; Herstellung von Möbeln und anderen Sachen; Renovierung einer Wohnung; Erneuerung einer Heizungsanlage.

Stellt der Unternehmer sein Werk mangelhaft her, können daraus Schäden an der Umwelt entstehen. Die Umweltgefährlichkeit hängt natürlich vom jeweiligen Werk ab. Angenommen, ein Unternehmer soll in einer chemischen Fabrik Rohrleitungen für giftige Chemikalien erneuern, ist das Gefährdungspotential entsprechend groß. Denn wenn die Rohrleitungen nicht dicht sind, ist zunächst einmal das geschuldete Werk mangelhaft mit der Folge, daß der Unternehmer den Mangel beseitigen muß. Darüber hinaus wird aber unter Umständen zugleich das Erdreich, vielleicht auch das Grundwasser vergiftet. Diese Schäden sind Folge des Werkmangels. Der Unternehmer muß sie aufgrund des Werkvertrages ersetzen, soweit ihn ein Verschulden hinsichtlich des Mangels trifft. Die Rechtsgrundlage für den Ersatz solcher **Mangelfolgeschäden** ist davon abhängig, ob der Mangel des Werkes – vereinfacht ausgedrückt – zwangsläufig zu dem Umweltschaden führt oder nicht. Nur im ersten Fall wendet die Rechtsprechung den Schadensersatzanspruch aus dem werkvertraglichen Gewährleistungsrecht an, ansonsten das Institut der positiven Vertragsverletzung (→ RN 15). Dies ist für den Besteller nicht ohne Bedeutung, denn Gewährleistungsansprüche unterliegen auch beim Werkvertrag einer kurzen Verjährung von grundsätzlich sechs Monaten, bei Arbeiten an Gebäuden von einem Jahr und bei Arbeiten an einem Grundstück von fünf Jahren. Für Forderungen aus positiver Vertragsverletzung gilt dagegen eine Verjährungsfrist von dreißig Jahren.

21

→ § 633 I, II BGB

→ § 635 BGB

→ § 638 BGB

Kontrollfragen:
1. Welche Ansprüche hat der Käufer wegen Mängeln der Kaufsache? (RN 8)
2. Wann hat der Verkäufer Altlasten eines Grundstücks arglistig verschwiegen? (RN 11)
3. Welche Ansprüche hat der Mieter bei Altlasten? (RN 13 f.)
4. Welche Ansprüche kann man erheben, wenn man ein umweltfreundliches Produkt kaufen wollte, das übergebene aber umweltschädlich ist? (RN 19)
5. Welche Problematik stellt sich beim Ersatz von Mangelfolgeschäden im Werkvertragsrecht? (RN 21)

Weiterführende Literatur:
Nagel, Bernhard, Die Produkt- und Umwelthaftung im Verhältnis von Hersteller und Zulieferer, DB 1993, S. 2469–2474; *Reuter, Alexander,* Altlast und Grundstückskauf, BB 1988, S. 497–503; *Schlemminger, Horst,* Die Gestaltung von Grundstückskaufverträgen bei festgestellten Altlasten oder Altlastenverdacht, BB 1991, S. 1433–1439.

Rechtsprechungshinweise:
BGHZ 117, S. 363 ff. (arglistiges Verschweigen bei Kenntnis eines Bodengutachtens); BGHZ 123, S. 363 ff. (Verkauf des Geländes einer früheren chemischen Fabrik); BGHZ 124, S. 186 ff. (Verjährung von Umweltschäden bei Miete).

20. Geschäftsführung ohne Auftrag

I. Einleitung

II. Berechtigte Geschäftsführung ohne Auftrag
1. Geschäftsbesorgung
2. Fremdheit des Geschäfts
3. Fremdgeschäftsführungswille
4. Fehlen eines Auftrags oder einer sonstigen Berechtigung
5. Interesse des Geschäftsherrn an der Geschäftsführung
6. Übereinstimmung mit dem wirklichen oder mutmaßlichen Willen des Geschäftsherrn
   a) Wirklicher Wille
   b) Mutmaßlicher Wille
7. Rechtsfolgen der berechtigten Geschäftsführung ohne Auftrag
   a) Aufwendungsersatzanspruch des Geschäftsführers
   b) Ansprüche des Geschäftsherrn

III. Probleme der Geschäftsführung ohne Auftrag im Umweltbereich
1. Bürgerlich-rechtliche Geschäftsführung ohne Auftrag
2. Öffentlich-rechtliche Geschäftsführung ohne Auftrag
   a) Rechtsweg; anwendbare Vorschriften
   b) Besondere Voraussetzungen

I. Einleitung

1

Grundsätzlich geht das Privatrecht davon aus, daß sich jeder um seine Angelegenheiten selbst kümmert. Gleichwohl kann es vorkommen, daß sich jemand – etwa in Notfällen – der Angelegenheiten eines anderen annimmt, ohne dazu verpflichtet zu sein. Dann führt er die Geschäfte des anderen, „ohne von ihm beauftragt oder ihm gegenüber sonst dazu berechtigt zu sein", wie es das Bürgerliche Gesetzbuch ausdrückt.

2

→ §§ 677 ff. BGB

→ § 683 BGB

Die Vorschriften über die **Geschäftsführung ohne Auftrag (GoA)** regeln die Rechtsbeziehungen zwischen dem Geschäftsführer ohne Auftrag und dem sog. Geschäftsherrn. Sie sollen einen gerechten Interessenausgleich zwischen ihnen schaffen. Ist das Eingreifen des Helfers dem Geschäftsherrn erwünscht und nützlich, hat der Geschäftsherr die wirtschaftlichen Risiken der Geschäftsführung zu tragen.

> **Beispiel:** Nachbar N entdeckt, daß der Öltank neben dem Haus des verreisten H leckt. N läßt den Tank abdichten, möchte aber die Kosten, die ihm dabei entstanden sind, von H ersetzt bekommen. – A findet den verletzten B im Park und bringt ihn mit seinem Wagen ins Krankenhaus. Dabei werden die Polster des Wagens mit Blut verschmiert. A verlangt die Reinigungskosten von B. – P fährt mit seinem Pkw vorschriftsmäßig über eine Landstraße. Als er den Radfahrer R überholen will, stürzt dieser unvermittelt ohne Einwirkung des A. A reißt das Lenkrad herum, um R nicht zu überfahren, und landet bei dieser Aktion im Straßengraben. A wird verletzt, sein Wagen beschädigt. A möchte R in Anspruch nehmen.

In all diesen Fällen ist das Eingreifen des Helfers für den jeweiligen Geschäftsherrn nützlich. Daher liegt eine **berechtigte GoA** vor, so daß N, A und P die geltend gemachten Kosten ersetzt bekommen.

3

→ § 684 BGB

Es kann aber auch sein, daß das Eingreifen eines Dritten eher als Einmischung erscheint. Dann wird häufig eine **unberechtigte GoA** vorliegen, für die andere rechtliche Beurteilungskriterien gelten. Im Umweltrecht spielt diese Variante der GoA jedoch kaum eine Rolle.

> **Beispiel:** A vergißt beim Abstellen seines Pkw, das Licht auszuschalten. Um zu verhindern, daß die Batterie des Pkw völlig entleert wird, schlägt B die Seitenscheibe ein und schaltet das Licht aus. Dabei zerreißt der Ärmel seiner Jacke. – Hier bekommt B keinen finanziellen Ausgleich, sofern A die Geschäftsführung nicht genehmigt.

Im Umweltrecht kommt der GoA Bedeutung zu, wenn Umweltverschmutzungen von einem Nichtstörer beseitigt werden. Wer Beeinträchtigungen der Umwelt beseitigt, die ein anderer verursacht hat, kann seine Kosten in der Regel nach den Vorschriften über die GoA vom Verursacher zurückverlangen.

II. Berechtigte Geschäftsführung ohne Auftrag

Die berechtigte GoA setzt folgenden Tatbestand voraus: → § 683 BGB

1. Geschäftsbesorgung

Zunächst muß ein **Geschäft** geführt werden. Als ein solches Geschäft kommt so ziemlich alles in Betracht, was man sich im Rahmen der Wahrnehmung fremder Interessen vorstellen kann, also in den o. g. Beispielen (→ RN 2) das Abdichten des Tanks, der Transport ins Krankenhaus sowie das Ausweichmanöver zum Schutz des Radfahrers. Aus dem Bereich des Umweltrechts ist vor allem an störungsbeseitigende oder schadensbegrenzende Maßnahmen zu denken.

4
→ § 677 BGB

2. Fremdheit des Geschäfts

Das Geschäft, das geführt wird, muß des weiteren ein **objektiv fremdes** sein, d. h. es muß dem Interessenkreis eines anderen Rechtsträgers als des Geschäftsführers angehören. Dabei spielt es keine Rolle, ob das Geschäft eventuell auch in den Interessenkreis des Geschäftsführers fällt, soweit es jedenfalls *auch* objektiv fremde Belange berührt. Im Umweltrecht, und dort speziell bei der Störungsbeseitigung, treten insofern keine Probleme auf, da es prinzipiell Aufgabe des Verursachers ist, eine Störung aus der Welt zu schaffen. Folglich liegt für andere Personen, die eine Störung beseitigen, in aller Regel ein objektiv fremdes Geschäft vor.

5
→ § 677 BGB

> **Beispiel:** Auf dem Grundstück des X verrottet ein Faß, das Giftstoffe enthält. Transportiert ein Nachbar das Faß auf eine Sondermülldeponie, führt er damit ein fremdes Geschäft, und zwar auch, wenn er auf seinem Grundstück einen Brunnen hat und daher eine Verseuchung des Grundwassers verhindern will.

3. Fremdgeschäftsführungswille

Der Geschäftsführer muß wissen, daß es sich um ein objektiv fremdes Geschäft handelt, und es mit dem Willen führen, eine Angelegenheit zu erledigen, die in den Rechtskreis eines anderen fällt. Fehlt dem Geschäftsführer dieser **Fremdgeschäftsführungswille**, handelt es sich nicht mehr um eine echte GoA, sondern um eine Eigengeschäftsführung.

Speziell im Bereich von Umweltstörungen können bei diesem Punkt Probleme auftreten, wenn der Geschäftsführer zwar das Geschäft eines anderen führen will, hierzu aber *verpflichtet* ist. Dann kann ein Fremdgeschäftsführungswille nicht ohne weiteres angenommen werden. Um zu praktikablen Ergebnissen zu gelangen, versucht man, zwischen *allgemeinen* und *speziellen*

6

Pflichten zu unterscheiden, also solchen, die für jedermann bestehen, und solchen, die nur für bestimmte Personen bestehen.

> **Beispiel:** Nach dem Strafgesetzbuch ist jedermann verpflichtet, in Notfällen Hilfe zu leisten. Diese Pflicht gilt so *allgemein*, daß es dem Nothelfer in erster Linie stets darum geht, die (fremden) Interessen des Hilfsbedürftigen zu wahren. Daher kann man hier den Willen, ein objektiv fremdes Geschäft zu führen, bejahen. Schwieriger wird es, wenn eine *spezielle* Handlungspflicht besteht. Löscht etwa die Feuerwehr einen Brand, wozu sie aufgrund der Feuerwehrgesetze der Länder verpflichtet ist, erfüllt sie ihre gesetzliche Verpflichtung. Gleichwohl wird sie natürlich auch im Interesse desjenigen tätig, dessen Eigentum vor Zerstörung bewahrt wird. Daher bejaht die Rechtsprechung sogar hier einen Fremdgeschäftsführungswillen der Feuerwehr, wohl um einen Kostenerstattungsanspruch zu gewähren, der sonst – nach den Feuerwehrgesetzen einiger Länder – nicht bestehen würde. Dagegen erfüllt der Staat nach Ansicht des BGH nur seine öffentlich-rechtliche Fürsorgepflicht, wenn er einen Untersuchungsgefangenen nach einem Selbstmordversuch ärztlich behandeln läßt. Hier wurde das Vorliegen einer GoA daher verneint.

4. Fehlen eines Auftrags oder einer sonstigen Berechtigung

7
→ § 677 BGB

Der Geschäftsführer darf zum Geschäftsherrn nicht in einem vertraglichen oder sonstigen Rechtsverhältnis stehen, das ihn zur Geschäftführung **berechtigt**. Dies ist etwa der Fall, wenn er vom Geschäftsherrn mit der Vornahme des Geschäfts *beauftragt* wurde. Als *sonstige Berechtigung* kommen auch öffentlich-rechtliche Verpflichtungen in Betracht, die gegenüber dem Geschäftsherrn bestehen (→ RN 6 und die Beispiele dort).

5. Interesse des Geschäftsherrn an der Geschäftsführung

8
→ § 683 S. 1 BGB

Die berechtigte GoA setzt ferner voraus, daß die Geschäftsführung dem **Interesse** des Geschäftsherrn entspricht. Hier gilt, daß alles, was dem Geschäftsherrn objektiv nützlich ist, auch seinem Interesse entspricht. Die objektive Nützlichkeit wird durch die subjektiven Verhältnisse des Geschäftsherrn begrenzt. Stehen das mit der Geschäftsführung verbundene Risiko oder die durch sie verursachten Kosten in keinem angemessenen Verhältnis mehr zu dem Nutzen, den der Geschäftsherr aus ihr ziehen kann, entspricht die Geschäftsführung nicht seinem Interesse. Bei der Beseitigung von Beeinträchtigungen der Umwelt wird man im allgemeinen davon ausgehen können, daß die Geschäftsführung dem Interesse des Geschäftsherrn entspricht. Denn zum einen hat sich das ökologische Bewußtsein in den letzten Jahrzehnten stark entwickelt, zum anderen wird der Geschäftsherr in der Regel ohnehin rechtlich verpflichtet sein, eine Störung zu beseitigen oder zu unterlassen.

5. Übereinstimmung mit dem wirklichen oder mutmaßlichen Willen des Geschäftsherrn

Schließlich muß die Geschäftsführung dem wirklichen oder mutmaßlichen Willen des Geschäftsherrn entsprechen. Damit dies festgestellt werden kann, ist der Geschäftsführer verpflichtet, dem Geschäftsherrn die Übernahme der Geschäftsführung sobald als möglich anzuzeigen.

9

→ § 683 S. 1 BGB

a) Wirklicher Wille

In erster Linie kommt es auf den wirklichen Willen des Geschäftsherrn an, ohne daß der Geschäftsführer von diesem Willen Kenntnis haben müßte. Kenntnis kann der Geschäftsführer vom wirklichen Willen des Geschäftsherrn erlangen, wenn er ihn über die Übernahme der Geschäftsführung informiert. Dazu ist er grundsätzlich verpflichtet, sofern nicht ein Notfall vorliegt, der sofortiges Handeln erfordert. Möglich ist aber auch, daß der Geschäftsherr seinen Willen schon vor der Übernahme der Geschäftsführung geäußert hat; auch dann muß er vom Geschäftsführer berücksichtigt werden. Ist der Geschäftsherr nicht mit der (weiteren) Geschäftsführung einverstanden, liegt keine berechtigte GoA vor, auch wenn der geäußerte Wille unvernünftig ist.

10

→ § 681 S. 1 BGB

> **Beispiel:** X verbietet seinem Nachbarn jedwede Maßnahmen auf seinem Grundstück in seiner Abwesenheit, selbst wenn dadurch ein Schaden entstehen sollte.

Bei Umweltbeeinträchtigungen ist ein entgegenstehender Wille des Geschäftsherrn allerdings häufig irrelevant. Das Gesetz erklärt nämlich den entgegenstehenden Willen des Geschäftsherrn für *unbeachtlich*, wenn die Geschäftsführung der rechtzeitigen Erfüllung einer Pflicht des Geschäftsherrn dient, deren Wahrnehmung im öffentlichen Interesse liegt. Dies ist bei Beeinträchtigungen der Umwelt meist der Fall, zumindest wenn sie gravierende Folgen haben können und auch ein Einschreiten von Behörden ermöglichen. Bei geringfügigen Beeinträchtigungen im nachbarlichen Bereich, etwa bei einer Geruchsbelästigung durch das Verbrennen von Gartenabfällen, gilt das jedoch nicht.

→ § 679 BGB

b) Mutmaßlicher Wille

Manchmal kann man den wirklichen Willen des Geschäftsherrn nicht feststellen, z. B. wenn das Geschäft sofort durchgeführt werden muß. In solchen Fällen kommt es auf den mutmaßlichen Willen des Geschäftsherrn an. Der hypothetische Wille ergibt sich aus dem, was der Geschäftsherr bei objektiver Beurteilung aller Umstände im Zeitpunkt der Übernahme der Geschäftsführung geäußert hätte. Sofern sich nicht aus irgendwelchen konkreten Umstän-

11

den etwas anderes ergibt, entspricht dem mutmaßlichen Willen des Geschäftsherrn das, was in seinem Interesse liegt, ihm also objektiv nützlich ist.

6. Rechtsfolgen der berechtigten Geschäftsführung ohne Auftrag

Als Rechtsfolgen ergeben sich bei berechtigter GoA folgende Ansprüche:

a) Aufwendungsersatzanspruch des Geschäftsführers

12
→ § 683 S. 1 BGB
→ § 670 BGB

Der Geschäftsführer kann „wie ein Beauftragter Ersatz seiner Aufwendungen" verlangen. Unter „Aufwendungen" versteht man dabei freiwillige Vermögensopfer. Der Geschäftsführer erhält alle „Aufwendungen, die er den Umständen nach für erforderlich halten darf", erstattet. Davon können auch aufwendige Maßnahmen gedeckt sein, solange sie nicht in einem völligen Mißverhältnis zu den Verhältnissen des Geschäftsherrn oder dem Nutzen stehen, den sie einbringen.

> **Beispiel:** Die Kosten für die Bergung eines umgestürzten Tanklastzugs durch die Feuerwehr sind ersatzfähig. In den o. g. Beispielen (→ RN 2) werden die Kosten für die Reparatur des Tanks, für die Polsterreinigung und für den Arzt bzw. die Reparatur erstattet.

Die Arbeitskraft des Geschäftsführers fällt nach der Rechtsprechung nur dann unter den Begriff der Aufwendungen, wenn die Geschäftsführung (zufälligerweise) zu seinem beruflichen Tätigkeitsfeld gehört.

> **Beispiel:** Ein Arzt, der bei einem medizinischem Notfall hilft, erhält ein Honorar; ist im ersten Beispielsfall (→ RN 2) der Nachbar selbst Tankbauer, bekommt er seine Arbeit bezahlt; dagegen gibt es keine Entlohnung, wenn der Arzt ein Feuer löscht oder der Tankbauer erste Hilfe leistet.

13

Die Rechtsprechung faßt außerdem unter den Begriff der Aufwendungen bestimmte **Schäden**, die dem Geschäftsführer entstehen. Die Schäden dürfen aber nicht nur Ausdruck des „*allgemeinen Lebensrisikos*" sein. Ihr Eintritt muß gerade durch die Übernahme und Ausführung der Geschäftsführung ermöglicht oder erleichtert worden sein. So beruhen etwa die Arzt- und Reparturkosten im Beispiel mit dem Radfahrer (→ RN 2) auf dem Ausweichmanöver, obwohl Unfälle mit dem Pkw natürlich grundsätzlich zum Lebensrisiko gehören. Stürzt dagegen ein Anwohner, der das Austreten farbiger Dämpfe aus einem benachbarten Unternehmen beobachtet, auf dem Weg zu seinem Telefon, bekommt er seinen Schaden nicht ersetzt, da sich nur das „allgemeine Lebensrisiko" verwirklicht hat.

b) Ansprüche des Geschäftsherrn

Der Geschäftsherr hat einen Anspruch, vom Geschäftsführer unverzüglich über die Übernahme der Geschäftsführung informiert zu werden. Der Geschäftsführer muß den Geschäftsherrn weiter auf dem Laufenden halten, Auskünfte erteilen, ggf. Rechenschaft ablegen. Soweit er etwas aus der Geschäftsführung erlangt, hat er es dem Geschäftsherrn herauszugeben. Führt er die Geschäfte nicht sorgfältig und verursacht er dadurch einen Schaden, muß er diesen dem Geschäftsherrn ersetzen.

14
→ §§ 667, 681 BGB

III. Probleme der Geschäftsführung ohne Auftrag im Umweltbereich

Im folgenden sollen noch besondere Probleme erörtert werden, die bei der Anwendung der GoA im Umweltbereich auftreten können.

1. Bürgerlich-rechtliche Geschäftsführung ohne Auftrag

Bei Ansprüchen aus GoA zwischen Privaten können Schwierigkeiten daraus resultieren, daß entweder die Umweltstörungen auf mehreren Ursachen beruhen oder verschiedene Personen als Störer in Anspruch genommen werden können.

15

> **Beispiel:** Ein Tanklastzug mit giftigen Chemikalien kommt von der Fahrbahn ab und stürzt auf ein Ackergrundstück. Störer ist in erster Linie der Fahrer als Handlungsstörer. Daneben sind aber auch der Halter des Lastzugs und der Eigentümer des verseuchten Grundstücks als Störer anzusehen. Zudem sind die Behörden des Ordnungs- und Umweltrechts nach öffentlichem Recht zum Einschreiten verpflichtet.

Auf derartig komplizierte Sachverhalte ist das Recht der GoA eigentlich nicht ausgerichtet. Es orientiert sich durchgängig an einer Zwei-Personen-Beziehung zwischen Geschäftsführer und Geschäftsherrn (→ RN 2). Das heißt aber nicht, daß die GoA auf **Mehr-Personen-Verhältnisse** nicht angewendet werden könnte. Denn die Geschäftsführung kann auch den Interessen verschiedener Personen dienen, die dann – je nach den Umständen – gemeinsam oder jeder für sich als Geschäftsherr anzusehen sind. Ggf. haften die Geschäftsherrn dem Geschäftsführer als Gesamtschuldner (→ Kap. 16/RN 24). Der Geschäftsführer kann sich dann aussuchen, gegen wen er vorgeht. Schwieriger ist dann der interne Ausgleich zwischen den verschiedenen Geschäftsherrn, insbesondere wenn einer von ihnen ein Hoheitsträger ist (→ RN 17 ff.). Auch der Umstand, daß der Geschäftsführer zunächst möglicherweise nicht weiß, in wessen Interesse er tätig wird, spricht nicht gegen die Anwendung der GoA. Denn wenn der Geschäftsführer über die Person des Geschäftsherrn irrt, wird gleichwohl der wahre Geschäftsherr aus der GoA berechtigt und verpflichtet.

16 Speziell im Zusammenhang mit **Altlasten** (→ Kap. 8/RN 41 ff.) ist ein Rückgriffsanspruch aus GoA denkbar.

> **Beispiel:** A verkauft ein Altlastengrundstück an B. Nach einigen Jahren stellt sich die Belastung heraus. Die zuständige Behörde zieht B zur Sanierung heran bzw. saniert selbst und nimmt B auf Kostenersatz in Anspruch. B möchte die Kosten nun seinerseits von A ersetzt verlangen.

Hier ist ein Anspruch aus GoA grundsätzlich möglich, und zwar auch dann, wenn ein Grundstückseigentümer von den Ordnungsbehörden in Anspruch genommen worden ist und nun beim wahrem Verursacher der Störung Regreß nehmen möchte. Denn es reicht aus, daß der Geschäftsführer ein zumindest *auch* fremdes Geschäft führt (→ RN 5). Soweit zwischen den Beteiligten ein Vertrag besteht, ist aber stets darauf zu achten, ob sich darin keine der GoA vorrangigen Regelungen finden (→ RN 7).

2. Öffentlich-rechtliche Geschäftsführung ohne Auftrag

17 Die eigentliche Problematik der GoA im Umweltrecht liegt in der Beteiligung der Ordnungs- und Umweltschutzbehörden, die aufgrund ihrer Befugnisse in der Regel zum Einschreiten verpflichtet sein werden. Soweit ein privater Dritter in ihrem Interesse tätig wird, liegt keine bürgerlich-rechtliche, sondern eine „öffentlich-rechtliche GoA" vor. An Erstattungsansprüche stellt die Rechtsprechung dann sehr strenge Anforderungen.

> **Beispiel:** Eine Tanklagerfirma läßt auf ihrem an der Weser gelegenen Betriebsgelände ein verfallendes Uferdeckwerk neu anlegen. Die Baumaßnahme wird technisch zwischen der Wasserstraßenverwaltung, dem Wasserwirtschaftsamt und der Wasserbehörde abgestimmt. Der Deichverband, in dessen Zuständigkeit das fragliche Uferwerk fällt, hatte die Firma zuvor aufgefordert, das Uferdeckwerk neu herzustellen, und weigert sich nun, die Kosten hierfür zu übernehmen. Auch die Bundesrepublik als Eigentümerin der Wasserstraße Weser will die Kosten nicht tragen. Die Firma klagt auf Aufwendungsersatz durch den Deichverband und die Bundesrepublik.

a) Rechtsweg; anwendbare Vorschriften

18 Wegen der öffentlich-rechtlichen Natur der Ansprüche sind nicht die Zivil-, sondern die *Verwaltungsgerichte* zuständig (→ Kap. 3/RN 47 ff.). Kommen Ansprüche aus GoA sowohl gegen private Verursacher als auch gegen die zum Einschreiten verpflichteten Verwaltungsbehörden in Betracht, können sie demnach wegen der unterschiedlichen Rechtswege nicht in einem einheitlichen gerichtlichen Verfahren geltend gemacht werden.

Auf die öffentlich-rechtliche GoA sind die Vorschriften der §§ 677 ff. BGB entsprechend anwendbar. Soweit der Geschäftsführer in Notlagen Maßnahmen ergreift, die eigentlich die zuständigen Behörden vornehmen müßten, führt er ein objektiv fremdes Geschäft. Die Geschäftsführung liegt im Interesse und entspricht dem mutmaßlichen Willen der Behörde, wenn diese etwa nicht in der Lage ist, selbst tätig zu werden. Die öffentlich-rechtliche GoA ist aber auch anwendbar, wenn die Behörde zwar tätig werden könnte, dazu aber nicht bereit ist, wie im o. g. Beispielsfall: Dort hätte der Deichverband, der von der Tanklagerfirma über den Zustand des Ufers informiert worden war, an sich selbst tätig werden können und, seine Zuständigkeit vorausgesetzt, auch müssen.

19

Jedoch folgt aus dem Unwillen des Deichverbandes tätig zu werden, daß die GoA nicht seinem tatsächlichen Willen entspricht. Damit liegt prinzipiell keine *berechtigte* GoA vor, sofern nicht der entgegenstehende Wille unbeachtlich ist, weil der Deichverband sonst seinen Pflichten, deren Erfüllung im öffentlichen Interesse liegt, nicht rechtzeitig nachkommen würde.

→ § 679 BGB

b) Besondere Voraussetzungen

Da die Erfüllung von Pflichten, die einem öffentlich-rechtlichen Aufgabenträger obliegen, stets im öffentlichen Interesse liegt, könnte jedermann hoheitliche Aufgaben nach seinem Belieben ausführen und dann Kostenersatz verlangen. Um dies zu vermeiden, stellt die Rechtsprechung eine zusätzliche Voraussetzung für die öffentlich-rechtliche GoA auf: es muß ein öffentliches Interesse gerade daran bestehen, daß *ein Privater* die öffentlich-rechtliche Pflicht anstelle der nach öffentlichem Recht zuständigen Person in der gegebenen Situation erfüllt. Wann dies der Fall ist, muß unter Berücksichtigung aller Umstände des Einzelfalls und Abwägung widerstreitender öffentlicher Belange entschieden werden. Ausreichend, aber nicht zwingend erforderlich, ist eine akute Notstandslage hinsichtlich der in Frage stehenden öffentlichen Interessen. In unserem Beispielsfall lag weder eine akute Gefährdung der Deichsicherheit noch eine Notlage hinsichtlich des Unterhalts der Wasserstraße Weser vor. Dies war aber auch nicht erforderlich. Auch der Schutz *privater* Rechtsgüter und Rechte vermag ein öffentliches Interesse an der GoA zu begründen, so etwa die Gefährdung der Gesundheit oder des Eigentums von Bürgern. In unserem Fall war entscheidend, daß die zuständige Behörde sich für unzuständig erklärt und die Tanklagerfirma zum Tätigwerden aufgefordert hatte.

20

Damit bleibt festzuhalten: Der entgegenstehende Wille der Behörde bei der öffentlich-rechtlichen GoA ist unbeachtlich, wenn ein öffentliches Interesse an der Durchführung der Maßnahme *durch einen Privaten zu diesem Zeitpunkt* vorliegt. Das ist etwa dann der Fall, wenn die zuständige Behörde sich für unzuständig erklärt und den Privaten auffordert, die Maßnahme selbst und

21

auf eigene Kosten durchzuführen, wie in unserem Beispielsfall. Die Anforderungen hieran sind aber streng, damit der gewöhnlich vorgeschriebene Instanzenweg gewahrt bleibt. Denn soweit ein Bürger ein Tätigwerden einer Behörde wünscht, muß er einen Antrag stellen, nach dessen Ablehnung und Zurückweisung einen Widerspruch oder im Falle der Untätigkeit Verpflichtungsklage nach der Verwaltungsgerichtsordnung erheben (→ Kap. 3/RN 48 f.) oder in Eilfällen vorläufigen Rechtsschutz beantragen (→ Kap. 3/RN 51). Nur ganz ausnahmsweise darf er stattdessen selbst tätig werden und vollendete Tatsachen schaffen.

Unser Ausgangsfall ist vom BVerwG nicht entschieden, sondern an das OVG zurückverwiesen worden. Dessen Entscheidung ist wohl unveröffentlicht geblieben.

Kontrollfragen:
1. Worum geht es bei der Geschäftsführung ohne Auftrag? (RN 1)
2. Wann ist der entgegenstehende Wille des Geschäftsherrn unbeachtlich? (RN 10)
3. Wann entspricht die Geschäftsführung dem mutmaßlichen Willen des Geschäftsherrn? (RN 11)
4. Welchen Anspruch hat der Geschäftsführer bei berechtiger GoA? (RN 12)
5. Welche Besonderheit gilt bei der öffentlich-rechtlichen GoA? (RN 20 f.)

Weiterführende Literatur:
Gursky, Karl-Heinz, Der Tatbestand der Geschäftsführung ohne Auftrag, AcP 185 (1985), S. 13–45; *Lang, Arno,* Die neuere Rechtsprechung des BGH zu Auftrag, Geschäftsbesorgung und Geschäftsführung ohne Auftrag, WM 1988, Sonder-Beilage 9 zu Heft 46; *Medicus, Dieter*, Umweltschutz als Aufgabe des Zivilrechts, NuR 1990, S. 145–155; *Oldiges, Martin*, Kostenerstattung einer Gemeinde wegen polizeilicher Gefahrenabwehr, JuS 1989, S. 616–623; *Oppermann, Bernd*, Konstruktion und Recht der Geschäftsführung ohne Auftrag, AcP 193 (1993), 497–528; *Wollschläger, Christian*, Grundzüge der Geschäftsführung ohne Auftrag, JA 1979, S. 57–60, S. 126–132 und S. 182–185.

Rechtsprechungshinweise:
BGHZ 40, S. 28 ff. (Rückgriff der Feuerwehr); BGHZ 98, S. 235 ff. (Rückgriff des Grundstückseigentümers gegen Pächter); BGHZ 110, S. 313 ff. (Rückgriff des Grundstückseigentümers gegen Mieter); BGH, NJW 1981, S. 2457 f. (Ausgleich zwischen mehreren Störern); BGH, NJW 1990, S. 2058 ff.; BVerwG, NJW 1989, S. 922 ff. (öffentlich-rechtliche GoA – Deichverband).

III. Teil

Umweltstrafrecht

21. Umweltstrafrecht

I. Allgemeiner Überblick
   1. Begriff und Regelungsbereich
      a) Umweltstrafrecht im engeren Sinne
      b) Umweltstrafrecht im weiteren Sinne
      c) Gründe für die Aufnahme der zentralen Umweltdelikte in das Strafgesetzbuch
   2. Schutzgut und Zweck der Umweltdelikte
   3. Systematik und Charakter der Umweltdelikte
      a) Systematik der Umweltdelikte
      b) Charakter der Umweltdelikte
   4. Grundsatz der Verwaltungsakzessorietät des Umweltstrafrechts
      a) Allgemeines
      b) Verwaltungsaktsakzessorietät
      c) Konsequenzen für die Effizienz des Umweltstrafrechts

II. Die einzelnen Strafnormen
   1. Gewässerverunreinigung
      a) Tatbestandsfragen
      b) Rechtswidrigkeit der Gewässerverunreinigung
   2. Bodenverunreinigung
   3. Luftverunreinigung
      a) Potentielles Gefährdungsdelikt
      b) Abstraktes Gefährdungsdelikt
      c) Ausschlußklausel für Verkehrsfahrzeuge
   4. Verursachung von Lärm, Erschütterungen und nichtionisierenden Strahlen
   5. Umweltgefährdende Abfallbeseitigung
      a) Illegaler Umgang mit gefährlichen Abfällen
      b) Illegale grenzüberschreitende Verbringung gefährlicher Abfälle
      c) Verletzung der Pflicht zur Ablieferung radioaktiver Abfälle
      d) Minima-Klausel („Bagatellklausel")
   6. Unerlaubtes Betreiben von Anlagen
   7. Unerlaubter Umgang mit radioaktiven Stoffen und anderen gefährlichen Stoffen und Gütern
   8. Gefährdung schutzbedürftiger Gebiete
   9. Schwere Gefährdung durch Freisetzungen von Giften

III. Rechtfertigungsgrund des Notstandes

IV. Individuelle Verantwortlichkeit und ihr Ausschluß
   1. Verantwortlichkeit natürlicher und juristischer Personen
   2. Schuldhafte Tatbegehung
   3. Schuldausschluß
   4. Täterschaft und Teilnahme
      a) Allgemeine Prinzipien
      b) Strafbarkeit von Amtsträgern

V. Persönlicher Strafaufhebungsgrund „Tätige Reue"

VI. Strafarten

VII. Verfahrensrecht
   1. Strafverfahren
   2. Ordnungswidrigkeitenverfahren

Während ansonsten die Zeichen eher auf Zurückdrängung und Liberalisierung des Strafrechts gestellt sind, herrscht im Umweltbereich geradezu eine „Kriminalisierungswelle". Ausschlaggebend hierfür ist zum einen, daß das klassische Strafrecht mit dem Schutz von Leben, Körper, Gesundheit und Eigentum keine Antwort auf neuartige Bedrohungsformen technisch-zivilisatorischen Ursprungs gibt; zum anderen der Umstand, daß spektakuläre Umweltzerstörungen mit breiter Publizitätswirkung den Gesetzgeber in Handlungszwang gebracht haben. In der öffentlichen Meinung wird jedoch häufig verkannt, daß die Leistungsfähigkeit des Strafrechts äußerst begrenzt ist. Es ist lediglich **letztes Mittel** („*ultima ratio*") zum Schutz besonders wichtiger Rechtsgüter und bekämpft nur bereits eingetretene Verletzungen.

1

> **Fakten:** Seit der Reform des Umweltstrafrechts im Jahre 1980 hat sich die Zahl der bekanntgewordenen Delikte gegen die Umwelt nach den §§ 324 ff. Strafgesetzbuch (StGB) mehr als vervierfacht: Wurden 1980 5151 Straftaten polizeilich registriert, so waren es 1990 21412 und 1992 gar 23387 (in den alten Bundesländern). In den fünf neuen Bundesländern trat eine Vervierfachung der registrierten Umweltdelikte sogar innerhalb eines Jahres ein (1991: „nur" 615 Fälle; 1992: 2495 Fälle). Dieser enorme Zuwachs ist weniger die Folge einer höheren tatsächlichen Kriminalität als vielmehr einer stärkeren Kontrolle und einer wachsenden Anzeigenbereitschaft der Bevölkerung.
>
> Spielten in den 70er Jahren bei den Umweltstraftaten die Wasserdelikte mit ca. 90 % die überragende Rolle, nimmt seit der Reform des Jahres 1980 der Anteil dieser Straftaten deutlich ab (1992 nur noch 35,4 %), der der Abfalldelikte hingegen kontinuierlich zu (1992: 55,2 %). Zahlenmäßig folgen diesen Delikten das unerlaubte Betreiben von Anlagen (1992: 6,5 %) und die Luftverunreinigungen (1992: 1,5 %). Die sonstigen Umweltstraftaten sind quantitativ bedeutungslos (zusammen 1,4 %).

I. Allgemeiner Überblick

1. Begriff und Regelungsbereich

a) Umweltstrafrecht im engeren Sinne

2
Sämtliche Strafvorschriften zum Schutz der Umwelt waren ursprünglich in den verschiedenen Umweltgesetzen (wie etwa im Wasserhaushaltsgesetz, im Bundes-Immissionsschutzgesetz, im Abfallbeseitigungsgesetz und im Atomgesetz) enthalten. Erst seit am 1. Juli 1980 das 18. Strafrechtsänderungsgesetz (StrÄndG) – Gesetz zur Bekämpfung der Umweltkriminalität – in Kraft getreten ist, besitzt das Umweltstrafrecht unter der Bezeichnung „Straftaten gegen die Umwelt" einen eigenen Abschnitt im Strafgesetzbuch (§§ 324–330d). Dort wurden jedoch nur die wichtigsten umweltschützenden Straftatbestände aufgenommen. Insoweit spricht man vom Umweltstrafrecht im engeren Sinne.

b) Umweltstrafrecht im weiteren Sinne

Zum Umweltstrafrecht im weiteren Sinne gehören alle Normen, die außerhalb des Strafgesetzbuches Verstöße gegen Umweltrecht sanktionieren. Zwei Materien gilt es hier zu unterscheiden:

Strafvorschriften außerhalb des Strafgesetzbuches
Während die wichtigsten Vorschriften des Umweltstrafrechts in das Strafgesetzbuch eingefügt wurden, haben die weniger bedeutsamen Strafvorschriften und solche, die nur mittelbar dem Umweltschutz dienen, ihren Platz außerhalb des Strafgesetzbuches in den einzelnen Umweltgesetzen behalten (sog. **Nebenstrafrecht**).

Vorschriften des Umweltordnungswidrigkeitenrechts
Zum Umweltstrafrecht im weiteren Sinne zählen auch Bußgeldtatbestände, die außerhalb des Strafgesetzbuches weniger gravierende Umweltrechtsverstöße sanktionieren. Diese sog. **Ordnungswidrigkeiten** sind in den Umweltgesetzen und -verordnungen des Bundes und der Länder geregelt. Sie werden teilweise nach landesrechtlichen Bußgeldkatalogen mit festen „Taxen" geahndet. Das verhängte Bußgeld kann sich auf Beträge von 5 DM bis 100 000 DM belaufen. Wegen des fehlenden kriminellen Gehalts der Regelverstöße enthalten diese Sanktionsarten – im Unterschied zur Kriminalstrafe – kein „sozialethisches Unwerturteil". Sie stellen „nur" eine nachdrückliche Pflichtermahnung dar, die vor allem vorbeugend wirken soll. Dies kommt auch darin zum Ausdruck, daß die Festsetzung einer Geldbuße – im Gegensatz zur Kriminalstrafe – nicht in das Bundeszentralregister eingetragen wird, das Grundlage für das Erteilen von Führungszeugnissen und unbeschränkter Auskünfte an Gerichte, Staatsanwaltschaften und bestimmte Behörden ist.

c) Gründe für die Aufnahme der zentralen Umweltdelikte in das Strafgesetzbuch

Der Reformgesetzgeber des Jahres 1980 hat mit der Übernahme der wichtigsten umweltschützenden Stafvorschriften in das Strafgesetzbuch folgende Ziele verfolgt:

- Förderung der Anerkennung selbständiger Umweltschutzgüter,
- Vereinheitlichung der unübersichtlichen Materie,
- Bewußtseinsschärfung bei den Bürgern und Verantwortungsträgern für die Allgemeinschädlichkeit gefahrenträchtiger Umwelteingriffe („Umweltvergehen sind keine Kavaliersdelikte!"),
- Erhöhung der abschreckenden Wirkung der Strafdrohungen.

Daß diese Ziele zumindest teilweise erreicht wurden, zeigt vor allem die Vervierfachung der Strafanzeigen und der Strafverfahren seit Wirksamkeit der Novelle. Dennoch hat die Überprüfung des geltenden Rechts anläßlich der Katastrophe im März 1986 im Chemiekonzern Sandoz in Basel ergeben, daß das Umweltstrafrecht einer erneuten Reformierung bedarf. Das Ergebnis der gesetzgeberischen Überlegungen stellt nun das seit 1. November 1994 geltende 31. StrÄndG – Zweites Gesetz zur Bekämpfung der Umweltkriminalität – dar. Die darin enthaltenen Neuerungen bezwecken ein effizienteres Umweltstrafrecht, ohne dabei den „Wirtschaftsstandort Deutschland" zu gefährden. Revolutionäre Änderungen sind ausgeblieben; der Gesetzgeber hat sich auf einzelne Korrekturen beschränkt.

> **Hinweis:** Die nachfolgende Darstellung konzentriert sich aus Platzgründen auf den Kernbereich des Umweltstrafrechts, d. h. auf die Umweltstraftatbestände im Strafgesetzbuch (§§ 324 ff. StGB).

2. Schutzgut und Zweck der Umweltdelikte

7 Die Strafnormen schützen *die Umwelt* in ihren verschiedenen Medien (Boden, Wasser, Luft) und ihren sonstigen Erscheinungsformen (Tier- und Pflanzenwelt) als natürliche Lebensgrundlage des Menschen. Ihre Zentralfunktion liegt in der Erzwingung der umweltrechtlichen Pflichten und Verbote.

3. Systematik und Charakter der Umweltdelikte

a) Systematik der Umweltdelikte

8 Die Systematik der Umweltdelikte ist äußerst komplex, da die einzelnen Tatbestände unterschiedliche Elemente miteinander verbinden:

- den *Schutz bestimmter Umweltgüter* (Luft, Wasser, Boden) *oder ökologischer Gebiete*,
- den *Grad ihrer Beeinträchtigung:* Verletzung, konkrete Gefährdung, potentielle (Eignung zur) Gefährdung, abstrakte Gefährdung,
- die *Beeinträchtigung bestimmter Sinne* durch Geruch oder Lärm,
- den *Umgang* bzw. die *Verbreitung von gefährlichen Stoffen* (z. B. Gift, Abfall, radioktive Stoffe).

b) Charakter der Umweltdelikte
Ausmaß des Schutzes der einzelnen Umweltgüter
Der Strafschutz der einzelnen Umweltgüter ist unterschiedlich intensiv ausgestaltet:

9

Das Medium **Wasser** wird *absolut* – in seiner existenten Reinheit – geschützt. Die **Luft** genießt Strafschutz zwar auch in ihrer („natürlichen") Reinheit, aber nur *relativ* in dem Maße, in dem die Luftverunreinigung zur Schädigung der menschlichen Gesundheit (oder zur Schädigung von Tieren, Pflanzen oder anderen Sachen „von bedeutendem Wert") geeignet ist. Das Medium **Boden** wiederum ist nur im Falle einer Bodenverunreinigung „in bedeutendem Umfang" uneingeschränkt („absolut") geschützt. Ist die Bodenverunreinigung hingegen von geringerem Ausmaß, setzt der Strafrechtsschutz nur ein, wenn die Bodenverunreinigung zur Schädigung der Gesundheit eines Menschen, zur Schädigung von Tieren, Pflanzen oder anderen Sachen „von bedeutendem Wert" oder zur Schädigung eines Gewässers geeignet ist.

Mit der Formel von der **„Eignung" zur Schädigung** will der Gesetzgeber vor allem den Kausalitätsnachweis erleichtern bzw. überflüssig machen. Dieses Ziel hat er aber nur eingeschränkt erreicht, da eine Schädigungseignung im allgemeinen nur angenommen werden kann, wenn ein naturwissenschaftlich gesichertes Kausalgesetz vorhanden und bekannt ist. Die in Verwaltungsvorschriften festgesetzten Grenzwerte haben insoweit lediglich Indizwirkung für das Vorliegen der Schädigungseignung.

10

Aus dem Vorstehenden wird bereits deutlich, daß die Umweltstraftatbestände vorwiegend als sog. **abstrakte Gefährdungsdelikte** konstruiert sind, d. h. für ihre Verwirklichung die bloße Möglichkeit einer Schädigung genügt.

11

Die Angriffsrichtungen der Umweltdelikte im Überblick sind auf der folgenden Seite dargestellt.

12

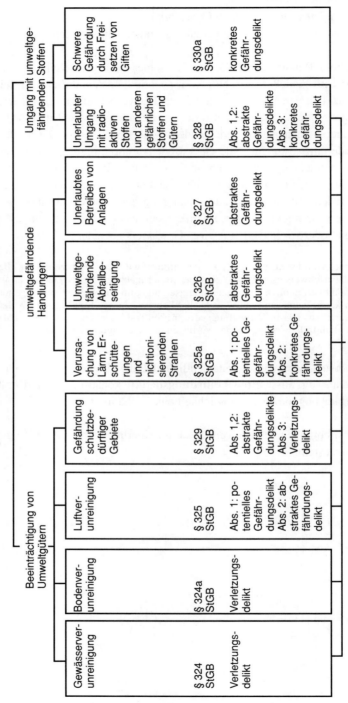

◀ Erläuterungen:
Nach der *Wirkung* der strafbaren Handlung werden **Verletzungsdelikte** und (konkrete oder abstrakte) **Gefährdungsdelikte** unterschieden. Bei den ersteren gehört zur Vollendung des Delikts die Verletzung eines bestimmten Objekts (z. B. Verunreinigung eines Gewässers), bei letzteren wird dagegen bereits eine konkret oder abstrakt gefährliche Handlung mit Strafe bedroht, um die Verletzung zu verhüten.

Während der Tatbestand (→ RN 20) der **konkreten Gefährdungsdelikte** den Eintritt einer Gefahr für Menschen, Tiere oder Sachen verlangt, beschreibt der Tatbestand der **abstrakten Gefährdungsdelikte** ein bloßes Tun, das aber deshalb bestraft wird, weil es leicht eine konkrete Gefahr auslösen kann. Bei den **potentiellen Gefährdungsdelikten** wiederum gehört zwar eine generelle Gefährlichkeit von konkreter Tat oder Tatmitteln zum Tatbestand, nicht aber der Eintritt einer konkreten Gefahr.

4. Grundsatz der Verwaltungsakzessorietät des Umweltstrafrechts

a) Allgemeines

Alle Umweltstraftaten mit Ausnahme der „Schweren Gefährdung durch Freisetzen von Giften" (→ RN 71) stellen Übersteigerungen von im Grunde anerkannten, wenn auch *verwaltungsrechtlich* (→ Kap. 3/RN 3 f.) kontrollierten Tätigkeiten dar. Diese **Verwaltungsakzessorietät** (= Verwaltungsabhängigkeit) kommt bei den meisten Tatbeständen dadurch zum Ausdruck, daß der Täter „unter Verletzung verwaltungsrechtlicher Pflichten", „ohne die erforderliche Genehmigung oder entgegen einer vollziehbaren Untersagung" oder schlicht „unbefugt" gehandelt haben muß. Sie hat den Vorteil, daß über den Weg des Verwaltungsrechts das Strafrecht an wirtschaftliche und technische Entwicklungen angepaßt werden kann, ohne daß es eines ständigen gesetzgeberischen Eingriffs in das Strafgesetzbuch bedürfte.

13

Das Zusammenspiel von Straf- und Verwaltungsrecht birgt jedoch zahlreiche Probleme. Fraglich ist insbesondere, welchen Einfluß die *Fehlerhaftigkeit von Verwaltungsentscheidungen* auf die Strafbarkeit hat. Daß sich hier rechtliche Divergenzen ergeben können, ist eine Konsequenz des Umstandes, daß *rechtswidrige* Verwaltungsakte nach dem Verwaltungsverfahrensrecht grundsätzlich *wirksam* sind und wirksam bleiben, bis sie von der Behörde zurückgenommen worden sind. Es drängt sich daher die Frage auf, ob und unter welchen Voraussetzungen das Strafrecht „von den Wertungen des Verwaltungsrechts abweichen", d. h. eigene strafrechtliche Wertungsmaßstäbe bilden oder anwenden darf.

14

Heute ist unbestritten, daß das Strafrecht in der Übernahme verwaltungsrechtlicher Begriffe frei ist, im Ergebnis jedoch beide Rechtsordnungen einander nicht widersprechen dürfen. In diesem Sinne darf strafrechtlich nicht verboten werden, was verwaltungsrechtlich erlaubt ist („Prinzip der Einheit der Rechtsordnung"). Probleme treten jedoch bei der Anknüpfung an behördliche Einzelakte, der sog. Verwaltungs*akts*akzessorietät, auf.

15

b) Verwaltungsaktsakzessorietät

Grundsatz

16 Prinzipiell ist von einer **strikten Bindung des Strafrechts an die** (ggf. auch rechtswidrigen) **Entscheidungen der Verwaltungsbehörden** auszugehen. Für die Anwendung des Strafgesetzes bedeutet dies im einzelnen folgendes:

- Bei behördlichen Entscheidungen kommt es allein auf deren *Wirksamkeit* und nicht auf deren Rechtmäßigkeit an; nur *nichtige* Verwaltungsakte (→ Kap. 3/RN 9 ff.) sind auch strafrechtlich unbeachtlich;
- wird die behördliche Entscheidung später aufgehoben, so hat dies rückwirkend keinerlei Einfluß auf die Strafbarkeitsfrage;
- handelt der Täter ohne Genehmigung, so kommt es auf die Möglichkeit der Genehmigung (*„Genehmigungsfähigkeit"*) *nicht* an.

Ausnahmen

17 Die Berufung auf *rechtsmißbräuchlich* (d. h. durch Täuschung, Drohung oder Bestechung) erlangte Genehmigungen ist dem *genehmigungslosen* Verhalten gleichgestellt (§ 330d Nr. 5 StGB).

Auf *weitere Ausnahmen* von der „Vorgabefunktion des Verwaltungsrechts" wird bei der Rechtswidrigkeit der Gewässerverunreinigung (→ RN 34–36) eingegangen.

c) Konsequenzen für die Effizienz des Umweltstrafrechts

18 Aufgrund der Verwaltungsakzessorietät des Umweltstrafrechts hängt die Definition von umweltkriminellem Verhalten und damit auch die Möglichkeit der strafrechtlichen Sanktionierung nicht primär (wie im klassischen Kriminalitätsbereich üblich) von den Strafverfolgungsbehörden ab, sondern von den einzelnen Verwaltungsbehörden. Dies hat die mißliche Konsequenz, daß Vollzugsprobleme und Defizite der Verwaltung, wie z. B. unklare und unbestimmte alte Bescheide, Unklarheiten bei der Auslegung von Grenzwertbestimmungen, festgestellte Duldungen rechtswidriger Zustände oder fehlerhaft erteilte Gestattungen, sich hemmend auf die mögliche Anwendung des Umweltstrafrechts auswirken. Die Effizienz des Umweltstrafrechts gerät somit in eine Abhängigkeit von der Effizienz der Umweltverwaltung.

II. Die einzelnen Strafnormen

Nachfolgend werden die umweltstrafrechtlichen Vorschriften in ihrer gesetzlichen Reihenfolge dargestellt. Der Schwerpunkt wird dabei auf die Straftatbestände der Gewässerverunreinigung und der umweltgefährdenden Abfallbeseitigung gelegt, da sie in der Praxis die bedeutsamsten Tatbestände des Umweltstrafrechts sind (→ RN 1).

1. Gewässerverunreinigung → § 324 StGB

Die Gewässerverunreinigung ist der mit Abstand weitestgehende Tatbestand im Umweltstrafrecht, da er ein *absolutes* Verunreinigungsverbot normiert.

19

a) Tatbestandsfragen
Vorab soll zur besseren Verständlichkeit der nachfolgenden Ausführungen eine kurze **Einführung in die Straftatlehre** erfolgen:

20

Jede Straftat vereinigt *drei Grundelemente* in sich: Erfüllung des gesetzlichen Tatbestandes, Rechtswidrigkeit und Schuld. Fehlt eines dieser Elemente, liegt keine Straftat vor.

Der **Tatbestand** muß, um dem Rechtsgrundsatz „keine Strafe ohne Gesetz" zu entsprechen, im Gesetz klar und bestimmt beschrieben sein. Die Bejahung der Tatbestandsmäßigkeit beinhaltet ein „vorläufiges Unwerturteil".

Die **Rechtswidrigkeit** ergibt sich aus der Verletzung des durch das Strafgesetz geschützten Rechtsgutes. Sie entfällt, wenn ein *Rechtfertigungsgrund* vorliegt, der das an sich verbotene Tun erlaubt sein läßt. Rechtfertigungsgründe sind vor allem Einwilligung des Verletzten, Notwehr und rechtfertigender Notstand. Nur letzterer kann bei den Umweltstraftaten praktische Bedeutung erlangen (→ RN 72). Die Bejahung der Rechtswidrigkeit stellt ein „endgültiges Unwerturteil" dar.

Schuld, das dritte Element jeder strafbaren Handlung, bedeutet persönliche Vorwerfbarkeit des mit Strafe bedrohten Verhaltens. Besondere Umstände, sog. Schuldausschließungsgründe, können sie beseitigen (z.B. Verbotsirrtum → RN 75 und Schuldunfähigkeit).

Den Straftatbestand der Gewässerverunreinigung kann *jedermann* verwirklichen (sog. **Allgemeindelikt**).

21

Da der Gesetzgeber einen absoluten Gewässerschutz anstrebt, wird überwiegend ein sog. **ökologischer Rechtsgutsansatz** vertreten. Geschützt sind danach „die den Gewässern in ihrem Naturzustand innewohnenden Funktionen für die Umwelt und den Menschen".

22

Das geschützte Umweltmedium **„Gewässer"** umfaßt das (in- und ausländische) oberirdische Gewässer und Grundwasser sowie das Meer (§ 330d Nr. 1 StGB). Zum oberirdischen Gewässer gehört das ständig oder zeitweilig in Betten fließende oder stehende oder aus Quellen wild abfließende Wasser (§ 1 I Nr. 1 WHG; zu den Details → Kap. 11/RN 11ff.).

23

Mit Strafe bedroht ist jedes **nachteilige Verändern der Gewässereigenschaften**, insbesondere das Verunreinigen.

24

Im Interesse eines absoluten Gewässerschutzes ist als *nachteilige Veränderung* jede Verschlechterung der natürlichen Gewässereigenschaften im physikalischen, chemischen, biologischen oder thermischen Sinn zu verstehen.

> **Beispiel:** Austretenlassen von Schadstoffen aus einem Tank; Einleiten von Schiffsabwässern; Beeinträchtigung der Selbstreinigungskraft des Gewässers durch Entzug von Sauerstoff; Einleitung chlorhaltigen Wassers aus einem Schwimmbecken in einen Bach; Versickernlassen von hochnitrathaltigem Silagesaft in das Grundwasser; Absenken des Wasserspiegels bis zur völligen Beseitigung des Altarms eines Flusses.

25 Das *Verunreinigen* ist lediglich ein Unterfall der nachteiligen Veränderung der Gewässereigenschaft. Diese beiden Tatmodalitäten unterscheiden sich nur dadurch, daß die Verunreinigung eine *äußerlich wahrnehmbare* Veränderung des Gewässers herbeigeführt haben muß.

> **Beispiel:** Färbung des Gewässers durch die eingeführte Substanz.

26 Das Gesetz setzt *nicht* voraus, daß dem Gewässer „unnatürliche" Stoffe zugeführt werden. Maßgeblich ist nur, daß das Gewässer „nachteilig" verändert wird.

> **Beispiel:** Der Eintritt des tatbestandlichen Erfolgs ist zu bejahen, wenn einem Fluß „naturbedingt belastetes" Moorwasser aus demselben Quellgebiet zugeführt wird. Auch eine Gewässerverunreinigung durch landwirtschaftliche Düngung erfüllt den Tatbestand.

27 Entscheidendes Kriterium ist die Veränderung der derzeitigen Wasserqualität. Daher kann auch ein bereits verschmutztes Gewässer taugliches Objekt einer Gewässerverunreinigung sein.

> **Beispiel:** Ein Chemieunternehmen leitet Produktionsabwässer in den bereits verschmutzten Rhein.

28 In welcher *Art und Weise* die Gewässerverschlechterung herbeigeführt wird, spielt *keine* Rolle.

> **Beispiel:** Strafbar sind auch Gewässerverunreinigungen durch aufgewirbelten Sand, durch das Einleiten verschmutzten Grundwassers in ein zuvor (relativ) reines Gewässer oder durch Herbeiführen eines Tankwagenunglücks oder einer Schiffskollision mit anschließendem Austritt von Schadstoffen.

29 Eine „nachteilige" Gewässerveränderung setzt *nicht* voraus, daß Menschen, Tiere oder Pflanzen tatsächlich zu Schaden gekommen sind oder daß auch nur eine entsprechende konkrete Gefahr eingetreten ist. Es genügt vielmehr, daß die Beeinträchtigung der Nutzungsmöglichkeiten oder der Gewässereigenschaften diese oder andere Nachteile haben *kann*.

30 Weitgehende Einigkeit besteht darin, daß *Bagatellfälle* von der Strafdrohung *ausgeschlossen* sind. Es handelt sich hierbei um „unbedeutende, vernachlässigbare kleine Beeinträchtigungen".

> **Beispiel:** Das Ausleeren einer Cola-Flasche, eines Eimers mit Waschlauge oder eines Kanisters mit fünf Litern Olivenöl.

Die Gerichte sehen den tatbestandsmäßigen Erfolg der Gewässerverschlechterung *nicht* dadurch ausgeschlossen, daß das Gewässer nur kurzzeitig und partiell bzw. nur graduell und in geringem Ausmaß beeinträchtigt wurde.

31

> **Beispiel:** Bereits eine sich an der Wasseroberfläche bewegende schadstoffbelastete Flüssigkeitsschicht kann selbst in einem Fluß von der Größe des Rheins das Tatbestandsmerkmal der nachteiligen Veränderung der Gewässereigenschaften erfüllen.

b) Rechtswidrigkeit der Gewässerverunreinigung
Der Täter muß ferner „unbefugt" handeln. Dieses Merkmal wird überwiegend als Hinweis auf das allgemeine Verbrechenselement der Rechtswidrigkeit (→ RN 20) aufgefaßt.

32

Die behördliche Gestattung
In Konsequenz der Verwaltungsakzessorietät des Umweltstrafrechts ist die Rechtswidrigkeit der Gewässerverunreinigung – wie ausgeführt (→ RN 13 ff.) – generell zu verneinen, wenn diese durch eine behördliche Genehmigung, Bewilligung oder Erlaubnis gedeckt ist. Im Rahmen der Gewässerverunreinigung rechtfertigt allerdings nur eine *wasserrechtliche* Erlaubnis, d. h. die Gestattung muß auf eine mögliche Verschlechterung der Gewässereigenschaften bezogen sein und damit bewußt von einem diesbezüglichen Verbot freistellen wollen.

33

> **Beispiel:** Eine nur gewerberechtliche Genehmigung erfüllt diese Voraussetzung nicht; gleiches gilt für eine Baugenehmigung sowie für die behördliche Zulassung eines Schiffes zum Bundeswasserstraßenverkehr.

Eine Ausnahme vom Grundsatz strikter Verwaltungs*akts*akzessorietät (→ RN 16 f.) macht die Rechtsprechung bei Verstößen gegen die in behördlichen Gestattungen angeordneten Nebenbestimmungen (→ Kap. 7/RN 53 ff.). Ob ein solcher Verstoß strafrechtlich beachtlich ist, machen die Gerichte allein davon abhängig, ob die nicht eingehaltene Nebenbestimmung den „wesentlichen Umfang und Inhalt der Genehmigung bestimmt". Eine Strafbarkeit ist demnach zu bejahen, wenn die nichtbefolgte Auflage unmittelbar dem Gewässerschutz dient, ein Verstoß sich folglich unmittelbar auf die Beschaffenheit des Gewässers auswirkt.

34

Entsprechend der Beurteilung von Auflagenverstößen wird auch bei Überschreitung der in der Erlaubnis festgesetzten Grenzwerte („*Höchstwerte*") entschieden. Sie macht die Gewässerbenutzung „unbefugt", wenn die Ausle-

35

gung des Erlaubnisbescheides ergibt, daß die Einhaltung dieser Grenzwerte wesentliche Genehmigungsvoraussetzung ist und unmittelbar dem Gewässerschutz dient.

Die behördliche Duldung

36 Ob einer behördlichen Duldung der gleiche Stellenwert beigemessen werden muß wie einer Genehmigung, ist heftig umstritten. Im Grundsatz besteht heute Einigkeit, daß ein schlichtes Dulden keine Erlaubnis gibt. Die ungenehmigte Gewässerverunreinigung bleibt also auch dann rechtswidrig, wenn die zuständige Verwaltungsbehörde trotz Kenntnis dieses Verhaltens untätig bleibt und es stillschweigend duldet. Von dieser „bloßen stillschweigenden Duldung" (sog. **„passiven Duldung"**) sind jedoch die Fälle zu unterscheiden, in denen die zuständige Behörde für den Adressaten erkennbar zu verstehen gegeben hat, daß sie die Gewässerverunreinigung billigend in Kauf nimmt. Die Möglichkeit einer solchen Rechtfertigung – lange Zeit als **„aktive Duldung"**, heute überwiegend als „konkludente Genehmigung" bezeichnet – wird mittlerweile weitgehend anerkannt, obgleich sie verwaltungsrechtlich keine Erlaubnis darstellt, das entsprechende Verhalten also verwaltungsrechtswidrig bleibt.

2. Bodenverunreinigung

37

→ § 324a StGB

Der Straftatbestand der Bodenverunreinigung stellt eine der wichtigsten Neuerungen der Reform des Jahres 1994 dar. Mit ihm wird erstmals der bisher nur mittelbar geschützte Boden unter strafrechtlichen Schutz gestellt. Dieser Tatbestand ist ein sog. **Sonderdelikt**, da er nicht von jedermann, sondern nur von einem *verwaltungsrechtlich Verpflichteten* verwirklicht werden kann (→ RN 43).

38 Geschütztes **Rechtsgut** ist die ökologische Funktion des Bodens, einschließlich der Funktion als Standort für belastungsempfindliche Nutzungen (z. B. Trinkwassergewinnung und Anbau biologischer Kost).

Der Boden ist als Naturkörper wesentlicher Bestandteil des Naturhaushalts, Lebensgrundlage und Lebensraum für Pflanzen, Tiere und Menschen sowie Klimastabilisator. Als Filter, Puffer und Speicher hat er eine wichtige Regelungs- und Reinigungsfunktion im Naturhaushalt (zum Schutz des Grundwassers, zur Speicherung von Stoffen, als Vermittler von Stoffkreisläufen).

39 Das geschützte Umweltmedium **„Boden"** umfaßt die obere Schicht der Erdkruste, soweit sie Träger der vorgenannten Funktionen ist, einschließlich der flüssigen und gasförmigen Bestandteile. Auch der bebaute Boden ist Schutzgegenstand.

40 Tatbestandsmäßiges Handeln setzt zunächst voraus, daß durch das **Einbringen**, das **Eindringenlassen** oder das **Freisetzen** von Stoffen der Boden

„nachteilig verändert" wird. Damit wird jedes Verhalten erfaßt, durch das mittels Stoffen der Boden *unmittelbar* oder *mittelbar* nachteilig verändert wird.

> **Beispiel:** (Ab)Lagerung von Abfällen, Dünge- und Pflanzenschutzmitteleinsatz, Aufbringen von Klärschlamm oder Gülle, Luftverunreinigungen durch Müllverbrennung, Immissionen von Industrieanlagen oder Gewässerverunreinigungen (etwa nach Überschwemmungen).

Eine **nachteilige Bodenveränderung** ist bei einer die obengenannten Bodenfunktionen beeinträchtigenden Veränderung der Bodenbeschaffenheit im physikalischen, chemischen oder biologischen Sinn zu bejahen. Davon *auszunehmen* sind wohl minimale Beeinträchtigungen (sog. Bagatellgrenze).

41

Neben dem bodenverschlechternden Stoffeintrag ist erforderlich, daß die nachteilige Veränderung entweder

42

- geeignet ist, die Gesundheit eines anderen, Tiere, Pflanzen oder andere Sachen von bedeutendem Wert oder ein Gewässer zu schädigen,
  oder
- von bedeutendem Umfang ist.

Für die von der *ersten Alternative* geforderte **Schädigungseignung** reichen Fälle nicht aus, in denen Bodenveränderungen nur zu Belästigungen oder Störungen (für Mensch oder Tier) führen. Andererseits ist nicht erforderlich, daß der Schaden eingetreten oder konkret zu erwarten ist (sog. *abstraktes Gefährdungsdelikt*). Wie beim Straftatbestand der Gewässerverunreinigung (→ RN 27) schließt eine bereits bestehende Verunreinigung eine weitere nicht aus.

Wenn die *zweite Alternative* von **„bedeutendem Umfang"** spricht, ist damit nicht nur eine *quantitative*, sondern auch und gerade eine *qualitativ* bedeutsame Verschmutzung gemeint. Dieser Begriff ist zwar enger als „erheblich", setzt aber nicht voraus, daß eine Beeinträchtigung vorliegt, die nur mit außerordentlichem Aufwand oder erst nach längerer Zeit beseitigt werden kann.

Die Strafbarkeit verlangt weiter, daß die Tat unter **Verletzung verwaltungsrechtlicher Pflichten**, die unmittelbar oder mittelbar dem Schutze des Bodens dienen, begangen wird. Den Begriff „verwaltungsrechtliche Pflicht" hat der Gesetzgeber in § 330d Nr. 4 StGB definiert.

43

Danach ist eine *verwaltungsrechtliche Pflicht* eine Pflicht, die sich aus einer Rechtsvorschrift, einer gerichtlichen Entscheidung, einem vollziehbaren Verwaltungsakt, einer vollziehbaren Auflage oder einem öffentlich-rechtlichen Vertrag (soweit die Pflicht auch durch Verwaltungsakt hätte auferlegt werden können) ergibt *und* dem Schutz vor Gefahren oder schädlichen Einwirkungen auf die Umwelt dient.

44

Hierzu zählen zahlreiche Regelungen in Umweltschutzgesetzen des Bundes und der Länder (z. B. über das Lagern wassergefährdender Flüssigkeiten). Die einschlägigen Rechtsvorschriften müssen allerdings bestimmt genug gefaßt sein; Programmsätze und allgemein gehaltene Rechtsvorschriften genügen nicht.

3. Luftverunreinigung

45
→ § 325 StGB

Aus dem Immissionsschutzrecht (→ Kap. 7) stammt der Tatbestand der Luftverunreinigung. Er ist relativ eng gefaßt, da die Emissionen „beim Betrieb einer Anlage" und „unter Verletzung (konkreter) verwaltungsrechtlicher Pflichten" entstehen müssen.

46

Die Luftverunreinigung ist ein sog. **Sonderdelikt**, da sie nur von *Anlagenbetreibern* begangen werden kann. Der Begriff „Anlage" wird dabei weit ausgelegt. Er umfaßt jede auf eine gewisse Dauer angelegte, als Funktionseinheit organisierte Einrichtung von nicht ganz unerheblichen Ausmaßen.

> **Beispiel:** Großfeuerungsanlagen, Müllverbrennungsanlagen usw., aber auch Maschinen (z. B. Rasenmäher, Betonmischer, Planierraupen, Bagger und Drucklufthämmer).

Das Vorhandensein irgendwelcher baulicher Vorrichtungen oder technischer Geräte wird nicht vorausgesetzt, so daß auch Grundstücke Anlagen sein können.

47

Geschütztes **Rechtsgut** ist die *Gesundheit des Menschen* und daneben eigenständig auch die *Umwelt*.

48

Der Straftatbestand der Luftverunreinigung hat in der Strafverfolgungspraxis bislang eine äußerst bescheidene Rolle gespielt (→ RN 1). Dies ist darauf zurückzuführen, daß seine bisherige Fassung – als Folge eines politischen Kompromisses – durch zahlreiche einschränkende Merkmale den strafrechtlichen Schutz der Luft sehr stark begrenzte. Der Reformgesetzgeber des Jahres 1994 hat zwar den Tatbestand ausgedehnt, sich jedoch noch immer erhebliche Zurückhaltung auferlegt. In seiner neuen Fassung beinhaltet § 325 StGB im ersten Absatz ein *potentielles* und im zweiten Absatz ein *abstraktes Gefährdungsdelikt*.

a) Potentielles Gefährdungsdelikt

49
→ § 325 I StGB

Der *erste Absatz* setzt nicht nur voraus, daß beim Betrieb einer Anlage Luftveränderungen verursacht werden, die geeignet sind, außerhalb des zur Anlage gehörenden Bereichs die Gesundheit eines anderen, Tiere, Pflanzen oder andere Sachen von bedeutendem Wert zu schädigen (sog. **Schädigungseignung**). Vielmehr ist ein solches Verhalten nur strafbar, wenn es zugleich

verwaltungsrechtliche Pflichten (→ RN 44) **verletzt**. Diese doppelte Anbindung relativiert die Tragweite des Strafrechtsschutzes beträchtlich.

b) Abstraktes Gefährdungsdelikt
Eine vielfach geforderte Neuerung stellt der zusätzlich eingeführte *zweite Absatz* dar.

50
→ § 325 II StGB

Im Unterschied zum ersten Absatz knüpft er nicht an mitunter zu Nachweisschwierigkeiten führende *Immissionen*, sondern an *Emissionen* an.

Seine Verwirklichung setzt voraus, daß beim Betrieb einer Anlage unter **grober** Verletzung verwaltungsrechtlicher Pflichten (→ RN 44) Schadstoffe in bedeutendem Umfang in die Luft außerhalb des Betriebsgeländes freigesetzt, d. h. unkontrolliert verbreitet werden. Schadstoffe in diesem Sinne sind Stoffe, die geeignet sind, die Gesundheit eines anderen, Tiere, Pflanzen oder andere Sachen von bedeutendem Wert zu schädigen *oder* nachhaltig ein Gewässer, die Luft oder den Boden zu verunreinigen oder sonst nachteilig zu verändern. Die Eignung ist hierbei nicht nach den konkreten Verhältnissen am Tatort, sondern abstrakt zu bestimmen.

c) Ausschlußklausel für Verkehrsfahrzeuge
Nach wie vor ausgenommen von den Tatbeständen der Luftverunreinigung sind – trotz starker Kritik – die in der Praxis bedeutsamen Kraftfahrzeuge, Schienen-, Luft- und Wasserfahrzeuge.

51
→ § 325 V StGB

> **Beispiel:** Wer den abgaserzeugenden Motor seines Fahrzeuges „unnötig" laufen läßt, kann sich zwar nicht wegen Luftverunreinigung strafbar machen. Er begeht jedoch eine (in den jeweiligen Landesgesetzen geregelte) Ordnungswidrigkeit (→ RN 5).

4. Verursachung von Lärm, Erschütterungen und nichtionisierenden Strahlen

Durch die jüngste Reform des Umweltstrafrechts wurde ein Tatbestand geschaffen, der zusammenhängend andere Immissionen als Luftverunreinigungen erfaßt. Er richtet sich nur an *Anlagenbetreiber* und ist daher ein sog. **Sonderdelikt**.

52
→ § 325a StGB

Unter Strafe gestellt ist einmal das Verursachen von potentiell gesundheitsgefährlichem Lärm und zum anderen das Verursachen von Lärm, Erschütterungen und nichtionisierenden Strahlen, die zu *konkreten* Gefährdungen der Gesundheit eines anderen, dem Täter nicht gehörender Tiere oder fremder Sachen von bedeutendem Wert führen. Auch hier sind Verkehrsfahrzeuge von der Strafdrohung ausgenommen.

5. Umweltgefährdende Abfallbeseitigung

53
→ § 326 StGB

Wie eingangs erwähnt, ist die umweltgefährdende Abfallbeseitigung seit Anfang der 80er Jahre in der Praxis der bedeutsamste Tatbestand des Umweltstrafrechts.

> **Gründe:** Der Tatbestand der umweltgefährdenden Abfallbeseitigung ist vergleichsweise präzise gefaßt; die Umweltdeliktskontrolle der seit 1980 bei der Polizei eingerichteten Umweltspezialisten hat sich auf das Land und hier speziell auf die Abfalldelikte verlegt („Aufhellung des Dunkelfeldes"); es kann eine echte Zunahme des tatsächlich zugrunde liegenden Deliktsverhaltens (z. B. in Form von illegaler Sondermüll-Entsorgung) in diesem Bereich angenommen werden.

54

Dieser Tatbestand kann von *jedermann* verwirklicht werden (sog. **Allgemeindelikt**). Mit ihm verfolgt der Gesetzgeber einen doppelten Zweck: Er will einmal schädlichen Umwelteinwirkungen entgegenwirken, die aus der ungeordneten Beseitigung gefährlicher Abfälle resultieren können, und seit der Novelle 1994 auch den illegalen „Abfalltourismus" bekämpfen.

55

Geschütztes **Rechtsgut** ist neben der menschlichen Gesundheit auch die Reinhaltung der ökologischen Umwelt, namentlich des Bodens, der Gewässer und der Luft (*sog. anthropozentrisch-ökologischer Rechtsgutsansatz*).

56

Für die Tatbestandsverwirklichung genügt es nicht, daß der Täter irgendwelche Stoffe mit den im Gesetz genannten gefährlichen Eigenschaften beseitigt oder verbringt. Es muß sich vielmehr zunächst einmal um „Abfälle" handeln. Der **strafrechtliche Abfallbegriff** ist nicht im Umweltstrafrecht definiert. Er ist daher zwar selbständig, aber in enger Anlehnung an das Abfallrecht (→ Kap. 8/ RN 10 ff.) zu bestimmen.

a) Illegaler Umgang mit gefährlichen Abfällen

57
→ § 326 I StGB

Die Strafsanktion richtet sich nur gegen den unstatthaften Umgang mit folgenden **gefährlichen Abfällen**:

Abfälle, die
1. Gifte oder Erreger von auf Menschen oder Tiere übertragbaren gemeingefährlichen Krankheiten enthalten oder hervorbringen können,
2. für den Menschen krebserzeugend, fruchtschädigend oder erbgutverändernd sind,
3. explosionsgefährlich, selbstentzündlich oder nicht nur geringfügig radioaktiv sind oder
4. nach Art, Beschaffenheit oder Menge geeignet sind, a) nachhaltig ein Gewässer, die Luft oder den Boden zu verunreinigen oder sonst nachteilig zu verändern oder b) einen Bestand von Tieren oder Pflanzen zu gefährden.

Das vom Gesetz unter Strafe gestellte Verhalten besteht in der (unbefugten) **Beseitigung** des Abfalls. Die im Gesetz sonst erwähnten Tatmodalitäten (Behandeln, Lagern, Ablagern, Ablassen) sind lediglich Beispiele für diese Begehungsart. Die Beseitigung umfaßt alle Handlungen des Täters, die dazu bestimmt sind, sich des Abfalls *unter Umgehung der gesetzlichen Entsorgungspflicht* zu entledigen. Dazu gehört im Regelfall der endgültige Verlust der Sachherrschaft über die als Abfall zu qualifizierenden Objekte.

Die Strafbarkeit setzt weiter voraus, daß die Abfallbeseitigung „außerhalb einer dafür zugelassenen Anlage oder unter wesentlicher Abweichung von einem vorgeschriebenen oder zugelassenen Verfahren" geschieht. Das Strafrecht verweist hier unmittelbar auf das Abfallgesetz sowie auf andere Gesetze, die Bestimmungen über die geordnete Entsorgung von Abfällen enthalten (z. B. das Atomgesetz und das Tierkörperbeseitigungsgesetz). Die genannte Voraussetzung ist auch dann als erfüllt anzusehen, wenn für die betreffende Abfallart eine zugelassene Anlage oder ein vorgeschriebenes oder zugelassenes Verfahren gar nicht existiert.

58

Die umweltgefährdende Abfallentsorgung ist schließlich nur strafbar, wenn der Täter **„unbefugt"** handelt. Damit verweist das Gesetz auf das allgemeine Verbrechensmerkmal der *Rechtswidrigkeit* (→ RN 20).

59

b) Illegale grenzüberschreitende Verbringung gefährlicher Abfälle

Seit Inkrafttreten des 31. StRÄndG am 1. November 1994 ist auch die verbotene und ungenehmigte grenzüberschreitende Verbringung (Aus-, Ein-, Durchfuhr) gefährlicher Abfälle („Abfalltourismus") unter Strafe gestellt.

60

→ § 326 II StGB

Die einschlägigen Verbote bzw. Genehmigungserfordernisse sind vor allem der „Verordnung (EWG) des Rates vom 1. Februar 1993 zur Überwachung und Kontrolle der Verbringung von Abfällen in der, in die und aus der Europäischen Gemeinschaft", soweit sie anwendbar ist (vgl. Art. 1 II, III dieser Verordnung), zu entnehmen. Einschlägig ist aber auch § 13 AbfG.

c) Verletzung der Pflicht zur Ablieferung radioaktiver Abfälle

Ferner macht sich strafbar, wer radioaktive Abfälle unter Verletzung verwaltungsrechtlicher Pflichten (→ RN 44) nicht abliefert. Das Gesetz knüpft damit an die Ablieferungspflicht nach dem Atomgesetz und nach der Strahlenschutzverordnung an, aber auch an eine Ablieferungspflicht, die aus einer behördlichen Einzelanordnung (Verwaltungsakt) folgt. Bestraft wird schon die Verletzung der Ablieferungspflicht, ohne daß der Eintritt von Umweltgefahren nachgewiesen sein müßte.

61

→ § 326 III StGB

d) Minima-Klausel („Bagatellklausel")

Der Gesetzgeber hat sämtliche Tatalternativen frei von Strafe gestellt, wenn schädliche Einwirkungen auf die Umwelt „wegen der geringen Menge der Abfälle" *offensichtlich ausgeschlossen* sind.

62

→ § 326 VI StGB

> **Beispiel:** Ein Kanister enthält einen geringen Rest eines explosiven Stoffs.

Etwaige Zweifel über die Frage der Ungefährlichkeit gehen hier allerdings zu Lasten des Täters.

6. Unerlaubtes Betreiben von Anlagen

63
→ § 327 StGB

Die Straftat des unerlaubten Betreibens von Anlagen ist ein **Sonderdelikt**, da sie nur von *Anlagenbetreibern* begangen werden kann. Auch hier gilt der *weite Anlagenbegriff* (→ RN 46).

Mit diesem Tatbestand bezweckt der Gesetzgeber, im Bereich gefährlicher Anlagen die Dispositions- und Entscheidungsbefugnis der zuständigen Genehmigungsbehörden zu schützen, und zwar gegen bloßen Verwaltungsungehorsam (sog. **„Ungehorsamsstrafe"**). Denn bei der hohen Empfindlichkeit der Umweltrechtsgüter ist ein effektiver Schutz nur dadurch möglich, daß sich der einzelne an die Entscheidung der neutralen Verwaltungsbehörde hält und nicht seine meist im Eigeninteresse liegende Entscheidung an die Stelle der Behördenentscheidung setzt.

64
→ § 327 I StGB

Strafe droht daher demjenigen, der ohne die erforderliche Genehmigung oder entgegen einer vollziehbaren Untersagung

1. eine kerntechnische Anlage *betreibt*, eine betriebsbereite oder stillgelegte kerntechnische Anlage *innehat* oder ganz oder teilweise *abbaut* oder eine solche Anlage oder ihren Betrieb *wesentlich ändert* oder
2. eine Betriebsstätte, in der Kernbrennstoffe verwendet werden, oder deren Lage *wesentlich ändert*.

65
→ § 327 II StGB

Strafbar macht sich aber auch derjenige, der

- eine nach dem Bundes-Immissionsschutzgesetz genehmigungsbedürftige Anlage,
- eine sonstige Anlage i. S. des Bundes-Immissionsschutzgesetzes, deren Betrieb zum Schutz vor Gefahren untersagt worden ist,
- eine nach dem Wasserhaushaltsgesetz genehmigungsbedürftige Rohrleitungsanlage,
- eine nach dem Wasserhaushaltsgesetz anzeigepflichtige Rohrleitungsanlage oder
- eine Abfallentsorgungsanlage i. S. des Abfallgesetzes.

ohne die nach dem jeweiligen Gesetz erforderliche Genehmigung oder Planfeststellung oder entgegen einer auf dem jeweiligen Gesetz beruhenden vollziehbaren Untersagung *betreibt*.

7. Unerlaubter Umgang mit radioaktiven Stoffen und anderen gefährlichen Stoffen

Angesichts zunehmender illegaler Einfuhr nicht nur von Kernbrennstoffen, sondern insbesondere von anderen hochgefährlichen radioaktiven Stoffen aus Osteuropa und deren Verbreitung im Inland, hat jüngst der Gesetzgeber über den bisher schon strafbaren unerlaubten Umgang mit Kernbrennstoffen auch den illegalen Umgang mit anderen hochgefährlichen radioaktiven Stoffen unter Strafe gestellt.

66
→ § 328 StGB

Strafbar macht sich zum einen, wer illegal Kernbrennstoffe *oder* grob pflichtwidrig (zu verneinen etwa bei geringfügiger Überschreitung der genehmigten Menge) illegal hochgefährliche radioaktive Stoffe *verwendet* (z. B. aufbewahrt, befördert, verarbeitet), *einführt* oder *ausführt*.

67
→ § 328 I StGB

Strafe droht auch demjenigen, der Kernbrennstoffe, zu deren Ablieferung er nach dem Atomgesetz verpflichtet ist, nicht unverzüglich abliefert *oder* hochgefährliche radioaktive Stoffe an Unberechtigte abgibt oder die Abgabe an Unberechtigte vermittelt.

68
→ § 328 II StGB

Neuerdings ist auch der *zu Gefährdungen führende illegale Umgang mit gefährlichen Stoffen* unter Strafe gestellt.

69
→ § 328 III StGB

Die Strafbarkeit erfordert zunächst eine grobe Verletzung verwaltungsrechtlicher Pflichten (→ RN 44) *und* eine dadurch eintretende Gefährdung der Gesundheit eines anderen, nicht dem Täter gehörender Tiere oder fremder Sachen von bedeutendem Wert.

Ein „grober" Pflichtverstoß ist regelmäßig zu bejahen, wenn der Täter ohne die erforderliche Genehmigung oder entgegen einer vollziehbaren Untersagung handelt.

Weiterhin müssen entweder

- radioaktive Stoffe oder Gefahrstoffe (→ Kap. 9/RN 9) beim Betrieb einer Anlage (→ Kap. 7/RN 13) verwendet (z. B. gelagert, bearbeitet, verarbeitet) werden
  oder
- gefährliche Güter (i. S. des § 330d Nr. 3 StGB i. V. mit den einschlägigen Spezialvorschriften) befördert, versendet, verpackt, ausgepackt, verladen, entladen, entgegengenommen oder an andere überlassen werden.

8. Gefährdung schutzbedürftiger Gebiete

70
→ § 329 StGB

Das Strafgesetzbuch enthält auch eine Vorschrift zum Schutz solcher Gebiete, die gegenüber schädlichen Umwelteinwirkungen besonders empfindlich sind, wie etwa Kur- und Smog-Gebiete, Wasser- und Heilquellenschutzgebiete sowie Nationalparks und Naturschutzgebiete.

9. Schwere Gefährdung durch Freisetzen von Giften

71
→ § 330a StGB

Schließlich droht Strafe auch demjenigen, der Stoffe, die Gifte enthalten oder hervorbringen können, verbreitet oder freisetzt *und* dadurch die Gefahr des Todes oder einer schweren Gesundheitsschädigung eines anderen oder einer großen Zahl von Menschen verursacht.

Dieses konkrete Lebens- und Gesundheitsgefährdungsdelikt ist der einzige Tatbestand im Umweltstrafrecht, der völlig losgelöst vom Verwaltungsrecht ist.

Die hier gemeinten schweren Gefährdungen sind nämlich nicht erlaubnisfähig und können daher auch von einer etwa erteilten verwaltungsrechtlichen Erlaubnis für bestimmte Immissionen nicht gerechtfertigt werden.

Gift im Sinne des Tatbestandes ist jeder Stoff, der geeignet ist, unter bestimmten Bedingungen durch chemische oder chemisch-physikalische Wirkung die menschliche Gesundheit zu *zerstören*, also zumindest wesentliche körperliche Fähigkeiten und Funktionen in erheblichem Umfang aufzuheben. Eine Eignung zur Gesundheits*schädigung* genügt nicht.

III. Rechtfertigungsgrund des Notstandes

72
→ § 34 StGB

Der auf dem „Prinzip des überwiegenden Interesses" beruhende rechtfertigende Notstand kann die Rechtswidrigkeit (→ RN 20) sämtlicher (Umwelt-) Straftaten ausschließen. Sein Anwendungsbereich ist im Umweltstrafrecht *nicht* auf unvorhersehbare Not- und Katastrophenfälle (wie etwa die Verwendung chemischer Mittel zur Bindung ausgelaufenen Öls) beschränkt. Er kann vielmehr auch unter dem Gesichtspunkt der Erhaltung von Arbeitsplätzen und der Aufrechterhaltung der Produktion *ausnahmsweise* (!) einen Umweltverstoß rechtfertigen. Bei der erforderlichen *Interessenabwägung* ist aber insbesondere zu berücksichtigen, daß die höchstrichterliche Rechtsprechung jedenfalls die Gesundheit Dritter als höherwertig im Verhältnis zu dem Interesse an der Fortführung eines einzelnen Betriebes und an der Erhaltung eines Arbeitsplatzes einstuft.

> **Beispiel:** Der Bundesgerichtshof hat zwar im Falle einer körperverletzenden Immission von Dämpfen und der drohenden Stillegung des Betriebes und des damit verbundenen Verlustes von Arbeitsplätzen das Vorliegen einer Notstandslage bejaht, aber eine Höherwertigkeit der Interessen an der Produktions- und Arbeitsplatzerhaltung gegenüber den hier kollidierenden Gesundheitsinteressen der Anwohner verneint.

Eine unmittelbare Rechtfertigung des *Arbeitgebers* wegen Notstandes wird demzufolge nur für solche – kurzfristigen – Umweltverstöße in Betracht kommen, für die eine Genehmigung beantragt, aber in rechtswidriger Weise versagt wurde und keine andere Abhilfemöglichkeit – etwa im Rahmen einstweiligen Rechtsschutzes durch die Verwaltungsgerichte (→ Kap. 3/RN 51) – besteht. Das Verhalten des unmittelbar handelnden *Arbeitnehmers* kann möglicherweise gerechtfertigt sein, wenn er sich vor die Wahl gestellt sieht, entweder eine Straftat zu begehen oder einer Kündigung entgegenzusehen. Die bloße Weisung des Arbeitgebers vermag dagegen für keinen Beteiligten eine Umweltstraftat zu rechtfertigen.

IV. Individuelle Verantwortlichkeit und ihr Ausschluß

1. Verantwortlichkeit natürlicher und juristischer Personen

Nach dem deutschen Strafrecht sind nur **natürliche Personen** strafrechtlich verantwortlich. Eine Haftung juristischer Personen gibt es nicht.

Juristische Personen (→ Kap. 2/RN 26) und **Personenvereinigungen** (z. B. OHG, KG, nichtrechtsfähiger Verein) können wegen einer Umweltstraftat oder wegen einer Umweltordnungswidrigkeit nur mit einer Geldbuße belegt werden, sofern ein Organ, gesetzlicher Vertreter, Generalbevollmächtigter oder ein in leitender Stellung als Prokurist oder Handlungsbevollmächtigter Tätiger gehandelt hat oder die Zuwiderhandlung durch seine „gehörige Aufsicht verhindert oder wesentlich erschwert worden wäre" (§§ 30, 130 OWiG).

73

2. Schuldhafte Tatbegehung

Die Verantwortlichkeit natürlicher Personen setzt auch im Umweltstrafrecht und im Umweltordnungswidrigkeitenrecht **schuldhafte** Tatbegehung voraus.

Die Umweltschutztatbestände des Strafgesetzbuches stellen nicht nur die **vorsätzliche** (= bewußte und gewollte), sondern nahezu durchgehend auch die **fahrlässige** (= ungewollte, aber sorgfaltswidrige) Tatbegehung unter Strafe.

74

Ein besonders schwerer Fall einer Umweltstraftat (→ RN 91) kann allerdings nur bei einer *vorsätzlichen* Herbeiführung schwerer Umweltbeeinträchtigungen vorliegen. Eine Besonderheit besteht auch bei dem autonomen Straftatbestand der schweren Gefährdung durch Freisetzen von Giften, der hinsichtlich der Tathandlung zumindest Leichtfertigkeit (= grobe Fahrlässigkeit) voraussetzt; Fahrlässigkeit reicht insoweit nur für die Gefahrverursachung aus.

Im einzelnen erfordert **Fahrlässigkeit** zunächst die Verletzung einer auf den Verkehrs- und Berufskreis des Täters bezogenen *Sorgfaltspflicht*. Hierfür ist die Nichteinhaltung von Sicherheitsvorschriften ein gewichtiges Indiz.

> **Beispiel:** Wegen einer Betriebsstörung fließen aus einem Klärwerk chemisch verseuchte Abwässer in den Fluß. Der Leiter des Klärwerks unternimmt dagegen nichts. Der Umstand, daß er „über Nacht vom Hilfsarbeiter zum Leiter des Klärwerks aufgestiegen ist" und daher nicht die erforderliche berufsbezogene Fachausbildung gehabt hat, ist insoweit unbeachtlich, da er trotz seiner mangelnden fachlichen Ausbildung schon aufgrund seiner Stellung als Leiter des Klärwerks wie auch der ihm erteilten Dienstanweisungen hätte erkennen müssen, daß der Gefahr der chemischen Verseuchung der Kläranlage durch sofortige Information der zuständigen Fachbehörde und deren unverzügliches Einschreiten begegnet werden mußte.

Für den Fahrlässigkeitsvorwurf muß neben der Sorgfaltspflichtverletzung auch eine nach der Person des Täters zu individualisierende *Vorhersehbarkeit und Vermeidbarkeit* des Erfolges gegeben sein. Verfügt der Täter über besonderes, überdurchschnittliches Wissen, so ist dieses *sog. Sonderwissen* bei der Bestimmung der generellen Vorhersehbarkeit zu berücksichtigen, d. h. es muß ein entsprechend verschärfter Sorgfaltsmaßstab angelegt werden. Andererseits entlastet die Individualität im Strafrecht den einzelnen Täter: Auf durchschnittliches Wissen kommt es für die Schuld – anders als im Zivilrecht – grundsätzlich nicht an. Allerdings kann eine Fahrlässigkeit auch schon in der Übernahme einer Tätigkeit liegen, für die der Täter nicht hinreichend ausgebildet oder ausgestattet ist (sofern der Täter dies erkennen konnte!).

> **Beispiel:** Der Leiter des Klärwerks hätte auch ohne besondere Fachkenntnisse allein aufgrund der Dienstanweisung – deren Inhalt er sich hätte zu eigen machen und ernst nehmen müssen – den Ablauf der Betriebsstörung mit dem Abfluß der ungeklärten Abwässer in den Fluß vorhersehen können.

3. Schuldausschluß

75

→ § 17 StGB

Die Schuld kann *ausnahmsweise* entfallen, wenn der Täter über das Verbot der Tat irrte *und* dieser Irrtum für ihn durch Einholung von Erkundigungen nicht behebbar war. Ein solcher **Verbotsirrtum** kann etwa in der irrtümlichen Annahme einer stillschweigenden Genehmigung in den Duldungsfällen (→ RN 36), der Fortgeltung und des Umfangs einer früheren Erlaubnis oder des

Vorrangs der Arbeitsplatzerhaltung und Betriebsfortführung gegenüber dem Umweltschutz liegen.

4. Täterschaft und Teilnahme

a) Allgemeine Prinzipien

Wer bei einer Umweltstraftat im einzelnen als Täter oder Teilnehmer (also Anstifter oder Gehilfe) anzusehen ist, richtet sich ebenfalls nach allgemeinen strafrechtlichen Regeln. Dabei ist zu unterscheiden zwischen Tatbeständen, die sich an bestimmte Adressaten richten (sog. *Sonderdelikte*) und solchen, die sich an jedermann wenden (sog. *Allgemeindelikte*).

76
→ §§ 25 ff. StGB

Sonderdelikte
Die als Sonderdelikte ausgestalteten Umweltstraftaten (→ RN 37, 46, 52, 58, 61, 63, 67–69) können nur von dem verwaltungsrechtlich Verpflichteten bzw. dem Betreiber der Anlage und an seiner Stelle nur durch die in § 14 StGB genannten Organe und Vertreter *täterschaftlich* begangen werden.

77

> **Beispiel:** In den Kreis der nach § 14 StGB verantwortlichen Normadressaten der Gewässerverunreinigung werden einbezogen:
> - der Vorstandsvorsitzende sowie die zuständigen Vorstandsmitglieder einer Aktiengesellschaft;
> - der Werksleiter eines Großunternehmens, ferner Bereichs- und Produktionsleiter wie auch der Leiter einer für die Reinhaltung von Wasser und Luft zuständigen Abteilung und
> - Amtsträger, die für die Verwaltung eines umweltbelastenden kommunalen Unternehmens zuständig sind, z. B. für ein städtisches Freibad.

Teilnahme ist aber auch an diesen Sonderdelikten uneingeschränkt möglich, sofern auf einen der Beteiligten die rechtliche Sondereigenschaft (des Betreibers usw.) zutrifft *und* dieser taugliche Täter vorsätzlich und rechtswidrig handelt. Jedoch müssen auch die Anstifter und Gehilfen stets vorsätzlich handeln, um sich strafbar zu machen.

78

Allgemeindelikte
Bei den Straftatbeständen, die von *jedermann* verwirklicht werden können (→ RN 21, 54, 71), ist Täter grundsätzlich jeder, der die tatbestandsmäßige Handlung selbst – sei es auch auf Weisung – vornimmt. Der Anweisende ist entweder *Mittäter* oder *Anstifter*. Jedoch hat die Rechtsprechung eine „**organisationsbezogene Sicht**" der Handlung entwickelt. Danach wird das Verhalten des Unternehmens (bzw. der Körperschaft) dessen Organen als eigenes zugerechnet. Es gilt das „Prinzip der Generalverantwortung und der Allzuständigkeit der Geschäftsleitung". Danach trägt bei einer mehrköpfigen Geschäftsleitung

79

trotz Ressortverteilung jeder einzelne Geschäftsführer Mitverantwortung für das Gesamtgeschäft. Folge dieser originären Gesamtverantwortung sind bei Ressortaufteilungen Informationspflichten der Ressortinhaber gegenüber den Geschäftsleitungsgremien und auch gegenüber den Kollegen der anderen Ressorts. Da das Strafrecht an die *individuelle* Schuld anknüpft, kommt bei einer mehrköpfigen Geschäftsleitung aber eine Strafbarkeit des einzelnen Vorstandsmitglieds oder Geschäftsführers nur dann in Betracht, wenn ihm persönlich eine Pflichtverletzung zur Last fällt. Ihre Grenzen findet diese strafrechtliche Haftung im Prinzip des berechtigten Vertrauens der übrigen auf die ordnungsgemäße Ressortführung durch den qualifizierten und zuverlässigen Stelleninhaber.

> **Beispiel:** Unterläuft einem Mitglied der Geschäftsleitung ein umweltrelevanter Fehler, können seine Geschäftsleitungskollegen strafrechtlich nur dann (mit)verantwortlich sein, wenn Bedenken gegen die Qualifikation und Zuverlässigkeit des betreffenden Ressortleiters bestanden haben oder Tatsachen bekannt waren, die auf innerhalb des Ressorts aufgetretene Fehler hinwiesen.

Jedem Unternehmen kann daher nur empfohlen werden, folgende **vorbeugende Handlungsmaßstäbe** zu beachten, die dem Eintritt von Umweltstraftatbeständen entgegenwirken und andernfalls eine ausufernde „Mitverantwortung" vermeiden:

- *Klare Abgrenzung der Verantwortungsbereiche* innerhalb der Unternehmensleitung bei gleichzeitiger Sicherstellung regelmäßiger Abstimmung bzw. sofortiger wechselseitiger Information in Zweifels- und Grenzfällen;
- sorgfältige Auswahl sowie kontinuierliche technische und *umweltrechtliche Schulung des Personals;*
- Erarbeitung konkreter, eindeutiger und nachvollziehbarer *Arbeitsanweisungen, Dokumentation regelmäßiger Überwachungsmaßnahmen* zu deren Einhaltung;
- Sicherung optimaler Arbeitsbedingungen für den bzw. die *Umweltschutzbeauftragten*;
- *Erstellung von Havarieplänen* mit Schadensabwehr- und -bekämpfungsmaßnahmen sowie eines Informationssystems.

Hervorzuheben ist noch, daß durch das Prinzip der Gesamtverantwortung und Allzuständigkeit der Geschäftsleitung die „mittleren Führungskräfte" und „einfachen Mitarbeiter" *nicht* von ihrem eigenen Strafverfolgungsrisiko befreit werden.

Nach der neuesten Rechtsprechung kann Täter einer Umweltstraftat auch derjenige sein, der „durch eine falsche Stellungnahme gegenüber der zuständigen Behörde die Genehmigung herbeiführt". Künftig muß also jeder Gutachter, Sachverständige oder „Betriebsbeauftragte", überhaupt jedermann, der weiß oder wissen muß, daß die von ihm beratene Stelle seinen Vorschlägen oder Erkenntnissen „ohne weitere Prüfung" folgen wird, damit rechnen, daß er als Täter des jeweiligen Umweltdelikts in Betracht kommen kann. Vorausgesetzt ist nämlich nur, daß sich die Entscheidung des dafür rechtlich Zuständigen lediglich als Formalakt, der „Berater" hingegen als der das letztlich strafrelevante Geschehen tatsächlich Beherrschende erweist.

Neben dem unmittelbar Handelnden (und dem Anweisenden) kann schließlich auch derjenige Täter oder Teilnehmer sein, der den Umweltverstoß eines anderen nicht verhindert (sog. **Unterlassungstäter bzw. -gehilfe**). Wann eine insoweit einschlägige *Garantenstellung* zur Verhinderung fremder Straftaten besteht, ist nicht abschließend geklärt. Der Gewässerschutz-, Immissionsschutz- und Abfallbeauftragte hat als solcher und in dieser Eigenschaft mangels eigener Entscheidungsbefugnis grundsätzlich keine Garantenstellung. Den Betriebsinhaber und den Betriebsleiter trifft dagegen die Garantenpflicht, Straftaten und Ordnungswidrigkeiten ihrer Angestellten und Arbeiter zu verhindern. Dies ist für gefährliche Betriebe anerkannt, dürfte aber auch für „normale" Betriebe gelten.

81
→ § 13 StGB

b) Strafbarkeit von Amtsträgern

Es ist heute anerkannt, daß sich auch Amtsträger grundsätzlich einer Umweltstraftat schuldig machen können. Die Einzelheiten der strafrechtlichen Verantwortlichkeit von Amtsträgern für umweltgefährdendes Verhalten Dritter, für behördliche Planungsfehler und den Erlaß fehlerhafter Verwaltungsakte sind allerdings noch nicht abschließend geklärt. Nach dem heutigen Stand der Diskussion sind folgende Fallgruppen zu unterscheiden:

82

Amtsträger des Anlagenbetreibers
Soweit Gemeinden oder andere Körperschaften des öffentlichen Rechts selbst Anlagen (wie etwa Krankenhäuser, Schwimmbäder, Kraftwerke, Mülldeponien oder Kläranlagen) betreiben, gelten die Tatbestände des Umweltstrafrechts ausnahmslos und ohne wesentliche Besonderheiten. In diesen Fällen kommt namentlich eine Strafbarkeit des Organs der betreffenden öffentlich-rechtlichen Körperschaft (z. B. bei Gemeinden der Bürgermeister), des für den betroffenen Umweltbereich zuständigen Dezernenten und auch des ausdrücklich beauftragten Amtsträgers (z. B. des Klärwerksleiters) in Betracht (§ 14 StGB). Es geht hier meist also um die Strafbarkeit von Amtsträgern, die nicht speziell die Aufgabe haben, Umweltinteressen wahrzunehmen, deren Verhalten aber Umweltinteressen berührt. Diese sog. **„allgemeinen" Amtsträger** sind ganz generell für die ihrer Sachherrschaft unterliegenden Gefahrenquellen verantwortlich (sog. *Überwachungsgarantenstellung*), so daß sie sich insoweit auch durch *Unterlassen* der gebotenen Handlung strafbar machen können.

83

> **Beispiel:**
> - Wegen (fahrlässiger) Gewässerverunreinigung macht sich ein Bürgermeister strafbar, der es versäumt, die zeitlich befristete Genehmigung für die Einleitung von Abwässern aus der gemeindlichen Kläranlage rechtzeitig erneuern zu lassen.
> - Wer als Amtsträger für die Verwaltung eines städtischen Schwimmbades zuständig ist, macht sich einer Gewässerverunreinigung schuldig, wenn er nicht dafür sorgt, daß das Schwimmbad an die Kanalisation angeschlossen wird, und dadurch mit Chemikalien belastete Abwässer abfließen.
> - Ist auf einem im Gemeindeeigentum stehenden Grundstück eine sog. „wilde" Müllkippe entstanden, auf der Unbekannte Bauschutt, Bitumenbehälter, ausgedientes Handwerkszeug, Altreifen etc. unbefugt abgelagert haben, obliegt dem Bürgermeister die sich aus seiner Verantwortung für Gefahrenquellen ergebende Pflicht, geeignete Maßnahmen zur Unterbindung weiterer unbefugter Müllablagerungen zu ergreifen und die schnellstmögliche Entsorgung in die Hand zu nehmen. Andernfalls kann er sich einer umweltgefährdenden Abfallbeseitigung und eines unerlaubten Betreibens von Anlagen, jeweils durch Unterlassen, strafbar machen.

Amtsträger in Genehmigungs- oder Überwachungsbehörden

84 Die strafrechtliche Beurteilung erweist sich als weit schwieriger, soweit es um das Verhalten der Amtsträger in Genehmigungs- und Überwachungsbehörden geht. Bei diesen sog. **Umweltamtsträgern** spielt die Unterscheidung zwischen Allgemein- und Sonderdelikten eine wichtige Rolle:

- Eine *Täterschaft* von Amtsträgern scheidet von vornherein im Bereich der sich nur an bestimmte Adressaten (etwa Anlagenbetreiber oder Empfänger einer verwaltungsrechtlichen Verpflichtung [→ RN 44]) wendenden **Sonderdelikte** aus.

> **Beispiel:** Ein Amtsträger kann die Delikte der Luftverunreinigung, des unerlaubten Betreibens von Anlagen sowie des unerlaubten Umgangs mit radioaktiven Stoffen und anderen gefährlichen Stoffen und Gütern nicht als Täter begehen. Er kann jedoch bei entsprechendem Vorsatz Teilnehmer dieser Straftaten sein.

- Im Bereich der auch für Amtsträger geltenden **Allgemeindelikte** – wie etwa der Gewässerverunreinigung und der umweltgefährdenden Abfallbeseitigung – steht eine Strafbarkeit unter der Einschränkung, daß die behördliche Entscheidung außerhalb des verwaltungsrechtlichen Beurteilungs- und Ermessensspielraums liegt.

> **Hinweis:** Der Strafrichter darf bei der Überprüfung der behördlichen Entscheidung zwar nicht seine eigenen Zweckmäßigkeitserwägungen an die Stelle derjenigen des Amtsträgers setzen, er darf aber das Verwaltungsermessen auf Fehler überprüfen (→ Kap. 3/RN 26 ff.).

Diese *zwei Grundregeln* gelten für sämtliche nachfolgenden Fallgruppen.

Erteilung fehlerhafter Genehmigungen. Erteilt der Genehmigungsbeamte eine zwar materiell *rechtswidrige,* aber verwaltungsrechtlich gültige Erlaubnis (→ RN 14, 16), ist er als *mittelbarer Täter* des durch ein rechtmäßig handelndes „Werkzeug" (etwa den Gewässerbenutzer) herbeigeführten Umweltverstoßes (z. B. einer Gewässerverunreinigung) anzusehen, da er – bildlich gesprochen – durch das Öffnen der „Verbotsschranke" das Geschehen beherrscht.

Ist die vom Amtsträger erteilte Genehmigung *nichtig* und daher verwaltungsrechtlich in jeder Hinsicht unwirksam und weiß dies der Genehmigungsempfänger, d. h. handelt er vorsätzlich, kann der Amtsträger *Mittäter oder Teilnehmer* einer Umweltstraftat des Genehmigungsempfängers sein.

Nichtrücknahme rechtswidriger Genehmigungen. Unterläßt es die Genehmigungsbehörde, eine nachträglich als fehlerhaft erkannte Genehmigung zurückzunehmen, so kann der dafür zuständige Amtsträger *Unterlassungstäter* eines Umweltdelikts sein. Die Garantenstellung des Amtsträgers wird auf die vorangegangene pflichtwidrige Erteilung der materiell rechtswidrigen, aber wirksamen Genehmigung gestützt.

85

86

> **Beispiel:** Unterläßt es ein für die Abwasserentsorgung zuständiger Dezernent, eine nachträglich als rechtswidrig erkannte wasserrechtliche Erlaubnis zurückzunehmen, kann er sich einer Gewässerverunreinigung strafbar machen, wenn seine Untätigkeit ursächlich für die Gewässerverschlechterung ist und eine verwaltungsrechtliche Verpflichtung zur Rücknahme der Erlaubnis besteht.

Nichteinschreiten gegen rechtswidrige Umweltverletzungen Dritter. Für diese Fallgestaltung wird eine strafrechtliche Verantwortlichkeit des Amtsträgers wegen *Unterlassens* mit der Begründung bejaht, daß die Umweltgüter den Umweltverwaltungsbehörden anvertraut sind und der jeweils zuständige Amtsträger daher als Beschützergarant „auf Posten gestellt" ist, um für den Fortbestand der Umweltgüter Sorge zu tragen.

87

> **Beispiel:** Aus den einzelnen Abwehr- und Gestaltungsbefugnissen des Wasserhaushaltsgesetzes folgt für die zuständigen Bediensteten der Wasserbehörden die Rechtspflicht, ungenehmigte Gewässerverunreinigungen Dritter zu verhindern, aus den Vorschriften des Abfallgesetzes die Pflicht, einer tatbestandsmäßigen Bodenverunreinigung durch Dritte entgegenzutreten.

Vorstehendes darf jedoch nicht darüber hinwegtäuschen, daß es in der **Praxis** bislang nur wenige Verurteilungen von Amtsträgern der Genehmigungs- und Überwachungsbehörden gegeben hat.

88

Die Amtsträgerstrafbarkeit macht lediglich 2 Prozent aller Umweltdelikte (dem entspricht 0,008 Prozent der Gesamtkriminalität) aus.

Der Grund dafür dürfte in erster Linie in dem von der Rechtsprechung aufgestellten Erfordernis einer Ermessensüberschreitung liegen, die sich auf den Verstoß gegen eine umweltbezogene verwaltungsrechtliche Pflicht beziehen muß. Insoweit führen *weite Ermessensspielräume* vielfach zu Verfahrenseinstellungen.

V. Persönlicher Strafaufhebungsgrund „Tätige Reue"

89

→ § 330b StGB

Bei den konkreten und abstrakten *Gefährdungsdelikten* des Umweltstrafrechts kann das Gericht die Strafe nach seinem Ermessen mildern oder von Strafe absehen, wenn der Täter freiwillig die Gefahr für die Umwelt abwendet *oder* den von ihm verursachten Zustand beseitigt, bevor ein erheblicher Schaden entsteht. Dieser persönliche Strafaufhebungsgrund der **„tätigen Reue"** wirkt nur für denjenigen, der *selbst* entsprechend tätig wird.

Bei den *Erfolgsdelikten* (= Straftaten, zu deren Vollendung ein von der Handlung getrennter äußerer Erfolg gehört) des Umweltstrafrechts – wie etwa der Gewässerverunreinigung – kann tätige Reue nur im Rahmen der Strafzumessung berücksichtigt werden.

Die Vorschrift über die tätige Reue war bisher in der **Praxis** nahezu bedeutungslos und wird es trotz ihrer Neufassung (Ausdehnung auf abstrakte Gefährdungsdelikte) wohl auch bleiben.

VI. Strafarten

90

→ §§ 38 ff. StGB

Sämtliche Umweltdelikte – mit Ausnahme der besonders schweren Fälle (→ RN 91) und der Freisetzung lebensgefährlicher Gifte (→ RN 71), die mit einer Freiheitsstrafe von mindestens sechs Monaten sanktioniert werden – bedrohen den Täter mit **Freiheits- oder Geldstrafe**. Die Höchststrafe für die verschiedenen Vergehen beträgt in der Regel fünf Jahre. In besonders schweren Fällen oder bei der Freisetzung lebensgefährlicher Gifte sieht das neue Umweltstrafrecht Freiheitsstrafen bis zu zehn Jahren vor.

91

→ § 330 StGB

Wann ein besonders schwerer Fall einer Umweltstraftat vorliegt, definiert das Gesetz nicht abschließend. Es nennt vielmehr folgende *sechs Regelbeispiele:*

- Die (wenigstens) leichtfertige Verursachung des Todes oder einer schweren Gesundheitsschädigung;
- Gefährdung des Lebens, Gefahr einer schweren Gesundheitsschädigung für einen einzelnen oder eine Gesundheitsschädigung für eine große Zahl von Menschen;

- Beeinträchtigung eines Gewässers, des Bodens oder eines ökologischen Schutzgebietes derart, „daß die Beeinträchtigung nicht, nur mit außerordentlichem Aufwand oder erst nach längerer Zeit beseitigt werden kann";
- Gefährdung der öffentlichen Wasserversorgung;
- nachhaltige Schädigung eines „Bestandes von Tieren oder Pflanzen der vom Aussterben bedrohten Arten";
- Gewinnsucht.

Die Verwirklichung eines solchen Beispielfalls führt *in der Regel* (nicht aber zwingend) zur Anwendung des verschärften Strafrahmens (deshalb „Regelbeispiel").

Bislang lag die Maximalstrafe bei fünf Jahren. Diese Strafrahmenerhöhungen werden sich jedoch in der **Praxis** als im wesentlichen folgenlos erweisen, da die Tatrichter in mehr als 95 Prozent der Verurteilungen eine Geldstrafe aussprechen (zum Vergleich: bei den allgemeinen Delikten ca. 85 Prozent).

92

Diese Strafzumessungspraxis hat ihre Gründe vor allem darin, daß es sich bei den Tätern häufig um sozial angepaßte Ersttäter handelt, der Anteil der Bagatellkriminalität hoch ist und regelmäßig deliktsspezifische Beweisschwierigkeiten auftreten.

VII. Verfahrensrecht

In verfahrensrechtlicher Hinsicht ist zwischen dem Straf- und Ordnungswidrigkeitenverfahren zu unterscheiden.

93

1. Strafverfahren

Besteht der Verdacht auf eine Umweltstraftat, sei es, daß Bürger Anzeige erstattet haben oder daß Behörden einen entsprechenden Verdacht hegen, wird die zuständige Staatsanwaltschaft benachrichtigt. Sie *muß* dann den Sachverhalt erforschen oder durch die Polizei erforschen lassen (sog. **Legalitätsprinzip**). Dabei läßt sie sich von den örtlichen Ordnungsbehörden (Umweltamt, Ordnungsamt) unterstützen. Nach Abschluß der Ermittlungen entscheidet die Staatsanwaltschaft, ob sie **Anklage** erhebt, einen **Strafbefehl** beantragt oder das **Verfahren** mangels Beweises oder aus Rechtsgründen, z. B. wegen Verjährung, **einstellt**.

94

2. Ordnungswidrigkeitenverfahren

Das Ordnungswidrigkeitenverfahren – auch Bußgeldverfahren genannt – richtet sich nach dem Ordnungswidrigkeitengesetz und wird von der Verwaltungsbehörde (i. d. R. das Landratsamt) nach ihrem *pflichtgemäßen Ermessen* eingeleitet, wenn die Verhängung einer Geldbuße nach Bundes- oder Landes-

95

recht in Betracht kommt (sog. **Opportunitätsprinzip**). Die Verwaltungsbehörde führt das Ermittlungsverfahren und kann sich dazu der Polizei bedienen. Wird das Verfahren nicht eingestellt oder an die Staatsanwaltschaft abgegeben, weil eine Straftat in Betracht kommt, kann die Verwaltung einen **Bußgeldbescheid** erlassen. Gegen diesen kann dann der Betroffene binnen zwei Wochen bei der Verwaltungsbehörde Einspruch erheben und dadurch die Entscheidung des Amtsgerichts herbeiführen. Hierbei ist zu beachten, daß das Amtsgericht vom Bußgeldbescheid zum Nachteil des Betroffenen abweichen kann (sog. „Verböserung").

Kontrollfragen:
1. Welche allgemeine Aufgabe hat das Strafrecht? (Einleitung)
2. Nennen Sie die in der Praxis bedeutsamsten Tatbestände des Umweltstrafrechts. (RN 1)
3. Definieren Sie den Begriff und den Regelungsbereich des Umweltstrafrechts. (RN 2–5)
4. Nennen Sie das Schutzgut und die Zentralfunktion der Umweltdelikte. (RN 7)
5. Welche Deliktstruktur überwiegt im Umweltstrafrecht und aus welchen Gründen? (RN 11)
6. Welcher Grundsatz prägt das Umweltstrafrecht und welche Konsequenzen hat er? (RN 13–18)
7. Wann liegt eine strafbare Gewässerverunreinigung vor? (RN 19, 23–25, 30–32)
8. Welchen Inhalt hat der strafrechtliche Abfallbegriff? (RN 56)
9. Kann eine Kommanditgesellschaft (KG) selbst Täterin eines Umweltdelikts sein? (RN 73)
10. Definieren Sie den Schuldvorwurf der Fahrlässigkeit. (RN 74)
11. Was versteht man unter einem Allgemein- und einem Sonderdelikt – welche Bedeutung hat diese Unterscheidung im (Umwelt-)Strafrecht? (RN 76–79, 84)
12. Was besagt das „Prinzip der Generalverantwortung und der Allzuständigkeit der Geschäftsleitung"? (RN 79)
13. Unter welchen Voraussetzungen können Amtsträger für einen Umweltverstoß strafrechtlich haften? (RN 82–87)
14. Welche Strafe steht in der Praxis bei den Umweltdelikten im Vordergrund und aus welchen Gründen? (RN 92)
15. Wer führt das Ermittlungsverfahren beim Verdacht einer
    a) Straftat? (RN 94)
    b) Ordnungswidrigkeit? (RN 95)

Weiterführende Literaturhinweise:
Horn, Eckhard, Rechtsprechungsübersicht zum Umweltstrafrecht, JZ 1994, S. 1097–1100; *Knopp, Lothar,* Zur Strafbarkeit von Amtsträgern in Umweltverwaltungsbehörden unter besonderer Berücksichtigung der BGH-Rechtsprechung, DÖV 1994, S. 676–684; *Möhrenschläger, Manfred,* Revision des Umweltstrafrechts – Das Zweite Gesetz zur Bekämpfung der Umweltkriminalität –, NStZ 1994, S. 513–519 (1. Teil), S. 566–569 (2. Teil); *Otto, Harro,* Das neue Umweltstrafrecht, in: Jura 1995, S. 134–144; *Rogall, Klaus,* Die Duldung im Umweltstrafrecht, NJW 1995, S. 922–925; *Sack, Hans-Jürgen,* Umweltschutz-Strafrecht, 3. Aufl. (1980), Stand: Dezember 1993; *Schall, Hero,* Systematische Übersicht der Rechtsprechung zum Umweltstrafrecht, NStZ 1992, S. 209–216 (1. Teil), S. 265–268 (2. Teil); *Schmidt, Andreas/Schöne, Thomas,* Das neue Umweltstrafrecht, NJW 1994, S. 2514–2519.

Rechtsprechungshinweise:
BVerfG, NStZ 1987, S. 450 (Bestimmtheit von Straftatbeständen); BGH, NStZ 1987, S. 323 ff. (Umweltgefährdende Beseitigung von Hausmüll; Veränderung eines Gewässers); BGH, NJW 1990, S. 2477 ff. (Strafrechtlicher Abfallbegriff); BGH, NStZ 1992, S. 3247 ff. (Garantenstellung des Bürgermeisters für Abwasserbeseitigung); BGH, NStZ 1994, S. 432 ff. (Umweltgefährdende Abfallbeseitigung durch Amtsträger); OLG Düsseldorf, NStZ 1991, S. 335 ff. (Hundekot als Abfall).

Abkürzungsverzeichnis

AbfG	Abfallgesetz von 1986
ABl	Amtsblatt
AbwAG	Abwasserabgabengesetz
AcP	Archiv für die civilistische Praxis (= jur. Fachzeitschrift)
AG	Aktiengesellschaft
AGChemG	Ausführungsgesetz zum Chemikaliengesetz
AGS	Ausschuß für Gefahrstoffe
Art.	Artikel
ASU	Abgassonderuntersuchung
AtG	Atomgesetz
AU	Abgasuntersuchung
Aufl.	Auflage
BauGB	Baugesetzbuch
BauNVO	Baunutzungsverordnung
Ba.-Württ.	Baden-Württemberg
BayObLG	Bayerisches Oberstes Landesgericht
Bay.	Bayerische(s/r)
BayVBl.	Bayerische Verwaltungsblätter (= jur. Fachzeitschrift)
BayVGH	Bayerischer Verwaltungsgerichtshof
BayWG	Bayerisches Wassergesetz
BB	Betriebsberater (= jur. Fachzeitschrift)
Bd.	Band
Bde.	Bände
BGB	Bürgerliches Gesetzbuch
BGH	Bundesgerichtshof
BGHSt	Entscheidungen des Bundesgerichtshofs in Strafsachen
BGHZ	Entscheidungen des Bundesgerichtshofs in Zivilsachen
BImSchG	Bundesimmissionsschutzgesetz
BImSchV	Bundesimmissionsschutzverordnung
BML	Bundesministerium für Landwirtschaft
BMU	Bundesministerium für Umwelt, Naturschutz und Reaktorsicherheit
BNatSchG	Bundesnaturschutzgesetz

BSS	Bundesamt für Strahlenschutz
BT-Drucks.	Bundestags-Drucksachen
BV	Bayerische Verfassung
BVerfG	Bundesverfassungsgericht
BVerfGE	Amtliche Entscheidungssammlung des Bundesverfassungsgerichts
BVerfGG	Bundesverfassungsgerichtsgesetz
BVerwG	Bundesverwaltungsgericht
BVerwGE	Amtliche Entscheidungssammlung des Bundesverwaltungsgerichts
BWaldG	Bundeswaldgesetz
ChemG	Chemikaliengesetz
CSD	Commission on Sustainable Development
DB	Der Betrieb (= jur. Fachzeitschrift)
DDT	Dichlordiphenyltrichlorethan
ders.	derselbe
DIN	Deutsches Institut für Normung e.V.
DKR	Deutsche Kunststoff-Recycling GmbH
DÖV	Die Öffentliche Verwaltung (= jur. Fachzeitschrift)
DSD	Duales System Deutschland GmbH
DVBl.	Deutsche Verwaltungsblätter (= jur. Fachzeitschrift)
EAG	Europäische Atomgemeinschaft
ECE	European Commission for Economy
EEA	Einheitliche Europäische Akte
EG	Europäische Gemeinschaft
EGKS	Europäische Gemeinschaft für Kohle und Stahl
EGV	Vertrag über die Gründung der Europäischen Gemeinschaft
EINECS	European Inventory of Existing Commercial Chemical Substances
EnWG	Energiewirtschaftsgesetz
EStDV	Einkommensteuerdurchführungsverordnung
EStG	Einkommensteuergesetz
EU	Europäische Union
EuGH	Europäischer Gerichtshof
EuR	Europarecht (= jur. Fachzeitschrift)
EuZW	Europäische Zeitschrift für Wirtschaftsrecht (= jur. Fachzeitschrift)
EWG	Europäische Wirtschaftsgemeinschaft
f.	folgende
FCKW	Fluorchlorkohlenwasserstoff
ff.	fortfolgende
FGG	Finanzgerichtsgesetz

FGO	Finanzgerichtsordnung
FlurbG	Flurbereinigungsgesetz
FStrG	Fernstraßengesetz
GefStoffV	Gefahrstoffverordnung
GenTG	Gentechnikgesetz
GewO	Gewerbeordnung
GG	Grundgesetz
ggf.	gegebenenfalls
GGVS	Gefahrgutverordnung Straße
GLP	Gute Laborpraxis
GmbH	Gesellschaft mit beschränkter Haftung
GmbHG	Gesetz betreffend die Gemeinschaften mit beschränkter Haftung
GoA	Geschäftsführung ohne Auftrag
GVG	Gerichtsverfassungsgesetz
h.M.	herrschende Meinung
HdbUR	Handwörterbuch des Umweltrechts, hrsg. von Otto Kimminich u.a.
Hess.	Hessische(s/r)
HKWAbfV	Verordnung über die Entsorgung gebrauchter halogenierter Lösemittel
Hrsg.	Herausgeber(in)
hrsg.	herausgegeben
i.d.R.	in der Regel
i.e.S.	im engeren Sinne
IGH	Internationaler Gerichtshof (der UN)
INFUCHS	Informationssystem für Umweltchemikalien, Chemieanlagen und Störanfälle
i.S.d.	im Sinne des/der
IUR	Informationsdienst Umweltrecht
i.V.m.	in Verbindung mit
i.w.S.	im weiteren Sinne
JA	Juristische Arbeitsblätter (= jur. Fachzeitschrift)
JURA	Name einer juristischen Ausbildungszeitschrift
JuS	Juristische Schulung (= jur. Fachzeitschrift)
JZ	Juristenzeitung
Kap.	Kapitel
kj/kg	Kilojoule pro Kilogramm
KrW-/AbfG	Kreislaufwirtschafts- und Abfallgesetz
KSZE	Konferenz über Sicherheit und Zusammenarbeit in Europa

LKV	Landes- und Kommunalverwaltung (= jur. Fachzeitschrift)
LuftVG	Luftverkehrsgesetz
LWGNW	Landeswassergesetz Nordrhein-Westfalen
ml/m^3	Milliliter pro Kubikmeter
NEPA	National Environmental Policy Act
NJW	Neue Juristische Wochenschrift (= jur. Fachzeitschrift)
NJW-RR	Neue Juristische Wochenschrift - Rechtsprechungsreport (= jur. Fachzeitschrift)
Nordrh.-Westf.	Nordrhein-Westfalen
Nr.	Nummer
NStZ	Neue Zeitschrift für Strafrecht (= jur. Fachzeitschrift)
NuR	Natur und Recht (= jur. Fachzeitschrift)
NVwZ	Neue Zeitschrift für Verwaltungsrecht (= jur. Fachzeitschrift)
NVwZ-RR	Rechtsprechungs-Report der NVwZ
OECD	Organization for Economic Cooperation and Development
OLG	Oberlandesgericht
OVG	Oberverwaltungsgericht
OWiG	Ordnungswidrigkeitengesetz
PBefG	Personenbeförderungsgesetz
PCB	Polychlorierte Biphenyle
PCT	Polychlorierte Terphenyle
PVC	Polyvinylchlorid
pVV	positive Vertragsverletzung
RGZ	Amtliche Sammlung der Entscheidungen des Reichsgerichts
RIAA	Reports of International Arbitral Awards
RN	Randnummer(n)
ROG	Raumordnungsgesetz
Rs.	Rechtssache
S.	Seite
s.	siehe
SächsWG	Sächsisches Wassergesetz
Slg.	Amtliche Entscheidungssammlung des EuGH
sog.	sogenannte(r, -s)
Sp.	Spalte
StALA	Ständiger Abteilungsleiterausschuß
StGB	Strafgesetzbuch
StPO	Strafprozeßordnung

StrÄndG	Strafrechtsänderungsgesetz
StrlSchV	Strahlenschutzverordnung
StVZO	Straßenverkehrs-Zulassungs-Ordnung
TA	Technische Anleitung
ThürVBl.	Thüringer Verwaltungsblätter (= jur. Fachzeitschrift)
TierschG	Tierschutzgesetz
TRGS	Technische Regeln für Gefahrstoffe
TRK	Technische Richtkonzentration
TÜV	Technischer Überwachungsverein
u.a	und andere
UAbs.	Unterabsatz
UBA	Umweltbundesamt
UIG	Umweltinformationsgesetz
UMPLIS	Informations- und Dokumentationssystem Umwelt
UmweltHG	Umwelthaftungsgesetz
UN	United Nations
UNCED	United Nations Conference on Environment and Development
UNEP	United Nations Environmental Programme
UNO	United Nations Organisation
UPR	Umwelt- und Planungsrecht (= jur. Fachzeitschrift)
u.U.	unter Umständen
UVP	Umweltverträglichkeitsprüfung
UVPG	Gesetz über die Umweltverträglichkeitsprüfung
VDE	Verband Deutscher Elektrotechniker
VDI	Verband Deutscher Ingenieure
Verf.	Verfassung
VerwArch	Verwaltungs-Archiv (= jur. Fachzeitschrift)
VG	Verwaltungsgericht
VGH	Verwaltungsgerichtshof
vgl.	vergleiche
VO	Verordnung
VwGO	Verwaltungsgerichtsordnung
VwKostG	Verwaltungskostengesetz
VwVfG	Verwaltungsverfahrensgesetz
VwVG	Verwaltungsvollstreckungsgesetz
VwZG	Verwaltungszustellungsgesetz
WaschmG	Waschmittelgesetz
WEU	Westeuropäische Organisation

WHG	Wasserhaushaltsgesetz
WHO	Weltgesundheitsorganisation
WM	Wertpapiermitteilungen (= jur. Fachzeitschrift)
WUR	Wirtschaftsverwaltungs- und Umweltrecht
ZAU	Zeitschrift für angewandte Umweltforschung
ZfU	Zeitschrift für Umweltpolitik und Umweltrecht
ZfW	Zeitschrift für Wasserrecht
Ziff.	Ziffer
ZKBS	Zentrale Kommission für die Biologische Sicherheit
ZPO	Zivilprozeßordnung
z.T.	zum Teil
ZUR	Zeitschrift für Umweltrecht
ZVG	Zwangsvollstreckungsgesetz

Index

Hinweis zum Benutzen: Dieses Register verweist nicht auf Seitenzahlen, sondern auf Kapitel und Randnummern, unter denen die einzelnen Begriffe behandelt werden. Die Kapitelnummern sind **fett** gedruckt. Ein Beispiel:
Bodenverunreinigungen **19**/9, 14; **21**/37 ff.: nachzuschlagen in Kap. 19, Randnummern 9 und 14; sowie in Kap. 21, Randnummer 37 und fortfolgende.

A

Abfall
  Deponien **8**/1, 5 f., 26
  gefährlicher **8**/1, 16, 28
  radioaktiver **21**/61
Abfallabgaben **8**/38
  Bedeutung **8**/37
Abfallbegriff **8**/12 ff.; **21**/56
  Bedeutung **8**/10
  deutscher **8**/15 ff.
  europäischer **8**/11
Abfallbeseitigung **8**/16, 24 ff., 28
  umweltgefährdende **21**/53 ff.
Abfallbeseitigungsgebot **7**/76
Abfallentsorgungsanlagen **8**/5
  Überwachung **8**/28 ff.
  Verbrennungsanlagen **8**/24
  Zulassung **8**/27
Abfallexport **8**/1, 4, 28
Abfallgesetz von 1986 **8**/9
Abfallrecht
  Rechtsgrundlagen **8**/7 ff.
  Zielhierarchie **8**/20 ff.
  Zuständigkeiten **8**/40
Abfallvermeidung **8**/2, 3, 19, 21 f., 32, 35, 37
Abfallverwertung **8**/16, 28
  Begriff **8**/23
  energetische **8**/24, 36
  stoffliche **8**/23
  Verwertungsgesellschaften **8**/33 f.
  Verwertungsquoten **8**/1, 31, 36
Abfallwirtschaftssatzungen **8**/7
Abgaben **5**/30 ff.
  Entsorgungsabgaben **5**/32
  Umweltausgleichsabgaben **5**/32
  Umweltfinanzierungsabgaben **5**/32
  Umweltlenkungsabgaben **5**/32
  Umweltnutzungsabgaben **5**/32
Abgasuntersuchung **7**/85
Abhörungspflicht **5**/42
Abwägung **2**/8; **3**/44; **4**/2
Abwägungsausfall **3**/44
Abwägungsdefizit **3**/44
Abwägungsfehlerlehre **3**/44
Abwägungsfehlgewichtung **3**/44
Abwärmenutzungsgrundsatz **7**/31
Abwasser **11**/36
Abwasserabgabe **5**/32; **8**/37; **11**/35
Abwasserbeseitigung **11**/3, 37 f.
  Art und Weise **11**/39 ff.
  Aufgabe der öffentlichen Hand **11**/38
  Pflichten des Abwassererzeugers **11**/41
Abwasserwirtschaft **11**/35 ff.
Abwehr von Eigentums- und Besitzstörungen **18**/12 ff.
Abwehransprüche **15**/7; **18**/2 ff., 13, 28, 32
  Anspruchsberechtigte **18**/6
  Anspruchsgegner **18**/7
  Ausschluß **18**/17
  Ausschluß bei Duldungspflicht **18**/14 ff.
  Inhalt **18**/33 ff.
  kein Verschulden **18**/5
  wegen Eingriffen in Eigentum und Besitz **18**/12
Abwehrpläne, Alarm- und Gefahren- **7**/33
Adäquanztheorie **16**/15, 16, 18
Agenda-21 **13**/27
Akteneinsicht **5**/45; **18**/32
Allgemeindelikt **21**/21, 54, 79 f., 84
allgemeine Rechtsgrundsätze **13**/13
allgemeine Verwaltungsbehörde **6**/1
Allgemeiner Teil (BGB) **15**/7
Allgemeinheit, Begriff **7**/12

Allgemeinverfügung 3/11
Altlasten 8/11, 41 ff.; 16/42; 17/21, 23; 19/10; 20/16
    Erfassung 8/7
    im Grundstücksverkehr 19/5 ff.
Altlastensanierung
    behördliche Befugnisse 8/43
    Haftungsumfang 8/45
    Kooperationslösungen 8/46
    Rechtsgrundlagen 8/42
Altstoffe 9/21 ff.
Amtshaftung 17/2
    Ausschluß 17/26
    Rechtsgrundlagen 17/2 ff.
    Subsidiarität 17/25
    Verjährung 17/27
    Verschulden 17/17
    Voraussetzungen 17/4 ff.
Amtspflicht 17/7
    Drittgerichtetheit 17/13 f.
    Schutzzweck 17/21
    Schutz der Nachbarschaft 17/14
    Verletzung 17/7 ff.
Amtspflichtverletzung 17/16 f.
Amtsträger
    des Anlagenbetreibers 21/83
    in Genehmigungs- oder Überwachungsbehörden 21/84 ff.
    Strafbarkeit 21/82
Analogie 2/28
Anfechtungsklage 3/48; 7/23, 74, 80
Anhörung 5/5
Anlagen
    Begriff 7/13
    genehmigungsbedürftige 7/16 ff.
    gentechnische 12/5
    nicht genehmigungsbedürftige 7/75 ff.
    unerlaubtes Betreiben 21/63 ff.
Anlagenhaftung 16/41, 43
Anmeldepflicht 5/20
Anmeldung, chemische Stoffe 9/11 ff.
Anordnungen
    der aufschiebenden Wirkung 3/51
    nachträgliche 7/64 ff.
Anscheinsgefahr 17/16
Anspruch
    Begriff 15/10
    Geschäftsherr 20/14
    subjektiver 2/2; 4/2
Anspruchsgrundlagen 15/10
Anspruchsmethode 15/10
Anstalt 6/10 f.
antizipiertes Sachverständigengutachten, siehe Verwaltungsvorschrift
Antrag 3/41

Antragsberatung, individuelle 5/25
Anwendungsvorrang 2/21
Anzeigepflicht 5/20
Äquivalenztheorie 16/14, 16, 18, 28
Arbeiten, gentechnische 12/6
Arbeitsmittel 1/7
Artenschutz 10/28
    besonderer 10/33 f.
Artenvielfalt, Schutz 13/33
Artenvielfaltskonvention 13/33 f.
Atomenergie-Agentur 13/22
Aufklärungsfunktion 5/41
Auflagen, drittschützende 18/30
Aufopferungsanspruch, bürgerlich-rechtlicher 18/25
Aufopferungshaftung 16/4
aufschiebende Wirkung 3/51
Aufsicht 6/9
Aufsichtsbehörde 17/6
Aufsichtsbeschwerde 3/52
Auftragsangelegenheiten 6/6
Aufwendungsersatzanspruch, Geschäftsführer 20/12
Ausgleichsabgabe 10/16
Ausgleichsanspruch, nachbarrechtlicher 18/25 f.
Ausgleichszahlung 4/13
Auskunftsanspruch 5/45; 16/47
Auskunftspflicht 5/20
Auslegung 2/27 f.; 3/41; 4/2; 7/39
Auslegungsrichtlinie 3/7
Ausnahme-Ermessen 3/26
ausschließliche Bundeskompetenz 4/14
Ausschlußwirkung 3/42
Aussetzung der Vollziehung 3/51
Auswahlermessen 3/26
Außenwirkung 3/8, 10

B

Bagatellklausel, siehe Minima-Klausel
Baugenehmigung 7/75
Baurecht 7/35, 60
Beamter
    im haftungsrechtlichen Sinne 17/4, 6
    im staatsrechtlichen Sinne 17/5
Beauftragte für den Umweltschutz 5/40 ff.
Bebauungspläne, Aufstellung 17/10
Beeinträchtigungen 18/13
    des Eigentums 18/2 f.
    unwesentliche 18/18
    wesentliche 18/18, 21
Befugnisnorm 3/24
Behördenanhörung 3/41
Behördenbezeichnung 6/16

behördliche Duldung 21/36
behördliche Gestattung 21/33 ff.
Beiträge 5/30
Bekanntmachung 3/41; 7/39
Belästigung, Begriff 7/9 ff.
Beliehene 6/13
Benachteiligungsunterlassungspflicht 5/42
Benutzungsordnung, wasserwirtschaftliche 11/8 ff.
Benutzungsvorteile 5/27
Beratung 5/25
Bereitstellen von Grundstücken 10/38
Berichtsfunktion 5/41
Berliner Klimakonferenz 13/36
Berufung 3/45; 15/19
Beseitigung 3/19; 7/72
    Unmöglichkeit 18/37
Beseitigungsanspruch 18/1, 34
    Abgrenzung zu Schadensersatzansprüchen 18/36
    Ausschluß 18/37
    Inhalt 18/34 ff.
    Umfang 18/35
Besitz, Begriff 15/12
Bestandskraft 3/13
Bestandsschutz 7/64
Beteiligungspflicht 5/42
Betreiberpflichten 7/20, 64, 76 ff.
Betretungsrecht 10/36 f.
Betriebsbeauftragter für Abfall 8/30
Betriebsgeheimnisse 9/33; 12/28
Betriebsprüfung 5/46
Betriebsstätten 7/13
Beurteilungsspielraum 3/25, 30 f.
Beweisaufnahme 15/18
Binnenmarkt 14/4
Binnenmarktpolitik 14/47
Bioakkumulation 9/2
Biologische Bundesanstalt für Landes- und Forstwirtschaft 6/22
Biotop 10/21
Biotopschutz 10/28 ff.
Bodenverunreinigungen 19/9, 14; 21/37 ff.
Bubble Policy 5/35
Bundesamt
    für Naturschutz 10/7
    für Strahlenschutz 6/20
Bundesanstalt
    für Arbeitsschutz 9/33
    für Gewässerkunde 6/22
Bundesartenschutzverordnung 10/2
Bundesbehörde, oberste 6/2
Bundes-Bodenschutzgesetz 8/42
Bundesforschungsanstalt für Naturschutz und Landschaftsökologie 6/21

Bundes-Immissionsschutzgesetz 7/2 ff.
Bundes-Immissionsschutzverordnung 7/18
Bundesministerium
    für Umwelt, Naturschutz und Reaktorsicherheit 6/18
Bundesnaturschutzgesetz 10/2
Bundesoberbehörde 6/2
Bundesverfassungsgericht 3/46
Bundeswaldgesetz 10/37
Bürgerliches Gesetzbuch 15/6
Bürgerliches Recht, Quellen 15/6 ff.
Bürgermeister 17/6
Bürgerrechte 2/10

C

Chemikaliengesetz 9/5, 8 ff.
Chemikalienverbotsverordnung 9/16, 31
chemische Stoffe
    Anmeldung 9/11 ff.
    Bioakkumulation 9/2
    eingeschränkte Anmeldung 9/18
    Grundprüfung 9/12
    Mitteilungspflicht 9/18 ff.
    Ökotoxizität 9/2
    Umweltmobilität 9/2
    Zusatzprüfung 9/15

D

Daten 1/14
Deutsches Hydrographisches Institut 6/22
Devolutiveffekt 3/52
Dienstaufsichtsbeschwerde 3/52
Dienstvorschrift 3/7
Diskriminierungsverbot 13/13
Dispositionsmaxime 15/16
Drittschutz 3/33; 7/80
drittschützende Auflagen 18/30
drittschützende Norm 7/74
Drittwirkung von Grundrechten 4/8
DSD, siehe Duales System Deutschland
Duales System Deutschland 8/19, 33 ff.
Duldung
    aktive 21/36
    passive 21/36
Duldungs- und Ausschlußwirkung 7/59
Duldungspflichten 5/19; 7/82; 18/19
    aufgrund behördlicher Genehmigung 18/14 ff.
    des privaten Nachbarrechts 18/17 ff.
    für unwesentliche Beeinträchtigungen 18/20
    für wesentliche Beeinträchtigungen 18/21

nachbarrechtliche **18**/31
  weitergehende **18**/27
Duldungswirkung **3**/42
Düngemittelgesetz **9**/10

E

EG-Altstoff-Verordnung **9**/22
Eigenentsorgung, Grundsatz **8**/18
Eigentum **15**/7, 9
  als Schutzobjekt **16**/43
  Beeinträchtigungen **18**/2 f.
  Begriff **15**/12
Eigentumsfreiheit **15**/9
Eigentumsverletzung **16**/11, 23
Eingriffsvorbehalt **9**/17
Einheitliche Europäische Akte **14**/4
Einrichtungen, ortsfeste **7**/13
Einstufung, gefährliche Stoffe **9**/24
einstweilige Anordnung **3**/51
Einvernehmen, gemeindliches **7**/60
Einwendung **3**/41
Einzelfall **3**/10
Embryonenschutzgesetz **12**/9
Emission **7**/5
Emissions Banking **5**/35
energetische Abfallverwertung **8**/24 f., 36
Enteignungsvorwirkung **3**/42
Entschädigung **3**/43
Entscheidungssammlungen **1**/9
Entschließungsermessen **3**/26
Entsorgung, entstehungsortnahe **8**/4
Entsorgungsabgaben **5**/32
Entsorgungsfachbetrieb **8**/29
Erdatmosphäre **13**/28
Erforderlichkeit **3**/34
Erfüllungsgehilfe **19**/18
Erheblichkeit **7**/82
Erklärung über Waldgrundsätze **13**/30
Ermessen **3**/26 ff.
Ermessensfehler **3**/27
Ermessensfehlgebrauch **3**/27
Ermessensnichtgebrauch **3**/27
Ermessensreduzierung auf Null **3**/28
Ermessensrichtlinie **3**/7
Ermessensschrumpfung **3**/28
Ermessensspielraum **3**/25
Ermessensüberschreitung **3**/27
Ermittlungspflicht **5**/20
Erörterungstermin **7**/40
Ersatzmaßnahmen **10**/15
Erschließungsvertrag **2**/23
Erschütterung, Verursachung **21**/52
Erstbegehungsgefahr **18**/41

erwerbswirtschaftliche Betätigung, der Verwaltung **3**/22
Erzeugnisse, Begriff **9**/10
Euratom **14**/3
Europäische Atomgemeinschaft **14**/3
Europäische Gemeinschaft **14**/6
  für Kohle und Stahl **14**/3
Europäische Union **14**/1 ff.
  allgemeine Rechtsgrundsätze **14**/20
  Gerichtshof **14**/13
  historische Entwicklung **14**/3
  Kommission **14**/10
  (Minister-)Rat **14**/8 f.
  Organe **14**/8 ff.
  Parlament **14**/11 f.
  Rechtsquellen **14**/16 ff.
  Vorschlags- und Entscheidungsverfahren **14**/15
  Wirtschafts- und Sozialausschuß **14**/14
Europäische Wirtschaftsgemeinschaft **14**/3 ff.
Europäisches Umweltrecht
  Abwägungsgebote **14**/38
  Grundsätze **14**/32 ff.
  Inhalt **14**/25 ff.
  Kompetenzen **14**/46 ff.
  Kompetenzenabgrenzung **14**/48
  Querschnittsklausel **14**/36
  Rechtsgrundlagen **14**/46 ff.
  Schutzergänzungsklausel **14**/43
  Schutzklausel **14**/42
  Schutzniveauklausel **14**/32
  Subsidiaritätsprinzip **14**/37
  Ursprungsprinzip **14**/34
  Verursacherprinzip **14**/35
  Vorbeugeprinzip **14**/33
  Vorsorgeprinzip **14**/33
  Ziele **14**/26 ff.
Europarat **13**/23
Europarecht **3**/5
  unmittelbare Anwendbarkeit **14**/24
  Verhältnis zum nationalen Recht **14**/21
  Vorrang **14**/22
  siehe auch Europäische Union
  siehe auch Umwelteuroparecht

F

Fachaufsicht **6**/9
Fachplanung **5**/8 ff.
  ohne umweltspezifische Zielsetzung **5**/11
  umweltspezifische **5**/9 f.
Fachzeitschriften **1**/12
Fahrlässigkeit **16**/20; **21**/74
FCKW-Halon-Verbots-Verordnung **9**/2
Fehlerhaftigkeit des Verwaltungsakts **3**/12 f.

Feststellungsklage 3/48
Fiskalisches Handeln 17/4
Fluorchlorkohlenwasserstoffe (FCKW) 9/2
formelles Gesetz, siehe Gesetzesbegriff
formelles Recht 2/25
formlose Rechtsbehelfe 3/52
Forschungsprivileg 9/18
Freiheitssicherung 2/10
Freiraumtheorie 5/2
Fremdgeschäftsführungswille 20/6
Friedenssicherung 2/9
Funktionen des Rechts 2/1, 9 ff.
Funktionskompetenz 6/14

G

Gebietskörperschaft 6/5
Gebietsschutz 10/28
Gebühren 5/30
gebundene Verwaltung 3/25
Geeignetheit 3/34
Gefahr, Begriff 7/8
Gefährdungsdelikte
    abstrakte 21/12
    konkrete 21/12
    potentielle 21/12
Gefährdungshaftung 12/38; 13/18; 15/8; 16/4, 35 ff.
    wasserrechtliche 16/39 ff.
Gefahrenabwehr 5/13; 7/3
Gefahrenanordnung 7/65 ff.
Gefahrgutverordnung Straße (GGVS) 9/6
gefährliche Abfälle 21/57 ff.
gefährliche Stoffe 9/9
    Einstufung 9/24
    Kennzeichnung 9/26
    Substitutionsverpflichtung 9/27
    Umgang 9/27 ff.
    und Güter 21/66 ff.
    Verpackung 9/25
    Werbeverbot 9/30
Gefahrstoffe, Einstufung 9/24
Gefahrstoffkataster 9/27
Gefahrstoffrecht
    im engeren Sinne 9/5
    im weiteren Sinne 9/4
    Rechtsgrundlagen 9/3 ff.
Gefahrstoffverordnung 9/5, 9
Gefahrübergang 19/7
Gegenvorstellung 3/52
Geldersatz 16/32
Geldleistungspflicht 5/18
Geltungsvorrang 2/21
Gemeinden 6/5 ff.

Gemeinderatsmitglieder 17/6, 18
Gemeindeverbände 6/7
Gemeinlastprinzip 5/4
Gemeinschaftsaufgabe 6/3
gemeinwichtige Betriebe 18/27
Genehmigung
    Auflage 7/55
    Bedingung 7/54
    Befristung 7/57
    Erlöschen 7/63
    Erteilung fehlerhafter 21/85
    Inhalt 7/52 ff.
    Nebenbestimmungen 7/53 ff.
    Nichtrücknahme rechtswidriger 21/86
    Rücknahme 7/73
    Vorbescheid 7/50 f.
    Widerruf 7/73
    Widerrufsvorbehalt 7/58
    Wirkung 7/59 ff.
Genehmigungsarten, wasserrechtliche 11/24 ff.
Genehmigungsbehörde 17/6
    Prüfungspflicht 7/44
Genehmigungspflicht 7/16 ff.
Genehmigungsverfahren, immissionsschutzrechtliches 7/36 ff.
    Publizität 7/39
Genehmigungsvoraussetzungen 7/19 ff.
Gentechnik 12/1 ff.
    Gefahrenabwehr 12/15
    gemeinsame Vorschriften 12/28 ff.
    Öffentlichkeitsbeteiligung 12/29 ff.
    Risikobewertung 12/14
    Risikovorsorge 12/15
Gentechnikgesetz 12/4
Gentechnikrecht
    Anmeldung 12/23
    Anwendungsbereich 12/5 ff.
    Auskunftspflichten 12/34 ff.
    Duldungspflichten 12/34 ff.
    Genehmigung 12/21 ff.
    Grundpflichten 12/14 ff.
    Haftung 12/38 ff.
    Rechtsgrundlagen 12/4
    Sicherheitsstufen 12/19 f.
    Systematik 12/18
    Überwachung 12/34 ff.
    Verfahren 12/24
    Vollzugskompetenzen 12/10
    Ziel 12/13
    Zuständigkeit 12/10 ff.
gentechnisch veränderte Organismen
    Freisetzung 12/7
    Inverkehrbringen 12/8
gentechnische Anlagen 12/5
gentechnische Arbeiten 12/6, 19 ff.

Geräte, mobile technische 7/13
Gerechtigkeit 2/8
Gerichtsverfahren 2/6
Gesamtschuldner 16/24, 26
Geschäftsbesorgung 20/4
Geschäftsführer 20/2
    Aufwendungsersatzanspruch 20/12
Geschäftsführung ohne Auftrag 20/1 ff.
    berechtigte 20/4 ff.
    bürgerlich-rechtliche 20/15 f.
    Fehlen eines Auftrags 20/7
    fremdes Geschäft 20/5
    im Umweltrecht 20/15 ff.
    Mehr-Personen-Verhältnisse 20/15
    öffentlich-rechtliche 20/17 ff.
    Rechtsfolgen 20/12
Geschäftsgeheimnisse 12/28
Geschäftsherr 20/2
    Ansprüche 20/14
    Interesse 20/8
    mutmaßlicher Wille 20/11
    Willen 20/9 f.
geschützte Landschaftsbestandteile 10/26
Gesetz über Umweltstatistiken 5/20
Gesetzesbegriff 2/16
Gesetzessammlungen 1/8
Gesetzgebung 2/7
Gesetzgebungskompetenzen 4/14
Gesetzmäßigkeit der Verwaltung 3/24; 17/7
Gestaltsveränderung (Landschaft) 10/13
Gestaltung 2/10
Gestaltungsfreiheit, planerische 3/26, 44
Gestaltungsrecht 2/24
Gestaltungsspielraum des Gesetzgebers 4/12
Gestaltungswirkung 3/42
Gesundheit als Schutzobjekt 16/43
Gewährleistung, werkvertragliche 19/21
Gewaltenteilung 2/17
Gewässer
    Begriff 11/11 ff.
    Grundwasser 11/14
    Küstengewässer 11/13
Gewässerausbau 11/18
Gewässerbenutzung 11/16 f.
    Anliegergebrauch 11/21
    Eigentümergebrauch 11/21
    Gemeingebrauch 11/20
    genehmigungsfreie 11/19 ff.
Gewässerschutzrecht
    Abwasserwirtschaft 11/35 ff.
    allgemeine Sorgfaltspflicht 11/7
    Benutzungstatbestand 11/15
    Bewirtschaftungsermessen 11/32
    Bewirtschaftungsgebot 11/6

Erteilungsverfahren 11/33 f.
Genehmigungsarten 11/24 ff.
Genehmigungsbedürftigkeit 11/9 ff.
Genehmigungsfähigkeit 11/30 ff.
planungsrechtliches Instrumentarium 11/42 f.
siehe auch Wasserschutzgebiete
Gewässerunterhaltung 11/18
Gewässerverunreinigung 21/19 ff.
Gewohnheitsrecht 2/19; 13/9
Gifte, Freisetzung 21/71
Giftinformationsverordnung 9/20
Giftmüll 8/1
Gleichheit 2/11; 3/8
GRAFU 6/19
Großfeuerungsanlagen-Verordnung 7/32 f.
Grundbegriffe des Verwaltungsrechts 3/24 ff.
Grundpflichten 5/18
Grundprüfung, chemische Stoffe 9/12
Grundrecht auf eine gesunde Umwelt 13/17
Grundrechte 4/3 ff.
    als Abwehrrechte 4/6, 10 f.
    als Leistungsrechte 4/6
    als objektive Wertordnung 4/7
    als Teilhaberechte 4/6
    auf Umweltschutz 4/3 ff.
    ohne Gesetzesvorbehalt 4/5
grundrechtsimmanente Schranken 4/5
Grundrechtsprüfung, Schema 4/4
Grundsatz
    der Eigenentsorgung 8/18
    der guten Nachbarschaft 13/10
    der Produktverantwortung 8/18
    der territorialen Integrität 13/11
    der territorialen Souveränität 13/11
Grundstücksverkehr, Altlasten 19/5 ff.
Grundwasser 11/14
Grüner Punkt 8/33 f.
Gute Laborpraxis (GLP) 9/12
Güterabwägung, siehe Abwägung

H

Haftung
    des Beamten 17/3
    des Staates 17/3
    objektiver Tatbestand 16/5 ff.
haftungsausfüllende Kausalität 16/18
haftungsbegründende Kausalität 16/13 ff.
Handbücher 1/11
Handlung, Begriff 16/6
Handlungsfähigkeit 2/26
Handlungsformen der Verwaltung 3/6 ff.
Handlungspflichten 5/18

Index 407

Handlungsstörer 8/44; **18**/7
   mittelbarer **18**/8
   unmittelbarer **18**/8
Hausmüllgebühren **8**/38
Herrschaftsrecht **2**/24
hoheitlich **3**/9
hoheitliches Handeln **17**/4
höhere Gewalt **16**/44
Hot Spots **5**/34
Humangenetik **12**/9

I

Ignoranztheorie **5**/2
Immissionen **7**/5; **18**/13
Immissionsschutz
   gebietsbezogener **7**/87
   produktbezogener **7**/83
   verkehrsbezogener **7**/84 ff.
Immissionsschutzgesetz
   europarechtliche Vorgaben **7**/26
   Richtlinien **7**/26
in dubio pro reo **2**/6
indirekte Verhaltenssteuerung **5**/24
informales Verwaltungshandeln **5**/37 ff.
Informationsanspruch **5**/45
Imformationspflicht **13**/12
informatorischer Bescheid **3**/52
INFUCHS **6**/19
Initiativfunktion **5**/41
Instrumente des öffentlichen Umweltrechts **5**/6 ff.
Interessenausgleich **2**/8; **15**/1
   siehe auch Abwägung
Interessentheorie **2**/23
International Law Commission **13**/22
internationale Organisationen **13**/4, 19 ff.
Investitionszulagengesetz **5**/28

J

juristische Person **2**/26

K

Kabinettsausschuß für Umweltfragen **6**/18
Kaufrecht **19**/6
Kaufvertrag **19**/6, 19
Kausalität
   alternative **16**/28
   haftungsbegründende **16**/28 f.
   komplementäre **16**/26
   konkurrierende **16**/27
   statistische **16**/29
   Vermutung **16**/46

Kennzeichnung, gefährliche Stoffe **9**/26
Klagearten/Klagen, siehe Rechtsschutz
Klagebefugnis **3**/50
KleinfeuerungsanlagenVO **7**/77
Kleinmengenprivileg **9**/18
Klimakonvention **13**/31 ff., 36
Kodifikation **1**/3
Kollision von Rechtsquellen **2**/21
Kommentare **1**/10
Kommission zur nachhaltigen Entwicklung **13**/29
Kommunen, siehe Gemeinden
Kompensation **5**/35 f.; **7**/69
Kompetenzen, siehe Gesetzgebungskompetenzen; Zuständigkeit
Kompostieranlagen **8**/27
konkurrierende Gesetzgebungskompetenz **4**/14
Konsultationspflicht **13**/12
Kontaktpflege **5**/38
Kontrollfunktion **5**/41
Konzentrationsgrundsatz **3**/42; **7**/38
Konzentrationswirkung **7**/59; **12**/32 f.
Kooperationsprinzip **5**/5
Körper
   als Schutzobjekt **16**/43
   Gesundheitsverletzung **16**/9
Körperschaft **6**/4 ff., 8
Körperverletzung **16**/19
Körper
   als Schutzobjekt **16**/43
   Gesundheitsverletzung **16**/9
Körperschaft **6**/4 ff., 8
Körperverletzung **16**/19

Kosten **3**/39
Kostenzurechnungsprinzip **5**/3
krebserzeugende Stoffe **9**/28
Kreislaufwirtschafts- und Abfallgesetz **8**/2 ff.

L

Länderverfassungen **4**/2
Landesamt für Naturschutz **10**/8
Landesnaturschutzgesetze **10**/2
Landespflege **10**/6
Landesumweltministerium **6**/23
Landschaftsbestandteile, geschützte **10**/26
Landschaftspflege **10**/6
Landschaftsplanung **10**/10 ff.
Landschaftsprogramme **10**/11
Landschaftsrahmenpläne **10**/11
Landschaftsschutzgebiete **10**/23
Landwirtschaftsklausel **10**/14
Landwirtschaftsprivileg **10**/14
Lärm, Verursachung **21**/52

Lärmschutz
  aktiver 7/86
  passiver 7/86
Legalitätsprinzip 21/94
Lehrbücher 1/12
Lehre vom Schutzbereich der Norm 16/16, 18
Leistungsklage, allgemeine 3/48
Lieferverträge 19/17 ff.
Luft, TA 7/26
Luftreinhalteplan 7/87
Luftverunreinigung 21/45 ff.

M

Maastrichter Vertrag 14/6
Mängelbeseitigung 19/8
Mangelfolgeschäden 19/21
materielles Gesetz, siehe Gesetzesbegriff
materielles Recht 2/25
Mengenschwellenprinzip 9/18
Menschenrechte 2/10
Methodik 2/27
Mietrecht 19/13 ff.
  fristlose Kündigung 19/14
  Schadensersatz wegen Nichterfüllung 19/13
Minderung 19/8
Minima-Klausel 21/62
Minimierungsgebot 7/76
Mitteilungspflicht, chemische Stoffe 9/18 ff.
mittelbare Staatsverwaltung 6/4 ff.
Mitverschulden 16/33 f.; 17/27
Mitwirkungsrechte 2/6
Montanunion 14/3
Müllabfuhrgebühren 5/32
Müllverbrennung 8/24
Multikausalität 16/25
Mündlichkeitsgrundsatz 2/6

N

nachbarliches Gemeinschaftsverhältnis 18/27
Nachbarrecht, privates 15/7
nachbarrechtliche Duldungspflicht 18/31
nachbarrechtlicher Ausgleichsanspruch 18/25 f.
Nachbarschaft, Begriff 7/12
Nachbarschutz 7/67
Nachteil, Begriff 7/9 ff.
nationale Alleingänge 14/43 ff.
Nationalparks 10/22
Natur und Landschaft 10/6
Naturalrestitution 16/32, 49
  Ausschluß 17/20
Naturdenkmale 10/25
Naturgüter, Nutzungsfähigkeit 10/4
Naturhaushalt, Leistungsfähigkeit 10/4

natürliche Person 2/26
Naturparks 10/24
Naturschutz 10/6
Naturschutzbeauftragte 10/8
Naturschutzbehörden 10/7 ff.
Naturschutzbeiräte 10/8
Naturschutzgebiete 10/21
Naturschutzrecht
  allgemeiner Artenschutz 10/31 ff.
  Befreiungen 10/42
  Begriffsbestimmungen 10/6
  Biotopschutz 10/30
  Duldungs- und Pflegepflichten 10/19
  Eingriff in Natur und Landschaft 10/13
  Erholung in Natur und Landschaft 10/35
  Grundsätze 10/5
  Mitwirkung von Verbänden 10/39 ff.
  Rechtsquellen 10/1 ff.
  Schutzgebiete 10/20
  Schutzgebietskategorien 10/21
  Verfahrensfragen 10/27
  Ziele 10/4
  Zuständigkeiten 10/7 ff.
Naturschutzverbände 10/39
Naturschutzverwaltung 10/8
Nebenbestimmungen 7/74
Nebenpflichten 5/20
Nebenstrafrecht 21/4
Neuroseschäden 16/9, 16
nicht rechtsfähige Anstalt 6/11
Nichtbescheidungsabsprachen 5/38
nichtionisierende Strahlen 21/52
Norm, drittschützende 7/74
Normenhierarchie, siehe Rangordnung
Normenkontrollklage 3/48
normersetzende Absprache 5/38
Normkollision, siehe Kollision
normkonkretisierende Verwaltungsvorschrift, siehe
  Verwaltungsvorschrift
Notstand, Rechtfertigungsgrund 21/72 ff.
Nutzung, Ortsüblichkeit 18/22 f.
Nutzungsveränderung 10/13

O

oberste Bundesbehörde 6/2
objektiver Abfallbegriff 8/13
objektives Recht 2/24
öffentlich-rechtliche Streitigkeit 7/82
öffentliches Recht 2/22 f.
Öffentlichkeitsgrundsatz 2/6
Offset Policy 5/35
Öko-Audit-Verordnung 5/46
ökologische Schäden 16/49
Ökosysteme 10/22

Ökotoxizität 9/2
Opportunitätsprinzip 21/95
ordentliche Gerichtsbarkeit 3/47
Ordnungsrecht 5/13 ff.
Ordnungswidrigkeiten 21/5
Ordnungswidrigkeitenverfahren 21/95
Organisation für wirtschaftliche Zusammenarbeit und Entwicklung 13/24
Organisationsvorschrift 3/7
ortsüblich 18/22

P

Parlamentsgesetz, siehe Gesetzesbegriff
Petition 3/52
Physikalisch-technische Bundesanstalt 6/22
Plan 3/15 ff.
Planergänzungsanspruch 3/44
Planfeststellungsbeschluß 3/42 f.
Planfeststellungsverfahren 3/40 f.
Planfortbestandsanspruch 3/18
Planrechtfertigung 3/44
Planung 3/15 ff.; 5/7 ff.
Planungsermessen 3/26, 44
Planungsinstrumente 5/7 ff.
Planungsleitsätze 3/44
Planvollzugsanspruch 3/18
positive Vertragsverletzung 19/15
Präklusion 3/41; 7/41 ff.; 18/16
    formelle 7/41 f.
    materielle 7/41 f.
präventives Verbot 5/14
    mit Erlaubnisvorbehalt 12/21
Prinzip der Erfolgshaftung 13/18
Prioritätenlisten 9/22
Privatautonomie 15/9
privates Nachbarrecht 18/1 ff., 17 ff.
Privatrecht 2/22 f.
    allgemeines 15/4
    Prinzipien 15/9
privatrechtliche Hilfsgeschäfte der Verwaltung 3/21
privatrechtsgestaltende Wirkung 12/32 f.
produktions- und anlagenbezogene Regelung 14/47
Produktionsfreiheit 9/17
Produktregelung 14/47
Produktverantwortung 8/6
    Grundsatz 8/18
Prozeßordnung 2/25
Prüfnachweisverordnung 9/12

Q

Querschnittsklausel 14/36
Querschnittsmaterie 1/3

R

radioaktive Abfälle 21/61
radioaktive Stoffe, unerlaubter Umgang 21/66 ff.
Rahmengesetz 10/2
Rahmengesetzgebung 4/14
Rangordnung der Rechtsquellen 2/21; 14/23
RasenmäherlärmVO 7/77
raumbezogene Gesamtplanung 5/12
Raumordnungspläne 3/16
Reaktorsicherheit 10/7
Realakt 3/19
Recht auf gesunde Umwelt 16/12
Rechtsanwendung 2/27
Rechtsaufsicht 6/9
Rechtsbehelfe
    förmliche 3/47 ff.
    formlose 3/52
Rechtsdurchsetzung 2/6, 25; 3/38
Rechtserzeugung 2/7
rechtsfähige Anstalt 6/11
Rechtsfähigkeit 2/26
Rechtsfindung 2/6
Rechtsgrundsätze, allgemeine 13/13
Rechtsgutsverletzung 16/7–12, 16/18, 43
Rechtskraft 2/6
Rechtsprechung 2/6
Rechtsquellen 2/14 ff.
    geschriebene 2/15 ff.
Rechtsschutz 3/45 ff.; 7/74, 80
    siehe auch vorläufiger Rechtsschutz, formlose Rechtsbehelfe
Rechtsverordnung 2/17
Rechtsweg 3/47 ff.
rechtswidriger Störungszustand 18/4
Rechtswidrigkeit 16/45; 21/20
    Begriff 16/19
Recycling 8/23
Recyclinganlagen 8/27
Recyclingquoten 8/1, 31
Regelung 3/10
repressives Verbot 5/15
Ressortkompetenz 6/14
Restrisiko 7/8
Reststoffe 8/16, 23
Reststoffvermeidungsgrundsatz 7/30
Rettungskosten 16/40
Revision 3/45; 15/19
Richter, Stellung 2/6
Richterrecht 2/20; 16/19

Rio de Janeiro, Umweltschutzkonferenz 13/25 ff.
Rio-Deklaration 13/26
Rio-follow-up-process 13/35
Risikobewertung 9/22
Robert-Koch-Institut 12/11
Rücknahme- und Verwertungspflichten 8/2, 32

S

Sachenrecht 15/7
Sachgebiete 3/1 ff.
Sachkonzession 7/52
Sachmangel 19/7
   arglistiges Verschweigen 19/11
Sachmängelgewährleistung 19/7
Sachverständigengutachten, antizipiertes 7/24
Sachverständiger 7/24
Sanierungsregel 5/36
Satzung 2/18
Schaden
   Begriff 15/13; 16/17
   Ersatzfähigkeit 17/21
   immaterieller 15/13
Schadensersatz 15/13; 16/3 ff., 30 ff.; 17/19 ff.; 19/21
   wegen Nichterfüllung 19/8, 11 f.
Schadensersatzanspruch 16/17
   Ausschluß 17/24 f.
   Minderung 17/24 f.
Schadensrecht, Grundlagen 16/30 ff.
Schmerzensgeld 16/31
Schuld 21/20, 74 f.
Schuldausschluss 21/75
Schuldrecht 15/7
Schutz der Artenvielfalt 13/33
Schutzauflage 3/43
schutzbedürftige Gebiete, Gefährdung 21/70 f.
Schutzergänzungsklausel 14/43
Schutzgebiet 5/10
Schutzgebietsausweisung 10/27
Schutzgesetz 18/28
   Abwehranspruch 18/28
   Verletzung 16/23
Schutzgesetzverletzung, Abwehr 18/28
Schutzgrundsatz 7/21 ff.
Schutzklausel 14/42
Schutzniveauklausel 14/32
Schutznormtheorie 3/33
Schutzpflicht aus Grundrechten 4/7
Schutzzweck 17/21
Scoping-Verfahren 5/23
Selbsteintrittsrecht 6/14
Selbstverwaltungsangelegenheiten 6/5 f.
Selbstverwaltungsgarantie 6/5 f.

Sicherheitsanalyse 7/33
Sicherheitsdatenblatt 9/13
Siedlungsabfälle 8/1, 24
Soft law 13/15
Sommersmogverordnung 7/85
Sonderabgaben 5/30
Sonderdelikte 21/37, 46, 63, 77 f., 84
Sondermüll 8/1
Sonderprivatrechte 15/4
Sonderverwaltungsbehörde 6/1
Sozialbindung des Eigentums 10/27
soziale Normen 2/2 f.
soziale Sicherung 2/12
sozialer Ausgleich 2/12
Sozialstaat 2/12
Sperrmüll 8/12
SportanlagenlärmschutzVO 7/77
Staatsrecht 3/2
Staatsverwaltung 6/1 ff.
Staatsziel Umweltschutz 4/2
Stand der Technik 7/14
Ständiger Abteilungsleiterausschuß 6/18
Steuern 5/30
Steuerung gesellschaftlicher Prozesse 2/13
Stiftung 6/12
Stillegung 7/71
Stockholmer Deklaration 13/17
Stockholmer Konferenz 13/20
Stoffe
   erbgutverändernde 9/28
   gefährliche 9/9; siehe auch gefährliche Stoffe
   gesetzliche Definition 9/9
   In-Verkehr-Bringen 9/30 ff.
   Verbot 9/31
   Zubereitungen 9/10
stoffliche Abfallverwertung 8/23
stoffliche Verwertung 8/25, 32
Störer 18/8 f.
Störerhaftung des Grundstückseigentümers 18/10
Störfall
   Begriff 7/33
   Verordnung 7/32 f.
Störungsabwehr 18/1 ff.
Störungszustand, rechtswidriger 18/4
Strafaufhebungsgrund, persönlicher 21/89
Straftatlehre, Einführung 21/20 ff.
Strafverfahren 21/94
Straßenverkehr, siehe Verkehr
Straßenverkehrs-Zulassungsordnung 7/85
subjektiver Abfallbegriff 8/12
subjektives öffentliches Recht 2/24; 3/32 f.
Subordinationstheorie 2/23
Subsidiaritätsprinzip 14/37

Substitutionsverpflichtung, gefährliche Stoffe 9/27
Subsumption 2/27
Subventionen 5/28 f.
Summationsschäden 16/25
Supranationalität 14/21
Suspensiveffekt 3/51 f.

T

TA Abfall 8/8, 26
tätige Reue 21/89
TA Lärm 7/7, 22, 82; 16/23
TA Luft 7/7, 22; 16/23
TA Siedlungsabfall 8/8, 26
Tatbestandsmerkmal 2/28
Technische Anleitung 8/8, 10
 siehe auch TA
Technische Regeln für Gefahrstoffe (TRGS) 9/5
Teilgenehmigung 7/48 f.
Teilrechtsfähigkeit 2/26
Trail-Smelter-Schiedsspruch 13/11
Transformationstheorie 13/7
Treibhausgase 13/31
TRGS 9/5
TRK-Wert 9/28

U

Übergangsregelung 4/13
UMPLIS 6/19
Umweltabgaben 5/30 ff.
Umweltamtsträger 21/84
Umweltbanken 5/35
Umweltbelange
 als Motiv 19/3
 als Vertragsgegenstand 19/2
Umweltbundesamt 5/26; 6/19
Umweltchemikalien 9/1 ff.
Umweltdelikte
 Angriffsrichtung 21/12
 Charakter 21/9 ff.
 Gefährdungsdelikte 21/12, 49 f.
 Systematik 21/8
 Verletzungsdelikte 21/12
umweltdienliche Beschränkungen 5/16
Umwelteinwirkungen, schädliche 7/5 ff.
Umwelterklärung 5/46
Umwelterziehung 5/25
Umweltgebote 5/17
Umweltgesetzbuch, siehe Kodifikation
Umweltgrundrecht 13/16 f.
 siehe auch Grundrecht
Umwelthaftung, Versicherung 16/48
Umwelthaftungsgesetz 15/8; 16/2, 42 ff.

Umwelthaftungsrecht
 europäisches 16/38
 Grundlagen 16/2 ff.
Umweltinformationsgesetz 5/44 f.
Umweltinformationspolitik 5/25 f.
Umweltlizenzen 5/33
Umweltmanagementsystem 5/46
Umweltökonomie 1/4
Umweltordnungswidrigkeiten 21/5 ff.
Umweltorganisation 6/1 ff.
Umweltpolitik, europäische 14/5 ff.
Umweltprogramm 1/2; 5/46
Umweltprüfungen 5/46
Umweltrecht, privates 15/5
umweltrechtliche Duldungspflichten 5/19
umweltrechtliche Leistungspflichten 5/18
Umweltschäden 1/1; 15/8
Umweltschädigung, grenzüberschreitende 13/11
Umweltschutzbeauftragte 5/40 ff.
Umweltschutzpläne 5/9
Umweltstandard 16/23
Umweltstrafrecht 21/1 ff.
 Effizienz 21/18
 Garantenstellung 21/81
 im engeren Sinne 21/2
 im weiteren Sinne 21/3
 Strafarten 21/90 ff.
 Strafnormen 21/19 ff.
 Täterschaft 21/76 ff.
 Teilnahme 21/76 ff.
 Unterlassung 21/81
 Verfahrensrecht 21/93 ff.
Umweltstraftaten 21/1
Umweltverbote 5/14 f.
Umweltverletzung, Nichteinschreiten gegen 21/87
Umweltverträglichkeitsprüfung 5/22 f.
Umweltverwaltungsorganisation
 auf Bundesebene 6/17 ff.
 auf Landesebene 6/23
Umweltvölkerrecht
 Begriff 13/2
 Haftung 13/18
 Hilfsquellen 13/14
 Rechtsquellen 13/8 ff.
 Repressalien 13/6
 Retorsion 13/6
Umweltzeichen 5/25
Umweltzertifikate 5/33
Unabhängigkeit des Richters 2/6
unbestimmter Rechtsbegriff 3/29
unmittelbare Staatsverwaltung 6/1 ff.
Unmöglichkeit der Beseitigung 18/37
UNO 13/20

Unterlassungsanspruch **18**/1
   Ausschluß **18**/43
   Erstbegehungsgefahr **18**/41
   Inhalt **18**/39 ff.
   Klageantrag **18**/42
   vorbeugender **18**/41
   Wiederholungsgefahr **18**/40
Unterlassungsklage **7**/81; **18**/31
Untersagung **7**/70
Unterstützungspflicht **5**/42
Untersuchungsgebiete **7**/87
unwesentliche Beeinträchtigungen **18**/18
Unzumutbarkeit, störungsbeseitigender Maßnahmen **18**/24
Ursprungsprinzip **14**/34

V

Verantwortlichkeit **21**/73 ff.
Verbandskompetenz **6**/14
Verbotsirrtum **21**/75
Verbraucherinformation **5**/26
Vereinheitlichung, siehe Kodifikation
Vereinte Nationen, Umweltprogramm **13**/20
Verfahren
   förmliches **7**/37 ff.
   vereinfachtes **7**/45 f.
Verfahrensrecht **2**/25
Verfahrensstufung **7**/47
Verfassung **2**/15
Verfassungsbeschwerde **3**/46
verfassungsrechtliche Grenzen, des Umweltschutzes **4**/13
Verfügungsgrundsatz **15**/16
Vergleichsvorschlag **15**/18
Verhaltensmuster **2**/4
Verhaltenssteuerung **5**/24
Verhältnismäßigkeit **3**/34; **7**/68
Verhandlung, mündliche **15**/18
Verhandlungsgrundsatz **15**/16
Verhinderungsgebot **7**/76
Verjährung **16**/21; **17**/27
Verkehrsfahrzeuge, Ausschlußklausel **21**/51
Verkehrslärmschutz-Verordnung **7**/86
Verkehrspflichten **16**/19 f., 45
Verletzungsunterlassungsanspruch **18**/40
Verpackung, gefährliche Stoffe **9**/25
Verpackungsabfälle **8**/31
Verpackungssteuern, kommunale **8**/39
Verpackungsverordnung **8**/2, 31 ff.
Verpflichtungsklage **3**/48; **7**/67, 74, 80
Verrichtungsgehilfen, Haftung **16**/24
Verschmutzungsrechte **5**/33

Verschulden **16**/34
   Begriff **16**/20
Verschuldensfähigkeit **16**/20
Verschuldenshaftung **16**/4, 36
   Voraussetzungen **16**/4 ff.
Vertrag
   über die Europäische Union **14**/6
   völkerrechtlicher **13**/8
Vertragsfreiheit **15**/9
Vertragskosten **19**/10
Vertragsrecht **19**/1 ff.
Verursacherprinzip **5**/3; **14**/35
Verwaltung
   Eingriffsmöglichkeiten **7**/78 f.
   Gesetzmäßigkeit **17**/7
Verwaltungsakt **3**/9 ff.; **18**/30
Verwaltungsaktakzessorietät **21**/16 f.
Verwaltungsakzessorietät **21**/13 ff.
Verwaltungsbehörden **6**/1 ff.
Verwaltungsgerichte **20**/18
Verwaltungsgerichtsbarkeit **3**/47 ff.
Verwaltungsorganisation **6**/1 ff.
Verwaltungsprivatrecht **3**/23
Verwaltungsrecht **3**/3 f., 24 ff.
Verwaltungsverfahren **3**/35 ff.
Verwaltungsverfahrensgesetze **3**/3; 36
Verwaltungsvertrag **3**/14
Verwaltungsvorschriften **3**/7 f.; **7**/22
   allgemeine **7**/22
   Außenwirkung **7**/23
   normkonkretisierende **7**/25 f.
Verwertung
   energetische **8**/25
   stoffliche **8**/25, 32
Vetorecht **13**/12
Völkergewohnheitsrecht **13**/8 ff.
Völkerrecht **3**/5; siehe auch Umweltvölkerrecht
völkerrechtlicher Vertrag **13**/8
Völkerrechtssubjekt **13**/3
Völkervertragsrecht **13**/8
Vollstreckung, siehe Rechtsdurchsetzung
Vollzugsdefizit **5**/5
Vorbehalt des Gesetzes **2**/18; **3**/24; **4**/5
vorbeugender Unterlassungsanspruch **18**/41
Vorbeugeprinzip **14**/33
vorläufiger Rechtsschutz **3**/51
Vorrang
   des Gesetzes **3**/24
   von Rechtsquellen, siehe Anwendungsvorrang; Geltungsvorrang
Vorsatz **16**/20; **17**/17
Vorsorge **7**/3
Vorsorgeanordnung **7**/65 ff.
Vorsorgegrundsatz **5**/2; **7**/28 f.; **9**/5; **14**/33
Vorteilsausgleichung **16**/33 f.

Vorverfahren, siehe Widerspruch
Vorverhandlung **5**/38

W

Waldgrundsätze, Erklärung **13**/30
Wandelung **19**/8
Warnpflicht **13**/12
Warnungen **5**/25
Washingtoner Artenschutzabkommen **10**/3
Wasserhaushaltsgesetz **11**/3; **16**/39 ff.
    Grundsätze und Ziele **11**/5 ff.
Wasserpfennig, Baden-Württembergischer **5**/32
Wasserrecht **11**/2 ff.
Wasserschutzgebiete **11**/43
Wasserwegerecht **11**/2
wasserwirtschaftliche Benutzungsordnung **11**/8 ff.
Wasserwirtschaftsrecht **11**/2 ff.
    Definition **11**/3; siehe auch Gewässerschutzrecht
Welternährungsorganisation **13**/22
Weltgesundheitsorganisation **13**/22
Weltkonferenz über Umwelt und Entwicklung **13**/25
Werkvertrag **19**/20 f.
Wesensgehaltsgarantie **4**/4
Wesensmerkmale des Rechts **2**/4 ff.
wesentliche Beeinträchtigungen **18**/18
Widerspruch **7**/80
Widerspruchsverfahren **3**/49; **7**/74
Wiedereinsetzung in den vorigen Stand **7**/43
Wiederherstellung der aufschiebenden Wirkung **3**/51
Wiederherstellungsanspruch **3**/19
Wiederholungsgefahr **18**/40
wirtschaftlich zumutbare Maßnahmen **18**/24
Wirtschaftsgüter **8**/17
Wirtschaftskommission der Vereinten Nationen für Europa **13**/21
Wüstenkonvention **13**/28

Z

Zentrale Kommission für die Biologische Sicherheit **12**/12
Zertifikatslösung **5**/33
Zivilgericht **15**/14
    Organisation und Zuständigkeit **15**/15
Zivilprozeß **15**/14 ff.
    Parteien **15**/16
    Streitwert **15**/19
Zivilrecht
    Aufgabe **15**/2
    Einteilung **15**/4
    Funktion **15**/3
    Grundbegriffe **15**/11
    Grundgedanken **15**/2
    Rechtsquellen **15**/2
Zulässigkeit **3**/47 ff.
Zuordnungstheorie **2**/23
Zusatzprüfung, chemische Stoffe **9**/15
Zuständigkeit **6**/14 ff.; **7**/15
    der Gerichte **15**/19
    funktionelle **6**/14
    instanzielle **6**/14
    örtliche **6**/14
    sachliche **6**/14
Zustandsstörer **8**/44; **18**/7
Zustellung **3**/37
Zwang **2**/5